Honig/Knörr
Handwerksordnung

Handwerksordnung

mit Berufsausbildungsrecht

Kommentar

Erläutert von

Dr. Gerhart Honig

und

Dr. Matthias Knörr
Rechtsanwalt

4. Auflage

Verlag C. H. Beck München 2008

Verlag C.H. Beck im Internet:
beck.de

ISBN 978 3 406 58045 1

© 2008 Verlag C.H. Beck oHG
Wilhelmstraße 9, 80801 München

Druck und Bindung: fgb · Freiburger Graphische Betriebe
Bebelstraße 11, 79108 Freiburg i. Br.

Satz: Jung Crossmedia GmbH
Gewerbestraße 17, 35633 Lahnau

Gedruckt auf säurefreiem, alterungsbeständigem Papier
(hergestellt aus chlorfrei gebleichtem Zellstoff)

Vorwort

Kurz nach Erscheinen der 3. Auflage hatten unerwartet schnell verabschiedete, umfangreiche Änderungen sowohl der Handwerksordnung als auch des Berufsbildungsgesetzes einen ergänzenden Nachtrag notwendig gemacht. Seitdem ist die Gesetzeslage im Wesentlichen unverändert geblieben. Es scheint aber an der Zeit, dem Benutzer wieder ein einheitliches und auf den neuesten Stand gebrachtes Werk an die Hand zu geben.

Aus Alters- und Gesundheitsgründen kann ich mich leider nicht mehr im notwendigen und wünschenswerten Umfang der weiteren Rechtsentwicklung widmen. Dankenswerterweise hat sich aber ein junger Kollege, Rechtsanwalt Dr. Matthias Knörr, gefunden, der mich bei der Überarbeitung des Kommentars tatkräftig und sachkundig unterstützt hat. Er war schon als Referendar bei mir bei der Handwerkskammer tätig gewesen, und ich weiß von daher mein Werk auch weiterhin in guten Händen.

Nürnberg im September 2008　　　　　　　　　　　　　　　Gerhart Honig

Inhaltsverzeichnis

	Seite
Abkürzungs- und Schrifttumsverzeichnis	XI

A. Gesetzestext

Handwerksordnung mit Anlagen A, B, C und D 1

B. Kommentar zur Handwerksordnung

I. Teil. Ausübung eines Handwerks und eines handwerksähnlichen Gewerbes 99
1. Abschnitt. Berechtigung zum selbständigen Betrieb eines Handwerks (§§ 1–5a) 99
2. Abschnitt. Handwerksrolle (§§ 6–17) 142
3. Abschnitt. Zulassungsfreie Gewerbe und handwerksähnliche Gewerbe (§§ 18–20) 225

II. Teil. Berufsausbildung im Handwerk 230
1. Abschnitt. Berechtigung zum Einstellen und Ausbilden (§§ 21–24) 230
2. Abschnitt. Ausbildungsordnung, Änderung der Ausbildungszeit (§§ 25–27c) 247
3. Abschnitt. Verzeichnis der Berufsausbildungsverhältnisse (§§ 28–30) 260
4. Abschnitt. Prüfungswesen (§§ 31–40) 266
5. Abschnitt. Regelung und Überwachung der Berufsausbildung (§§ 41–41a) 296
6. Abschnitt. Berufliche Fortbildung, berufliche Umschulung (§§ 42–42j) 300
7. Abschnitt. Berufliche Bildung behinderter Menschen, Berufsausbildungsvorbereitung (§§ 42k–42q) 305
8. Abschnitt. Berufsbildungsausschuß (§ 43–44b) 308

III. Teil. Meisterprüfung, Meistertitel 317
1. Abschnitt. Meisterprüfung in einem zulassungspflichtigen Handwerk (§§ 45–51) 317
2. Abschnitt. Meistertitel in einem zulassungsfreien Handwerk oder in einem handwerksähnlichen Gewerbe (§§ 51a–51d) 340

Inhaltsverzeichnis

Seite

IV. Teil. Organisation des Handwerks 344
1. Abschnitt. Handwerksinnungen (§§ 52–78) 344
2. Abschnitt. Innungsverbände (§§ 79–85) 444
3. Abschnitt. Kreishandwerkerschaften (§§ 86–89) 451
4. Abschnitt. Handwerkskammern (§§ 90–116) 459

V. Teil. Bußgeld-, Übergangs- und Schlußvorschriften 529
1. Abschnitt. Bußgeldvorschriften (§§ 117–118a) 529
2. Abschnitt. Übergangsvorschriften (§§ 119–124b) 538
3. Abschnitt. Schlußvorschriften (§ 125) 545

C. Kommentar zum Lehrlingsvertragsrecht

§§ 10–26 des Berufsbildungsgesetzes (BBiG) 547

Anhang: Ergänzende Vorschriften

1. Übergangsgesetz aus Anlaß des Zweiten Gesetzes zur Änderung der Handwerksordnung und anderer handwerksrechtlicher Vorschriften 603
2. Verordnung über die für Staatsangehörige eines Mitgliedstaates der Europäischen Union oder eines anderen Vertragsstaates des Abkommens über den Europäischen Wirtschaftsraum oder der Schweiz geltenden Voraussetzungen für die Ausübung eines zulassungspflichtigen Handwerks (EU/EWR-Handwerk-Verordnung – EU/EWR HwV) . 605
3. Verordnung über verwandte Handwerke 614
4. Verordnung über die Anerkennung von Prüfungen für die Eintragung in die Handwerksrolle 616
5. Verordnung über gemeinsame Anforderungen in der Meisterprüfung im Handwerk und in handwerksähnlichen Gewerben 619
6. Verordnung über das Zulassungs- und Prüfungsverfahren für die Meisterprüfung im Handwerk (Meisterprüfungsverfahrensverordnung – MPVerfVO) 626
7. Verordnung über das Schlichtungsverfahren nach § 16 der Handwerksordnung 636
8. Verordnung über den automatisierten Datenabruf der Handwerkskammern nach § 5a Abs. 2 der Handwerksordnung 639

Inhaltsverzeichnis

Seite

9. Verordnung über die Anerkennung von Ausbildungsabschlüssen von Meistern der volkseigenen Industrie als Voraussetzung für die Eintragung in die Handwerksrolle . 641

Sachregister 643

Abkürzungs- und Schrifttumsverzeichnis

a. A.	andere Ansicht
a. a. O.	am angegebenen Ort
abl.	ablehnend
ABM	Arbeitsbeschaffungs-Maßnahme(n)
a. F.	alte Fassung
AllMBl.	Allgemeines Ministerialamtsblatt (Bay.)
Anh.	Anhang
Anl.	Anlage
Anm.	Anmerkung, Anmerkungen
AOK	Allgemeine Ortskrankenkasse
AP	„Arbeitsrechtliche Praxis" (Nachschlagewerk des BAG)
ArbGG	Arbeitsgerichtsgesetz
AuR	„Arbeit und Recht"
Az.	Aktenzeichen
Bad-Württ.	Baden-Württemberg(isch)
BAG	Bundesarbeitsgericht
BAnz.	Bundesanzeiger
BArbBl.	Bundes-Arbeitsblatt
BauR	Zeitschrift für Baurecht
Bay.	Bayern, bayerische(s)
BayVBl.	„Bayerische Verwaltungsblätter"
BayVGH	Bayerischer Verwaltungsgerichtshof
BayWVMBl.	Amtsblatt des Bayer. Staatsministeriums für Wirtschaft und Verkehr
BB	„Der Betriebs-Berater"
BBiG	Berufsbildungsgesetz
Betrieb	„Der Betrieb"
BFH	Bundesfinanzhof; Bundesvereinigung der Fachverbände des Handwerks
BGB	Bürgerliches Gesetzbuch
BGBl.	Bundesgesetzblatt
BGH	Bundesgerichtshof
BGHZ	Amtliche Entscheidungssammlung des Bundesgerichtshof in Zivilsachen
BIV	Bundesinnungsverband
BSG	Bundessozialgericht
BStBl.	Bundessteuerblatt
BT-Drucks.	Bundestags-Drucksache
BVerfG	Bundesverfassungsgericht
BVerwG	Bundesverwaltungsgericht
BVFG	Bundesvertriebenen- und -flüchtlingsgesetz
bzw.	beziehungsweise

XI

Abkürzungs- und Schrifttumsverzeichnis

DDR	Deutsche Demokratische Republik
Detterbeck	Detterbeck, Handwerksordnung, 4. Auflage, München 2008
DGB	Deutscher Gewerkschaftsbund
DHBl.	„Deutsches Handwerksblatt"
DHKT	Deutscher Handwerkskammertag, Bonn, Rundschreibendienst
DHreport	„Deutsches Handwerk report" (ZdH-Organ)
DÖV	„Die öffentliche Verwaltung"
DStR	„Deutsches Steuerrecht"
DVBl.	„Deutsches Verwaltungsblatt"
E.	amtliche Entscheidungssammlung
EG	Einführungsgesetz
ELG	Einkaufs- und Lieferungsgenossenschaft (DDR)
EStR	Einkommensteuerrichtlinien
EU	Europäische Union
EzB	„Entscheidungen zur Berufsbildung"
f.; ff.	folgender, folgende
FGG	Gesetz über die freiwillige Gerichtsbarkeit
FMBl.	Amtsblatt des Bundesfinanzministeriums
Fröhler, Handwerksinnung	Fröhler, Das Recht der Handwerksinnung, München, 1959
G.	Gesetz
gem.	gemäß
GewA	„Gewerbearchiv"
GewO	Gewerbeordnung
GG	Grundgesetz
GmbH	Gesellschaft mit beschränkter Haftung
GRUR	„Gewerblicher Rechtsschutz und Urheberrecht"
GVBl.	Gesetz- und Verordnungsblatt
GVG	Gerichtsverfassungsgesetz
hä.	handwerksähnlich(e, es)
h. M.	herrschende Meinung
HandwO, HwO	Handwerksordnung
Hess.	Hessen, Hessisch
HGB	Handelsgesetzbuch
HWK	Handwerkskammer
i. d. F.	in der Fassung
IHK	Industrie- und Handelskammer
InsO	Insolvenzordnung
JA	Juristische Arbeitsblätter
JArbSchG	Jugendarbeitsschutzgesetz

Abkürzungs- und Schrifttumsverzeichnis

JuS	„Juristische Schulung"
JW	„Juristische Wochenschrift"
JZ	„Juristenzeitung"
KG	Kammergericht Berlin; Kommanditgesellschaft
KHW	Kreishandwerkerschaft
KME	Entschließung des Kultusministeriums
Kolbenschlag/Kübler/Aberle	Die Deutsche Handwerksordnung, Kommentar, Loseblatt, Stand 1997
KreisG	Kreisgericht
KrV	„Die Krankenversicherung"
KSVG	Künstlersozialversicherungsgesetz
LAG	Landesarbeitsgericht
Landmann/Rohmer	Landmann/Rohmer, GewO, Kommentar, Loseblatt, Stand 2004
LG	Landgericht
LIV	Landesinnungsverband
LKV	„Landes- und Kommunalverwaltung"
LS.	(nur) Leitsatz
LSG	Landessozialgericht
LVG	Landesverwaltungsgericht
MABl.	Ministerialamtsblatt
MDR	„Monatsschrift für deutsches Recht"
MPO	Meisterprüfungsordnung
n. F.	neue Fassung
NJ	„Neue Justiz"
NJW	„Neue juristische Wochenschrift"
NJW-RR	„NJW-Rechtsprechungs-Report"
Nds.	Niedersachsen
NVwZ	„Neue Zeitschrift für Verwaltungsrecht"
NVwZ-RR	„NvwZ-Rechtsprechungs-Report"
NW	Nordrhein-Westfalen
NZA	„Neue Zeitschrift für Arbeitsrecht"
ObLG	Oberstes Landgericht
OHG	Offene Handelsgesellschaft
OLG	Oberlandesgericht
OVA	Oberversicherungsamt
OVG	Oberverwaltungsgericht
OWiG	Gesetz über Ordnungswidrigkeiten
Palandt	Palandt, Bürgerliches Gesetzbuch, Kommentar Produktionsgenossenschaft des Handwerks (DDR)
PrOVG	Preußisches OVG

Abkürzungs- und Schrifttumsverzeichnis

RArbG	Reichsarbeitsgericht
RBerG	Rechtsberatungsgesetz
RdA	„Recht der Arbeit"
Rdn.	Randnummer(n)
RG (Z.; St.)	Reichsgericht (Zivil-, Strafsachen)
Rh.-Pf.	Rheinland-Pfalz
Rspr.	Rechtsprechung
RVO	Reichsversicherungsordnung
s.	siehe
S.	Seite
Schl.-Holst.	Schleswig-Holstein
SGB	Sozialgesetzbuch
SozR	„Sozialrecht"
StAnz.	„Staatsanzeiger"
StGB	Strafgesetzbuch
StPO	Strafprozeßordnung
str.	strittig
SVA-VO	Sozialversicherungsausweis-VO
SVO	Sachverständigenordnung
THE	„Taschenlexikon handwerksrechtlicher Entscheidungen"
THW	Technisches Hilfswerk
u. ä.	und ähnliches
ÜLU	Überbetriebliche Lehrlingsunterweisung
u. U.	unter Umständen
u. dgl.	und dergleichen
UFITA	„Archiv für Urheber-, Film-, Funk- und Theaterrecht"
usw.	und so weiter
UWG	Gesetz gegen den unlauteren Wettbewerb
VEB	Volkseigener Betrieb (DDR)
VerglO	Vergleichsordnung
VerwRspr.	„Verwaltungsrechtsprechung"
VG	Verwaltungsgericht
VGH	Verwaltungsgerichtshof
vgl.	vergleiche
VIZ	„Zeitschrift für Vermögens- und Investitionsrecht" (bis 31. 12. 1997), „Zeitschrift für Vermögens- und Investitionsrecht. Das Recht in den neuen Bundesländern" (ab 1. 1. 1998)
VMBl.	Amtsblatt des Verteidigungsministers
VO	Verordnung
VollzBek.	Vollzugs-Bekanntmachung
VRS	„Verwaltungsrechtsprechung"
VwGO	Verwaltungsgerichtsordnung

Abkürzungs- und Schrifttumsverzeichnis

wistra . . . . "Zeitschrift für Wirtschaft, Steuer, Strafrecht"
WiVerw; VuV . . . . . "Wirtschaft und Verwaltung"
WRP . . . . "Wettbewerb in Recht und Praxis"

z. B. . . . . zum Beispiel
ZdH-intern . . . . Zentralverband des deutschen Handwerks, Bonn, Rundschreibendienst
ZPO . . . . Zivilprozeßordnung

Gesetz zur Ordnung des Handwerks (Handwerksordnung)

A. Gesetzestext

In der Fassung der Bekanntmachung vom 24. September 1998
(BGBl. I S. 3074, ber. BGBl. 2006 I S. 2095), geänd. durch Art. 33 SGB IX v. 19. 6. 2001 (BGBl. I S. 1046), Art. 135 Siebente ZustAnpVO v. 29. 10. 2001 (BGBl. I S. 2785), Art. 13 Neuntes Euro-EinfG v. 10. 11. 2001 (BGBl. I S. 2992), Art. 69 Drittes G für mod. Dienstleistungen am Arbeitsmarkt v. 23. 12. 2003 (BGBl. I S. 2848), G z. Änd. der HwO u. Förderung von Kleinunternehmen v. 24. 12. 2003 (BGBl. I S. 2933), Drittes HandwerksrechtsÄndG v. 24. 12. 2003 (BGBl. I S. 2934), Art. 35 b Viertes G für mod. Dienstleistungen am Arbeitsmarkt v. 24. 12. 2003 (BGBl. I S. 2954), Art. 2 und Art. 2a BerBiRefG v. 23. 3. 2005 (BGBl. I S. 931), Art. 5 StatistikÄndG v. 9. 6. 2005 (BGBl. I S. 1534), Art. 3b GemeindefinanzreformGÄndG v. 6. 9. 2005 (BGBl. I S. 2725), Art. 146 Neunte ZustAnpVO v. 31. 10. 2006 (BGBl. I S. 2407) und Art. 9a Zweites MittelstandsentlastungsG v. 7. 9. 2007 (BGBl. I S. 2246)

FNA 7110–1

Inhaltsübersicht §§

Erster Teil. Ausübung eines Handwerks und eines handwerksähnlichen Gewerbes

Erster Abschnitt. Berechtigung zum selbständigen Betrieb eines zulassungspflichtigen Handwerks 1–5a

Zweiter Abschnitt. Handwerksrolle 6–17

Dritter Abschnitt. Zulassungsfreie Handwerke und handwerksähnliche Gewerbe 18–20

Zweiter Teil. Berufsbildung im Handwerk

Erster Abschnitt. Berechtigung zum Einstellen und Ausbilden 21–24

Zweiter Abschnitt. Ausbildungsordnung, Änderung der Ausbildungszeit 25–27c

Dritter Abschnitt. Verzeichnis der Berufsausbildungsverhältnisse 28–30

Vierter Abschnitt. Prüfungswesen 31–40

Fünfter Abschnitt. Regelung und Überwachung der Berufsausbildung 41–41a

Sechster Abschnitt. Berufliche Fortbildung, berufliche Umschulung 42–42j

Text

Handwerksordnung

	§§
Siebenter Abschnitt. Berufliche Bildung behinderter Menschen, Berufsausbildungsvorbereitung	42k–42q
Achter Abschnitt. Berufsbildungsausschuß	43–44b

Dritter Teil. Meisterprüfung, Meistertitel

Erster Abschnitt. Meisterprüfung in einem zulassungspflichtigen Handwerk	45–51
Zweiter Abschnitt. Meisterprüfung in einem zulassungsfreien Handwerk oder in einem handwerksähnlichen Gewerbe	51a–51d

Vierter Teil. Organisation des Handwerks

Erster Abschnitt. Handwerksinnungen	52–78
Zweiter Abschnitt. Innungsverbände	79–85
Dritter Abschnitt. Kreishandwerkerschaften	86–89
Vierter Abschnitt. Handwerkskammern	90–116

Fünfter Teil. Bußgeld-, Übergangs- und Schlussvorschriften

Erster Abschnitt. Bußgeldvorschriften	117–118a
Zweiter Abschnitt. Übergangsvorschriften	119–124b
Dritter Abschnitt. Schlußvorschriften	125

	Nr.
Anlage A. Verzeichnis der Gewerbe, die als zulassungspflichtige Handwerke betrieben werden können	1–41
Anlage B. Verzeichnis der Gewerbe, die als zulassungsfreie Handwerke oder handwerksähnliche Gewerbe betrieben werden können	
Abschnitt 1	1–53
Abschnitt 2	1–57

	§§
Anlage C. Wahlordnung für die Wahlen der Mitglieder der Vollversammlung der Handwerkskammern	
Erster Abschnitt. Zeitpunkt der Wahl, Wahlleiter und Wahlausschuss	1–2
Zweiter Abschnitt. Wahlbezirk	3
Dritter Abschnitt. Aufteilung der Mitglieder der Vollversammlung	4
Vierter Abschnitt. (weggefallen)	
Fünfter Abschnitt. Wahlvorschläge	7–11
Sechster Abschnitt. Wahl	12–18
Siebenter Abschnitt. (weggefallen)	
Achter Abschnitt. Wegfall der Wahlhandlung	20
Neunter Abschnitt. Beschwerdeverfahren, Kosten	21, 22
Anlage. Muster des Wahlberechtigungsscheins	

Anlage D. Art der personenbezogenen Daten in der Handwerksrolle, in dem Verzeichnis der Inhaber eines zulassungsfreien Handwerks oder handwerksähnlichen Gewerbes und in der Lehrlingsrolle
  I. Handwerksrolle
 II. Verzeichnis der Inhaber eines zulassungfreien Handwerks oder handwerksähnlichen Gewerbes
III. Lehrlingsrolle

Erster Teil. Ausübung eines Handwerks und eines handwerksähnlichen Gewerbes

Erster Abschnitt. Berechtigung zum selbständigen Betrieb eines zulassungspflichtigen Handwerks

§ 1 [Handwerksbetrieb; Eintragung in die Handwerksrolle]

(1) ¹Der selbständige Betrieb eines zulassungspflichtigen Handwerks als stehendes Gewerbe ist nur den in der Handwerksrolle eingetragenen natürlichen und juristischen Personen und Personengesellschaften gestattet. ²Personengesellschaften im Sinne dieses Gesetzes sind Personenhandelsgesellschaften und Gesellschaften des Bürgerlichen Rechts.

(2) ¹Ein Gewerbebetrieb ist ein Betrieb eines zulassungspflichtigen Handwerkes, wenn er handwerksmäßig betrieben wird und ein Gewerbe vollständig umfaßt, das in der Anlage A aufgeführt ist, oder Tätigkeiten ausgeübt werden, die für dieses Gewerbe wesentlich sind (wesentliche Tätigkeiten). ²Keine wesentlichen Tätigkeiten sind insbesondere solche, die
1. in einem Zeitraum von bis zu drei Monaten erlernt werden können,
2. zwar eine längere Anlernzeit verlangen, aber für das Gesamtbild des betreffenden zulassungspflichtigen Handwerks nebensächlich sind und deswegen nicht die Fertigkeiten und Kenntnisse erfordern, auf die die Ausbildung in diesem Handwerk hauptsächlich ausgerichtet ist, oder
3. nicht aus einem zulassungspflichtigen Handwerk entstanden sind.

³Die Ausübung mehrerer Tätigkeiten im Sinne des Satzes 2 Nr. 1 und 2 ist zulässig, es sei denn, die Gesamtbetrachtung ergibt, dass sie für ein bestimmtes zulassungspflichtiges Handwerk wesentlich sind.

(3) Das Bundesministerium für Wirtschaft und Technologie wird ermächtigt, durch Rechtsverordnung mit Zustimmung des Bundesrates die Anlage A zu diesem Gesetz dadurch zu ändern, daß es darin aufgeführte Gewerbe streicht, ganz oder teilweise zusammenfaßt oder trennt oder Bezeichnungen für sie festsetzt, soweit es die technische und wirtschaftliche Entwicklung erfordert.

§ 2 [Anwendung des Gesetzes auf öffentlich-rechtliche Unternehmen und Nebenbetriebe]

Die Vorschriften dieses Gesetzes für den selbständigen Betrieb eines zulassungspflichtigen Handwerks gelten auch
1. für gewerbliche Betriebe des Bundes, der Länder, der Gemeinden und der sonstigen juristischen Personen des öffentlichen Rechts, in denen Waren zum Absatz an Dritte handwerksmäßig hergestellt oder Leistungen für Dritte handwerksmäßig bewirkt werden,
2. für handwerkliche Nebenbetriebe, die mit einem Versorgungs- oder sonstigen Betrieb der in Nummer 1 bezeichneten öffentlich-rechtlichen Stellen verbunden sind,
3. für handwerkliche Nebenbetriebe, die mit einem Unternehmen eines zulassungspflichtigen Handwerks, der Industrie, des Handels, der Landwirtschaft oder sonstiger Wirtschafts- und Berufszweige verbunden sind.

§ 3 [Nebenbetrieb; Hilfsbetrieb]

(1) Ein handwerklicher Nebenbetrieb im Sinne des § 2 Nr. 2 und 3 liegt vor, wenn in ihm Waren zum Absatz an Dritte handwerksmäßig hergestellt oder Leistungen für Dritte handwerksmäßig bewirkt werden, es sei denn, daß eine solche Tätigkeit nur in unerheblichem Umfange ausgeübt wird, oder daß es sich um einen Hilfsbetrieb handelt.

(2) Eine Tätigkeit im Sinne des Absatzes 1 ist unerheblich, wenn sie während eines Jahres die durchschnittliche Arbeitszeit eines ohne Hilfskräfte Vollzeit arbeitenden Betriebs des betreffenden Handwerkszweigs nicht übersteigt.

(3) Hilfsbetriebe im Sinne des Absatzes 1 sind unselbständige, der wirtschaftlichen Zweckbestimmung des Hauptbetriebs dienende Betriebe eines zulassungspflichtigen Handwerks, wenn sie
1. Arbeiten für den Hauptbetrieb oder für andere dem Inhaber des Hauptbetriebs ganz oder überwiegend gehörende Betriebe ausführen oder
2. Leistungen an Dritte bewirken, die
    a) als handwerkliche Arbeiten untergeordneter Art zur gebrauchsfertigen Überlassung üblich sind oder
    b) in unentgeltlichen Pflege-, Installations-, Instandhaltungs- oder Instandsetzungsarbeiten bestehen oder
    c) in entgeltlichen Pflege-, Installations-, Instandhaltungs- oder Instandsetzungsarbeiten an solchen Gegenständen bestehen, die in einem Hauptbetrieb selbst hergestellt worden sind oder für die der

Hauptbetrieb als Hersteller im Sinne des Produkthaftungsgesetzes gilt.

§ 4 [Fortführung des Betriebes nach dem Tode des selbständigen Handwerkers oder eines leitenden Gesellschafters]

(1) [1]Nach dem Tod des Inhabers eines Betriebs dürfen der Ehegatte, der Lebenspartner, der Erbe, der Testamentsvollstrecker, Nachlassverwalter, Nachlassinsolvenzverwalter oder Nachlasspfleger den Betrieb fortführen, ohne die Voraussetzungen für die Eintragung in die Handwerksrolle zu erfüllen. [2]Sie haben dafür Sorge zu tragen, dass unverzüglich ein Betriebsleiter (§ 7 Abs. 1) bestellt wird. [3]Die Handwerkskammer kann in Härtefällen eine angemessene Frist setzen, wenn eine ordnungsgemäße Führung des Betriebs gewährleistet ist.

(2) Nach dem Ausscheiden des Betriebsleiters haben der in die Handwerksrolle eingetragene Inhaber eines Betriebs eines zulassungspflichtigen Handwerks oder sein Rechtsnachfolger oder sonstige verfügungsberechtigte Nachfolger unverzüglich für die Einsetzung eines anderen Betriebsleiters zu sorgen.

§ 5 [Arbeiten in anderen Handwerken]

Wer ein Handwerk nach § 1 Abs. 1 betreibt, kann hierbei auch Arbeiten in anderen Handwerken nach § 1 Abs. 1 ausführen, wenn sie mit dem Leistungsangebot seines Gewerbes technisch oder fachlich zusammenhängen oder es wirtschaftlich ergänzen.

§ 5a [Datenübermittlung]

(1) [1]Öffentliche Stellen, die in Verfahren auf Grund dieses Gesetzes zu beteiligen sind, können über das Ergebnis unterrichtet werden, soweit dies zur Erfüllung ihrer Aufgaben erforderlich ist. [2]Der Empfänger darf die übermittelten Daten nur für den Zweck verarbeiten oder nutzen, für dessen Erfüllung sie ihm übermittelt worden sind.

(2) [1]Handwerkskammern dürfen sich, soweit dieses Gesetz keine besonderen Vorschriften enthält, gegenseitig, auch durch Übermittlung personenbezogener Daten, unterrichten, auch durch Abruf im automatisierten Verfahren, soweit dies zur Feststellung erforderlich ist, ob der Betriebsleiter die Voraussetzungen für die Eintragung in die Handwerksrolle erfüllt und ob er seine Aufgaben ordnungsgemäß wahrnimmt. [2]Das Bun-

desministerium für Wirtschaft und Technologie wird ermächtigt, durch Rechtsverordnung mit Zustimmung des Bundesrates Einzelheiten eines Abrufs im automatisierten Verfahren zu regeln.

Zweiter Abschnitt. Handwerksrolle

§ 6 [Handwerksrolle; Einsichtsrecht]

(1) Die Handwerkskammer hat ein Verzeichnis zu führen, in welches die Inhaber von Betrieben zulassungspflichtiger Handwerke ihres Bezirks nach Maßgabe der Anlage D Abschnitt I zu diesem Gesetz mit dem von ihnen zu betreibenden Handwerk oder bei Ausübung mehrerer Handwerke mit diesen Handwerken einzutragen sind (Handwerksrolle).

(2) ^{1}Eine Einzelauskunft aus der Handwerksrolle ist jedem zu erteilen, der ein berechtigtes Interesse glaubhaft darlegt. ^{2}Eine listenmäßige Übermittlung von Daten aus der Handwerksrolle an nicht-öffentliche Stellen ist unbeschadet des Absatzes 4 zulässig, wenn sie zur Erfüllung der Aufgaben der Handwerkskammer erforderlich ist oder wenn der Auskunftbegehrende ein berechtigtes Interesse an der Kenntnis der zu übermittelnden Daten glaubhaft darlegt und kein Grund zu der Annahme besteht, daß der Betroffene ein schutzwürdiges Interesse an dem Ausschluß der Übermittlung hat. ^{3}Ein solcher Grund besteht nicht, wenn Vor- und Familienname des Betriebinhabers oder des gesetzlichen Vertreters oder des Betriebsleiters oder des für die technische Leitung des Betriebs verantwortlichen persönlich haftenden Gesellschafters, die Firma, das ausgeübte Handwerk oder die Anschrift der gewerblichen Niederlassung übermittelt werden. ^{4}Die Übermittlung von Daten nach den Sätzen 2 und 3 ist nicht zulässig, wenn der Gewerbetreibende widersprochen hat. ^{5}Auf die Widerspruchsmöglichkeit sind die Gewerbetreibenden vor der ersten Übermittlung schriftlich hinzuweisen.

(3) Öffentlichen Stellen sind auf Ersuchen Daten aus der Handwerksrolle zu übermitteln, soweit die Kenntnis tatsächlicher oder rechtlicher Verhältnisse des Inhabers eines Betriebes eines zulassungspflichtigen Handwerkes (§ 1 Abs. 1) zur Erfüllung ihrer Aufgaben erforderlich ist.

(4) Der Empfänger darf die übermittelten Daten nur für den Zweck verarbeiten oder nutzen, zu dessen Erfüllung sie ihm übermittelt werden.

(5) Für das Verändern und Sperren der Daten in der Handwerksrolle gelten die Datenschutzgesetze der Länder.

Handwerksordnung

§ 7 [Eintragungen]

(1) [1]Als Inhaber eines Betriebs eines zulassungspflichtigen Handwerks wird eine natürliche oder juristische Person oder eine Personengesellschaft in die Handwerksrolle eingetragen, wenn der Betriebsleiter die Voraussetzungen für die Eintragung in die Handwerksrolle mit dem zu betreibenden Handwerk oder einem mit diesem verwandten Handwerk erfüllt. [2]Das Bundesministerium für Wirtschaft und Technologie bestimmt durch Rechtsverordnung mit Zustimmung des Bundesrates, welche zulassungspflichtigen Handwerke sich so nahestehen, daß die Beherrschung des einen zulassungspflichtigen Handwerks die fachgerechte Ausübung wesentlicher Tätigkeiten des anderen zulassungspflichtigen Handwerks ermöglicht (verwandte zulassungspflichtige Handwerke).

(1a) In die Handwerksrolle wird eingetragen, wer in dem von ihm zu betreibenden oder in einem mit diesem verwandten zulassungspflichtigen Handwerk die Meisterprüfung bestanden hat.

(2) [1]In die Handwerksrolle werden ferner Ingenieure, Absolventen von technischen Hochschulen und von staatlichen oder staatlich anerkannten Fachschulen für Technik und für Gestaltung mit dem zulassungspflichtigen Handwerk eingetragen, dem der Studien- oder der Schulschwerpunkt ihrer Prüfung entspricht. [2]Dies gilt auch für Personen, die eine andere, der Meisterprüfung für die Ausübung des betreffenden zulassungspflichtigen Handwerks mindestens gleichwertige deutsche staatliche oder staatlich anerkannte Prüfung erfolgreich abgelegt haben. [3]Dazu gehören auch Prüfungen auf Grund einer nach § 42 dieses Gesetzes oder nach § 53 des Berufsbildungsgesetzes erlassenen Rechtsverordnung, soweit sie gleichwertig sind. [4]Der Abschlussprüfung an einer deutschen Hochschule gleichgestellt sind Diplome, die nach Abschluss einer Ausbildung von mindestens drei Jahren oder einer Teilzeitausbildung von entsprechender Dauer an einer Universität, einer Hochschule oder einer anderen Ausbildungseinrichtung mit gleichwertigem Ausbildungsniveau in einem anderen Mitgliedstaat der Europäischen Union, einem anderen Vertragsstaat des Abkommens über den Europäischen Wirtschaftsraum oder in der Schweiz erteilt wurden; falls neben dem Studium eine Berufsausbildung gefordert wird, ist zusätzlich der Nachweis zu erbringen, dass diese abgeschlossen ist. [5]Die Entscheidung, ob die Voraussetzungen für die Eintragung erfüllt sind, trifft die Handwerkskammer. [6]Das Bundesministerium für Wirtschaft und Technologie kann zum Zwecke der Eintragung in die Handwerksrolle nach Satz 1 im Einvernehmen mit dem Bundesministerium für Bildung und Forschung durch Rechtsverordnung mit Zustimmung des Bundesrates die Voraussetzungen bestimmen, unter denen die in Studien- oder Schulschwerpunkten abgelegten Prüfungen nach Satz 1 Meisterprüfungen in zulassungspflichtigen Handwerken entsprechen.

Text Handwerksordnung

(2a) Das Bundesministerium für Wirtschaft und Technologie kann durch Rechtsverordnung mit Zustimmung des Bundesrates bestimmen, daß in die Handwerksrolle einzutragen ist, wer in einem anderen Mitgliedstaat der Europäischen Gemeinschaft oder in einem anderen Vertragsstaat des Abkommens über den Europäischen Wirtschaftsraum eine der Meisterprüfung für die Ausübung des zu betreibenden Gewerbes oder wesentlicher Tätigkeiten dieses Gewerbes gleichwertige Berechtigung zur Ausübung eines Gewerbes erworben hat.

(3) In die Handwerksrolle wird ferner eingetragen, wer eine Ausnahmebewilligung nach § 8 oder § 9 Abs. 1 für das zu betreibende zulassungspflichtige Handwerk oder für ein diesem verwandtes zulassungspflichtiges Handwerk besitzt.

(4)–(6) (aufgehoben)

(7) In die Handwerksrolle wird eingetragen, wer für das zu betreibende Gewerbe oder für ein mit diesem verwandtes Gewerbe eine Ausübungsberechtigung nach § 7a oder § 7b besitzt.

(8) (aufgehoben)

(9) [1]Vertriebene und Spätaussiedler, die vor dem erstmaligen Verlassen ihrer Herkunftsgebiete eine der Meisterprüfung gleichwertige Prüfung im Ausland bestanden haben, sind in die Handwerksrolle einzutragen. [2]Satz 1 ist auf Vertriebene, die am 2. Oktober 1990 ihren ständigen Aufenthalt in dem in Artikel 3 des Einigungsvertrages genannten Gebiet hatten, anzuwenden.

§ 7a [Ausübungsberechtigung für anderes Gewerbe]

(1) Wer ein Handwerk nach § 1 betreibt, erhält eine Ausübungsberechtigung für ein anderes Gewerbe der Anlage A oder für wesentliche Tätigkeiten dieses Gewerbes, wenn die hierfür erforderlichen Kenntnisse und Fertigkeiten nachgewiesen sind; dabei sind auch seine bisherigen beruflichen Erfahrungen und Tätigkeiten zu berücksichtigen.

(2) § 8 Abs. 2 bis 4 gilt entsprechend.

§ 7b [Ausübungsberechtigung für zulassungspflichtige Handwerke]

(1) Eine Ausübungsberechtigung für zulassungspflichtige Handwerke, ausgenommen in den Fällen der Nummern 12 und 33 bis 37 der Anlage A, erhält, wer
1. eine Gesellenprüfung in dem zu betreibenden zulassungspflichtigen Handwerk oder in einem mit diesem verwandten zulassungspflichtigen Handwerk oder eine Abschlussprüfung in einem dem zu betreibenden

Handwerksordnung

zulassungspflichtigen Handwerk entsprechenden anerkannten Ausbildungsberuf bestanden hat und
2. in dem zu betreibenden zulassungspflichtigen Handwerk oder in einem mit diesem verwandten zulassungspflichtigen Handwerk oder in einem dem zu betreibenden zulassungspflichtigen Handwerk entsprechenden Beruf eine Tätigkeit von insgesamt sechs Jahren ausgeübt hat, davon insgesamt vier Jahre in leitender Stellung. Eine leitende Stellung ist dann anzunehmen, wenn dem Gesellen eigenverantwortliche Entscheidungsbefugnisse in einem Betrieb oder in einem wesentlichen Betriebsteil übertragen worden sind. Der Nachweis hierüber kann durch Arbeitszeugnisse, Stellenbeschreibungen oder in anderer Weise erbracht werden.
3. Die ausgeübte Tätigkeit muss zumindest eine wesentliche Tätigkeit des zulassungspflichtigen Handwerks umfasst haben, für das die Ausübungsberechtigung beantragt wurde.

(1a) ¹Die für die selbständige Handwerksausübung erforderlichen betriebswirtschaftlichen, kaufmännischen und rechtlichen Kenntnisse gelten in der Regel durch die Berufserfahrung nach Absatz 1 Nr. 2 als nachgewiesen. ²Soweit dies nicht der Fall ist, sind die erforderlichen Kenntnisse durch Teilnahme an Lehrgängen oder auf sonstige Weise nachzuweisen.

(2) ¹Die Ausübungsberechtigung wird auf Antrag des Gewerbetreibenden von der höheren Verwaltungsbehörde nach Anhörung der Handwerkskammer zu den Voraussetzungen des Absatzes 1 erteilt. ²Im Übrigen gilt § 8 Abs. 3 Satz 2 bis 5 und Abs. 4 entsprechend.

§ 8 [Ausnahmebewilligung]

(1) ¹In Ausnahmefällen ist eine Bewilligung zur Eintragung in die Handwerksrolle (Ausnahmebewilligung) zu erteilen, wenn die zur selbständigen Ausübung des von dem Antragsteller zu betreibenden zulassungspflichtigen Handwerks notwendigen Kenntnisse und Fertigkeiten nachgewiesen sind; dabei sind auch seine bisherigen beruflichen Erfahrungen und Tätigkeiten zu berücksichtigen. ²Ein Ausnahmefall liegt vor, wenn die Ablegung einer Meisterprüfung zum Zeitpunkt der Antragstellung oder danach für ihn eine unzumutbare Belastung bedeuten würde. ³Ein Ausnahmefall liegt auch dann vor, wenn der Antragsteller eine Prüfung auf Grund einer nach § 42 dieses Gesetzes oder § 53 des Berufsbildungsgesetzes erlassenen Rechtsverordnung bestanden hat.

(2) Die Ausnahmebewilligung kann unter Auflagen oder Bedingungen oder befristet erteilt und auf einen wesentlichen Teil der Tätigkeiten beschränkt werden, die zu einem in der Anlage A zu diesem Gesetz aufge-

führten Gewerbe gehören; in diesem Fall genügt der Nachweis der hierfür erforderlichen Kenntnisse und Fertigkeiten.

(3) ¹Die Ausnahmebewilligung wird auf Antrag des Gewerbetreibenden von der höheren Verwaltungsbehörde nach Anhörung der Handwerkskammer zu den Voraussetzungen der Absätze 1 und 2 und des § 1 Abs. 2 erteilt. ²Die Handwerkskammer kann eine Stellungnahme der fachlich zuständigen Innung oder Berufsvereinigung einholen, wenn der Antragsteller ausdrücklich zustimmt. ³Sie hat ihre Stellungnahme einzuholen, wenn der Antragsteller es verlangt. ⁴Die Landesregierungen werden ermächtigt, durch Rechtsverordnung zu bestimmen, daß abweichend von Satz 1 an Stelle der höheren Verwaltungsbehörde eine andere Behörde zuständig ist. ⁵Sie können diese Ermächtigung auf oberste Landesbehörden übertragen.

(4) Gegen die Entscheidung steht neben dem Antragsteller auch der Handwerkskammer der Verwaltungsrechtsweg offen; die Handwerkskammer ist beizuladen.

§ 9 [Ausnahmebewilligung für Angehörige der EG- und EWR-Mitgliedstaaten]

(1) ¹Das Bundesministerium für Wirtschaft und Technologie wird ermächtigt, durch Rechtsverordnung mit Zustimmung des Bundesrates zur Durchführung von Richtlinien der Europäischen Union über die Anerkennung von Berufsqualifikationen im Rahmen der Niederlassungsfreiheit, des freien Dienstleistungsverkehrs und der Arbeitnehmerfreizügigkeit und zur Durchführung des Abkommens vom 2. Mai 1992 über den Europäischen Wirtschaftsraum (BGBl. 1993 II S. 267) sowie des Abkommens zwischen der Europäischen Gemeinschaft und ihren Mitgliedstaaten einerseits und der Schweizerischen Eidgenossenschaft andererseits über die Freizügigkeit vom 21. Juni 1999 (ABl. EG 2002 Nr. L 114 S. 6) zu bestimmen,
1. unter welchen Voraussetzungen einem Staatsangehörigen eines Mitgliedstaates der Europäischen Union, eines Vertragsstaates des Abkommens über den Europäischen Wirtschaftsraum oder der Schweiz, der im Inland zur Ausübung eines zulassungspflichtigen Handwerks eine gewerbliche Niederlassung unterhalten oder als Betriebsleiter tätig werden will, eine Ausnahmebewilligung zur Eintragung in die Handwerksrolle zu erteilen ist und
2. unter welchen Voraussetzungen einem Staatsangehörigen eines der vorgenannten Staaten, der im Inland keine gewerbliche Niederlassung unterhält, die grenzüberschreitende Dienstleistungserbringung in einem zulassungspflichtigen Handwerk gestattet ist.

[2]In den in Satz 1 Nr. 1 genannten Fällen bleibt § 8 Abs. 1 unberührt; § 8 Abs. 2 bis 4 gilt entsprechend. [3]In den in Satz 1 Nr. 2 genannten Fällen ist § 1 Abs. 1 nicht anzuwenden.

(2) In den Fällen des § 7 Abs. 2a und des § 50a findet § 1 Abs. 1 keine Anwendung, wenn der selbständige Betrieb im Inland keine Niederlassung unterhält.

§ 10 [Handwerkskarte]

(1) Die Eintragung in die Handwerksrolle erfolgt auf Antrag oder von Amts wegen.

(2) [1]Über die Eintragung in die Handwerksrolle hat die Handwerkskammer eine Bescheinigung auszustellen (Handwerkskarte). [2]In die Handwerkskarte sind einzutragen der Name und die Anschrift des Inhabers eines Betriebs eines zulassungspflichtigen Handwerks, der Betriebssitz, das zu betreibende zulassungspflichtige Handwerk und bei Ausübung mehrerer zulassungspflichtiger Handwerke diese Handwerke sowie der Zeitpunkt der Eintragung in die Handwerksrolle. [3]In den Fällen des § 7 Abs. 1 ist zusätzlich der Name des Betriebsleiters, des für die technische Leitung verantwortlichen persönlich haftenden Gesellschafters oder des Leiters eines Nebenbetriebs einzutragen. [4]Die Höhe der für die Ausstellung der Handwerkskarte zu entrichtenden Gebühr wird durch die Handwerkskammer mit Genehmigung der obersten Landesbehörde bestimmt.

§ 11 [Mitteilungspflicht der Handwerkskammer]

Die Handwerkskammer hat dem Gewerbetreibenden die beabsichtigte Eintragung in die Handwerksrolle gegen Empfangsbescheinigung mitzuteilen; gleichzeitig und in gleicher Weise hat sie dies der Industrie- und Handelskammer mitzuteilen, wenn der Gewerbetreibende dieser angehört.

§ 12 [Verwaltungsrechtsweg]

Gegen die Entscheidung über die Eintragung eines der Industrie- und Handelskammer angehörigen Gewerbetreibenden in die Handwerksrolle steht neben dem Gewerbetreibenden auch der Industrie- und Handelskammer der Verwaltungsrechtsweg offen.

Text

§ 13 [Löschung in der Handwerksrolle]

(1) Die Eintragung in die Handwerksrolle wird auf Antrag oder von Amts wegen gelöscht, wenn die Voraussetzungen für die Eintragung nicht vorliegen.

(2) Wird der Gewerbebetrieb nicht handwerksmäßig betrieben, so kann auch die Industrie- und Handelskammer die Löschung der Eintragung beantragen.

(3) Die Handwerkskammer hat dem Gewerbetreibenden die beabsichtigte Löschung der Eintragung in die Handwerksrolle gegen Empfangsbescheinigung mitzuteilen.

(4) Wird die Eintragung in die Handwerksrolle gelöscht, so ist die Handwerkskarte an die Handwerkskammer zurückzugeben.

(5) ¹Die nach Absatz 1 in der Handwerksrolle gelöschten Daten sind für weitere dreißig Jahre ab dem Zeitpunkt der Löschung in einer gesonderten Datei zu speichern. ²Eine Einzelauskunft aus dieser Datei ist jedem zu erteilen, der ein berechtigtes Interesse glaubhaft darlegt, soweit der Betroffene kein schutzwürdiges Interesse an dem Ausschluß der Übermittlung hat. ³§ 6 Abs. 4 bis 6 gilt entsprechend.

§ 14 [Beschränkung des Antrags auf Löschung]

¹Ein in die Handwerksrolle eingetragener Gewerbetreibender kann die Löschung mit der Begründung, dass der Gewerbebetrieb kein Betrieb eines zulassungspflichtigen Handwerks im Sinne des § 1 Abs. 2 ist, erst nach Ablauf eines Jahres seit Eintritt der Unanfechtbarkeit der Eintragung und nur dann beantragen, wenn sich die Voraussetzungen für die Eintragung wesentlich geändert haben. ²Satz 1 gilt für den Antrag der Industrie- und Handelskammer nach § 13 Abs. 2 entsprechend.

§ 15 [Erneuter Eintragungsantrag nach Ablehnung]

Ist einem Gewerbetreibenden die Eintragung in die Handwerksrolle abgelehnt worden, so kann er die Eintragung mit der Begründung, daß der Gewerbebetrieb nunmehr Handwerksbetrieb ist, erst nach Ablauf eines Jahres seit Eintritt der Unanfechtbarkeit der Ablehnung und nur dann beantragen, wenn sich die Voraussetzungen für die Ablehnung wesentlich geändert haben.

Handwerksordnung

§ 16 [Anzeigepflicht bei Betriebsbeginn; Untersagung der Fortsetzung]

(1) ¹Wer den Betrieb eines zulassungspflichtigen Handwerks nach § 1 anfängt, hat gleichzeitig mit der nach § 14 der Gewerbeordnung zu erstattenden Anzeige der hiernach zuständigen Behörde die über die Eintragung in die Handwerksrolle ausgestellte Handwerkskarte (§ 10 Abs. 2) vorzulegen. ²Der Inhaber eines Hauptbetriebs im Sinne des § 3 Abs. 3 hat der für die Entgegennahme der Anzeige nach § 14 der Gewerbeordnung zuständigen Behörde die Ausübung eines handwerklichen Neben- oder Hilfsbetriebs anzuzeigen.

(2) Der Gewerbetreibende hat ferner der Handwerkskammer, in deren Bezirk seine gewerbliche Niederlassung liegt oder die nach § 6 Abs. 2 für seine Eintragung in die Handwerksrolle zuständig ist, unverzüglich den Beginn und die Beendigung seines Betriebs und in den Fällen des § 7 Abs. 1 die Bestellung und Abberufung des Betriebsleiters anzuzeigen; bei juristischen Personen sind auch die Namen der gesetzlichen Vertreter, bei Personengesellschaften die Namen der für die technische Leitung verantwortlichen und der vertretungsberechtigten Gesellschafter anzuzeigen.

(3) ¹Wird der selbständige Betrieb eines zulassungspflichtigen Handwerks als stehendes Gewerbe entgegen den Vorschriften dieses Gesetzes ausgeübt, so kann die nach Landesrecht zuständige Behörde die Fortsetzung des Betriebs untersagen. ²Die Untersagung ist nur zulässig, wenn die Handwerkskammer und die Industrie- und Handelskammer zuvor angehört worden sind und in einer gemeinsamen Erklärung mitgeteilt haben, dass sie die Voraussetzungen einer Untersagung als gegeben ansehen.

(4) ¹Können sich die Handwerkskammer und die Industrie- und Handelskammer nicht über eine gemeinsame Erklärung nach Absatz 3 Satz 2 verständigen, entscheidet eine von dem Deutschen Industrie- und Handelskammertag und dem Deutschen Handwerkskammertag (Trägerorganisationen) gemeinsam für die Dauer von jeweils vier Jahren gebildete Schlichtungskommission. ²Die Schlichtungskommission ist erstmals zum 1. Juli 2004 zu bilden.

(5) ¹Der Schlichtungskommission gehören drei Mitglieder an, von denen je ein Mitglied von jeder Trägerorganisation und ein Mitglied von beiden Trägerorganisationen gemeinsam zu benennen sind. ²Das gemeinsam benannte Mitglied führt den Vorsitz. ³Hat eine Trägerorganisation ein Mitglied nicht innerhalb von einem Monat nach Benennung des Mitglieds der anderen Trägerorganisation benannt, so erfolgt die Benennung durch das Bundesministerium für Wirtschaft und Technologie. ⁴Das Bundesministerium für Wirtschaft und Technologie benennt auch das vorsitzende Mitglied, wenn sich die Trägerorganisationen nicht innerhalb eines Monats einigen können, nachdem beide ihre Vorschläge für das gemein-

Text Handwerksordnung

sam zu benennende Mitglied unterbreitet haben. ⁵Die Schlichtungskommission gibt sich eine Geschäftsordnung.

(6) Das Bundesministerium für Wirtschaft und Technologie wird ermächtigt, durch Rechtsverordnung mit Zustimmung des Bundesrates das Schlichtungsverfahren zu regeln.

(7) Hält die zuständige Behörde die Erklärung nach Absatz 3 Satz 2 oder die Entscheidung der Schlichtungskommission für rechtswidrig, kann sie unmittelbar die Entscheidung der obersten Landesbehörde herbeiführen.

(8) Bei Gefahr im Verzug kann die zuständige Behörde die Fortsetzung des Gewerbes auch ohne Einhaltung des Verfahrens nach Absatz 3 Satz 2 und Absatz 4 vorläufig untersagen.

(9) Die Ausübung des untersagten Gewerbes durch den Gewerbetreibenden kann durch Schließung der Betriebs- und Geschäftsräume oder durch andere geeignete Maßnahmen verhindert werden.

(10) ¹Die Schlichtungskommission kann auch angerufen werden, wenn sich in den Fällen des § 90 Abs. 3 die Handwerkskammer und die Industrie- und Handelskammer nicht über die Zugehörigkeit eines Gewerbetreibenden zur Handwerkskammer oder zur Industrie- und Handelskammer einigen können. ²Die Absätze 4 bis 6 gelten entsprechend. ³Hält der Gewerbetreibende die Entscheidung der Schlichtungskommission für rechtswidrig, so entscheidet die oberste Landesbehörde. ⁴§ 12 gilt entsprechend.

§ 17 [Auskunftspflicht und -verweigerungsrecht; Betriebsrecht]

(1) ¹Die in der Handwerksrolle eingetragenen oder in diese einzutragenden Gewerbetreibenden sind verpflichtet, der Handwerkskammer die für die Prüfung der Eintragungsvoraussetzungen erforderliche Auskunft über Art und Umfang ihres Betriebs, über die Betriebsstätte, über die Zahl der im Betrieb beschäftigten gelernten und ungelernten Personen und über handwerkliche Prüfungen des Betriebsinhabers und des Betriebsleiters sowie über die vertragliche und praktische Ausgestaltung des Betriebsleiterverhältnisses zu erteilen sowie auf Verlangen hierüber Nachweise vorzulegen. ²Auskünfte, Nachweise und Informationen, die für die Prüfung der Eintragungsvoraussetzungen nach Satz 1 nicht erforderlich sind, dürfen von der Handwerkskammer nicht, auch nicht für Zwecke der Verfolgung von Straftaten oder Ordnungswidrigkeiten, verwertet werden. ³Die Handwerkskammer kann für die Erteilung der Auskunft eine Frist setzen.

Handwerksordnung

(2) ¹Die Beauftragten der Handwerkskammer sind nach Maßgabe des § 29 Abs. 2 der Gewerbeordnung befugt, zu dem in Absatz 1 bezeichneten Zweck Grundstücke und Geschäftsräume des Auskunftspflichtigen zu betreten und dort Prüfungen und Besichtigungen vorzunehmen. ²Der Auskunftspflichtige hat diese Maßnahmen zu dulden. ³Das Grundrecht der Unverletzlichkeit der Wohnung (Artikel 13 des Grundgesetzes) wird insoweit eingeschränkt.

(3) Der Auskunftspflichtige kann die Auskunft auf solche Fragen verweigern, deren Beantwortung ihn selbst oder einen der in § 383 Abs. 1 Nr. 1 bis 3 der Zivilprozeßordnung bezeichneten Angehörigen der Gefahr strafgerichtlicher Verfolgung oder eines Verfahrens nach dem Gesetz über Ordnungswidrigkeiten aussetzen würde.

(4) Sofern ein Gewerbetreibender ohne Angabe von Name und Anschrift unter einem Telekommunikationsanschluß Handwerksleistungen anbietet und Anhaltspunkte dafür bestehen, daß er den selbständigen Betrieb eines Handwerks als stehendes Gewerbe entgegen den Vorschriften dieses Gesetzes ausübt, ist der Anbieter der Telekommunikationsdienstleistung verpflichtet, den Handwerkskammern auf Verlangen Namen und Anschrift des Anschlußinhabers unentgeltlich mitzuteilen.

Dritter Abschnitt. Zulassungsfreie Handwerke und handwerksähnliche Gewerbe

§ 18 [Anzeigepflicht]

(1) ¹Wer den selbständigen Betrieb eines zulassungsfreien Handwerks oder eines handwerksähnlichen Gewerbes als stehendes Gewerbe beginnt oder beendet, hat dies unverzüglich der Handwerkskammer, in deren Bezirk seine gewerbliche Niederlassung liegt, anzuzeigen. ²Bei juristischen Personen sind auch die Namen der gesetzlichen Vertreter, bei Personengesellschaften die Namen der vertretungsberechtigten Gesellschafter anzuzeigen.

(2) ¹Ein Gewerbe ist ein zulassungsfreies Handwerk im Sinne dieses Gesetzes, wenn es handwerksmäßig betrieben wird und in Anlage B Abschnitt 1 zu diesem Gesetz aufgeführt ist. ²Ein Gewerbe ist ein handwerksähnliches Gewerbe im Sinne dieses Gesetzes, wenn es handwerksähnlich betrieben wird und in Anlage B Abschnitt 2 zu diesem Gesetz aufgeführt ist.

(3) Das Bundesministerium für Wirtschaft und Technologie wird ermächtigt, durch Rechtsverordnung mit Zustimmung des Bundesrates die Anlage B zu diesem Gesetz dadurch zu ändern, daß es darin aufgeführte Gewerbe streicht, ganz oder teilweise zusammenfaßt oder trennt, Be-

zeichnungen für sie festsetzt oder die Gewerbegruppen aufteilt, soweit es die technische und wirtschaftliche Entwicklung erfordert.

§ 19 [Verzeichnis der Inhaber von Betrieben eines zulassungsfreien Handwerks oder handwerksähnlicher Betriebe]

[1]Die Handwerkskammer hat ein Verzeichnis zu führen, in welches die Inhaber eines Betriebs eines zulassungsfreien Handwerks oder eines handwerksähnlichen Gewerbes nach Maßgabe der Anlage D Abschnitt II zu diesem Gesetz mit dem von ihnen betriebenen Gewerbe oder bei Ausübung mehrerer Gewerbe mit diesen Gewerben einzutragen sind. [2]§ 6 Abs. 2 bis 5 gilt entsprechend.

§ 20 [Anwendbarkeit von Vorschriften]

[1]Auf zulassungsfreie Handwerke und handwerksähnliche Gewerbe finden § 10 Abs. 1, die §§ 11, 12, 13 Abs. 1 bis 3, 5, die §§ 14, 15 und 17 entsprechende Anwendung. [2]§ 5a Abs. 2 Satz 1 findet entsprechende Anwendung, soweit dies zur Feststellung erforderlich ist, ob die Voraussetzungen für die Eintragung in das Verzeichnis der Inhaber eines Betriebs eines zulassungsfreien oder eines handwerksähnlichen Gewerbes vorliegen.

Zweiter Teil. Berufsbildung im Handwerk

Erster Abschnitt. Berechtigung zum Einstellen und Ausbilden

§ 21 [Anforderungen an die Ausbildungsstätte]

(1) Lehrlinge (Auszubildende) dürfen nur eingestellt und ausgebildet werden wenn
1. die Ausbildungsstätte nach Art und Einrichtung für die Berufsausbildung geeignet ist, und
2. die Zahl der Lehrlinge (Auszubildenden) in einem angemessenen Verhältnis zur Zahl der Ausbildungsplätze oder zur Zahl der beschäftigten Fachkräfte steht, es sei denn, dass anderenfalls die Berufsausbildung nicht gefährdet wird.

(2) Eine Ausbildungsstätte, in der die erforderlichen beruflichen Fertigkeiten, Kenntnisse und Fähigkeiten nicht in vollem Umfang vermittelt

werden können, gilt als geeignet, wenn diese durch Ausbildungsmaßnahmen außerhalb der Ausbildungsstätte vermittelt werden.

§ 22 [Anforderungen an den Ausbilder]

(1) [1]Lehrlinge (Auszubildende) darf nur einstellen, wer persönlich geeignet ist. [2]Lehrlinge (Auszubildende) darf nur ausbilden, wer persönlich und fachlich geeignet ist.

(2) Wer fachlich nicht geeignet ist oder wer nicht selbst ausbildet, darf Lehrlinge (Auszubildende) nur dann einstellen, wenn er persönlich und fachlich geeignete Ausbilder bestellt, die die Ausbildungsinhalte unmittelbar, verantwortlich und in wesentlichem Umfang vermitteln.

(3) Unter der Verantwortung des Ausbilders kann bei der Berufsausbildung mitwirken, wer selbst nicht Ausbilder ist, aber abweichend von den besonderen Voraussetzungen des § 22b die für die Vermittlung von Ausbildungsinhalten erforderlichen beruflichen Fertigkeiten, Kenntnisse und Fähigkeiten besitzt und persönlich geeignet ist.

§ 22a [Persönliche Eignung]

Persönlich nicht geeignet ist insbesondere, wer
1. Kinder und Jugendliche nicht beschäftigen darf oder
2. wiederholt oder schwer gegen dieses Gesetz oder die auf Grund dieses Gesetzes erlassenen Vorschriften und Bestimmungen verstoßen hat.

§ 22b [Fachliche Eignung]

(1) Fachlich geeignet ist, wer die beruflichen sowie die berufs- und arbeitspädagogischen Fertigkeiten, Kenntnisse und Fähigkeiten besitzt, die für die Vermittlung der Ausbildungsinhalte erforderlich sind.

(2) In einem zulassungspflichtigen Handwerk besitzt die fachliche Eignung, wer
1. die Meisterprüfung in dem zulassungspflichtigen Handwerk, in dem ausgebildet werden soll, oder in einem mit diesem verwandten Handwerk bestanden hat oder
2. in dem zulassungspflichtigen Handwerk, in dem ausgebildet werden soll, oder in einem mit diesem verwandten Handwerk
   a) die Voraussetzungen zur Eintragung in die Handwerksrolle nach § 7 erfüllt oder
   b) eine Ausübungsberechtigung nach § 7a oder § 7b erhalten hat oder
   c) eine Ausnahmebewilligung nach § 8 oder nach § 9 Abs. 1 Satz 1 Nr. 1 erhalten hat

und den Teil IV der Meisterprüfung oder eine gleichwertige andere Prüfung, insbesondere eine Ausbildereignungsprüfung auf der Grundlage einer nach § 30 Abs. 5 des Berufsbildungsgesetzes erlassenen Rechtsverordnung, bestanden hat.

(3) ¹In einem zulassungsfreien Handwerk oder einem handwerksähnlichen Gewerbe besitzt die für die fachliche Eignung erforderlichen beruflichen Fertigkeiten, Kenntnisse und Fähigkeiten, wer
1. die Meisterprüfung in dem zulassungsfreien Handwerk oder in dem handwerksähnlichen Gewerbe, in dem ausgebildet werden soll, bestanden hat,
2. die Gesellen- oder Abschlussprüfung in einer dem Ausbildungsberuf entsprechenden Fachrichtung bestanden hat,
3. eine anerkannte Prüfung an einer Ausbildungsstätte oder vor einer Prüfungsbehörde oder eine Abschlussprüfung an einer staatlichen oder staatlich anerkannten Schule in einer dem Ausbildungsberuf entsprechenden Fachrichtung bestanden hat oder
4. eine Abschlussprüfung an einer deutschen Hochschule in einer dem Ausbildungsberuf entsprechenden Fachrichtung bestanden hat

und im Falle der Nummern 2 bis 4 eine angemessene Zeit in seinem Beruf praktisch tätig gewesen ist. ²Der Abschlussprüfung an einer deutschen Hochschule gemäß Satz 1 Nr. 4 gleichgestellt sind Diplome nach § 7 Abs. 2 Satz 4. ³Für den Nachweis der berufs- und arbeitspädagogischen Fertigkeiten, Kenntnisse und Fähigkeiten finden die auf der Grundlage des § 30 Abs. 5 des Berufsbildungsgesetzes erlassenen Rechtsverordnungen Anwendung.

(4) ¹Das Bundesministerium für Wirtschaft und Technologie kann nach Anhörung des Hauptausschusses des Bundesinstitut für Berufsbildung durch Rechtsverordnung, die nicht der Zustimmung des Bundesrates bedarf, bestimmen, dass der Erwerb berufs- und arbeitspädagogischer Fertigkeiten, Kenntnisse und Fähigkeiten gesondert nachzuweisen ist. ²Dabei können Inhalt, Umfang und Abschluss der Maßnahmen für den Nachweis geregelt werden. ³Das Bestehen des Teils IV der Meisterprüfung gilt als Nachweis.

(5) Die nach Landesrecht zuständige Behörde kann Personen, die die Voraussetzungen der Absätze 2, 3 und 4 nicht erfüllen, die fachliche Eignung nach Anhören der Handwerkskammer widerruflich zuerkennen.

§ 22c [Fachliche Eignung nach EG-Recht]

(1) In den Fällen des § 22b Abs. 3 besitzt die für die fachliche Eignung erforderlichen beruflichen Fertigkeiten, Kenntnisse und Fähigkeiten auch, wer die Voraussetzungen für die Anerkennung seiner Berufsqualifi-

kation nach der Richtlinie 2005/36/EG des Europäischen Parlaments und des Rates vom 7. September 2005 über die Anerkennung von Berufsqualifikationen (ABl. EU Nr. L 255 S. 22) erfüllt, sofern er eine angemessene Zeit in seinem Beruf praktisch tätig gewesen ist.

(2) Die Anerkennung kann unter den in Artikel 14 der in Absatz 1 genannten Richtlinie aufgeführten Voraussetzungen davon abhängig gemacht werden, dass der Antragsteller oder die Antragsrtellerin zunächst einen höchstens dreijährigen Anpassungslehrgang ableistet oder eine Eignungsprüfung ablegt.

(3) Die Entscheidung über die Anerkennung trifft die Handwerkskammer. Sie kann die Durchführung von Anpassungslehrgängen und Eignungsprüfungen regeln.

§ 23 [Eignungsfeststellung]

(1) Die Handwerkskammer hat darüber zu wachen, dass die Eignung der Ausbildungsstätte sowie die persönliche und fachliche Eignung vorliegen.

(2) [1]Werden Mängel der Eignung festgestellt, so hat die Handwerkskammer, falls der Mangel zu beheben und eine Gefährdung des Lehrlings (Auszubildenden) nicht zu erwarten ist, den Ausbildenden aufzufordern, innerhalb einer von ihr gesetzten Frist den Mangel zu beseitigen. [2]Ist der Mangel der Eignung nicht zu beheben oder ist eine Gefährdung des Lehrlings (Auszubildenden) zu erwarten oder wird der Mangel nicht innerhalb der gesetzten Frist beseitigt, so hat die Handwerkskammer der nach Landesrecht zuständigen Behörde dies mitzuteilen.

§ 24 [Untersagung des Einstellens und Ausbildens]

(1) Die nach Landesrecht zuständige Behörde kann für eine bestimmte Ausbildungsstätte das Einstellen und Ausbilden untersagen, wenn die Voraussetzungen nach § 21 nicht oder nicht mehr vorliegen.

(2) Die nach Landesrecht zuständige Behörde hat das Einstellen und Ausbilden zu untersagen, wenn die persönliche oder fachliche Eignung nicht oder nicht mehr vorliegt.

(3) [1]Vor der Untersagung sind die Beteiligten und die Handwerkskammer zu hören. [2]Dies gilt nicht in den Fällen des § 22a Nr. 1.

Text Handwerksordnung

Zweiter Abschnitt. Ausbildungsordnung, Änderung der Ausbildungszeit

§ 25 [Ausbildungsordnung]

(1) [1]Als Grundlage für eine geordnete und einheitliche Berufsausbildung kann das Bundesministerium für Wirtschaft und Technologie im Einvernehmen mit dem Bundesministerium für Bildung und Forschung durch Rechtsverordnung, die nicht der Zustimmung des Bundesrates bedarf, für Gewerbe der Anlage A und der Anlage B Ausbildungsberufe staatlich anerkennen und hierfür Ausbildungsordnungen nach § 26 erlassen. [2]Dabei können in einem Gewerbe mehrere Ausbildungsberufe staatlich anerkannt werden, soweit dies wegen der Breite des Gewerbes erforderlich ist; die in diesen Berufen abgelegten Gesellenprüfungen sind Prüfungen im Sinne des § 49 Abs. 1 oder § 51a Abs. 5 Satz 1.

(2) Für einen anerkannten Ausbildungsberuf darf nur nach der Ausbildungsordnung ausgebildet werden.

(3) In anderen als anerkannten Ausbildungsberufen dürfen Jugendliche unter 18 Jahren nicht ausgebildet werden, soweit die Berufsausbildung nicht auf den Besuch weiterführender Bildungsgänge vorbereitet.

(4) Wird die Ausbildungsordnung eines Ausbildungsberufes aufgehoben oder werden Gewerbe der Anlage A oder in der Anlage B zu diesem Gesetz gestrichen, zusammengefasst oder getrennt, so gelten für bestehende Berufsausbildungsverhältnisse die bisherigen Vorschriften.

(5) Das Bundesministerium für Wirtschaft und Technologie informiert die Länder frühzeitig über Neuordnungskonzepte und bezieht sie in die Abstimmung ein.

§ 26 [Inhalt der Ausbildungsordnung]

(1) Die Ausbildungsordnung hat festzulegen
1. die Bezeichnung des Ausbildungsberufes, der anerkannt wird; sie kann von der Gewerbebezeichnung abweichen, muss jedoch inhaltlich von der Gewerbebezeichnung abgedeckt sein,
2. die Ausbildungsdauer; sie soll nicht mehr als drei und nicht weniger als zwei Jahre betragen,
3. die beruflichen Fertigkeiten, Kenntnisse und Fähigkeiten, die mindestens Gegenstand der Berufsausbildung sind (Ausbildungsberufsbild),
4. eine Anleitung zur sachlichen und zeitlichen Gliederung der Vermittlung der beruflichen Fertigkeiten, Kenntnisse und Fähigkeiten (Ausbildungsrahmenplan),
5. die Prüfungsanforderungen.

(2) ¹Die Ausbildungsordnung kann vorsehen,
1. dass die Berufsausbildung in sachlich und zeitlich besonders gegliederten, aufeinander aufbauenden Stufen erfolgt; nach den einzelnen Stufen soll ein Ausbildungsabschluss vorgesehen werden, der sowohl zu einer qualifizierten beruflichen Tätigkeit im Sinne des § 1 Abs. 3 des Berufsbildungsgesetzes befähigt, als auch die Fortsetzung der Berufsausbildung in weiteren Stufen ermöglicht (Stufenausbildung),
2. dass die Gesellenprüfung in zwei zeitlich auseinander fallenden Teilen durchgeführt wird,
3. dass abweichend von § 25 Abs. 4 die Berufsausbildung in diesem Ausbildungsberuf unter Anrechnung der bereits zurückgelegten Ausbildungszeit fortgesetzt werden kann, wenn die Vertragsparteien dies vereinbaren,
4. dass auf die durch die Ausbildungsordnung geregelte Berufsausbildung eine andere, einschlägige Berufsausbildung unter Berücksichtigung der hierbei erworbenen beruflichen Fertigkeiten, Kenntnisse und Fähigkeiten angerechnet werden kann,
5. dass über das in Absatz 1 Nr. 3 beschriebene Ausbildungsberufsbild hinaus zusätzliche berufliche Fertigkeiten, Kenntnisse und Fähigkeiten vermittelt werden können, die die berufliche Handlungsfähigkeit ergänzen oder erweitern,
6. dass Teile der Berufsausbildung in geeigneten Einrichtungen außerhalb der Ausbildungsstätte durchgeführt werden, wenn und soweit es die Berufsausbildung erfordert (überbetriebliche Berufsausbildung),
7. dass Lehrlinge (Auszubildende) einen schriftlichen Ausbildungsnachweis zu führen haben.
²Im Rahmen der Ordnungsverfahren soll stets geprüft werden, ob Regelungen nach Nummer 1, 2 und 4 sinnvoll und möglich sind.

§ 27 [Ausschließlichkeitsgrundsatz]

Zur Entwicklung und Erprobung neuer Ausbildungsberufe sowie Ausbildungs- und Prüfungsformen kann das Bundesministerium für Wirtschaft und Technologie im Einvernehmen mit dem Bundesministerium für Bildung und Forschung nach Anhörung des Hauptausschusses des Bundesinstituts für Berufsbildung durch Rechtsverordnung, die nicht der Zustimmung bedarf, Ausnahmen von § 25 Abs. 2 und 3 sowie den §§ 26, 31 und 39 zulassen, die auch auf eine bestimmte Art und Zahl von Ausbildungsstätten beschränkt werden können.

Text

§ 27a [Kürzung und Verlängerung der Ausbildungszeit]

(1) Die Landesregierungen können nach Anhörung des Landesausschusses für Berufsausbildung durch Rechtsverordnung bestimmen, dass der Besuch eines Bildungsganges berufsbildender Schulen oder die Berufsausbildung in einer sonstigen Einrichtung ganz oder teilweise auf die Ausbildungszeit angerechnet wird. ²Die Ermächtigung kann durch Rechtsverordnung auf oberste Landesbehörden weiter übertragen werden. ³Die Rechtsverordnung kann vorsehen, dass die Anrechnung eines gemeinsamen Antrags der Lehrlinge (Auszubildenden) und Ausbildenden bedarf.

(2) ¹Die Anrechnung nach Absatz 1 bedarf des gemeinsamen Antrags der Lehrlinge (Auszubildenden) und Ausbildenden. ²Der Antrag ist an die Handwerkskammer zu richten. ³Er kann sich auf Teile des höchstzulässigen Anrechnungszeitraums beschränken.

§ 27b [Kürzung und Verlängerung der Ausbildungszeit auf Antrag]

(1) ¹Auf gemeinsamen Antrag des Lehrlings (Auszubildenden) und des Ausbildenden hat die Handwerkskammer die Ausbildungszeit zu kürzen, wenn zu erwarten ist, dass das Ausbildungsziel in der gekürzten Zeit erreicht wird. ²Bei berechtigtem Interesse kann sich der Antrag auch auf die Verkürzung der täglichen oder wöchentlichen Ausbildungszeit richten (Teilzeitberufsausbildung).

(2) ¹In Ausnahmefällen kann die Handwerkskammer auf Antrag des Lehrlings (Auszubildenden) die Ausbildungszeit verlängern, wenn die Verlängerung erforderlich ist, um das Ausbildungsziel zu erreichen. ²Vor der Entscheidung nach Satz 1 ist der Ausbildende zu hören.

(3) Für die Entscheidung über die Verkürzung oder Verlängerung der Ausbildungszeit kann der Hauptausschuss des Bundesinstituts für Berufsbildung Richtlinien erlassen.

§ 27c [Gesamtausbildungszeit]

¹Werden in einem Betrieb zwei verwandte Handwerke ausgeübt, so kann in beiden Handwerken in einer verkürzten Gesamtausbildungszeit gleichzeitig ausgebildet werden. ²Das Bundesministerium für Wirtschaft und Technologie bestimmt im Einvernehmen mit dem Bundesministerium für Bildung und Forschung durch Rechtsverordnung, für welche verwandte Handwerke eine Gesamtausbildungszeit vereinbart werden kann und die Dauer der Gesamtausbildungszeit.

Handwerksordnung

Dritter Abschnitt. Verzeichnis der Berufsausbildungsverhältnisse

§ 28 [Lehrlingsrolle, Datenschutz]

(1) ¹Die Handwerkskammer hat zur Regelung, Überwachung, Förderung und zum Nachweis der Berufsausbildung in anerkannten Ausbildungsberufen ein Verzeichnis der in ihrem Bezirk bestehenden Berufsausbildungsverhältnisse nach Maßgabe der Anlage D Abschnitt III zu diesem Gesetz einzurichten und zu führen (Lehrlingsrolle). ²Die Eintragung ist für den Lehrling (Auszubildenden) gebührenfrei.

(2) ¹Die nach Absatz 1 gespeicherten Daten dürfen an öffentliche und nicht-öffentliche Stellen übermittelt werden, soweit dies zu den in Absatz 1 genannten Zwecken erforderlich ist. ²Werden Daten an nicht-öffentliche Stellen übermittelt, so ist der Betroffene hiervon zu benachrichtigen, es sei denn, daß er von der Übermittlung auf andere Weise Kenntnis erlangt.

(3) ¹Der Empfänger darf die übermittelten Daten nur für den Zweck verarbeiten oder nutzen, zu dessen Erfüllung sie ihm übermittelt werden. ²Bei Übermittlungen an nicht-öffentliche Stellen hat die übermittelnde Stelle den Empfänger hiervon zu unterrichten.

(4) Für das Verändern und Sperren der Daten in der Lehrlingsrolle gelten die Datenschutzgesetze der Länder.

(5) Die Eintragungen sind am Ende des Kalenderjahres, in dem das Berufsausbildungsverhältnis beendet wird, in der Lehrlingsrolle zu löschen.

(6) ¹Die nach Absatz 5 gelöschten Daten sind in einer gesonderten Datei zu speichern, solange und soweit dies für den Nachweis der Berufsausbildung erforderlich ist, höchstens jedoch 60 Jahre. ²Die Übermittlung von Daten ist nur unter den Voraussetzungen des Absatzes 2 zulässig.

(7) ¹Zur Verbesserung der Ausbildungsvermittlung, zur Verbesserung der Zuverlässigkeit und Aktualität der Ausbildungsvermittlungsstatistik sowie zur Verbesserung der Feststellung von Angebot und Nachfrage auf dem Ausbildungsmarkt darf die Handwerkskammer folgende Daten aus der Lehrlingsrolle an die Bundesagentur für Arbeit übermitteln:
1. Name, Geburtsname, Vorname, Geburtsdatum und Anschrift des Lehrlings (Auszubildenden),
2. Name und Anschrift der Ausbildungsstätte,
3. Ausbildungsberuf sowie
4. Datum des Beginns der Berufsausbildung.

²Bei der Datenübermittlung sind dem jeweiligen Stand der Technik entsprechende Maßnahmen zur Sicherstellung von Datenschutz und Datensicherheit zu treffen, die insbesondere die Vertraulichkeit, Unversehrtheit und Zurechenbarkeit der Daten gewährleisten.

(8) Im Übrigen darf die Handwerkskammer Daten aus dem Berufsausbildungsvertrag, die nicht nach Absatz 1 oder Absatz 6 gespeichert sind, nur für die in Absatz 1 genannten Zwecke sowie in den Fällen des § 88 Abs. 2 des Berufsbildungsgesetzes übermitteln.

§ 29 [Eintragen, Ändern, Löschen]

(1) Ein Berufsausbildungsvertrag und Änderungen seines wesentlichen Inhalts sind in die Lehrlingsrolle einzutragen, wenn
1. der Berufsausbildungsvertrag den gesetzlichen Vorschriften und der Ausbildungsordnung entspricht,
2. die persönliche und fachliche Eignung sowie die Eignung der Ausbildungsstätte für das Einstellen und Ausbilden vorliegen und
3. für Auszubildende unter 18 Jahren die ärztliche Bescheinigung über die Erstuntersuchung nach § 32 Abs. 1 des Jugendarbeitsschutzgesetzes zur Einsicht vorgelegt wird.

(2) [1]Die Eintragung ist abzulehnen oder zu löschen, wenn die Eintragungsvoraussetzungen nicht vorliegen und der Mangel nicht nach § 23 Abs. 2 behoben wird. [2]Die Eintragung ist ferner zu löschen, wenn die ärztliche Bescheinigung über die erste Nachuntersuchung nach § 33 Abs. 1 des Jugendarbeitsschutzgesetzes nicht spätestens am Tage der Anmeldung des Auszubildenden zur Zwischenprüfung oder zum ersten Teil der Gesellenprüfung zur Einsicht vorgelegt und der Mangel nicht nach § 23 Abs. 2 behoben wird.

§ 30 [Antrag]

(1) [1]Der Ausbildende hat unverzüglich nach Abschluß des Berufsausbildungsvertrags die Eintragung in die Lehrlingsrolle zu beantragen. [2]Eine Ausfertigung der Vertragsniederschrift ist beizufügen. [3]Entsprechendes gilt bei Änderungen des wesentlichen Vertragsinhalts.

(2) Der Ausbildende hat anzuzeigen
1. eine vorausgegangene allgemeine und berufliche Ausbildung des Lehrlings (Auszubildenden),
2. die Bestellung von Ausbildern.

Handwerksordnung

Vierter Abschnitt. Prüfungswesen

§ 31 [Gesellenprüfung]

(1) ¹In den anerkannten Ausbildungsberufen (Gewerbe der Anlage A oder der Anlage B) sind Gesellenprüfungen durchzuführen. ²Die Prüfung kann im Falle des Nichtbestehens zweimal wiederholt werden. ³Sofern die Gesellenprüfung in zwei zeitlich auseinander fallenden Teilen durchgeführt wird, ist der erste Teil der Gesellenprüfung nicht eigenständig wiederholbar.

(2) ¹Dem Prüfling ist ein Zeugnis auszustellen. ²Dem Ausbildenden werden auf dessen Verlangen die Ergebnisse der Gesellenprüfung des Lehrlings (Auszubildenden) übermittelt. ²Sofern die Gesellenprüfung in zwei zeitlich auseinander fallenden Teilen durchgeführt wird, ist das Ergebnis der Prüfungsleistung im ersten Teil der Gesellenprüfung dem Prüfling schriftlich mitzuteilen.

(3) ¹Dem Zeugnis ist auf Antrag des Lehrlings (Auszubildenden) eine englischsprachige und eine französischsprachige Übersetzung beizufügen. ²Auf Antrag des Lehrlings (Auszubildenden) kann das Ergebnis berufsschulischer Leistungsfeststellungen auf dem Zeugnis ausgewiesen werden.

(4) Die Prüfung ist für den Lehrling (Auszubildenden) gebührenfrei.

§ 32 [Prüfungsgegenstand]

¹Durch die Gesellenprüfung ist festzustellen, ob der Prüfling die berufliche Handlungsfähigkeit im Sinne des § 1 Abs. 3 des Berufsbildungsgesetzes erworben hat. ²In ihr soll der Prüfling nachweisen, dass er die erforderlichen beruflichen Fertigkeiten beherrscht, die notwendigen beruflichen Kenntnisse und Fähigkeiten besitzt und mit dem im Berufsschulunterricht zu vermittelnden, für die Berufsausbildung wesentlichen Lehrstoff vertraut ist. ³Die Ausbildungsordnung ist zugrunde zu legen.

§ 33 [Gesellenprüfungsausschüsse]

(1) ¹Für die Abnahme der Gesellenprüfung errichtet die Handwerkskammer Prüfungsausschüsse. ²Mehrere Handwerkskammern können bei einer von ihnen gemeinsame Prüfungsausschüsse errichten. ³Die Handwerkskammer kann Handwerksinnungen ermächtigen, Gesellenprüfungsausschüsse zu errichten, wenn die Leistungsfähigkeit der Handwerksinnung die ordnungsgemäße Durchführung der Prüfung sicherstellt.

(2) Werden von einer Handwerksinnung Gesellenprüfungsausschüsse errichtet, so sind sie für die Abnahme der Gesellenprüfung aller Lehrlinge

Text Handwerksordnung

(Auszubildenden) der in der Handwerksinnung vertretenen Handwerke ihres Bezirks zuständig, soweit nicht die Handwerkskammer etwas anderes bestimmt.

(3) Der Prüfungsausschuss kann zur Bewertung einzelner, nicht mündlich zu erbringender Prüfungsleistungen gutachterliche Stellungnahmen Dritter, insbesondere berufsbildender Schulen, einholen.

(4) Im Rahmen der Begutachtung nach Absatz 3 sind die wesentlichen Abläufe zu dokumentieren und die für die Bewertung erheblichen Tatsachen festzuhalten.

§ 34 [Zusammensetzung, Berufung]

(1) [1]Der Prüfungsausschuß besteht aus mindestens drei Mitgliedern. [2]Die Mitglieder müssen für die Prüfungsgebiete sachkundig und für die Mitwirkung im Prüfungswesen geeignet sein.

(2) [1]Dem Prüfungsausschuss müssen als Mitglieder für zulassungspflichtige Handwerke Arbeitgeber oder Betriebsleiter und Arbeitnehmer in gleicher Zahl, für zulassungsfreie Handwerke oder handwerksähnliche Gewerbe Beauftragte der Arbeitgeber und Arbeitnehmer in gleicher Zahl sowie mindestens ein Lehrer einer berufsbildenden Schule angehören. [2]Mindestens zwei Drittel der Gesamtzahl der Mitglieder müssen in zulassungspflichtigen Handwerken Arbeitgeber und Arbeitnehmer, in zulassungsfreien Handwerken oder handwerksähnlichen Gewerben Beauftragte der Arbeitgeber und der Arbeitnehmer sein. [3]Die Mitglieder haben Stellvertreter. [4]Die Mitglieder und die Stellvertreter werden längstens für fünf Jahre berufen oder gewählt.

(3) [1]Die Arbeitgeber müssen in dem zulassungspflichtigen Handwerk, für das der Prüfungsausschuß errichtet ist, die Meisterprüfung abgelegt haben oder zum Ausbilden berechtigt sein. [2]In dem zulassungsfreien Handwerk oder in dem handwerksähnlichen Gewerbe, für das der Prüfungsausschuss errichtet ist, müssen die Arbeitgeber oder die Beauftragten der Arbeitgeber die Gesellenprüfung oder eine entsprechende Abschlussprüfung in einem anerkannten Ausbildungsberuf nach § 4 des Berufsbildungsgesetzes bestanden haben und in diesem Handwerk oder in diesem Gewerbe tätig sein. [3]Die Arbeitnehmer und die Beauftragten der Arbeitnehmer müssen die Gesellenprüfung in dem zulassungspflichtigen oder zulassungsfreien Handwerk oder in dem handwerksähnlichen Gewerbe, für das der Prüfungsausschuss errichtet ist, oder eine entsprechende Abschlussprüfung in einem anerkannten Ausbildungsberuf nach § 4 des Berufsbildungsgesetzes bestanden haben und in diesem Handwerk oder in diesem Gewerbe tätig sein. [4]Arbeitnehmer, die eine entsprechende ausländische Befähigung erworben haben und handwerklich tätig sind, können in den Prüfungsausschuß berufen werden.

Handwerksordnung **Text**

(4) ¹Die Mitglieder werden von der Handwerkskammer berufen. ²Die Arbeitnehmer und die Beauftragten der Arbeitnehmer der von der Handwerkskammer errichteten Prüfungsausschüsse werden auf Vorschlag der Mehrheit der Gesellenvertreter in der Vollversammlung der Handwerkskammer berufen. ³Der Lehrer einer berufsbildenden Schule wird im Einvernehmen mit der Schulaufsichtsbehörde oder der von ihr bestimmten Stelle berufen.

(5) ¹Für die mit Ermächtigung der Handwerkskammer von der Handwerksinnung errichteten Prüfungsausschüsse werden die Arbeitgeber und die Beauftragten der Arbeitgeber von der Innungsversammlung, die Arbeitnehmer und die Beauftragten der Arbeitnehmer von dem Gesellenausschuß gewählt. ²Der Lehrer einer berufsbildenden Schule wird im Einvernehmen mit der Schulaufsichtsbehörde oder der von ihr bestimmten Stelle nach Anhörung der Handwerksinnung von der Handwerkskammer berufen.

(6) ¹Die Mitglieder der Prüfungsausschüsse können nach Anhörung der an ihrer Berufung Beteiligten aus wichtigem Grund abberufen werden. ²Die Absätze 4 und 5 gelten für die Stellvertreter entsprechend.

(7) ¹Die Tätigkeit im Prüfungsausschuß ist ehrenamtlich. ²Für bare Auslagen und für Zeitversäumnis ist, soweit eine Entschädigung nicht von anderer Seite gewährt wird, eine angemessene Entschädigung zu zahlen, deren Höhe von der Handwerkskammer mit Genehmigung der obersten Landesbehörde festgesetzt wird.

(8) Von Absatz 2 darf nur abgewichen werden, wenn anderenfalls die erforderliche Zahl von Mitgliedern des Prüfungsausschusses nicht berufen werden kann.

§ 35 [Vorsitzender; Stellvertreter]

¹Der Prüfungsausschuß wählt aus seiner Mitte einen Vorsitzenden und dessen Stellvertreter. ²Der Vorsitzende und sein Stellvertreter sollen nicht derselben Mitgliedergruppe angehören. ³Der Prüfungsausschuß ist beschlußfähig, wenn zwei Drittel der Mitglieder, mindestens drei, mitwirken. ⁴Er beschließt mit der Mehrheit der abgegebenen Stimmen. ⁵Bei Stimmengleichheit gibt die Stimme des Vorsitzenden den Ausschlag.

§ 35a [Beschlüsse über Prüfungsleistungen]

(1) Beschlüsse über die Noten zur Bewertung einzelner Prüfungsleistungen, der Prüfung insgesamt sowie über das Bestehen und Nichtbestehen der Gesellenprüfung werden vom Prüfungsausschuss gefasst.

(2) ¹Zur Vorbereitung der Beschlussfassung nach Absatz 1 kann der Vorsitzende mindestens zwei Mitglieder mit der Bewertung einzelner, nicht mündlich zu erbringender Prüfungsleistungen beauftragen. ²Die Beauftragten sollen nicht derselben Mitgliedergruppe angehören.

(3) Die nach Absatz 2 beauftragten Mitglieder dokumentieren die wesentlichen Abläufe und halten die für die Bewertung erheblichen Tatsachen fest.

§ 36 [Zulassung zur Gesellenprüfung]

(1) Zur Gesellenprüfung ist zuzulassen,
1. wer die Ausbildungszeit zurückgelegt hat oder wessen Ausbildungszeit nicht später als zwei Monate nach dem Prüfungstermin endet,
2. wer an vorgeschriebenen Zwischenprüfungen teilgenommen sowie vorgeschriebene schriftliche Ausbildungsnachweise geführt hat und
3. wessen Berufsausbildungsverhältnis in die Lehrlingsrolle eingetragen oder aus einem Grund nicht eingetragen ist, den weder der Lehrling (Auszubildende) noch dessen gesetzlicher Vertreter zu vertreten hat.

(2) ¹Zur Gesellenprüfung ist ferner zuzulassen, wer in einer berufsbildenden Schule oder einer sonstigen Berufsbildungseinrichtung ausgebildet worden ist, wenn dieser Bildungsgang der Berufsausbildung in einem anerkannten Ausbildungsberuf (Gewerbe der Anlage A oder der Anlage B) entspricht. ²Ein Bildungsgang entspricht der Berufsausbildung in einem anerkannten Ausbildungsberuf, wenn er
1. nach Inhalt, Anforderung und zeitlichem Umfang der jeweiligen Ausbildungsordnung gleichwertig ist,
2. systematisch, insbesondere im Rahmen einer sachlichen und zeitlichen Gliederung durchgeführt wird, und
3. durch Lernortkooperation einen angemessenen Anteil an fachpraktischer Ausbildung gewährleistet.

³Die Landesregierungen werden ermächtigt, im Benehmen mit dem Landesausschuss für Berufsbildung durch Rechtsverordnung zu bestimmen, welche Bildungsgänge die Voraussetzungen der Sätze 1 und 2 erfüllen. ⁴Die Ermächtigung kann durch Rechtsverordnung auf oberste Landesbehörden weiter übertragen werden.

§ 36a [Gesellenprüfung in zwei Teilen]

(1) Sofern die Gesellenprüfung in zwei zeitlich auseinander fallenden Teilen durchgeführt wird, ist über die Zulassung jeweils gesondert zu entscheiden.

Handwerksordnung

(2) Zum ersten Teil der Gesellenprüfung ist zuzulassen, wer die in der Ausbildungsordnung vorgeschriebene, erforderliche Ausbildungszeit zurückgelegt hat und die Voraussetzungen des § 36 Abs. 1 Nr. 2 und 3 erfüllt.

(3) ¹Zum zweiten Teil der Gesellenprüfung ist zuzulassen, wer über die Voraussetzungen in § 36 Abs. 1 hinaus am ersten Teil der Gesellenprüfung teilgenommen hat. ²Dies gilt nicht, wenn der Lehrling (Auszubildende) aus Gründen, die er nicht zu vertreten hat, am ersten Teil der Gesellenprüfung nicht teilgenommen hat. ³In diesem Fall ist der erste Teil der Gesellenprüfung zusammen mit dem zweiten Teil abzulegen.

§ 37 [Zulassung in besonderen Fällen]

(1) Der Lehrling (Auszubildende) kann nach Anhörung des Ausbildenden und der Berufsschule vor Ablauf seiner Ausbildungszeit zur Gesellenprüfung zugelassen werden, wenn seine Leistungen dies rechtfertigen.

(2) ¹Zur Gesellenprüfung ist auch zuzulassen, wer nachweist, dass er mindestens das Eineinhalbfache der Zeit, die als Ausbildungszeit vorgeschrieben ist, in dem Beruf tätig gewesen ist, in dem er die Prüfung ablegen will. ²Als Zeiten der Berufstätigkeit gelten auch Ausbildungszeiten in einem anderen, einschlägigen Ausbildungsberuf. ³Vom Nachweis der Mindestzeit nach Satz 1 kann ganz oder teilweise abgesehen werden, wenn durch Vorlage von Zeugnissen oder auf andere Weise glaubhaft gemacht wird, dass der Bewerber die berufliche Handlungsfähigkeit erworben hat, die die Zulassung zur Prüfung rechtfertigt. ⁴Ausländische Bildungsabschlüsse und Zeiten der Berufstätigkeit im Ausland sind dabei zu berücksichtigen.

(3) Soldaten auf Zeit und ehemalige Soldaten sind nach Absatz 2 Satz 3 zur Gesellenprüfung zuzulassen, wenn das Bundesministerium der Verteidigung oder die von ihm bestimmte Stelle bescheinigt, dass der Bewerber berufliche Fertigkeiten, Kenntnisse und Fähigkeiten erworben hat, welche die Zulassung zur Prüfung rechtfertigen.

§ 37a [Entscheidung]

(1) ¹Über die Zulassung zur Gesellenprüfung entscheidet der Vorsitzende des Prüfungsausschusses. ²Hält er die Zulassungsvoraussetzungen nicht für gegeben, so entscheidet der Prüfungsausschuss.

(2) Auszubildenden, die Elternzeit in Anspruch genommen haben, darf bei der Entscheidung über die Zulassung hieraus kein Nachteil erwachsen.

§ 38 [Prüfungsordnung]

(1) ¹Die Handwerkskammer hat eine Prüfungsordnung für die Gesellenprüfung zu erlassen. ²Die Prüfungsordnung bedarf der Genehmigung der zuständigen obersten Landesbehörde.

(2) ¹Die Prüfungsordnung muss die Zulassung, die Gliederung der Prüfung, die Bewertungsmaßstäbe, die Erteilung der Prüfungszeugnisse, die Folgen von Verstößen gegen die Prüfungsordnung und die Wiederholungsprüfung regeln. ²Sie kann vorsehen, dass Prüfungsaufgaben, die überregional oder von einem Aufgabenerstellungsausschuss bei der Handwerkskammer erstellt oder ausgewählt werden, zu übernehmen sind, sofern diese Aufgaben von Gremien erstellt oder ausgewählt werden, die entsprechend § 34 Abs. 2 zusammengesetzt sind.

(3) Der Hauptausschuss des Bundesinstituts für Berufsbildung erlässt für die Prüfungsordnung Richtlinien.

§ 39 [Zwischenprüfung]

(1) ¹Während der Berufsausbildung ist zur Ermittlung des Ausbildungsstands eine Zwischenprüfung entsprechend der Ausbildungsordnung durchzuführen. ²Die §§ 31 bis 33 gelten entsprechend.

(2) Sofern die Ausbildungsordnung vorsieht, dass die Gesellenprüfung in zwei zeitlich auseinander fallenden Teilen durchgeführt wird, findet Absatz 1 keine Anwendung.

§ 39a [Zusätzliche Fertigkeiten]

(1) ¹Zusätzliche berufliche Fertigkeiten, Kenntnisse und Fähigkeiten nach § 26 Abs. 2 Nr. 5 werden gesondert geprüft und bescheinigt. ²Das Ergebnis der Prüfung nach § 31 bleibt unberührt.

(2) § 31 Abs. 3 und 4 sowie die §§ 33 bis 35a und 38 gelten entsprechend.

§ 40 [Gleichstellung von Prüfungszeugnissen]

(1) Das Bundesministerium für Wirtschaft und Technologie kann im Einvernehmen mit dem Bundesministerium für Bildung und Forschung nach Anhörung des Hauptausschusses des Bundesinstituts für Berufsbildung durch Rechtsverordnung außerhalb des Anwendungsbereichs dieses Gesetzes erworbene Prüfungszeugnisse den entsprechenden Zeugnissen über das Bestehen der Gesellenprüfung gleichstellen, wenn die Berufsaus-

bildung und die in der Prüfung nachzuweisenden beruflichen Fertigkeiten, Kenntnisse und Fähigkeiten gleichwertig sind.

(2) Das Bundesministerium für Wirtschaft und Technologie kann im Einvernehmen mit dem Bundesministerium für Bildung und Forschung nach Anhörung des Hauptausschusses des Bundesinstituts für Berufsbildung durch Rechtsverordnung im Ausland erworbene Prüfungszeugnisse den entsprechenden Zeugnissen über das Bestehen der Gesellenprüfung gleichstellen, wenn die in der Prüfung nachzuweisenden beruflichen Fertigkeiten, Kenntnisse und Fähigkeiten gleichwertig sind.

Fünfter Abschnitt. Regelung und Überwachung der Berufsausbildung

§ 41 [Regelung der Berufsausbildung]

Soweit Vorschriften nicht bestehen, regelt die Handwerkskammer die Durchführung der Berufsausbildung im Rahmen der gesetzlichen Vorschriften.

§ 41a [Überwachung der Berufsausbildung]

(1) [1]Die Handwerkskammer überwacht die Durchführung
1. der Berufsausbildungsvorbereitung,
2. der Berufsausbildung und
3. der beruflichen Umschulung

und fördert diese durch Beratung der an der Berufsbildung beteiligten Personen. [2]Sie hat zu diesem Zweck Berater zu bestellen. [3]§ 111 ist anzuwenden.

(2) Ausbildende, Umschulende und Anbieter von Maßnahmen der Berufsausbildungsvorbereitung sind auf Verlangen verpflichtet, die für die Überwachung notwendigen Auskünfte zu erteilen und Unterlagen vorzulegen sowie die Besichtigung der Ausbildungsstätten zu gestatten.

(3) [1]Die Durchführung von Auslandsaufenthalten nach § 2 Abs. 3 des Berufsbildungsgesetzes überwacht und fördert die Handwerkskammer in geeigneter Weise. [2]Beträgt die Dauer eines Ausbildungsabschnitts im Ausland mehr als vier Wochen, ist hierfür ein mit der Handwerkskammer abgestimmter Plan erforderlich.

(4) Die Handwerkskammer teilt der Aufsichtsbehörde nach dem Jugendarbeitsschutzgesetz Wahrnehmungen mit, die für die Durchführung des Jugendarbeitsschutzgesetzes von Bedeutung sein können.

Sechster Abschnitt. Berufliche Fortbildung, berufliche Umschulung

§ 42 [Überwachung und Förderung]

(1) Als Grundlage für eine einheitliche berufliche Fortbildung kann das Bundesministerium für Bildung und Forschung im Einvernehmen mit dem Bundesministerium für Wirtschaft und Technologie nach Anhören des Hauptausschusses des Bundesinstituts für Berufsbildung durch Rechtsverordnung, die nicht der Zustimmung des Bundesrates bedarf, Fortbildungsabschlüsse anerkennen und hierzu Prüfungsregelungen erlassen (Fortbildungsordnung).

(2) Die Fortbildungsordnung hat festzulegen
1. die Bezeichnung des Fortbildungsabschlusses,
2. das Ziel, den Inhalt und die Anforderungen der Prüfung,
3. die Zulassungsvoraussetzungen sowie
4. das Prüfungsverfahren.

§ 42a [Fortbildungsprüfungsregelungen]

[1]Soweit Rechtsverordnungen nach § 42 nicht erlassen sind, kann die Handwerkskammer Fortbildungsprüfungsregelungen erlassen. [2]Die Vorschriften über die Meisterprüfung bleiben unberührt. [3]Die Handwerkskammer regelt die Bezeichnung des Fortbildungsabschlusses, Ziel, Inhalt und Anforderungen der Prüfungen, ihre Zulassungsvoraussetzungen sowie das Prüfungsverfahren.

§ 42b [Ausländische Bildungsabschlüsse und Berufstätigkeit]

Sofern die Fortbildungsordnung (§ 42) oder eine Regelung der Handwerkskammer (§ 42a) Zulassungsvoraussetzungen vorsieht, sind ausländische Bildungsabschlüsse und Zeiten der Berufstätigkeit im Ausland zu berücksichtigen.

§ 42c [Prüfungsausschüsse]

(1) [1]Für die Durchführung von Prüfungen im Bereich der beruflichen Fortbildung errichtet die Handwerkskammer Prüfungsausschüsse. [2]§ 31 Abs. 2 und 3 sowie die §§ 34 bis 35a, 37a und 38 gelten entsprechend.

(2) Der Prüfling ist auf Antrag von der Ablegung einzelner Prüfungsbestandteile durch die Handwerkskammer zu befreien, wenn er eine an-

dere vergleichbare Prüfung vor einer öffentlichen oder staatlich anerkannten Bildungseinrichtung oder vor einem staatlichen Prüfungsausschuss erfolgreich abgelegt hat und die Anmeldung zur Fortbildungsprüfung innerhalb von fünf Jahren nach der Bekanntgabe des Bestehens der anderen Prüfung erfolgt.

§ 42d [Gleichstellung von Zeugnissen]

Das Bundesministerium für Wirtschaft und Technologie kann im Einvernehmen mit dem Bundesministerium für Bildung und Forschung nach Anhörung des Hauptausschusses des Bundesinstituts für Berufsbildung durch Rechtsverordnung außerhalb des Anwendungsbereichs dieses Gesetzes oder im Ausland erworbene Prüfungszeugnisse den entsprechenden Zeugnissen über das Bestehen einer Fortbildungsprüfung auf der Grundlage der §§ 42 und 42a gleichstellen, wenn die in der Prüfung nachzuweisenden beruflichen Fertigkeiten, Kenntnisse und Fähigkeiten gleichwertig sind.

§ 42e [Umschulungsordnung]

Als Grundlage für eine geordnete und einheitliche berufliche Umschulung kann das Bundesministerium für Bildung und Forschung im Einvernehmen mit dem Bundesministerium für Wirtschaft und Technologie nach Anhörung des Hauptausschusses des Bundesinstituts für Berufsbildung durch Rechtsverordnung, die nicht der Zustimmung des Bundesrates bedarf,
1. die Bezeichnung des Umschulungsabschlusses,
2. das Ziel, den Inhalt, die Art und Dauer der Umschulung,
3. die Anforderungen der Umschulungsprüfung und ihre Zulassungsvoraussetzungen sowie
4. das Prüfungsverfahren der Umschulung
unter Berücksichtigung der besonderen Erfordernisse der beruflichen Erwachsenenbildung bestimmen (Umschulungsordnung).

§ 42f [Umschulungsprüfungsregelungen]

[1]Soweit Rechtsverordnungen nach § 42e nicht erlassen sind, kann die Handwerkskammer Umschulungsprüfungsregelungen erlassen. [2]Die Handwerkskammer regelt die Bezeichnung des Umschulungsabschlusses, Ziel, Inhalt und Anforderungen der Prüfungen, ihre Zulassungsvoraussetzungen sowie das Prüfungsverfahren unter Berücksichtigung der besonderen Erfordernisse beruflicher Erwachsenenbildung.

Text

§ 42g [Umschulung für einen anerkannten Ausbildungsberuf]

¹Sofern sich die Umschulungsordnung (§ 42e) oder eine Regelung der Handwerkskammer (§ 42f) auf die Umschulung für einen anerkannten Ausbildungsberuf (Gewerbe der Anlage A oder der Anlage B) richtet, sind das Ausbildungsberufsbild (§ 26 Abs. 1 Nr. 3), der Ausbildungsrahmenplan (§ 26 Abs. 1 Nr. 4) und die Prüfungsanforderungen (§ 26 Abs. 1 Nr. 5) zugrunde zu legen. ²Die §§ 21 bis 24 gelten entsprechend.

§ 42h [Ausländische Bildungsabschlüsse und Berufstätigkeit im Ausland]

Sofern die Umschulungsordnung (§ 42e) oder eine Regelung der Handwerkskammer (§ 42f) Zulassungsvoraussetzungen vorsieht, sind ausländische Bildungsabschlüsse und Zeiten der Berufstätigkeit im Ausland zu berücksichtigen.

§ 42i [Erfordernisse]

(1) Maßnahmen der beruflichen Umschulung müssen nach Inhalt, Art, Ziel und Dauer den besonderen Erfordernissen der beruflichen Erwachsenenbildung entsprechen.

(2) ¹Der Umschulende hat die Durchführung der beruflichen Umschulung unverzüglich vor Beginn der Maßnahme der Handwerkskammer schriftlich anzuzeigen. ²Die Anzeigepflicht erstreckt sich auf den wesentlichen Inhalt des Umschulungsverhältnisses. ³Bei Abschluss eines Umschulungsvertrages ist eine Ausfertigung der Vertragsniederschrift beizufügen.

(3) ¹Für die Durchführung von Prüfungen im Bereich der beruflichen Umschulung errichtet die Handwerkskammer Prüfungsausschüsse. ²§ 31 Abs. 2 und 3 sowie die §§ 34 bis 35a, 37a und 38 gelten entsprechend.

(4) Der Prüfling ist auf Antrag von der Ablegung einzelner Prüfungsbestandteile durch die Handwerkskammer zu befreien, wenn er eine andere vergleichbare Prüfung vor einer öffentlichen oder staatlich anerkannten Bildungseinrichtung oder vor einem staatlichen Prüfungsausschuss erfolgreich abgelegt hat und die Anmeldung zur Umschulungsprüfung innerhalb von fünf Jahren nach der Bekanntgabe des Bestehens der anderen Prüfung erfolgt.

Handwerksordnung **Text**

§ 42j [Gleichstellung anderer Prüfungszeugnisse]

Das Bundesministerium für Wirtschaft und Technologie kann im Einvernehmen mit dem Bundesministerium für Bildung und Forschung nach Anhörung des Hauptausschusses des Bundesinstituts für Berufsbildung durch Rechtsverordnung außerhalb des Anwendungsbereichs dieses Gesetzes oder im Ausland erworbene Prüfungszeugnisse den entsprechenden Zeugnissen über das Bestehen einer Umschulungsprüfung auf der Grundlage der §§ 42e und 42f gleichstellen, wenn die in der Prüfung nachzuweisenden beruflichen Fertigkeiten, Kenntnisse und Fähigkeiten gleichwertig sind.

Siebenter Abschnitt. Berufliche Bildung behinderter Menschen, Berufsausbildungsvorbereitung

§ 42k [Grundsatz]

Behinderte Menschen (§ 2 Abs. 1 Satz 1 des Neunten Buches Sozialgesetzbuch) sollen in anerkannten Ausbildungsberufen ausgebildet werden.

§ 42l [Besondere Anforderungen]

(1) [1]Regelungen nach den §§ 38 und 41 sollen die besonderen Verhältnisse behinderter Menschen berücksichtigen. [2]Dies gilt insbesondere für die zeitliche und sachliche Gliederung der Ausbildung, die Dauer von Prüfungszeiten, die Zulassung von Hilfsmitteln und die Inanspruchnahme von Hilfeleistungen Dritter, wie Gebärdendolmetscher für hörbehinderte Menschen.

(2) [1]Der Berufsausbildungsvertrag mit einem behinderten Menschen ist in die Lehrlingsrolle (§ 28) einzutragen. [2]Der behinderte Mensch ist zur Gesellenprüfung auch zuzulassen, wenn die Voraussetzungen des § 36 Abs. 1 Nr. 2 und 3 nicht vorliegen.

§ 42m [Besondere Ausbildungsregelungen]

(1) [1]Für behinderte Menschen, für die wegen Art und Schwere ihrer Behinderung eine Ausbildung in einem anerkannten Ausbildungsberuf nicht in Betracht kommt, trifft die Handwerkskammer auf Antrag der behinderten Menschen oder ihrer gesetzlichen Vertreter Ausbildungsregelungen entsprechend den Empfehlungen des Hauptausschusses des Bundesinstituts für Berufsbildung. [2]Die Ausbildungsinhalte sollen unter

Berücksichtigung von Lage und Entwicklung des allgemeinen Arbeitsmarktes aus den Inhalten anerkannter Ausbildungsberufe entwickelt werden. ³Im Antrag nach Satz 1 ist eine Ausbildungsmöglichkeit in dem angestrebten Ausbildungsgang nachzuweisen.

(2) § 421 Abs. 2 Satz 1 gilt entsprechend.

§ 42n [Berufliche Fortbildung]

Für die berufliche Fortbildung und die berufliche Umschulung behinderter Menschen gelten die §§ 42k bis 42m entsprechend, soweit Art und Schwere der Behinderung dies erfordern.

§ 42o [Berufsausbildungsvorbereitung]

(1) ¹Die Berufsausbildungsvorbereitung richtet sich an lernbeeinträchtigte oder sozial benachteiligte Personen, deren Entwicklungsstand eine erfolgreiche Ausbildung in einem anerkannten Ausbildungsberuf (Gewerbe der Anlage A oder der Anlage B) noch nicht erwarten lässt. ²Sie muss nach Inhalt, Art, Ziel und Dauer den besonderen Erfordernissen des in Satz 1 genannten Personenkreises entsprechen und durch umfassende sozialpädagogische Betreuung und Unterstützung begleitet werden.

(2) Für die Berufsausbildungsvorbereitung, die nicht im Rahmen des Dritten Buches Sozialgesetzbuch oder anderer vergleichbarer, öffentlich geförderter Maßnahmen durchgeführt wird, gelten die §§ 21 bis 24 entsprechend.

§ 42p [Qualifizierungsbausteine]

(1) Die Vermittlung von Grundlagen für den Erwerb beruflicher Handlungsfähigkeit (§ 1 Abs. 2 des Berufsbildungsgesetzes) kann insbesondere durch inhaltlich und zeitlich abgegrenzte Lerneinheiten erfolgen, die aus den Inhalten anerkannter Ausbildungsberufe (Gewerbe der Anlage A oder der Anlage B) entwickelt werden (Qualifizierungsbausteine).

(2) ¹Über vermittelte Grundlagen für den Erwerb beruflicher Handlungsfähigkeit stellt der Anbieter der Berufsausbildungsvorbereitung eine Bescheinigung aus. ²Das Nähere regelt das Bundesministerium für Bildung und Forschung im Einvernehmen mit dem Bundesministerium für Wirtschaft und Technologie nach Anhörung des Hauptausschusses des Bundesinstituts für Berufsbildung durch Rechtsverordnung, die nicht der Zustimmung des Bundesrates bedarf.

Handwerksordnung

§ 42q [Anbieter]

(1) Die nach Landesrecht zuständige Behörde hat die Berufsausbildungsvorbereitung zu untersagen, wenn die Voraussetzungen des § 42o Abs. 1 nicht vorliegen.

(2) ¹Der Anbieter hat die Durchführung von Maßnehmen der Berufsausbildungsvorbereitung vor Beginn der Maßnahme der Handwerkskammer schriftlich anzuzeigen. ²Die Anzeigepflicht erstreckt sich auf den wesentlichen Inhalt des Qualifizierungsvertrages sowie die nach § 88 Abs. 1 Nr. 5 des Berufsbildungsgesetzes erforderlichen Angaben.

(3) ¹Die Absätze 1 und 2 sowie § 41 a finden keine Anwendung, soweit die Berufsausbildungsvorbereitung im Rahmen des Dritten Buches Sozialgesetzbuch oder anderer vergleichbarer, öffentlich geförderter Maßnahmen durchgeführt wird. ²Dies gilt nicht, sofern der Anbieter der Berufsausbildungsvorbereitung nach § 421m des Dritten Buches Sozialgesetzbuch gefördert wird.

Achter Abschnitt. Berufsbildungsausschuß

§ 43 [Ausschuß]

(1) ¹Die Handwerkskammer errichtet einen Berufsbildungsausschuß. ²Ihm gehören sechs Arbeitgeber, sechs Arbeitnehmer und sechs Lehrer an berufsbildenden Schulen an, die Lehrer mit beratender Stimme.

(2) ¹Die Vertreter der Arbeitgeber werden von der Gruppe der Arbeitgeber, die Vertreter der Arbeitnehmer von der Gruppe der Vertreter der Gesellen und der anderen Arbeitnehmer mit einer abgeschlossenen Berufsausbildung in der Vollversammlung gewählt. ²Die Lehrer an berufsbildenden Schulen werden von der nach Landesrecht zuständigen Behörde als Mitglieder berufen. ³Die Amtszeit der Mitglieder beträgt längstens fünf Jahre.

(3) § 34 Abs. 7 gilt entsprechend.

(4) Die Mitglieder können nach Anhören der an ihrer Berufung Beteiligten aus wichtigem Grund abberufen werden.

(5) ¹Die Mitglieder haben Stellvertreter, die bei Verhinderung der Mitglieder an deren Stelle treten. ²Die Absätze 1 bis 4 gelten für die Stellvertreter entsprechend.

(6) ¹Der Berufsbildungsausschuß wählt aus seiner Mitte einen Vorsitzenden und dessen Stellvertreter. ²Der Vorsitzende und sein Stellvertreter sollen nicht derselben Mitgliedergruppe angehören.

Text Handwerksordnung

§ 44 [Aufgaben]

(1) ¹Der Berufsbildungsausschuß ist in allen wichtigen Angelegenheiten der beruflichen Bildung zu unterrichten und zu hören. ²Er hat im Rahmen seiner Aufgaben auf eine stetige Entwicklung der Qualität der beruflichen Bildung hinzuwirken.

(2) Wichtige Angelegenheiten, in denen der Berufsbildungsausschuss anzuhören ist, sind insbesondere:
1. Erlass von Verwaltungsgrundsätzen über die Eignung von Ausbildungs- und Umschulungsstätten, für das Führen von schriftlichen Ausbildungsnachweisen, für die Verkürzung der Ausbildungsdauer, für die vorzeitige Zulassung zur Gesellenprüfung, für die Durchführung der Prüfungen, zur Durchführung von über- und außerbetrieblicher Ausbildung sowie Verwaltungsrichtlinien zur beruflichen Bildung,
2. Umsetzung der vom Landesausschuss für Berufsbildung (§ 82 des Berufsbildungsgesetzes) empfohlenen Maßnahmen,
3. wesentliche inhaltliche Änderungen des Ausbildungsvertragsmusters.

(3) Wichtige Angelegenheiten, in denen der Berufsausbildungsausschuss zu unterrichten ist, sind insbesondere:
1. Zahl und Art der der Handwerkskammer angezeigten Maßnahmen der Berufsausbildungsvorbereitung und beruflichen Umschulung sowie der eingetragenen Berufsausbildungsverhältnisse,
2. Zahl und Ergebnisse von durchgeführten Prüfungen sowie hierbei gewonnene Erfahrungen,
3. Tätigkeit der Berater und Beraterinnen nach § 41a Abs. 1 Satz 2,
4. für den räumlichen und fachlichen Zuständigkeitsbereich der Handwerkskammer neue Formen, Inhalte und Methoden der Berufsbildung,
5. Stellungnahmen oder Vorschläge der Handwerkskammer gegenüber anderen Stellen und Behörden, soweit sie sich auf die Durchführung dieses Gesetzes oder der auf Grund dieses Gesetzes erlassenen Rechtsvorschriften im Bereich der beruflichen Bildung beziehen,
6. Bau eigener überbetrieblicher Berufsbildungsstätten,
7. Beschlüsse nach Absatz 5 sowie beschlossene Haushaltsansätze zur Durchführung der Berufsbildung mit Ausnahme der Personalkosten,
8. Verfahren zur Beilegung von Streitigkeiten aus Ausbildungsverhältnissen,
9. Arbeitsmarktfragen, soweit sie die Berufsbildung im Zuständigkeitsbereich der Handwerkskammer berühren.

(4) ¹Vor einer Beschlußfassung in der Vollversammlung über Vorschriften zur Durchführung der Berufsbildung, insbesondere nach den §§ 41, 42, 42a und 42e bis 42g, ist die Stellungnahme des Berufsbildungsausschusses einzuholen. ²Der Berufsbildungsausschuß kann der Vollver-

sammlung auch von sich aus Vorschläge für Vorschriften zur Durchführung der Berufsbildung vorlegen. ³Die Stellungnahmen und Vorschläge des Berufsbildungsausschusses sind zu begründen.

(5) ¹Die Vorschläge und Stellungnahmen des Berufsbildungsausschusses gelten vorbehaltlich der Vorschrift des Satzes 2 als von der Vollversammlung angenommen, wenn sie nicht mit einer Mehrheit von drei Vierteln der Mitglieder der Vollversammlung in ihrer nächsten Sitzung geändert oder abgelehnt werden. ²Beschlüsse, zu deren Durchführung die für Berufsbildung im laufenden Haushalt vorgesehenen Mittel nicht ausreichen oder zu deren Durchführung in folgenden Haushaltsjahren Mittel bereitgestellt werden müssen, die die Ausgaben für Berufsbildung des laufenden Haushalts nicht unwesentlich übersteigen, bedürfen der Zustimmung der Vollversammlung.

(6) Abweichend von § 43 Abs. 1 haben die Lehrkräfte Stimmrecht bei Beschlüssen zu Angelegenheiten der Berufsausbildungsvorbereitung und Berufsausbildung, soweit sich die Beschlüsse unmittelbar auf die Organisation der schulischen Berufsbildung (§ 2 Abs. 1 Nr. 2 des Berufsbildungsgesetzes) auswirken.

§ 44a [Beschlußfähigkeit; Wirksamkeit von Beschlüssen]

(1) ¹Der Berufsbildungsausschuß ist beschlußfähig, wenn mehr als die Hälfte seiner stimmberechtigten Mitglieder anwesend ist. ²Er beschließt mit der Mehrheit der abgegebenen Stimmen.

(2) Zur Wirksamkeit eines Beschlusses ist es erforderlich, daß der Gegenstand bei der Einberufung des Ausschusses bezeichnet ist, es sei denn, daß er mit Zustimmung von zwei Dritteln der stimmberechtigten Mitglieder nachträglich auf die Tagesordnung gesetzt wird.

§ 44b [Geschäftsordnung]

¹Der Berufsbildungsausschuß gibt sich eine Geschäftsordnung. ²Sie kann die Bildung von Unterausschüssen vorsehen und bestimmen, daß ihnen nicht nur Mitglieder des Ausschusses angehören. ³Für die Unterausschüsse gelten § 43 Abs. 2 bis 6 und § 44a entsprechend.

Dritter Teil. Meisterprüfung, Meistertitel

Erster Abschnitt. Meisterprüfung in einem zulassungspflichtigen Handwerk

§ 45 [Berufsbild; Prüfungszweck und -ablauf]

(1) Als Grundlage für ein geordnetes und einheitliches Meisterprüfungswesen für zulassungspflichtige Handwerke kann das Bundesministerium für Wirtschaft und Technologie im Einvernehmen mit dem Bundesministerium für Bildung und Forschung durch Rechtsverordnung die nicht der Zustimmung des Bundesrates bedarf, bestimmen,
1. welche Fertigkeiten und Kenntnisse in den einzelnen zulassungspflichtigen Handwerken zum Zwecke der Meisterprüfung zu berücksichtigen (Meisterprüfungsberufsbild A) und
2. welche Anforderungen in der Meisterprüfung zu stellen sind.

(2) Durch die Meisterprüfung ist festzustellen, ob der Prüfling befähigt ist, ein zulassungspfichtiges Handwerk meisterhaft auszuüben und selbständig zu führen sowie Lehrlinge ordnungsgemäß auszubilden.

(3) Der Prüfling hat in vier selbständigen Prüfungsteilen nachzuweisen, dass er wesentliche Tätigkeiten seines Handwerks meisterhaft verrichten kann (Teil I), die erforderlichen fachtheoretischen Kenntnisse (Teil II), die erforderlichen betriebswirtschaftlichen, kaufmännischen und rechtlichen Kenntnisse (Teil III) sowie die erforderlichen berufs- und arbeitspädagogischen Kenntnisse (Teil IV) besitzt.

(4) ¹Bei der Prüfung in Teil I können in der Rechtsverordnung Schwerpunkte gebildet werden. ²In dem schwerpunktspezifischen Bereich hat der Prüfling nachzuweisen, dass er wesentliche Tätigkeiten in dem von ihm gewählten Schwerpunkt meisterhaft verrichten kann. ³Für den schwerpunktübergreifenden Bereich sind die Grundfertigkeiten und Grundkenntnisse nachzuweisen, die die fachgerechte Ausübung auch dieser Tätigkeiten ermöglichen.

§ 46 [Befreiung von der Meisterprüfung]

(1) ¹Der Prüfling ist von der Ablegung einzelner Teile der Meisterprüfung befreit, wenn er eine dem jeweiligen Teil der Meisterprüfung vergleichbare Prüfung auf Grund einer nach § 42 oder § 51a Abs. 1 in Verbindung mit Abs. 2 dieses Gesetzes oder § 53 des Berufsbildungsgesetzes erlassenen Rechtsverordnung oder eine andere vergleichbare Prüfung vor

Handwerksordnung Text

einer öffentlichen oder staatlich anerkannten Bildungseinrichtung oder vor einem staatlichen Prüfungsausschuss erfolgreich abgelegt hat. [2]Er ist von der Ablegung der Teile III und IV befreit, wenn er die Meisterprüfung in einem anderen zulassungspflichtigen oder zulassungsfreien Handwerk oder in einem handwerksähnlichen Gewerbe bestanden hat.

(2) [1]Prüflinge, die andere deutsche staatliche oder staatlich anerkannte Prüfungen mit Erfolg abgelegt haben, sind auf Antrag durch den Meisterprüfungsausschuss von einzelnen Teilen der Meisterprüfung zu befreien, wenn bei diesen Prüfungen mindestens die gleichen Anforderungen gestellt werden wie in der Meisterprüfung. [2]Der Abschlussprüfung an einer deutschen Hochschule gleichgestellt sind Diplome nach § 7 Abs. 2 Satz 4.

(3) Der Prüfling ist auf Antrag von der Ablegung der Prüfung in gleichartigen Prüfungsbereichen, Prüfungsfächern oder Handlungsfeldern durch den Meisterprüfungsausschuss zu befreien, wenn er die Meisterprüfung in einem anderen zulassungspflichtigen oder zulassungsfreien Handwerk oder handwerksähnlichen Gewerbe bestanden hat oder eine andere vergleichbare Prüfung vor einer öffentlichen oder staatlich anerkannten Bildungseinrichtung oder vor einem staatlichen Prüfungsausschuss erfolgreich abgelegt hat.

(4) Der Meisterprüfungsausschuss entscheidet auf Antrag des Prüflings auch über Befreiungen auf Grund ausländischer Bildungsabschlüsse.

§ 47 [Meisterprüfungsausschüsse]

(1) [1]Die Meisterprüfung wird durch Meisterprüfungsausschüsse abgenommen. [2]Für die Handwerke werden Meisterprüfungsausschüsse als staatliche Prüfungsbehörden am Sitz der Handwerkskammer für ihren Bezirk errichtet. [3]Die oberste Landesbehörde kann in besonderen Fällen die Errichtung eines Meisterprüfungsausschusses für mehrere Handwerkskammerbezirke anordnen und hiermit die für den Sitz des Meisterprüfungsausschusses zuständige höhere Verwaltungsbehörde beauftragen. [4]Soll der Meisterprüfungsausschuß für Handwerkskammerbezirke mehrerer Länder zuständig sein, so bedarf es hierfür des Einvernehmens der beteiligten obersten Landesbehörden. [5]Die Landesregierungen werden ermächtigt, durch Rechtsverordnung zu bestimmen, daß abweichend von Satz 3 an Stelle der obersten Landesbehörde die höhere Verwaltungsbehörde zuständig ist. [6]Sie können diese Ermächtigung auf oberste Landesbehörden übertragen.

(2) [1]Die höhere Verwaltungsbehörde errichtet die Meisterprüfungsausschüsse nach Anhörung der Handwerkskammer und ernennt auf Grund ihrer Vorschläge die Mitglieder und die Stellvertreter für längstens fünf Jahre. [2]Die Geschäftsführung der Meisterprüfungsausschüsse liegt bei der Handwerkskammer.

§ 48 [Zusammensetzung des Meisterprüfungsausschusses]

(1) ¹Der Meisterprüfungsausschuß besteht aus fünf Mitgliedern; für die Mitglieder sind Stellvertreter zu berufen. ²Die Mitglieder und die Stellvertreter sollen das vierundzwanzigste Lebensjahr vollendet haben.

(2) Der Vorsitzende braucht nicht in einem zulassungspflichtigen Handwerk tätig zu sein; er soll dem zulassungspflichtigen Handwerk, für welches der Meisterprüfungsausschuss errichtet ist, nicht angehören.

(3) Zwei Beisitzer müssen das Handwerk, für das der Meisterprüfungsausschuß errichtet ist, mindestens seit einem Jahr selbständig als stehendes Gewerbe betreiben und in diesem Handwerk die Meisterprüfung abgelegt haben oder das Recht zum Ausbilden von Lehrlingen besitzen oder in dem zulassungspflichtigen Handwerk als Betriebsleiter, die in ihrer Person die Voraussetzungen zur Eintragung in die Handwerksrolle erfüllen, tätig sein.

(4) Ein Beisitzer soll ein Geselle sein, der in dem zulassungspflichtigen Handwerk, für das der Meisterprüfungsausschuß errichtet ist, die Meisterprüfung abgelegt hat oder das Recht zum Ausbilden von Lehrlingen besitzt und in dem betreffenden zulassungspflichtigen Handwerk tätig ist.

(5) Für die Abnahme der Prüfung in der wirtschaftlichen Betriebsführung sowie in den kaufmännischen, rechtlichen und berufserzieherischen Kenntnissen soll ein Beisitzer bestellt werden, der in diesen Prüfungsgebieten besonders sachkundig ist und dem Handwerk nicht anzugehören braucht.

(6) § 34 Abs. 6 Satz 1 und Abs. 7 gelten entsprechend.

§ 49 [Zulassung zur Prüfung]

(1) Zur Meisterprüfung ist zuzulassen, wer eine Gesellenprüfung in dem zulassungspflichtigen Handwerk, in dem er die Meisterprüfung ablegen will, oder in einem damit verwandten zulassungspflichtigen Handwerk oder eine entsprechende Abschlussprüfung in einem anerkannten Ausbildungsberuf oder eine Prüfung auf Grund einer nach § 45 oder § 51a Abs. 1 in Verbindung mit Abs. 2 erlassenen Rechtsverordnung bestanden hat.

(2) ¹Zur Meisterprüfung ist auch zuzulassen, wer eine andere Gesellenprüfung oder eine andere Abschlussprüfung in einem anerkannten Ausbildungsberuf bestanden hat und in dem zulassungspflichtigen Handwerk, in dem er die Meisterprüfung ablegen will, eine mehrjährige Berufstätigkeit ausgeübt hat. ²Der Abschlussprüfung an einer deutschen Hochschule gleichgestellt sind Diplome nach § 7 Abs. 2 Satz 4. ³Ferner ist

Handwerksordnung

der erfolgreiche Abschluss einer Fachschule bei einjährigen Fachschulen mit einem Jahr, bei mehrjährigen Fachschulen mit zwei Jahren auf die Berufstätigkeit anzurechnen.

(3) Ist der Prüfling in dem zulassungspflichtigen Handwerk, in dem er die Meisterprüfung ablegen will, selbständig, als Werkmeister oder in ähnlicher Stellung tätig gewesen, oder weist er eine der Gesellentätigkeit gleichwertige praktische Tätigkeit nach, so ist die Zeit dieser Tätigkeit anzurechnen.

(4) ¹Die Handwerkskammer kann auf Antrag
1. eine auf drei Jahre festgesetzte Dauer der Berufstätigkeit unter besonderer Berücksichtigung der in der Gesellen- oder Abschlussprüfung und während der Zeit der Berufstätigkeit nachgewiesenen beruflichen Befähigung abkürzen,
2. in Ausnahmefällen von den Voraussetzungen der Absätze 1 bis 4 ganz oder teilweise befreien,
3. unter Berücksichtigung ausländischer Bildungsabschlüsse und Zeiten der Berufstätigkeit im Ausland von den Voraussetzungen der Absätze 1 bis 4 ganz oder teilweise befreien.

²Die Handwerkskammer kann eine Stellungnahme des Meisterprüfungsausschusses einholen.

(5) ¹Die Zulassung wird vom Vorsitzenden des Meisterprüfungsausschusses ausgesprochen. ²Hält der Vorsitzende die Zulassungsvoraussetzungen nicht für gegeben, so entscheidet der Prüfungsausschuß.

§ 50 [Prüfungskosten; Zulassungs- und Prüfungsverfahren]

(1) ¹Die durch die Abnahme der Meisterprüfung entstehenden Kosten trägt die Handwerkskammer. ²Das Zulassungs- und Prüfungsverfahren wird durch eine von der Handwerkskammer mit Genehmigung der obersten Landesbehörde zu erlassende Meisterprüfungsordnung geregelt.

(2) Das Bundesministerium für Wirtschaft und Technologie wird ermächtigt, durch Rechtsverordnung mit Zustimmung des Bundesrates Vorschriften über das Zulassungs- und Prüfungsverfahren nach Absatz 1 Satz 2 zu erlassen.

§ 50a [Im Ausland erworbene Prüfungszeugnisse]

¹Das Bundesministerium für Wirtschaft und Technologie kann im Einvernehmen mit dem Bundesministerium für Bildung und Forschung durch Rechtsverordnung mit Zustimmung des Bundesrates im Ausland erworbene Prüfungszeugnisse den entsprechenden Zeugnissen über das

Bestehen einer deutschen Meisterprüfung in zulassungspflichtigen Handwerken gleichstellen, wenn an den Bildungsgang und in den Prüfungen gleichwertige Anforderungen gestellt werden. ²Die Vorschriften des Bundesvertriebenengesetzes bleiben unberührt.

§ 51 [Meistertitel]

Die Ausbildungsbezeichnung Meister/Meisterin in Verbindung mit einem zulassungspflichtigen Handwerk oder in Verbindung mit einer anderen Ausbildungsbezeichnung, die auf eine Tätigkeit in einem oder mehreren zulassungspflichtigen Handwerken hinweist, darf nur führen, wer für dieses zulassungspflichtige Handwerk oder für diese zulassungspflichtigen Handwerke die Meisterprüfung bestanden hat.

Zweiter Abschnitt. Meisterprüfung in einem zulassungsfreien Handwerk oder in einem handwerksähnlichen Gewerbe

§ 51a [Voraussetzungen]

(1) Für zulassungsfreie Handwerke oder handwerksähnliche Gewerbe, für die eine Ausbildungsordnung nach § 25 dieses Gesetzes oder nach § 4 des Berufsbildungsgesetzes erlassen worden ist, kann eine Meisterprüfung abgelegt werden.

(2) Als Grundlage für ein geordnetes und einheitliches Meisterprüfungswesen für Handwerke oder Gewerbe im Sinne des Absatzes 1 kann das Bundesministerium für Wirtschaft und Technologie im Einvernehmen mit dem Bundesministerium für Bildung und Forschung durch Rechtsverordnung, die nicht der Zustimmung des Bundesrates bedarf, bestimmen,
1. welche Fertigkeiten und Kenntnisse in den einzelnen zulassungsfreien Handwerken oder handwerksähnlichen Gewerben zum Zwecke der Meisterprüfung zu berücksichtigen sind (Meisterprüfungsberufsbild B),
2. welche Anforderungen in der Meisterprüfung zu stellen sind.

(3) ¹Durch die Meisterprüfung ist festzustellen, ob der Prüfling eine besondere Befähigung in einem zulassungsfreien Handwerk oder in einem handwerksähnlichen Gewerbe erworben hat und Lehrlinge ordnungsgemäß ausbilden kann. ²Zu diesem Zweck hat der Prüfling in vier selbständigen Prüfungsteilen nachzuweisen, dass er Tätigkeiten seines zulassungsfreien Handwerks oder seines handwerksähnlichen Gewerbes meisterhaft verrichten kann (Teil I), besondere fachtheoretische Kenntnisse (Teil II), besondere betriebswirtschaftliche, kaufmännische und

Handwerksordnung Text

rechtliche Kenntnisse (Teil III) sowie die erforderlichen berufs- und arbeitspädagogischen Kenntnisse (Teil IV) besitzt.

(4) ¹Zum Nachweis der Fertigkeiten und Kenntnisse führt die Handwerkskammer Prüfungen durch und errichtet zu diesem Zweck Prüfungsausschüsse. ²Die durch die Abnahme der Meisterprüfung entstehenden Kosten trägt die Handwerkskammer.

(5) ¹Zur Prüfung ist zuzulassen, wer eine Gesellenprüfung oder eine Abschlussprüfung in einem anerkannten Ausbildungsberuf bestanden hat. ²Die Handwerkskammer kann auf Antrag in Ausnahmefällen von der Zulassungsvoraussetzung befreien. ³Für die Ablegung des Teils III der Meisterprüfung entfällt die Zulassungsvoraussetzung.

(6) Für Befreiungen gilt § 46 entsprechend.

(7) Das Bundesministerium für Wirtschaft und Technologie kann durch Rechtsverordnung mit Zustimmung des Bundesrates Vorschriften über das Zulassungs- und Prüfungsverfahren erlassen.

§ 51b [Meisterprüfungsausschuss]

(1) ¹Die Handwerkskammer errichtet an ihrem Sitz für ihren Bezirk Meisterprüfungsausschüsse. ²Mehrere Handwerkskammern können bei einer von ihnen gemeinsame Meisterprüfungsausschüsse errichten.

(2) ¹Der Meisterprüfungsausschuss besteht aus fünf Mitgliedern; für die Mitglieder sind Stellvertreter zu berufen. ²Sie werden für längstens fünf Jahre ernannt.

(3) Der Vorsitzende braucht nicht in einem zulassungsfreien Handwerk oder einem handwerksähnlichen Gewerbe tätig zu sein; er soll dem zulassungsfreien Handwerk oder dem handwerksähnlichen Gewerbe, für welches der Meisterprüfungsausschuss errichtet ist, nicht angehören.

(4) Zwei Beisitzer müssen das zulassungsfreie Handwerk oder das handwerksähnliche Gewerbe, für das der Meisterprüfungsausschuss errichtet ist, mindestens seit einem Jahr selbständig als stehendes Gewerbe betreiben und in diesem zulassungsfreien Handwerk oder in diesem handwerksähnlichen Gewerbe die Meisterprüfung abgelegt haben oder das Recht zum Ausbilden von Lehrlingen besitzen.

(5) Ein Beisitzer soll ein Geselle sein, der in dem zulassungsfreien Handwerk oder in dem handwerksähnlichen Gewerbe, für das der Meisterprüfungsausschuss errichtet ist, die Meisterprüfung abgelegt hat oder das Recht zum Ausbilden von Lehrlingen besitzt und in dem betreffenden zulassungsfreien Handwerk oder handwerksähnlichen Gewerbe tätig ist.

(6) Für die Abnahme der Prüfung der betriebswirtschaftlichen, kaufmännischen und rechtlichen Kenntnisse sowie der berufs- und arbeitspädagogischen Kenntnisse soll ein Beisitzer bestellt werden, der in diesen

Prüfungsgebieten besonders sachkundig ist und einem zulassungsfreien Handwerk oder einem handwerksähnlichen Gewerbe nicht anzugehören braucht.
(7) § 34 Abs. 6 Satz 1 und Abs. 7 gilt entsprechend.

§ 51c [Gleichstellung von Zeugnissen]

¹Das Bundesministerium für Wirtschaft und Technologie kann im Einvernehmen mit dem Bundesministerium für Bildung und Forschung durch Rechtsverordnung mit Zustimmung des Bundesrates im Ausland erworbene Prüfungszeugnisse den entsprechenden Zeugnissen über das Bestehen einer deutschen Meisterprüfung in einem zulassungsfreien Handwerk oder handwerksähnlichen Gewerbe gleichstellen, wenn an den Bildungsgang und in den Prüfungen gleichwertige Anforderungen gestellt werden. ²Die Vorschriften des Bundesvertriebenengesetzes bleiben unberührt.

§ 51d [Führen des Meistertitels]

Die Ausbildungsbezeichnung Meister/Meisterin in Verbindung mit einem zulassungsfreien Handwerk oder handwerksähnlichen Gewerbe darf nur führen, wer die Prüfung nach § 51a Abs. 3 in diesem Handwerk oder Gewerbe bestanden hat.

Vierter Teil. Organisation des Handwerks

Erster Abschnitt. Handwerksinnungen

§ 52 [Bildung von Handwerksinnungen, Innungsbezirke]

(1) ¹Inhaber von Betrieben des gleichen zulassungspflichtigen Handwerks oder des gleichen zulassungsfreien Handwerks oder des gleichen handwerksähnlichen Gewerbes oder solcher Handwerke oder handwerksähnlicher Gewerbe, die sich fachlich oder wirtschaftlich nahe stehen, können zur Förderung ihrer gemeinsamen gewerblichen Interessen innerhalb eines bestimmten Bezirks zu einer Handwerksinnung zusammentreten. ²Voraussetzung ist, dass für das jeweilige Gewerbe eine Ausbildungsordnung erlassen worden ist. ³Für jedes Gewerbe kann in dem gleichen Bezirk nur eine Handwerksinnung gebildet werden; sie ist allein berechtigt, die Bezeichnung Innung in Verbindung mit dem Gewerbe zu führen, für das sie errichtet ist.

Handwerksordnung   **Text**

(2) ¹Der Innungsbezirk soll unter Berücksichtigung einheitlicher Wirtschaftsgebiete so abgegrenzt sein, daß die Zahl der Innungsmitglieder ausreicht, um die Handwerksinnung leistungsfähig zu gestalten, und daß die Mitglieder an dem Leben und den Einrichtungen der Handwerksinnung teilnehmen können. ²Der Innungsbezirk hat sich mindestens mit dem Gebiet einer kreisfreien Stadt oder eines Landkreises zu decken. ³Die Handwerkskammer kann unter den Voraussetzungen des Satzes 1 eine andere Abgrenzung zulassen.

(3) ¹Der Innungsbezirk soll sich nicht über den Bezirk einer Handwerkskammer hinaus erstrecken. ²Soll der Innungsbezirk über den Bezirk einer Handwerkskammer hinaus erstreckt werden, so bedarf die Bezirksabgrenzung der Genehmigung durch die oberste Landesbehörde. ³Soll sich der Innungsbezirk auch auf ein anderes Land erstrecken, so kann die Genehmigung nur im Einvernehmen mit den beteiligten obersten Landesbehörden erteilt werden.

§ 53 [Rechtsform der Handwerksinnung]

¹Die Handwerksinnung ist eine Körperschaft des öffentlichen Rechts. ²Sie wird mit Genehmigung der Satzung rechtsfähig.

§ 54 [Aufgabe der Innung]

(1) ¹Aufgabe der Handwerksinnung ist, die gemeinsamen gewerblichen Interessen ihrer Mitglieder zu fördern. ²Insbesondere hat sie
1. den Gemeingeist und die Berufsehre zu pflegen,
2. ein gutes Verhältnis zwischen Meistern, Gesellen und Lehrlingen anzustreben,
3. entsprechend den Vorschriften der Handwerkskammer die Lehrlingsausbildung zu regeln und zu überwachen sowie für die berufliche Ausbildung der Lehrlinge zu sorgen und ihre charakterliche Entwicklung zu fördern,
4. die Gesellenprüfungen abzunehmen und hierfür Gesellenprüfungsausschüsse zu errichten, sofern sie von der Handwerkskammer dazu ermächtigt ist,
5. das handwerkliche Können der Meister und Gesellen zu fördern; zu diesem Zweck kann sie insbesondere Fachschulen errichten oder unterstützen und Lehrgänge veranstalten,
6. bei der Verwaltung der Berufsschulen gemäß den bundes- und landesrechtlichen Bestimmungen mitzuwirken,
7. das Genossenschaftswesen im Handwerk zu fördern,

8. über Angelegenheiten der in ihr vertretenen Handwerke den Behörden Gutachten und Auskünfte zu erstatten,
9. die sonstigen handwerklichen Organisationen und Einrichtungen in der Erfüllung ihrer Aufgaben zu unterstützen,
10. die von der Handwerkskammer innerhalb ihrer Zuständigkeit erlassenen Vorschriften und Anordnungen durchzuführen.

(2) Die Handwerksinnung soll
1. zwecks Erhöhung der Wirtschaftlichkeit der Betriebe ihrer Mitglieder Einrichtungen zur Verbesserung der Arbeitsweise und der Betriebsführung schaffen und fördern,
2. bei der Vergebung öffentlicher Lieferungen und Leistungen die Vergebungsstellen beraten,
3. das handwerkliche Pressewesen unterstützen.

(3) Die Handwerksinnung kann
1. Tarifverträge abschließen, soweit und solange solche Verträge nicht durch den Innungsverband für den Bereich der Handwerksinnung geschlossen sind,
2. für ihre Mitglieder und deren Angehörige Unterstützungskassen für Fälle der Krankheit, des Todes, der Arbeitsunfähigkeit oder sonstiger Bedürftigkeit errichten,
3. bei Streitigkeiten zwischen den Innungsmitgliedern und ihren Auftraggebern auf Antrag vermitteln.

(4) Die Handwerksinnung kann auch sonstige Maßnahmen zur Förderung der gemeinsamen gewerblichen Interessen der Innungsmitglieder durchführen.

(5) Die Errichtung und die Rechtsverhältnisse der Innungskrankenkassen richten sich nach den hierfür geltenden bundesrechtlichen Bestimmungen.

§ 55 [Satzung]

(1) Die Aufgaben der Handwerksinnung, ihre Verwaltung und die Rechtsverhältnisse ihrer Mitglieder sind, soweit gesetzlich nichts darüber bestimmt ist, durch die Satzung zu regeln.

(2) Die Satzung muß Bestimmungen enthalten über
1. den Namen, den Sitz und den Bezirk der Handwerksinnung sowie die Handwerke, für welche die Handwerksinnung errichtet ist,
2. die Aufgaben der Handwerksinnung,
3. den Eintritt, den Austritt und den Ausschluß der Mitglieder,
4. die Rechte und Pflichten der Mitglieder sowie die Bemessungsgrundlage für die Erhebung der Mitgliedsbeiträge,
5. die Einberufung der Innungsversammlung, das Stimmrecht in ihr und die Art der Beschlußfassung,

Handwerksordnung **Text**

6. die Bildung des Vorstands,
7. die Bildung des Gesellenausschusses,
8. die Beurkundung der Beschlüsse der Innungsversammlung und des Vorstands,
9. die Aufstellung des Haushaltsplans sowie die Aufstellung und Prüfung der Jahresrechnung,
10. die Voraussetzungen für die Änderung der Satzung und für die Auflösung der Handwerksinnung sowie den Erlaß und die Änderung der Nebensatzungen,
11. die Verwendung des bei der Auflösung der Handwerksinnung verbleibenden Vermögens.

§ 56 [Genehmigung der Satzung]

(1) Die Satzung der Handwerksinnung bedarf der Genehmigung durch die Handwerkskammer des Bezirks, in dem die Handwerksinnung ihren Sitz nimmt.

(2) Die Genehmigung ist zu versagen, wenn
1. die Satzung den gesetzlichen Vorschriften nicht entspricht,
2. die durch die Satzung vorgesehene Begrenzung des Innungsbezirks die nach § 52 Abs. 3 Satz 2 erforderliche Genehmigung nicht erhalten hat.

§ 57 [Nebensatzungen für Unterstützungskassen]

(1) [1]Soll in der Handwerksinnung eine Einrichtung der im § 54 Abs. 3 Nr. 2 vorgesehenen Art getroffen werden, so sind die dafür erforderlichen Bestimmungen in Nebensatzungen zusammenzufassen. [2]Diese bedürfen der Genehmigung der Handwerkskammer des Bezirks, in dem die Handwerksinnung ihren Sitz hat.

(2) [1]Über die Einnahmen und Ausgaben solcher Einrichtungen ist getrennt Rechnung zu führen und das hierfür bestimmte Vermögen gesondert von dem Innungsvermögen zu verwalten. [2]Das getrennt verwaltete Vermögen darf für andere Zwecke nicht verwandt werden. [3]Die Gläubiger haben das Recht auf gesonderte Befriedigung aus diesem Vermögen.

§ 58 [Innungsmitglieder]

(1) [1]Mitglied bei der Handwerksinnung kann jeder Inhaber eines Betriebs eines Handwerks oder eines handwerksähnlichen Gewerbes werden, der das Gewerbe ausübt, für welches die Handwerksinnung gebildet ist. [2]Die Handwerksinnung kann durch Satzung im Rahmen ihrer örtlichen Zuständigkeit bestimmen, dass Gewerbetreibende, die ein dem Ge-

werbe, für welches die Handwerksinnung gebildet ist, fachlich oder wirtschaftlich nahe stehendes handwerksähnliches Gewerbe ausüben, für das keine Ausbildungsordnung erlassen worden ist, Mitglied der Handwerksinnung werden können.

(2) Übt der Inhaber eines Betriebs eines Handwerks oder eines handwerksähnlichen Gewerbes mehrere Gewerbe aus, so kann er allen für diese Gewerbe gebildeten Handwerksinnungen angehören.

(3) Dem Inhaber eines Betriebs eines Handwerks oder eines handwerksähnlichen Gewerbes, das den gesetzlichen und satzungsmäßigen Vorschriften entspricht, darf der Eintritt in die Handwerksinnung nicht versagt werden.

(4) Von der Erfüllung der gesetzlichen und satzungsmäßigen Bedingungen kann zugunsten einzelner nicht abgesehen werden.

§ 59 [Gastmitglieder der Innung]

¹Die Handwerksinnung kann Gastmitglieder aufnehmen, die dem Handwerk, für das die Innung gebildet ist, beruflich oder wirtschaftlich nahestehen. ²Ihre Rechte und Pflichten sind in der Satzung zu regeln. ³An der Innungsversammlung nehmen sie mit beratender Stimme teil.

§ 60 [Organe der Innung]

Die Organe der Handwerksinnung sind
1. die Innungsversammlung,
2. der Vorstand,
3. die Ausschüsse.

§ 61 [Innungsversammlung]

(1) ¹Die Innungsversammlung beschließt über alle Angelegenheiten der Handwerksinnung, soweit sie nicht vom Vorstand oder den Ausschüssen wahrzunehmen sind. ²Die Innungsversammlung besteht aus den Mitgliedern der Handwerksinnung. ³Die Satzung kann bestimmen, daß die Innungsversammlung aus Vertretern besteht, die von den Mitgliedern der Handwerksinnung aus ihrer Mitte gewählt werden (Vertreterversammlung); es kann auch bestimmt werden, daß nur einzelne Obliegenheiten der Innungsversammlung durch eine Vertreterversammlung wahrgenommen werden.

(2) Der Innungsversammlung obliegt im besonderen
1. die Feststellung des Haushaltsplans und die Bewilligung von Ausgaben, die im Haushaltsplan nicht vorgesehen sind;

2. die Beschlußfassung über die Höhe der Innungsbeiträge und über die Festsetzung von Gebühren; Gebühren können auch von Nichtmitgliedern, die Tätigkeiten oder Einrichtungen der Innung in Anspruch nehmen, erhoben werden;
3. die Prüfung und Abnahme der Jahresrechnung;
4. die Wahl des Vorstands und derjenigen Mitglieder der Ausschüsse, die der Zahl der Innungsmitglieder zu entnehmen sind;
5. die Einsetzung besonderer Ausschüsse zur Vorbereitung einzelner Angelegenheiten;
6. der Erlaß von Vorschriften über die Lehrlingsausbildung (§ 54 Abs. 1 Nr. 3);
7. die Beschlußfassung über
    a) den Erwerb, die Veräußerung oder die dingliche Belastung von Grundeigentum,
    b) die Veräußerung von Gegenständen, die einen geschichtlichen, wissenschaftlichen oder Kunstwert haben,
    c) die Ermächtigung zur Aufnahme von Krediten,
    d) den Abschluß von Verträgen, durch welche der Handwerksinnung fortlaufende Verpflichtungen auferlegt werden, mit Ausnahme der laufenden Geschäfte der Verwaltung,
    e) die Anlegung des Innungsvermögens;
8. die Beschlußfassung über die Änderung der Satzung und die Auflösung der Handwerksinnung;
9. die Beschlußfassung über den Erwerb und die Beendigung der Mitgliedschaft beim Landesinnungsverband.

(3) Die nach Absatz 2 Nr. 6, 7 und 8 gefaßten Beschlüsse bedürfen der Genehmigung durch die Handwerkskammer.

§ 62 [Beschlußfassung; Einberufung der Versammlung]

(1) Zur Gültigkeit eines Beschlusses der Innungsversammlung ist erforderlich, daß der Gegenstand bei ihrer Einberufung bezeichnet ist, es sei denn, daß er in der Innungsversammlung mit Zustimmung von drei Vierteln der erschienenen Mitglieder nachträglich auf die Tagesordnung gesetzt wird, sofern es sich nicht um einen Beschluß über eine Satzungsänderung oder Auflösung der Handwerksinnung handelt.

(2) [1]Beschlüsse der Innungsversammlung werden mit einfacher Mehrheit der erschienenen Mitglieder gefaßt. [2]Zu Beschlüssen über Änderungen der Satzung der Handwerksinnung ist eine Mehrheit von drei Vierteln der erschienenen Mitglieder erforderlich. [3]Der Beschluß auf Auflösung der Handwerksinnung kann nur mit einer Mehrheit von drei Vierteln der stimmberechtigten Mitglieder gefaßt werden. [4]Sind in der ersten Innungs-

versammlung drei Viertel der Stimmberechtigten nicht erschienen, so ist binnen vier Wochen eine zweite Innungsversammlung einzuberufen, in welcher der Auflösungsbeschluß mit einer Mehrheit von drei Vierteln der erschienenen Mitglieder gefaßt werden kann. [5]Satz 3 gilt für den Beschluß zur Bildung einer Vertreterversammlung (§ 61 Abs. 1 Satz 3) mit der Maßgabe, daß er auch im Wege schriftlicher Abstimmung gefaßt werden kann.

(3) [1]Die Innungsversammlung ist in den durch die Satzung bestimmten Fällen sowie dann einzuberufen, wenn das Interesse der Handwerksinnung es erfordert. [2]Sie ist ferner einzuberufen, wenn der durch die Satzung bestimmte Teil oder in Ermangelung einer Bestimmung der zehnte Teil der Mitglieder die Einberufung schriftlich unter Angabe des Zwecks und der Gründe verlangt; wird dem Verlangen nicht entsprochen oder erfordert es das Interesse der Handwerksinnung, so kann die Handwerkskammer die Innungsversammlung einberufen und leiten.

§ 63 [Stimmrecht]

[1]Stimmberechtigt in der Innungsversammlung sind die Mitglieder der Handwerksinnung im Sinne des § 58 Abs. 1. [2]Für eine juristische Person oder eine Personengesellschaft kann nur eine Stimme abgegeben werden, auch wenn mehrere vertretungsberechtigte Personen vorhanden sind.

§ 64 [Ausschluß des Stimmrechts]

Ein Mitglied ist nicht stimmberechtigt, wenn die Beschlußfassung die Vornahme eines Rechtsgeschäfts oder die Einleitung oder Erledigung eines Rechtsstreits zwischen ihm und der Handwerksinnung betrifft.

§ 65 [Übertragung des Stimmrechts]

(1) Ein gemäß § 63 stimmberechtigtes Mitglied, das Inhaber eines Nebenbetriebs im Sinne des § 2 Nr. 2 oder 3 ist, kann sein Stimmrecht auf den Leiter des Nebenbetriebs übertragen, falls dieser die Pflichten übernimmt, die seinen Vollmachtgebern gegenüber der Handwerksinnung obliegen.

(2) Die Satzung kann die Übertragung der in Absatz 1 bezeichneten Rechte unter den dort gesetzten Voraussetzungen auch in anderen Ausnahmefällen zulassen.

(3) Die Übertragung und die Übernahme der Rechte bedarf der schriftlichen Erklärung gegenüber der Handwerksinnung.

Handwerksordnung

§ 66 [Vorstand der Handwerksinnung]

(1) ¹Der Vorstand der Handwerksinnung wird von der Innungsversammlung für die in der Satzung bestimmte Zeit mit verdeckten Stimmzetteln gewählt. ²Die Wahl durch Zuruf ist zulässig, wenn niemand widerspricht. ³Über die Wahlhandlung ist eine Niederschrift anzufertigen. ⁴Die Wahl des Vorstands ist der Handwerkskammer binnen einer Woche anzuzeigen.

(2) ¹Die Satzung kann bestimmen, daß die Bestellung des Vorstands jederzeit widerruflich ist. ²Die Satzung kann ferner bestimmen, daß der Widerruf nur zulässig ist, wenn ein wichtiger Grund vorliegt; ein solcher Grund ist insbesondere grobe Pflichtverletzung oder Unfähigkeit.

(3) ¹Der Vorstand vertritt die Handwerksinnung gerichtlich und außergerichtlich. ²Durch die Satzung kann die Vertretung einem oder mehreren Mitgliedern des Vorstands oder dem Geschäftsführer übertragen werden. ³Als Ausweis genügt bei allen Rechtsgeschäften die Bescheinigung der Handwerkskammer, daß die darin bezeichneten Personen zur Zeit den Vorstand bilden.

(4) Die Mitglieder des Vorstands verwalten ihr Amt als Ehrenamt unentgeltlich; es kann ihnen nach näherer Bestimmung der Satzung Ersatz barer Auslagen und eine Entschädigung für Zeitversäumnis gewährt werden.

§ 67 [Ausschüsse]

(1) Die Handwerksinnung kann zur Wahrnehmung einzelner Angelegenheiten Ausschüsse bilden.

(2) ¹Zur Förderung der Berufsbildung ist ein Ausschuß zu bilden. ²Er besteht aus einem Vorsitzenden und mindestens vier Beisitzern, von denen die Hälfte Innungsmitglieder, die in der Regel Gesellen oder Lehrlinge beschäftigen, und die andere Hälfte Gesellen sein müssen.

(3) ¹Die Handwerksinnung kann einen Ausschuß zur Schlichtung von Streitigkeiten zwischen Ausbildenden und Lehrlingen (Auszubildenden) errichten, der für alle Berufsausbildungsverhältnisse der in der Handwerksinnung vertretenen Handwerke ihres Bezirks zuständig ist. ²Die Handwerkskammer erläßt die hierfür erforderliche Verfahrensordnung.

§ 68 [Gesellenausschuß]

(1) ¹Im Interesse eines guten Verhältnisses zwischen den Innungsmitgliedern und den bei ihnen beschäftigten Gesellen (§ 54 Abs. 1 Nr. 2) wird bei der Handwerksinnung ein Gesellenausschuß errichtet. ²Der Ge-

sellenausschuß hat die Gesellenmitglieder der Ausschüsse zu wählen, bei denen die Mitwirkung der Gesellen durch Gesetz oder Satzung vorgesehen ist.

(2) Der Gesellenausschuß ist zu beteiligen
1. bei Erlaß von Vorschriften über die Regelung der Lehrlingsausbildung (§ 54 Abs. 1 Nr. 3),
2. bei Maßnahmen zur Förderung und Überwachung der beruflichen Ausbildung und zur Förderung der charakterlichen Entwicklung der Lehrlinge (§ 54 Abs. 1 Nr. 3),
3. bei der Errichtung der Gesellenprüfungsausschüsse (§ 54 Abs. 1 Nr. 4),
4. bei Maßnahmen zur Förderung des handwerklichen Könnens der Gesellen, insbesondere bei der Errichtung oder Unterstützung der zu dieser Förderung bestimmten Fachschulen und Lehrgänge (§ 54 Abs. 1 Nr. 5),
5. bei der Mitwirkung an der Verwaltung der Berufsschulen gemäß den Vorschriften der Unterrichtsverwaltungen (§ 54 Abs. 1 Nr. 6),
6. bei der Wahl oder Benennung der Vorsitzenden von Ausschüssen, bei denen die Mitwirkung der Gesellen durch Gesetz oder Satzung vorgesehen ist,
7. bei der Begründung und Verwaltung aller Einrichtungen, für welche die Gesellen Beiträge entrichten oder eine besondere Mühewaltung übernehmen, oder die zu ihrer Unterstützung bestimmt sind.

(3) Die Beteiligung des Gesellenausschusses hat mit der Maßgabe zu erfolgen, daß
1. bei der Beratung und Beschlußfassung des Vorstands der Handwerksinnung mindestens ein Mitglied des Gesellenausschusses mit vollem Stimmrecht teilnimmt,
2. bei der Beratung und Beschlußfassung der Innungsversammlung seine sämtlichen Mitglieder mit vollem Stimmrecht teilnehmen,
3. bei der Verwaltung von Einrichtungen, für welche die Gesellen Aufwendungen zu machen haben, vom Gesellenausschuß gewählte Gesellen in gleicher Zahl zu beteiligen sind wie die Innungsmitglieder.

(4) [1]Zur Durchführung von Beschlüssen der Innungsversammlung in den in Absatz 2 bezeichneten Angelegenheiten bedarf es der Zustimmung des Gesellenausschusses. [2]Wird die Zustimmung versagt oder nicht in angemessener Frist erteilt, so kann die Handwerksinnung die Entscheidung der Handwerkskammer binnen eines Monats beantragen.

(5) Die Beteiligung des Gesellenausschusses entfällt in den Angelegenheiten, die Gegenstand eines von der Handwerksinnung oder von dem Innungsverband abgeschlossenen oder abzuschließenden Tarifvertrags sind.

Handwerksordnung **Text**

§ 69 [Zusammensetzung und Wahl des Gesellenausschusses]

(1) Der Gesellenausschuß besteht aus dem Vorsitzenden (Altgesellen) und einer weiteren Zahl von Mitgliedern.

(2) Für die Mitglieder des Gesellenausschusses sind Stellvertreter zu wählen, die im Falle der Verhinderung oder des Ausscheidens für den Rest der Wahlzeit in der Reihenfolge der Wahl eintreten.

(3) [1]Die Mitglieder des Gesellenausschusses werden mit verdeckten Stimmzetteln in allgemeiner, unmittelbarer und gleicher Wahl gewählt. [2]Zum Zwecke der Wahl ist eine Wahlversammlung einzuberufen; in der Versammlung können durch Zuruf Wahlvorschläge gemacht werden. [3]Führt die Wahlversammlung zu keinem Ergebnis, so ist auf Grund von schriftlichen Wahlvorschlägen nach den Grundsätzen der Verhältniswahl zu wählen; jeder Wahlvorschlag muß die Namen von ebensovielen Bewerbern enthalten, wie Mitglieder des Gesellenausschusses zu wählen sind; wird nur ein gültiger Wahlvorschlag eingereicht, so gelten die darin bezeichneten Bewerber als gewählt. [4]Die Satzung trifft die näheren Bestimmungen über die Zusammensetzung des Gesellenausschusses und über das Wahlverfahren, insbesondere darüber, wie viele Unterschriften für einen gültigen schriftlichen Wahlvorschlag erforderlich sind.

(4) [1]Die Mitglieder des Gesellenausschusses dürfen in der Ausübung ihrer Tätigkeit nicht behindert werden. [2]Auch dürfen sie deswegen nicht benachteiligt oder begünstigt werden. [3]Die Mitglieder des Gesellenausschusses sind, soweit es zur ordnungsgemäßen Durchführung der ihnen gesetzlich zugewiesenen Aufgaben erforderlich ist und wichtige betriebliche Gründe nicht entgegenstehen, von ihrer beruflichen Tätigkeit ohne Minderung des Arbeitsentgelts freizustellen.

(5) Das Ergebnis der Wahl der Mitglieder des Gesellenausschusses ist in den für die Bekanntmachung der zuständigen Handwerkskammer bestimmten Organen zu veröffentlichen.

§ 70 [Wahlrecht]

Berechtigt zur Wahl des Gesellenausschusses sind die bei einem Innungsmitglied beschäftigten Gesellen.

§ 71 [Wählbarkeit zum Gesellenausschuß]

(1) Wählbar ist jeder Geselle, der
1. volljährig ist,
2. eine Gesellenprüfung oder eine entsprechende Abschlußprüfung abgelegt hat und

3. seit mindestens drei Monaten in dem Betrieb eines der Handwerksinnung angehörenden selbständigen Handwerkers beschäftigt ist.
(2) Über die Wahlhandlung ist eine Niederschrift anzufertigen.

§ 71a [Kurzzeitige Arbeitslosigkeit]

Eine kurzzeitige Arbeitslosigkeit läßt das Wahlrecht nach den §§ 70 und 71 unberührt, wenn diese zum Zeitpunkt der Wahl nicht länger als drei Monate besteht.

§ 72 [Bei Innungsmitgliedern nicht mehr beschäftigte Ausschußmitglieder]

[1]Mitglieder des Gesellenausschusses behalten, auch wenn sie nicht mehr bei Innungsmitgliedern beschäftigt sind, solange sie im Bezirk der Handwerksinnung im Betrieb eines selbständigen Handwerkers verbleiben, die Mitgliedschaft noch bis zum Ende der Wahlzeit, jedoch höchstens für ein Jahr. [2]Im Falle eintretender Arbeitslosigkeit behalten sie ihr Amt bis zum Ende der Wahlzeit.

§ 73 [Beiträge und Gebühren]

(1) [1]Die der Handwerksinnung und ihrem Gesellenausschuß erwachsenden Kosten sind, soweit sie aus den Erträgen des Vermögens oder aus anderen Einnahmen keine Deckung finden, von den Innungsmitgliedern durch Beiträge aufzubringen. [2]Zu den Kosten des Gesellenausschusses zählen auch die anteiligen Lohn- und Lohnnebenkosten, die dem Arbeitgeber durch die Freistellung der Mitglieder des Gesellenausschusses von ihrer beruflichen Tätigkeit entstehen. [3]Diese Kosten sind dem Arbeitgeber auf Antrag von der Innung zu erstatten.

(2) Die Handwerksinnung kann für die Benutzung der von ihr getroffenen Einrichtungen Gebühren erheben.

(3) Soweit die Handwerksinnung ihre Beiträge nach dem Gewerbesteuermeßbetrag, Gewerbekapital, Gewerbeertrag, Gewinn aus Gewerbebetrieb oder der Lohnsumme bemißt, gilt § 113 Abs. 2 Satz 2, 3 und 8 bis 11.

(4) Die Beiträge und Gebühren werden auf Antrag des Innungsvorstands nach den für die Beitreibung von Gemeindeabgaben geltenden landesrechtlichen Vorschriften beigetrieben.

Handwerksordnung

§ 74 [Haftung der Innung]

Die Handwerksinnung ist für den Schaden verantwortlich, den der Vorstand, ein Mitglied des Vorstands oder ein anderer satzungsmäßig berufener Vertreter durch eine in Ausführung der ihm zustehenden Verrichtungen begangene, zum Schadensersatz verpflichtende Handlung einem Dritten zufügt.

§ 75 [Aufsicht über die Handwerksinnung]

¹Die Aufsicht über die Handwerksinnung führt die Handwerkskammer, in deren Bezirk die Handwerksinnung ihren Sitz hat. ²Die Aufsicht erstreckt sich darauf, daß Gesetz und Satzung beachtet, insbesondere daß die der Handwerksinnung übertragenen Aufgaben erfüllt werden.

§ 76 [Auflösung der Innung]

Die Handwerksinnung kann durch die Handwerkskammer nach Anhörung des Landesinnungsverbands aufgelöst werden,
1. wenn sie durch einen gesetzwidrigen Beschluß der Mitgliederversammlung oder durch gesetzwidriges Verhalten des Vorstands das Gemeinwohl gefährdet,
2. wenn sie andere als die gesetzlich oder satzungsmäßig zulässigen Zwecke verfolgt,
3. wenn die Zahl ihrer Mitglieder so weit zurückgeht, daß die Erfüllung der gesetzlichen und satzungsmäßigen Aufgaben gefährdet erscheint.

§ 77 [Insolvenzverfahren]

(1) Die Eröffnung des Insolvenzverfahrens über das Vermögen der Handwerksinnung hat die Auflösung kraft Gesetzes zur Folge.
(2) ¹Der Vorstand hat im Falle der Zahlungsunfähigkeit oder der Überschuldung die Eröffnung des Insolvenzverfahrens oder des gerichtlichen Vergleichsverfahrens zu beantragen. ²Wird die Stellung des Antrags verzögert, so sind die Vorstandsmitglieder, denen ein Verschulden zur Last fällt, den Gläubigern für den daraus entstehenden Schaden verantwortlich; sie haften als Gesamtschuldner.

Text Handwerksordnung

§ 78 [Liquidation; Vermögensauseinandersetzung]

(1) Wird die Handwerksinnung durch Beschluß der Innungsversammlung oder durch die Handwerkskammer aufgelöst, so wird das Innungsvermögen in entsprechender Anwendung der §§ 47 bis 53 des Bürgerlichen Gesetzbuchs liquidiert.

(2) ¹Wird eine Innung geteilt oder wird der Innungsbezirk neu abgegrenzt, so findet eine Vermögensauseinandersetzung statt, die der Genehmigung der für den Sitz der Innung zuständigen Handwerkskammer bedarf; kommt eine Einigung über die Vermögensauseinandersetzung nicht zustande, so entscheidet die für den Innungsbezirk zuständige Handwerkskammer. ²Erstreckt sich der Innungsbezirk auf mehrere Handwerkskammerbezirke, so kann die Genehmigung oder Entscheidung nur im Einvernehmen mit den beteiligten Handwerkskammern ergehen.

Zweiter Abschnitt. Innungsverbände

§ 79 [Landesinnungsverband]

(1) ¹Der Landesinnungsverband ist der Zusammenschluß von Handwerksinnungen des gleichen Handwerks oder sich fachlich oder wirtschaftlich nahestehender Handwerke im Bezirk eines Landes. ²Für mehrere Bundesländer kann ein gemeinsamer Landesinnungsverband gebildet werden.

(2) ¹Innerhalb eines Landes kann in der Regel nur ein Landesinnungsverband für dasselbe Handwerk oder für sich fachlich oder wirtschaftlich nahestehende Handwerke gebildet werden. ²Ausnahmen können von der obersten Landesbehörde zugelassen werden.

(3) Durch die Satzung kann bestimmt werden, daß selbständige Handwerker dem Landesinnungsverband ihres Handwerks als Einzelmitglieder beitreten können.

§ 80 [Rechtsform; Satzung]

¹Der Landesinnungsverband ist eine juristische Person des privaten Rechts; er wird mit Genehmigung der Satzung rechtsfähig. ²Die Satzung und ihre Änderung bedürfen der Genehmigung durch die oberste Landesbehörde. ³Im Falle eines gemeinsamen Landesinnungsverbandes nach § 79 Abs. 1 Satz 2 ist die Genehmigung durch die für den Sitz des Landesinnungsverbandes zuständige oberste Landesbehörde im Einvernehmen mit den beteiligten obersten Landesbehörden zu erteilen. ⁴Die Satzung muß den Bestimmungen des § 55 Abs. 2 entsprechen.

§ 81 [Aufgaben des Landesinnungsverbandes]

(1) Der Landesinnungsverband hat die Aufgabe,
1. die Interessen des Handwerks wahrzunehmen, für das er gebildet ist,
2. die angeschlossenen Handwerksinnungen in der Erfüllung ihrer gesetzlichen und satzungsmäßigen Aufgaben zu unterstützen,
3. den Behörden Anregungen und Vorschläge zu unterbreiten sowie ihnen auf Verlangen Gutachten zu erstatten.

(2) Er ist befugt, Fachschulen und Fachkurse einzurichten oder zu fördern.

§ 82 [Förderung wirtschaftlicher und sozialer Interessen]

¹Der Landesinnungsverband kann ferner die wirtschaftlichen und sozialen Interessen der den Handwerksinnungen angehörenden Mitglieder fördern. ²Zu diesem Zweck kann er inbesondere
1. Einrichtungen zur Erhöhung der Leistungsfähigkeit der Betriebe, vor allem in technischer und betriebswirtschaftlicher Hinsicht schaffen oder unterstützen,
2. den gemeinschaftlichen Einkauf und die gemeinschaftliche Übernahme von Lieferungen und Leistungen durch die Bildung von Genossenschaften, Arbeitsgemeinschaften oder auf sonstige Weise im Rahmen der allgemeinen Gesetze fördern,
3. Tarifverträge abschließen.

§ 83 [Anwendbarkeit von Vorschriften]

(1) Auf den Landesinnungsverband finden entsprechende Anwendung:
1. § 55 Abs. 1 und Abs. 2 Nr. 1 bis 6, 8 bis 9 und hinsichtlich der Voraussetzungen für die Änderung der Satzung und für die Auflösung des Landesinnungsverbandes Nummer 10 sowie Nummer 11,
2. §§ 60, 61 Abs. 1 und Abs. 2 Nr. 1 und hinsichtlich der Beschlußfassung über die Höhe der Beiträge zum Landesinnungsverband Nummer 2 sowie Nummern 3 bis 5 und 7 bis 8,
3. §§ 59, 62, 64, 66 und 74,
4. § 39 und §§ 41 bis 53 des Bürgerlichen Gesetzbuchs.

(2) ¹Die Mitgliederversammlung besteht aus den Vertretern der angeschlossenen Handwerksinnungen und im Fall des § 79 Abs. 3 auch aus den von den Einzelmitgliedern nach näherer Bestimmung der Satzung gewählten Vertretern. ²Die Satzung kann bestimmen, daß die Handwerksinnungen und die Gruppe der Einzelmitglieder entsprechend der Zahl der

Mitglieder der Handwerksinnungen und der Einzelmitglieder mehrere Stimmen haben und die Stimmen einer Handwerksinnung oder der Gruppe der Einzelmitglieder uneinheitlich abgegeben werden können.

(3) Nach näherer Bestimmung der Satzung können bis zur Hälfte der Mitglieder des Vorstands Personen sein, die nicht von der Mitgliederversammlung gewählt sind.

§ 84 [Anschluß von handwerksähnlichen Betrieben]

[1]Durch die Satzung kann bestimmt werden, daß sich Vereinigungen von Inhabern handwerksähnlicher Betriebe oder Inhaber handwerksähnlicher Betriebe einem Landesinnungsverband anschließen können. [2]In diesem Falle obliegt dem Landesinnungsverband nach Maßgabe der §§ 81 und 82 auch die Wahrnehmung der Interessen des handwerksähnlichen Gewerbes. [3]§ 83 Abs. 2 gilt entsprechend für die Vertretung des handwerksähnlichen Gewerbes in der Mitgliederversammlung.

§ 85 [Bundesinnungsverband]

(1) Der Bundesinnungsverband ist der Zusammenschluß von Landesinnungsverbänden des gleichen Handwerks oder sich fachlich oder wirtschaftlich nahestehender Handwerke im Bundesgebiet.

(2) [1]Auf den Bundesinnungsverband finden die Vorschriften dieses Abschnitts sinngemäß Anwendung. [2]Die nach § 80 erforderliche Genehmigung der Satzung und ihrer Änderung erfolgt durch das Bundesministerium für Wirtschaft und Arbeit.

Dritter Abschnitt. Kreishandwerkerschaften

§ 86 [Kreishandwerkerschaft]

[1]Die Handwerksinnungen, die in einem Stadt- oder Landkreis ihren Sitz haben, bilden die Kreishandwerkerschaft. [2]Die Handwerkskammer kann eine andere Abgrenzung zulassen.

§ 87 [Aufgaben]

Die Kreishandwerkerschaft hat die Aufgabe,
1. die Gesamtinteressen des selbständigen Handwerks und des handwerksähnlichen Gewerbes sowie die gemeinsamen Interessen der Handwerksinnungen ihres Bezirks wahrzunehmen,

2. die Handwerksinnungen bei der Erfüllung ihrer Aufgaben zu unterstützen,
3. Einrichtungen zur Förderung und Vertretung der gewerblichen, wirtschaftlichen und sozialen Interessen der Mitglieder der Handwerksinnungen zu schaffen oder zu unterstützen,
4. die Behörden bei den das selbständige Handwerk und das handwerksähnliche Gewerbe ihres Bezirks berührenden Maßnahmen zu unterstützen und ihnen Anregungen, Auskünfte und Gutachten zu erteilen,
5. die Geschäfte der Handwerksinnungen auf deren Ansuchen zu führen,
6. die von der Handwerkskammer innerhalb ihrer Zuständigkeit erlassenen Vorschriften und Anordnungen durchzuführen; die Handwerkskammer hat sich an den hierdurch entstehenden Kosten angemessen zu beteiligen.

§ 88 [Mitgliederversammlung]

[1]Die Mitgliederversammlung der Kreishandwerkerschaft besteht aus Vertretern der Handwerksinnungen. [2]Die Vertreter oder ihre Stellvertreter üben das Stimmrecht für die von ihnen vertretenen Handwerksinnungen aus. [3]Jede Handwerksinnung hat eine Stimme. [4]Die Satzung kann bestimmen, daß den Handwerksinnungen entsprechend der Zahl ihrer Mitglieder bis höchstens zwei Zusatzstimmen zuerkannt und die Stimmen einer Handwerksinnung uneinheitlich abgegeben werden können.

§ 89 [Anwendbarkeit von Vorschriften]

(1) Auf die Kreishandwerkerschaft finden entsprechende Anwendung:
1. § 53 und § 55 mit Ausnahme des Absatzes 2 Nummern 3 und 7 sowie hinsichtlich der Voraussetzungen für die Änderung der Satzung § 55 Abs. 2 Nr. 10,
2. § 56 Abs. 1 und Abs. 2 Nr. 1,
3. § 60 und § 61 Abs. 1, Abs. 2 Nr. 1 bis 5, 7 und hinsichtlich der Beschlußfassung über die Änderung der Satzung Nummer 8; die nach § 61 Abs. 2 Nr. 1 bis 3, 7 und 8 gefaßten Beschlüsse bedürfen der Genehmigung der Handwerkskammer,
4. § 62 Abs. 1, Abs. 2 Sätze 1 und 2 sowie Abs. 3,
5. §§ 64, 66, 67 Abs. 1 und §§ 73 bis 77.

(2) [1]Wird die Kreishandwerkerschaft durch die Handwerkskammer aufgelöst, so wird das Vermögen der Kreishandwerkerschaft in entsprechender Anwendung der §§ 47 bis 53 des Bürgerlichen Gesetzbuchs liquidiert. [2]§ 78 Abs. 2 gilt entsprechend.

Vierter Abschnitt. Handwerkskammern

§ 90 [Handwerkskammern]

(1) Zur Vertretung der Interessen des Handwerks werden Handwerkskammern errichtet; sie sind Körperschaften des öffentlichen Rechts.

(2) Zur Handwerkskammer gehören die Inhaber eines Betriebs eines Handwerks und eines handwerkähnlichen Gewerbes des Handwerkskammerbezirks sowie die Gesellen, andere Arbeitnehmer mit einer abgeschlossenen Berufsausbildung und die Lehrlinge dieser Gewerbetreibenden.

(3) [1]Zur Handwerkskammer gehören auch Personen, die im Kammerbezirk selbständig eine gewerbliche Tätigkeit nach § 1 Abs. 2 Satz 2 Nr. 1 ausüben, wenn
1. sie die Gesellenprüfung in einem zulassungspflichtigen Handwerk erfolgreich abgelegt haben,
2. die betreffende Tätigkeit Bestandteil der Erstausbildung in diesem zulassungspflichtigen Handwerk war und
3. die Tätigkeit den überwiegenden Teil der gewerblichen Tätigkeit ausmacht.

[2]Satz 1 gilt entsprechend auch für Personen, die ausbildungsvorbereitende Maßnahmen erfolgreich absolviert haben, wenn diese Maßnahmen überwiegend Ausbildungsinhalte in Ausbildungsordnungen vermitteln, die nach § 25 erlassen worden sind und insgesamt einer abgeschlossenen Gesellenausbildung im Wesentlichen entsprechen.

(4) [1]Absatz 3 findet nur unter der Voraussetzung Anwendung, dass die Tätigkeit in einem dem Handwerk entsprechenden Betriebsform erbracht wird. [2]Satz 1 und Absatz 3 gelten nur für Gewerbetreibende, die erstmalig nach dem 30. Dezember 2003 eine gewerbliche Tätigkeit anmelden. [3]Die Handwerkskammer hat ein Verzeichnis zu führen, in welches die Personen nach § 90 Abs. 3 und 4 ihres Bezirks nach Maßgabe der Anlage D Abschnitt IV zu diesem Gesetz mit dem von ihnen betriebenen Gewerbe einzutragen sind (Verzeichnis der Personen nach § 90 Abs. 3 und 4 der Handwerksordnung).

(5) [1]Die Handwerkskammern werden von der obersten Landesbehörde errichtet; diese bestimmt deren Bezirk, der sich in der Regel mit dem der höheren Verwaltungsbehörde decken soll. [2]Die oberste Landesbehörde kann den Bezirk der Handwerkskammer ändern; in diesem Fall muß eine Vermögensauseinandersetzung erfolgen, welche der Genehmigung durch die oberste Landesbehörde bedarf. [3]Können sich die beteiligten Handwerkskammern hierüber nicht einigen, so entscheidet die oberste Landesbehörde.

Handwerksordnung

§ 91 [Aufgaben]

(1) Aufgabe der Handwerkskammer ist insbesondere,
1. die Interessen des Handwerks zu fördern und für einen gerechten Ausgleich der Interessen der einzelnen Handwerke und ihrer Organisationen zu sorgen,
2. die Behörden in der Förderung des Handwerks durch Anregungen, Vorschläge und durch Erstattung von Gutachten zu unterstützen und regelmäßig Berichte über die Verhältnisse des Handwerks zu erstatten,
3. die Handwerksrolle (§ 6) zu führen,
4. die Berufsausbildung zu regeln (§ 41), Vorschriften hierfür zu erlassen, ihre Durchführung zu überwachen (§ 41a) sowie eine Lehrlingsrolle (§ 28 Satz 1) zu führen,
4a. Vorschriften für Prüfungen im Rahmen einer beruflichen Fortbildung oder Umschulung zu erlassen und Prüfungsausschüsse hierfür zu errichten,
5. Gesellenprüfungsordnungen für die einzelnen Handwerke zu erlassen (§ 38), Prüfungsausschüsse für die Abnahme der Gesellenprüfungen zu errichten oder Handwerksinnungen zu der Errichtung von Gesellenprüfungsausschüssen zu ermächtigen (§ 37) und die ordnungsmäßige Durchführung der Gesellenprüfungen zu überwachen,
6. Meisterprüfungsordnungen für die einzelnen Handwerke zu erlassen (§ 50) und die Geschäfte des Meisterprüfungsausschusses (§ 47 Abs. 2) zu führen,
7. die technische und betriebswirtschaftliche Fortbildung der Meister und Gesellen zur Erhaltung und Steigerung der Leistungsfähigkeit des Handwerks in Zusammenarbeit mit den Innungsverbänden zu fördern, die erforderlichen Einrichtungen hierfür zu schaffen oder zu unterstützen und zu diesem Zweck eine Gewerbeförderungsstelle zu unterhalten,
8. Sachverständige zur Erstattung von Gutachten über Waren, Leistungen und Preise von Handwerkern zu bestellen und zu vereidigen,
9. die wirtschaftlichen Interessen des Handwerks und die ihnen dienenden Einrichtungen, insbesondere das Genossenschaftswesen zu fördern,
10. die Formgestaltung im Handwerk zu fördern,
11. Vermittlungsstellen zur Beilegung von Streitigkeiten zwischen Inhabern eines Betriebs eines Handwerks und ihren Auftraggebern einzurichten,
12. Ursprungszeugnisse über in Handwerksbetrieben gefertigte Erzeugnisse und andere dem Wirtschaftsverkehr dienende Bescheinigungen

auszustellen, soweit nicht Rechtsvorschriften diese Aufgaben anderen Stellen zuweisen,
13. die Maßnahmen zur Unterstützung notleidender Handwerker sowie Gesellen und anderer Arbeitnehmer mit einer abgeschlossenen Berufsausbildung zu treffen oder zu unterstützen.

(2) Die Handwerkskammer kann gemeinsam mit der Industrie- und Handelskammer Prüfungsausschüsse errichten.

(3) Die Handwerkskammer soll in allen wichtigen das Handwerk und das handwerksähnliche Gewerbe berührenden Angelegenheiten gehört werden.

(4) Absatz 1 Nr. 1, 2 und 7 bis 13 findet auf handwerksähnliche Gewerbe entsprechende Anwendung.

§ 92 [Organe der Handwerkskammer]

Die Organe der Handwerkskammer sind
1. die Mitgliederversammlung (Vollversammlung),
2. der Vorstand,
3. die Ausschüsse.

§ 93 [Zusammensetzung der Vollversammlung]

(1) [1]Die Vollversammlung besteht aus gewählten Mitgliedern. [2]Ein Drittel der Mitglieder müssen Gesellen oder andere Arbeitnehmer mit einer abgeschlossenen Berufsausbildung sein, die in dem Betrieb eines Gewerbes der Anlage A oder Betrieb eines Gewerbes der Anlage B beschäftigt sind.

(2) [1]Durch die Satzung ist die Zahl der Mitglieder der Vollversammlung und ihre Aufteilung auf die einzelnen in den Anlagen A und B zu diesem Gesetz aufgeführten Gewerbe zu bestimmen. [2]Die Satzung kann bestimmen, dass die Aufteilung der Zahl der Mitglieder der Vollversammlung auch die Personen nach § 90 Abs. 3 und 4 zu berücksichtigen hat. [3]Bei der Aufteilung sollen die wirtschaftlichen Besonderheiten und die wirtschaftliche Bedeutung der einzelnen Gewerbe berücksichtigt werden.

(3) Für jedes Mitglied sind mindestens ein, aber höchstens zwei Stellvertreter zu wählen, die im Verhinderungsfall oder im Falle des Ausscheidens der Mitglieder einzutreten haben.

(4) [1]Die Vollversammlung kann sich nach näherer Bestimmung der Satzung bis zu einem Fünftel der Mitgliederzahl durch Zuwahl von sachverständigen Personen unter Wahrung der in Absatz 1 festgelegten Verhältniszahl ergänzen; diese haben gleiche Rechte und Pflichten wie die gewählten Mitglieder der Vollversammlung. [2]Die Zuwahl der sachver-

Handwerksordnung **Text**

ständigen Personen, die auf das Drittel der Gesellen und anderer Arbeitnehmer mit einer abgeschlossenen Berufsausbildung anzurechnen sind, erfolgt auf Vorschlag der Mehrheit dieser Gruppe.

§ 94 [Rechtsstellung der Mitglieder]

¹Die Mitglieder der Vollversammlung sind Vertreter des gesamten Handwerks und des handwerksähnlichen Gewerbes und als solche an Aufträge und Weisungen nicht gebunden. ²§ 66 Abs. 4, § 69 Abs. 4 und § 73 Abs. 1 gelten entsprechend.

§ 95 [Wahl der Mitglieder]

(1) ¹Die Mitglieder der Vollversammlung und ihre Stellvertreter werden durch Listen in allgemeiner, freier, gleicher und geheimer Wahl gewählt. ²Die Wahlen zur Vollversammlung werden im Briefwahlverfahren durchgeführt.

(2) Das Wahlverfahren regelt sich nach der diesem Gesetz als Anlage C beigefügten Wahlordnung.

§ 96 [Wahlrecht]

(1) ¹Berechtigt zur Wahl der Vertreter des Handwerks und des handwerksähnlichen Gewerbes sind die in der Handwerksrolle (§ 6) oder im Verzeichnis nach § 19 eingetragenen natürlichen und juristischen Personen und Personengesellschaften sowie die in das Verzeichnis nach § 90 Abs. 4 Satz 2 eingetragenen natürlichen Personen. ²Die nach § 90 Abs. 4 Satz 2 eingetragenen Personen sind zur Wahl der Vertreter der Personen nach § 90 Abs. 3 und 4 berechtigt, sofern die Satzung dies nach § 93 bestimmt. ³Das Wahlrecht kann nur von volljährigen Personen ausgeübt werden. ⁴Juristische Personen und Personengesellschaften haben jeweils nur eine Stimme.

(2) Nicht wahlberechtigt sind Personen, die infolge strafgerichtlicher Verurteilung das Recht, in öffentlichen Angelegenheiten zu wählen oder zu stimmen, nicht besitzen.

(3) An der Ausübung des Wahlrechts ist behindert,
1. wer wegen Geisteskrankheit oder Geistesschwäche in einem psychiatrischen Krankenhaus untergebracht ist,
2. wer sich in Straf- oder Untersuchungshaft befindet,
3. wer infolge gerichtlicher oder polizeilicher Anordnung in Verwahrung gehalten wird.

Text

§ 97 [Wählbarkeit]

(1) ¹Wählbar als Vertreter der zulassungspflichtigen Handwerke sind
1. die wahlberechtigten natürlichen Personen, sofern sie
   a) im Bezirk der Handwerkskammer seit mindestens einem Jahr ohne Unterbrechung ein Handwerk selbständig betreiben,
   b) die Befugnis zum Ausbilden von Lehrlingen besitzen,
   c) am Wahltag volljährig sind;
2. die gesetzlichen Vertreter der wahlberechtigten juristischen Personen und die vertretungsberechtigten Gesellschafter der wahlberechtigten Personengesellschaften, sofern
   a) die von ihnen vertretene juristische Person oder Personengesellschaft im Bezirk der Handwerkskammer seit mindestens einem Jahr ein Handwerk selbständig betreibt und
   b) sie im Bezirk der Handwerkskammer seit mindestens einem Jahr ohne Unterbrechung gesetzliche Vertreter oder vertretungsberechtigte Gesellschafter einer in der Handwerksrolle eingetragenen juristischen Person oder Personengesellschaft sind, am Wahltag volljährig sind.

²Nicht wählbar ist, wer infolge Richterspruchs die Fähigkeit zur Bekleidung öffentlicher Ämter oder infolge strafgerichtlicher Verurteilung die Fähigkeit, Rechte aus öffentlichen Wahlen zu erlangen, nicht besitzt.

(2) Bei der Berechnung der Fristen in Absatz 1 Nr. 1 Buchstabe a und Nr. 2 Buchstabe b sind die Tätigkeiten als selbständiger Handwerker in einem zulassungspflichtigen Handwerk und als gesetzlicher Vertreter oder vertretungsberechtigter Gesellschafter einer in der Handwerksrolle eingetragenen juristischen Person oder Personengesellschaft gegenseitig anzurechnen.

(3) Für die Wahl der Vertreter der zulassungsfreien Handwerke, der handwerksähnlichen Gewerbe und der Personen nach § 90 Abs. 3 und 4 gelten die Absätze 1 und 2 entsprechend.

§ 98 [Wahl der Vertreter der Arbeitnehmer]

(1) ¹Berechtigt zur Wahl der Vertreter der Arbeitnehmer in der Handwerkskammer sind die Gesellen und die weiteren Arbeitnehmer mit abgeschlossener Berufsausbildung, sofern sie am Tag der Wahl volljährig sind und in einem Betrieb eines Handwerks oder eines handwerksähnlichen Gewerbes beschäftigt sind. ²§ 96 Abs. 2 und 3 findet Anwendung.

(2) Kurzzeitig bestehende Arbeitslosigkeit läßt das Wahlrecht unberührt, wenn diese zum Zeitpunkt der Wahl nicht länger als drei Monate besteht.

Handwerksordnung

§ 99 [Wählbarkeit zum Vertreter der Arbeitnehmer]

Wählbar zum Vertreter der Arbeitnehmer in der Vollversammlung sind die wahlberechtigten Arbeitnehmer in Sinne des § 90 Abs. 2, sofern sie
1. am Wahltag volljährig sind,
2. eine Gesellenprüfung oder eine andere Abschlußprüfung abgelegt haben oder, wenn sie in einem Betrieb eines handwerksähnlichen Gewerbes beschäftigt sind, nicht nur vorübergehend mit Arbeiten betraut sind, die gewöhnlich nur von einem Gesellen oder einem Arbeitnehmer ausgeführt werden, der einen Berufsabschluß hat.

§ 100 [Wahlprüfung; Bekanntmachung des Ergebnisses]

(1) Die Handwerkskammer prüft die Gültigkeit der Wahl ihrer Mitglieder von Amts wegen.
(2) Das Ergebnis der Wahl ist öffentlich bekanntzumachen.

§ 101 [Einspruch gegen die Wahl]

(1) Gegen die Rechtsgültigkeit der Wahl kann jeder Wahlberechtigte innerhalb von einem Monat nach der Bekanntgabe des Wahlergebnisses Einspruch erheben; der Einspruch eines Inhabers eines Betriebs eines Handwerks oder handwerksähnlichen Gewerbes kann sich nur gegen die Wahl der Vertreter der Handwerke und handwerksähnlichen Gewerbe, der Einspruch eines Gesellen oder anderen Arbeitnehmers mit einer abgeschlossenen Berufsausbildung nur gegen die Wahl der Vertreter der Arbeitnehmer richten.
(2) Der Einspruch gegen die Wahl eines Gewählten kann nur auf eine Verletzung der Vorschriften der §§ 96 bis 99 gestützt werden.
(3) [1]Richtet sich der Einspruch gegen die Wahl insgesamt, so ist er binnen einem Monat nach der Bekanntgabe des Wahlergebnisses bei der Handwerkskammer einzulegen. [2]Er kann nur darauf gestützt werden, daß
1. gegen das Gesetz oder gegen die auf Grund des Gesetzes erlassenen Wahlvorschriften verstoßen worden ist und
2. der Verstoß geeignet war, das Ergebnis der Wahl zu beeinflussen.

§ 102 [Ablehnung der Wahl; Amtsniederlegung]

(1) Der Gewählte kann die Annahme der Wahl nur ablehnen, wenn er
1. das sechzigste Lebensjahr vollendet hat oder
2. durch Krankheit oder Gebrechen verhindert ist, das Amt ordnungsmäßig zu führen.

(2) Ablehnungsgründe sind nur zu berücksichtigen, wenn sie binnen zwei Wochen nach der Bekanntgabe des Wahlergebnisses bei der Handwerkskammer geltend gemacht worden sind.

(3) Mitglieder der Handwerkskammer können nach Vollendung des sechzigsten Lebensjahrs ihr Amt niederlegen.

§ 103 [Amtsdauer]

(1) [1]Die Wahl zur Handwerkskammer erfolgt auf fünf Jahre. [2]Eine Wiederwahl ist zulässig.

(2) Nach Ablauf der Wahlzeit bleiben die Gewählten solange im Amt, bis ihre Nachfolger eintreten.

(3) [1]Die Vertreter der Arbeitnehmer behalten, auch wenn sie nicht mehr im Betrieb eines Handwerks oder eines handwerksähnlichen Gewerbes beschäftigt sind, solange sie im Bezirk der Handwerkskammer verbleiben, das Amt noch bis zum Ende der Wahlzeit, jedoch höchstens für ein Jahr. [2]Im Falle der Arbeitslosigkeit behalten sie das Amt bis zum Ende der Wahlzeit.

§ 104 [Ausscheiden aus dem Amt]

(1) Mitglieder der Vollversammlung haben aus dem Amt auszuscheiden, wenn sie durch Krankheit oder Gebrechen verhindert sind, das Amt ordnungsmäßig zu führen oder wenn Tatsachen eintreten, die ihre Wählbarkeit ausschließen.

(2) Gesetzliche Vertreter juristischer Personen und vertretungsberechtigte Gesellschafter der Personengesellschaften haben ferner aus dem Amt auszuscheiden, wenn
1. sie die Vertretungsbefugnis verloren haben,
2. die juristische Person oder die Personengesellschaft in der Handwerksrolle oder in dem Verzeichnis nach § 19 gelöscht worden ist.

(3) Weigert sich das Mitglied auszuscheiden, so ist es von der obersten Landesbehörde nach Anhörung der Handwerkskammer seines Amtes zu entheben.

§ 105 [Satzung]

(1) [1]Für die Handwerkskammer ist von der obersten Landesbehörde eine Satzung zu erlassen. [2]Über eine Änderung der Satzung beschließt die Vollversammlung; der Beschluß bedarf der Genehmigung durch die oberste Landesbehörde.

Handwerksordnung **Text**

(2) Die Satzung muß Bestimmungen enthalten über
1. den Namen, den Sitz und den Bezirk der Handwerkskammer,
2. die Zahl der Mitglieder der Handwerkskammer und der Stellvertreter sowie die Reihenfolge ihres Eintritts im Falle der Behinderung oder des Ausscheidens der Mitglieder,
3. die Verteilung der Mitglieder und der Stellvertreter auf die im Bezirk der Handwerkskammer vertretenen Handwerke,
4. die Zuwahl zur Handwerkskammer,
5. die Wahl des Vorstands und seine Befugnisse,
6. die Einberufung der Handwerkskammer und ihrer Organe,
7. die Form der Beschlußfassung und die Beurkundung der Beschlüsse der Handwerkskammer und des Vorstands,
8. die Erstellung einer mittelfristigen Finanzplanung und deren Übermittlung an die Vollversammlung,
9. die Aufstellung und Genehmigung des Haushaltsplans,
10. die Aufstellung, Prüfung und Abnahme der Jahresrechnung sowie über die Übertragung der Prüfung auf eine unabhängige Stelle außerhalb der Handwerkskammer,
11. die Voraussetzungen und die Form einer Änderung der Satzung,
12. die Organe, in denen die Bekanntmachungen der Handwerkskammer zu veröffentlichen sind.

(3) Die Satzung darf keine Bestimmung enthalten, die mit den in diesem Gesetz bezeichneten Aufgaben der Handwerkskammer nicht in Verbindung steht oder gesetzlichen Vorschriften zuwiderläuft.

(4) Die Satzung nach Absatz 1 Satz 1 ist in dem amtlichen Organ der für den Sitz der Handwerkskammer zuständigen höheren Verwaltungsbehörde bekanntzumachen.

§ 106 [Beschlußfassung der Vollversammlung]

(1) Der Beschlußfassung der Vollversammlung bleibt vorbehalten
1. die Wahl des Vorstands und der Ausschüsse,
2. die Zuwahl von sachverständigen Personen (§ 93 Abs. 4),
3. die Wahl des Geschäftsführers, bei mehreren Geschäftsführern des Hauptgeschäftsführers und der Geschäftsführer,
4. die Feststellung des Haushaltsplans einschließlich des Stellenplans, die Bewilligung von Ausgaben, die nicht im Haushaltsplan vorgesehen sind, die Ermächtigung zur Aufnahme von Krediten und die dingliche Belastung von Grundeigentum,
5. die Festsetzung der Beiträge zur Handwerkskammer und die Erhebung von Gebühren,
6. der Erlaß einer Haushalts-, Kassen- und Rechnungslegungsordnung,

7. die Prüfung und Abnahme der Jahresrechnung und die Entscheidung darüber, durch welche unabhängige Stelle die Jahresrechnung geprüft werden soll,
8. die Beteiligung an Gesellschaften des privaten und öffentlichen Rechts und die Aufrechterhaltung der Beteiligung,
9. der Erwerb und die Veräußerung von Grundeigentum,
10. der Erlaß von Vorschriften über die Berufsausbildung, berufliche Fortbildung und berufliche Umschulung (§ 91 Abs. 1 Nr. 4 und 4a),
11. der Erlaß der Gesellen- und Meisterprüfungsordnungen (§ 91 Abs. 1 Nr. 5 und 6),
12. der Erlaß der Vorschriften über die öffentliche Bestellung und Vereidigung von Sachverständigen (§ 91 Abs. 1 Nr. 8),
13. die Festsetzung der den Mitgliedern zu gewährenden Entschädigung (§ 94),
14. die Änderung der Satzung.

(2) [1]Die nach Absatz 1 Nr. 3 bis 7, 10 bis 12 und 14 gefaßten Beschlüsse bedürfen der Genehmigung durch die oberste Landesbehörde. [2]Die Beschlüsse nach Absatz 1 Nr. 5, 10 bis 12 und 14 sind in den für die Bekanntmachungen der Handwerkskammern bestimmten Organen (§ 105 Abs. 2 Nr. 12) zu veröffentlichen.

§ 107 [Zuziehung von Sachverständigen]

Die Handwerkskammer kann zu ihren Verhandlungen Sachverständige mit beratender Stimme zuziehen.

§ 108 [Vorstands- und Präsidentenwahl]

(1) [1]Die Vollversammlung wählt aus ihrer Mitte den Vorstand. [2]Ein Drittel der Mitglieder müssen Gesellen oder andere Arbeitnehmer mit abgeschlossener Berufsausbildung sein.

(2) Der Vorstand besteht nach näherer Bestimmung der Satzung aus dem Vorsitzenden (Präsidenten), zwei Stellvertretern (Vizepräsidenten), von denen einer Geselle oder ein anderer Arbeitnehmer mit abgeschlossener Berufsausbildung sein muß, und einer weiteren Zahl von Mitgliedern.

(3) [1]Der Präsident wird von der Vollversammlung mit absoluter Stimmenmehrheit der anwesenden Mitglieder gewählt. [2]Fällt die Mehrzahl der Stimmen nicht auf eine Person, so findet eine engere Wahl zwischen den beiden Personen statt, welche die meisten Stimmen erhalten haben.

(4) [1]Die Wahl der Vizepräsidenten darf nicht gegen die Mehrheit der Stimmen der Gruppe, der sie angehören, erfolgen. [2]Erfolgt in zwei Wahlgängen keine Entscheidung, so entscheidet ab dem dritten Wahlgang die

Handwerksordnung **Text**

Stimmenmehrheit der jeweils betroffenen Gruppe. ³Gleiches gilt für die Wahl der weiteren Mitglieder des Vorstands.

(5) Die Wahl des Präsidenten und seiner Stellvertreter ist der obersten Landesbehörde binnen einer Woche anzuzeigen.

(6) Als Ausweis des Vorstands genügt eine Bescheinigung der obersten Landesbehörde, daß die darin bezeichneten Personen zur Zeit den Vorstand bilden.

§ 109 [Befugnisse des Vorstands; Vertretungsrecht]

¹Dem Vorstand obliegt die Verwaltung der Handwerkskammer; Präsident und Hauptgeschäftsführer vertreten die Handwerkskammer gerichtlich und außergerichtlich. ²Das Nähere regelt die Satzung, die auch bestimmen kann, daß die Handwerkskammer durch zwei Vorstandsmitglieder vertreten wird.

§ 110 [Ausschüsse der Vollversammlung]

¹Die Vollversammlung kann unter Wahrung der im § 93 Abs. 1 bestimmten Verhältniszahl aus ihrer Mitte Ausschüsse bilden und sie mit besonderen regelmäßigen oder vorübergehenden Aufgaben betrauen. ²§ 107 findet entsprechende Anwendung.

§ 111 [Überwachung der Lehrlingsausbildung; Auskunftspflicht der Gewerbetreibenden]

(1) ¹Die in die Handwerksrolle und in das Verzeichnis nach § 19 eingetragenen Gewerbetreibenden haben der Handwerkskammer die zur Durchführung von Rechtsvorschriften über die Berufsbildung und der von der Handwerkskammer erlassenen Vorschriften, Anordnungen und der sonstigen von ihr getroffenen Maßnahmen erforderlichen Auskünfte zu erteilen und Unterlagen vorzulegen. ²Die Handwerkskammer kann für die Erteilung der Auskunft eine Frist setzen.

(2) ¹Die von der Handwerkskammer mit der Einholung von Auskünften beauftragten Personen sind befugt, zu dem in Absatz 1 bezeichneten Zweck die Betriebsräume, Betriebseinrichtungen und Ausbildungsplätze sowie die für den Aufenthalt und die Unterkunft der Lehrlinge und Gesellen bestimmten Räume oder Einrichtungen zu betreten und dort Prüfungen und Besichtigungen vorzunehmen. ²Der Auskunftspflichtige hat die Maßnahme von Satz 1 zu dulden. ³Das Grundrecht der Unverletzlichkeit der Wohnung (Artikel 13 des Grundgesetzes) wird insoweit eingeschränkt.

Text   Handwerksordnung

(3) Der Auskunftspflichtige kann die Auskunft auf solche Fragen verweigern, deren Beantwortung ihn selbst oder einen der in § 383 Abs. 1 Nr. 1 bis 3 der Zivilprozeßordnung bezeichneten Angehörigen der Gefahr strafgerichtlicher Verfolgung oder eines Verfahrens nach dem Gesetz über Ordnungswidrigkeiten aussetzen würde.

§ 112 [Ordnungsgeld]

(1) Die Handwerkskammer kann bei Zuwiderhandlungen gegen die von ihr innerhalb ihrer Zuständigkeit erlassenen Vorschriften oder Anordnungen Ordnungsgeld bis zu fünfhundert Euro festsetzen.

(2) [1]Das Ordnungsgeld muß vorher schriftlich angedroht werden. [2]Die Androhung und die Festsetzung des Ordnungsgelds sind dem Betroffenen zuzustellen.

(3) Gegen die Androhung und die Festsetzung des Ordnungsgelds steht dem Betroffenen der Verwaltungsrechtsweg offen.

(4) [1]Das Ordnungsgeld fließt der Handwerkskammer zu. [2]Es wird auf Antrag des Vorstands der Handwerkskammer nach Maßgabe des § 113 Abs. 2 Satz 1 beigetrieben.

§ 113 [Beiträge und Gebühren]

(1) Die durch die Errichtung und Tätigkeit der Handwerkskammer entstehenden Kosten werden, soweit sie nicht anderweitig gedeckt sind, von den Inhabern eines Betriebs eines Handwerks und eines handwerksähnlichen Gewerbes sowie den Mitgliedern der Handwerkskammer nach § 90 Abs. 3 nach einem von der Handwerkskammer mit Genehmigung der obersten Landesbehörde festgesetzten Beitragsmaßstab getragen.

(2) [1]Die Handwerkskammer kann als Beiträge auch Grundbeiträge, Zusatzbeiträge und außerdem Sonderbeiträge erheben. [2]Die Beiträge können nach der Leistungskraft der beitragspflichtigen Kammerzugehörigen gestaffelt werden. [3]Soweit die Handwerkskammer Beiträge nach dem Gewerbesteuermeßbetrag, Gewerbeertrag oder Gewinn aus Gewerbebetrieb bemißt, richtet sich die Zulässigkeit der Mitteilung der hierfür erforderlichen Besteuerungsgrundlagen durch die Finanzbehörden für die Beitragsbemessung nach § 31 der Abgabenordnung. [4]Personen, die nach § 90 Abs. 3 Mitglied der Handwerkskammer sind und deren Gewerbeertrag nach dem Gewerbesteuergesetz oder, soweit für das Bemessungsjahr ein Gewerbesteuermessbetrag nicht festgesetzt wird, deren nach dem Einkommen- oder Körperschaftsteuergesetz ermittelter Gewinn aus Gewerbebetrieb 5200 Euro nicht übersteigt, sind vom Beitrag befreit. [5]Natürliche Personen, die erstmalig ein Gewerbe angemeldet haben, sind für das

Jahr der Anmeldung von der Entrichtung des Grundbeitrages und des Zusatzbeitrages, für das zweite und dritte Jahr von der Entrichtung der Hälfte des Grundbeitrages und vom Zusatzbeitrag und für das vierte Jahr von der Entrichtung des Zusatzbeitrages befreit, soweit deren Gewerbeertrag nach dem Gewerbesteuergesetz oder, soweit für das Bemessungsjahr ein Gewerbesteuermessbetrag nicht festgesetzt wird, deren nach dem Einkommensteuergesetz ermittelter Gewinn aus Gewerbebetrieb 25 000 Euro nicht übersteigt. [6]Die Beitragsbefreiung nach Satz 5 ist nur auf Kammerzugehörige anzuwenden, deren Gewerbeanzeige nach dem 31. Dezember 2003 erfolgt. [7]Wenn zum Zeitpunkt der Verabschiedung der Haushaltssatzung zu besorgen ist, dass bei einer Kammer auf Grund der Besonderheiten der Wirtschaftsstruktur ihres Bezirks die Zahl der Beitragspflichtigen, die einen Beitrag zahlen, durch die in den Sätzen 4 und 5 geregelten Beitragsbefreiungen auf weniger als 55 vom Hundert aller ihr zugehörigen Gewerbetreibenden sinkt, kann die Vollversammlung für das betreffende Haushaltsjahr eine entsprechende Herabsetzung der dort genannten Grenzen für den Gewerbeertrag oder den Gewinn aus Gewerbebetrieb beschließen. [8]Die Handwerkskammern und ihre Gemeinschaftseinrichtungen, die öffentliche Stellen im Sinne des § 2 Abs. 2 des Bundesdatenschutzgesetzes sind, sind berechtigt, zur Festsetzung der Beiträge die genannten Bemessungsgrundlagen bei den Finanzbehörden zu erheben. [9]Bis zum 31. Dezember 1997 können die Beiträge in dem in Artikel 3 des Einigungsvertrages genannten Gebiet auch nach dem Umsatz, der Beschäftigtenzahl oder nach der Lohnsumme bemessen werden. [10]Soweit die Beiträge nach der Lohnsumme bemessen werden, sind die beitragspflichtigen Kammerzugehörigen verpflichtet, der Handwerkskammer Auskunft durch Übermittlung eines Doppels des Lohnnachweises nach § 165 des Siebten Buches Sozialgesetzbuch zu geben. [11]Soweit die Handwerkskammer Beiträge nach der Zahl der Beschäftigten bemißt, ist sie berechtigt, bei den beitragspflichtigen Kammerzugehörigen die Zahl der Beschäftigten zu erheben. [12]Die übermittelten Daten dürfen nur für Zwecke der Beitragsfestsetzung gespeichert und genutzt sowie gemäß § 5 Nr. 7 des Statistikregistergesetzes zum Aufbau und zur Führung des Statistikregisters den statistischen Ämtern der Länder und dem Statistischen Bundesamt übermittelt werden. [13]Die beitragspflichtigen Kammerzugehörigen sind verpflichtet, der Handwerkskammer Auskunft über die zur Festsetzung der Beiträge erforderlichen Grundlagen zu erteilen; die Handwerkskammer ist berechtigt, die sich hierauf beziehenden Geschäftsunterlagen einzusehen und für die Erteilung der Auskunft eine Frist zu setzen.

(3) [1]Die Beiträge der Inhaber von Betrieben eines Handwerks oder handwerksähnlichen Gewerbes oder der Mitglieder der Handwerkskammer nach § 90 Abs. 3 werden von den Gemeinden auf Grund einer von der Handwerkskammer aufzustellenden Aufbringungsliste nach den für

Gemeindeabgaben geltenden landesrechtlichen Vorschriften eingezogen und beigetrieben. ²Die Gemeinden können für ihre Tätigkeit eine angemessene Vergütung von der Handwerkskammer beanspruchen, deren Höhe im Streitfall die höhere Verwaltungsbehörde festsetzt. ³Die Landesregierung kann durch Rechtsverordnung auf Antrag der Handwerkskammer eine andere Form der Beitragseinziehung und Beitragsbeitreibung zulassen. ⁴Die Landesregierung kann die Ermächtigung auf die zuständige oberste Landesbehörde übertragen.

(4) ¹Die Handwerkskammer kann für Amtshandlungen und für die Inanspruchnahme besonderer Einrichtungen oder Tätigkeiten mit Genehmigung der obersten Landesbehörde Gebühren erheben. ²Für ihre Beitreibung gilt Absatz 3.

§ 114 (aufgehoben)

§ 115 [Aufsicht über Handwerkskammer; Auflösung der Vollversammlung]

(1) ¹Die oberste Landesbehörde führt die Staatsaufsicht über die Handwerkskammer. ²Die Staatsaufsicht beschränkt sich darauf, soweit nicht anderes bestimmt ist, daß Gesetz und Satzung beachtet, insbesondere die den Handwerkskammern übertragenen Aufgaben erfüllt werden.

(2) ¹Die Aufsichtsbehörde kann, falls andere Aufsichtsmittel nicht ausreichen, die Vollversammlung auflösen, wenn sich die Kammer trotz wiederholter Aufforderung nicht im Rahmen der für sie geltenden Rechtsvorschriften hält. ²Innerhalb von drei Monaten nach Eintritt der Unanfechtbarkeit der Anordnung über die Auflösung ist eine Neuwahl vorzunehmen. ³Der bisherige Vorstand führt seine Geschäfte bis zum Amtsantritt des neuen Vorstands weiter und bereitet die Neuwahl der Vollversammlung vor.

§ 116 [Ermächtigung]

¹Die Landesregierungen werden ermächtigt, durch Rechtsverordnung die zuständigen Behörden abweichend von § 104 Abs. 3 und § 108 Abs. 6 zu bestimmen. ²Sie können diese Ermächtigung auf oberste Landesbehörden übertragen.

Fünfter Teil. Bußgeld-, Übergangs- und Schlußvorschriften

Erster Abschnitt. Bußgeldvorschriften

§ 117 [Ordnungswidrigkeiten]

(1) Ordnungswidrig handelt, wer
1. entgegen § 1 Abs. 1 Satz 1 ein dort genanntes Gewerbe als stehendes Gewerbe selbständig betreibt oder
2. entgegen § 51 oder § 51d die Ausbildungsbezeichnung „Meister/Meisterin" führt.

(2) Die Ordnungswidrigkeit nach Absatz 1 Nr. 1 kann mit einer Geldbuße bis zu zehntausend Euro, die Ordnungswidrigkeit nach Absatz 1 Nr. 2 kann mit einer Geldbuße bis zu fünftausend Euro geahndet werden.

§ 118 [Weitere Ordnungswidrigkeiten]

(1) Ordnungswidrig handelt, wer
1. eine Anzeige nach § 16 Abs. 2 oder § 18 Abs. 1 nicht, nicht richtig, nicht vollständig oder nicht rechtzeitig erstattet,
2. entgegen § 17 Abs. 1 oder Abs. 2 Satz 2, § 111 Abs. 1 oder Abs. 2 Satz 2 oder § 113 Abs. 2 Satz 11, auch in Verbindung mit § 73 Abs. 3, eine Auskunft nicht, nicht richtig, nicht vollständig oder nicht rechtzeitig erteilt, Unterlagen nicht vorlegt oder das Betreten von Grundstücken oder Geschäftsräumen oder die Vornahme von Prüfungen oder Besichtigungen nicht duldet,
3. Lehrlinge (Auszubildende) einstellt oder ausbildet, obwohl er nach § 22a Nr. 1 persönlich oder nach § 22b Abs. 1 fachlich nicht geeignet ist,
4. entgegen § 22 Abs. 2 einen Lehrling (Auszubildenden) einstellt,
5. Lehrlinge (Auszubildende) einstellt oder ausbildet, obwohl ihm das Einstellen oder Ausbilden nach § 24 untersagt worden ist,
6. entgegen § 30 die Eintragung in die Lehrlingsrolle nicht oder nicht rechtzeitig beantragt oder eine Ausfertigung der Vertragsniederschrift nicht beifügt,
7. einer Rechtsverordnung nach § 9 Abs. 1 Satz 1 Nr. 2 zuwiderhandelt, soweit sie für einen bestimmten Tatbestand auf diese Bußgeldvorschrift verweist.

(2) Die Ordnungswidrigkeiten nach Absatz 1 Nr. 1, 2, 6 und 7 können mit einer Geldbuße bis zu eintausend Euro, die Ordnungswidrigkeiten

nach Absatz 1 Nr. 3 bis 5 können mit einer Geldbuße bis zu fünftausend Euro geahndet werden.

§ 118a [Unterrichtung der Handwerkskammer]

¹Die zuständige Behörde unterrichtet die zuständige Handwerkskammer über die Einleitung von und die abschließende Entscheidung in Verfahren wegen Ordnungswidrigkeiten nach den §§ 117 und 118. ²Gleiches gilt für Verfahren wegen Ordnungswidrigkeiten nach dem Gesetz zur Bekämpfung der Schwarzarbeit in der Fassung der Bekanntmachung vom 29. Januar 1982, zuletzt geändert durch Anlage I Kapitel VIII Sachgebiet E Nr. 3 des Einigungsvertrages vom 31. August 1990 in Verbindung mit Artikel 1 des Gesetzes vom 23. September 1990 (BGBl. 1990 II S. 885, 1038), in seiner jeweils geltenden Fassung, soweit Gegenstand des Verfahrens eine handwerkliche Tätigkeit ist.

Zweiter Abschnitt. Übergangsvorschriften

§ 119 [Erhaltung der Berechtigung, ein Handwerk zu betreiben]

(1) ¹Die bei Inkrafttreten dieses Gesetzes vorhandene Berechtigung eines Gewerbetreibenden, ein Handwerk als stehendes Gewerbe selbständig zu betreiben, bleibt bestehen. ²Für juristische Personen, Personengesellschaften und Betriebe im Sinne des § 7 Abs. 5 oder 6 gilt dies nur, wenn und solange der Betrieb von einer Person geleitet wird, die am 1. April 1998 Betriebsleiter oder für die technische Leitung verantwortlicher persönlich haftender Gesellschafter oder Leiter eines Betriebs im Sinne des § 7 Abs. 5 und 6 ist; das gleiche gilt für Personen, die eine dem Betriebsleiter vergleichbare Stellung haben. ³Soweit die Berechtigung zur Ausübung eines selbständigen Handwerks anderen bundesrechtlichen Beschränkungen als den in diesem Gesetz bestimmten unterworfen ist, bleiben diese Vorschriften unberührt.

(2) Ist ein nach Absatz 1 Satz 1 berechtigter Gewerbetreibender bei Inkrafttreten dieses Gesetzes nicht in der Handwerksrolle eingetragen, so ist er auf Antrag oder von Amts wegen binnen drei Monaten in die Handwerksrolle einzutragen.

(3) ¹Die Absätze 1 und 2 gelten für Gewerbe, die in die Anlage A zu diesem Gesetz aufgenommen werden, entsprechend. ²In diesen Fällen darf nach dem Wechsel des Betriebsleiters einer juristischen Person oder eines für die technische Leitung verantwortlichen persönlich haftenden Gesellschafters einer Personengesellschaft oder des Leiters eines Betriebs

im Sinne des § 7 Abs. 5 oder 6 der Betrieb für die Dauer von drei Jahren fortgeführt werden, ohne daß die Voraussetzungen für die Eintragung in die Handwerksrolle erfüllt sind. ³Zur Verhütung von Gefahren für die öffentliche Sicherheit kann die höhere Verwaltungsbehörde die Fortführung des Betriebs davon abhängig machen, daß er von einem Handwerker geleitet wird, der die Voraussetzungen für die Eintragung in die Handwerksrolle erfüllt.

(4) Werden in die Anlage A zu diesem Gesetz aufgeführte Gewerbe durch Gesetz oder durch eine nach § 1 Abs. 3 erlassene Rechtsverordnung zusammengefaßt, so ist der selbständige Handwerker, der eines der zusammengefaßten Handwerke betreibt, mit dem durch die Zusammenfassung entstandenen Handwerk in die Handwerksrolle einzutragen.

(5) ¹Soweit durch Gesetz oder durch Rechtsverordnung nach § 1 Abs. 3 Handwerke oder handwerksähnliche Gewerbe zusammengefasst werden, gelten die vor dem Inkrafttreten der jeweiligen Änderungsvorschrift nach § 25 dieses Gesetzes oder nach § 4 des Berufsbildungsgesetzes erlassenen Ausbildungsordnungen und die nach § 45 Abs. 1 oder § 51a Abs. 1 in Verbindung mit Abs. 2 sowie die nach § 50 Abs. 2 oder § 51a Abs. 7 dieses Gesetzes erlassenen Rechtsvorschriften bis zum Erlass neuer Rechtsverordnungen nach diesem Gesetz fort. ²Satz 1 gilt entsprechend für noch bestehende Vorschriften gemäß § 122 Abs. 2 und 4.

(6) ¹Soweit durch Gesetz zulassungspflichtige Handwerke in die Anlage B überführt werden, gilt für die Ausbildungsordnungen Absatz 5 entsprechend. ²Die bis zum 31. Dezember 2003 begonnenen Meisterprüfungsverfahren sind auf Antrag des Prüflings nach den bis dahin geltenden Vorschriften von den vor dem 31. Dezember 2003 von der höheren Verwaltungsbehörde errichteten Meisterprüfungsausschüssen abzuschließen.

(7) In den Fällen des Absatzes 3 Satz 1 liegt ein Ausnahmefall nach § 8 Abs. 1 Satz 2 auch dann vor, wenn zum Zeitpunkt der Antragstellung für das zu betreibende Handwerk eine Rechtsverordnung nach § 45 noch nicht in Kraft getreten ist.

§ 120 [Erhaltung der Befugnis zur Lehrlingsausbildung]

(1) Die am 31. Dezember 2003 vorhandene Befugnis zur Einstellung oder zur Ausbildung von Lehrlingen (Auszubildenden) in Handwerksbetrieben bleibt erhalten.

(2) Wer bis zum 31. März 1998 die Befugnis zur Ausbildung von Lehrlingen (Auszubildenden) in einem Gewerbe erworben hat, das in die Anlage A zu diesem Gesetz aufgenommen wird, gilt im Sinne des § 22b Abs. 1 als fachlich geeignet.

§ 121 [Der Meisterprüfung gleichgestellte Prüfungen]

Der Meisterprüfung im Sinne des § 45 bleiben die in § 133 Abs. 10 der Gewerbeordnung bezeichneten Prüfungen gleichgestellt, sofern sie vor Inkrafttreten dieses Gesetzes abgelegt worden sind.

§ 122 [Gesellen- und Meisterprüfungsvorschriften bei Trennung oder Zusammenfassung von Handwerken]

(1) Werden zulassungspflichtige Handwerke durch Gesetz oder durch eine nach § 1 Abs. 3 erlassene Rechtsverordnung getrennt oder zusammengefasst, so können auch solche Personen als Beisitzer der Gesellen- oder Meisterprüfungsausschüsse der durch die Trennung oder Zusammenfassung entstandenen Handwerke oder handwerksähnlichen Gewerbe berufen werden, die in dem getrennten oder in einem der zusammengefassten Handwerke oder handwerksähnlichen Gewerbe die Gesellen- oder Meisterprüfung abgelegt haben oder das Recht zum Ausbilden von Lehrlingen besitzen und im Falle des § 48 Abs. 3 seit midestens einem Jahr in dem Handwerk, für das der Meisterprüfungsausschuss errichtet ist, selbständig tätig sind.

(2) [1]Die für die einzelnen Handwerke oder handwerksähnlichen Gewerbe geltenden Gesellen-, Abschluss- und Meisterprüfungsvorschriften sind bis zum Inkrafttreten der nach § 25 Abs. 1 und § 38 sowie § 45 Abs. 1 Nr. 2 dieses Gesetzes oder nach § 4 des Berufsbildungsgesetzes vorgesehenen Prüfungsverordnungen anzuwenden, soweit sie nicht mit diesem Gesetz im Widerspruch stehen. [2]Dies gilt für die nach § 50 Abs. 1 Satz 2 erlassenen Meisterprüfungsordnungen sowie für die nach § 50 Abs. 2 erlassene Rechtsverordnung entsprechend.

(3) Die für die einzelnen Handwerke oder handwerksähnlichen Gewerbe geltenden Berufsbilder oder Meisterprüfungsverordnungen sind bis zum Inkrafttreten von Rechtsverordnungen nach § 45 Abs. 1 und § 51a Abs. 1 in Verbindung mit Abs. 2 anzuwenden.

(4) Die für die einzelnen Handwerke oder handwerksähnlichen Gewerbe geltenden fachlichen Vorschriften sind bis zum Inkrafttreten von Rechtsverordnungen nach § 25 Abs. 1, § 45 Abs. 1 und § 51a Abs. 1 in Verbindung mit Abs. 2 anzuwenden.

§ 123 [Zulassung zur Meisterprüfung]

(1) Beantragt ein Gewerbetreibender, der bis zum 31. Dezember 2003 berechtigt ist, ein zulassungspflichtiges Handwerk als stehendes Gewerbe

selbständig zu betreiben, in diesem Handwerk zur Meisterprüfung zugelassen zu werden, so gelten für die Zulassung zur Prüfung die Bestimmungen der §§ 49 und 50 entsprechend.

(2) Absatz 1 gilt entsprechend für ein Gewerbe, das in die Anlage A aufgenommen wird.

§ 124 [Bestehende Handwerksorganisation]

(1) [1]Die bei Inkrafttreten dieses Gesetzes bestehenden Handwerksinnungen oder Handwerkerinnungen, Kreishandwerkerschaften oder Kreisinnungsverbände, Innungsverbände und Handwerkskammern sind nach den Bestimmungen dieses Gesetzes bis zum 30. September 1954 umzubilden; bis zu ihrer Umbildung gelten sie als Handwerksinnungen, Kreishandwerkerschaften, Innungsverbände und Handwerkskammern im Sinne dieses Gesetzes. [2]Wenn sie sich nicht bis zum 30. September 1954 umgebildet haben, sind sie aufgelöst. [3]Endet die Wahlzeit der Mitglieder einer Handwerkskammer vor dem 30. September 1954, so wird sie bis zu der Umbildung der Handwerkskammer nach Satz 1, längstens jedoch bis zum 30. September 1954 verlängert.

(2) Die nach diesem Gesetz umgebildeten Handwerksinnungen, Kreishandwerkerschaften, Innungsverbände und Handwerkskammern gelten als Rechtsnachfolger der entsprechenden bisher bestehenden Handwerksorganisationen.

(3) [1]Soweit für die bisher bestehenden Handwerksorganisationen eine Rechtsnachfolge nicht eintritt, findet eine Vermögensauseinandersetzung nach den für sie bisher geltenden gesetzlichen Bestimmungen statt. [2]Bei Meinungsverschiedenheiten entscheidet die nach dem geltenden Recht zuständige Aufsichtsbehörde.

§ 124a [Vor dem 31. 12. 2004 begonnene Wahlverfahren]

[1]Verfahren zur Wahl der Vollversammlung von Handwerkskammern, die nach den Satzungsbestimmungen bis zum 31. Dezember 2004 zu beginnen sind, können nach den bisherigen Vorschriften zu Ende geführt werden. [2]Durch Beschluss der Vollversammlung kann die Wahlzeit nach Wahlen, die entsprechend Satz 1 nach den bisherigen Vorschriften zu Ende geführt werden, in Abweichung von § 103 Abs. 1 Satz 1 verkürzt werden. [3]Wahlzeiten, die nach den Satzungsbestimmungen bis zum 31. Dezember 2004 enden, können durch Beschluss der Vollversammlung bis zu einem Jahr verlängert werden, um die Wahl zur Handwerkskammer nach den neuen Vorschriften durchzuführen. [4]Die Verlängerung oder Verkürzung der Wahlzeiten sind der obersten Landesbehörde anzuzeigen.

Text   Handwerksordnung

§ 124b [Zuständigkeiten]

[1]Die Landesregierungen werden ermächtigt, durch Rechtsverordnung die nach diesem Gesetz den höheren Verwaltungsbehörden oder den sonstigen nach Landesrecht zuständigen Behörden übertragenen Zuständigkeiten nach den §§ 7a, 7b, 8, 9, 22b, 23, 24 und 42q auf andere Behörden oder auf Handwerkskammern zu übertragen. [2]Die Staatsaufsicht nach § 115 Abs. 1 umfasst im Falle einer Übertragung von Zuständigkeiten nach den §§ 7a, 7b, 8 und 9 auch die Fachaufsicht.

Dritter Abschnitt. Schlußvorschriften

§ 125 (Inkrafttreten)

Handwerksordnung **Anl. A Text**

Anlage A
zu dem Gesetz zur Ordnung des Handwerks (Handwerksordnung)

**Verzeichnis
der Gewerbe, die als zulassungspflichtige Handwerke
betrieben werden können
(§ 1 Abs. 2)**

Nr.
1. Maurer und Betonbauer
2. Ofen- und Luftheizungsbauer
3. Zimmerer
4. Dachdecker
5. Straßenbauer
6. Wärme-, Kälte- und Schallschutzisolierer
7. Brunnenbauer
8. Steinmetzen und Steinbildhauer
9. Stukkateure
10. Maler und Lackierer
11. Gerüstbauer
12. Schornsteinfeger
13. Metallbauer
14. Chirurgiemechaniker
15. Karosserie- und Fahrzeugbauer
16. Feinwerkmechaniker
17. Zweiradmechaniker
18. Kälteanlagenbauer
19. Informationstechniker
20. Kraftfahrzeugtechniker
21. Landmaschinenmechaniker
22. Büchsenmacher
23. Klempner
24. Installateur und Heizungsbauer
25. Elektrotechniker
26. Elektromaschinenbauer
27. Tischler
28. Boots- und Schiffbauer
29. Seiler
30. Bäcker
31. Konditoren
32. Fleischer
33. Augenoptiker
34. Hörgeräteakustiker

Text Anl. B Handwerksordnung

35 Orthopädietechniker
36 Orthopädieschuhmacher
37 Zahntechniker
38 Friseure
39 Glaser
40 Glasbläser und Glasapparatebauer
41 Vulkaniseure und Reifenmechaniker

Anlage B
zu dem Gesetz zur Ordnung des Handwerks (Handwerksordnung)

**Verzeichnis
der Gewerbe, die als zulassungsfreie Handwerke oder
handwerksähnliche Gewerbe betrieben werden können
(§ 18 Abs. 2)**

**Abschnitt 1:
Zulassungsfreie Handwerke**

Nr.
1 Fliesen-, Platten- und Mosaikleger
2 Betonstein- und Terrazzohersteller
3 Estrichleger
4 Behälter- und Apparatebauer
5 Uhrmacher
6 Graveure
7 Metallbildner
8 Galvaniseure
9 Metall- und Glockengießer
10 Schneidwerkzeugmechaniker
11 Gold- und Silberschmiede
12 Parkettleger
13 Rolladen- und Jalousiebauer
14 Modellbauer
15 Drechsler (Elfenbeinschnitzer) und Holzspielzeugmacher
16 Holzbildhauer
17 Böttcher
18 Korbmacher
19 Damen- und Herrenschneider
20 Sticker
21 Modisten
22 Weber

Handwerksordnung   Anl. B   Text

23 Segelmacher
24 Kürschner
25 Schuhmacher
26 Sattler und Feintäschner
27 Raumausstatter
28 Müller
29 Brauer und Mälzer
30 Weinküfer
31 Textilreiniger
32 Wachszieher
33 Gebäudereiniger
34 Glasveredler
35 Feinoptiker
36 Glas- und Porzellanmaler
37 Edelsteinschleifer und -graveure
38 Fotografen
39 Buchbinder
40 Buchdrucker: Schriftsetzer; Drucker
41 Siebdrucker
42 Flexografen
43 Keramiker
44 Orgel- und Harmoniumbauer
45 Klavier- und Cembalobauer
46 Handzuginstrumentenmacher
47 Geigenbauer
48 Bogenmacher
49 Metallblasinstrumentenmacher
50 Holzblasinstrumentenmacher
51 Zupfinstrumentenmacher
52 Vergolder
53 Schilder- und Lichtreklameherstller

Abschnitt 2:
Handwerksähnliche Gewerbe

Nr.
1 Eisenfllechter
2 Bautentrocknungsgewerbe
3 Bodenleger
4 Asphaltierer (ohne Straßenbau)
5 Fuger (im Hochbau)
6 Holz- und Bautenschutzgewerbe (Mauerschutz und Holzimprägnierung in Gebäuden)

Text   Anl. B   Handwerksordnung

7 Rammgewerbe (Einrammen von Pfählen im Wasserbau)
8 Betonbohrer und -schneider
9 Theater- und Ausstattungsmaler
10 Herstellung von Drahtgestellen für Dekorationszwecke in Sonderanfertigung
11 Metallschleifer und Metallpolierer
12 Metallsägen-Schärfer
13 Tankschutzbetriebe (Korrosionsschutz von Öltanks für Feuerungsanlagen ohne chemische Verfahren)
14 Fahrzeugverwerter
15 Rohr- und Kanalreiniger
16 Kabelverleger im Hochbau (ohne Anschlussarbeiten)
17 Holzschuhmacher
18 Holzblockmacher
19 Daubenhauer
20 Holz-Leitermacher (Sonderanfertigung)
21 Muldenhauer
22 Holzreifenmacher
23 Holzschindelmacher
24 Einbau von genormten Baufertigteilen (z. B. Fenster, Türen, Zargen, Regale)
25 Bürsten- und Pinselmacher
26 Bügelanstalten für Herren-Oberbekleidung
27 Dekorationsnäher (ohne Schaufensterdekoration)
28 Fleckteppichhersteller
29 Klöppler
30 Theaterkostümnäher
31 Plisseebrenner
32 Posamentierer
33 Stoffmaler
34 Stricker
35 Textil-Handdrucker
36 Kunststopfer
37 Änderungsschneider
38 Handschuhmacher
39 Ausführung einfacher Schuhreparaturen
40 Gerber
41 Innerei-Fleischer (Kuttler)
42 Speiseeishersteller (mit Vertrieb von Speiseeis mit üblichem Zubehör)
43 Fleischzerleger, Ausbeiner
44 Appreteure, Dekateure
45 Schnellreiniger
46 Teppichreiniger

47 Getränkeleitungsreiniger
48 Kosmetiker
49 Maskenbildner
50 Bestattungsgewerbe
51 Lampenschirmhersteller (Sonderanfertigung)
52 Klavierstimmer
53 Theaterplastiker
54 Requisiteure
55 Schirmmacher
56 Steindrucker
57 Schlagzeugmacher

Anlage C
zu dem Gesetz zur Ordnung des Handwerks (Handwerksordnung)

Wahlordnung
für die Wahlen der Mitglieder der Vollversammlung der Handwerkskammern

Inhaltsübersicht	§§
1. Abschnitt: Zeitpunkt der Wahl, Wahlleiter und Wahlausschuß	1, 2
2. Abschnitt: Wahlbezirk	3
3. Abschnitt: Stimmbezirke	4
4. Abschnitt: Abstimmungsvorstand	5, 6
5. Abschnitt: Wahlvorschläge	7–11
6. Abschnitt: Wahl	12–18
7. Abschnitt: Engere Wahl	19
8. Abschnitt: Wegfall der Wahlhandlung	20
9. Abschnitt: Beschwerdeverfahren, Kosten	21, 22

Anlage: Muster des Wahlberechtigungsscheins

Erster Abschnitt. Zeitpunkt der Wahl, Wahlleiter und Wahlausschuß

§ 1 [Zeitpunkt der Wahl, Wahlleiter]

Der Vorstand der Handwerkskammer bestimmt den Tag der Wahl. Er bestellt einen Wahlleiter sowie einen Stellvertreter, die nicht zu den Wahlberechtigten gemäß § 96 Abs. 1 und § 98 der Handwerksordnung gehören und nicht Mitarbeiter der Handwerkskammer sein dürfen.

Text Anl. C   Handwerksordnung

§ 2 [Wahlausschuß]

(1) ¹Der Wahlleiter beruft aus der Zahl der Wahlberechtigten vier Beisitzer und die erforderliche Zahl von Stellvertretern, die je zur Hälfte Wahlberechtigte nach § 96 Abs. 1 und nach § 98 der Handwerksordnung sein müssen. ²Der Wahlleiter und die Beisitzer bilden den Wahlausschuß; den Vorsitz führt der Wahlleiter.

(2) ¹Der Wahlausschuß ist beschlußfähig, wenn außer dem Wahlleiter oder seinem Stellvertreter mindestens je ein Wahlberechtigter nach § 96 Abs. 1 und nach § 98 der Handwerksordnung als Beisitzer anwesend sind. ²Er beschließt mit Stimmenmehrheit; bei Stimmengleichheit entscheidet die Stimme des Wahlleiters.

(3) Die in den Wahlausschuß berufenen Beisitzer und Stellvertreter werden von dem Vorsitzenden auf unparteiische und gewissenhafte Erfüllung ihres Amtes sowie zur Verschwiegenheit über die ihnen bei ihrer amtlichen Tätigkeit bekanntgewordenen Tatsachen, insbesondere über alle dem Wahlgeheimnis unterliegenden Angelegenheiten verpflichtet.

(4) Die Stellvertreter werden für abwesende oder ausgeschiedene Beisitzer herangezogen.

(5) Zu den Verhandlungen des Wahlausschusses bestellt der Vorsitzende einen Schriftführer, den er auf unparteiische und gewissenhafte Erfüllung seines Amtes verpflichtet; der Schriftführer ist nicht stimmberechtigt und soll nicht zu den Wahlberechtigten gemäß § 96 Abs. 1 und § 98 der Handwerksordnung gehören.

(6) ¹Ort und Zeit der Sitzungen bestimmt der Vorsitzende. ²Die Beisitzer und der Schriftführer werden zu den Sitzungen eingeladen.

(7) Der Wahlausschuß entscheidet in öffentlicher Sitzung.

(8) Öffentlich sind diese Sitzungen auch dann, wenn Zeit, Ort und Gegenstand der Sitzung vorher durch Aushang am Eingang des Sitzungshauses mit dem Hinweis bekanntgegeben worden sind, daß der Zutritt zur Sitzung den Stimmberechtigten offen steht.

(9) ¹Die Beisitzer des Wahlausschusses erhalten keine Vergütung; es wird ihnen für bare Auslagen und Zeitversäumnis eine Entschädigung nach den für die Mitglieder der Handwerkskammer festgesetzten Sätzen gewährt. ²Die Arbeitnehmer sind, soweit es zur ordnungsgemäßen Durchführung der ihnen gesetzlich zugewiesenen Aufgaben erforderlich ist und wichtige betriebliche Gründe nicht entgegenstehen, von ihrer beruflichen Tätigkeit ohne Minderung des Arbeitsentgelts gemäß § 69 Abs. 4 Satz 3 freizustellen.

(10) *(aufgehoben)*

Handwerksordnung Anl. C Text

Zweiter Abschnitt. Wahlbezirk

§ 3 Der Handwerkskammerbezirk bildet einen Wahlbezirk.

Dritter Abschnitt. Stimmbezirke

§ 4 [Gruppenbildung]

Zur Aufteilung der Mitglieder der Vollversammlung können die Handwerkskammern in ihrer Satzung gemäß § 93 Abs. 2 der Handwerksordnung Gruppen bilden.

Vierter Abschnitt. Abstimmungsvorstand

§§ 5 und 6 *(aufgehoben)*

Fünfter Abschnitt. Wahlvorschläge

§ 7 [Aufforderung zur Einreichung von Wahlvorschlägen]

Der Wahlleiter hat spätestens drei Monate vor dem Wahltag in den für die Bekanntmachungen der Handwerkskammer bestimmten Organen zur Einreichung von Wahlvorschlägen aufzufordern und dabei die Erfordernisse dieser Wahlvorschläge (§§ 8 bis 10) bekanntzugeben.

§ 8 [Anforderungen an die Wahlvorschläge]

(1) Die Wahlvorschläge gelten für den Wahlbezirk (§ 3); sie sind getrennt für die Wahl der Vertreter des Handwerks und des handwerksähnlichen Gewerbes und für die Wahl der Vertreter der Gesellen und anderen Arbeitnehmer mit abgeschlossener Berufsausbildung in Form von Listen einzureichen und müssen die Namen von so vielen Bewerbern enthalten, als Mitglieder und Stellvertreter in dem Wahlbezirk zu wählen sind.

(2) [1]Die Bewerber sind mit Vor- und Zunamen, Beruf, Wohnort und Wohnung so deutlich zu bezeichnen, dass über die Person kein Zweifel besteht. [2]In gleicher Weise sind für jedes einzelne Mitglied oder die oder der Stellvertreter deutlich zu bezeichnen, so dass zweifelsfrei hervorgeht, wer als Mitglied und wer als Stellvertreter vorgeschlagen wird. [3]Bei zwei Stellvertretern für jedes einzelne Mitglied muss aus der Bezeichnung zweifelsfrei hervorgehen, wer als erster oder zweiter Stellvertreter vorgeschlagen wird.

Text   Anl. C   Handwerksordnung

(3) Die Verteilung der Bewerber des Handwerks und des handwerksähnlichen Gewerbes sowie der Gesellen und anderen Arbeitnehmer mit abgeschlossener Berufsausbildung muss den Bestimmungen der Satzung der Handwerkskammer entsprechen.

(4) ¹Auf jedem Wahlvorschlag sollen eine Vertrauensperson und ein Stellvertreter bezeichnet sein, die bevollmächtigt sind, dem Wahlleiter gegenüber Erklärungen abzugeben. ²Fehlt diese Bezeichnung, so gilt der erste Unterzeichnete als Vertrauensperson, der zweite als sein Stellvertreter.

(5) Die Wahlvorschläge müssen midestens von der zweifachen Anzahl der jeweils für die Arbeitgeber- und Arbeitnehmerseite in der Vollversammlung zu besetzenden Sitze an Wahlberechtigten, höchstens aber von 70 Wahlberechtigten, unterzeichnet sein.

(6) ¹Die Unterzeichner der Wahlvorschläge müssen bei der Unterschrift auch Beruf, Wohnort und Wohnung angeben. ²Die Unterschriften müssen leserlich sein.

§ 9 [Einreichungsfrist]

Die Wahlvorschläge müssen spätestens am fünfunddreißigsten Tag vor dem Wahltag bei dem Wahlleiter eingereicht sein.

§ 10 [Einzureichende Erklärungen und Bescheinigungen]

(1) Mit jedem Wahlvorschlag sind einzureichen
1. die Erklärung der Bewerber, daß sie der Aufnahme ihrer Namen in den Wahlvorschlag zustimmen,
2. die Bescheinigung der Handwerkskammer, daß bei den Bewerbern die Voraussetzungen
   a) auf seiten der Inhaber eines Betriebs eines Handwerks oder handwerksähnlichen Gewerbes des § 97,
   b) auf seiten der Gesellen und anderen Arbeitnehmern mit abgeschlossener Berufsausbildung des § 99
   der Handwerksordnung vorliegen und
3. die Bescheinigung der Handwerkskammer, daß die Unterzeichner des Wahlvorschlags
   a) bei den Inhabern eines Betriebs eines Handwerks und eines handwerksähnlichen Gewerbes in die Wählerliste (§ 12 Abs. 1) eingetragen sind,
   b) bei den Gesellen und anderen Arbeitnehmern mit abgeschlossener Berufsausbildung, die die Voraussetzungen für die Wahlberechtigung (§ 98) erfüllen.

(2) Die Bescheinigungen sind gebührenfrei auszustellen.

§ 11 [Beseitigung von Mängeln; Zulassung und Veröffentlichung der Wahlvorschläge]

(1) Weisen die Wahlvorschläge Mängel auf, so fordert der Wahlleiter die Vertrauenspersonen unter Setzung einer angemessenen Frist zu deren Beseitigung auf.

(2) Spätestens am zwanzigsten Tag vor dem Wahltag entscheidet der Wahlausschuß (§ 2) über die Zulassung der Wahlvorschläge.

(3) Die Vertrauenspersonen der Wahlvorschläge sind über Ort, Zeit und Gegenstand der Sitzung zu benachrichtigen.

(4) Nicht zuzulassen sind Wahlvorschläge, die zu spät eingereicht sind oder den gesetzlichen Voraussetzungen nicht entsprechen.

(5) Nachdem die Wahlvorschläge festgesetzt sind, können sie nicht mehr geändert werden.

(6) [1]Der Wahlleiter veröffentlicht spätestens am fünfzehnten Tag vor dem Wahltag die zugelassenen Wahlvorschläge in den für die Bekanntmachung der Handwerkskammer bestimmten Organen in der zugelassenen Form, aber ohne die Namen der Unterzeichner. [2]Jeder Wahlvorschlag soll eine fortlaufende Nummer und ein Kennwort erhalten, das ihn von allen anderen Wahlvorschlägen deutlich unterscheidet.

Sechster Abschnitt. Wahl

§ 12 [Wählerverzeichnis]

(1) [1]Für die Wahl der Vertreter des Handwerks und des handwerksähnlichen Gewerbes dient als Wahlunterlage ein von der Handwerkskammer herzustellender und zu beglaubigender Auszug aus der Handwerksrolle und dem Verzeichnis nach § 19 der Handwerksordnung, der alle am Wahltag Wahlberechtigten der Handwerkskammer enthält (Wahlverzeichnis). [2]Wählen kann nur, wer in dem Wahlverzeichnis eingetragen ist.

(2) [1]Das Wahlverzeichnis ist öffentlich auszulegen. [2]Die Auslegungszeit und den Ort bestimmt der Wahlleiter. [3]Innerhalb der Auslegungsfrist ist das Anfertigen von Auszügen aus dem Wählerverzeichnis durch Wahlberechtigte zulässig, soweit dies im Zusammenhang mit der Prüfung des Wahlrechts einzelner bestimmter Personen steht. [4]Die Auszüge dürfen nur für diesen Zweck verwendet und unbeteiligten Dritten nicht zugänglich gemacht werden.

(3) [1]Wer das Wahlverzeichnis für unrichtig oder unvollständig hält, kann dagegen bis zum Ablauf der Auslegungsfrist bei der Handwerkskammer oder einem von ihr ernannten Beauftragten schriftlich oder zur Nie-

derschrift Einspruch einlegen. ²Soweit die Richtigkeit seiner Behauptung nicht offenkundig ist, hat er für sie Beweismittel beizubringen.

(4) Wenn der Einspruch nicht für begründet erachtet wird, entscheidet über ihn die höhere Verwaltungsbehörde.

(5) Die Entscheidung muß spätestens am vorletzten Tag vor dem Abstimmungstag gefällt und den Beteiligten bekanntgegeben sein.

(6) Wenn die Auslegungsfrist abgelaufen ist, können Stimmberechtigte nur auf rechtzeig angebrachte Einsprüche aufgenommen oder gestrichen werden.

(7) ¹Wird das Wahlverzeichnis berichtigt, so sind die Gründe der Streichungen in Spalte „Bemerkungen" anzugeben. ²Wenn das Stimmrecht ruht oder der Stimmberechtigte in der Ausübung des Stimmrechts behindert ist, so ist dies in dem Wahlverzeichnis besonders zu bezeichnen. ³Ergänzungen sind als Nachtrag aufzunehmen.

(8) Das Wählerverzeichnis ist bis zum Wahltag fortzuführen.

§ 13 [Wahlberechtigungsschein]

(1) Die ihr Wahlrecht wahrnehmenden Gesellen und Arbeitnehmer mit abgeschlossener Berufsausbildung weisen dem Wahlleiter ihre Wahlberechtigung durch eine die Unterschrift des Betriebsrates, soweit dieser in Betrieben vorhanden ist, in allen übrigen Betrieben durch eine die Unterschrift des Betriebsinhabers oder seines gesetzlichen Vertreters tragende Bescheinigung (Wahlberechtigungsschein) nach.

(2) ¹Wählen kann nur, wer sich durch eine solche Bescheinigung als Wahlberechtigter legitimiert oder wer von kurzzeitiger Arbeitslosigkeit (§ 98) betroffen ist. ²Diese ist dem Wahlleiter durch Vorlage einer Bescheinigung der Agentur für Arbeit nachzuweisen.

§ 14 [Gültigkeit der abgegebenen Stimmen]

(1) Bei der Wahl sind nur solche Stimmen gültig, die unverändert auf einen der vom Wahlausschuß zugelassenen und vom Wahlleiter veröffentlichten Vorschläge lauten.

(2) Zur Gültigkeit des Stimmzettels genügt es, daß er den Wahlvorschlag nach der vom Wahlleiter veröffentlichten Nummer und dem Kennwort bezeichnet.

§ 15 [Stimmzettel]

¹Bei der Wahl dürfen nur von der Handwerkskammer amtlich hergestellte Stimmzettel und die zugehörigen amtlich hergestellten Umschläge

Handwerksordnung **Anl. C Text**

verwendet werden. ²Sie sind von der Handwerkskammer zu beschaffen. ³Die Umschläge sind mit dem Stempel der Handwerkskammer zu versehen. ⁴Die Stimmzettel sollen für die Wahl der Wahlberechtigten nach § 96 Abs. 1 und der Wahlberechtigten nach § 98 der Handwerksordnung in verschiedener Farbe hergestellt sein. ⁵Sie enthalten den Namen oder das Kennwort der nach § 11 zugelassenen Wahlvorschläge.

§ 16 [Abstimmungshandlung]

(1) ¹Die Kammer übermittelt den nach § 96 der Handwerksordnung Wahlberechtigten folgende Unterlagen:
a) einen Nachweis der Berechtigung zur Ausübung des Wahlrechts (Wahlschein),
b) einen Stimmzettel,
c) einen neutralen Umschlag der Bezeichnung „Handwerkskammer-Wahl" (Wahlumschlag) und
d) einen Umschlag für die Rücksendung der Wahlunterlagen (Rücksendeumschlag).

²Die nach § 98 der Handwerksordnung Wahlberechtigten erhalten die Wahlunterlagen vom Wahlleiter nach Vorlage des Wahlberechtigungsscheins (§ 13).

(2) Der Wahlberechtigte kennzeichnet den von ihm gewählten Wahlvorschlag dadurch, dass er dessen Namen auf dem Wahlvorschlag ankreuzt. Er darf nur eine Liste ankreuzen.

(3) ¹Der Wahlberechtigte hat den von ihm gemäß Absatz 2 gekennzeichneten Stimmzettel in dem verschlossenen Wahlumschlag unter Beifügung des von ihm unterzeichneten Wahlscheins in dem Rücksendeumschlag so rechtzeitig an den Wahlleiter zurückzusenden, dass die Unterlagen am Wahltag bis spätestens 18.00 Uhr bei der Handwerkskammer eingehen. ²Ist der Wahltag ein Sonn- oder Feiertag, müssen die Wahlunterlagen am ersten darauf folgenden Werktag bis spätestens 18.00 Uhr bei der Handwerkskammer eingehen. ³Die rechtzeitig bei der Kammer eingegangenen Wahlumschläge werden nach Prüfung der Wahlberechtigung unverzüglich ungeöffnet in die Wahlurne gelegt.

§ 17 [Ermittlung des Wahlergebnisses in den Stimmbezirken; ungültige Stimmen; Abstimmungsniederschrift]

(1) ¹Nach Schluss der Abstimmung beruft der Wahlleiter den Wahlausschuss ein. ²Der Wahlausschuss hat unverzüglich das Ergebnis der Wahl zu ermitteln.

(2) Ungültig sind Stimmzettel,
1. die nicht in einem amtlich abgestempelten Umschlag oder die in einem mit Kennzeichen versehenen Umschlag übergeben worden sind,
2. die als nichtamtlich hergestellte erkennbar sind,
3. aus deren Beantwortung oder zulässiger Kennzeichnung der Wille des Abstimmenden nicht unzweifelhaft zu erkennen ist,
4. denen ein durch den Umschlag deutlich fühlbarer Gegenstand beigefügt ist,
5. die mit Vermerken oder Vorbehalten versehen sind.

(3) Mehrere in einem Umschlag enthaltene Zettel gelten als eine Stimme, wenn sie gleichlautend sind oder wenn nur einer von ihnen eine Stimmabgabe enthält; sonst sind sie ungültig.

(4) [1]Die Stimmzettel, über deren Gültigkeit oder Ungültigkeit der Wahlausschuss Beschluss gefasst hat, sind mit fortlaufender Nummer zu versehen und der Niederschrift beizufügen. [2]In der Niederschrift sind die Gründe kurz anzugeben, aus denen die Stimmzettel für gültig oder ungültig erklärt worden sind.

(5) Ist ein Stimmzettel wegen der Beschaffenheit des Umschlags für ungültig erklärt worden, so ist auch der Umschlag beizufügen.

(6) [1]Alle gültigen Stimmzettel, die nicht nach den Absätzen 4 und 5 der Abstimmungsniederschrift beigefügt sind, hat der Wahlausschuss in Papier einzuschlagen, zu versiegeln und dem Wahlleiter zu übergeben, der sie verwahrt, bis die Abstimmung für gültig erklärt oder eine neue Wahl angeordnet ist. [2]Das Gleiche gilt für die Wahlberechtigungsscheine der Arbeitnehmer.

(7) Das Wählerverzeichnis wird dem Wahlleiter übergeben.

(8) Über die Sitzung des Wahlausschusses ist eine Niederschrift zu fertigen. Diese ist zusammen mit den Wahlunterlagen aufzubewahren und der Aufsichtsbehörde auf Anforderung vorzulegen.

§ 17a [Verwahrung, Aufbewahrung und Vernichtung der Wahlunterlagen; Auskünfte]

(1) Das Wählerverzeichnis, die Wahlberechtigungsscheine und sonstigen Wahlunterlagen sind so zu verwahren, daß sie gegen Einsichtnahme durch Unbefugte geschützt sind.

(2) Nach der Wahl sind die in Absatz 1 genannten Unterlagen bis zur Unanfechtbarkeit der Wahl aufzubewahren und danach zu vernichten.

(3) Auskünfte aus den in Absatz 1 genannten Unterlagen dürfen nur Behörden, Gerichten und sonstigen öffentlichen Stellen und nur dann erteilt werden, wenn diese die Auskünfte zur Erfüllung von Aufgaben benötigen, die sich auf die Vorbereitung, Durchführung oder Überprüfung der

Wahl sowie die Verfolgung von Wahlstraftaten, Wahlprüfungsangelegenheiten oder auf wahlstatistische Arbeiten beziehen.

§ 18 [Ermittlung des Gesamtergebnisses der Wahl; gewählte Bewerber]

(1) ¹Nach Übergabe der Unterlagen an den Wahlleiter stellt der Wahlausschuss das Gesamtergebnis der Wahl fest, das durch den Wahlleiter in den für die Bekanntmachung der Handwerkskammer bestimmten Organen öffentlich bekannt zu machen und der Aufsichtsbehörde anzuzeigen ist. ²Die Wahlunterlagen sind aufzubewahren und der Aufsichtsbehörde auf Anforderung vorzulegen.

(2) Als gewählt gelten die Bewerber desjenigen Wahlvorschlags, der die Mehrheit der abgegebenen Stimmen erhalten hat.

Siebenter Abschnitt. Engere Wahl

§ 19 *(aufgehoben)*

Achter Abschnitt. Wegfall der Wahlhandlung

§ 20 Wird für den Wahlbezirk nur ein Wahlvorschlag zugelassen, so gelten die darauf bezeichneten Bewerber als gewählt, ohne daß es einer Wahlhandlung bedarf.

Neunter Abschnitt. Beschwerdeverfahren, Kosten

§ 21 [Beschwerdeverfahren]

Beschwerden über die Ernennung der Beisitzer des Wahlausschusses entscheidet die höhere Verwaltungsbehörde.

§ 22 [Kosten der Wahl]

Die Kosten der Wahl trägt die Handwerkskammer.

Text Anl. C

Anlage
zur Wahlordnung für die Wahlen der Mitglieder
der Vollversammlung der Handwerkskammer

Wahlberechtigungsschein
zur Vornahme der Wahl der Arbeitnehmermitglieder der Vollversammlung der Handwerkskammer
(§ 13 Abs. 1 der Wahlordnung für die Wahlen der Mitglieder der
Vollversammlung der Handwerkskammer)

Der Inhaber dieses Wahlberechtigungsscheins

Herr/Frau .... Arbeitnehmer(in),
wohnhaft in PLZ .... Ort ....,
Str. .... Nr. ....,

hat eine abgeschlossene Berufsausbildung und ist/war bis zum .... als
Mitarbeiter(in) im Unternehmen (Name des Unternehmens)
..........................., PLZ .... Ort ....,
Str. .... Nr. .... beschäftigt.

Sie/Er ist berechtigt, das Stimmrecht zur Wahl der Arbeitnehmermitglieder der
Vollversammlung der Handwerkskammer
.... auszuüben.
........................., den ....
........................., den ....*)
....

---

*) Unterschrift des Betriebsrates, soweit dieser in den Betrieben vorhanden ist, in allen übrigen Betrieben des Betriebsinhabers oder seines gesetzlichen Vertreters (§ 13 Abs. 1 der Wahlordnung). Im Falle der Arbeitslosigkeit kann der Wahlberechtigungsschein auch durch die Agentur für Arbeit ausgestellt werden.

Handwerksordnung **Anl. D   Text**

Anlage D
zu dem Gesetz zur Ordnung des Handwerks
(Handwerksordnung)

Art der personenbezogenen Daten in der Handwerksrolle, in dem Verzeichnis der Inhaber eines zulassungsfreien Handwerks oder handwerksähnlichen Gewerbes und in der Lehrlingsrolle

I. In der Handwerksrolle dürfen folgende Daten gespeichert werden:
   1. bei natürlichen Personen
      a) Vor- und Familienname, Geburtsname, Geburtsdatum und Staatsangehörigkeit des Betriebsinhabers, bei nicht voll geschäftsfähigen Personen auch der Vor- und Familienname des gesetzlichen Vertreters; im Falle des § 4 Abs. 2 oder im Falle des § 7 Abs. 1 Satz 1 der Handwerksordnung sind auch Vor- und Familienname, Geburtsdatum und Staatsangehörigkeit des Betriebsleiters sowie die für ihn in Betracht kommenden Angaben nach Buchstabe e einzutragen;
      b) die Firma, wenn der selbständige Handwerker eine Firma führt, die sich auf den Handwerksbetrieb bezieht;
      c) Ort und Straße der gewerblichen Niederlassung;
      d) das zu betreibende Handwerk oder bei Ausübung mehrerer Handwerke diese Handwerke;
      e) die Bezeichnung der Rechtsvorschriften, nach denen der selbständige Handwerker die Voraussetzungen für die Eintragung in die Handwerksrolle erfüllt und in dem zu betreibenden Handwerk zur Ausbildung von Lehrlingen befugt ist; hat der selbständige Handwerker die zur Ausübung des zu betreibenden Handwerks notwendigen Kenntnisse und Fertigkeiten durch eine Prüfung nachgewiesen, so sind auch Art, Ort und Zeitpunkt dieser Prüfung sowie die Stelle, vor der die Prüfung abgelegt wurde, einzutragen;
      f) der Zeitpunkt der Eintragung in die Handwerksrolle;
   2. bei juristischen Personen
      a) die Firma oder der Name der juristischen Person sowie Ort und Straße der gewerblichen Niederlassung;
      b) Name, Vorname, Geburtsdatum und Staatsangehörigkeit der gesetzlichen Vertreter;
      c) das zu betreibende Handwerk oder bei Ausübung mehrerer Handwerke diese Handwerke;
      d) Name, Vorname, Geburtsdatum und Staatsangehörigkeit des Betriebsleiters sowie die für ihn in Betracht kommenden Angaben nach Nummer 1 Buchstabe e;

e) der Zeitpunkt der Eintragung in die Handwerksrolle;
3. bei Personengesellschaften
   a) bei Personenhandelsgesellschaften die Firma, bei Gesellschaften des Bürgerlichen Rechts die Bezeichnung, unter der sie das Handwerk betreiben, sowie der Ort und die Straße der gewerblichen Niederlassung;
   b) Name, Vorname, Geburtsdatum und Staatsangehörigkeit des für die technische Leitung des Betriebs verantwortlichen persönlich haftenden Gesellschafters oder im Falle des § 7 Abs. 1 Satz 1 des Betriebsleiters, Angaben über eine Vertretungsbefugnis und die für ihn in Betracht kommenden Angaben nach Nummer 1 Buchstabe e;
   c) Name, Vorname, Geburtsdatum und Staatsangehörigkeit der übrigen Gesellschafter, Angaben über eine Vertretungsbefugnis und die für sie in Betracht kommenden Angaben nach Nummer 1 Buchstabe e;
   d) das zu betreibende Handwerk oder bei Ausübung mehrerer Handwerke diese Handwerke;
   e) der Zeitpunkt der Eintragung in die Handwerksrolle;
4. bei handwerklichen Nebenbetrieben
   a) Angaben über den Inhaber des Nebenbetriebs in entsprechender Anwendung der Nummer 1 Buchstabe a bis c, Nummer 2 Buchstabe a und b und Nummer 3 Buchstabe a und c;
   b) das zu betreibende Handwerk oder bei Ausübung mehrerer Handwerke diese Handwerke;
   c) Bezeichnung oder Firma und Gegenstand sowie Ort und Straße der gewerblichen Niederlassung des Unternehmens, mit dem der Nebenbetrieb verbunden ist;
   d) Bezeichnung oder Firma sowie Ort und Straße der gewerblichen Niederlassung des Nebenbetriebs;
   e) Name, Vorname, Geburtsdatum und Staatsangehörigkeit des Leiters des Nebenbetriebs und die für ihn in Betracht kommenden Angaben nach Nummer 1 Buchstabe e;
   f) der Zeitpunkt der Eintragung in die Handwerksrolle.

II. ¹Abschnitt I gilt entsprechend für das Verzeichnis der Inhaber von Betrieben in zulassungsfreien Handwerken oder handwerksähnlichen Gewerben. ²Dieses Verzeichnis braucht nicht die gleichen Angaben wie die Handwerksrolle zu enthalten. ³Mindestinhalt sind die wesentlichen betrieblichen Verhältnisse einschließlich der wichtigsten persönlichen Daten des Betriebsinhabers.

III. In der Lehrlingsrolle dürfen folgende personenbezogene Daten gespeichert werden:
  1. bei den Ausbildenden

a) die in der Handwerksrolle eingetragen sind:
      Die Eintragungen in der Handwerksrolle, soweit sie für die Zwecke der Führung der Lehrlingsrolle erforderlich sind,
   b) die nicht in der Handwerksrolle eingetragen sind:
      Die der Eintragung nach Abschnitt I 1a entsprechenden Daten mit Ausnahme der Daten zum Betriebsleiter zum Zeitpunkt der Eintragung in die Handwerksrolle und der Angaben zu Abschnitt I 1e, soweit sie für die Zwecke der Lehrlingsrolle erforderlich sind;
2. bei den Ausbildern:
   Name, Geburtsname, Vorname, Geschlecht, Geburtsdatum, Art der fachlichen Eignung;
3. bei den Auszubildenden
   a) beim Lehrling:
      Name, Geburtsname, Vorname, Geschlecht, Geburtsdatum, Staatsangehörigkeit, Schulbildung, Schulabschluß, Abgangsklasse, Anschrift des Lehrlings,
   b) erforderlichenfalls bei gesetzlichen Vertretern:
      Name, Vorname und Anschrift;
4. beim Ausbildungsverhältnis:
   Ausbildungsberuf, Ausbildungszeit, Probezeit, Anschrift der Ausbildungsstätte, wenn diese vom Betriebssitz abweicht.

IV. In das Verzeichnis der Unternehmer nach § 90 Abs. 3 und 4 der Handwerksordnung werden die Personen nach § 90 Abs. 3 und 4 der Handwerksordnung mit den nach Abschnitt I Nr. 1 Buchstabe a und c geforderten Angaben für natürliche Personen sowie der Zeitpunkt der Gewerbeanmeldung eingetragen.

B. Kommentar zur Handwerksordnung

Erster Teil. Ausübung eines Handwerks und eines handwerksähnlichen Gewerbes

Erster Abschnitt. Berechtigung zum selbständigen Betrieb eines zulassungspflichtigen Handwerks

§ 1 [Handwerksbetrieb; Eintragung in die Handwerksrolle]

(1) ¹Der selbständige Betrieb eines zulassungspflichtigen Handwerks als stehendes Gewerbe ist nur den in der Handwerksrolle eingetragenen natürlichen und juristischen Personen und Personengesellschaften gestattet. ²Personengesellschaften im Sinne dieses Gesetzes sind Personenhandelsgesellschaften und Gesellschaften des Bürgerlichen Rechts.

(2) ¹Ein Gewerbebetrieb ist ein Betrieb eines zulassungspflichtigen Handwerkes, wenn er handwerksmäßig betrieben wird und ein Gewerbe vollständig umfaßt, das in der Anlage A aufgeführt ist, oder Tätigkeiten ausgeübt werden, die für dieses Gewerbe wesentlich sind (wesentliche Tätigkeiten). ²Keine wesentlichen Tätigkeiten sind insbesondere solche, die
1. in einem Zeitraum von bis zu drei Monaten erlernt werden können,
2. zwar eine längere Anlernzeit verlangen, aber für das Gesamtbild des betreffenden zulassungspflichtigen Handwerks nebensächlich sind und deswegen nicht die Fertigkeiten und Kenntnisse erfordern, auf die die Ausbildung in diesem Handwerk hauptsächlich ausgerichtet ist, oder
3. nicht aus einem zulassungspflichtigen Handwerk entstanden sind.

³Die Ausübung mehrerer Tätigkeiten im Sinne des Satzes 2 Nr. 1 und 2 ist zulässig, es sei denn, die Gesamtbetrachtung ergibt, dass sie für ein bestimmtes zulassungspflichtiges Handwerk wesentlich sind.

(3) Das Bundesministerium für Wirtschaft und Technologie wird ermächtigt, durch Rechtsverordnung mit Zustimmung des Bundesrates die Anlage A zu diesem Gesetz dadurch zu ändern, daß es darin aufgeführte Gewerbe streicht, ganz oder teilweise zu-

HwO § 1 1. Teil. Handwerk u. handwerksähnliches Gewerbe

sammenfaßt oder trennt oder Bezeichnungen für sie festsetzt, soweit es die technische und wirtschaftliche Entwicklung erfordert.

Übersicht

Rdn.

- I. Einschneidende Veränderungen 1
  1. Grundlage Handwerksrolleneintragung 1
  2. Großer Befähigungsnachweis 3
  3. Verfassungsmäßigkeit 5
  4. Gemeinsames Europa 9
- II. Handwerk im stehenden Gewerbe (Abs. 1) 10
  1. Gewerbe 11
     a) Erwerbsabsicht 12
     b) Sonderfälle (Lehrwerkstätten u. ä.) 13
     c) „fortgesetzt" 15
     d) Freie künstlerische Betätigung 16
  2. Gewerbeformen 20
     a) Stehender Gewerbebetrieb 20
     b) Reisegewerbe 22
     c) Marktverkehr 29
  3. Selbständigkeit 30
     a) Selbständiger Handwerker 30
     b) Arbeitnehmer 33
     c) Problemfälle 39
        aa) Hausgewerbetreibende und Heimarbeiter . . 39
        bb) Subunternehmer 40
        cc) Auftragsvermittlung 41
  4. Auch für Personengesellschaften und jur. Personen . 42
- III. Handwerksbegriff (Abs. 2) 43
  1. Handwerksfähig 44
     a) Positivliste; Zuordnung 44
     b) Nur wesentliche Tätigkeiten 47
     c) KleinunternehmerG 48
     d) Änderungen Anlage A 60
  2. Handwerksmäßig 61
     a) Dynamischer Handwerksbegriff 61
     b) Abgrenzung Industrie 64
     c) Abgrenzungsmerkmale 65
        aa) Betriebsgröße 65
        bb) Persönl. Mitarbeit des Inhabers 66
        cc) Fachliche Qualität der Mitarbeiter 67
        dd) Arbeitsteilung 68
        ee) Verwendung von Maschinen 69
        ff) Betriebliches Arbeitsprogramm 70
  3. Abgrenzung Kleingewerbe 75
- IV. 1. Handwerksrollenpflicht 76
  2. Wirkung nur für Kammerbezirk 77
  3. Zusätzliche Erfordernisse 78

Rdn.
a) Öffentlichrechtliche Erlaubnisse 79
b) Zivilrechtliche Erlaubnisse (Konzession) 81
V. Namensführung und Handelsregister 82
1. Handelstätigkeit 82
  a) Zubehör- und Ergänzungshandel 83
  b) Gemischter Betrieb 85
2. Handwerker und Handelsregister 89
  a) Allgemeines 89
  b) Mitwirkung der Handwerkskammer 94
  c) Berücksichtigung handwerksrechtlicher Einwendungen 96

Literatur: *Fröhler,* Die Bedeutung der Kenntnisse für den Handwerksbegriff, GewA 1969, 241; *ders.,* Urteilsanmerkung (zu Urteil d. OVG Münster v. 13. 10. 1965) – IV. A 1003/64 –, GewA 1966, 168; *Fuchs,* Refraktionsbestimmungen durch Augenoptiker, GewA 1999, 325; *Haase,* Umwandlung aus der Personengesellschaft in die GmbH: Vorteile und Strategien bei Dauerengagement, GewA 1992, 12; *Honig,* Vorschläge zur Praxis der Handwerksrolleneintragung, GewA 1988, 50; *ders.,* Der Nürnberger Lebkuchenbäcker und das Handelsregister, GewA 1993, 227; *Hromadka,* Arbeitnehmerbegriff und Arbeitsrecht, NZA 1997, 569; *Hüpers,* Reisegewerbe und handwerklicher Befähigungsnachweis, GewA 2004, 230; *Jahn,* Die Handwerksnovelle zum Akustik- und Trockenbau, GewA 2000, 465; *ders.,* Die Änderungen im Recht der Industrie- und Handelskammern per 1. 1. 2004, GewA 2004, 41; *ders.,* Zur IHK-Zugehörigkeit von Hausgewerbetreibenden, GewA 2000, 98; *Klinse,* Handwerksrechtliche Beurteilung von General- und Subunternehmen, DHBl. 1982, 617; *Kögel,* Neues Firmenrecht und alte Zöpfe: Die Auswirkungen der HGB-Reform, BB 1998, 1645; *Kreppner,* Handwerk oder Industrie – zählen nur Kleinbetriebe zum Handwerk, GewA 1965, 49; *Leisner,* Handwerksrecht und Europarecht – Verstößt der Große Befähigungnachweis gegen Gemeinschaftsrecht?, GewA 1998, 445; *ders.,* Der Meistertitel im Handwerk – (weiter) ein Zwang? – Europarechtliche und verfassungsrechtliche Probleme, GewA 2006, 393; *Lieb,* Probleme des neuen Kaufmannsbegriffs, NJW 1999, 35; *Möller,* Das neue Firmenrecht in der Rechtsprechung – Eine kritische Bestandsaufnahme, DNotZ 2000, 830; *Mirbach,* „Reinigung nach Hausfrauenart" unzulässig?, GewA 2005, 366; *Müller,* Die Novellierung der Handwerksordnung 2004, NVwZ 2004, 403; *Müller,* Meisterpflicht und Gefahrgeneigtheit, GewA 2007, 361; *Otten,* Heimarbeit – ein Dauerrechtsverhältnis eigener Art, NZA 1995, 289; *Pagenkopf,* Zum Einfluß des Gemeinschaftsrechts auf nationales Wirtschaftsrecht, NVwZ 1993, 216; *Roemer-Blum,* Die Abgrenzung zwischen Handwerk und Kunst, GewA 1986, 9; *Rüth,* Kunsthandwerk – Handwerk oder Kunst?, GewA 1995, 363; *Schmidt,* Das Handelsrechtsreformgesetz, NJW 1998, 2161; *Schulze,* Erfahrungen mit der novellierten HwO insbesondere zum Trockenbau, GewA 1999, 409; *Schulze,* Erleichterung von Existenzgründungen und Förderung von Kleinunternehmen im Bereich einfacher Tätigkeiten, GewA 2003, 283; *ders.,* Erfahrungen mit d. novellierten Handwerksordnung, insbesondere zum Trockenbau – Bericht des Bundesministeriums für Wirtschaft und Technologie, GewA 1999, 409; *Schwannecke,* Die Neuregelungen zur Scheinselbständigkeit und zu den arbeitnehmerähnlichen Personen – ein Beitrag des Gesetzgebers zur Debatte um den Wirtschaftsstandort Deutschland, WiVerw 1999, 71; *Schwannecke/Heck,* Die Handwerksnovelle 2004, GewA 2004, 129; *Stober,* Anmerkungen zur Reform der HwO, GewA 2003, 393; *Traublinger,* Handwerksordnung: Kahlschlag oder zukunftsorientierte Reform?, GewA 2003, 353; *v. Ebner,* Der Gewerbebegriff der Gewerbeordnung, GewA 1983, 313; *Weber,* Zum Referentenentwurf des Handelsreformgesetzes, ZRP 1997, 152; *Webers,* Das Handwerk im Spiegel des Grundgesetzes, WiVerw 2001, 260.

I. Einschneidende Veränderungen

1 1. Auch wenn der Ausdruck geflissentlich vermieden wird, wurde durch die Handwerksnovelle 2003 faktisch weitestgehend Gewerbefreiheit eingeführt: Nur noch weniger als die Hälfte der bisherigen Handwerksberufe ist jetzt zulassungspflichtig und darf erst, wie früher, nach Eintragung in die Handwerksrolle ausgeübt werden. Bewirkt wird dies durch die Aufspaltung der bisherigen Positivliste. Die weiterhin den großen Befähigungsnachweis erfordernden Gewerbe sind in Anlage A aufgeführt (§ 1 Abs. 2). Die neue Anlage B (§ 18 Abs. 2) nennt die übrigen Berufe sowie die handwerksähnlichen Gewerbe, deren selbständige Ausübung jedermann frei steht.

Die Bundesregierung hatte das erklärte Ziel, den großen Befähigungsnachweis und die wirtschaftliche Entwicklung des Handwerks zu stärken, sowie das Handwerksrecht zukunftsfähig, zukunftssicher und europafest zu machen. Einschneidend ist zunächst die Abkehr vom Inhaberprinzip. Leitbild ist nicht mehr der qualifizierte „selbständige Handwerker"; mit einem angestellten Betriebsleiter kann praktisch jedermann einen zulassungspflichtigen Handwerksbetrieb beginnen. Zur Frage, wie weit die mit der Novellierung verbundenen Vorstellungen des Gesetzgebers in Erfüllung gingen, vgl. *Müller,* GewA 2007, 146.

2 Nach den Vorstellungen des Gesetzgebers sollte die neue Anlage A im Wesentlichen nur noch Gewerbe enthalten, bei derer Ausführung Gefahren für die Gesundheit oder das Leben Dritter entstehen können. Hinzu kamen im Vermittlungsausschuss weitere Berufe, die durch ihre hohe Ausbildungsleistung gekennzeichnet sind. Dazu mehr unten unter III 1a.

3 2. Voraussetzung für die selbstständige Ausübung eines zulassungspflichtigen Handwerksgewerbes ist **nach wie vor die Eintragung in die Handwerksrolle.** Diese setzt beim Betriebsleiter einen entsprechenden Befähigungsnachweis voraus, der im Einzelnen in § 7 definiert wird. **Befähigungsnachweis ist zwar grundsätzlich weiterhin die bestandene handwerkliche Meisterprüfung.** Daneben sieht das Gesetz jetzt aber noch eine noch größere Reihe weiterer Möglichkeiten vor, die Handwerksrolleneintragung zu erreichen, etwa durch eine andere Art des Befähigungsnachweises, z. B. eine Ausnahmebewilligung. Der Maßstab „Meisterprüfung" wurde verwässert, nachdem jetzt z. B. auch ein Geselle unter gewissen Voraussetzungen die Eintragung bekommen kann (§ 7b).

Dieser sog. **große Befähigungsnachweis** ist seit 1935 Grundlage 4 des deutschen Handwerksrechts; die Qualifikation muss also nicht nur dann nachgewiesen werden, wenn Lehrlinge ausgebildet werden sollen (= kleiner Befähigungsnachweis). Auch die Novelle 98 hatte den großen Befähigungsnachweis erneut ausdrücklich für unverzichtbar erklärt (Vgl. auch *Wiesheu*, GewA 1999, 409; *Müller*, GewA 2000, 149). Er ist jetzt aber halt nur noch für einen Teilbereich des Handwerks und dazu abgeschwächt maßgebend.

3. In einer ausführlichen und sorgfältig begründeten Entschei- 5 dung hatte das BVerfG 1961 klargestellt, dass der Große Befähigungsnachweis mit dem Grundgesetz vereinbar ist (BVerfGE 13, 97). Das Gericht hatte dabei ausdrücklich nicht den Schutz der Allgemeinheit und die „Gefährlichkeit" einzelner Handwerke im Auge; vielmehr hat es die Bedeutung und die Besonderheiten des Handwerks als eines in sich geschlossenen Berufsstandes dargelegt.

Die Verwaltungsrechtsprechung hat sich dem angeschlossen; we- 6 der EU noch zwischenzeitliche Entwicklung hatten zunächst an der Verfassungsmäßigkeit demnächst etwas geändert (vgl. VGH BW vom 20. 1. 1998, GewA 1998, 195; BVerwG vom 22. 12. 1997, GewA 1999, 108, vom 17. 12. 1998, NJW 1999, 2292 und vom 22. 12. 1998, NVwZ-RR 1999, 498; Nds.OVG vom 30. 6. 2003, GewA 2003, 487).

Auch vierzig Jahre später war die Rechtslage dahingehend unver- 7 ändert; das Gericht betonte jetzt aber, dass die strengen Anforderungen nur für den Kernbereich eines Handwerks gelten (BVerfG vom 31. 3. 2000, GewA 2000, 240 = NVwZ 2001, 187; dazu *Jahn*, GewA 2000, 278 und *Mirbach*, NVwZ 2001, 161, der hier prophetisch schon den „Anfang vom Ende des Meisterzwangs" sah!). Einen Überblick gibt *Webers*, WiVerw 2001, 260.

Kriterium für die Zulassungspflicht ist jetzt nicht mehr die Erhal- 8 tung des Handwerks als Berufsstand, sondern vornehmlich die Gefahrgeneigtheit bestimmter Gewerbe. Dadurch ergeben sich denklogisch und verfassungsrechtlich ganz andere Bewertungen als bisher.

Bei diesem völlig veränderten Ausgangspunkt kann die bisherige Argumentation des BVerfG nur noch sehr bedingt herangezogen werden. In den Vordergrund treten muss jetzt das Argument der Gefahrenabwehr. Der Entschluss, selbstständig ein Handwerk auszuüben, ist ein Akt der Berufswahl im Sinne des Art. 12 Abs. 1 GG. Nach der Rechtsprechung des Bundesverfassungsgerichts darf die insoweit bestehende grundsätzliche Freiheit eingeschränkt werden, wenn der betreffende Beruf bestimmte, durch theoretische und praktische Schulung erwerbbare technische Kenntnisse und Fertigkeiten erfordert und wenn die Ausübung des Berufs ohne solche Kenntnisse Schäden und Gefahren für die Allgemeinheit mit sich bringen würde. Die Abwehr nachweisbar oder höchstwahrscheinlich schwerer Gefahren für ein überragend wichtiges Gemeinschaftsgut legitimiert also einen Eingriff in die freie Berufswahl.

8a In einer neuen Entscheidung hat das Verfassungsgericht dementsprechend seine bisherige Auffassung geändert und angesichts der zwischenzeitlichen Veränderungen der rechtlichen und wirtschaftlichen Umstände Zweifel an der Verfassungsmäßigkeit des Meisterzwangs geäußert (BVerfG vom 5.12. 2005, GewA 2006, 71), zunächst allerdings ohne neue Maßstäbe zu setzen.

Dazu *Leisner,* GewA 2006, 393 (Sehr informativ!) sowie *ders.,* GewA 1998, 445. Mit Recht sehr kritisch zur Entscheidung des BVerfG *Dürr,* GewA 2007, 18, der die Rechtsklarheit vermisst.

9 4. Vom **Gemeinsamen Europa** sind nur punktuell Auswirkungen auf das deutsche Handwerksrecht zu erwarten. Mehr Wirkung zeigen die Folgen der Niederlassungs- und Dienstleistungsfreiheit, auf die bei § 9 im gegebenen Zusammenhang eingegangen wird. Vgl. auch *Pagenkopf,* NVwZ 1993, 216 und *Leisner,* GewA 1998, 445. Zu den handwerksrechtlichen Regelungen der seinerzeitigen EU-Staaten vgl. *Klinge,* Niederlassungs- und Dienstleistungsrecht für Handwerker und andere Gewerbetreibende in der EG, Baden-Baden 1990, zu den Bestimmungen der südosteuropäischen Staaten vgl. *Wilbert,* Wege zum Handwerksrecht in Südosteuropa, Alfeld 2008.

II. Handwerk im stehenden Gewerbe (Abs. 1)

10 Von der Handwerksordnung betroffen ist die Ausübung eines zulassungspflichtigen Handwerks weiterhin nur im stehenden Gewerbebetrieb. Gewerbetreibende können auch Minderjährige sein (dazu siehe § 112 BGB).

Handwerksbetrieb; Handwerksrolle §1 HwO

1. Unter **Gewerbe** wird jede nicht sozial unwertige, auf Gewinn- 11
erzielung gerichtete und auf gewisse Dauer angelegte selbstständige
Tätigkeit verstanden, so weit es sich nicht um die Verwaltung eigenen
Vermögens handelt und so weit sie nicht der Urproduktion (= Land-
und Forstwirtschaft, Bergbau) zuzurechnen ist oder den Freien Berufen angehört (vgl. etwa VGH BW vom 9. 5. 1995, GewA 1995,
339; BayObLG vom 15. 4. 1999, GewA 1999, 296). Zur Gewinnerzielungsabsicht vgl. BFH vom 17. 6. 1996, NJW 1998, 3664. Die
Zielrichtung unterscheidet Gewerbe von Gefälligkeit, Nachbar-
schaftshilfe u. dgl.; dazu auch *v. Ebner,* GewA 1983, 313. Der Gewerbebegriff der Gewerbeordnung ist mit dem des Steuerrechts nicht
identisch (BVerwG vom 24. 6. 1976, NJW 1977, 772).

a) Eine **Erwerbsabsicht** entfällt nicht deshalb, weil im konkreten 12
Fall tatsächlich gar kein Gewinn erzielt wird. Bei privaten Betrieben
spricht die Vermutung für die Absicht, Gewinne zu machen, auch
wenn es im Einzelfall nur zu Verlusten kommt. Bedeutungslos ist es
auch, ob die Tätigkeit Haupt- oder Nebenbeschäftigung ist; auch
eine sog. Feierabendtätigkeit kann durchaus einen Gewerbebetrieb
darstellen. Ohne Belang ist es schließlich auch, wie der Gewinn verwendet werden soll: Erwerbsabsicht liegt auch vor, wenn die Gewinne ausschließlich den Mitarbeitern oder wohltätigen Zwecken
zugute kommen sollen. Die Entscheidung ist in jedem Einzelfall Tatfrage (vgl. etwa VG Würzburg vom 24. 1. 1996, GewA 1996, 162).

b) Schwierig ist die Beurteilung bei Unternehmen, deren Zielset- 13
zung nicht primär die Teilnahme am Wirtschaftsverkehr ist. Dazu gehören **Gefängnisbetriebe oder Behindertenwerkstätten,** die der
Beschäftigungstherapie dienen, oder Regiebetriebe der öffentlichen
Hand, die nur für die Bedarfsdeckung des Unternehmensträgers gedacht sind. Bei derartigen Einrichtungen, unabhängig von ihrer
Rechtsform (z. B. Gemeinnützige GmbH), muss zunächst die Erwerbsabsicht verneint werden. Arbeiten für den Eigenbedarf des Trä-
gers sind unschädlich: Kostenersparnis bedeutet nicht Gewinnerzielung. Nur eine gelegentliche entgeltliche Arbeit für andere macht die
Tätigkeit noch nicht gewerbsmäßig.

Etwas anderes ist es, wenn die Arbeiten für andere regelmäßig, 14
nicht nur gelegentlich anfallen. Bloßer Unkostenersatz ist zwar noch
unschädlich; eine einkalkulierte – selbst minimale – Gewinnspanne
verändert jedoch das Bild. Besonders anschaulich taucht das Problem
bei sog. **Lehrwerkstätten** auf, d. h. öffentlichen Einrichtungen, die
der Berufsausbildung der Jugend dienen. Werden dort Jugendliche in
einem handwerklichen Beruf unterwiesen, so sprechen wirtschaftliche Gründe und die dank größerer Praxisnähe bessere Ausbildung
für die Übernahme (auch) von Fremdaufträgen. Gerade dann, wenn

man von diesen Betrieben eine möglichst knappe Kalkulation verlangt, um die Gewinnabsicht verneinen zu können, vergrößert man die Konkurrenzgefahr für die niedergelassenen Handwerksbetriebe. Die Problematik liegt hier weniger auf gewerberechtlichem Gebiet; die Lösung muss vielmehr durch handwerks- und mittelstandspolitische Maßnahmen und eine vernünftige und zurückhaltende Haltung der öffentlichen Hand gefunden werden.

15 c) Weitere Voraussetzung der Gewerbsmäßigkeit ist, dass die auf Gewinnerzielung gerichtete Tätigkeit **fortgesetzt ausgeführt** wird oder fortgesetzt werden soll. Dieser Wille muss nicht ausdrücklich kundgetan werden; es genügt, wenn er aus den Begleitumständen erkenntlich ist. Ein einmaliger Auftrag, selbst wenn sich seine Abwicklung einige Zeit hinzieht, reicht daher nicht in jedem Fall aus (sehr großzügig OLG Zweibrücken vom 6. 1. 1987, GewA 1987, 163). Ein Dauergeschäftsbetrieb ist aber nicht erforderlich, ebenso wenig die Absicht, aus der betreffenden Tätigkeit nachhaltig den Lebensunterhalt zu finden. Ein Gewerbebetrieb liegt daher auch dann vor, wenn die Tätigkeit nur zu bestimmten Zeiten oder bei bestimmten Gelegenheiten ausgeübt wird **(Saisonbetrieb!).** Die Tätigkeit eines arbeitslosen Maurers, der auf eigenem Grund und Boden ein Gebäude errichtet, muss als gewerblich gewertet werden, wenn er es mit Gewinn verkaufen will (OLG Karlsruhe vom 3. 4. 1962, GewA 1963, 35; OLG Oldenburg vom 13. 2. 1996, GewA 1996, 383; vgl. BGH vom 9. 10. 1974, NJW 1975, 395) oder das Objekt vermieten (BayObLG vom 15. 4. 1999, NZM 1999, 876).

16 d) Die **freie künstlerische Betätigung stellt keine Gewerbeausübung dar;** hier liegt ein freier Beruf vor. Künstler unterliegen dementsprechend auch nicht der Handwerker-, sondern der Künstlersozialversicherung nach dem KSVG. Grenzfälle gibt es im Kunsthandwerk (dazu ausführlich BSG vom 24. 6. 1998, GewA 1999, 76 = NJW 1999, 1990; Generell *Rüth,* GewA 1995, 363).

17 Das Problem der Abgrenzung von Handwerk und Kunst hat weitestgehend an Bedeutung verloren, da die herkömmlichen Kunsthandwerke wie Keramiker oder Fotograf zulassungsfrei geworden sind und die verbleibenden Gewerbe der Anlage A nur im Ausnahmefall Möglichkeiten zur künstlerischen Ausübung bieten.

18 Der **Restaurator,** der antike handwerkliche Produkte wieder in Ordnung bringt, muss zwar besonders qualifiziert, aber in erster Linie eben auch Handwerker und nicht Künstler sein (OLG Karlsruhe vom 4. 10. 1983, GewA 1984, 29; BVerwG vom 11. 12. 1990, NVwZ-RR 1991, 347 = GewA 1991, 231).

19 Zur Abgrenzung vom Hobby siehe VG Würzburg vom 5. 8. 1975, GewA 1976, 298.

§ 1 HwO

2. Gewerbeformen. a) Stehender Gewerbebetrieb ist, wie sich aus einer Gegenüberstellung der §§ 1, 14, 42 ff. mit den §§ 55 ff. und 64 ff. GewO ergibt, jedes Gewerbe, das nicht zum Reisegewerbe oder zum Marktverkehr rechnet. **Nur für den stehenden Gewerbebetrieb gelten die Vorschriften der Handwerksordnung.** 20

Grob gesagt übt jemand ein stehendes Gewerbe aus, wenn er die Tätigkeit von einer gewerblichen Niederlassung oder seiner Wohnung aus betreibt; es muss ein sog. **gewerblicher Mittelpunkt** erkennbar sein. 21

b) Reisegewerbe ist nur der Betrieb der in § 55 GewO bezeichneten Gewerbe und Gewerbeformen ohne Errichtung einer gewerblichen Niederlassung und ohne vorgängige Bestellung (dazu BGH vom 1. 3. 1990, GewA 1991, 39). Mit einem eingängigen Schlagwort lässt sich sagen: Beim stehenden Gewerbe „kommt" der Kunde zum Unternehmer, sei es auch nur telefonisch, beim Reisegewerbe kommt der Unternehmer (unangemeldet) zum möglichen Kunden (s. auch VG Würzburg vom 16. 3. 2005, GewA 2005, 259). Zur verfassungsrechtlichen Grenzziehung zwischen Reisegewerbe und stehendem Gewerbe im Handwerk (hier: Steinmetz) vgl. BVerfG vom 27. 9. 2000, GewA 2000, 480 = NVwZ 2001, 189. Das zusätzliche Vorhandensein einer gewerblichen Niederlassung ist für die Zuordnung zum Reisegewerbe ohne Bedeutung (dazu auch BayVGH vom 7. 9. 2005, GewA 2006, 34). 22

Kein Reisegewerbe liegt vor, wenn der Gewerbetreibende seine Leistungen zwar ausschließlich beim Kunden erbringt, diesen aber nicht unaufgefordert aufgesucht hat, sondern weil er gerufen wurde. Dies ist z. B. bei den sog. Fernsehschnelldiensten der Fall. Deren Telefonanschluss, selbst über ein Mobiltelefon, ist hier der „geschäftliche Mittelpunkt", so dass ein stehender Gewerbebetrieb vorliegt. 23

Kennzeichnend für Reisegewerbe ist die fehlende vorgängige Bestellung, um dies noch einmal zu betonen, (was jegliche Werbung für eine Reisegewerbe-Tätigkeit ausschließt: so OLG Bremen vom 17. 7. 1986, WRP 1987, 279). Die Bereitschaft und Fähigkeit, die Leistung unverzüglich zu erbringen, ist kein Erfordernis! Die freie Handwerksausübung im Reisegewerbe ergibt sich unmittelbar aus dem Gesetz; ein besonderes dahingehendes Feststellungsinteresse besteht nicht (VG Weimar vom 14. 7. 2005, GewA 2006, 34). 24

Das Reisegewerbe wurde neu geregelt, seit Inkrafttreten der VO v. 14. 9. 2007 braucht nur noch der Geschäftsinhaber, nicht mehr jeder einzelne Mitarbeiter, die Reisegewerbekarte (vgl. *Schönleiter,* GewA 2008, 242, 246). 25

26 Das **„Aufsuchen von Bestellungen auf Leistungen"** ist nach § 55 GewO ausdrücklich im Reisegewerbe erlaubt. Im Bau- und Ausbaubereich ist es auch weit verbreitet, dass Betriebe von Tür zu Tür bei Hausbesitzern vorsprechen und Aufträge „hausieren". Das Bundesverfassungsgericht meinte dazu, dass es einzig und allein auf die Initiative für das Zustandekommen des Auftrags ankommt: Wenn der Betrieb ohne vorgängige Bestellung durch den Kunden die Arbeit übertragen bekommt, dann sei dies Reisegewerbe (dazu Bund-Länder-Ausschuss, GewA 2001, 155; OVG NRW vom 6. 11. 2003, GewA 2004, 32).

27 Die liberale Haltung des BVerfG verwischt die Grenze zwischen stehendem Gewerbe und Reisegewerbe: Wer bei der Vertragsanbahnung aufpasst, kann praktisch jedes zulassungspflichtige Handwerk als Reisegewerbe ohne jeglichen Befähigungsnachweis ausüben (ausführl. *Hüpers,* GewA 2004, 230).

28 **Gewisse Handwerke sind gem. § 56 GewO von vornherein nicht im Reisegewerbe zulässig** (z. B. Augenoptiker, Orthopädietechniker). Die frühere Einschränkung für Friseure ist entfallen.

29 **c)** Der **Marktverkehr** ist eine gewerbliche Tätigkeit, die sich auf Messen, Jahr- und Wochenmärkte beschränkt; er ist grundsätzlich frei.

30 **3. Selbstständigkeit. a) Selbstständiger Handwerker** ist, wer das Gewerbe für eigene Rechnung und in eigener Verantwortung betreibt (*Hagen,* GewA 2005, 402). Als Unternehmer muss er das Betriebskapital (nicht zu verwechseln mit Eigenkapital!) zur Verfügung stellen; er erhält den Unternehmensgewinn und muss eventuelle Verluste tragen; er entscheidet über die Betriebsweise und trägt nach außen die volle Verantwortung für den Betrieb (instruktiv OLG Frankfurt/Main vom 29. 4. 1965, GewA 1966, 90; VG Oldenburg vom 18. 7. 1967, GewA 1968, 41; OLG Düsseldorf vom 24. 1. 1994, NVwZ-RR 1994, 580 = wistra 1994, 200). Er muss jedoch nicht mehr zwingend selbst der Fachmann sein. Gütergemeinschaft macht nicht automatisch zum Mitunternehmer (so BFH vom 22. 6. 1977, BB 1977, 1635).

31 Äußeres Kennzeichen eines selbstständigen Gewerbetreibenden ist in der Regel die **eigene Betriebsstätte** – gleichgültig, ob zu Eigentum oder nur gemietet oder gepachtet – und die damit verbundene persönliche Unabhängigkeit, insbesondere die Möglichkeit, frei über seine Zeiteinteilung verfügen zu können. Mag diese Freiheit auch faktisch sehr begrenzt sein, weil der Betreffende z. B. als sog. Konzessionär auf Grund besonderer Vereinbarung seine Tätigkeit in einem der Allgemeinheit verschlossenen Bereich ausübt (z. B. Kasernen-

Handwerksbetrieb; Handwerksrolle § 1 HwO

oder Flugplatzkomplex, Krankenhaus), oder weil er als Subunternehmer weitgehend fremden Vorgaben folgt (siehe unten), so berührt dies doch nicht die Selbstständigkeit.

Auch beim Fehlen einer eigenen Betriebsstätte, wenn der Gewerbetreibende seine Arbeit ausschließlich beim Kunden ausführt, ist die erforderliche Selbstständigkeit vorhanden. Von ihm werden nicht seine Dienste für eine gewisse Zeit erwartet, sondern die Ausführung eines bestimmten Werkes, gleichgültig, ob Zeit- oder Stücklohn vereinbart sind (dazu VG Oldenburg vom 28. 2. 1978, GewA 1978, 226; BVerwG vom 27. 10. 1978, GewA 1979, 96). **32**

b) Als Arbeitnehmer ist man nicht selbstständiger Gewerbetreibender. Auch die relative Freiheit, die z. B. ein angestellter Betriebselektriker oder der Leiter einer betriebseigenen Kfz.-Werkstätte genießt, ändert nichts an seiner Arbeitnehmereigenschaft. Dies auch dann nicht, wenn er für den Betrieb gelegentlich Fremdaufträge ausführen muss. Tut er dies jedoch privat auf eigene Rechnung, so wird er insoweit selbstständiger Gewerbetreibender. Arbeitnehmerschaft und Selbstständigkeit können also nebeneinander stehen. **33**

Eine rein formale Arbeitnehmereigenschaft reicht jedoch nicht aus. „Lohnsteuerkarte ersetzt nicht Handwerksrolleneintragung!" (vgl. AG Tuttlingen vom 15. 7. 1997, GewA 1997, 481). „Echte" Arbeitnehmereigenschaft setzt voraus, dass die auszuführenden Arbeiten in das Betriebsgeschehen des Arbeitgebers integriert sind, oder – bei einem einmaligen Werk –, dass der Arbeitgeber auf Grund eigener Sachkunde so weit in die Berufsausübung durch den Betroffenen eingreifen kann, dass dieser nicht eigenverantwortlich die ihm übertragenen Arbeiten ausführen muss (so OLG Hamm vom 6. 1. 1986, GewA 1986, 138). Statt in einem Arbeitsverhältnis kann eine Handwerkstätigkeit im Einzelfall aber auch gewollt als freier Mitarbeiter – mit allen Konsequenzen! – erbracht werden (LAG Köln vom 7. 4. 1994, NZA 1994, 1090 LS; aber BAG vom 11. 12. 1996, NZA 1997, 817 = NJW 1997, 2617). **34**

Die Rechtsprechung sieht schon lange einen Verstoß gegen die Handwerksordnung darin, dass jemand als kurzfristig angestellter „Arbeitnehmer" eine Werkleistung erbringt, bei deren Ausführung und fachlicher Verantwortung er völlig unabhängig ist (vgl. BVerwG vom 27. 10. 1978, GewA 1979, 96). Umgekehrt liegt auch eine reichhaltige Rechtsprechung der Finanzgerichtsbarkeit vor, dass Arbeitnehmer in die betriebliche Tätigkeit des Arbeitgebers „passen" müssen und verneinendenfalls trotz ordnungsgemäßer Lohnsteuerkarte u. dgl. als selbstständige Unternehmer anzusehen sind (vgl. BFH vom 21. 3. 1975, BB 1975, 1098). **35**

36 Vor allem im Bau- und Baunebengewerbe versuchen gelegentlich Schwarzarbeiter, die in ihrer Freizeit Reparaturaufträge, kleinere Um- und Ausbauten ausführen und in Einzelfällen sogar ganze Einfamilienhäuser errichten, sich als „Arbeitnehmer" des Bauherrn auszugeben (vgl. OLG Düsseldorf vom 14. 10. 1977, GewA 1978, 164). Die Betreffenden sind nach ständiger Verwaltungspraxis aber auch dann als selbstständige Unternehmer anzusehen, wenn sie eine zweite Lohnsteuerkarte besitzen (BFH vom 21. 3. 1975, BB 1975, 1098; OLG Hamm vom 6. 1. 1986, GewA 1986, 138). Ein rein formales Arbeitsverhältnis ist handwerksrechtlich bedeutungslos (AG Tuttlingen vom 15. 7. 1997, GewA 1997, 481).

37 Der umgekehrte, zunehmend häufigere Fall sind sog. **Scheinselbstständige**, die z. B. als angebl. Subunternehmer ausschließlich für ihren bisherigen Arbeitgeber tätig sind und ihre Sozialabgaben selbst zahlen müssen. Das LSG Berlin (Az. 9 Kr 8/94) hatte Mitte 1994 entschieden, dass in solchen Fällen die Bindung an den Auftraggeber bei Anbahnung, Abwicklung und Kontrolle der Aufträge die Schwelle von selbstständiger unternehmerischer Tätigkeit zur abhängigen Beschäftigung überschritten habe, so dass vom Arbeitgeber Sozialversicherungsbeiträge abgeführt werden müssen. Diese Entscheidung wurde vom BVerfG bestätigt (1 BvR 21/96). Vgl. auch Bund-/Länderausschuss „Gewerberecht", GewA 1997, 467. Nahe liegenderweise ist dieses Vorgehen besonders bei Gewerben, die keine Meisterprüfung voraussetzen, im Gange und wird jetzt zunehmen. Dazu NZA 1997, 590 und *Hromadka,* NZA 1997, 569.

38 Am 1. 1. 1999 ist das Gesetz zu Korrekturen in der Sozialversicherung und zur Sicherung der Arbeitnehmerrechte (BGBl. 1998 I, S. 3843) in Kraft getreten, das sich völlig unzulänglich bemüht, die Scheinselbstständigkeit in den Griff zu bekommen. Dazu *Schwannecke,* WiVerw 1999, 71.

39 **c) Problemfälle. aa)** Unselbstständig sind i. d. R. **Hausgewerbetreibende, bzw. Heimarbeiter** im Sinne des Heimarbeitsgesetzes vom 14. 3. 1951 (BGBl. I S. 191). Zum Begriff dieser Personengruppen vgl. BVerfG vom 11. 2. 1976, GewA 1976, 226; dazu auch *Otten,* NZA 1995, 289 und *Jahn,* GewA 2000, 98.

40 **bb)** Die Eigenschaft als **Subunternehmer** berührt dagegen in aller Regel die Selbstständigkeit nicht (vgl. BGH vom 21. 6. 1994, NJW 1994, 2756). Auch Zuliefer- oder Lohnbetriebe, die nur für einen einzigen Auftraggeber arbeiten, sind von diesem weitestgehend wirtschaftlich abhängig; wenn auch u. U. stark eingeschränkt. Sie bleiben jedoch nichtsdestoweniger persönlich unabhängig, und Gewinn und Verlust gehen auf ihre eigene Rechnung. Ebenso ist die Stellung des Subunternehmers zu sehen, der nur für einen einzigen

Auftraggeber die ihm von diesem zugewiesenen Arbeiten ausführt (vgl. OLG Düsseldorf vom 24. 1. 1994, GewA 1994, 246; ausführlich *Klinge,* DHBl. 1982, 617).

cc) Die bloße Vermittlung handwerklicher Arbeiten an Dritte erfüllt nicht den Rechtsbegriff der selbstständigen Handwerksausübung (VG Berlin vom 11. 9. 1991, GewA 1992, 188); sie muss aber aus wettbewerbsrechtlichen Gründen als solche erkennbar sein. 41

4. Selbstständiger Gewerbetreibender können sowohl (natürliche und juristische) Einzelpersonen als auch Personengesellschaften sein. Für die selbstständige Handwerksausübung wird dies in § 1 Abs. 1 ausdrücklich wiederholt. Eine vereinbarte Gütergemeinschaft macht nicht automatisch den anderen Ehegatten zum Mitunternehmer (BFH vom 22. 6. 1977, BB 1977, 1635). 42

III. Handwerksbegriff (Abs. 2)

Die Handwerksordnung ist nach § 1 Abs. 2 dann anzuwenden, wenn ein selbstständiger, zulassungspflichtiger Gewerbetreibender 43
(1) eine handwerksfähige Tätigkeit
(2) **handwerksmäßig**
ausübt. Der Gesetzgeber hat sich von Anfang an mit dieser vagen Umschreibung begnügt, weil es „keine eindeutige Definition des Begriffs „Handwerk" gebe, die für die Organisationen, die aufsichtsführenden Behörden und Gerichte praktikabel sei". Der zuständige Bundestagsausschuss hatte dazu ausdrücklich festgestellt, „dass er bewusst darauf verzichtet hat, besondere Merkmale, beispielsweise die Zahl, Art oder Vorbildung (z. B. Ingenieure oder Betriebswirte) der Beschäftigten, den Umsatz oder die Bilanzsumme, als charakteristisch für einen Handwerksbetrieb festzulegen. Alle denkbaren Merkmale, die für die Handwerksbetriebe in Frage kommen könnten, gelten ebenso für kleine oder mittlere Gewerbe- oder Industriebetriebe." Man habe auch bedacht, dass aus der Anführung besonderer Merkmale falsche Schlussfolgerungen für die Auslegung des Handwerksbegriffs gezogen werden könnten (vgl. Schriftlicher Bericht des Mittelstandsausschusses zu Drucksache IV/3461). Instruktiv die Entscheidung zur Abgrenzung zwischen Handwerk und Industrie im Fassadenbau, VGH BW vom 16. 12. 2005, GewA 2006, 126. Unter gewissen Umständen kann ein Gewerbetreibender gerichtlich feststellen lassen, ob seine Tätigkeit die eintragungspflichtige Ausübung eines Handwerks darstellt (vgl. BVerfG vom 7. 4. 2003, GewA 2003, 243).

HwO § 1 1. Teil. Handwerk u. handwerksähnliches Gewerbe

44 **1. Handwerksfähig. a)** Handwerksbetrieb kann nur der Betrieb einer der in der Handwerksordnung selbst, in ihrer Anlage A, aufgeführten Gewerbearten sein. Diese früher für alle Handwerksberufe einheitliche sog. **Positivliste** nennt alle Gewerbe, die als zulassungspflichtiges Handwerk ausgeübt werden können. Die Einteilung in zusammengehörende Handwerksgruppen wurde formal, aber nicht inhaltlich aufgegeben. Maßgebend ist nicht, welche Bezeichnung sich der Betrieb gibt, sondern welche Tätigkeiten ausgeübt werden (OLG Saarbrücken vom 14. 2. 2001, GewA 2002, 35: „Messebau"; vgl. auch NdsOVG vom 30. 6. 2003, GewA 2003, 487). Waren im Entwurf der Novelle ursprünglich nur noch 29 zulassungspflichtige Handwerke vorgesehen, so nennt das Gesetz jetzt immerhin 41 (von vorher 94!).

45 Nach der Vorstellung des Gesetzgebers sollte die Anlage A zunächst nur noch Handwerksgewerbe enthalten, von deren Ausübung **Gefahren für Gesundheit oder das Leben Dritter** entstehen können. Bei der Entscheidung über diese Frage vermisste man eine klare Linie (mehr dazu *Stober*, Anmerkungen zur Reform der HwO, GewA 2003, 393 (395)). Inkonsequent ist, dass die „Gefährlichkeit" eines Handwerks der Anlage A, mit der die Notwendigkeit fundierter Kenntnisse und damit der Meisterprüfung begründet wird, bei der Zulassung langjährig tätiger Gesellen nach § 7b keine Rolle spielt (S. BT-Drucksache 15/1206 S. 56). Kritisch kommentiert wird die gesamte Neufassung im Hinblick auf die Aufweichung einer ursprünglich homogenen Systematik auch bei *Müller,* GewA 2007, 361. S. auch *Detterbeck,* Rdn. 14 zu § 1.

46 In der nunmehrigen Fassung der Anlage A sind jetzt zusätzlich auch solche Handwerke aufgenommen, die einen bedeutsamen Beitrag zur Sicherung des Nachwuchses nicht nur im Handwerk selbst, sondern z. T. auch darüber hinaus für die gesamte gewerbliche Wirtschaft leisten. Die Handwerkskammern können aber keine vom Gesetz abweichende Gewichtung vornehmen und selbst weitere Berufe als „gefährlich" einstufen.

47 **b)** In Abs. 2 war durch die Novelle 98 klargestellt worden, dass ein eintragungspflichtiges Handwerk immer dann vorliegt, wenn „Tätigkeiten ausgeübt werden, die für dieses Gewerbe wesentlich sind (wesentliche Tätigkeiten)". Es handelte sich dabei ausdrücklich nur um eine sprachliche Anpassung und Präzisierung ohne materielle Änderungen: In der HwO sollte die Rechtsprechung des Bundesverwaltungsgerichts („Gepräge"- oder „Kernbereichs"-Rechtsprechung) aufgegriffen werden. Danach sind „wesentliche" Tätigkeiten solche, „die nicht nur fachlich zu dem betreffenden Handwerk gehören, sondern gerade den Kernbereich dieses Handwerks ausmachen und ihm sein essenzielles Gepräge geben. Arbeitsvorgänge, die aus der Sicht des vollhandwerklich arbeitenden Betriebes als untergeordnet erscheinen, also lediglich einen Randbereich umfassen, konnten daher schon bisher die Annahme eines Handwerksbetriebes nicht rechtfertigen. Dies trifft namentlich auf Arbeitsvorgänge zu, die – ihre einwandfreie Ausführung vorausgesetzt – wegen ihres geringen Schwierigkeitsgrades keine qualifizierten Kenntnisse und Fertigkeiten erfordern, sondern nach kurzer Anlernzeit beherrscht werden oder die zwar anspruchsvoll, aber im Rahmen des Gesamtbildes des betreffenden Handwerks nebensächlich sind. Dabei ist nicht rein schematisch die Zahl der im Einzelnen notwendigen Fertigkeiten und Kenntnisse, sondern deren Gewichtigkeit zu berücksichtigen (BVerwG vom 11. 12. 1990, GewA 1991, 231 und vom 27. 10. 1992, GewA 1993, 250). Beschränkt sich der Gewerbtreibende auf einfache Reparatur- und Montagearbeiten, für deren Ausführung keine qualifizierten Kenntnisse und Fertigkeiten erforderlich sind, sondern für die eine kurze Anlernzeit ausreicht, dann liegt kein Handwerksbetrieb vor (BVerwG vom 25. 2. 1992, NVwZ-RR 1992, 547 = GewA 1992, 306; VG Braunschweig vom 29. 3. 1999, GewA 1999, 338 zu Autoverglasung; LG Kiel vom 12. 2. 2001, GewA 2001, 206 zum Anbringen von Thermoklinker-Fassaden; Nds. OVG vom 27. 4. 2006, GewA 2006, 339 zum Elektrotechnikerhandwerk).

c) Der Gesetzgeber war zur Ansicht gelangt, dass diese Grundsätze von der Verwaltungspraxis und auch von den Gerichten nicht genügend beachtet wurden. Deshalb wurde gleichzeitig mit der Novelle 03 in einem eigenen „Gesetz zur Änderung der Handwerksordnung und zur Förderung von Kleinunternehmen" (vom 24. 12. 2003, BGBl. I 2933) § 1 Abs. 2 dahin erweiterte, dass **keine wesentlichen Tätigkeiten** insbesondere solche sind, die

(1) in einem Zeitraum von bis zu drei Monaten erlernt werden können,

(2) zwar eine längere Anlernzeit erfordern, aber für das Gesamtbild des betreffenden zulassungspflichtigen Handwerks nebensächlich sind und deswegen nicht die Fertigkeiten und Kenntnisse erfordern, auf die die Ausbildung in diesem Handwerk hauptsächlich ausgerichtet ist,

(3) nicht aus einem Gewerbe der Anlage A entstanden sind.

Dazu ausführlich *Schulze,* GewA 2003, 283. Beispiele dafür gibt das Gesetz nicht! Zu beachten ist, dass diese Regelung nur die zulassungspflichtigen Handwerke betrifft. Die Anlage B Abschnitt 1 ist vom Kleinunternehmergesetz und seinen Abgrenzungskriterien nicht betroffen; es findet dort keine Unterscheidung zwischen Angelerntem und einfachen oder schwierigen Tätigkeiten statt: der ganze Bereich ist wie bisher Handwerk. Vgl. aber *Mirbach/Schmitz,* GewA 2005, 453 und *Dürr,* GewA 2005, 367.

49 Die Beifügung „insbesondere" zeigt, dass die Aufzählung nicht erschöpfend sein soll, sondern dass darüber hinaus weitere Konstellationen denkbar sind, handwerkliche Tätigkeiten als nicht wesentlich zu bewerten. Auf weitere konkrete Beispielsfälle wurde bewusst verzichtet; im Gegenteil wird zu einer möglichst großzügigen Anwendung der Ausnahmen aufgerufen.

50 Welche Tätigkeiten konkret erfasst sind, muss durch die Rechtsprechung geklärt werden (z. B. zulässig laut LG Hof vom 5. 3. 2008, GewA 2008, 311 die Reifenmontage im Reifenhandel). Dass Tätigkeiten einfach sind, die von einem durchschnittlich befähigten Berufsanfänger in maximal drei Monaten erlernt werden können, hatte das Bundesverwaltungsgericht schon vor Jahren klargestellt (BVerwG vom 25. 2. 1992, GewA 1992, 386). Die Dreimonatsgrenze kann im Einzelfall aber auch überschritten werden, ohne dass die Tätigkeit damit den Charakter als nicht wesentlich verlieren müsste.

51 Das „häppchenweise" Erlernen der verschiedenen Bereiche eines Handwerks im Drei-Monats-Turnus ist ausdrücklich nicht erlaubt (Kumulationsverbot). Die Gesamtbetrachtung der ausgeübten Tätigkeiten darf nicht ergeben, dass sie für ein bestimmtes Handwerk wesentlich sind. Wenn sich aber Mehrere zusammentun, von denen jeder einen anderen „einfachen" Teil eines Handwerks anbieten kann, so wird dadurch die Ausübung eines zulassungspflichtigen Handwerks ohne jedwede Qualifikation möglich. Was genau zu den „einfachen Tätigkeiten" zählt, lässt der Gesetzgeber offen. Die neue Regelung führt zu einer Atomisierung des Handwerks und nicht zu der erhofften Gründungswelle. Der einfache Marktzugang wird zwar unqualifizierte Kräfte anlocken, die sich aber mit Sicherheit nicht lange halten können. Eine Stabilisierung der Konjunktur ist dadurch nicht zu erwarten.

52 **Eine wesentliche Tätigkeit kann mehreren Handwerken zugeordnet sein.** In einem durch die Novelle 2003 angepassten Übergangsgesetz vom 25. 3. 1998 (Anhang) sind eine Reihe von Tätigkeiten als wesentlich für jeweils verschiedene zulassungspflichtige Handwerke aufgelistet. Bestehende Rechte bleiben erhalten. Die Aufzählung ist nicht erschöpfend; weitere Zuordnungen sind denkbar.

53 Weist ein spezialisierter Betrieb in technischer, wirtschaftlicher und soziologischer Hinsicht ein handwerksmäßiges Bild auf, so ist er als Teilhandwerk und damit als Handwerk im Sinn der Handwerksordnung zu werten (VG Düsseldorf vom 30. 1. 1963, GewA 1963, 313; noch immer instruktiv auch die Urteilsanmerkung von *Fröhler,* GewA 1966, 168). Ein Betrieb, der sich innerhalb eines Handwerksberufes ausschließlich auf die Ausführung der einschlägigen Reparaturen beschränkt, übt in aller Regel einen wesentlichen Teilbereich aus (dazu *Dohrn,* DHBl. 1971, 16).

Bei der Beurteilung, ob es sich um eine wesentliche Tätigkeit 54 handelt, ist auf die ordnungsgemäße, fachgerechte Ausführung der Arbeiten abzustellen, nicht darauf, wie der Betriebsinhaber als Nichtfachmann im konkreten Fall vorgeht (so BayObLG vom 23. 6. 1959, GewA 1962, 94). Nur, wenn selbst unter Anlegung dieses Maßstabes nicht von wesentlicher Tätigkeit im Vollhandwerk gesprochen werden kann, liegt kein Handwerk vor (BayVGH vom 4. 12. 1963, GewA 1964, 162; OLG Jena vom 28. 10. 1998, GewA 1999, 78).

Es handelt sich grundsätzlich um **keinen wesentlichen Teilbe-** 55 **reich, wenn die betreffende Tätigkeit als zulassungsfreies Handwerk oder handwerksähnliches Gewerbe der Anlage B unterfällt,** auch wenn – wie häufig – damit gleichzeitig ein Arbeitsgebiet des Vollhandwerks vorliegt.

Dafür, was alles zu einem in der Anlage A genannten Handwerk 56 gehört, liefern die Berufsbilder nach § 45 HwO zwar gewisse Anhaltspunkte (vgl. die dortigen Anmerkungen und ausführlich *Honig,* Der Große Befähigungsnachweis und die Einheitlichkeit der handwerklichen Berufsbilder, 1994), aber keine abschließende Lösung. Dazu auch *Schulze,* GewA 1999, 409. Dies gilt umso mehr, als die Berufsbilder jetzt keine „Tätigkeiten" des betreffenden Handwerks mehr enthalten. Primär ist von den von der tatsächlichen Entwicklung und von der Tradition bestimmten **sog. wirtschaftlichen Berufsbilder** auszugehen, die der ZdH nach und nach erfassen und auf dem Laufenden halten wollte (dazu DHBl. 1986, 22).

Dass ein Betrieb sämtliche einem Handwerk zuzuordnenden 57 Tätigkeiten ausübt, dürfte die Ausnahme sein. In der Regel stellt sich die Frage, ob die konkret ausgeführten Tätigkeiten wesentliche Teile des betreffenden Handwerksberufes darstellen. Dabei darf nicht übersehen werden, dass sich a.) die Berufsbilder wandeln können und b.) Überschneidungen nicht selten sind, so dass ein und dieselbe Tätigkeit zu verschiedenen Handwerken gehören kann (für Flachdachisolierungen BVerwG vom 23. 2. 1993, GewA 1993, 249).

Wesentlich ist, was den Kernbereich des betreffenden Handwerks 58 darstellt, ihm sein Gepräge gibt (vgl. BayVGH vom 16. 4. 1997, GewA 1998, 76; OLG Zweibrücken vom 18. 4. 1997, WRP 1997, 795). Auch der reine Reparaturhandwerker ist handwerksrollenpflichtig (BVerwG vom 26. 4. 1994, GewA 1994, 474); der Computer-Kundendienst wird überwiegend als Nichthandwerk angesehen (vgl. LG Karlsruhe vom 17. 12. 1997, NVwZ-RR 1998, 751).

HwO § 1 1. Teil. Handwerk u. handwerksähnliches Gewerbe

59 Unerfreulich sind **Abgrenzungsstreitigkeiten** verschiedener Handwerksverbände, die eine bestimmte Tätigkeit jeweils ausschließlich für das von ihnen vertretene Handwerk in Anspruch nehmen. Die letzte Entscheidung insoweit liegt zwar bei den Handwerkskammern. Wenn zwei Verbände sich aber schon in einer Abgrenzungsvereinbarung über einen Punkt geeinigt haben, dann sollten die Kammern dies unbedingt beachten und nicht als Eingriff in ihre Rechte ansehen.

Für die Abgrenzung zwischen Handwerk und Nichthandwerk hat § 16 ein besonderes Verfahren neu geschaffen.

60 **d) Die Anlage A kann als offizieller Bestandteil des Gesetzes nur vom Gesetzgeber geändert werden.** Um nicht auch für die geringfügigsten Veränderungen, die aber nichtsdestoweniger für das betreffende Handwerk von größter Bedeutung sein können, das schwerfällige und langwierige Gesetzgebungsverfahren durchführen zu müssen, gibt Abs. 3 die Möglichkeit, dass das Bundeswirtschaftsministerium mit zustimmungsbedürftiger Rechtsverordnung die Anlage A stets auf dem neuesten Stand von Wirtschaft und Technik halten kann (vgl. auch § 119 Abs. 4). Maßgebend sollen nicht organisationspolitische Interessen der betroffenen Wirtschafts- und Berufsverbände sein, sondern nur übergeordnete Gründe der Berufsausbildung und -ausübung und der wirtschaftlichen Existenzsicherung. Die auf diesem vereinfachten Wege möglichen Änderungen sind im Gesetz abschließend aufgeführt; aus verfassungsrechtlichen Gründen auch weiterhin nur dem Gesetzgeber vorbehalten ist die Aufnahme neuer Gewerbe als zulassungspflichtiges Handwerk in die Positivliste (vgl. *Pieroth/Störmer*, Der gesetzgeberische Spielraum bei der Schaffung neuer Vollhandwerke, GewA 1997, 305; *Leisner*, GewA 1997, 393). Zur Abgrenzung zwischen Umgliederungen nach § 1 Abs. 3 und unzulässiger Ausweitung von Gewerben vgl. VG Frankfurt/M. vom 20. 3. 1997, GewA 1997, 480.

61 **2. a)** Es genügt nicht, dass eine bestimmte Tätigkeit nach Vorstehendem handwerksfähig ist. Weitere Voraussetzung ist, dass das betreffende Gewerbe **handwerksmäßig** betrieben wird (vgl. *Schmihing*, GewA 1976, 224); nicht jeder Betrieb des betreffenden Gewerbes ist auch Handwerksbetrieb. Vielfach im Ausland – und so auch früher in der DDR – herrscht ein sog. statischer Handwerksbegriff, der rein schematisch auf die Größe des Unternehmens abstellt. Demgegenüber geht die Handwerksordnung von einem **dynamischen Handwerksbegriff** aus, der sich an der Betriebsstruktur orientiert (s. *Fröhler*, GewA 1964, 145). Das Bundesverwaltungsgericht erkennt diesen Begriff ausdrücklich an. Siehe auch *Hagbölling*, GewA 1984, 209.

b) Der **Industriebetrieb** unterscheidet sich vom Handwerksbetrieb vor allem durch die deutliche Trennung von Leitungs- und Ausführungsbereich, durch die größere Arbeitsteilung der Mitarbeiter untereinander, durch die umfangreichere Anwendung technischer Hilfsmittel, durch verhältnismäßig größeren Kapitaleinsatz u. Ä. Für die Abgrenzung beachtlich sind ferner die Unternehmensgröße, der berufliche Werdegang des Inhabers, die Art der Aufträge (Serien- oder Individualfertigung), die Art des Absatzes usw. Die Grenzen zwischen handwerklichen Großbetrieben und Industriebetrieben sind fließend; die Entscheidung der organisatorischen Zugehörigkeit zum Handwerk kann immer nur in jedem Einzelfall anhand der jeweiligen konkreten Strukturmerkmale getroffen werden (vgl. VG Halle vom 9. 5. 2001, GewA 2001, 421). 62

Dem Willen des Betriebsinhabers, dem einen oder anderen Bereich und damit der jeweils dafür zuständigen Organisation anzugehören, kommt in der Regel keine Bedeutung zu. Es äußern sich hier gemeinhin rein subjektive Überlegungen und Empfindungen, die für die rechtliche Beurteilung nur ausnahmsweise ein Rolle spielen können (dazu BVerwG vom 17. 4. 1964, GewA 1964, 249). 63

c) Im Einzelnen gibt es zu den Fragen der **Abgrenzung** von Handwerk und Industrie eine inzwischen fast nicht mehr zu überschauende Rechtsprechung. Als **wesentliche Abgrenzungsmerkmale** gelten folgende Kriterien: 64

aa) Die Betriebsgröße. Merkmale hierfür sind die räumliche Ausdehnung des Betriebes, die Zahl der Beschäftigten, die Höhe des Umsatzes und der Kapitaleinsatz (Bilanzwert). Sie ist nur von relativ untergeordneter Bedeutung, da sie in aller Regel keinen Einfluss auf die entscheidende Struktur des Unternehmens hat. Ein großer Betriebsumfang ist nicht automatisch ein Zeichen für einen industriellen Betrieb, ebenso wenig wie eine geringe Größe zwingend auf Handwerk hindeutet (vgl. BVerwG vom 25. 7. 2002, GewA 2003, 79). Man kann Handwerksbetrieb nicht einfach gleichsetzen mit Kleinbetrieb (vgl. *Kreppner,* GewA 1965, 49). 65

bb) Die früher bedeutsame **persönliche Mitarbeit des Betriebsinhabers** spielt jetzt keine Rolle mehr. Da für die HwO nicht mehr das Inhaberprinzip gilt und die handwerkliche Betriebsleitung in jedem Fall auch einem Angestellten übertragen werden kann, ist es für die Beurteilung des Unternehmens gleichgültig, ob und wie weit der Inhaber in die fachlichen Betriebsabläufe eingreift und eingreifen kann. 66

cc) Die fachliche Qualität der Mitarbeiter. Diese sind im Handwerk üblicherweise handwerklich und so umfassend ausgebil- 67 det, dass sie im Wesentlichen alle im Betrieb anfallenden Arbeiten eigenverantwortlich ausführen können und daher ohne weiteres gegenseitig austauschbar sind. Im Industriebetrieb sind die Mitarbeiter dagegen in der Regel nur mit bestimmten einzelnen Arbeitsgängen vertraut. Auch Handwerksbetriebe können jedoch für Neben- und Hilfsarbeiten ungelernte Arbeitnehmer einsetzen, ohne dadurch ihren Charakter zu verlieren (OVG Lüneburg vom 16. 7. 1959, GewA 1962, 209). Entscheidend für die Frage der Abgrenzung ist es, ob und in welchem Umfang der Einsatz umfassend qualifizierter Mitarbeiter erforderlich ist, um die im Betrieb anfallenden Arbeiten fach- und sachgerecht ausführen zu können.

Aus der Tatsache, ob in einem Gewerbebetrieb Lehrlinge ausgebildet werden oder ausgebildet werden könnten, kann für die Frage der Abgrenzung nichts Entscheidendes gewonnen werden (BVerwG vom 6. 12. 1963, BVerwGE 17/230 = NJW 1964, 512 = GewA 1964, 83).

68 **dd) Die Arbeitsteilung im Betrieb.** Es ist zu prüfen, ob diese so weit fortgeschritten ist, dass von den Beschäftigten jeder in der Regel stets nur einige wenige immer wiederkehrende beschränkte Teilarbeiten auszuführen hat. Ist dies der Fall, so spricht das eher für eine industrielle Struktur; bei einem Handwerksbetrieb muss der Tätigkeitsschwerpunkt bei umfassend qualifizierten und tätigen Fachkräften liegen. Wo überhaupt keine Arbeitsteilung vorliegt und, so weit es sich um Kerntätigkeiten des betreffenden Handwerks handelt, der Betriebsinhaber alles selber macht (Einmannbetrieb!), kann der Betrieb nicht industriell sein (VGH Bad-Württ. vom 19. 7. 1985, GewA 1985, 338).

69 **ee) Verwendung von Maschinen** und ähnlichen Vorrichtungen. Sie spricht keineswegs gegen einen handwerklichen Betriebscharakter; „Handwerk" ist keinesfallls wörtlich zu verstehen. Für die Annahme einer industriellen Betriebsweise spricht es, wenn die Verwendung von Maschinen für die Entfaltung der Handfertigkeit keinerlei Raum mehr lässt, für einen handwerksmäßigen Betrieb, wenn der Handwerker sich ihrer nur zur Erleichterung seiner Tätigkeit und zur Unterstützung seiner persönlichen Arbeit bedient (vgl. BVerwG vom 6.12. 1963, GewA 1964, 105). Selbst der Einsatz modernster Computer und CNC-Maschinen spricht nicht von vornherein gegen einen Handwerksbetrieb (VGH BW vom 25. 6. 1993, GewA 1993, 418; OLG Nürnberg vom 23. 4. 1996, HWreport 12/96 S. 37). Vgl. auch SG Trier vom 7. 2. 1994, GewA 1994, 338.

70 **ff) Das betriebliche Arbeitsprogramm.** Meist ist für den Handwerksbetrieb typisch das Überwiegen der Einzelfertigung auf Grund individueller Bestellung und das weitestgehende Fehlen einer Serienfertigung auf Vorrat. Merkmal industrieller Betriebsweise ist

üblicherweise die Massenfertigung für einen anonymen Markt. Auch in der Industrie kann aber durchaus auch auf Bestellung oder sogar in Einzelfertigung gearbeitet werden, während umgekehrt in manchen Handwerkssparten in größeren Mengen gleichartige Gegenstände für einen wechselnden Abnehmerkreis hergestellt werden, z. B. beim Metzger oder der Backwarenherstellung (vgl. OVG Sachs.-Anh. vom 24. 1. 2002, GewA 2001, 201).

Längst überholt ist die Vorstellung, dass der Handwerksbetrieb nur im Umkreis seines Standorts einen bestimmten, meist feststehenden Kundenkreis bedient. Auch beim Handwerk kommen der Absatz an Wiederverkäufer, die Absatzwerbung durch Reisende oder der Auslandsexport vor. **71**

Keines der vorgenannten Kriterien ermöglicht für sich allein eine Abgrenzung zwischen Industrie und Handwerk. Es ist vielmehr stets eine **umfassende Betrachtung der Gesamtstruktur** des betreffenden Unternehmens notwendig (BVerwG vom 29. 12. 1970, GewA 1971, 85 und vom 26. 4. 1994, GewA 1994, 474). **72**

Die **Grenzen zwischen handwerklicher und industrieller Betriebsweise** sind in vieler Hinsicht fließend; die ständige wirtschaftliche und technische Entwicklung führen dabei zu weiteren fortwährenden Verschiebungen. In jedem Gewerbebetrieb werden sich dementsprechend Elemente finden, die mehr auf eine handwerkliche, andere, die mehr auf eine industrielle Betriebsweise hindeuten. Man darf dabei nicht nur die äußerlichen Tätigkeiten ins Auge fassen; auch ein scheinbar einfaches Tun kann wegen des dafür benötigten Wissens handwerklich sein (vgl. *Fröhler,* GewA 1969, 241). Es ist daher immer darauf abzustellen, ob nach dem **wirtschaftlichen Gesamtbild** des Betriebes die handwerksmäßige oder die industrielle Betriebsweise überwiegt (BVerwG vom 16. 9. 1966, BB 1967, 1017 = DVBl. 1967, 153. **73**

Ob es sich bei einer konkreten **Spezialtätigkeit** um wesentliche Tätigkeiten des entsprechenden Vollhandwerks handelt, muss in jedem Einzelfall geprüft werden. Unter welcher Bezeichnung das Gewerbe ausgeübt wird, ist ohne Einfluss (VG Hamburg vom 21. 2. 1964, GewA 1965, 11). **74**

3. Kleingewerbe. Das Gesetz sagt ausdrücklich, dass ein zulassungspflichtiges Handwerk nicht nur dann vorliegt, wenn es in seiner ganzen Breite ausgeübt wird, sondern auch dann, wenn nur ein wesentlicher Teilbereich vorkommt. Betriebe, die weder als Industrie, noch wegen ihres begrenzten, nicht wesentlichen Tätigkeitsbereichs als Handwerksbetrieb eingestuft werden konnten, wurden bisher als Kleingewerbe bezeichnet oder als Minderhandwerk. Vgl. in diesem **75**

Zusammenhang OLG Celle vom 24. 7. 2002, GewA 2003, 80. Sie waren dadurch automatisch dem Handwerk entzogen. Zusammen mit der oben dargestellten entsprechenden Neuregelung dieses Bereiches in § 1 Abs. 2 wurde durch eine Ergänzung des § 90 (siehe dort!) erreicht, dass in Zukunft auch hinreichend qualifizierte Kleingewerbetreibende zum Handwerk gehören. Dazu *Jahn,* GewA 2004, 41. Das „Verputzerhandwerk" ist insgesamt kein Minderhandwerk; Anhaltspunkte für eine Verfassungswidrigkeit der HwO liegen nicht vor (BayVGH vom 10. 4. 2006, GewA 2007, 125).

Auf die Betriebe des Kleingewerbes finden – so weit keine Sondervorschriften bestehen – lediglich die Vorschriften der Gewerbeordnung Anwendung. Dazu auch *Mirbach,* GewA 2005, 366.

IV. Handwerksrollenpflicht

76 **1. Der selbstständige Betrieb eines zulassungspflichtigen Handwerks bedarf der Eintragung in die Handwerksrolle.** Zu einer umfassenden Würdigung aller denkbaren Gegenargumente vgl. BVerwG vom 1. 4. 2004, GewA 2004, 488. Wer entgegen § 1 HwO ein Handwerk als stehendes Gewerbe betreibt, begeht eine **Ordnungswidrigkeit,** die nach § 117 Abs. 1 Nr. 1 HwO mit Geldbuße geahndet werden kann. Außerdem kann die Betriebsschließung erzwungen werden (§ 16 Abs. 3 HwO). Liegen allerdings die Eintragungsvoraussetzungen für die Handwerksrolle (z. B. Meisterprüfung des Alleininhabers) offenkundig vor, dann sind Zwangsmaßnahmen unzulässig, da der rechtswidrige Zustand ja durch eine Handwerksrolleneintragung von Amts wegen (§§ 10 ff. HwO) beseitigt werden kann. Hebt das Gericht im Rechtsmittelverfahren einen Bußgeldbescheid wegen unzulässiger Handwerkstätigkeit nach § 117 auf, so stellt dies nicht etwa die materielle Handwerksbefugnis her (OVG NRW vom 6. 11. 1963, GewA 1964, 165).

77 **2.** Die Eintragung in die Handwerksrolle ermächtigt zum Betrieb des selbstständigen Handwerks **nur im Bezirk** der jeweiligen Handwerkskammer (§§ 6 Abs. 1 und 16 Abs. 2 HwO). Wer im Bezirk verschiedener Kammern selbstständig ein zulassungspflichtiges Handwerk betreiben will, muss bei jeder dieser Kammern in der Handwerksrolle eingetragen sein (dazu mehr bei § 6). Betreiben in diesem Sinne bedeutet die Begründung einer geschäftlichen Niederlassung; die bloße Ausübung des Handwerks, also die Ausführung handwerklicher Arbeiten vom Ort des Unternehmens aus, ist überall möglich, also nicht auf den Kammerbezirk begrenzt.

Handwerksbetrieb; Handwerksrolle §1 HwO

3. Die Handwerksrolleneintragung berechtigt zur Ausübung des 78
betreffenden Handwerks. Für bestimmte handwerkliche Tätigkeiten
sind aber **nach anderen Gesetzen noch weitere Voraussetzungen** zu erfüllen. Der eingetragene Handwerker muss sich also unter
Umständen noch um weitere, zusätzliche Genehmigungen bemühen. Umgekehrt ersetzt eine solche Erlaubnis nicht die Handwerksrolleneintragung (vgl. auch VG Neustadt/Weinstr. vom 5. 9. 1994,
GewA 1996, 112).

a) Eine solche **zusätzliche Erlaubnis** braucht z. B. der Metall- 79
bauer für die Ausführung von Huf- und Klauenbeschlag (Gesetz über
den Hufbeschlag vom 19. 4. 2006; dazu BVerfG vom 5. 12. 2006,
GewA 2007, 75. Vgl. in diesem Zusammenhang auch SaarlOLG
vom 16. 1. 2005, GewA 2005, 194. – Als selbstständiger Schornsteinfeger, zu dessen öffentlichen Aufgaben der Immissionsschutz gehört
(VG Stuttgart vom 29. 9. 1998, NVwZ-RR 1999, 372), darf nur tätig
sein, wer zum Bezirksschornsteinfeger bestellt ist (Gesetz über das
Schornsteinfegerwesen vom 15. 9. 1969, BGBl. I 634). Hieran wird
auch die Ende 2008 bevorstehende Novellierung durch das Gesetz
zur Neuregelung des Schornsteinfegerwesens nichts ändern; diese
setzt verschiedene europarechtliche Vorgaben um (vgl. hierzu Pressemitteilung des Bundesministeriums für Wirtschaft und Technologie
vom 27. 6. 2008, GewA 2008, 299).

Die früher umstrittene Frage, ob die Sehschärfenbestimmung durch 80
Augenoptiker eine unzulässige Ausübung der Heilkunde ist, wurde
längst zu Gunsten des Handwerks entschieden (BVerwG vom 20. 1.
1966, GewA 1966, 161 = NJW 1966, 1187; BGH vom 4. 2. 1972,
GewA 1972, 151 = NJW 1972, 1132; vgl. auch *Fuchs,* GewA 1999,
325). Zur Bestimmung von Prismengläsern bei Winkelfehlsichtigkeit
vgl. AG Nürnberg vom 31. 3. 2000, NJW-RR 2001, 992. Auch andere
Messungen am Auge wie Tonometrie oder Perimetrie sind nicht unbedingt Heilkunde (BVerfG vom 7. 8. 2000, GewA 2000, 418 = NJW
2000, 2736 unter Aufhebung BGH vom 10. 12. 1998, NJW 1999,
865); Voraussetzung ist aber, dass ganz deutlich über die mit diesen Leistungen verbundene mittelbare Gesundheitsgefährdungen aufgeklärt
wird (BGH vom 21. 6. 2001, GewA 2001, 481; vgl. GewA 2002, 86).

b) Keine öffentlich-rechtliche, sondern eine zivilrechtliche Er- 81
laubnis ist die **sog. Konzession,** die für die Ausführung von Elektroinstallationen, bzw. Gas- und Wasserinstallationen vom jeweiligen
Energieversorgungsunternehmen (EVU) benötigt werden, um in dessen Leitungsnetz arbeiten zu dürfen. – Ähnliches gilt für Arbeiten auf
Friedhöfen oder in fremden Eigentumswohnungen (vgl. BayObLG
vom 24. 2. 1997, NJWE-MietR 1997, 159), für die der Handwerker
die Erlaubnis des Eigentümers benötigt.

V. Namensführung und Handelsregister

82 1. **Handelstätigkeit** ist heute bei vielen Handwerksbetrieben ein unverzichtbares Element. Eine zusätzliche Genehmigung dafür ist nicht erforderlich; das frühere Einzelhandelsgesetz ist längst aufgehoben (vgl. GewA 1978, 87). Unter bestimmten Voraussetzungen kann der Handel eine zusätzliche Mitgliedschaft bei der IHK erforderlich machen.

83 **a) Zubehör- und Ergänzungshandel** sind dem jeweiligen Handwerk zuzurechnen. Darunter versteht man Waren, die dazu dienen, Produkte des eigenen Gewerbes gebrauchsfähig zu machen oder zu erhalten (**Zubehörhandel**) oder die üblicherweise bei Gewerbebetrieben dieser Art als wirtschaftliche Ergänzung des eigenen Sortiments angeboten werden (**Ergänzungshandel**). Der Begriff ist weit auszulegen. So ist z. B. der Verkauf von Brillenfutteralen durch einen Augenoptiker Zubehörhandel, der Verkauf von Operngläsern, Lupen u. dgl. Ergänzungshandel. Was zum Zubehör-, bzw. Ergänzungshandel gehört, richtet sich nach der Verkehrsanschauung.

84 **Selbstständige Handelsware** sind z. B. industrielle Erzeugnisse, die mit Rücksicht auf Größe und Wert nicht mehr nur beiläufig verkauft werden können (Kraftfahrzeuge, Fernsehgeräte, Computeranlagen u. Ä.). Zubehör- und Ergänzungshandel liegt auch dann nicht mehr vor, wenn der Handel gegenüber dem Handwerksbetrieb selbstständige wirtschaftliche Bedeutung besitzt, mögen auch nur Zubehör- oder Ergänzungswaren vertrieben werden. Der Verkauf selbst hergestellter Produkte ist jedoch immer Teil des Handwerks. Ob Verkauf und Montage von Bauelementen u. Ä. eine dem Handwerk zuzurechnende Einheit bilden, kann immer nur von Fall zu Fall entschieden werden.

85 **b) Gemischter Betrieb.** Ein solcher liegt vor, wenn der Betriebsinhaber nicht nur sein eingetragenes Handwerk ausübt, sondern auch noch anderweitig gewerblich tätig ist, etwa weil er einen über Zubehör- und Ergänzungshandel hinausgehenden Handel betreibt oder weil er nur einen handwerklichen Nebenbetrieb (§ 3 HwO) hat.

86 Liegt ein solcher gemischter Betrieb vor, so besteht für den nichthandwerklichen Teil eine **zusätzliche Pflichtzugehörigkeit zur IHK**. Dies wurde in § 2 Abs. 3 IHK-Gesetz eindeutig klargestellt. (Vgl. dazu auch VG Würzburg vom 8. 3. 1995, GewA 1995, 293; VG Lüneburg vom 12. 1. 2000, GewA 2000, 156).

87 Hinsichtlich der **Beitragspflicht dieser Mischbetriebe zur IHK** bestimmt § 3 Abs. 4 IHK-Gesetz i. d. F. vom 24. 12. 2003, dass sie zahlen müssen, wenn

Handwerksbetrieb; Handwerksrolle § 1 HwO

– ihr Gewerbebetrieb nach Art und Umfang einen in kaufmännischer Weise eingerichteten Geschäftsbetrieb erfordert, d. h. wenn der Betrieb im Handelsregister eingetragen ist oder sein müsste und wenn
– der Umsatz des nichthandwerklichen oder nicht handwerksähnlichen Betriebsteils 25 000 Euro übersteigt.

Beide Voraussetzungen müssen kumulativ vorliegen. Fehlt eine, so besteht trotz Pflichtzugehörigkeit zur IHK dort keine Beitragspflicht.

Für die Beitragsbemessung ist der nichthandwerkliche Umsatz maßgebend (vgl. VGH BW Vom 2. 12. 1997, GewA 1999, 80). Die IHK kann sich dabei auf das der Handwerkskammer gegenüber genannte Teilungsverhältnis verlassen. 88

2. Handwerker und Handelsregister. a) Allgemeines. Das Gesetz über die Kaufmannseigenschaft von Handwerkern von 1953 hatte durch die entsprechende Neufassung von §§ 1 ff. HGB auch Handwerkern den Weg ins Handelsregister und damit die Eigenschaft als Vollkaufmann eröffnet, was vor allem eine Firmenführung und die Firmenübertragung an andere ermöglicht. Hierbei hatte es aber für Handwerker mancherlei Probleme gegeben (vgl. etwa BayObLG vom 27. 10. 1988, Betrieb 1988, 2559). 89

Durch das Handelsrechtsreformgesetz (HRefG) vom 22. 6. 1998 (BGBl. I S. 1774) wurde das HGB erneut grundlegend geändert. Der überkommene und nicht mehr zeitgemäße Kaufmannsbegriff (Muss-, Soll-, Kann-, Minderkaufmann) wurde den gewandelten Verhältnissen des modernen Wirtschaftslebens angepasst und zugleich vereinfacht (dazu *Weber,* ZRP 1997, 152; *Schmidt,* NJW 1998, 2161; *Kögel,* BB 1998, 1645; *Schulz,* JABl. 1998, 890; *Lieb,* NJW 1999, 35; *Möller,* DNotZ 2000, 830). Unabhängig von der Art des Gewerbes gibt es nur noch „Kaufleute", wenn das Unternehmen nach Art und Umfang einen in kaufmännischer Weise eingerichteten Geschäftsbetrieb erfordert (nicht: besitzt!) (vgl. BGH vom 2. 6. 1999, NJW 1999, 2967 = GewA 2000, 27). Damit kann jetzt ein in das Handelsregister eingetragener Handwerker seine Firma problemlos an einen Rechtsnachfolger übertragen. 90

Eine handelsrechtliche Personengesellschaft (OHG,KG) können nur Kaufleute gründen. Kapitalgesellschaften (GmbH, AG) und Genossenschaften haben kraft Gesetzes in jedem Fall Kaufmannseigenschaft (§§ 5, 6 HGB, § 13 Abs. 3 GmbHG, § 3 AktienG, § 17 Abs. 2 GenossenschaftsG). Eine Gesellschaft bürgerlichen Rechts kann als solche auch Mitglied einer Genossenschaft werden (vgl. BGH vom 4. 11. 1991, NJW 1992, 499). Zur Umwandlung einer Personengesellschaft in eine GmbH vgl. *Haase,* GewA 1992, 12. Weitere Mög- 91 lichkeiten bietet das ausländische Recht (dazu *Storck,* GewA 2005, 265).

92 Auch das Firmenbildungsrecht wurde entschärft und vereinheitlicht. Bei der Auswahl aussagekräftiger und werbewirksamer Bezeichnungen wurde eine größere Wahlfreiheit eingeräumt; generell sind jetzt reine Sachfirmen und ggf. auch reine Fantasiefirmen zugelassen; wegen ihrer Namensfunktion muss die Firma aber weiterhin immer einen individualisierenden Zusatz haben (NJW-RR 1998, 40).

93 Für die Eintragung in das Handelsregister sind die Registergerichte zuständig (Zur heftig umstrittenen juristischen und rechtspolitischen Problematik der Handelsregisterführung auch bei den Kammern vgl. Stober, ZRP 1998, 224).

94 **b)** Zum **Verfahren bei der Handelsregistereintragung** von Handwerksbetrieben besagt § 126 FGG:

„Die Organe des Handelsstandes und außer ihnen – so weit es sich um die Eintragung von Handwerkern handelt – die Organe des Handwerksstandes ... sind verpflichtet, die Registergerichte bei der Verhütung unrichtiger Eintragungen, bei der Berichtigung und Vervollständigung des Handelsregisters, sowie bei Einschreiten gegen unzulässigen Firmengebrauch zu unterstützen; sie sind berechtigt, zu diesem Zweck Anträge bei den Registergerichten zu stellen und gegen Verfügungen des Registergerichts das Rechtsmittel der Beschwerde einzulegen."

95 Im Vollzug dieser Bestimmung sind gem. § 23 der Handelsregisterverfügung alle Handelsregister-Anmeldungen von Handwerkern vom Registergericht der zuständigen Handwerkskammer zuzuleiten, die sich gutachtlich äußert. Das Gericht muss bei seiner Meinungsbildung die Stellungnahme der Handwerkskammer berücksichtigen (BayObLG vom 11. 11. 1983, RPfleger 1984, 103). Zur formalen Stellung der Kammern im Handelsregisterverfahren vgl. OLG Hamm vom 6. 1. 1983, BB 1983, 2012 und OLG Karlsruhe vom 9. 10. 1996, NJW-RR 1997, 1058. Eine beispielhafte Fallbehandlung ist dargestellt von *Honig,* GewA 1993, 227. Bei eventuellen Bedenken kann und sollte die Kammer im Zuge der Aufklärungs- und Interessenwahrungspflicht ihren Mitgliedern gegenüber versuchen, den Handwerker zu einer entsprechenden Änderung seiner Anmeldung von sich aus zu bewegen.

Zur Veröffentlichung der Eintragung (dezentral trotz Mehrkosten!) vgl. LG Hannover vom 11. 6. 1997, NJW-RR 1999, 1127.

96 **c) Nach § 7 HGB hat das Registergericht die gewerberechtliche Zulässigkeit eines Unternehmens nicht zu prüfen.** Dies bedeutet jedoch nicht, dass es für die Handelsregistereintragung keine Rolle spielt, wenn ein zulassungspflichtiger Handwerksbetrieb entgegen den gesetzlichen Vorschriften nicht in der Handwerksrolle eingetragen ist. Nach Sinn und Zweck der Vorschrift braucht das Registergericht keine eigenen Ermittlungen anzustellen; **ein entsprechendes Vorbringen der Handwerkskammer muss jedoch berücksichtigt werden,** da es nicht angeht, dass ein Betrieb der Öffentlichkeit gegenüber vom Staat durch seine Handelsregistereintragung mehr oder weniger legalisiert wird, während der selbe Staat auf Grund anderer Vorschriften auf die Unterbindung des betreffenden Gewerbebetriebes hinwirken muss.

So lange vorstehende These auch schon vertreten wird (vgl. Honig, GewA 1970, 3), so neigen die Registergerichte doch zu einer wörtlichen Auslegung von § 7 HGB und tragen unzulässige Handwerksbetriebe ein. Einen Wandel hat es jedoch immerhin schon im **Sonderfall der GmbH** gegeben. Auch dort (vgl. § 8 Abs. 1 Nr. 6 GmbHG) haben die Obergerichte viele Jahre lang Einwendungen der Handwerkskammern wegen fehlender Handwerksrolleneintragung für unbeachtlich erklärt, bis der BGH gegenteilig entschied (BGH vom 9. 11. 1987, BB 1988, 426 = GewA 1988, 162 = NJW 1988, 1087; OLG Frankfurt/Main vom 8. 6. 2005, GewA 2006, 31).

§ 2 [Anwendung des Gesetzes auf öffentlich-rechtliche Unternehmen und Nebenbetriebe]

Die Vorschriften dieses Gesetzes für den selbständigen Betrieb eines zulassungspflichtigen Handwerks gelten auch
1. **für gewerbliche Betriebe des Bundes, der Länder, der Gemeinden und der sonstigen juristischen Personen des öffentlichen Rechts, in denen Waren zum Absatz an Dritte handwerksmäßig hergestellt oder Leistungen für Dritte handwerksmäßig bewirkt werden,**
2. **für handwerkliche Nebenbetriebe, die mit einem Versorgungs- oder sonstigen Betrieb der in Nummer 1 bezeichneten öffentlich-rechtlichen Stellen verbunden sind,**
3. **für handwerkliche Nebenbetriebe, die mit einem Unternehmen eines zulassungspflichtigen Handwerks, der Industrie, des Handels, der Landwirtschaft oder sonstiger Wirtschafts- und Berufszweige verbunden sind.**

HwO § 2 1. Teil. Handwerk u. handwerksähnliches Gewerbe

Literatur: *Hösch,* Der öffentliche Zweck als Voraussetzung kommunaler Wirtschaftstätigkeit, GewA 2000, 1; *Hübschle,* Wettbewerbsrechtliche Abwehransprüche gegen die unternehmerische Betätigung der öffentlichen Hand, GewA 2000, 186; *Pagenkopf,* Einige Betrachtungen zu den Grenzen für privatwirtschaftliche Betätigung der Gemeinden, GewA 2000, 177.

1 **Zur Gleichbehandlung aller in zulassungspflichtigen Gewerben handwerklich Tätigen** soll das Gesetz dafür sorgen, „dass alle entsprechenden Betriebe der öffentlichen Hand, der Industrie, des Handels, der Landwirtschaft oder sonstiger Wirtschafts- und Berufszweige für den Fall des Wettbewerbs mit handwerklichen Betrieben wie diese behandelt werden und die entsprechenden Voraussetzungen erfüllen müssen" (so schriftlicher Bericht des Bundestagsausschusses für Wirtschaftspolitik vom 20. 3. 1953 zu BT-Drucks. Nr. 4172).

2 1. Die in Nr. 1 genannten **Betriebe der öffentlichen Hand** unterfallen ohnehin der Handwerksordnung, so dass diese Vorschrift nur deklaratorische Bedeutung hat. Schwierigkeiten bereitet hier allenfalls die Vorfrage, ob es sich um einen gewerblichen, d. h. auf Gewinnerzielung gerichteten Betrieb handelt.

3 2. Die Bedeutung der Nr. 2 liegt darin, dass klargestellt wird, dass auch eigentlich **nichtgewerbliche Institutionen** wie Gewerbebetriebe behandelt werden, wenn sie zum selbstständigen Handwerk in Konkurrenz treten. Es fallen daher hierunter nicht nur die ausdrücklich erwähnten Versorgungsbetriebe (Wasser, Gas, Elektrizität), sondern auch Behörden, Anstalten (Gefängnisse) oder sonstige Einrichtungen (Schulen). Sofern die weiteren Voraussetzungen des § 3 HwO gegeben sind, unterliegen daher auch gemeindliche Bauhöfe, Gefängniswerkstätten u. Ä. der Handwerksordnung.

4 Zu beachten sind hier etwaige landesrechtliche Vorschriften, wonach durch öffentliche Unternehmen keine Schädigung der Privatwirtschaft eintreten darf (etwa Art. 89 BayGemO; zur Verfassungsmäßigkeit vgl. BayVerfGH vom 31. 12. 1957, VerfGHE 10, 114 = BayVBl. 1958, 51 = DÖV 1958, 216). Erlaubt sind nur Tätigkeiten zur Daseinsvorsorge (vgl. LG München vom 19. 5. 1999, GewA 1999, 413, bestätigt durch OLG München vom 20. 4. 2000, GewA 2000, 279; ausführlich *Schuppert,* GewA 2004, 441). Nicht erlaubte Tätigkeiten sind aber nach Ansicht des BGH deswegen nicht automatisch unlauterer Wettbewerb gegenüber privaten Konkurrenten (Entsch. vom 25. 4. 2002, GewA 2002, 322); LG Offenburg vom 3. 12. 1999, GewA 2000, 151; LG Düsseldorf vom 26. 7. 2000,

GewA 2001, 238 mit Anm. *Jahn*). Einzelheiten vgl. auch VerfGH Rh.-Pf. vom 28. 3. 2000, GewA 2000, 326. Ausführlich *Hösch,* GewA 2000, 1; *Pagenkopf,* GewA 2000, 177; *Hübschle,* GewA 2000, 186; mehrere Aufsätze zum Thema vgl. WiVerw. Nr. 3/2000 und 2/2003; *Scharpf,* GewA 2004, 317. – Ein öffentliches Energieversorgungsunternehmen darf nicht durch unkorrekte Auskünfte private Notdienste benachteiligen (BGH vom 24. 2. 1994, NJW-RR 1994, 1001 = WRP 1994, 506).

3. Für die Praxis von größter Bedeutung ist die Nr. 3, die handwerkliche Nebenbetriebe eines Gewerbes der Anlage A aus dem ganzen weiten Bereich der **Privatwirtschaft** der Handwerksordnung unterstellt. „Unternehmen" ist auch hier weit zu fassen; es zählen dazu auch etwa eine Zahnarztpraxis u. dgl. Nicht hierher rechnet die handwerkliche Tätigkeit im Rahmen der Hauswirtschaft.

§ 3 [Nebenbetrieb; Hilfsbetrieb]

(1) **Ein handwerklicher Nebenbetrieb im Sinne des § 2 Nr. 2 und 3 liegt vor, wenn in ihm Waren zum Absatz an Dritte handwerksmäßig hergestellt oder Leistungen für Dritte handwerksmäßig bewirkt werden, es sei denn, daß eine solche Tätigkeit nur in unerheblichem Umfange ausgeübt wird, oder daß es sich um einen Hilfsbetrieb handelt.**

(2) **Eine Tätigkeit im Sinne des Absatzes 1 ist unerheblich, wenn sie während eines Jahres die durchschnittliche Arbeitszeit eines ohne Hilfskräfte Vollzeit arbeitenden Betriebs des betreffenden Handwerkszweigs nicht übersteigt.**

(3) **Hilfsbetriebe im Sinne des Absatzes 1 sind unselbständige, der wirtschaftlichen Zweckbestimmung des Hauptbetriebs dienende Betriebe eines zulassungspflichtigen Handwerks, wenn sie**
1. **Arbeiten für den Hauptbetrieb oder für andere dem Inhaber des Hauptbetriebs ganz oder überwiegend gehörende Betriebe ausführen oder**
2. **Leistungen an Dritte bewirken, die**
    a) **als handwerkliche Arbeiten untergeordneter Art zur gebrauchsfertigen Überlassung üblich sind oder**
    b) **in unentgeltlichen Pflege-, Installations-, Instandhaltungs- oder Instandsetzungsarbeiten bestehen oder**
    c) **in entgeltlichen Pflege-, Installations-, Instandhaltungs- oder Instandsetzungsarbeiten an solchen Gegenständen bestehen, die in einem Hauptbetrieb selbst hergestellt worden**

sind oder für die der Hauptbetrieb als Hersteller im Sinne des Produkthaftungsgesetzes gilt.

Übersicht

	Rdn.
I. Nebenbetrieb (Abs. 1)	1
1. Verbindung mit anderem Unternehmen	1
a) Allgemeines	1
b) Auch zu Zweigbetrieb	2
c) Fehlender Zusammenhang	3
2. Neben*betrieb*	4
3. *Neben*betrieb	8
4. Wirtschaftlich-technischer Zusammenhang	9
a) Allgemeines	9
b) Nur Teilzusammenhang	10
5. Handwerksähnliches Gewerbe	12
II. Unerheblicher Nebenbetrieb (Abs. 2)	13
1. Begriff	13
2. Unerheblichkeitsgrenze nicht generell	14
3. Werbung für unerheblichen Nebenbetrieb	15
4. Unerheblichkeitsgrenze	16
5. Mehrheit von Nebenbetrieben	19
6. Abgrenzung zum Hilfsbetrieb	20
III. Hilfsbetrieb (Abs. 3)	22
1. ... im engeren Sinn	23
a) Definition	23
b) Für mehrere Hauptbetriebe gleichzeitig	25
2. ... im weiteren Sinn	26
a) Handwerksarbeiten untergeordneter Art	27
b) Unentgeltliche Pflegearbeiten usw.	28
c) Entgeltliche Pflegearbeiten usw.	29
IV. Landwirtschaftliche Direktvermarktung	33

Literatur: *Gärtner,* Unterliegen Instandhaltungsverträge der Versicherungsaufsicht?, BB 1965, 852; *Honig,* Handwerkstätigkeit und Werbung, GewA 1970, 265; *ders.,* Zur Handwerksrollenpflicht von Kundendienstwerkstätten der Industrie, GewA 1978, 154; *ders.,* Landwirtschaft und Handwerksordnung, GewA 1996, 314; *Stolz,* Zur Verbundenheit zwischen Haupt- und Nebenbetrieb nach § 2 Nr. 3, § 3 HwO, GewA 1982, 359; *Schotthöfer,* Die Aufspaltung handwerklicher Betriebe, GewA 1983, 120; *Schwannecke/Heck,* Die Handwerksordnungsnovelle 2004, GewA 2004, 135; *Schwappach/Klinge,* Handwerksrechtliche Voraussetzungen zur Annahme eines Nebenbetriebes i. S. von §§ 2 und 3 HwO, GewA 1987, 73.

Nebenbetrieb; Hilfsbetrieb §3 HwO

I. Nebenbetrieb (Abs. 1)

1. a) Ein handwerklicher Nebenbetrieb kann nicht für sich allein stehen; es muss immer eine Verbindung zu einem anderen Wirtschaftsobjekt vorhanden sein. Diese Verbindung darf aber nicht so eng sein, dass letztlich alles als eine Einheit zu sehen ist: Kein Nebenbetrieb liegt vor, wenn in einem Industriebetrieb gewisse handwerkliche Arbeiten mit vorkommen, ohne dass wegen der engen Verbindung eine Trennungslinie gezogen werden könnte (VGH Stuttgart vom 22. 7. 1970, GewA 1970, 274). Abgesehen von der Unerheblichkeitsgrenze (dazu vgl. unten II.2.) kann daher bei einem Einmannbetrieb nur in seltenen Ausnahmefällen ein Nebenbetrieb angenommen werden (BayObLG vom 24. 10. 1983, NJW 1984, 989; VGH BW vom 25. 6. 1993, GewA 1993, 481). Nicht erforderlich ist eine organisatorische Trennung (BVerwG vom 25. 9. 1969, GewA 1970, 10; a. A. VGH BW vom 18. 2. 1970, GewA 1971, 87). Zur Verbundenheit zwischen Haupt- und Nebenbetrieb vgl. *Stolz*, GewA 1982, 359. 1

b) Auch ein Zweigbetrieb kann Haupt- oder zur Gänze handwerklicher Nebenbetrieb sein (VG Kassel vom 26. 4. 1961, GewA 1962, 136); ein räumlicher Zusammenhang ist nicht Voraussetzung. Mehrere Filialen eines einzigen Hauptbetriebs sind dabei nicht in ihrer Gesamtheit, sondern jede für sich zu betrachten (OVG Rh.-Pf. vom 13. 10. 1971, GewA 1972, 15). 2

c) Die erforderliche **Verbundenheit** fehlt, wenn Haupt- und Nebenbetrieb nicht dem selben Rechtssubjekt zugehören. Bloße Vertragsbeziehungen reichen nicht aus; ein Handwerksbetrieb, der in ständige Geschäftsbeziehungen zu einem Handelsunternehmen tritt oder als Subunternehmer ausschließlich in dessen Auftrag arbeitet, wird deswegen nicht Nebenbetrieb (BVerwG vom 13. 11. 1980, ZdH-intern 4/81 VI/3). Auch eine Tochtergesellschaft in der Rechtsform einer selbstständigen GmbH ist nicht Nebenbetrieb, sondern es gilt hier § 1 HwO (a. A. VG Augsburg vom 19. 10. 1994, GewA 1995, 162). Das Gleiche gilt für einen Handwerksbetrieb, der z. B. von verschiedenen Landwirten gemeinsam betrieben wird. Auch in diesem Fall liegt von vornherein kein Nebenbetrieb zur Landwirtschaft, sondern ein selbstständiges Unternehmen vor. 3

2. Neben*betrieb*. Rein begrifflich setzt ein Nebenbetrieb einen Hauptbetrieb voraus. Es muss daher immer auch ein solcher vorhanden sein; diesem gegenüber muss der handwerkliche Nebenbetrieb im Rahmen des Gesamtunternehmens von untergeordneter Bedeutung sein. Die Tätigkeit des Hauptbetriebes muss also das Bild des 4

Unternehmens prägen. Dies ist dann nicht der Fall, wenn der handwerkliche Betrieb zwar mit einem weiteren Betrieb verbunden ist, wenn aber nicht auf diesem das Schwergewicht des Unternehmens liegt; so wenn die handwerkliche Tätigkeit die bedeutendere ist und auch, wenn sich beide Betriebsteile die Waage halten (BayVGH vom 31. 5. 1965, GewA 1967, 131). Der jeweilige Umsatz, die jeweiligen Beschäftigtenzahlen, die Größe der Räumlichkeiten usw. sind für sich genommen alle nicht ausschlaggebend, sondern nur Indiz für die Beurteilung der entscheidenden Frage, auf welchem Betriebsteil der wirtschaftliche Schwerpunkt des Gesamtunternehmens liegt. Zu beachten ist, dass der vom Kunden gewünschte Einbau bestimmter Gegenstände ein **einheitlicher Lebensvorgang** ist und nicht aufgespalten werden kann in den Verkauf der Materialien einerseits und deren Montage andererseits (So auch BayObLG vom 24. 10. 1983, GewA 1984, 67 = NJW 1984, 989; OLG Stuttgart vom 17. 10. 1984, GewA 1985, 19; ganz deutlich BayVGH vom 21. 7. 1988, GewA 1988, 331; OLG Stuttgart vom 21. 12. 1990, GewA 1991, 140, a. A. jedoch vom 12. 5. 2003, GewA 2003, 342!). Besonders deutlich wird dies beim Einmannbetrieb (VGH BW vom 25. 6. 1993, GewA 1993, 481 = NVwZ-RR 1994, 84). Zum Handelsanteil des Gesamtunternehmens können nur diejenigen Verkäufe gerechnet werden, die ohne Einsatz weiterer handwerklicher Tätigkeiten „über den Ladentisch" zum Kunden gingen.

5   Nicht nötig ist, dass der Hauptbetrieb ein Mehrfaches des Nebenbetriebes ausmacht; es genügt, dass er überwiegt (BayObLG vom 19. 9. 1994, GewA 1994, 478).

6   Der Hauptbetrieb muss nicht gewerblicher Natur sein; auch zur Landwirtschaft oder zu freien Berufen (z. B. zahntechn. Praxislabor) sind Nebenbetriebe möglich (vgl. § 2 Nr. 3).

7   Nahe liegenderweise muss der **Zweck des Gesamtunternehmens auf ein anderes Arbeitsergebnis** als das im Nebenbetrieb ausgeübte Handwerk gerichtet sein. Nach der Neuorientierung der HwO schwand der Anreiz, durch die Aufspaltung einer einheitlichen Tätigkeit Haupt- und Nebenbetrieb zu konstruieren. Zur früheren Lage ausführlich *Schotthöfer,* GewA 1983, 120.

8   **3. *Neben*betrieb.** Der Nebenbetrieb muss für sich betrachtet einen handwerklichen Betrieb darstellen; nicht jede mit einem anderen Unternehmen verbundene untergeordnete handwerkliche Tätigkeit ist schon ein Nebenbetrieb (Ständige Rspr.; vgl. BVerwG vom 25. 10. 1969, GewA 1970, 10). Bei einem Einmann-Unternehmen ist ein Nebenbetrieb daher grundsätzlich nicht möglich. Um als Gewerbebetrieb gelten zu können, muss auch der Nebenbetrieb auf Ge-

winnerzielung abgestellt sein. Kostenersparnis allein genügt nicht. Es muss allerdings ausreichen, wenn die Gewinnerzielungsabsicht über den Hauptbetrieb verwirklicht werden soll; nicht notwendig ist die Absicht, dass der Nebenbetrieb als solcher Gewinn erzielen soll. Selbstverständliche Voraussetzung ist auch, dass der Nebenbetrieb ein in der Anlage A enthaltenes Handwerk zum Gegenstand hat und dass dieses handwerksmäßig betrieben wird.

4. Wirtschaftlich-technischer Zusammenhang. a) Der Begriff des handwerklichen Nebenbetriebes ist in § 3 Abs. 1 **noch nicht erschöpfend definiert.** Hier findet man im Wesentlichen die Abgrenzung zum Hilfsbetrieb. Würde man allein von dieser Begriffsbestimmung ausgehen, dann wäre damit jedem Gewerbetreibenden die Möglichkeit eröffnet, durch die Angliederung eines beliebigen „Hauptbetriebes" im Rahmen des § 3 Abs. 2 ohne Meister praktisch jedes zulassungspflichtige Handwerk auszuüben. Dies kann aber nicht im Sinne des Gesetzes liegen. Dementsprechend hat die Rechtsprechung klargestellt, dass auch außer der organischen Verbundenheit zwischen Haupt- und Nebenbetrieb auch ein gewisser wirtschaftlich-technischer Zusammenhang bestehen müsse. Der Nebenbetrieb muss dem wirtschaftsunternehmerischen Zweck des Hauptbetriebes dienen. Dies bedeutet nicht, dass der Nebenbetrieb branchengleich oder doch branchenähnlich sein müsste; es muss aber eine innere Beziehung zwischen den Waren und Leistungen des Hauptbetriebes und den Erzeugnissen und Leistungen des Nebenbetriebes gegeben sein. Dies kann derart sein, dass die Leistungen des Nebenbetriebs die Leistungen des Hauptbetriebes ergänzen und abrunden (z. B. Reparaturbetrieb) = Hilfsfunktion des Nebenbetriebes, oder aber dass Erzeugnisse oder Abfallprodukte des Hauptbetriebes weiterverarbeitet werden = Ergänzungsfunktion. Fehlt dieser innere Zusammenhang, dann handelt es sich nicht um Haupt- und Nebenbetrieb, sondern um zwei verschiedene Gewerbebetriebe in der Hand des selben Inhabers (vgl. VGH BW vom 25. 3. 1970, GewA 1970, 249). Zu Nebenbetriebsfragen äußerte sich *Dohrn,* GewA 1979, 319; siehe auch GewA 1986, 116.

b) Ob der **notwendige wirtschaftlich-technische Zusammenhang** gegeben ist, kann immer nur für den jeweiligen Einzelfall beurteilt werden. Dazu Müller, Die Begriffe „fachliche Verbundenheit", „fachlicher Zusammenhang" und „fachlich nahe stehend" in der Handwerksordnung, (Jahresbericht der HWK Trier 1986, S. 54).

Die zu der Frage ergangene **Rechtsprechung** ist von fast nicht mehr zu überschauender Kasuistik; keine geringe Rolle wird der jeweiligen Kundenerwartung beigemessen. Bloße Branchenverträg-

HwO § 3 1. Teil. Handwerk u. handwerksähnliches Gewerbe

lichkeit genügt nicht (VG Schleswig vom 15. 11. 1977, GewA 1978, 165). Die Erwartungen, die man in die Entscheidung des BVerwG zur fachlichen Verbundenheit zwischen Tankstelle mit Gebrauchtwagenhandel und Kraftfahrzeugtechniker gesetzt hatte, wurden nur bedingt erfüllt (vgl. BVerwG vom 19. 8. 1986 GewA 1987, 25; dazu ausführlich *Schwappach/Klinge,* GewA 1987, 73). Zu Kraftfahrzeug-Techniker/Tankstelle wirklichkeitsfremd VG Neustadt/Weinstraße vom 17. 5. 1991, GewA 1991, 350. Zu handwerkl. Betätigung von Gebrauchtwagenhändlern vgl. BayObLG vom 10. 7. 1995, GewA 1995, 487 = NVwZ-RR 1996, 199.

12 **5. Für Gewerbe der Anlage B im Nebenbetrieb** gelten die Vorschriften der Handwerksordnung nicht (vgl. auch BVerwG vom 22. 2. 1994, GewA 1994, 248). Während im Falle eines Nebenbetriebes mit Geweben der Anlage A nur unerhebliche Tätigkeiten im Sinne des § 3 Abs. 2 der organisatorischen Zugehörigkeit zur Handwerkskammer entzogen werden, hat der Gesetzgeber hier spürbar in die Organisationsstruktur eingegriffen. Angesichts der Überlegung, dass eine handwerksähnliche Tätigkeit oder die Ausübung eines Gewerbes der Anlage B keine Qualifikation erfordert, wurde wohl übersehen, dass so durchaus auch sehr bedeutende Unternehmen systemwidrig zur IHK gehören, wenn sie die übrigen Merkmale eines Nebenbetriebes aufweisen. Ein Ventil schafft nur der Umstand, dass der „Nebenbetrieb" durch den vorstehend erläuterten wirtschaftlich-technischer Zusammenhang charakterisiert wird. Fehlt dieser, dann handelt es sich um zwei unabhängige Unternehmensteile, die rechtlich jeweils für sich zu betrachten sind (vgl. auch OVG Rh.-Pf. vom 13. 11. 1991, GewA 1992, 146).

II. Unerheblicher Nebenbetrieb (Abs. 2)

13 **1. Ein handwerklicher Nebenbetrieb im Sinne des Gesetzes liegt nur vor,** wenn ein unmittelbarer Leistungsaustausch mit Dritten erfolgt. Erfolgt dieser Leistungsaustausch „nur in unerheblichem Umfange" (oder liegt ein Hilfsbetrieb vor; dazu nachfolgend III.), dann sind die Vorschriften der Handwerksordnung nicht anzuwenden. Der Gesetzgeber hatte hier im Interesse einer leichteren Verwaltungshandhabung ein formales Abgrenzungsmerkmal eingeführt, indem er den unmittelbaren Leistungsaustausch des Nebenbetriebes am handwerklichen Einmannbetrieb maß. Das bisherige Umsatzkriterium wurde nun ersatzlos gestrichen; abgestellt wird jetzt nur noch auf die durchschnittliche Jahresarbeitszeit. Die ist kaum zu kontrollieren. Die Änderung bewirkt nur eine Aufweichung der bisherigen Ausnahmeregelung und steht im Widerspruch zu der erklärten Absicht, mit der Novellierung der HwO die Öffentlichkeit vor gefährlichen Handwerkstätigkeiten zu schützen. Es empfiehlt sich, dass der ZdH, wie schon in der Vergangenheit, Unerheblichkeitstabellen herausgibt, etwa auf Grund der Zahlen des Statist. Bundesamts, vgl. auch *Schwannecke/Heck,* GewA 2004, 135.

2. Diese **Unerheblichkeitsgrenze** gilt ausdrücklich nur für Nebenbetriebe. Eine Ausdehnung dieses Grundsatzes auf handwerkliche Betätigungen schlechthin ist nicht möglich. Sind die Kriterien des Nebenbetriebs nicht erfüllt, dann findet § 1 HwO auf eine handwerkliche Betätigung auch dann Anwendung, wenn diese nur in geringem Umfang ausgeübt wird (VGH BW vom 16. 12. 1970, GewA 1971, 159; OVG NRW vom 10. 5. 1977, GewA 1978, 96). **14**

3. Bei der **Werbung** für Handwerkstätigkeiten, die im unerheblichen Nebenbetrieb ohne Eintragung in die Handwerksrolle ausgeführt werden, ist Zurückhaltung geboten. Es darf nicht der Eindruck eines zugelassenen Handwerksbetriebes erweckt werden (vgl. *Honig,* GewA 1970, 265; siehe auch OLG Karlsruhe vom 19. 10. 2000, GewA 2001, 298; OLG Frankfurt/Main vom 28. 4. 2005, GewA 2006, 32). **15**

4. Die **Arbeitszeit** ist im Allgemeinen schon dann überschritten, wenn im Nebenbetrieb ein einziger Beschäftigter voll tätig ist, denn dessen tatsächlichem Zeitaufwand ist noch die Zeit hinzuzurechnen, die der Inhaber eines handwerklichen Einmann-Betriebes für die kaufmännischen Arbeiten usw. aufwenden muss (so AG Tecklenburg vom 12. 2. 1964, GewA 1966, 107; VG Augsburg vom 16. 12. 1974, GewA 1976, 22). Eindeutig ist die Lage bei mehreren Beschäftigten (sehr instruktiv VGH BW vom 7. 11. 1973, GewA 1974, 120). Mithelfende Familienangehörige werden nur erfasst, wenn ein Arbeitsvertrag besteht. Lehrlinge und Umschüler sind keine Hilfskräfte; bei ihnen steht der Ausbildungszweck und nicht die Arbeitsleistung im Vordergrund **16**

Diejenigen Arbeiten aus dem Berufsbild des im Nebenbetrieb ausgeübten Handwerks, die nach alllgemeiner Ansicht auch der nichthandwerkliche Hauptbetrieb legal ausführen darf, müssen korrekterweise diesem zugerechnet werden und bei der Ermittlung der Unerheblichkeitsgrenze außer Betracht bleiben (VG Hamburg vom 27. 9. 1979, GewA 1980, 382 für gewisse kleinere Kfz. Wartungsarbeiten durch eine Tankstelle; dazu vgl. auch GewA 1972, 245). **17**

18 **Die Unerheblichkeitsgrenze ist immer absolut zu sehen,** nicht relativ im Verhältnis zum Hauptbetrieb. Ist die objektive Unerheblichkeitsgrenze überschritten, dann liegt ein handwerksrollenpflichtiger Nebenbetrieb vor, auch wenn dieser im Verhältnis zum Hauptunternehmen von völlig untergeordneter Bedeutung ist.

19 5. Bei einer **Mehrheit voneinander unabhängiger Nebenbetriebe** des gleichen Handwerks zum selben Hauptbetrieb ist auch hinsichtlich der Unerheblichkeitsgrenze jeder für sich zu betrachten. Ein Handelsunternehmen, das vier als handwerklicher Nebenbetrieb zu wertende Filialen betreibt, deren Tätigkeitsumfang jeweils knapp unter der Unerheblichkeitsgrenze liegt, wird nicht durch deren Addition handwerksrollenpflichtig.

20 6. **Es handelt sich nicht um einen Nebenbetrieb, wenn die Merkmale eines Hilfsbetriebes vorliegen.** Dieser dient ausschließlich der wirtschaftlichen Zweckbestimmung des Hauptbetriebes; der Hilfsbetrieb ist nicht für den Leistungsaustausch mit Dritten bestimmt. Die Produkte oder Dienstleistungen kommen grundsätzlich nur dem Hauptbetrieb zugute; dieser soll durch den Hilfsbetrieb leistungsfähiger, wirtschaftlicher und rentabler gestaltet werden oder kurz ausgedrückt: Der Hilfsbetrieb bezweckt in erster Linie Kostenersparnis, der Nebenbetrieb (zusätzliche) Gewinnerzielung.

21 Da die Arbeit des handwerklichen Hilfsbetriebes ausschließlich intern im Rahmen des Hauptbetriebes verwertet wird, konnte der Gesetzgeber hier vom Verlangen nach einer qualifizierten Betriebsleitung absehen. Mangelhafte oder gar gefährliche Leistungen würden nicht das allgemeine Kundenpublikum, sondern nur den Hauptbetrieb treffen, so dass dessen Inhaber im eigenen Interesse die Mängel abstellen wird.

III. Hilfsbetrieb (Abs. 3)

22 Beim **Hilfsbetrieb** unterscheidet die Handwerksordnung zwischen solchen im engeren (Abs. 3 Nr. 1) und im weiteren Sinne (Abs. 3.Nr. 2).

23 **1. a) Hilfsbetrieb im engeren Sinn** ist ein Betrieb, der ausschließlich „für den Hauptbetrieb oder für andere dem Inhaber des Hauptbetriebes ganz oder überwiegend gehörende Betriebe" arbeitet. Beispiel ist etwa die eigene Kfz.-Werkstätte eines Omnibusunternehmens. Er wird jedoch Nebenbetrieb, wenn auch Aufträge für

Dritte ausgeführt werden. U. U. ist eine enge räumliche Verbindung notwendig, z. B. bei einem zahnärztlichen Praxislabor, wo der Zahnarzt jederzeit zum Eingreifen in der Lage sein muss. Wenn ein Autovermieter seine Fahrzeugflotte durch eine eigene Reparaturwerkstatt in Ordnung hält, so liegt ein Hilfsbetrieb vor; nicht jedoch, wenn auch Fremdfahrzeuge gewartet werden, mögen diese auch unter Eigentumsvorbehalt verkauft worden sein.

An der rein internen Stellung des Hilfsbetriebes ändert sich nichts, wenn zwischen ihm und Hauptbetrieb abgerechnet wird, wenn jeder Betriebsteil seine gesonderte Buchführung hat usw. Dabei handelt es sich nur um interne Maßnahmen zur besseren Kostenübersicht. 24

b) Hauptbetrieb zu einem Hilfsbetrieb können auch mehrere Betriebe sein, sofern sie ganz oder überwiegend dem selben Inhaber gehören. Eine konkrete Zuordnung ist dabei nicht erforderlich. Wer unabhängig voneinander gleichzeitig ein Taxiunternehmen, eine Autovermietung und einen Fuhrbetrieb führt, kann zusätzlich eine Kfz.-Werkstatt einrichten, die diesen allen als Hilfsbetrieb zur Verfügung steht. 25

2. Für den **Hilfsbetrieb im weiteren Sinne** lässt der Gesetzgeber über den innerbetrieblichen Bereich hinausgehende Rechtsbeziehungen zu; auch sie kommen jedoch dem Hauptbetrieb zugute und sind im Gesetz genau festgelegt. Der Umfang ist dabei ohne Bedeutung; Abs. 2 gilt insoweit nicht. Im Einzelnen sind erlaubt: 26

a) „Handwerkliche Arbeiten untergeordneter Art", die „zur gebrauchsfertigen Überlassung üblich sind". Welche Arbeiten dies sind, kann nur im Einzelfall für die jeweilige Branche entschieden werden; erforderlichenfalls ist die einschlägige Fachorganisation gutachtlich zu hören. „Untergeordneter Art" ist dabei sowohl absolut als auch relativ zu verstehen. Die Arbeit muss zwar untergeordnet im Verhältnis zur anderen Leistung sein; sie muss aber auch für sich betrachtet einfach und nicht zu aufwändig sein. Hierher gehört es, wenn von Industrie oder Handel gelieferte Gegenstände beim Kunden aufgestellt und angeschlossen werden. Für aufwändigere Installationsarbeiten wurde jetzt unter Buchstab b) eine eigene Regelung getroffen. 27

b) Unentgeltliche Pflege- Installations-, Instandhaltungs- und Instandsetzungsarbeiten. Wie sich aus dem Obersatz zu Abs. 3 und dem Vergleich mit Buchst. c) ergibt, müssen die genannten Arbeiten Produkte betreffen, die aus dem Hauptbetrieb selbst stammen. „Unentgeltlich" bedeutet dabei nicht kostenlos; der Hauptbetrieb muss und wird die Leistungen seines Hilfsbetriebs selbstverständlich in seine Kalkulation einbringen; es darf aber im konkreten Fall kein besonderes Entgelt gefordert werden. Das Merkmal der Unent- 28 geltlichkeit entfällt, wenn zwar nicht die einzelne Leistung berechnet wird, vorher aber eine pauschale Abgeltung erfolgte. Für sog. Wartungsverträge kommt dies in der Praxis häufig vor; hilfsbetriebliche Tätigkeiten scheiden insoweit aus. Zur Frage, wie weit solche Wartungsverträge evtl. der Versicherungsaufsicht unterliegen, vgl. *Gärtner,* BB 1965, 852 und BVerwG 19. 6. 1969, BB 1969, 1289 = NJW 1969, 1978.

29 c) **Entgeltliche Pflege-, Instandhaltungs- und Instandsetzungsarbeiten** an Gegenständen, die im Hauptbetrieb selbst real oder fiktiv erzeugt wurden, **wenn** die Durchführung der Arbeiten bereits bei der Lieferung vereinbart wurde. Die Vorschrift will besonders dem Kundendienst der Spezialindustrie Rechnung tragen.

30 „Selbst erzeugt" bezieht sich auf das Endprodukt; die Mitwirkung von Zulieferern ist unschädlich. Im Zweifel entscheidet die Verkehrsanschauung,

31 „Bei der Lieferung", d. h. spätestens beim Besitzübergang müssen die Arbeiten vereinbart sein; eine nachträgliche Vereinbarung genügt nicht. Es dürfte aber genügen, wenn der Hersteller bei der Lieferung die Verpflichtung zur Durchführung der Arbeiten verbindlich übernommen hat; einer Verpflichtung auch auf Seiten des Kunden und einer näheren Konkretisierung schon zu diesem Zeitpunkt bedarf es wohl nicht.

32 Zu diesem Komplex vgl. *Honig,* GewA 1978, 154; VG Ansbach vom 15. 6. 1989, GewA 1990, 99, bestätigt durch BayVGH vom 20. 7. 1990, NVwZ-RR 1990, 600 und BVerwG vom 26. 4. 1994, GewA 1994, 474.

IV. Die landwirtschaftliche Direktvermarktung

33 Von den Bauernverbänden wird zunehmend die landwirtschaftliche Direktvermarktung forciert und wirft immer wieder handwerksrechtliche Probleme auf. Solange ein Landwirt ausschließlich selbsterzeugte und unbearbeitete Produkte (lebendes oder geschlachtetes Vieh, Getreide) an Letztabnehmer verkauft, handelt er nicht gewerblich. Die Tätigkeit wird aber gewerblich, wenn er neben den eigenen Erzeugnissen in größerem Umfang (10 bis maximal 30%) auch zugekaufte Produkte vermarktet oder wenn für den Verkauf ein eigenes aufwändiges Ladenlokal eingerichtet wird (vgl. VG Schleswig vom 9. 7. 1998, GewA 1998, 474). Keine Urproduktion liegt ferner dann mehr vor, wenn der Betrieb in die zweite oder dritte Verarbeitungsstufe übergeht, wenn also die Schweinehälften weiter zerlegt oder zu Fleisch- und Wurstwaren verarbeitet werden oder wenn er mit dem

Fortführung des Betriebes § 4 HwO

Brotbacken anfängt. Für den eigenen Bedarf ist dies dem Landwirt selbstverständlich erlaubt, nicht jedoch für den Weiterverkauf an Dritte. Für die gewerbliche Ausübung des Fleischer-, bzw. Bäckerhandwerks durch Landwirte gelten die Vorschriften des § 3 mit allen Konsequenzen, d. h. die Erleichterungen für den Nebenbetrieb, auch § 3 Abs. 2, greifen nur, wenn es sich tatsächlich um einen einschlägigen N e b e n betrieb handelt; die handwerkliche Tätigkeit darf also nicht den Unternehmensschwerpunkt bilden und muss auf der eigenen landwirtschaftlichen Produktion beruhen. Ausführlich BayObLG vom 19. 9. 1994, GewA 1994, 478; *Honig,* GewA 1996, 314; vgl. auch GewA 1997, 466.

§ 4 [Fortführung des Betriebes nach dem Tode des selbständigen Handwerkers oder eines leitenden Gesellschafters]

(1) ¹**Nach dem Tod des Inhabers eines Betriebs dürfen der Ehegatte, der Lebenspartner, der Erbe, der Testamentsvollstrecker, Nachlassverwalter, Nachlassinsolvenzverwalter oder Nachlasspfleger den Betrieb fortführen, ohne die Voraussetzungen für die Eintragung in die Handwerksrolle zu erfüllen.** ²**Sie haben dafür Sorge zu tragen, dass unverzüglich ein Betriebsleiter (§ 7 Abs. 1) bestellt wird.** ³**Die Handwerkskammer kann in Härtefällen eine angemessene Frist setzen, wenn eine ordnungsgemäße Führung des Betriebs gewährleistet ist.**

(2) **Nach dem Ausscheiden des Betriebsleiters haben der in die Handwerksrolle eingetragene Inhaber eines Betriebs eines zulassungspflichtigen Handwerks oder sein Rechtsnachfolger oder sonstige verfügungsberechtigte Nachfolger unverzüglich für die Einsetzung eines anderen Betriebsleiters zu sorgen.**

Nach den ursprünglichen Plänen sollte das sog. Witwenprivileg in der bisherigen Form als nach dem Wegfall des Inhaberprinzips unnötig ersatzlos gestrichen werden. 1

Nach der im Vermittlungsauschuss gefundenen Lösung können Hinterbliebene, zu denen jetzt auch „Lebensgefährten" zählen, den zulassungspflichtigen Betrieb wie bisher ohne Voraussetzungen fortführen. Sie müssen aber dafür sorgen, dass unverzüglich ein Betriebsleiter bestellt wird. Unverzüglich bedeutet so schnell wie möglich, juristisch: „ohne schuldhafte Verzögerung" 2

In Härtefällen, etwa beim überraschenden Tod, kann die Handwerkskammer bis zur Bestellung eines Betriebsleiters eine angemes- 3 sene Übergangsfrist gewähren, wenn gegen die ordnungsgemäße Weiterführung des Betriebs keine Bedenken bestehen.

4 Der neue Absatz 2, der eigentlich ausreichen würde, legt dem Inhaber eines zulassungspflichtigen Handwerksbetriebes generell die Verpflichtung auf, einen ausgeschiedenen Betriebsleiter unverzüglich zu ersetzen. Verlangt der Betrieb dafür mehr als vier Wochen Zeit, dann muss er nachweisen, alle Möglichkeiten zur Beschaffung eines neuen Betriebsleiters ausgeschöpft zu haben. Kann oder will er das nicht oder wird die Zeit ohne Betriebsleiter unangemessen lang, dann muss gem. § 13 die Löschung in der Handwerksrolle erfolgen; auf ein Verschulden kommt es dabei nicht an (BVerwG vom 29. 8. 1972, GewA 1973, 75).

§ 5 [Arbeiten in anderen Handwerken]

Wer ein Handwerk nach § 1 Abs. 1 betreibt, kann hierbei auch Arbeiten in anderen Handwerken nach § 1 Abs. 1 ausführen, wenn sie mit dem Leistungsangebot seines Gewerbes technisch oder fachlich zusammenhängen oder es wirtschaftlich ergänzen.

Übersicht	Rdn.
1. Erweiterung der Handwerksbefugnis	1
a) Grundsatz	1
b) Hauptauftrag im eigenen Handwerk	3
c) Erweiterung nicht generell	4
d) Keine gesonderte Werbung	6
2. Voraussetzung Zusammenhang mit Hauptauftrag	7
a) technischer Zusammenhang	8
b) fachlicher Zusammenhang	9
c) wirtschaftliche Ergänzung	10

1 **1. a)** Der Umfang der Ausübungsbefugnis eines zulassungspflichtigen Handwerkers **beschränkt sich im Grundsatz auf das Handwerk** – das können auch mehrere sein! –, mit dem er in der Handwerksrolle, auch als Nebenbetrieb, eingetragen ist.

2 Bei einer strikten Anwendung dieses Grundsatzes wäre der freie Wirtschaftsverkehr unerträglich behindert, da es immer wieder Fallgestaltungen gibt, wo man bei der Auftragsausführung an die Grenzen seines handwerklichen Arbeitsgebietes stößt. Der Gesetzgeber hat daher bewusst die Möglichkeit geschaffen, dass ein Handwerker erforderlichenfalls auch Tätigkeiten aus angrenzenden Handwerken ausführt. Diese Folge ergibt sich aus den Wörtern „zusammenhän-

Arbeiten in anderen Handwerken § 5 HwO

gen", bzw. „ergänzen". Zur Vermeidung unnötiger Abgrenzungsstreitigkeiten und im Interesse der Wirtschaft ist eine möglichst großzügige Anwendung dieser Vorschrift geboten.

b) Unverzichtbare Voraussetzung ist immer, dass ein befugterweise ausgeführter Handwerksauftrag vorliegt und den Schwerpunkt bildet. Maßstab sind zweckmäßigerweise die jeweiligen Lohnkosten (generelle Auslegungsgrundsätze hierzu und zu § 5 insgesamt vgl. BMWi Bek. vom 30. 6. 1994 Nr. 7, GewA 1994, 381). Nur dann können auch ergänzende oder damit zusammenhängende Tätigkeiten ausgeführt werden, die anderen Handwerkszweigen zuzurechnen sind. Die Vorschrift ist also nicht abstrakt zu sehen. § 5 ist nicht anzuwenden, wenn der Handwerker Arbeiten in einem fremden Handwerkszweig ausführt, ohne dass sie der Ergänzung einer konkreten Tätigkeit im eigenen Handwerk dienen (OVG NRW vom 6. 11. 1963, GewA 1964, 168). Die Vorschrift erlaubt nicht schlechthin das ungehinderte Arbeiten in sich nahe stehenden, einander ähnlichen Handwerken (VGH BW vom 20. 6. 1997, GewA 1997, 417). 3

c) Keine Anwendung findet die Vorschrift auch, wenn der Hauptauftrag nicht ein zulassungspflichtiges Handwerk betrifft. Wenn mit industriellen, zulassungsfreien, handwerksähnlichen oder Handelstätigkeiten handwerkliche Arbeiten zusammenhängen (z. B. Maurerarbeiten bei Landschaftsgärtner), dann gelten nur die Regeln der §§ 2, 3. Sofern nicht die Voraussetzungen eines unerheblichen Nebenbetriebs oder eines Hilfsbetriebs gegeben sind, bedarf es daher in diesen Fällen der Handwerksrolleneintragung, auch wenn die Arbeiten mit den Tätigkeiten des berechtigterweise ausgeübten Gewerbes zusammenhängen und wenn im Übrigen die Voraussetzungen des § 5 erfüllt wären. 4

Liegt kein Hauptauftrag aus dem eigenen Handwerk vor oder fehlt der notwendige innere Zusammenhang, dann handelt es sich um unzulässige Handwerkstätigkeit, sofern nicht für beide Handwerkszweige die handwerksrechtlichen Voraussetzungen erfüllt sind. Die Handwerksordnung macht dabei keinen Unterschied zwischen Stadt- und Landhandwerkern oder für solche Berufe, die beizuziehen Schwierigkeiten bereitet, etwa wegen ihrer Seltenheit. 5

d) Die Erweiterung der Vorschrift bedeutet nicht, dass der Handwerker mit den erlaubten Arbeiten aus zusätzlichen Handwerken isoliert werben oder sie losgelöst vom konkreten Handwerk anbieten dürfte. 6

2. Welche Arbeiten mit einem **Handwerksauftrag technisch und fachlich zusammenhängen oder ihn wirtschaftlich ergän-** 7

zen, entscheidet die Verkehrsauffassung. Einen generellen Zusammenhang im Sinne des § 5 bestimmter Tätigkeiten mit bestimmten Handwerksberufen gibt es nicht.

8   a) **Technisch zusammenhängende Arbeiten** sind solche, die ausgeführt werden müssen, um bestimmte Arbeiten eines Handwerks überhaupt erst zu ermöglichen oder doch zu erleichtern. Durch die Reduzierung der zulassungspflichtigen Handwerke und Verwandtschaftserklärungen erübrigt sich jetzt in vielen Fällen die Anwendung des § 5.

9   b) **Fachlich zusammenhängende Arbeiten** sind solche, die zwar aus technischen Gründen nicht in einer Hand liegen müssten, die aber in so engem Zusammenhang mit dem auszuführenden Handwerksauftrag stehen, dass eine arbeitsteilige Zuziehung anderer Handwerksbetriebe wirtschaftlich nicht zu vertreten wäre (vgl. OLG Stuttgart vom 22. 9. 1989, GewA 1989, 380). Unumstritten ist es etwa, wenn ein Schreiner seine Schranktüren verglast, wenn ein Dachdecker gewisse kleinere Verblechungsarbeiten ausführt u. dgl. Die Entscheidung kann nur für den Einzelfall getroffen werden, wobei – um dies noch einmal zu betonen – **Großzügigkeit** angesagt ist. Für Nebenarbeiten des Schornsteinfegers vgl. OLG Köln vom 7. 4. 1989, GewA 1991, 306. Auch insoweit ist inzwischen manches Problem gegenstandslos geworden.

10 c) **Wirtschaftlich ergänzende Arbeiten** sind erlaubt. Damit soll dem Interesse sowohl des Handwerkers als auch des Kunden nach mehr „Arbeiten aus einer Hand" noch weiter Rechnung getragen werden. Bei aller auch hier gebotenen Großzügigkeit soll es aber ausdrücklich nicht zu „uferlose Ausweitungen" kommen; das Kriterium „hierbei" stellt nicht einmal klar, dass ein Hauptauftrag aus dem eigenen Handwerk vorliegen und dass zu diesem ein tatbestandmäßiger innerer Zusammenhang bestehen muss (vgl. OLG Düsseldorf vom 8. 2. 1994, GewA 1994, 340). Die wirtschaftlich ergänzenden Arbeiten können schon vorher vereinbart werden und müssen sich nicht erst im Zug der Auftragsausführung als notwendig erwiesen haben. Bewusst verzichtete der Gesetzgeber auf Formulierungen wie „anlässlich" oder „gelegentlich" (des Auftrags). Ein bloß örtlicher oder zeitlicher Zusammenhang reicht aber nicht aus, ebenso wenig wie lediglich entsprechende Kundenwünsche. Es muss zwischen den Arbeiten in anderen Handwerken und dem eingetragenen Handwerk eine „auftragsspezifische Akzessorietät", also eine innerer wechselseitiger Zusammenhang bestehen. Ein Maurer kann über den Rohbau hinaus nicht auch noch alle Ausbauarbeiten gem. § 5 abwickeln. Weitere Auslegungshilfen und Beispiele bringt *Schwappach*, GewA 1994, 309.

Datenübermittlung §5a **HwO**

„Wirtschaftliche Ergänzung" ist ein unbestimmter Rechtsbegriff. 11
Haupt- und Zusatztätigkeit sind dabei in Vergleich zu setzen; letztere darf nicht die Qualität eines eigenständigen Auftrags haben sondern wirklich nur eine Ergänzung sein. Prozentuale Grenzen lassen sich dafür nicht festlegen.

Zu beachten ist, dass die Möglichkeiten des §5 eventuelle sons- 12
tige gesetzlichen Erfordernisse nicht entbehrlich machen. So könnte im Einzelfall der notwendige Zusammenhang angenommen werden für den Elektroanschluss seiner Heizungsanlage durch den Heizungsbauer; diesem fehlt aber die zusätzlich notwendige Konzession des Energieversorgungsunternehmens (dazu Anm. IV.3. zu § 1 HwO)

Wenn auch eine Betätigung in anderen Handwerken zulässig ist, so 13
gelten doch auch dort die gesetzlichen Gewährleistungs- und Haftungsregeln. Der Handwerker sollte im eigenen Interesse daher sicher sein, dass er auch die entsprechenden Fertigkeiten und Kenntnisse besitzt.

§ 5a [Datenübermittlung]

(1) ¹**Öffentliche Stellen, die in Verfahren auf Grund dieses Gesetzes zu beteiligen sind, können über das Ergebnis unterrichtet werden, soweit dies zur Erfüllung ihrer Aufgaben erforderlich ist.** ²**Der Empfänger darf die übermittelten Daten nur für den Zweck verarbeiten oder nutzen, für dessen Erfüllung sie ihm übermittelt worden sind.**

(2) ¹**Handwerkskammern dürfen sich, soweit dieses Gesetz keine besonderen Vorschriften enthält, gegenseitig, auch durch Übermittlung personenbezogener Daten, unterrichten, auch durch Abruf im automatisierten Verfahren, soweit dies zur Feststellung erforderlich ist, ob der Betriebsleiter die Voraussetzungen für die Eintragung in die Handwerksrolle erfüllt und ob er seine Aufgaben ordnungsgemäß wahrnimmt.** ²**Das Bundesministerium für Wirtschaft und Technologie wird ermächtigt, durch Rechtsverordnung mit Zustimmung des Bundesrates Einzelheiten eines Abrufs im automatisierten Verfahren zu regeln.**

1. **Öffentliche Stellen** sind Behörden und Gerichte aller Art, 1
aber auch Körperschaften ö. R., z. B. Handwerkskammer oder IHK. Adressat der Vorschrift ist jeder, der in irgendeiner Form an entsprechenden Verfahren beteiligt ist. Es besteht keine Pflicht, sondern nur das Recht zur Information.

141

2 Es handelt sich hier um eine allgemeine Auffang-Vorschrift; für die Unterrichtung in Bußgeldverfahren gilt z. B. der spezielle § 118a HwO. Sie und weitere ergänzende Bestimmungen sowie die neue Anlage D verfolgen das Ziel, die Vorschriften der Handwerksordnung bereichsspezifisch den datenschutzrechtlichen Anforderungen des Volkszählungs-Urteils des Bundesverfassungsgerichts vom 15. 12. 1983 (BVerfGE 65, 1) anzupassen. Hiernach ist das informationelle Selbstbestimmungsrecht des Bürgers zu gewährleisten und nur in sehr engen Grenzen einschränkbar.

3 **2. Nur den Handwerkskammern** ist das gegenseitige Informationsrecht zugestanden; Innungen und Kreishandwerkerschaften und schon bisher die privatrechtlich organisierten Verbände (LIV, BIV, sowie ZdH) sind nicht einbezogen. Abs. 2 schafft die Möglichkeit etwa einer Betriebsleiterdatenbank zur Verhütung von Missbräuchen. Die Einzelheiten des Verfahrens sind in der VO v. 22. 6. 2004, BGBl. I S. 1314 (Anh. 8) geregelt.

Zweiter Abschnitt. Handwerksrolle

§ 6 [Handwerksrolle; Einsichtsrecht]

(1) **Die Handwerkskammer hat ein Verzeichnis zu führen, in welches die Inhaber von Betrieben zulassungspflichtiger Handwerke ihres Bezirks nach Maßgabe der Anlage D Abschnitt I zu diesem Gesetz mit dem von ihnen zu betreibenden Handwerk oder bei Ausübung mehrerer Handwerke mit diesen Handwerken einzutragen sind (Handwerksrolle).**

(2) **[1]Eine Einzelauskunft aus der Handwerksrolle ist jedem zu erteilen, der ein berechtigtes Interesse glaubhaft darlegt. [2]Eine listenmäßige Übermittlung von Daten aus der Handwerksrolle an nicht-öffentliche Stellen ist unbeschadet des Absatzes 4 zulässig, wenn sie zur Erfüllung der Aufgaben der Handwerkskammer erforderlich ist oder wenn der Auskunftbegehrende ein berechtigtes Interesse an der Kenntnis der zu übermittelnden Daten glaubhaft darlegt und kein Grund zu der Annahme besteht, daß der Betroffene ein schutzwürdiges Interesse an dem Ausschluß der Übermittlung hat. [3]Ein solcher Grund besteht nicht, wenn Vor- und Familienname des Betriebinhabers oder des gesetzlichen Vertreters oder des Betriebsleiters oder des für die technische Leitung des Betriebs verantwortlichen persönlich haftenden Gesellschafters, die Firma, das ausgeübte Handwerk oder die Anschrift der gewerbli-**

chen Niederlassung übermittelt werden. ⁴Die Übermittlung von Daten nach den Sätzen 2 und 3 ist nicht zulässig, wenn der Gewerbetreibende widersprochen hat. ⁵Auf die Widerspruchsmöglichkeit sind die Gewerbetreibenden vor der ersten Übermittlung schriftlich hinzuweisen.

(3) Öffentlichen Stellen sind auf Ersuchen Daten aus der Handwerksrolle zu übermitteln, soweit die Kenntnis tatsächlicher oder rechtlicher Verhältnisse des Inhabers eines Betriebes eines zulassungspflichtigen Handwerkes (§ 1 Abs. 1) zur Erfüllung ihrer Aufgaben erforderlich ist.

(4) Der Empfänger darf die übermittelten Daten nur für den Zweck verarbeiten oder nutzen, zu dessen Erfüllung sie ihm übermittelt werden.

(5) Für das Verändern und Sperren der Daten in der Handwerksrolle gelten die Datenschutzgesetze der Länder.

Übersicht

	Rdn.
I. Funktion der Handwerksrollen-Eintragung (Abs. 1)	1
1. Zuständigkeit Handwerkskammer	1
2. Rechtsgrundlage	2
3. Eigenverantwortliche Prüfung durch HWK	3
4. Bindungswirkung für Dritte	4
II. Beweislast für Eintragungsvoraussetzungen	5
1. Beweispflichtigkeit des Handwerkers	5
2. Konstitutive Wirkung der Eintragung	7
3. Keine Rückwirkung	8
III. Eintragungspflicht	10
1. Im Bezirk	10
2. Mehrere Handwerke oder hä. Gewerbe	12
3. Teiltätigkeiten	13
IV. Zweigbetriebe	14
1. Umgehungsverbot	15
2. Erforderlich Betriebsleitung	18
V. Informationen (Abs. 2)	19
1. Einsicht in die Handwerksrolle	20
2. Sammelauskünfte	24

Literatur: *Fiege,* Der Filialhandwerker in Deutschland und Europa, GewA 2001, 409; *Honig,* Vorschläge zur Praxis der Handwerksrolleneintragung, GewA 1998, 52; *ders.,* Der gefälschte Meisterbrief, GewA 1995, 144; *ders.,* Vorschläge zur Praxis der Handwerksrolleneintragung, GewA 1988, 49; *Perkuhn,* Handwerksrolleneintragung und rückwirkende Kraft, DHBl. 1965 453 und 1966, 37.

HwO § 6 1. Teil. Handwerk u. handwerksähnliches Gewerbe

I. Funktion der Handwerksrolleneintragung (Abs. 1)

1. Die Handwerksrolle wird von der Handwerkskammer als Verzeichnis der zulassungspflichtigen Handwerksbetriebe geführt. Sie ist dazu bestimmt, für und gegen jedermann Beweis über die Richtigkeit der darin bezeugten Tatsachen zu erbringen und stellt somit ein mit öffentlichem Glauben ausgestattetes Register dar. Beweiskraft hat die Handwerksrolle allerdings nur bezüglich der Ausübungsbefugnis, nicht auch hinsichtlich der jeweiligen Eintragungsgrundlage wie Meisterprüfung, Ausnahmebewilligung und dergleichen. Die Pflicht der Handwerkskammer zur Führung der Handwerksrolle wird ergänzt durch die Anzeigepflicht des Handwerkers nach § 16 Abs. 2 HwO.

2. Die Einrichtung der Handwerksrolle bleibt den Handwerkskammern überlassen; den notwendigen Inhalt findet man an passender Stelle im Gesetz. Anstelle einstmaliger Karteien verwendet man heute durchwegs die EDV. Die personenbezogenen Daten der Betroffenen müssen gesetzlich enumerativ geregelt werden. Dies geschieht in der Anlage D, Abschnitt I.

3. Die Eintragung in die Handwerksrolle hat keine „überregionale" Wirkung in dem Sinne, dass jede Handwerkskammer an die einmal erfolgte Eintragung durch eine andere Kammer gebunden wäre und die Eintragung ohne eigene Sach- und Rechtsprüfung nachvollziehen müsste. Jede Handwerkskammer muss jeweils die Eintragungsvoraussetzungen in eigener Verantwortung prüfen.

4. Die Handwerksrolleneintragung ist Außenstehenden gegenüber im Allgemeinen bindend. Dies gilt z. B. für die anderen handwerklichen Organisationen wie Innungen usw. (VG Köln vom 22. 4. 1965, GewA 1970, 66; VGH BW vom 28. 2. 1973, GewA 1974, 97). Weiter besteht Bindungswirkung für die Sozialgerichte und die verschiedenen Sozialversicherungsträger (BSG vom 22. 9. 1965, GewA 1967, 60 und vom 18. 6. 1968, GewA 1968, 278 = BB 1968, 1290) Zu dieser sog. **Tatbestandswirkung der Handwerksrolleneintragung** vgl. auch *Hagebölling,* KrV 1985, 122 und *Falk,* KrV 1990, 59. – Für die Vergabe öffentlicher Aufträge fordern die Aufsichtsbehörden immer wieder, dass auf die Handwerksrolleneintragung geachtet wird; auch hier sind die vergebenden Stellen an die Entscheidung der Handwerkskammer gebunden. – Das Bundesarbeitsgericht hat am 11. 3. 1981 eine solche Bindungswirkung für seinen Bereich allerdings als mit der richterlichen Unabhängigkeit (Art. 97 Abs. 1 GG) unvereinbar erklärt.

II. Beweislast für Eintragungsvoraussetzungen

1. Beweispflichtig für das Vorliegen der Handwerksrollenvoraussetzungen ist der Handwerker. Wer durch unrichtige Angaben, Vorlage von Scheinverträgen oder dergleichen bewirkt, dass etwas Falsches in die Handwerksrolle eingetragen wird, macht sich auf jeden Fall einer Ordnungswidrigkeit nach § 118 Abs. 1 Nr. 1 HwO schuldig (BayObLG vom 15. 1. 1971, GewA 1971, 88 = NJW 1971, 634). Es kann aber auch eine Bestrafung wegen mittelbarer Falschbeurkundung nach § 271 StGB in Frage kommen (AG Fürstenfeldbruck vom 5. 8. 1982, GewA 1983, 227; AG Winsen vom 26. 6. 1984, GewA 1985, 20. Vgl. auch *Honig,* GewA 1995, 144). Als Urkundenfälschung strafbar sind Veränderungen an Handwerks- oder Gewerbekarte.

Beim Vorliegen der Vorausetzungen muss die Eintragung vorgenommen werden, auch wenn die Handwerkskammer Bedenken hinsichtlich der zukünftigen Entwicklung hat. Sollte etwa der benannte Betriebsleiter alsbald wieder ausscheiden und nicht unverzüglich ersetzt werden, so muss die Löschung nach § 13 vorgenommen werden; für eine gleichsam „vorbeugende Nichteintragung" besteht keine gesetzliche Grundlage (BVerwG vom 22. 11. 1994, GewA 1995, 164).

2. Die Eintragung hat konstitutive Wirkung, da erst sie gemäß § 1 den selbstständigen Betrieb eines zulassungspflichtigen Handwerks gestattet. Die Handwerksbefugnis entsteht erst, wenn sowohl die materiellen als auch die formellen Ausübungsvoraussetzungen vorliegen. Wie aus dem eindeutigen Wortlaut des § 1 Abs. 1 hervorgeht, gilt dies auch für die Fälle des § 119 (a. A. aber BayObLG vom 24. 8. 1965 GewA 1966, 89).

3. Für den **Zeitpunkt der Eintragung** ist grundsätzlich das Datum der Antragstellung maßgebend. Der Antrag muss gestellt werden, wenn sich die Absicht der Handwerksausübung in irgendeiner Form konkretisiert hat. Eine Eintragung kann nicht erfolgen, wenn ersichtlich gar keine Betätigung beabsichtigt ist. Einer Eintragung gleich steht die Umstufung, etwa vom Vollbetrieb zum handwerklichen Nebenbetrieb (AG Ansbach vom 20. 5. 1966, GewA 1966, 275). Eine Eintragung kann grundsätzlich nicht mit rückwirkender Kraft vorgenommen werden (BVerwG vom 28. 2. 1969, GewA

1969, 161; siehe auch *Perkuhn,* DHBl. 1965, 453 und 1966, 37). Ebenso wenig ist die Eintragung im Voraus im Wege einer einstweiligen Anordnung möglich (VG Freiburg vom 22. 1. 1981, GewA 1981, 223; VG Sigmaringen vom 27. 7. 1981, GewA 1982, 29; OVG Rh.-Pf. vom 21. 10. 1987, GewA 1988, 21).

9 **Für die Löschung gelten grundsätzlich die gleichen Regeln.** Eine Ausnahme muss dann zulässig sein, wenn die endgültige Beendigung des Handwerksbetriebs eindeutig feststeht, etwa im Falle des Todes des Inhabers, wenn die Handwerkskammer aber erst nachträglich davon erfährt.

III. Eintragungspflicht

10 **1. Eingetragen werden muss, wer im Bezirk der Handwerkskammer den selbstständigen Betrieb eines zulassungspflichtigen Handwerks beginnen will,** gleichgültig ob Deutscher oder Ausländer. § 16 Abs. 3 begründet eine entsprechende Anzeigepflicht. Ein selbstständiges Handwerk im Bezirk der Kammer übt auch aus, wer dort lediglich eine Zweigniederlassung betreibt (dazu mehr unten IV). Die Handwerksordnung schließt nicht aus, dass ein Handwerk an mehreren Orten gleichzeitig betrieben wird; derartige Filialbetriebe sind nicht automatisch Nebenbetriebe im Sinne von §§ 2, 3 (OVG NRW vom 11. 5. 1960, GewA 1960, 265). Die Handwerksrolle verzeichnet die Ausübungsbefugnis der Gewerbetreibenden ihres Bezirkes, nicht die einzelnen Betriebsstätten. Jeder Handwerker wird daher jeweils nur einmal eingetragen; etwaige weitere Filialen im Bezirk werden nur vermerkt (OVG Rh.-Pf. vom 21. 5. 1987, GewA 1987, 306, bestätigt BVerwG vom 1. 9. 1987, GewA 1988, 96; VGH BW vom 8. 10. 2001, GewA 2001, 81; vgl. auch *Fiege,* GewA 2001, 409). Dem Handwerker muss aber die Entscheidungsfreiheit bleiben, ob er bei mehreren Betriebsstätten diese als Filialen oder als weitere unabhängige Hauptbetriebe behandelt wissen will, wofür es durchaus Gründe geben mag. Sollen bewusst mehrere Betriebe eingetragen werden, so ist dies mit allen Konsequenzen durchzuführen, was z. B. auch von vornherein mehrfachen Grundbeitrag zur Handwerkskammer bedeutet.

11 Der statuarische **Sitz einer GmbH** kann auch abweichend vom Ort der betrieblichen Tätigkeit gewählt werden (vgl. OLG Zweibrücken vom 19. 11. 1990, NJW-RR 1991, 1509), allerdings nicht völlig willkürlich; es müssen nachvollziehbare Gründe für die Wahl vorliegen (vgl. OLG Stuttgart vom 17. 8. 1990, NJW-RR 1991, 1510). Liegen in einem solchen Fall Betriebssitz und Betriebsstätte in verschiedenen Kammerbezirken, so hat die Handwerksrolleneintragung konsequenterweise bei beiden Kammern zu erfolgen; die qualifizierte Betriebsleitung muss aber nur für den Ort der tatsächlichen Handwerksausübung nachgewiesen sein.

2. Übt ein Handwerker mehrere Handwerke aus, so muss er mit jedem in der Handwerksrolle eingetragen sein (BVerwG vom 14. 8. 1959, GewA 1960, 138 = NJW 1959, 2181); es handelt sich jedoch auch in diesem Fall um einen einzigen Handwerksbetrieb.

3. Wird nur eine **Teiltätigkeit** berechtigterweise ausgeübt (z. B. nach § 119 oder auf Grund einer beschränkten Ausnahmebewilligung), dann sollte nicht mit dem Teilhandwerk, sondern mit dem entsprechenden Vollhandwerk, „beschränkt auf …", eingetragen werden. Es ist im Zeitalter der EDV sinnvoll, von der festen Grundlage der Positivliste auszugehen.

IV. Zweigbetriebe

Zur ständig zunehmenden Sonderform der mit über das ganze Land verbreiteten Zweigstellen arbeitenden Handwerksbetriebe wie Fielmann u. Ä. vgl. ausführlich *Fiege,* GewA 2001, 409.

1. Auch **Zweigbetriebe** müssen in der Handwerksrolle eingetragen werden. Um dies zu umgehen, besteht die Neigung, einen solchen Betrieb in einem anderen Kammerbezirk als „unselbstständig" zu qualifizieren. Die Bezeichnung und die Einstufung durch den Inhaber ist aber ohne Bedeutung; maßgebend sind allein objektive Kriterien. Die Frage lautet: Stellt die Filiale, der Zweigbetrieb für sich betrachtet einen Handwerksbetrieb im Sinne des § 1 Abs. 2 dar, d. h. werden dort selbstständig Aufträge angenommen (oder zugewiesen), durchgeführt und ausgeliefert? Wenn dies der Fall ist, wird auch in der Zweigstelle selbstständig das Handwerk ausgeübt. Ohne Bedeutung ist es, ob z. B. die Buchführung oder die Rechnungsstellung im Hauptbetrieb erfolgen, denn dies geschieht auch im normalen Handwerksbetrieb zunehmend extern. Ebenso spielt es keine Rolle, ob die Personalpolitik beim Hauptunternehmen zentralisiert ist. Grundlegend BVerwG vom 26. 4. 1994, GewA 1994, 474 = NVwZ 1995, 23.

Keine handwerksrollenpflichtige Zweigstelle liegt vor, wenn in ihr gar kein Handwerk ausgeübt wird. Im Einzelfall kann jedoch die Frage auftauchen, ob bestimmte Betriebsformen, insbesondere Verkaufsstellen, nicht derart untrennbar in das handwerkliche Gesamtunternehmen integriert sind, dass sie objektiv einen wesentlichen Bestandteil des Handwerksbetriebs darstellen, auch wenn sie für sich betrachtet nicht handwerklich tätig sind. Das gilt auch für reine Besitzgesellschaften (s. auch OLG Hamm vom 21. 6. 1993, Betrieb 1993, 1816). Zu dieser **Ganzheitsbetrachtung** ausführlich *Honig,* GewA 1988, 52. Deutlich in diesem Sinn OVG Sachs.-Anh. vom 24. 1. 2001, GewA 2001, 201. Mit anderer Begründung wird die IHK-Beitragspflicht einer auswärtigen Bäckerei-Verkaufsstelle verneint VG Würzburg vom 8. 3. 1995, GewA 1995, 296. Tarifrechtlich gehört der Absatz selbst hergestellter Backwaren durch eine Großbäckerei zum Handwerk (BAG vom 26. 8. 1998, NZA 1999, 154).

17 Eine eingetragene Zweigniederlassung ist in jeder Hinsicht der Kammer des betreffenden Bezirks zuzurechnen. Deren Vorschriften gelten für die Ausbildung von Lehrlingen in der Zweigniederlassung und für die hier abgelegten Gesellen- und Meisterprüfungen; hier sind die Lehrverträge nach § 30 einzureichen. Sie ist als solche beitragspflichtig (vgl. OVG Rh.-Pf. vom 20. 9. 2001, GewA 2001, 37).

18 2. Eintragungsvoraussetzung ist auch für Zweigbetriebe nach § 7 eine qualifizierte Betriebsleitung. Es ist nicht ausgeschlossen, dass ein Betriebsleiter mehrere Filialen leitet. Wegen der Einzelheiten kann auf die Anmerkungen bei § 7 verwiesen werden.

V. Information (Abs. 2)

19 **Literatur:** *Seidl,* Die Nutzung von Wirtschaftsdaten zwischen Informationsbedürfnis und informellem Selbstbestimmungsrecht, RDV 1994, 71; ähnlich schon WuV I/1994, 55; *Webers,* Die Verwendung von Daten aus der Handwerksrolle im Internet, GewA 1998, 140.

20 **1. Eine Einzelauskunft aus der Handwerksrolle** ist jedermann mit einem berechtigten Interesse zu erteilen. Darunter ist jedes schutzwürdige Interesse zu verstehen, sei es rechtlicher, wirtschaftlicher oder ideeller Natur. Das Auskunftsverlangen muss also durch vernünftige, nachvollziehbare, sachliche Erwägungen gerechtfertigt sein, etwa wenn ein Auftraggeber die Handwerksberechtigung seines Vertragspartners nachprüfen will, wenn ein Vater sich um die Lehrstelle für seinen Sohn bemüht, wenn ein Konkurrent Anlass zur Annahme hat, dass ein Handwerker schwarzarbeitet usw. Bloße Neugierde genügt nicht.

21 Das **berechtigte Interesse** ist glaubhaft darzulegen. Der Gesetzgeber verlangt hier nicht mehr als etwa bei der Grundbucheinsicht, wo das „Interesse darzulegen" ist (§ 12 GBO) oder in den Fällen des

§ 34 FGG u. Ä., wo Glaubhaftmachung genügt. Es reicht, wenn Gründe vorgetragen werden, die, wenn nichts gegen ihre Richtigkeit spricht, eine Auskunft rechtfertigen.

Beim Vorliegen der Voraussetzungen besteht ein Rechtsanspruch 22 auf Auskunft, sofern das Verlangen nicht rechtsmissbräuchlich ist (dazu OVG Münster vom 28.6. 1972, NJW 1973, 110). Weiter ist aber auch zu prüfen, ob der Betroffene im konkreten Fall ein schutzwürdiges Interesse an der Nichtweitergabe hat. Für die betrieblichen Kerndaten entfällt dieser Grund kraft Gesetzes; eine Teilnahme am Wirtschaftsverkehr setzt entsprechende Öffentlichkeit voraus. Das Recht auf Auskunft schließt die Befugnis ein, sich Aufzeichnungen über den Inhalt einer Eintragung zu machen; es schafft jedoch keine Verpflichtung der Handwerkskammer, schriftliche Handwerksrollenauszüge oder offizielle Bescheinigungen über eine Eintragung auszustellen. Ob sie das tut, steht in ihrem pflichtgemäßen Ermessen. Erteilte Auskünfte müssen korrekt sein (vgl. LG Konstanz vom 9.4. 1987, GewA 1987, 268).

Die Verweigerung der Auskunft oder ihre rechtswidrige Erteilung 23 stellt einen Verwaltungsakt dar, der verwaltungsgerichtlich in vollem Umfang nachgeprüft werden kann.

Öffentliche Stellen besitzen kraft Gesetzes (Abs. 3) das berech- 24 tigte Interesse an Informationen aus der Handwerksrolle, die für ihre Aufgaben erforderlich sind. Sie wie Privatleute dürfen die übermittelten Daten jedoch nur für den Zweck nutzen oder verarbeiten, zu dessen Erfüllung sie übermittelt wurden.

2. Listenmäßige Sammelauskünfte erklärt Abs. 2 ausdrücklich 25 für zulässig. Hierbei ist Zurückhaltung geboten. Der Handwerkskammer ist es nicht verwehrt, nach pflichtgemäßem Ermessen z. B. einem potenziellen Auftraggeber sämtliche Dachdeckerbetriebe eines bestimmten Ortes zu benennen. Derartige Auskünfte dürfen aber nicht zum Adressenhandel entarten. Die Handwerkskammer hat sich immer zu fragen, ob die Benennung von Handwerkern auch diesen oder letztlich nur dem Anfragenden zugute kommt. Wenn sich politische Parteien oder Versicherungsgesellschaften pauschal Adressenmaterial verschaffen wollen, so ist das wohl von der Aufgabenstellung der Handwerkskammer nicht mehr gedeckt; die Bitte um Schreineranschriften, um eine neuartige Holzbearbeitungsmaschine oder ein günstiges Schraubensortiment anbieten zu können, erscheint dagegen gerechtfertigt.

Die Datenübermittlung an öffentliche Stellen kann der Betroffene 26 nicht verhindern. Der Weitergabe seiner Daten an Private kann er jedoch widersprechen; auf dieses Recht ist er vor der ersten Übermittlung schriftlich hinzuweisen. Es muss ausreichen, wenn das Antragsformular für die Handwerksrolleneintragung eine entsprechende Belehrung enthält.

§ 7 [Eintragungen]

(1) ¹Als Inhaber eines Betriebs eines zulassungspflichtigen Handwerks wird eine natürliche oder juristische Person oder eine Personengesellschaft in die Handwerksrolle eingetragen, wenn der Betriebsleiter die Voraussetzungen für die Eintragung in die Handwerksrolle mit dem zu betreibenden Handwerk oder einem mit diesem verwandten Handwerk erfüllt. ²Das Bundesministerium für Wirtschaft und Technologie bestimmt durch Rechtsverordnung mit Zustimmung des Bundesrates, welche zulassungspflichtigen Handwerke sich so nahestehen, daß die Beherrschung des einen zulassungspflichtigen Handwerks die fachgerechte Ausübung wesentlicher Tätigkeiten des anderen zulassungspflichtigen Handwerks ermöglicht (verwandte zulassungspflichtige Handwerke).

(1a) In die Handwerksrolle wird eingetragen, wer in dem von ihm zu betreibenden oder in einem mit diesem verwandten zulassungspflichtigen Handwerk die Meisterprüfung bestanden hat.

(2) ¹In die Handwerksrolle werden ferner Ingenieure, Absolventen von technischen Hochschulen und von staatlichen oder staatlich anerkannten Fachschulen für Technik und für Gestaltung mit dem zulassungspflichtigen Handwerk eingetragen, dem der Studien- oder der Schulschwerpunkt ihrer Prüfung entspricht. ²Dies gilt auch für Personen, die eine andere, der Meisterprüfung für die Ausübung des betreffenden zulassungspflichtigen Handwerks mindestens gleichwertige deutsche staatliche oder staatlich anerkannte Prüfung erfolgreich abgelegt haben. ³Dazu gehören auch Prüfungen auf Grund einer nach § 42 dieses Gesetzes oder nach § 53 des Berufsbildungsgesetzes erlassenen Rechtsverordnung, soweit sie gleichwertig sind. ⁴Der Abschlussprüfung an einer deutschen Hochschule gleichgestellt sind Diplome, die nach Abschluss einer Ausbildung von mindestens drei Jahren oder einer Teilzeitausbildung von entsprechender Dauer an einer Universität, einer Hochschule oder einer anderen Ausbildungseinrichtung mit gleichwertigem Ausbildungsniveau in einem anderen Mitgliedstaat der Europäischen Union, einem anderen Vertragsstaat des Abkommens über den Europäischen Wirtschaftsraum oder in der Schweiz erteilt wurden; falls neben dem Studium eine Berufs-

ausbildung gefordert wird, ist zusätzlich der Nachweis zu erbringen, dass diese abgeschlossen ist. ⁵Die Entscheidung, ob die Voraussetzungen für die Eintragung erfüllt sind, trifft die Handwerkskammer. ⁶Das Bundesministerium für Wirtschaft und Technologie kann zum Zwecke der Eintragung in die Handwerksrolle nach Satz 1 im Einvernehmen mit dem Bundesministerium für Bildung und Forschung durch Rechtsverordnung mit Zustimmung des Bundesrates die Voraussetzungen bestimmen, unter denen in Studien- oder Schulschwerpunkten abgelegten Prüfungen nach Satz 1 Meisterprüfungen in zulassungspflichtigen Handwerken entsprechen.

(2a) Das Bundesministerium für Wirtschaft und Technologie kann durch Rechtsverordnung mit Zustimmung des Bundesrates bestimmen, daß in die Handwerksrolle einzutragen ist, wer in einem anderen Mitgliedstaat der Europäischen Gemeinschaft oder in einem anderen Vertragsstaat des Abkommens über den Europäischen Wirtschaftsraum eine der Meisterprüfung für die Ausübung des zu betreibenden Gewerbes oder wesentlicher Tätigkeiten dieses Gewerbes gleichwertige Berechtigung zur Ausübung eines Gewerbes erworben hat.

(3) In die Handwerksrolle wird ferner eingetragen, wer eine Ausnahmebewilligung nach § 8 oder § 9 Abs. 1 für das zu betreibende zulassungspflichtige Handwerk oder für ein diesem verwandtes zulassungspflichtiges Handwerk besitzt.

(4)–(6) (aufgehoben)

(7) In die Handwerksrolle wird eingetragen, wer für das zu betreibende Gewerbe oder für ein mit diesem verwandtes Gewerbe eine Ausübungsberechtigung nach § 7a oder § 7b besitzt.

(8) (aufgehoben)

(9) ¹Vertriebene und Spätaussiedler, die vor dem erstmaligen Verlassen ihrer Herkunftsgebiete eine der Meisterprüfung gleichwertige Prüfung im Ausland bestanden haben, sind in die Handwerksrolle einzutragen. ²Satz 1 ist auf Vertriebene, die am 2. Oktober 1990 ihren ständigen Aufenthalt in dem in Artikel 3 des Einigungsvertrages genannten Gebiet hatten, anzuwenden.

Übersicht

	Rdn.
I. Eintragung nur mit qualifizierter Betriebsleitung (Abs. 1)	1
1. Allgemeines	1
2. Betriebsleitung durch Inhaber selbst	4
II. Juristische Personen und Personengesellschaften	6
1. Juristische Personen	6

	Rdn.
a) GmbH	7
b) Personengesellschaften	9
c) GmbH & Co. KG	12
III. Eintragungsvoraussetzungen	14
1. Meisterprüfung (Abs. 1 a)	16
2. Gleichwertige Prüfungen (Abs. 2)	17
a) Prüfung	17
b) Kein Nachweis praktischer Betätigung	20
3. Ausnahmebewilligung (Abs. 3)	22
4. Ausübungsbefugnis	26
IV. Betriebsleitung	26
1. Allgemein	26
aa) Aufgaben	30
bb) Stellung	31
cc) Ernstlichkeit	32
dd) Verfügbarkeit	33
ee) Eignung	37
2. Formalien	41
V. Vertriebene und Flüchtlinge (Abs. 4)	44
1. a) Gleichwertige Prüfungen	44
b) Feststellung der Gleichwertigkeit	46
2. Sonderregelung § 71 BVFG	49
3. Glaubhaftmachung nach § 93 BVFG	52
VI. Wirkungen der Handwerksrolleneintragung	55

Literatur: *Büttner,* Die Eintragung von Vertriebenen und Heimatvertriebenen, Aussiedlern und heimatlosen Ausländern in die Handwerksrolle, GewA 1966, 265; *Diller,* Fortschritt oder Rückschritt? – Das neue Arbeitszeitrecht, NJW 1994, 2726; *v. Ebner,* Gewerbetreibende Gründergesellschafter, GewA 1975, 41; *Grabau,* Die gemeinnützige GmbH im Steuerrecht, DStR 1984, 1032; *Hohner,* Zur Beteiligung von Personengesellschaften an Gesellschaften, NJW 1925, 70; *Karsten,* Fehlerhafte Gesellschaften im Anwendungsbereich des § 7 Abs. 4 HwO, GewA 2003, 95; *Kollmer,* Das neue Arbeitszeitrecht, GewA 1994, 406; *Odenthal,* Gesellschaften von Personengesellschaften, GewA 1991, 206; *Schmitz,* Die Rechtsprechung zur Meisterpräsenz im Handwerk, WiVerw 1999, 88; *Scholthöfer,* Zum Betriebsleiterproblem im Handwerkerrecht, GewA 1981, 114; *Schwannecke,* System und Fortentwicklung von Qualifikations- und Befähigungsnachweisen auf europäischen Ebene, WiVerw 2001, 247.

I. Eintragung nur mit qualifizierter Betriebsleitung (Abs. 1)

1 1. Eine natürliche oder juristische Person oder eine Personengesellschaft wird als Inhaber eines zulassungspflichtigen Handwerksbetriebes in die Handwerksrolle eingetragen, wenn der Betriebsleiter

Eintragungen §7 HwO

die Voraussetzungen für das zu betreibende oder ein mit diesem verwandten Gewerbe erfüllt, also im Normalfall die Meisterprüfung abgelegt hat.

Dieses Erfordernis verstößt nicht gegen das Grundgesetz (BVerwG vom 24. 10. 1996, GewA 1997, 63). Beweispflichtig für das Vorliegen der Voraussetzungen ist der Betrieb (vgl. BVerwG vom 16. 4. 1991, NVwZ 1991, 1189). Die Handwerkskammer hat keine Prognose darüber zu treffen, ob die Betriebsleitung auch in fernerer Zukunft gewährleistet ist (BVerwG vom 22. 11. 1994, NVWZ-RR 1995, 325).

Eine rein vorsorgliche Eintragung ist nicht möglich; es muss die Absicht bestehen, das Handwerk auch tatsächlich ausüben zu wollen (sehr streng OVG Hamburg vom 6. 4. 1992, NVwZ-RR 1993, 184). Die Qualifikation des Betriebsleiters muss für das Handwerk gegeben sein, das ausgeübt werden soll; für die Ausübung mehrerer Handwerke ist dementsprechend der Nachweis mehrerer Betriebsleiter oder mehrerer Qualifikationen notwendig (vgl. auch BVerwG vom 14. 8. 1959, GewA 1960, 138 = NJW 1959, 2181).

2. „Betriebsleiter" kann selbstverständlich auch der oder ein Inhaber selbst sein. Leitbild ist aber nicht mehr der vom Meister selbst geführte Handwerksbetrieb. An die Spitze stellt das Gesetz jetzt vielmehr das Unternehmen mit einem angestellten qualifizierten Betriebsleiter. Unter dieser Voraussetzung kann unabhängig von seiner eigenen Ausbildung jedermann allein oder zusammen mit Andern einen zulassungspflichtigen Handwerksbetrieb eröffnen.

So weit ein Gesellschafter selbst die Betriebsleitung übernehmen soll, darf dies nicht lediglich auf dem Papier stehen. (VGH BW vom 3. 12. 1996, GewA 1997, 121). Sinn und Zweck des Gesetzes erfordern vielmehr, dass der Betreffende außer seiner Qualifikation mindestens die Stellung eines angestellten Betriebsleiters hat, was Aufgaben und Befugnisse anbelangt und dass dies auch aus dem Gesellschaftsvertrag hervorgeht (Nds. OVG vom 21. 4. 1997, GewA 1997, 420; VG Lüneburg vom 14. 1. 1998, GewA 1998, 205). Ist die Aufgabe der Betriebsleitung nicht anderweitig eindeutig festgelegt, so darf im Gesellschaftsvertrag für ihn keine Freistellung von Verlusten erfolgt sein (aufschlussreich Nds. OVG vom 30. 8. 1994, GewA 1995, 74). Zulässig, aber ein Grenzfall, ist die Personengesellschaft, bei der eine jur. Person die Betriebsleitung übernehmen soll (sehr streng Nds. OVG vom 31. 12. 1992, GewA 1994, 67).

II. Juristische Personen und Personengesellschaften

6 **1. Juristische Personen** sind Personenvereinigungen oder Vermögensmassen, die gesetzlich einer natürlichen Person gleichgestellt sind, also mit eigener Rechtsfähigkeit. Im Bereich des Privatrechts kämen in Frage Verein, Genossenschaft, Stiftung, Aktiengesellschaft oder Gesellschaft mit beschränkter Haftung (GmbH). Vgl. hierzu *Karsten,* GewA 2006, 234.

7 **a)** Eine einzutragende **GmbH** muss durch vollzogene Handelsregistereintragung rechtlich existent sein; eine Gründungsgesellschaft kann also noch nicht in die Handwerksrolle aufgenommen werden (vgl. OLG Oldenburg vom 27. 6. 1967, GewA 1968, 132). Dazu *v. Ebner,* GewA 1975, 41. Die unzulässige Handwerkstätigkeit einer solchen Vorgesellschaft kann mit sofortiger Vollziehbarkeit untersagt werden (VG Hannover vom 23. 1. 1976, GewA 1976, 332; vgl. auch OLG Düsseldorf vom 26. 2. 1990, wistra 1990, 276). Die Handwerksrollenpflicht trifft eine GmbH auch dann, wenn es sich nur um eine Zweigniederlassung handelt (vgl. Nds. OVG vom 24. 6. 1994 – 1 A 1292 – DHreport 8/95 S. 36).

8 Für die gemeinnützige GmbH (dazu *Grabau,* DStR 1994, 1032) bestehen handwerksrechtlich keine Besonderheiten.

9 **b) Personengesellschaften sind OHG, KG und BGB-Gesellschaft** (§ 1 Abs. 1 Satz 2). „Gewerbetreibender" ist jeder (haftende) Gesellschafter für sich (HessVGH vom 14. 1. 1991, GewA 1991, 343). Eine analoge Anwendung auf andere Gemeinschaftsverhältnisse (Erbengemeinschaft, Gütergemeinschaft) ist möglich. Sie werden in die Handwerksrolle eingetragen, wenn der Betriebsleiter, der nicht mehr persönlich haftender Gesellschafter sein muss, den Befähigungsnachweis besitzt und die handwerkliche Betriebsleitung auch wirklich ausübt. Dazu immer noch interessant *Karsten,* GewA 2003, 95. Vgl. auch *v. Ebner,* GewA 1974, 213; *Hohner,* NJW 1975, 718; *Odenthal,* GewA 1991, 206).

10 **Handelsgesellschaften** werden mit ihrer Firma und erst dann in die Handwerksrolle eingetragen, wenn diese durch Eintragung ins Handelsregister entstanden ist. Vorher können sie nur als BGB-Gesellschaft eingetragen werden, wobei keine Sammelbezeichnungen erlaubt sind wie „Erbengemeinschaft Müller" (zu „und Partner" vgl. BayObLG vom 2. 8. 1996, NJW 1996, 3016 und BGH vom 21. 4. 1997, NJW 1997, 1854) oder Bezeichnungen, die eine Handelsregistereintragung vortäuschen wie „Fritz Meier und Söhne", sondern nur Vor- und Zunamen aller Gesellschafter (§ 15 b GewO). Ein nicht kaufmännischer Handwerksbetrieb kann nicht Gegenstand einer stillen Gesellschaft gem. § 230 HGB sein (OLG Köln vom 29. 5. 1995, NJW-RR 1996, 27).

Veränderungen im Gesellschafterbestand werden von der 11 Handwerkskammer lediglich vermerkt; nur wenn damit eine Änderung des Namens oder der Firmenbezeichnung verbunden ist, müssen Handwerksrolle und Handwerkskarte entsprechend berichtigt werden. Da die Identität des Unternehmens gewahrt bleibt, ist es nicht notwendig, eine Löschung und anschließende Neueintragung vorzunehmen. Wenn ein den Handwerksbetrieb leitender Teilhaber ausscheidet, muss er gem. § 4 Abs. 2 durch einen entsprechend qualifizierten Betriebsleiter ersetzt werden, wobei auch hier eine Übergangsfrist zugestanden werden kann.

c) Die Problematik der **GmbH & Co. KG** hat sich überholt (dazu 12 vgl. BVerwG vom 26. 4. 1994, GewA 1994, 474 (477)). Der Betriebsleiter muss natürlich auch hier den handwerklichen Geschäftsbetrieb tatsächlich leiten und leiten können (vgl. OVG Hamb. vom 19. 12. 1989, GewA 1990, 409).

Als Handwerksbetrieb gehört die GmbH & Co. KG organisato- 13 risch der Handwerkskammer an. Die GmbH ist integrierter Bestandteil des Handwerksbetriebes und müsste deshalb eigentlich ebenfalls mit zur Handwerkskammer gehören(dazu ausführlich Honig, GewA 1988, 53). Sie ist aber ein eigenes gewerbesteuerpflichtiges Rechtssubjekt und deshalb wird auch die reine Komplementär-GmbH von der IHK in Anspruch genommen (VG Freiburg vom 25. 1. 2001 Az. 7 K 769/00; VG des Saarlandes vom 12. 3. 2001, GewA 2001, 296; mit anderer Begründung *VG Ansbach vom 27. 3. 1980,* GewA 1980, 267). Vgl. in diesem Zusammenhang auch OVG NRW vom 24. 2. 1997, GewA 1997, 200 (201).

III. Eintragungsvoraussetzugen

In Abs. 1 a ff. zählt die Handwerksordnung die wesentlichen 14 **Eintragungsvoraussetzungen im Einzelnen auf.** Damit ist die generelle Handwerksausübungsbefugnis umschrieben, die sich aber auch aus anderen Vorschriften ergeben kann. Bei Erfüllung der gesetzlichen Voraussetzungen besteht ein Rechtsanspruch auf Eintragung in die Handwerksrolle; eine vorherige Eintragung ist nicht möglich (BayVGH vom 17. 3. 1987, GewA 1987, 231).

Die Handwerksrolleneintragung ist auch dann möglich, wenn die 15 Qualifikation nicht für das auszuübende, sondern für ein damit **verwandtes Handwerk** vorliegt. Die Bestimmung der verwandten

Handwerke erfolgte durch Rechtsverordnung; diese ist als Anhang 3 abgedruckt. Die in dieser VO erfolgte Aufzählung ist abschließend; die HWK können nicht selbst weitere Handwerke als verwandt behandeln (BVerwG vom 26. 10. 1993, GewA 1994, 115).

16 **1. Meisterprüfung (Abs. 1a).** Nach Abs. 1a gilt wie bisher als für die Ausübung eines Handwerks als qualifiziert und wird in die Handwerksrolle eingetragen, wer in dem zu betreibenden oder in einem mit diesem verwandten Gewerbe der Anlage A die Meisterprüfung bestanden hat. Die Meisterprüfung gilt aber jetzt nur als eine von mehreren Möglichkeiten zur Qualifizierung. Entsprechend der Zahl der zulassungspflichtigen Handwerke wurde auch das Verzeichnis der verwandten Handwerke (vgl. Anh. 4) stark reduziert.

17 **2. Andere gleichwertige Prüfungen (Abs. 2). a) Auch andere, der Meisterprüfung gleichwertige Prüfungen** werden als Eintragungsvoraussetzung anerkannt. (Abs. 2), vornehmlich einschlägige **Ingenieurprüfungen** oder die Prüfung als **Industriemeister** (VO v. 7. 9. 1982, BGBl. I S. 1475, Anh. 4). Meister der volkseigenen Industrie (aus der ehemaligen DDR) konnten schon bisher für das entsprechende Handwerk in die Handwerksrolle eingetragen werden (VO vom 6. 12. 1991, BGBl. I S. 2162 i. d. F. der Novelle 98, Anh. 9).

18 Eine derart **als gleichwertig anerkannte Prüfung** bezieht sich nur auf ein bestimmtes Handwerk und ermöglicht nicht auch noch die Eintragung für ein verwandtes Handwerk. Ein Ausgleich ergibt sich jedoch dadurch, dass ein und derselbe Ausbildungsgang als gleichwertig für verschiedene Handwerke gilt.

19 Auf den **Nachweis einer praktischen Betätigung** hat der Gesetzgeber vollständig verzichtet. So soll ein Bauingenieur, der zeitlebens nur planerisch oder mit Abrechnungen beschäftigt war und nie einen Backstein in die Hand genommen hat, als qualifiziert für die Ausübung des Maurerhandwerks gelten.

20 **b)** Die Handwerkskammer ist selbst ermächtigt, die Gleichwertigkeit festzustellen. Die Fülle der zu berücksichtigenden Prüfungen, z. B. auch aus den neuen Bundesländern und dem Ausland, lässt es schon lange nicht mehr zu, dass wie früher stets der Verordnungsgeber tätig werden muss. Dessen Ermächtigung ist nur noch eine Kann-Bestimmung. Die Rechtsverordnung über die Anerkennung von Prüfungen bei der Eintragung in die Handwerksrolle und bei der Ablegung der Meisterprüfung (im Anhang abgedruckt) gilt aber weiter und kann auch ergänzt werden.

21 Nach dem Gesetzestext können nur Prüfungen aus dem EU-Raum und dem EWR-Gebiet (dazu *Schwannecke,* WiVerw 2001,

247), seit der Neufassung der Vorschrift vom 1. 10. 2007 auch aus der Schweiz, anerkannt werden.

3. Die Ausnahmebewilligung des Abs. 3 setzt einen ausreichenden Befähigungsnachweis voraus; hierzu vgl. im Einzelnen die Anmerkungen zu §§ 8, 9. Dadurch ist hinsichtlich der Handwerksausübung eine Gleichsetzung mit der Meisterprüfung gerechtfertigt, so dass auch die Regelung hinsichtlich der verwandten Handwerke angewendet werden kann. Ebenso wie ein Meister braucht auch der Inhaber einer Ausnahmebewilligung als Installateur eine zusätzliche Konzession (OLG Düsseldorf vom 29. 5. 1990, GewA 1990, 328).

Aus dem Wortlaut des Abs. 3 folgt ganz eindeutig, dass die Eintragung erst erfolgen kann, wenn die Ausnahmebewilligung rechtskräftig erteilt wurde. Dies gilt auch dann, wenn die Voraussetzungen für die Erteilung schon vorher offenkundig sind; ein eigenes materielles Prüfungsrecht steht der Handwerkskammer hier nicht zu (VG Koblenz vom 2. 10. 1962, GewA 1963, 59).

Die Ausnahmebewilligung ist gültig für den gesamten Geltungsbereich der Handwerksordnung. Ebenso wenig wie die Meisterprüfung oder eine sonstige Prüfung in dem Bezirk der Handwerkskammer abgelegt worden sein muss, in dem das Handwerk ausgeübt werden soll, muss die Ausnahmebewilligung von der dort zuständigen Verwaltungsbehörde stammen. Wer eine Ausnahmebewilligung besitzt, kann, sofern diese nicht örtlich beschränkt ist, in jedem beliebigen Kammerbezirk die Handwerksrolleneintragung beantragen.

4. Als Qualifikationsnachweis für den Betriebsleiter gilt auch die Ausübungsbefugnis des § 7a und die Ausübungsberechtigung des § 7b (Abs. 7).

IV. Betriebsleiter

1. Die handwerksrechtlichen Voraussetzungen muss der **Betriebsleiter** erfüllen. Die dabei einschlägigen Fragen hielt das Bundesverwaltungsgericht schon vor geraumer Zeit für höchstrichterlich ausreichend geklärt: Der Betriebsleiter eines Handwerksbetriebes müsse die handwerklichen Tätigkeiten wie ein das Handwerk selbstständig betreibender Inhaber leiten. Er habe dafür zu sorgen, dass die handwerklichen Arbeiten „meisterhaft" ausgeführt werden. Die fachlich-technische Leitung des Betriebes müsse in seiner Hand liegen. Er müsse über den Handwerksbetrieb in seiner fachlichen Ausgestaltung und seinem technischen Ablauf bestimmen und insoweit die Verantwortung tragen. Daraus folge, dass der Betriebsleiter nach seiner vertraglichen Stellung zur Gesellschaft rechtlich in der Lage sein müsse, bestimmenden Einfluss auf den handwerklichen Betrieb zu nehmen. Er müsse insbesondere zum Vorgesetzten der handwerklich beschäftigten Betriebsangehörigen bestellt und ihnen gegenüber fachlich weisungsbefugt sein. Dazu müsse er auch tatsächlich die Leitungsfunktion wahrnehmen können und wahrnehmen. So BVerwG vom 22. 7. 1997, GewA 1997, 481. Vgl. *Karsten,* GewA 2003, 95.

27 Die Rechtsprechung zum Betriebsleiter ist sehr umfangreich; immer noch nützlich *Schotthöfer,* GewA 1981, 114. Zu den Anforderungen an eine „echte" Betriebsleitung vgl. BayVGH vom 28. 11. 1996, GewA 1997, 75.

28 **a)** Für den **Betriebsleiter** gilt im Einzelnen folgendes: Er ist für den Handwerksbetrieb in seiner fachlichen Ausgestaltung und im technischen Ablauf verantwortlich. Meist handelt es sich um einen entsprechenden Arbeitnehmer; Betriebsleiter können auch, müssen aber nicht, Gesellschafter oder bei einer juristischen Person Geschäftsführer sein (VG Saarbrücken vom 24. 9. 1965, GewA 1966, 108).

29 Ebenso wenig wie vom Inhaber verlangt das Gesetz eine pausenlose Anwesenheit des Betriebsleiters; Geschäftsreisen, der übliche Urlaub u. Ä. sind ihm selbstverständlich erlaubt. In den Fällen einer längeren schuldlosen Be- oder Verhinderung (Wehrdienst, Gefangenschaft, Krankheit) ist nach Umfang und Dauer der Beeinträchtigung zu unterscheiden. Erforderlichenfalls ist nach § 4 ein anderer Betriebsleiter zu benennen.

30 **aa) Aufgaben.** Alle in einem Handwerksbetrieb zu treffenden Entscheidungen fachlicher Art müssen vom Betriebsleiter getroffen werden und getroffen werden können, wenn auch im Übrigen die Ausgestaltung des Arbeitsverhältnisses weitestgehend im Ermessen der Parteien liegt. Ob eine bestimmte Person tatsächlich als Betriebsleiter im Sinne des Gesetzes anzusehen ist, kann nur von Fall zu Fall entschieden werden. Der Betriebsleiter ist z. B. nach § 151 GewO für die Einhaltung der gewerbepolizeilichen Vorschriften verantwortlich. In jedem Fall muss ihm die fachlich-technische Betreuung sämtlicher vorkommenden Handwerkstätigkeiten obliegen; eine bloße Nachkontrolle (VG Darmstadt vom 23. 4. 1964, GewA 1964, 280) oder ein nur gelegentliches Eingreifen stellen keine „Leitung" dar (vgl. auch VG Berlin vom 21. 12. 1966, GewA 1967, 201; VG Kassel vom 4. 8. 1976, GewA 1977, 58). Instruktiv OVG Rh.-Pf. vom 29. 1. 1992, GewA 1994, 66. Handwerke, die vornehmlich auf Baustellen außerhalb der Betriebsräume arbeiten, erfordern in besonderem

Eintragungen §7 HwO

Maße eine regelmäßige Kontrolle und Leitung vor Ort (VG Sigmaringen vom 22. 2. 1994, GewA 1995, 304 LS).

bb) Die Stellung im Unternehmen muss dem Betriebsleiter 31
erlauben, den Betrieb in handwerkstechnischer Hinsicht **verantwortlich zu leiten;** Vertretungsbefugnis nach außen ist dazu nicht unbedingt erforderlich. Er muss jedoch den gleichen Einfluss haben wie ein selbstständiger Handwerker in seinem Betrieb, muss jederzeit lenkend und korrigierend eingreifen können (BVerwG vom 16. 4. 1991, NVwZ 1991, 1189 = GewA 1991, 353). Das fachliche Weisungsrecht des Betriebsleiters muss auch gegenüber mitarbeitenden Gesellschaftern gelten (VGH BW vom 25. 6. 1993, GewA 1993, 483); erst recht muss er gegenüber den handwerklich beschäftigten Betriebsangehörigen die rechtliche und tatsächliche Durchsetzungsmacht besitzen (VGH BW vom 22. 4. 1994, GewA 1994, 292; HessVGH vom 18. 3. 1997, GewA 1997, 144).

cc) Ernstlichkeit. Bei einem „freien Mitarbeiter" fehlt schon be- 32
grifflich die erforderliche Einbindung in den Betrieb (VG Köln vom 10. 4. 1995, DHreport 9/95 S. 36). Eine Arbeitszeit von nur wenigen Stunden täglich oder nur am Wochenende sind zu wenig. Bei der Beurteilung ist dabei nicht nur der Ist-Zustand in dem betreffenden Betrieb ins Auge zu fassen, sondern auch nahe liegende zukünftige Entwicklungen (VG Schleswig vom 27. 5. 1999, GewA 1999, 341) Ob eine vereinbarten Betriebsleitung ernst gemeint ist, ergibt sich u. a. aus der Höhe der dafür gewährten **Vergütung.** Sie ist ein wichtiges Indiz für die Ernstlichkeit eines Betriebsleitervertrags (VGH BW vom 23. 11. 1983, GewA 1984, 124; Nds. OVG vom 30. 8. 1994, GewA 1995, 74). Anhaltspunkte bietet der jeweilige Tariflohn für einen Meister.

dd) Verfügbarkeit. Die Leitung setzt eine jederzeitige persön- 33
liche Eingreifmöglichkeit voraus; bloße telefonische Erreichbarkeit genügt nicht (BVerwG vom 26. 5. 1993, GewA 1994, 172). Der Betriebsleiter muss nicht immer anwesend, aber immer erreichbar sein. Dies ist nicht gewährleistet, wenn er ganztags in einem anderweitigen festen Arbeitsverhältnis steht. Es genügt nicht, wenn er bei anfallenden Arbeiten jeweils von Fall zu Fall beigezogen wird. Es ist aber nicht grundsätzlich ausgeschlossen, dass der Betriebsleiter daneben auch noch einen eigenen selbstständigen Handwerksbetrieb weiterführt (VG Saarbrücken vom 24. 9. 1965, GewA 1966, 108; Nds. OVG vom 15. 1. 1975 GewA 1975, 232) oder in einem anderweitigen Arbeitsverhältnis steht. Die Höchstzeiten des Arbeitszeitsrechtsgesetzes von normalerweise 8 Stunden am Tag (dazu Anzinger, BB 1994, 1492; *Kollmer,* GewA 1994, 406; *Diller,* NJW 1994, 2726) dürfen auch bei einer derartigen Doppeltätigkeit nicht über-

schritten werden (vgl. LAG Nürnberg vom 19. 9. 1995, NZA 1996, 882).

34 Die Leitung verschiedener Betriebe durch ein und dieselbe Person ist also nicht ausgeschlossen (VG Saarlouis vom 19. 1. 1982, GewA 1982, 306); die Arbeits-, bzw. Betriebsleiterverträge müssen in diesem Fall aber die Möglichkeit offen lassen, sich erforderlichenfalls jederzeit um den jeweils anderen Betrieb kümmern zu können. Dazu vgl. auch VG Schleswig vom 27. 5. 1999, GewA 1999, 341.

35 Mehr als zwei Unternehmen gleichzeitig kann ein Betriebsleiter aber wohl nicht ausreichend verantwortlich führen (vgl. dazu OVG Berlin vom 23. 10. 1985, GewA 1986, 135; BVerwG vom 22. 11. 1994, GewA 1995, 164 = DVBl. 1995, 796 und VG Chemnitz vom 14. 12. 1998, GewA 1999, 250). Zu berücksichtigen ist nicht nur der Abstand der Betriebe, sondern auch die Entfernung zum Wohnsitz des Betriebsleiters (OVG Rh.-Pf. vom 29. 1. 1992, GewA 1994, 66; Nds. OVG vom 25. 9. 1992, GewA 1994, 171). Bis zu einer Entfernung von 50 km wird man angesichts der heutigen Verkehrsmöglichkeiten eine hinreichende Leitung annehmen können, bei besonders günstigen Verbindungen auch noch darüber hinaus. In jedem Fall ist aber auch Anzahl und Größe der gleichzeitig zu leitenden Betriebe zu berücksichtigen, sowie die Art des Gewerbes (vgl. Schl.-Holst. OVG vom 27. 2. 1992, GewA 1992, 277). Erforderlichenfalls muss der Betriebsleiter auch in der Filiale jederzeit persönlich eingreifen können; bloße telefonische Erreichbarkeit genügt nicht (BVerwG vom 26. 5. 1993, GewA 1994, 172). Bei einer Entfernung von mehr als 100 km wird man unter allen Umständen einen weiteren Betriebsleiter verlangen müssen (HessVGH vom 4. 1. 1966, GewA 1966, 231).

36 Eine **gegenseitige Betriebsleitung** zweier selbstständiger Handwerker unterschiedlicher Branchen dient in aller Regel der Umgehung der HwO und ist allenfalls in seltenen Ausnahmefällen zulässig (vgl. OVG Rh.-Pf. vom 17. 9. 1987, GewA 1988, 226; dazu auch Müller, GewA 1988, 215).

37 ee) Eignung. Bedeutsam sind die **faktischen Einwirkungsmöglichkeiten**. Ein Meister, der bereits Berufs- oder gar Erwerbsunfähigkeitsrente bezieht (VG Arnsberg vom 5. 8. 1977, GewA 1978, 230) oder der alt und gebrechlich ist, wird nicht Betriebsleiter sein können (BVerwG vom 28. 4. 1971, GewA 1972, 21); im Zweifel empfiehlt es sich für die Handwerkskammer, sich durch ein persönliches Gespräch mit dem Betriebsleiter von dessen Rüstigkeit zu überzeugen. Wer unter Betreuung steht kommt für die Betriebsleitung nicht in Frage (VG Arnsberg vom 13. 3. 1978, GewA 1978, 266).

Eintragungen **§ 7 HwO**

Beim angestellten Betriebsleiter sollte die Handwerkskammer sich 38
auf jeden Fall einen **schriftlichen Arbeitsvertrag** vorlegen lassen;
bei versicherungspflichtigen Personen auch die Krankenkassenanmeldung. Dadurch werden bloße Scheinverhältnisse erschwert. Verträge,
durch die die Erfordernis einer Erlaubnis umgangen werden soll, sind
nichtig (so LG Berlin vom 20. 4. 1977, NJW 1977, 1826 = GewA
1978, 31).

Für die **Gesundheitshandwerke**, die ihre Leistungen überwie- 39
gend über die Krankenkassen abrechnen (Augenoptiker, Zahntechniker, Orthopädietechniker u. Ä.) gelten strengere Regeln. Weil unzureichende Handwerkstätigkeit hier weit reichende Folgen haben
kann, wird für jede Betriebsstätte ständige Meisterpräsenz verlangt;
dies wird durch entsprechende Rahmenvereinbarungen zwischen
den Sozialversicherungsträgern und den betreffenden Handwerksverbänden untermauert (Vgl. in diesem Zusammenhang auch Krause,
Das Gesundheitshandwerk zwischen Gewerbe-, Gesundheits-, Sozial- und Wettbewerbsrecht – insbesondere zur Zulässigkeit von Teilzeitfilialen, GewA 1984, 313; Webers/Schwannecke, Rechtliche
Grenzen der Aufgabenverteilung zwischen Arzt und Gesundheitshandwerken, NJW 1998, 2697, und eingehend Badura, GewA 1992,
201).Unter besonderen Umständen ist aber auch in Gesundheitshandwerken eine doppelte Betriebsleitung möglich (für Hörgeräteakustiker VG Schleswig vom 9. 3. 2000, GewA 2000, 426). Ausführlich zur
Frage der Meisterpräsenz im Augenoptikerhandwerk VG Göttingen
vom 5. 7. 1994, GewA 1994, 423; VG Neustadt/Weinstr. vom 6. 11.
1992, GewA 1995, 39 LS; BSG vom 29. 11. 1995, GewA 1997, 320.
Umfassend *Schmitz*, WiVerw. 1999, 88.

Nachfolgende Urteile äußern sich zu den **speziellen Betriebs-** 40
leiterpflichten einzelner Handwerke: Beton- u. Stahlbetonbauer (Nds. OVG vom 25. 9. 1992, GewA 1994, 117); **Brunnenbauer** (BayVGH vom 6. 9. 1982, BB 1983, 523 = NVwZ 1983,
691); **Dachdecker** (VG Stuttgart vom 27. 12. 1988, ZdH-intern
14/89 VI/2); **Elektroinstallateur** (VG Berlin vom 20. 3. 1985,
GewA 1985, 341).

2. Formalien. Die **Bestellung und Abberufung des Be-** 41
triebsleiters ist nach § 16 Abs. 2 der Handwerkskammer anzuzeigen.
Die Verpflichtung trifft den Betriebsinhaber oder den gesetzlichen
Vertreter der juristischen Person. Es empfiehlt sich, dass die Handwerkskammer bei der Eintragung auch den Betriebsleiter selbst dazu
veranlasst, dass er ein späteres Ausscheiden meldet.

Nach **Ausscheiden des Betriebsleiters** ist nach § 4 unverzüglich 42
ein anderer zu benennen.

43 Für den **Leiter eines Nebenbetriebs** (dazu vgl. die Anmerkungen zu §§ 2 und 3) **oder einer Filiale** gelten die gleichen Voraussetzungen, wie sie für den Betriebsleiter eines „normalen" Handwerksbetriebes maßgebend sind (vgl. OLG München vom 13. 1. 1991, GewA 1991, 352). Je nach der Ausgestaltung des konkreten Falles kann der Nebenbetrieb aber nur von so untergeordneter Art sein, dass die Stellung des Betriebsleiters nicht ganz so herausgehoben sein muss; bei kleineren Nebenbetrieben kommt manchmal die volle Beschäftigung eines Meisters wirtschaftlich und auftragsmäßig gar nicht in Frage. Im Einzelfall können daher die Anforderungen reduziert werden, solange die ausreichende Betriebsleitung gewährleistet bleibt. Die wöchentlich zweimalige Anwesenheit des Betriebsleiters kann für eine kleineren Bau-Nebenbetrieb u. U. genügen, wenn in dieser Zeit die notwendige fachlich-technische Leitung und Überprüfung der anfallenden Arbeiten möglich ist (OVG NRW vom 4. 4. 1956, BB 1956, 673 = NJW 1957, 273); der Betriebsleiter darf aber nicht nur auf dem Papier stehen. Bedenklich ist eine derartige sporadische „Betriebsleitung" bei besonders gefährlichen Handwerken (OVG NRW vom 11. 10. 1972, GewA 1976, 59 für Heizungsbau; ebenso Nds. OVG vom 19. 7. 1974, GewA 1975, 27), jetzt also allgemein.

V. Vertriebene und Flüchtlinge (Abs. 9)

Literatur: *Diener*, Zur Anerkennung ausländischer Prüfungen und Befähigungsnachweise im Handwerk, BB 1980, 1052; *Gaa-Unterpaul*, Das Kriegsfolgenbereinigungsgesetz und die Änderungen für das Vertriebenenrecht, NJW 1993, 2080; *Gottlieb*, Wer ist eigentlich (noch) Aussiedler?, NVwZ 1992, 859; *Kuhfuß*, Anerkennung ausländischer Zeugnisse auf handwerkliche Prüfungen, BB 1969, 919 und BB 1973, 803.

44 **1. a) Der Meisterprüfung gleichwertige Prüfungen Vertriebener** berechtigen nach Abs. 7 zur Handwerksrolleneintragung. Diese ursprünglich notwendige Regelung wurde praktisch bedeutungslos, nachdem durch die Neufassung des Bundesvertriebenengesetzes – BVFG – vom 3. 9. 1971 (BGBl. I S. 1566) dieses in § 92 den gleichen Grundsatz aufstellt. Anerkannt werden können dem Sinn des Gesetzes entsprechend nur Prüfungen, die bereits vor der Vertreibung abgelegt worden sind (VGH BW vom 4. 12. 1992, ZdH-intern 12/93 VI/2).

45 **Die Regelung gilt nur für Inhaber eines offiziellen Vertriebenenausweises** (VG Köln vom 4. 7. 1989, ZdH-intern 22/89 VI/2), nicht für Ausländer schlechthin (VG Ansbach vom 31. 12. 1987,

ZdH-intern 9/88 VI/3). Dazu *Gottlieb,* NVwZ 1992, 859; *Gaa-Unterpaul,* NJW 1993, 2080.

b) Mangels einer besonderen Regelung muss man davon ausgehen, dass die **Feststellung der Gleichwertigkeit** einer Prüfung bei den einzelnen Handwerkskammern liegt. Auf die Gleichwertigkeit der Anforderungen darf dabei bei aller den Vertriebenen gegenüber gebotenen Großzügigkeit nicht verzichtet werden, wenn dies aus politischen Gründen auch gar nicht immer durchführbar ist. Vorrangig ist auf eine funktionelle Betrachtungsweise abzustellen. Maßstab ist hierbei die dem Vertriebenen durch die in seinem Heimatland abgelegte Prüfung bescheinigte Verwendbarkeit im Wirtschaftsleben (vgl. VG Karlsruhe vom 7. 4. 1995, DHreport 12/95 S. 41). In der ehemaligen DDR abgelegte handwerkliche Meisterprüfungen gelten nach dem Einigungsvertrag grundsätzlich als gleichwertig (so schon VGH BW vom 24. 1. 1979 GewA 1981, 352). Im Übrigen vgl. *Kuhfuß,* BB 1969, 919 und BB 1973, 803; Grundsätze des Bundeswirtschaftsministers zur rechtlichen Handhabung der §§ 92 und 71 BVFG sowie des § 7 Abs. 7 HwO, MinBlFin. S. 662; Grundsätze zur Anerkennung von Zeugnissen sowie zur Eintragung von Ausländern in die Handwerksrolle, BB 1977, 42 und GewA 1977, 87; *Diener,* BB 1980, 1052.

46

Bei der Prüfung der Gleichwertigkeit muss aus politischen Gründen rein formal vorgegangen werden; der Kenntnis- und Wissensstand findet keine Berücksichtigung. In der Praxis findet wenig Verständnis, wenn der einem Meister gleichgestellte vertriebene Osteuropäer kaum Deutsch spricht und naturgemäß auch nicht annähernd unsere Techniken und Materialien kennt. Auf dem Gleichstellungsbescheid empfiehlt sich daher ein Hinweis etwa des Inhalts:

47

„Durch die abweichenden Bildungssysteme in den verschiedenen Ländern bestehen teilweise erhebliche Unterschiede in den beruflichen Qualifikationen. Deshalb sind möglicherweise nicht alle Kenntnisse und Fertigkeiten vorhanden, die die Berufsbildungsvorschriften in Deutschland verlangen."

48

2. Weitere Sonderregelungen für Vertriebene und Wiedergutmachungsberechtigte finden sich im erwähnten Bundesvertriebenengesetz. Von Bedeutung ist hier neben dem schon behandelten § 92 BVFG der den § 119 HwO ergänzende **§ 71 BVFG,** der folgenden Wortlaut hat:

49

„Vertriebene und Sowjetzonenflüchtlinge, die glaubhaft machen, dass sie vor der Vertreibung ein Handwerk als stehendes Gewerbe selbstständig betrieben oder die Befugnis zur Anlei-

50

tung von Lehrlingen besessen haben, sind auf Antrag bei der für den Ort ihres ständigen Aufenthaltes zuständigen Handwerkskammer in die Handwerksrolle einzutragen. Für die Glaubhaftmachung ist § 93 entsprechend anzuwenden."

51 „Vor der Vertreibung" bedeutet nicht „irgendwann einmal"; angestrebt wird hier die **Besitzstandwahrung,** so dass die betreffende Befugnis im Zeitpunkt der Vertreibung noch vorgelegen haben muss (vgl. hierzu auch die Anmerkungen zu § 119). Beruhte die Befugnis auf einer befristeten Ausnahmeerlaubnis, so können jetzt nicht über deren Fristablauf hinaus Wirkungen entstehen. Daraus, dass einem vertriebenen Lehrlingsausbilder die Ausübungsbefugnis zugestanden wird, können nicht vertriebene Ausbilder unter Berufung auf den Gleichheitsgrundsatz keine Rechte herleiten.

52 **3.** Der angesprochene **§ 93 BVFG,** der die Form der Glaubhaftmachung regelt, hat folgenden Wortlaut:

„(1) Haben Vertriebene ... die zur Ausübung ihres Berufs notwendigen oder für den Nachweis ihrer Befähigung zweckdienlichen Urkunden (Prüfungs- oder Befähigungsnachweise) und die zur Ausstellung von Ersatzurkunden erforderlichen Unterlagen verloren, so ist ihnen auf Antrag durch die für die Ausstellung entsprechender Urkunden zuständigen Behörden und Stellen eine Bescheinigung auszustellen, wonach der Antragsteller die Ablegung der Prüfung oder den Erwerb des Befähigungsnachweises glaubhaft nachgewiesen hat.

(2) Voraussetzung für die Ausstellung der Bescheinigung gemäß Abs. 1 ist die glaubhafte Bestätigung
1. durch schriftliche, an Eides statt abzugebende Erklärung einer Person, die auf Grund ihrer früheren dienstlichen Stellung im Bezirk des Antragstellers von der Ablegung der Prüfung oder dem Erwerb des Befähigungsnachweises Kenntnis hat, oder
2. durch schriftliche, an Eides statt abzugebende Erklärung von zwei Personen, die von der Ablegung der Prüfung oder dem Erwerb des Befähigungsnachweises Kenntnis haben.

(3) Die Bescheinigung gemäß Abs. 1 hat im Rechtsverkehr dieselbe Wirkung wie die Urkunde über die abgelegte Prüfung oder den erworbenen Befähigungsnachweis.

...

Ausübungsberechtigung für anderes Gewerbe § 7a **HwO**

(5) Zuständig für die Entgegennahme von Erklärungen an Eides statt gemäß Abs. 2 sind die für die Ausstellung der Bescheinigungen gemäß Abs. 1 zuständigen und die von den Ländern hierzu bestimmten Behörden und Stellen." 53

Diese **Sonderermächtigung** gibt also auch den Handwerkskammern das Recht zur Entgegennahme eidesstattlicher Versicherungen. Zusammenfassend zu diesen ganzen Problemen *Büttner,* GewA 1966, 265. 54

VI. Wirkung der Handwerksrolleneintragung

Die **Handwerksrolleneintragung** begründet für sich genommen lediglich das Recht zur selbstständigen Ausübung des betreffenden Handwerks. Die Berechtigung zur Führung des Meistertitels, die Lehrlingsausbildungsbefugnis usw. sind damit nicht automatisch verbunden und müssen nach den jeweils in Frage kommenden Vorschriften gesondert erworben werden. 55

§ 7a [Ausübungsberechtigung für anderes Gewerbe]

(1) **Wer ein Handwerk nach § 1 betreibt, erhält eine Ausübungsberechtigung für ein anderes Gewerbe der Anlage A oder für wesentliche Tätigkeiten dieses Gewerbes, wenn die hierfür erforderlichen Kenntnisse und Fertigkeiten nachgewiesen sind; dabei sind auch seine bisherigen beruflichen Erfahrungen und Tätigkeiten zu berücksichtigen.**

(2) **§ 8 Abs. 2 bis 4 gilt entsprechend.**

Die Ausübungsberechtigung ist eine weitere Form des Befähigungsnachweises. Sie berechtigt nur zur selbstständigen zusätzlichen Ausübung des betreffenden oder damit verwandten Handwerks (oder Teihandwerks), nicht auch noch zur Lehrlingsausbildung; selbstverständliche weitere Voraussetzung für eine Betätigung ist die entsprechende Eintragung in die Handwerksrolle, die nach § 7 Abs. 7 erfolgt (vgl. OLG Suttgart vom 20. 6. 1997, GewA 1997, 417). 1

Ziel des Gesetzgebers war, allen eingetragenen Handwerkern, die ihr Handwerk tatsächlich ausüben, ohne Rückgriff auf eine Ausnahmebewilligung nach § 8 die umfassende oder teilweise Ausübung auch anderer Handwerke zu ermöglichen. Zur Auslegung der Vorschrift vgl. BMWi Bek. vom 30. 6. 1994 Nr. 8, GewA 1994, 381. 2

Das Verfahren und die Voraussetzungen entsprechen voll und ganz dem Verfahren und den Voraussetzungen nach § 8; es kann daher auf 3 die dortigen Anmerkungen verwiesen werden. Ein Unterschied besteht lediglich hinsichtlich des Ausnahmegrundes; als solcher gilt hier kraft Gesetzes, dass der Antragsteller bereits ein zulassungspflichtiges Handwerk betreibt und damit in der Handwerksrolle eingetragen ist. Eigentlich hätte eine entsprechende Ergänzung des § 8 genügt; der vom Gesetzgeber gewählte umständliche Weg soll wahrscheinlich schon optisch seine Absicht betonen, möglichst viele zusätzliche Möglichkeiten für eine Erweiterung des Handwerksbetriebes zu schaffen.

4 Nach Sinn und Zweck der Vorschrift muss für die Antragstellung derjenige in Frage kommen, auf dessen Qualifikation die bestehende Handwerksrolleneintragung beruht, also nicht nur der eingetragene Einzelinhaber, sondern auch gegebenenfalls der Betriebsleiter. Auch der Inhaber einer Ausnahmebewilligung kann den Antrag stellen.

5 Die Ausübungsberechtigung als Ergänzung einer bestehenden Handwerksrolleneintragung ist von dieser abhängig. Diese Wirkung tritt aber nicht automatisch ein. Entfallen die Voraussetzungen für die Eintragung mit dem Ausgangshandwerk, dann kann die Ausübungsberechtigung widerrufen werden (§ 49 Abs. 2 Nr. 3 VwVfG), sofern sie nicht schon gleich mit einer entsprechenden auflösenden Bedingung versehen wurde.

6 Einen irgendwie gearteten Zusammenhang zwischen der ausgeübten und der angestrebten Tätigkeit verlangt das Gesetz hier nicht. Es ist aber wenig sinnvoll, die Berechtigung für Tätigkeiten anzustreben, die sich nicht ergänzend zum bisherigen Beruf wirtschaftlich nutzen lassen. Auch bei der Betätigung auf Grund einer Ausübungsberechtigung gibt es keine weiteren Einschränkungen. Im Gegensatz zur Erweiterung der Handwerksberechtigung durch § 5 besteht hier keine Abhängigkeit von dem ursprünglich ausgeübten Handwerk; die ergänzend erlaubten Tätigkeiten können isoliert ausgeübt werden und es darf dafür geworben werden.

§ 7b [Ausübungsberechtigung für zulassungspflichtige Handwerke]

(1) **Eine Ausübungsberechtigung für zulassungspflichtige Handwerke, ausgenommen in den Fällen der Nummern 12 und 33 bis 37 der Anlage A, erhält, wer**
1. **eine Gesellenprüfung in dem zu betreibenden zulassungspflichtigen Handwerk oder in einem mit diesem verwandten zulassungspflichtigen Handwerk oder eine Abschlussprüfung in einem dem zu betreibenden zulassungspflichtigen Handwerk entsprechenden anerkannten Ausbildungsberuf bestanden hat und**

Ausübungsberechtigung § 7b HwO

2. in dem zu betreibenden zulassungspflichtigen Handwerk oder in einem mit diesem verwandten zulassungspflichtigen Handwerk oder in einem dem zu betreibenden zulassungspflichtigen Handwerk entsprechenden Beruf eine Tätigkeit von insgesamt sechs Jahren ausgeübt hat, davon insgesamt vier Jahre in leitender Stellung. Eine leitende Stellung ist dann anzunehmen, wenn dem Gesellen eigenverantwortliche Entscheidungsbefugnisse in einem Betrieb oder in einem wesentlichen Betriebsteil übertragen worden sind. Der Nachweis hierüber kann durch Arbeitszeugnisse, Stellenbeschreibungen oder in anderer Weise erbracht werden.
3. Die ausgeübte Tätigkeit muss zumindest eine wesentliche Tätigkeit des zulassungspflichtigen Handwerks umfasst haben, für das die Ausübungsberechtigung beantragt wurde.

(1a) ¹Die für die selbständige Handwerksausübung erforderlichen betriebswirtschaftlichen, kaufmännischen und rechtlichen Kenntnisse gelten in der Regel durch die Berufserfahrung nach Absatz 1 Nr. 2 als nachgewiesen. ²Soweit dies nicht der Fall ist, sind die erforderlichen Kenntnisse durch Teilnahme an Lehrgängen oder auf sonstige Weise nachzuweisen.

(2) ¹Die Ausübungsberechtigung wird auf Antrag des Gewerbetreibenden von der höheren Verwaltungsbehörde nach Anhörung der Handwerkskammer zu den Voraussetzungen des Absatzes 1 erteilt. ²Im Übrigen gilt § 8 Abs. 3 Satz 2 bis 5 und Abs. 4 entsprechend.

Literatur: *Zimmermann,* Die „Altgesellenregelung" nach § 7b HwO, GewA 2008, 334.

1. Die **Ausübungsberechtigung** ist für die meisten zulassungspflichtigen Handwerke jetzt auch ohne Meisterprüfung für Gesellen erreichbar. Ausgenommen sind nach Abs. 1 nur die Schornsteinfeger sowie die Gesundheitshandwerke.

Die Regelung ist rechtsdogmatisch bedenklich. Theoretisch soll die Ausübungsberechtigung eine besondere Form der Ausnahmebewilligung sein. Der Ausnahmecharakter ging aber hier verloren; die Ausnahme wurde vielmehr zur alternativen Regel. Wer immer die genannten Voraussetzungen erfüllt, braucht sich keine Gedanken mehr um eine Meisterprüfung zu machen, sondern hat Anspruch auf die gleichwertige Ausübungsberechtigung.

Nicht ausgeschlossen ist Missbrauch der Altgesellenregelung, indem Betriebe ihre Mitarbeiter auf diesem Wege zu billigeren Subunternehmern machen. Kritisch hierzu auch *Zimmermann,* GewA 2008, 334.

HwO **§ 7b** 1. Teil. Handwerk u. handwerksähnliches Gewerbe

3 **2. Voraussetzung sind** (1) Die **einschlägige Gesellenprüfung,** auch in einem verwandten Handwerk, oder eine entsprechende Abschlussprüfung, i. d. R. eine Facharbeiterprüfung.

4 (2) Eine **mindestens sechsjährige Berufspraxis** in dem angestrebten oder mit ihm verwandten Handwerk oder auch in einem „entsprechenden Beruf". Diese muss zumindest eine wesentliche Tätigkeit des betreffenden Gewerbes umfasst haben; **vier Jahre davon in leitender Stellung.** „Gesellentätigkeit" ist wörtlich zu verstehen. Es genügt nicht eine sechsjährige Praxis schlechthin, also einschließlich der Lehrzeit (BayVGH vom 31. 1. 2005, GewA 2005, 156). Ebenso wenig kann eine rechtswidrige Selbständigkeit eine Rolle spielen. Die Rspr. geht allerdings z. T. darüber hinweg. Vgl. *Dürr,* GewA 2007, 66

5 Im Entwurf hieß es ursprünglich: in „herausgehobener, verantwortlicher oder leitender Stellung", was mehr Verwirrung als Klarheit gebracht hätte. Angesichts der heutigen Komplexität der Betriebsabläufe wird es kaum einen Gesellen geben, dessen Tätigkeit nicht „verantwortlich" ist. Die Formulierung war offensichtlich den Leipziger Beschlüssen zur Ausnahmebewilligung nach § 8 entnommen. Für die Ausnahmebewilligung muss aber in jedem Fall noch der Befähigungsnachweis erbracht werden, auf den hier bei nur einem Bruchteil der Berufserfahrung verzichtet wird. Bisher legte ein Handwerker normalerweise mit ca. 18 Jahren seine Gesellenprüfung ab, mit 24, 25 die Meisterprüfung. Durch den neuen § 7b kommt er durch relativ geringes Abwarten ohne Mühe oft zum gleichen Ergebnis. Die Formulierung „anerkannter Ausbildungsberuf" ist dabei weit auszulegen und erlaubt auch die Erteilung der Ausübungsberechtigung an Bewerber, die nicht im dualen System mit klassischer Gesellenprüfung ausgebildet wurden, sondern im Rahmen einer vollzeitschulischen Ausbildung nach dem jeweiligen Landesrecht (VG Gelsenkirchen, GewA 2008, 81).

6 Die **„leitende Stellung"** muss durch Arbeitszeugnisse, Stellenbeschreibungen oder auf andere Weise ausdrücklich nachgewiesen werden. Sie wird angenommen, wenn der Geselle im Betrieb oder einem wesentlichen Betriebsteil eigenverantwortlich Entscheidungen treffen konnte. Die Entscheidungsbefugnis muss auch organisatorische Fragen einschließen und darf sich nicht darin erschöpfen, dass der Geselle in seiner Arbeit relativ frei ist. Eingehend VG Ansbach vom 13. 1. 2005, GewA 2005, 346. Zu Unrecht für zu weit gehend hält dieses Urteil *Sydow,* GewA 2005, 456. Nach ihrer Ansicht wollte der Gesetzgeber größtmögliche Liberalität. Ähnlich auch VG Köln vom 15. 12. 2005, GewA 2006, 168.

Ausnahmebewilligung § 8 HwO

3. Nach Abs. 1a gelten die für die selbstständige Berufsausübung 7 erforderlichen **betriebswirtschaftlichen, kaufmännischen und rechtlichen Kenntnisse** „in der Regel" durch die nachzuweisende Berufserfahrung als gegeben. So weit dies nicht der Fall ist, müssen entsprechende spezielle Nachweise erbracht werden. Im Gegensatz zur Ausübungsberechtigung nach § 7a wird also hier kein genereller Nachweis der Kenntnisse und Fertigkeiten verlangt. Es ist aber stets zu prüfen, ob die ausgeübte Tätigkeit auch wirklich das ihr unterstellte allgemein-theoretische Wissen voraussetzte oder vermitteln konnte.

4. Zuständig ist ebenso wie für die Erteilung einer Ausnahmebe- 8 willigung die höhere Verwaltungsbehörde. Auch das sonstige Verfahren entspricht gemäß Abs. 2 dem bei der Ausnahmebewilligung nach § 8, so dass auf die dortigen Anmerkungen verwiesen werden kann.

§ 8 [Ausnahmebewilligung]

(1) [1]**In Ausnahmefällen ist eine Bewilligung zur Eintragung in die Handwerksrolle (Ausnahmebewilligung) zu erteilen, wenn die zur selbständigen Ausübung des von dem Antragsteller zu betreibenden zulassungspflichtigen Handwerks notwendigen Kenntnisse und Fertigkeiten nachgewiesen sind; dabei sind auch seine bisherigen beruflichen Erfahrungen und Tätigkeiten zu berücksichtigen.** [2]**Ein Ausnahmefall liegt vor, wenn die Ablegung einer Meisterprüfung zum Zeitpunkt der Antragstellung oder danach für ihn eine unzumutbare Belastung bedeuten würde.** [3]**Ein Ausnahmefall liegt auch dann vor, wenn der Antragsteller eine Prüfung auf Grund einer nach § 42 dieses Gesetzes oder § 53 des Berufsbildungsgesetzes erlassenen Rechtsverordnung bestanden hat.**

(2) **Die Ausnahmebewilligung kann unter Auflagen oder Bedingungen oder befristet erteilt und auf einen wesentlichen Teil der Tätigkeiten beschränkt werden, die zu einem in der Anlage A zu diesem Gesetz aufgeführten Gewerbe gehören; in diesem Fall genügt der Nachweis der hierfür erforderlichen Kenntnisse und Fertigkeiten.**

(3) [1]**Die Ausnahmebewilligung wird auf Antrag des Gewerbetreibenden von der höheren Verwaltungsbehörde nach Anhörung der Handwerkskammer zu den Voraussetzungen der Absätze 1 und 2 und des § 1 Abs. 2 erteilt.** [2]**Die Handwerkskammer kann eine Stellungnahme der fachlich zuständigen Innung oder Berufsvereinigung einholen, wenn der Antragsteller ausdrücklich zustimmt.** [3]**Sie hat ihre Stellungnahme einzuholen, wenn der Antragsteller es verlangt.** [4]**Die Landesregierungen werden ermächtigt, durch**

HwO § 8 1. Teil. Handwerk u. handwerksähnliches Gewerbe

Rechtsverordnung zu bestimmen, daß abweichend von Satz 1 an Stelle der höheren Verwaltungsbehörde eine andere Behörde zuständig ist. [5]Sie können diese Ermächtigung auf oberste Landesbehörden übertragen.

(4) Gegen die Entscheidung steht neben dem Antragsteller auch der Handwerkskammer der Verwaltungsrechtsweg offen; die Handwerkskammer ist beizuladen.

Übersicht

	Rdn.
I. Sinn der Ausnahmebewilligung	1
II. Grundlagen	6
1. Befähigungsnachweis	7
a) Inhalt	8
b) nachzuweisende Befähigung	10
aa) fachlich	10
bb) kaufmännisch usw.	12
cc) konkret in eigener Person	13
c) Form des Nachweises	14
aa) Allgemeines	16
bb) Eignungstest	17
2. Ausnahmefall	20
a) Vorrang Befähigung	20
b) Allgemeines	22
c) auch für Betriebsleitertätigkeit u. Ä.	24
d) gesamter beruflicher Werdegang zu berücksichtigen	28
e) Einzelne Ausnahmegründe:	29
aa) Arbeitslosigkeit	30
bb) Beschränkung auf Teilhandwerk	31
cc) Erwerb oder Pacht eines Unternehmens	32
dd) Fortgeschrittenes Alter	34
ee) Gesundheitliche Gründe	35
ff) Sprachschwierigkeiten	36
gg) Höheres Ausbildungsniveau	37
III. Einschränkungen der Ausnahmebewilligung	38
1. Beschränkung auf Teilhandwerk	38
a) Definition	39
b) nicht nur für einfache Arbeiten	41
c) Formales	42
2. Nebenbestimmungen	43
a) Auflagen	45
b) Bedingungen	46
aa) aufschiebende	47
bb) auflösende	48
cc) Beschränkung auf bestimmten Betrieb	49
c) Befristung	50

	Rdn.
aa) Voraussetzungen	50
bb) Wirkungen	51
d) Keine nachträglichen Nebenbestimmungen	53
3. Widerruf der Ausnahmebewilligung	55
IV. Verfahren	57
1. a) Zuständige Verwaltungsbehörde	59
b) Verfahrensfragen	61
2. Anhörung Handwerkskammer	64
3. Anhörung Berufsvereinigung	66
4. Unterlassene Anhörung	69
V. Formales	71
1. Keine Ermessensentscheidung	71
2. Anfechtung	72
3. Kosten	76

I. Sinn der Ausnahmebewilligung

Die für die selbstständige Ausübung eines zulassungpflichtigen 1 Handwerks als Qualifikationsnachweis vorgeschriebene Meister- oder sonstige Prüfung kann durch eine **Ausnahmebewilligung** ersetzt werden. Über den Wortlaut des Abs. 1 hinaus kommt eine Ausnahmebewilligung auch in Frage, wenn es nicht um die (direkte) Eintragung in die Handwerksrolle geht, sondern wenn z. B. eine Betriebsleiterstelle angestrebt wird (so schon BVerwG vom 13. 11. 1980, GewA 1981, 166). Durch die Neufassung der HwO mit ihrer Einschränkung der zulassungspflichtigen Handwerke und der deutlichen Reduzierung der Bedeutung der Meisterprüfung als Königsweg zur selbstständigen Handwerksausübung hat § 8 sehr stark an Relevanz verloren. Zusätzlich wurde zweifelhaft, ob der mit der Novelle 2003 erfolgte Paradigmenwechsel, wonach die Handwerksordnung nunmehr primär als Instrument der Gefahrenabwehr dienen soll, die subjektive Berufszulassungsschranke mit dem Ziel der Erhaltung des Leistungsstandes und der Leistungsfähigkeit noch rechtfertigt (vgl. dazu VGH BW vom 7. 11. 2003, GewA 2004, 21 (22)).

Das Gesetz nennt für die Erteilung einer Ausnahmebewilligung 2 zwei gleichwertige Voraussetzungen:
(1) den **Befähigungsnachweis,** d. h. den Nachweis der für die Ausübung des betreffenden Handwerks notwendigen Kenntnisse und Fertigkeiten, wobei die bisherigen Erfahrungen und Tätigkeiten zu berücksichtigen sind;
(2) den **Ausnahmegrund,** d. h. die Ablegung der Meisterprüfung würde zum Zeitpunkt der Antragstellung oder danach für den Bewerber eine unzumutbare Belastung bedeuten.

3   In Abs. 2 ist ausdrücklich festgelegt, dass eine Ausnahmebewilligung auch für ein Teilhandwerk möglich ist.

4   **Nur wenn beide Voraussetzungen erfüllt** sind, kommt eine Ausnahmebewilligung in Frage. Entgegenstehende behördliche Zusagen sind unwirksam (BayVGH vom 30. 3. 1976, GewA 1976, 198). Eine Gleichbehandlung im Unrecht gibt es nicht. Die von der Rechtsprechung von Anfang an postulierte „Großzügigkeit" darf nicht dahin missverstanden werden, dass man für bestimmte Personengruppen, z. B. Arbeitslose, die Anforderungen herabsetzt (Vgl. *Dürr,* GewA 1999, 166).

5   **Auslegungs-Richtlinien** des Bundeswirtschaftsministeriums, die allerdings keine Gesetzeskraft haben, sorgen in gewissen Zeitabständen für eine einheitliche und gesetzeskonforme Rechtsanwendung, zuletzt die sog. Leipziger Beschlüsse (BMWi. Bekanntmachung vom 21. 11. 2000, BAnz. 2000 Nr. 234 S. 23193 = GewA 2001, 123. Dazu ausführlich *Heck,* WiVerw 2001, 277. Kritisch *Dürr,* GewA 2002, 451). Zur Rechtsnatur derartiger Beschlüsse vgl. BayVGH vom 16. 7. 2002, GewA 2002, 431. Ergänzend *Sydow,* GewA 2002, 458.

II. Grundregeln

6   Die Einzelheiten hat das BVerwG in gefestigter Rechtsprechung seit Jahrzehnten fortgeschrieben.

7   **1. Der Befähigungsnachweis steht im Vordergrund** (Vgl. dazu auch BVerfG vom 4. 4. 1990, GewA 1991, 137).

8   a) Hinsichtlich dessen **Inhalt** hatte das Gesetz Maßstäbe gesetzt: „Wenn § 7 Abs. 1 als Grundsatz für die Zulassung als selbstständiger Handwerker das erfolgreiche Bestehen der einschlägigen Meisterprüfung voraussetzt, dann können die notwendigen Kenntnisse und Fertigkeiten des § 8 nicht unter diesem Standard liegen" (So VG Ansbach vom 21. 2. 1974, GewA 1974, 229). In voller Strenge wird sich dieser Grundsatz nicht mehr durchsetzen lassen, zumal angesichts der geänderten Einstellung des Gesetzgebers; es muss genügen, wenn die meistergleiche Befähigung „im Wesentlichen" oder „etwa" vorliegt (vgl. OVG NRW vom 14. 3. 1975, GewA 1976, 268; Nds. OVG vom 18. 2. 1976, GewA 1976, 166). Insbesondere bringt dies das OVG NRW zum Ausdruck (Beschluss vom 8. 2. 2008, GewA 2008, 310), wenn es in Überdehnung der Vorgaben des BVerfG (Beschluss vom 15. 12. 2005, GewA 2006, 71) mutmaßt, das BVerfG fordere hinsichtlich der Beurteilung der Frage der meistergleichen Befähigung einen ähnlich großzügigen Maßstab ein wie bei der Beurteilung des Vorliegens eines Ausnahmefalles.

Ausnahmebewilligung **§ 8 HwO**

In konsequenter Fortsetzung seiner früheren Rechtsprechung (BVerwG vom 5. 5. 1959, NJW 1959, 1698) hatte das Bundesverwaltungsgericht daran festgehalten, dass es nicht Sinn der Ausnahmebewilligung sein kann, unqualifizierten Bewerbern den Zugang zur selbstständigen Handwerksausübung zu eröffnen, auch nicht aus sozialen oder wirtschaftlichen Gründen. Generell besteht kein Wahlrecht, ob man seine Befähigung über die Meisterprüfung oder im Ausnahmeverfahren nachweisen will (BayVGH vom 28. 2. 1963, GewA 1963, 210; ausführlich VG Ansbach vom 21. 2. 1974, GewA 1974, 229; VG Arnsberg vom 25. 10. 1979, GewA 1980, 383; VG Trier vom 11. 3. 1999, NVwZ-RR 2000, 425; vgl. VGH BW vom 7. 11. 2003, GewA 2004, 21). Angesichts der bestehenden vielfältigen Möglichkeiten, die Handwerksrollenvoraussetzungen nachzuweisen, gilt dies umso mehr. 9

b) aa) Die **nachzuweisende Befähigung** muss die generelle Führung eines einschlägigen zulassungspflichtigen Handwerksbetriebs ermöglichen, und zwar sowohl hinsichtlich der Fertigkeiten als auch hinsichtlich des Wissens (vgl. VG Sigmaringen vom 29. 6. 1967, GewA 1968, 42). Es geht nicht an, auf den besonderen Einzelfall abzustellen und nur die Kenntnisse und Fertigkeiten zu verlangen, die für die in dem zur Erörterung stehenden Betrieb anfallenden Arbeiten ausreichen (BVerwG vom 9. 10. 1959, BB 1960, 15 und vom 8. 6. 1962, DVBl. 1962, 908); es genügt auch nicht, umgekehrt auf die beim Antragsteller vorhandenen Fertigkeiten und Kenntnisse abzustellen. Wer behauptet, vor der Meisterprüfung erst einen Vorbereitungskurs besuchen zu müssen, der gibt damit zu, dass er eben noch keine meistergleiche Befähigung besitzt. Ob der konkrete Betrieb überhaupt eintragungspflichtig ist, braucht in diesem Zusammenhang nicht geprüft zu werden (BVerwG vom 28. 1. 1982, GewA 1982, 203). Auch wenn eine Tätigkeit als Betriebsleiter vorgesehen ist, muss der volle Befähigungsnachweis erbracht werden (OVG NRW vom 24. 7. 1963, GewA 1964, 12). 10

Gesundheitliche Gründe oder körperliche Beeinträchtigungen können einen Ausnahmegrund darstellen, wenn die daraus resultierende Belastung nicht durch eine spezielle, den Umständen des Einzelfalles gerecht werdende Gestaltung des Prüfungsverfahrens ausgeschlossen wurde oder werden kann. Keine Ausnahmebewilligung kommt aber in Frage, wenn wegen der Beeinträchtigung notwendige Grundfertigkeiten des betreffenden Handwerks nicht vollbracht werden können (VG Gelsenkirchen vom 9. 3. 1967, GewA 1967, 170). Zugeständnisse können hinsichtlich des Prüfungsverfahrens, nicht aber hinsichtlich des Prüfungsinhalts gemacht werden (vgl. VGH BW vom 30. 7. 1969, GewA 1970, 37). 11

HwO § 8   1. Teil. Handwerk u. handwerksähnliches Gewerbe

12   bb) Für die Betriebsführung notwendig sind auch die entsprechenden **kaufmännischen, betriebswirtschaftlichen und allgemein-rechtlichen Kenntnisse;** zumindest deren Grundlagen müssen daher ebenfalls beherrscht werden (BVerwG vom 8. 6. 1962, GewA 1962, 251). Dass der Nachweis dieser Kenntnisse etwa von den freien Berufen nicht verlangt wird, macht ihn nicht hier unzulässig (BVerwG vom 14. 2. 1994, GewA 1994, 250). – Ein Antragsteller kann sich nicht auf die entsprechenden Kenntnisse seiner Ehefrau (VG Gelsenkirchen vom 9. 3. 1967, GewA 1967, 170) oder auf eine gut eingerichtete Büroorganisation berufen (OVG Lüneburg vom 15. 9. 1972, GewA 1973, 65). Das Vorliegen einer anderweitigen Meisterprüfung genügt insoweit als Nachweis. Entsprechende Kundenauskünfte genügen in aller Regel nicht (BayVGH vom 10. 5. 1962, GewA 1962, 176)

13   cc) **Zukunftserwartungen,** etwa angesichts eines gerade besuchten Kurses, reichen nicht aus. Sofern der Bewerber den Befähigungsnachweis nicht erbringen kann, muss der Antrag auch dann abgelehnt werden, wenn dadurch Härten entstehen, wenn z. B. ein seit langem in Familienbesitz befindliches Unternehmen in fremde Hände übergehen muss oder wenn eine Gemeinde daran interessiert ist, dass in ihrem Bereich eine bestimmte Handwerkssparte vertreten ist (vgl. BVerwG vom 26. 1. 1962, GewA 1962, 95; BayVGH vom 28. 2. 1963, GewA 1963, 210). Dies verstößt nicht gegen das Grundgesetz (BVerfG vom 4. 4. 1990, GewA 1991, 137). Bedeutsam können solche Überlegungen allenfalls für den Ausnahmegrund sein; sie können aber nicht den Befähigungsnachweis ersetzen. Auch dies Problematik hat sich durch die Änderung der HwO weitgehend erledigt.

14   c) **Für den Befähigungsnachweis** hat die Behörde den Sachverhalt von Amtswegen (§ 24 VerwVfG) zu ermitteln; sie kann sich dafür aller Beweismittel bedienen, die sie für richtig hält. Je nach den Umständen des Einzelfalles kommen als Nachweismöglichkeiten in der Reihenfolge des geringsten Eingriffs die Dokumentation von Erfahrungen durch Vorlage von Bestätigungen und Zeugnissen, die Durchführung eines Fachgespächs, die Überprüfung durch Sachverständige sowie die Durchführung eines förmlichen Fachkundenachweises in Frage.

15   Bei diesem Nachweis sind des Antragstellers **„bisherigen beruflichen Erfahrungen und Tätigkeiten zu berücksichtigen."**

16   aa) **Jedes Beweismittel ist zugelassen,** „vorausgesetzt, dass es den Nachweis der fachlichen Befähigung erbringt" (HessVGH vom 3. 12. 1969, GewA 1970, 108). Im Vordergrund steht der Nachweis fachbezogener Prüfungen aller Art, inländische und ausländische, z. B. Fachschul-Abschlüsse, die Prüfung als Industriemeister u. Ä., so-

Ausnahmebewilligung §8 **HwO**

fern nicht schon § 7 Abs. 2 einschlägig ist. Prüfungen Anderer, z. B. eines vom Antragsteller ausgebildeten Lehrlings, haben nur indirekt Aussagekraft (vgl. OVG Münster vom 18.11. 1969, GewA 1970, 166). Bescheinigungen privater Auftraggeber bedeuten in aller Regel wenig (st. Rspr., u. a. BayVGH vom 28. 3. 1963, GewA 1963, 275); sie sind bedeutungslos, wenn sie von Personen stammen, die nicht selbst Fachleute sind (vgl. OVG Hamb. vom 21. 7. 1987, GewA 1988, 127; VGH BW vom 7. 11. 2003, GewA 2004, 21).

bb) Lassen der bisherige Werdegang des Antragstellers und die 17 von diesem vorgelegten Zeugnisse noch keinen ausreichenden Schluss zu, so kann ein **besonderer Eignungstest** erforderlich sein (VG Koblenz vom 1. 2. 1977, GewA 1977, 272). Den Ausdruck „Prüfung" sollte man hier aus psychologischen Gründen vermeiden, um den Unterschied zur Meisterprüfung deutlich zu machen! Zum Anspruch auf Durchführung eines Eignungstests vgl. BayVGH vom 4. 8. 1989, GewA 1990, 101. Das Ergebnis einer solchen Überprüfung ist unter allen Umständen beweiskräftiger als vorgelegte Bestätigungen (BayVGH vom 28. 3. 1963, GewA 1963, 275; OVG Rh.-Pf. vom 24. 3. 1965, GewA 1966, 65 und vom 27. 9. 1976, GewA 1977, 122). Es liegt nicht im Sinne des Gesetzes, einen Antragsteller, namentlich wenn er schon älter ist, einer schulmäßigen Prüfung nach Art einer Meisterprüfung zu unterwerfen (dazu VGH BW vom 7. 11. 2003, GewA 2004, 21 (25).

Das Bundesverwaltungsgericht weist schon frühzeitig auf diesen 18 Weg hin und stellt einige Grundsätze für die Durchführung derartiger Eignungstests auf. Sie dürfen nicht schulmäßig und strenge formell nach Art der Meisterprüfung durchgeführt werden (BVerwG vom 26. 1. 1962, GewA 1962, 95; OVG NRW vom 14. 3. 1975, GewA 1976, 268). Es muss vielmehr in einer zwanglosen Form versucht werden, das richtige Bild über die Befähigung des Bewerbers zu gewinnen (OVG Münster vom 24. 6. 1964, GewA 1965, 58; VGH BW vom 7. 11. 2003, GewA 2004, 21). Die Überprüfung muss eine objektive, nur von sachlichen Gesichtspunkten bestimmte Beurteilung zum Ziele haben; hierfür muss auch die Auswahl der Prüfer – zweckmäßigerweise erfahrene Mitglieder der entsprechenden Meisterprüfungskommission (OVG NRW vom 26. 2. 1964, GewA 1964, 226) – Gewähr bieten. Bewerbern um eine Ausnahmebewilligung darf nicht mit Voreingenommenheit begegnet werden. Die Abnahme eines Tests kann nicht mit der Begründung abgelehnt werden, dass keine Anhaltspunkte für ein erfolgreiches Bestehen vorliegen (BVerwG vom 13. 4. 1962, GewA 1962, 270). Weigert sich allerdings der Antragsteller, sich einem Test zu unterziehen, dann ist der Befähigungsnachweis nicht erbracht (BVerwG vom 27. 11. 1964, GewA 1965, 119; OVG NRW vom 14. 3. 1975, GewA 1976, 268). Siehe auch BayVGH vom 31. 3. 2004, GewA 2004, 259.

19 **Der Eignungstest ist nicht isoliert anfechtbar;** er kann gerichtlich nur zusammen mit der Entscheidung über den Ausnahmeantrag überprüft werden.

20 **2. a) Die Prüfung des Befähigungsnachweises kann unterbleiben, wenn von vornherein feststeht, dass kein Ausnahmegrund vorliegt** (BVerwG st. Rspr., so vom 10. 10. 1972, GewA 1973, 46). Ein Ausnahmegrund ist zu verneinen, wenn der Bewerber sich zweimal erfolglos der Meisterprüfung unterzogen hat und diese nun endgültig nicht mehr wiederholen kann. Die Prüfung hat auch den Zweck, ungeeignete Bewerber zu erkennen und von der selbstständigen Handwerksausübung fern zu halten (vgl. VG Stuttgart vom 6. 12. 2002, GewA 2004, 35).

21 **Bei der Beurteilung des Ausnahmefalles ist großzügig zu verfahren** (ständige Rechtsprechung; vgl. BVerwG vom 26. 1. 1962, GewA 1962, 95). Die Großzügigkeit hat aber ihre Grenzen (vgl. OVG Münster vom 26. 2. 1964, GewA 1964, 226), schon im Hinblick auf den Gleichheitssatz. So macht der Wegfall einer finanziellen Förderung der Meisterprüfung durch das Arbeitsamt deren Ablegung nicht unzumutbar. Es ist immer zu beachten, dass die Ausnahmebewilligung eine Ausnahme von der Regel bleiben muss. Großzügigkeit bedeutet nicht Verzicht auf Befähigung (vgl. OVG NRW vom 29. 10. 1999, GewA 2000, 75).

22 **b) Ein Ausnahmefall liegt vor,** wenn die Ablegung der Meisterprüfung dem befähigten Antragsteller nicht zugemutet werden kann. Die Ausnahmebewilligung ist nicht dazu da, dem Antragsteller die Möglichkeit zu geben, sich die erforderliche Befähigung erst zu schaffen (BVerwG vom 23. 2. 1970, GewA 1971, 164 und vom 4. 3. 1972, GewA 1972, 154).

23 Die Tatsache, dass bereits eine andere Meisterprüfung abgelegt wurde, schafft – über § 46 Abs. 3 HwO hinaus – keinen Anspruch, die weitere Befähigung unter erleichterten Bedingungen nachzuweisen. Die leichtere Ablegung einer Meisterprüfung im Ausland kann nicht zur Umgehung des Meistervorbehalts führen (VG Trier vom 11. 3. 1999, GewA 2000, 77)

24 **c)** Durch die Ergänzung von Abs. 1 sind auch bestimmte andere **Prüfungen als Ausnahmegrund** zugelassen. Die bisherige Einschränkung „so weit sie in wesentlichen fachlichen Punkten mit der Meisterprüfung ... übereinstimmen", wurde gestrichen. Gedacht war ursprünglich vor allem an die sog. Industriemeister und anderer Absolventen technisch-gewerblicher Fortbildungsprüfungen. Meister

Ausnahmebewilligung § 8 HwO

der volkseigenen Industrie aus der ehemaligen DDR sind und bleiben nach dem Einigungsvertrag und der VO vom 6. 12. 1991 (BGBl. I S. 2162) unmittelbar ohne den Umweg über eine Ausnahmebewilligung in die Handwerksrolle einzutragen. Die nunmehrige Neufassung ist ein weiterer Schritt, die handwerkliche Meisterprüfung abzuwerten.

Ein dem Antrag **unmittelbar vorhergegangenes Versagen in** 25 **der Meisterprüfung** spricht sowohl gegen eine meistergleiche Befähigung als auch gegen eine Ausnahmesituation (BayVGH vom 10. 5. 1962, GewA 1962, 176 und vom 23. 11. 1972, GewA 1974, 95). Wer sich vor nicht allzulanger Zeit − vergeblich − einer Meisterprüfung unterzogen hat, der hat damit selbst dargetan, dass dies für ihn nicht unzumutbar war (VG Karlsruhe vom 10. 3. 1965, GewA 1966, 66; VG Freiburg vom 1. 10. 1985, GewA 1986, 273). Ist allerdings seit dem letzten Prüfungsversuch eine längere Zeit vergangen, dann dürfen frühere vergebliche Bemühungen, die Meisterprüfung abzulegen, nicht zu Nachteilen gegenüber dem führen, der überhaupt nichts unternommen hat.

Wenn für die Meisterprüfung nach dem Willen des Gesetzes allerdings keine Wiederholungsmöglichkeit mehr besteht, dann kann dies nicht danach durch eine Ausnahmebewilligung umgangen werden (BayVGH vom 21. 3. 1975, GewA 1977, 226 und vom 2. 11. 1976, BayWVMBl. 1977, 68; VG Stuttgart vom 6. 12. 2002, GewA 2004, 35). 26

Die frühere Erteilung einer Ausnahmebewilligung spricht weder 27 automatisch für noch gegen eine spätere weitere; es kommt immer auf die besonderen Umstände im Einzelfall an. So kann nach einer befristeten Ausnahmebewilligung eine auf Dauer in Frage kommen; die Ausnahmebewilligung kann abgelehnt worden sein, während später die Erteilung gerechtfertigt sein kann (vgl. BVerwG vom 9. 2. 1962, GewA 1962, 175; OVG Münster vom 13. 4. 1966, GewA 1968, 164; VG Köln vom 14. 11. 1974, GewA 1975, 230; VG Arnsberg vom 25. 10. 1979, GewA 1980, 129 und vom 26. 11. 1987 GewA 1989, 299). Nach Ablauf einer befristeten Ausnahmebewilligung ist eine erneute Befristung zu erteilen, wenn sich die Ablegung der Prüfung aus Gründen verzögert hat, die vom Antragsteller nicht zu vertreten sind.

d) Es ist immer der gesamte berufliche Werdegang des An- 28 **tragstellers zu berücksichtigen.** Das wurde früher dahin ausgelegt, dass sich niemand mit Erfolg auf „unbillige Härten" berufen kann, wenn er wertvolle Jahre ungenutzt verstreichen ließ und wenn nun etwas von ihm gefordert wird, was das Gesetz von jedem verlangt, der sich handwerklich betätigen will (so noch BVerwG vom 4. 4. 1990, GewA 1991, 137 und vom 25. 2. 1992, GewA 1992, 242 = NVwZ

1992, 791). Durch die Novelle 94 war klargestellt worden, dass es auf den Ausnahmegrund „im Zeitpunkt der Antragstellung" ankommt. Zur Ermöglichung größerer beruflicher Flexibilität verwarf der Gesetzgeber in seiner Begründung ausdrücklich die bisherige Praxis und Rechtsprechung, einem Antragsteller frühere Versäumnisse anzulasten. Ein Ausnahmegrund entfällt also nicht deswegen, weil die Meisterprüfung früher hätte abgelegt werden können (vgl. Nds. OVG vom 18. 7. 1994, GewA 1995, 75; OVG NRW vom 2. 12. 1995, GewA 1996, 287). Keinen Anspruch hat jedoch, wer sich keinerlei Ausbildung unterzog (VGH BW vom 7. 11. 2003, GewA 2004, 21).

29   e) **Der Ausnahmefall ist personenbezogen zu betrachten.** Es sind nur Gründe beachtlich, deretwegen die Ablegung der Meisterprüfung für den individuellen Antragsteller unzumutbar ist. Kein solcher Grund liegt vor, wenn eine Gemeinde an einem bestimmten Handwerk interessiert ist (VG Ansbach vom 21. 2. 1974, GewA 1974, 229). Ebenso wenig begründet der Wunsch einen Ausnahmefall, wegen einer günstigen Konjunktur (BayVGH vom 23. 11. 1972 GewA 1974, 95) oder wegen vorhandener Aufträge einen Handwerksbetrieb zu beginnen (OVG NRW vom 13. 11. 1978, GewA 1979, 308). Ein Ausnahmefall ist vielmehr dann anzunehmen, wenn die Ablegung der Meisterprüfung auf Grund einer Gesamtbetrachtung aller Umstände des Einzelfalles eine übermäßige, nicht zumutbare Belastung darstellen würde. Diese Belastung muss nach den Umständen des Einzelfalls höher sein als in der Vielzahl der Fälle. Hierbei sind andere, auch familiäre Belastungen, z. B. eine überdurchschnittlich große Familie, gesundheitliche Beeinträchtigungen der Angehörigen, zu beachten. Von Bedeutung sind auch andere belastende soziale Aspekte, wobei die wirtschaftliche Situation des Antragstellers zu berücksichtigen ist. Bedeutungslos sind aber die Kosten für die Prüfungsvorbereitung und die Ablegung der Prüfung (BVerwG vom 29. 8. 2001, GewA 2001, 479). **Niemand kann sich aber auf allgemeine wirtschaftliche oder familiäre Schwierigkeiten berufen,** vor allem, wenn sie selbst herbeigeführt wurden (ausführlich VGH BW vom 6. 7. 1962, GewA 1962, 271; HessVGH vom 11. 12. 1973, DÖV 1974, 677). Das Ausscheiden eines angestellten Betriebsleiters ist vorhersehbar (VGH BW vom 15. 1. 1988, GewA 1988, 309). **§ 8 stellt keine allgemeine Sozialklausel dar!**

30   **aa) Arbeitslosigkeit** oder drohende Arbeitslosigkeit wegen einer Ausgliederung handwerklicher Leistungen oder einer Betriebsumstrukturierung können einen Ausnahmegrund darstellen, wenn der Antragsteller mehrere Jahre in diesem Bereich beschäftigt war und aus Mangel an vergleichbaren offenen Stellen in seinem Beruf keine adäquate Stelle findet. Zur Frage, wann ein Arbeitsloser dem Arbeits-

markt zur Verfügung steht, vgl. LSG Nds. vom 21. 3. 2000, NZS 2000, 572.

bb) Die **Beschränkung auf ein Teilhandwerk** stellt für sich genommen grundsätzlich keinen Ausnahmegrund dar (st. Rspr., vgl. BVerwG vom 15. 10. 1992, NVwZ 1993, 269). Dies ergibt sich schon aus Abs. 2, der die Erteilung einer solcherart beschränkten Ausnahmebewilligung zwar für zulässig erklärt, aber eben auch hier ganz normal einen Ausnahmegrund fordert und diesen für eine solchen Fall nicht unterstellt. Ein Ausnahmefall ist jedoch anzunehmen, wenn sich der Antragsteller auf eine eng begrenzte Spezialtätigkeit aus dem Kernbereich eines Handwerks beschränken will, insbesondere, wenn er schon mehrere Jahre lang in diesem Gebiet beschäftigt war.

cc) Keinen Ausnahmefall stellen normalerweise **Erwerb oder Pacht eines bestehenden Unternehmens** oder gar nur die Miete einer Werkstatt oder der Kauf von Maschinen und Werkzeug dar. Eine Ausnahme gilt dann, wenn eine besonders günstige Gelegenheit besteht, einen bestehenden Betrieb oder einen nicht unerheblichen Gesellschaftsanteil zu übernehmen oder dort technischer Betriebsleiter zu werden und damit eine eigene, auf Dauer angelegte Existenz zu begründen, wenn sich der Zeitpunkt der Übernahme aus triftigen Gründen nicht verschieben lässt (vgl. schon Nds. OVG vom 27. 11. 1974, GewA 1975, 193).

Eine unter Verstoß gegen handwerksrechtliche Bestimmungen begonnene, bzw. fortgeführte Tätigkeit kann keinen Ausnahmefall begründen (OVG NRW vom 22. 12. 1995, GewA 1996, 287; VGH BW vom 7. 11. 2003, GewA 2004, 21).

dd) Wenn die Ablegung der Meisterprüfung nur für einen vorübergehenden Zeitraum unzumutbar ist, kommt allenfalls eine befristete Ausnahmebewilligung in Frage (dazu unten III.2.c.). Ein dauernder Ausnahmegrund kann im **fortgeschrittenen Alter** des Antragstellers liegen, wobei nunmehr **47 Jahre** als Zumutbarkeitsgrenze angenommen wird (BMWi. vom 21. 12. 2000, GewA 2001, 123 (2.12)). Die Grenze ist allerdings nicht starr (VG Arnsberg vom 26. 11. 1987, GewA 1989, 299; OVG NRW vom 22. 12. 1995, GewA 1996, 287). Wenn der Antragsteller längere Zeit (20 Jahre) in herausgehobener, verantwortlicher Stellung in dem betreffenden oder einem verwandten Handwerk tätig war und die Gesellenprüfung oder einen gleichwertigen Abschluss nachweisen kann, ist diese Altersgrenze angemessen zu verkürzen.

ee) Es kann einen Ausnahmegrund darstellen, wenn der Antragsteller aus **gesundheitlichen Gründen** zur Ablegung der Meisterprüfung nicht in der Lage ist. Es genügen aber nicht schon normale Prüfungsängste (VG Köln vom 3. 8. 1972, GewA 1973, 68). Gesundheitsbeeinträchtigungen können darüber hinaus die Befähigung in Frage stellen, wenn ihretwegen trotz der dort regelmäßig gewährten notwendigen Berücksichtigung die Meisterprüfung angeblich nicht abgelegt werden kann (VG Gelsenkirchen vom 8.1. 1970, GewA 1970, 200). Kein Ausnahmegrund ist die Erkrankung der Ehefrau (HessVGH vom 31. 10. 1989, GewA 1990, 174).

36 ff) Auch auf **Sprachschwierigkeiten** wird in der Meisterprüfung Rücksicht genommen, so dass sie keinen Ausnahmegrund darstellen (BayVGH vom 25. 11. 1966, GewA 1967, 114; VG Frankfurt vom 8. 12. 1978, GewA 1979, 127); erst recht, wenn der Ausländer durch einen langjährigen Aufenthalt in Deutschland Gelegenheit zum Erwerb ausreichender Sprachkenntnisse gehabt hätte (vgl. BVerwG vom 15. 12. 1988, GewA 1989, 272). Ein Ausländer hat nicht schon wegen dieser Eigenschaft Anspruch auf eine Ausnahmebewilligung. Vgl. auch VGH Stuttgart vom 24. 3. 1982, GewA 1982, 378.

37 gg) Die Unzumutbarkeit kann sich auch daraus ergeben, dass dem Antragsteller infolge seines **Ausbildungsniveaus** die Ablegung der Prüfung nicht mehr zugemutet werden kann. Ein Ausnahmegrund kann also darin liegen, dass der Bewerber durch den Besuch von Fach- oder Hochschulen o. Ä. einen Leistungsstand erreicht hat, der den der Meisterprüfung umfasst, ohne dass eine Gleichstellung erfolgt wäre.

III. Einschränken der Ausnahmebewilligung

38 1. Die Ausnahmebewilligung kann auf ein sog. **Teilhandwerk** beschränkt werden. Ein solcherart erfasster Teilbereich muss klar abgrenzbar sein und wirtschaftlich und fachlich sinnvoll; man muss ihn als eigenen Beruf ausüben können (BVerwG vom 15. 10. 1992, NVwZ 1993, 269).

39 **a) Die Begrenzung des Abs. 2 deckt sich nicht mit der des § 1 Abs. 2.** Dort geht es um die „wesentlichen Tätigkeiten" eines Handwerks, es wird also auf die in den einzelnen Berufsbildern aufgeführten Grundkenntnisse und -fertigkeiten abgestellt. Hier geht es dagegen um einen „wesentlichen Teil der Tätigkeiten". Namentlich bei Spezialtätigkeiten kann es sehr leicht vorkommen, dass jemand nach § 1 Handwerksrollenpflichtig ist, da er ein Handwerk in wesentlichen Tätigkeiten ausübt, dass aber diese Tätigkeiten keinen abgrenzbaren Teilbereich darstellen, so dass auch keine beschränkte Ausnahmebewilligung in Frage kommt.

40 **Ob (nur) ein wesentlicher Teil der Tätigkeiten eines Handwerks ausgeübt werden soll, ist Tatfrage.** Es darf weder ein un-

wesentlicher Teil sein, noch ein so wesentlicher, dass der verbleibende Rest unwesentlich wäre. Die angestrebte Tätigkeit ist dabei in Vergleich zu setzen mit dem betreffenden Vollhandwerk. Vgl. z. B. für Antennenbau VG Köln vom 30. 3. 1967, GewA 1968, 254; oder für Wasserinstallationen VG Koblenz vom 1. 2. 1977, GewA 1977, 272. Unproblematisch ist es, wenn schon die Positivliste eine Zusammenfassung vornimmt, z. B. Maurer und Betonbauer, Installateur und Heizungsbauer.

b) Keine Teilausnahmebewilligung ist möglich, wenn ein **41** Betrieb nur gewisse einfachere Arbeiten eines Handwerks ausführen und auf schwierigere verzichten will (so für „Reparaturschuhmacher" OVG NRW vom 13. 12. 1963, GewA 1963, 278 und schon vorher grundlegend BVerwG vom 9. 10. 1959, GewA 1960, 161). Es kann nicht einfach auf die vorhandenen Kenntnisse und Fertigkeiten abgestellt werden. Ebenso ist es nicht möglich, die Ausnahmebewilligung nur für einen bestimmten, konkreten Betrieb zu erteilen (Nds. OVG vom 5. 2. 2002, GewA 2002, 203).

c) Auch wer nur eine Teilausnahmebewilligung anstrebt, bedarf **42** eines Ausnahmegrundes; wie schon gesagt, kann dieser nicht schon darin gesehen werden, dass nur ein Teilhandwerk ausgeübt wird.

2. Die Ausnahmebewilligung kann mit Auflagen, Bedin- 43 gungen und Befristungen erteilt werden, auch eine Teilausnahmebewilligung.

Einschränkungen können im Regelfall nur unter dem Gesichts- **44** punkt der Befähigung gemacht werden. Im Interesse der Rechtssicherheit und im Interesse des Antragstellers sollten solche Nebenbestimmungen nur in eng begrenztem Maße angewendet werden. Sie müssen sinnvoll, erforderlich und praktikabel sein. Generell zu diesen Nebenbestimmungen vgl. HessVGH vom 18. 3. 1964, GewA 1965, 59; *Laubinger,* Das System der Nebenbestimmungen, und *Schenke,* Rechtsschutz gegen Nebenbestimmungen, WiVerw. 1982, 117 bzw. 142.

a) Auflagen. Auch sie müssen sich auf die Befähigung beziehen; **45** so könnte dem Antragsteller auferlegt werden, an bestimmten Schulungsmaßnahmen teilzunehmen oder die Meisterprüfung abzulegen. Für die Praxis hat diese Möglichkeit jedoch keine Bedeutung. Bedingung und Befristung sind in diesem Fall wirksamer. Auflagen müssen nachprüfbar sein, so dass die Unterlassung bestimmter schwierigerer Arbeiten nicht auferlegt werden kann (vgl. BVerwG vom 9. 10. 1959, GewA 1960, 161); denkbar ist in diesem Fall aber u. U. eine Teilausnahmebewilligung.

46 **b) Bedingungen.** Diese können auflösend oder aufschiebend sein.

47 **aa)** Eine mit einer **aufschiebenden Bedingung** versehene Ausnahmebewilligung tritt erst in Kraft, wenn die Bedingung erfüllt ist.

48 **bb)** Eine **auflösend bedingte Ausnahmebewilligung** soll dem Bewerber Gelegenheit geben, Fehlendes noch nachzubringen. Sinnvoller ist in diesem Fall aber eine entsprechende Befristung.

49 **cc) Bedingungen, die sich auf den Ausnahmegrund beziehen,** sind nicht ausgeschlossen. Zur Vermeidung von Missbräuchen kann es sinnvoll sein, die Ausnahmebewilligung auf einen bestimmten konkreten Betrieb zu beschränken, den zu übernehmen oder leiten zu wollen der Antragsteller als Ausnahmegrund vorgetragen hat. Damit wird verhindert, dass z. B. eine angeblich notwendige Betriebsleitung nur vorgeschoben wird, während in Wirklichkeit die Absicht der Selbstständigmachung besteht. Eine solche Beschränkung stellt keine unzulässige Beschneidung der handwerklichen Betätigungsfreiheit dar, wie z. B. die Bedingung, nur einen Einmannbetrieb zu führen (OVG Münster vom 9. 9. 1964, GewA 1965, 172).

50 **c) aa) Befristung.** Diese soll ebenso wie die auflösende Bedingung dem Handwerker die baldige Möglichkeit zur selbstständigen Berufsausübung verschaffen, ihm aber Zeit geben, den förmlichen Befähigungsnachweis nachträglich zu erbringen. Der Grund entfällt, wenn gar keine Anzeichen ersichtlich sind, dass der Antragsteller die Prüfung nachzuholen gedenkt (vgl. OVG Brandenburg vom 29. 1. 1999, GewA 1999, 165). Der Befähigungsnachweis als solcher ist auch für eine befristete Ausnahmebewilligung erforderlich (BVerwG vom 1. 3. 1972, GewA 1972, 154). Seinen früheren Standpunkt, dass eine befristete Ausnahmebewilligung erteilt werden kann, „wenn zu erwarten ist, dass der Bewerber sich die ihm für einen vollen Befähigungsnachweis noch fehlenden Kenntnisse und Fertigkeiten in begrenzter Zeit aneignen kann", hat das Bundesverwaltungsgericht aufgegeben. Abzulehnen *Faber,* GewA 1987, 6.

51 **bb)** Aus der einmaligen Erteilung einer befristeten Ausnahmebewilligung erwächst für die Behörde nicht die Pflicht zu ihrer erneuten Verlängerung; für den Antragsteller ist keine Ausnahmesituation geschaffen worden, denn seine Lage wurde ja nicht verschlechtert, sondern verbessert.

52 **Eine allzu lange Befristung widerspräche dem Sinn der Sache;** man orientiert sich zweckmäßigerweise am nächstmöglichen Meisterprüfungstermin (BVerwG vom 26. 1. 1962, GewA 1962, 95). Unabhängig davon ist die Befristung auf ein Jahr üblich (vgl. dazu VG Köln vom 30. 12. 1969, GewA 1973, 70; VG Gelsenkirchen vom 4. 8. 1966, GewA 1967, 115). Es ist kaum vorstellbar, dass sich in die-

Ausnahmebewilligung § 8 HwO

ser Zeit die Verhältnisse so ändern, dass der zunächst noch zweifelhafte volle Befähigungsnachweis nunmehr rein verwaltungsmäßig festgestellt und als gesichert erkannt werden könnte.

d) Nachträglich können einer Ausnahmebewilligung Nebenbestimmungen nicht mehr beigefügt werden, denn dies würde eine teilweise Rücknahme bedeuten. Beim Vorliegen der Voraussetzungen könnte die Ausnahmebewilligung allenfalls widerrufen werden (dazu unten) und in veränderter Form neu erteilt. 53

Ist eine **Nebenbestimmung fehlerhaft,** etwa weil sie auf gesetzesfremden Erwägungen beruht, so beurteilt es sich nach den Grundsätzen des allgemeinen Verwaltungsrechts, ob sie nichtig oder nur anfechtbar sind. Das Gleiche gilt für die Frage, ob die Nichtigkeit oder Aufhebung einer Nebenbestimmung die ganze Ausnahmebewilligung unwirksam macht oder nicht. Es sind dies aber mehr akademische Überlegungen; in der Praxis betreffen Anfechtungen grundsätzlich die Ausnahmebewilligung insgesamt. Zur selbstständigen Anfechtung von Nebenbestimmungen zu einem Verwaltungsakt vgl. *Kopp,* GewA 1970.97. 54

3. Ein Widerruf der Ausnahmebewilligung ist im Gesetz nicht ausdrücklich vorgesehen; er richtet sich daher nach den allgemeinen Grundsätzen des Verwaltungsrechts über den Widerruf begünstigender Verwaltungsakte (dazu BVerwG vom 19. 12. 1984, GewA 1987, 55). Er ist möglich, wenn die Ausnahmebewilligung durch unwahre Angaben erschlichen wurde oder wenn eine Auflage nicht erfüllt wird (VG Saarbrücken vom 9. 12. 1966, GewA 1967, 171). 55

Ein Widerruf wegen Wegfall der Befähigung (z. B. wegen eingetretener Gebrechlichkeit) kommt nicht in Frage. Wer die Meisterprüfung abgelegt hat, behält seine Berechtigung unter allen Umständen; die Fälle des § 7 Abs. 1a und des § 8 unterscheiden sich jedoch nur im Formellen, nicht im Materiellen. Damit nichts zu tun hat es, wenn das Gesetz unter gewissen Voraussetzungen ausdrücklich eine Untersagungsmöglichkeit vorsieht, etwa in § 35 GewO generell oder in § 11 Schornsteinfegergesetz und in anderen Spezialgesetzen für bestimmte Handwerke. 56

IV. Verfahren

Nur auf Antrag des Gewerbetreibenden wird die Ausnahmebewilligung erteilt. Die Entscheidung muss abgewartet werden; ihr kann nicht durch eine einstweilige Anordnung vorgegriffen werden (vgl. Nds. OVG vom 30. 6. 2003, GewA 2003, 487). Auch eine bloße 57

HwO § 8   1. Teil. Handwerk u. handwerksähnliches Gewerbe

„Verlängerung" einer unwirksam gewordenen Ausnahmebewilligung ist nicht möglich; es müssen die Voraussetzungen jedes Mal neu überprüft werden (BayVGH vom 28.1. 1963, GewA 1963, 210). Eine wiederholte Antragstellung ist möglich und zwar zumindest theoretisch beliebig oft. Es muss sich aber in jedem Fall entweder die Rechtslage zwischenzeitlich geändert haben, oder es müssen neue tatsächliche Voraussetzungen eingetreten sein. Der Antragsteller kann also z. B. vortragen, die Ablegung der Meisterprüfung sei ihm aus diesen oder jenen Gründen inzwischen nicht mehr zumutbar, oder aber, er habe die für den Befähigungsnachweis notwendigen Kenntnisse und Fertigkeiten nunmehr erworben. Eine wiederholte Antragstellung ohne neues Vorbringen ist rechtsmissbräuchlich.

58   Eine Ausnahmebewilligung kann nicht im Wege des vorläufigen Rechtsschutzes ohne gründliche Prüfung der Voraussetzungen erreicht werden. Dazu SächsOVG vom 14. 3. 1997, GewA 1997, 254.

59   **1. a) Zuständig für die Erteilung einer Ausnahmebewilligung ist die höhere Verwaltungsbehörde.** Welche Behörde das ist, richtet sich nach Landesrecht; in der Regel sind es die Bezirksregierungen. Abs. 3 Satz 4 und 5 lässt abweichende Zuständigkeitsregelungen zu. § 124b wiederholt und erweitert diese Möglichkeit und lässt jetzt sogar die Übertragung auf Handwerkskammern zu. Dem Bund ist es im Hinblick auf Art. 83 ff. GG verwehrt, insoweit Bestimmungen zu treffen.

60   Die **örtliche Zuständigkeit** richtet sich danach, in welchem Bezirk das Gewerbe betrieben werden soll (so etwa Art. 3 Abs. 2 BayVwVerfG vom 23. 11. 1976 GVBl. 544). Nur in Ausnahmefällen kann auch die für den Wohnort des Antragstellers zuständige höhere Verwaltungsbehörde in Frage kommen.

61   **b) Vorweg hat die Verwaltungsbehörde zu prüfen,** ob im gegebenen Fall überhaupt eine Ausnahmebewilligung nötig ist. Ein Antrag ist daher als unzulässig abzuweisen, wenn gar kein zulassungspflichtiges Handwerk ausgeübt werden soll.

62   Die Beurteilung, ob ein bestimmter Betrieb als Handwerksbetrieb im Sinne des § 1 Abs. 2 HwO anzusehen ist, bleibt dabei allerdings der Handwerkskammer vorbehalten. Es geht hier um die Fälle, dass ein gar nicht in der Anlage A enthaltenes Gewerbe ausgeübt werden soll, oder dass der Antragsteller Inhaber eines Nebenbetriebs werden will, wofür es gemäß § 7 Abs. 5 HwO ja gar keiner persönlichen Qualifikation bedarf (BayVGH vom 6. 6. 1963, GewA 1964, 85).

63   Weiter ist zu prüfen, ob nicht auf Grund anderer Vorschriften eine Handwerksrolleneintragung auch ohne Ausnahmebewilligung möglich ist (BVerwG vom 14. 5. 1963, GewA 1963, 232; OVG NRW

Ausnahmebewilligung **§ 8 HwO**

vom 14. 3. 1975, GewA 1975, 268). Eine – positive oder negative – Sachentscheidung über einen Ausnahmeantrag schließt dementsprechend ein, dass eine anderweitige Eintragungsgrundlage nicht besteht. Nach Unanfechtbarkeit ist daher kein Raum mehr für eine dahingehende Feststellungsklage (a. A. OVG NRW vom 22. 3. 1961, GewA 1962, 133 mit abl. Anm. *Eyermann*).

2. Zuständige Handwerkskammer ist die, in deren Bezirk der 64 Antragsteller selbstständig oder als Betriebsleiter tätig werden will. Die örtliche Zuständigkeit richtet sich also nach § 6 HwO und entspricht der der Verwaltungsbehörde.

Die **Anhörung der Handwerkskammer** ist zwingend vorge- 65 schrieben. Die Verwaltungsbehörde ist jedoch an die Auffassung der Kammer nicht gebunden, damit jeder Anschein von Parteilichkeit vermieden wird.

3. Zu hören ist auch die Berufsvereinigung, die der Antrag- 66 steller benennt und nur diese. Zur Verwaltungsvereinfachung erfolgt die Anhörung nach § 8 Abs. 3 Satz 2 HwO durch die Handwerkskammer. Dazu VG Augsburg vom 24. 5. 1966, GewA 1967, 35; VG Freiburg vom 7. 12. 1976, GewA 1977, 163.

Als **Berufsvereinigungen** in diesem Sinne sind nur solche anzu- 67 sehen, die die Förderung des Gesamtberufs ohne Rücksicht auf die soziale Stellung des Berufsangehörigen zum Ziele haben. Reine Arbeitgeberorganisationen oder die Gewerkschaften scheiden also aus, ebenso die Industrie- und Handelskammern. In Frage kommen vor allem die Handwerksinnungen sowie echte Berufsverbände wie z. B. die der Ingenieure (VDI, VDE). Bei gegliederten Verbänden ist grundsätzlich die unterste Stufe zu hören; eine Anhörung der Landes- oder Bundesverbandsstufe kommt nur im Sonderfall in Frage.

Benennt der Antragsteller keine Berufsvereinigung, so darf auch 68 keine förmliche Anhörung erfolgen. Der Handwerkskammer kann es aber in diesem Fall nicht verwehrt sein, bei der zuständigen Innung entsprechende Informationen einzuholen, die dann in die Stellungnahme der Kammer einfließen und nicht als Innungsstellungnahme vorgelegt werden können. Auch dieses Verfahren scheidet allerdings aus, wenn der Antragsteller der Anhörung einer bestimmten Berufsvereinigung ausdrücklich widerspricht. Generell ist aus datenschutzrechtlichen Gründen hier Zurückhaltung zu üben.

4. Die Anhörung ist eine zwingende Verfahrensvorschrift. 69 Die unterlassene Anhörung der Handwerkskammer stellt keinen Nichtigkeitsgrund dar, da die Verwaltungsbehörde an die Auffassung der Kammer nicht gebunden ist. Wird der Bescheid jedoch angefochten, gleichgültig von welcher Seite, dann ist er bei unterbliebener Anhörung der Handwerkskammer aufzuheben.

70 Die unterlassene Anhörung der Berufsvereinigung macht die Entscheidung über einen Ausnahmeantrag ebenfalls nicht nichtig. Eine Anfechtung durch den Antragsteller wegen dieses Verfahrensfehlers führt zur Aufhebung; eine Anfechtung durch die Handwerkskammer nicht, da die Anhörung der Berufsvereinigung lediglich im Interesse des Antragstellers vorgeschrieben ist (vgl. VG Freiburg vom 7. 12. 1976, GewA 1977, 163).

V. Formales

71 1. Beim Vorliegen der Voraussetzungen ist die Ausnahmebewilligung – u. U. eingeschränkt – zu erteilen; hierauf besteht ein **Rechtsanspruch**. Es handelt sich also nicht um eine Ermessensentscheidung der höheren Verwaltungsbehörde (BayVGH vom 27. 10. 1983, GewA 1984, 125).

72 **2. Gegen die Entscheidung, wie immer sie auch ausgefallen ist, stehen dem Antragsteller und der Handwerkskammer der Verwaltungsrechtsweg offen,** aber nur diesen. Zum Rechtsmittelrecht der HWK vgl. BVerwG vom 29. 8. 2001, GewA 2001, 480. Außenstehende haben kein Anfechtungsrecht (BVerwG vom 20. 7. 1983, GewA 1984, 30).

73 **Angefochten werden kann nur die Ausnahmebewilligung insgesamt,** nicht jedoch die Entscheidung über Vor- und Zwischenfragen isoliert. Mit der Anfechtung kann nicht eine Gleichbehandlung im Unrecht verlangt werden (VG Freiburg vom 7. 12. 1976, GewA 1977, 163). Zum maßgebenden Beurteilungszeitpunkt vgl. BVerwG vom 8. 2. 1995, NVwZ-RR 1995, 392 = GewA 1995, 247.

74 Hat die Handwerkskammer auf Grund einer Ausnahmebewilligung bereits während der Laufzeit der Widerspruchsfrist in die Handwerksrolle eingetragen, so bedeutet dies keinen Rechtsmittelverzicht (BVerwG vom 25. 2. 1992, GewA 1992, 242). Der Handwerkskammer gegenüber kann die Ausnahmebewilligung aber auch als belastender Verwaltungsakt als sofort vollziehbar erklärt werden (OVG Lüneburg vom 27. 6. 1963, GewA 1963, 276). Nicht möglich ist jedoch umgekehrt eine „vorläufige Ausnahmebewilligung" im Wege einer einstweiligen Anordnung nach § 123 VwGO (vgl. VG Koblenz vom 16. 5. 1967, GewA 1967, 252).

75 Bei einer Anfechtung durch den Antragsteller ist im verwaltungsgerichtlichen Verfahren die Handwerkskammer beizuladen (vgl.

HessVGH vom 19. 12. 1964, GewA 1964, 278). Dritte, etwa die Innung, können nach § 165 Abs. 1 VwGO beigeladen werden, wenn ihre Interessen berührt werden können (vgl. OVG NRW vom 17. 4. 1957, GewA 1958, 85; VGH BW vom 9. 3. 1962, GewA 1962, 17).

3. Die Erteilung einer Ausnahmebewilligung ist ein nach Landesrecht **gebührenpflichtiger Verwaltungsakt.** Zur Streitwertberechnung im Anfechtungsverfahren vgl. BVerwG vom 25. 2. 1992, NVwZ-RR 1992, 516 (Zahntechniker). Außergerichtliche Kosten der beigeladenen Handwerkskammer sind in der Regel nicht erstattungsfähig, wenn diese keine Anträge gestellt hat (vgl. OVG Koblenz vom 7. 2. 1961, GewA 1961, 162). Zur Kostenpflicht der beigeladenen Handwerkskammer vgl. auch OVG Münster vom 8. 10. 1964 GewA 1965, 105. Zu den prozessualen Fragen, insbesondere der Kostenlast, wenn sich der Rechtsstreit um eine Ausnahmebewilligung durch Gesetzesänderung erledigt siehe VG Gelsenkirchen vom 13. 9. 1966, GewA 1967, 37.

76

§ 9 [Ausnahmebewilligung für Angehörige der EG- und EWR-Mitgliedstaaten und der Schweiz]

(1) ¹Das Bundesministerium für Wirtschaft und Technologie wird ermächtigt, durch Rechtsverordnung mit Zustimmung des Bundesrates zur Durchführung von Richtlinien der Europäischen Union über die Anerkennung von Berufsqualifikationen im Rahmen der Niederlassungsfreiheit, des freien Dienstleistungsverkehrs und der Arbeitnehmerfreizügigkeit und zur Durchführung des Abkommens vom 2. Mai 1992 über den Europäischen Wirtschaftsraum (BGBl. 1993 II S. 267) sowie des Abkommens zwischen der Europäischen Gemeinschaft und ihren Mitgliedstaaten einerseits und der Schweizerischen Eidgenossenschaft andererseits über die Freizügigkeit vom 21. Juni 1999 (ABl. EG 2002 Nr. L 114 S. 6) zu bestimmen,

1. unter welchen Voraussetzungen einem Staatsangehörigen eines Mitgliedstaates der Europäischen Union, eines Vertragsstaates des Abkommens über den Europäischen Wirtschaftsraum oder der Schweiz, der im Inland zur Ausübung eines zulassungspflichtigen Handwerks eine gewerbliche Niederlassung unterhalten oder als Betriebsleiter tätig werden will, eine Ausnahmebewilligung zur Eintragung in die Handwerksrolle zu erteilen ist und

2. unter welchen Voraussetzungen einem Staatsangehörigen eines der vorgenannten Staaten, der im Inland keine gewerbliche

Niederlassung unterhält, die grenzüberschreitende Dienstleistungserbringung in einem zulassungspflichtigen Handwerk gestattet ist. ²In den in Satz 1 Nr. 1 genannten Fällen bleibt § 8 Abs. 1 unberührt; § 8 Abs. 2 bis 4 gilt entsprechend. ³In den in Satz 1 Nr. 2 genannten Fällen ist § 1 Abs. 1 nicht anzuwenden.

(2) In den Fällen des § 7 Abs. 2a und des § 50a findet § 1 Abs. 1 keine Anwendung, wenn der selbständige Betrieb im Inland keine Niederlassung unterhält.

Übersicht	Rdn.
I. Ausländer allgemein	1
1. Ausländer keine Sonderrechte	1
2. Aufenthalts- und Arbeitserlaubnis	2
II. Ausländer aus Staaten der EU, des EWR und der Schweiz	4
1. Niederlassungsfreiheit	6
a) Besondere Ausnahmebewilligung für EU/EWR-Angehörige	6
b) Auch für Deutsche	10
2. Dienstleistungsfreiheit	15
III. Verfahren	19
1. Allgemeines	19
2. Anerkennungsverfahren bei Niederlassung in Deutschland	20
3. Anzeigeverfahren bei grenzüberschreitender Dienstleistungserbringung	23

Literatur: *Kormann/Hüpers,* Inländerdiskriminierung durch Meisterpflicht?, GewA 2008, 273; *Stork,* Die neue EU/EWR-Handwerk-Verordnung, GewA 2008, 177.

I. Ausländer allgemein

1 **1. Ausländer genießen handwerksrechtlich keine generelle Sonderstellung.** Für die selbstständige Handwerksausübung bedürfen sie ebenfalls der Handwerksrolleneintragung.

2 2. Zusätzlich erforderlich ist eine uneingeschränkte **Aufenthaltserlaubnis** (BVerwG vom 18.12. 1969, GewA 1970, 113); deren Vorhandensein zu überprüfen ist nicht Sache der Handwerkskammer. Eine fehlende Gewerbebefugnis kann nicht durch eine Gesellschaftsgründung umgangen werden (BVerwG, GewA 1975, 101). Die Einzelheiten sind landesrechtlich geregelt. Siehe auch *Langer,* GewA 1975, 364; *Lange,* GewA 1996, 359.

Eine Aufenthaltserlaubnis, die nur für die Ausbildung erteilt 3
wurde, schließt die Ablegung der Gesellenprüfung, nicht aber auch
noch die der Meisterprüfung ein (BayVGH vom 26. 3. 1985, GewA
1985, 389; vgl. auch HessVGH vom 12. 1. 1998, GewA 1998, 339 =
NVwZ-RR 1998, 586).

II. Ausländer aus Staaten der EU, des EWR und der Schweiz

Für Ausländer aus den Staaten der EU, des EWR und aus der 4
Schweiz bestehen Sondervorschriften und zwar sowohl bzgl. der Frage
der **Niederlassungsfreiheit,** also der Möglichkeit, sich in Deutschland als selbständiger Handwerker niederzulassen bzw. als Betriebsleiter zu fungieren, als auch bzgl. der **Dienstleistungsfreiheit,** also dem
Recht, von seinem ausländischen Betriebssitz aus grenzüberschreitend
handwerkliche Dienstleistungen in Deutschland zu erbringen.

Durch § 9 wird der Notwendigkeit Rechnung getragen, die 5
Richtlinien der Europäischen Union über die Niederlassungsfreiheit und den freien Dienstleistungsverkehr in das deutsche
Recht aufzunehmen (vgl. *Schwappach/Schmitz,* WuV 1/1996, 1; *Winkel,* WuV 1998, 83). Die Details über die Anerkennung ausländischer
Berufsabschlüsse und beruflicher Tätigkeiten regelt die VO Handwerk EU/EWR vom 20. 12. 2007 (BGBl. I 2007, 3045 – Anh. 2).
Durch die Neufassung des § 9 und der VO Handwerk EU/EWR
sind im Umsetzung der Vorgaben der Europäischen Union einige
handwerksrechtliche Änderungen in Kraft getreten (vgl. hierzu: *Esser/Kloas/Brunner,* WiVerw 2006, 145; *Storck,* WiVerw 2006, 152;
Frenz, GewA 2007, 10 und GewA 2007, 27).

1. Niederlassungsfreiheit. a) Angehörigen von Mitglied- 6
staaten der Europäischen Union und der Vertragsstaaten des
EWR ist eine Ausnahmebewilligung bzw. eine entsprechende Bescheinigung zu erteilen, wenn besondere, in den genannten Richtlinien festgelegte Voraussetzungen erfüllt sind, die eine ausreichende
Berufserfahrung erwarten lassen. Welche Voraussetzungen dies im
Einzelnen sind, ist in der im Vollzug des § 9 HwO ergangenen VO
Handwerk EU/EWR; diese Verordnung ist im Anhang abgedruckt.
Zur aktuellen Verordnung vom 20. 12. 2007 vgl. *Stork,* GewA 2008,
177. Zur Verfassungsmäßigkeit dieser Verordnung bzw. einer entsprechenden Vorgängerregelung vgl. BVerwG vom 22. 1. 1970, GewA
1970, 129. Es verstößt nicht gegen den Gleichheitssatz, wenn auf
einen Deutschen mit vergleichbarer Berufserfahrung im Inland § 9
nicht anwendbar ist (BVerwG vom 27. 5. 1998, GewA 1998, 470;

kritisch hierzu, aber im Ergebnis zustimmend *Kormann/Hüpers,* GewA 2008, 273).

7 Die VO Handwerk EU/EWR sieht dabei grundsätzlich 2 Alternativen vor, aufgrund derer der ausländische Handwerker die Ausnahmebewilligung gem. § 9 HwO erlangen kann. Er muss entweder eine als gleichwertig anerkannte Berufsausbildung bzw. einen gleichwertigen Befähigungsnachweis vorweisen können oder seine Befähigung durch ausreichende Berufserfahrung belegen. Die Einzelheiten hierzu regelt wiederum die Verordnung, welche beispielsweise 5 verschiedene Fall-Varianten abschließend auflistet, durch die die ausreichende Berufserfahrung nachgewiesen werden kann.

8 Eine Sonderrolle spielen dabei die Gesundheitshandwerke gem. Nr. 33–37 der Anlage A zur Handwerksordnung (vgl. dazu BVerwG vom 23. 6. 1990, GewA 1991, 386 für Zahntechniker). Bei diesen Handwerken kann eine Ausnahmebewilligung nur auf Grundlage der Anerkennung der Gleichwertigkeit der Berufsausbildung erwirkt werden und nicht durch den Nachweis der entsprechenden Berufserfahrung. Vgl. dazu auch BayVGH vom 16. 7. 2002. GewA 2002, 431. Zu beachten ist, dass die in der Verordnung genannten Anpassungslehrgänge u.dgl. nur für die dort genannten Handwerke in Frage kommen, nicht generell. Betroffen sind nicht nur Einzelpersonen, sondern auch Unternehmen. Sind diese in ihrem Heimatland rechtsfähig, so gilt dies, unabhängig von der Rechtsform, auch bei uns (BGH vom 13. 3. 2003, GewA 2003, 328).

9 **Mitgliedsstaaten der Europäischen Union (EU)** waren neben Deutschland ursprünglich (1958) Belgien, Frankreich, Italien, Luxemburg und die Niederlande. 1975 kamen hinzu Dänemark, Großbritannien und Irland, 1981 Griechenland, 1986 folgten Portugal und Spanien, 1995 dann noch Finnland, Österreich und Schweden, schließlich 2004 Estland, Lettland, Litauen, Malta, Polen, Slowakische Republik, Slowenien, Tschechische Republik, Ungarn und Zypern sowie 2007 Bulgarien und Rumänien. Bei den jüngeren Beitrittskandidaten sind während der Übergangsfrist noch die Beschränkungen der Niederlassungsfreiheit zu beachten. Zum **Abkommen über den Europäischen Wirtschaftsraum (EWR)** gehören zusätzlich Norwegen, Liechtenstein und Island.

10 **b) Auch auf Deutsche,** die sich länger im EU-Ausland aufgehalten haben und die Voraussetzungen erfüllen, ist § 9 HwO anzuwenden; daher stellt diese Vorschrift keine „Inländerdiskriminierung" dar (BayVGH vom 12. 7. 2001, GewA 2001, 422 und vom 16. 7. 2002, GewA 2002, 431); vgl. dazu auch Gerhardt, GewA 2000, 372, sowie Früh, GewA 2001, 58. Der nationale Gesetzgeber kann an die eigenen Bürger höhere Anforderungen stellen (BVerwG, GewA 1970,

129). Darin, dass nicht auch in Deutschland nachgewiesene Tätigkeiten anerkannt werden, liegt keine Diskriminierung (VGH BW vom 21. 1. 1993, GewA 1993, 252 und vom 25. 2. 1993, GewA 1994, 68). Ein in Deutschland aufgewachsener und lebender EU-Ausländer genießt keine Sonderrechte (Nds.OVG vom 24. 11. 1998, GewA 1999, 79).

Das jeweilige nationale Recht wird durch die Freizügigkeit nicht beeinflusst (vgl. EuGH vom 16. 2. 1995, GewA 1995, 195). Auch die Entscheidungen des EuGH vom 3. 10. 2000 (GewA 2000, 476) und zuvor des österr. VerfGH (GewA 2000, 113) haben daran nichts geändert (vgl. *Diefenbach,* GewA 2001, 353). Dazu unten mehr. **11**

Ein deutscher Staatsangehöriger kann nicht etwa lediglich durch die Eintragung bei einer französischen Handwerkskammer das Recht zur Betätigung in Deutschland erwerben; dafür braucht er eine deutsche Handwerksrolleneintragung, z. B. über eine Ausnahmebewilligung. Die VO Handwerk EU/EWR stellt in keiner Weise eine Diskriminierung ausländischer Handwerker dar; im Gegenteil verhindert sie eine solche, indem sie dem Ausländer die Möglichkeit gibt, ohne Meisterprüfung in die Handwerksrolle eingetragen zu werden (vgl. EuGH vom 16. 2. 1995, GewA 1995, 195). **12**

Für einzelne Länder sind im Verordnungswege Konkretisierungen und Sonderregelungen ergangen: Zur Gleichstellung französischer Meisterprüfungen vgl. VO vom 22. 12. 1997, BGBl. I S. 3324. sowie für österreichische Meisterprüfungen vgl. VO vom 31. 1. 1997, BGBl. I S. 142. **13**

Die Ausnahmebewilligung gem. § 9 HwO steht neben der des § 8 HwO. Ausländische Handwerker können daher anstelle der Ausnahmebewilligung gem. § 9 HwO auch die Ausnahmebewilligung gem. § 8 HwO erteilt bekommen, sofern deren Voraussetzungen gegeben sind. **14**

2. Dienstleistungsfreiheit. Für die Erbringung grenzüberschreitender handwerklicher Dienstleistungen bedürfen im EU-Ausland, EWR-Ausland oder der Schweiz niedergelassene Handwerker keiner Handwerksrolleneintragung in Deutschland. Dies gilt, so lange sie keine Niederlassung in Deutschland unterhalten. **15**

Zwar spricht § 7 der VO Handwerk EU/EWR von einer vorübergehenden und gelegentlichen Erbringung. Selbst eine umfangreiche, länger andauernde Betätigung eines ausländischen Unternehmens in Deutschland begründet aber nach Ansicht des EuGH so lange keine „Niederlassung", solange dieses Unternehmen hier „nicht über eine Infrastruktur verfügt, die es ihm erlauben würde, in stabiler und kontinuierlicher Weise einer Erwerbstätigkeit nachzugehen". (Vgl. auch **16**

EuGH vom 30. 9. 2003, GewA 2003, 472; dazu GewA 2004, 57). Im Ergebnis wird man daher die Erbringung grenzüberschreitender handwerklicher Dienstleistungen ohne Niederlassung in Deutschland daher nicht einschränken können, auch wenn die Verordnung von einer nur gelegentlichen Tätigkeit ausgeht.

17 Die Erbringung solcher grenzüberschreitender handwerklicher Dienstleistungen ist jedem in seinem Heimatland (EU, EWR, Schweiz) rechtmäßig niedergelassenen Handwerker gestattet, welcher entweder nachweislich über die notwendige Qualifikation verfügt oder dieses Handwerk in den letzten 10 Jahren mindestens 2 Jahre ausgeübt hat.

18 Sonderregelungen bestehen für Schornsteinfeger sowie für die Gesundheitshandwerke gem. Nr. 33–37 der Anlage A zur Handwerksordnung. Hier kann vor der erstmaligen Erbringung von handwerklichen Dienstleistungen in Deutschland die örtlich zuständige höhere Verwaltungsbehörde eine Prüfung der Berufsqualifikation einfordern.

III. Verfahren

19 **1. Allgemeines.** Die Vorschrift **ergänzt den § 8 HwO.** Hinsichtlich Zuständigkeit, Verfahrensfragen und Rechtsweg kann daher auf die dortigen Anmerkungen verwiesen werden. Die Unterschiede sind nur scheinbar (vgl. auch *Detterbeck,* Handwerksordnung 4. Aufl. § 9 Rdn. 10 ff.).

20 **2. Anerkennungsverfahren bei Niederlassung in Deutschland.** Die Ausnahmebewilligung nach § 9 HwO erhält, wer in einem anderen Mitgliedsstaat, also nicht in Deutschland, die Fähigkeit zur verantwortlichen Führung eines Handwerksbetriebes über einen bestimmten längeren Zeitraum bewiesen hat (vgl. VG Stade vom 31. 8. 1998, GewA 1999, 120). Es genügt nicht eine bloß nominelle Inhaberschaft; erforderlich ist die tatsächliche Ausübung des Handwerks (VG Stuttgart vom 28. 2. 1986, GewA 1987, 28; BVerwG vom 30. 9. 1986, GewA 1987, 176 LS). Wurde im Ausland nur der wesentliche Teilbereich eines Handwerks ausgeübt, so kann entsprechend § 8 Abs. 2 auch nur eine Teilausnahmebewilligung in Frage kommen. Geht andererseits die Tätigkeit über das deutsche Berufsbild hinaus, so muss nicht für jeden Tätigkeitsbereich die vorgeschriebene Zeit gesondert nachgewiesen werden (EuGH vom 29. 10. 1998, GewA 1999, 107).

21 Bei **entsprechender Fachausbildung** verkürzt sich die Zeit der nachzuweisenden verantwortlichen Betriebsführung. Ausbildung

Handwerkskarte § 10 HwO

und selbständige Berufsausübung müssen wohl nicht unbedingt im selben Staat stattgefunden haben (a. A. VG Stuttgart a. a. O.).
Wie aus der Fassung des § 9 zu schließen ist („außer in den Fällen des § 8 Abs. 1"), entfällt hier die Prüfung, ob ein Ausnahmefall vorliegt. Maßgebend sind weitestgehend formale Kriterien wie bestimmte Zeiten und Formen handwerklicher Beschäftigung, bzw. Selbständigkeit, die von den dafür bestimmten Behörden des jeweiligen Herkunftslandes bestätigt werden müssen. Solange keine offensichtlichen Fehler vorliegen, sind diese Angaben bindend. Die Kenntnis der **fremdsprachigen Berufsbezeichnungen** ist dabei eine nützliche Hilfe: vgl. dazu DHBl. 1984, 212 (englisch, französisch, italienisch) und DHBl. 1985, 90 (niederländisch). Die EU-Kommission hat zur leichteren und einheitlichen Handhabung dafür ein Formular entwickelt, die sog. EU-Bescheinigung, und die maßgebenden Dienststellen benannt (Abl. Nr. C 81 vom 13.7. 1974). Die Bescheinigung anderer, auch amtlicher Stellen, reicht nicht aus. Ausführlich zum Problem *Klinge,* WiVerw. 1992, 1.

22

3. Anzeigeverfahren bei grenzüberschreitender Dienstleistungserbringung. Der Handwerker aus dem Ausland (EU, EWR, Schweiz) muss vor erstmaliger Erbringung seiner handwerklichen Dienstleistung in Deutschland dies der für den Tätigkeitsort örtlich zuständigen höheren Verwaltungsbehörde schriftlich anzeigen. Die höhere Verwaltungsbehörde hat das Vorliegen der Voraussetzungen zu prüfen. Liegen diese vor, so muss die Zustimmung – Eingangsbestätigung genannt – erteilt werden. Eine vorherige Anhörung der Handwerkskammer kann, muss aber nicht erfolgen. Die Bescheinigung kann auf einen wesentlichen Teil des in Anlage A aufgeführten Gewerbes beschränkt werden. Die VO Handwerk EU/EWR sieht für die Entscheidung der Verwaltungsbehörde eine Monatsfrist vor. Eine Fristüberschreitung zieht keine Rechtsfolgen nach sich.

23

§ 10 [Handwerkskarte]

(1) **Die Eintragung in die Handwerksrolle erfolgt auf Antrag oder von Amts wegen.**

(2) ¹**Über die Eintragung in die Handwerksrolle hat die Handwerkskammer eine Bescheinigung auszustellen (Handwerkskarte).** ²**In die Handwerkskarte sind einzutragen der Name und die Anschrift des Inhabers eines Betriebs eines zulassungspflichtigen Handwerks, der Betriebssitz, das zu betreibende zulassungspflichtige Handwerk und bei Ausübung mehrerer zulassungs-**

HwO § 10 1. Teil. Handwerk u. handwerksähnliches Gewerbe

pflichtiger Handwerke diese Handwerke sowie der Zeitpunkt der Eintragung in die Handwerksrolle. ³In den Fällen des § 7 Abs. 1 ist zusätzlich der Name des Betriebsleiters, des für die technische Leitung verantwortlichen persönlich haftenden Gesellschafters oder des Leiters eines Nebenbetriebs einzutragen. ⁴Die Höhe der für die Ausstellung der Handwerkskarte zu entrichtenden Gebühr wird durch die Handwerkskammer mit Genehmigung der obersten Landesbehörde bestimmt.

Übersicht

	Rdn.
I. Handwerksrolleneintragung	1
1. auf Antrag	1
a) Ablehnung mangels Voraussetzungen	3
b) wegen fehlender Eintragungspflicht	4
2. von Amts wegen	5
II. Handwerkskarte	7
1. Inhalt und Bedeutung	7
2. Rechtsanspruch auf Ausstellung	9
3. Rückgabepflicht nach Löschung	10

I. Handwerksrolleneintragung

1 1. Ein **Antrag auf Eintragung in die Handwerksrolle** ist die Regel (§ 16 HwO), denn nur wer eingetragen ist, darf sich in einem Gewerbe der Anlage A berechtigterweise selbstständig handwerklich betätigen (§ 1 HwO); wer nicht für seine Eintragung sorgt, riskiert bei selbstständigem Betriebsbeginn Ordnungsmaßnahmen wegen unzulässiger Handwerkstätigkeit.

2 **Die Ablehnung des Antrags kann verwaltungsgerichtlich angefochten werden;** sie ist aus zwei Gründen möglich:

3 a) Hält die Handwerkskammer die Eintragungsvoraussetzungen nicht für gegeben, so ist der Anmeldende bis zu einer gerichtlichen Klärung zu seinen Gunsten nicht befugt, das betreffende zulassungspflichtige Handwerk auszuüben. Eine aufschiebende Wirkung kommen Widerspruch und Anfechtungsklage nicht zu, da die Handwerksrollen-Eintragung konstitutive Wirkung hat. Ebenso wenig kann im Wege einer einstweiligen Verfügung eine vorläufige Eintragung erreicht werden.

4 b) Verneint die Handwerkskammer die Eintragungspflicht, etwa weil kein zulassungspflichtiges Handwerk im Sinne des § 1 HwO ausgeübt werde, so darf der Betreffende sein Gewerbe ausüben, selbst wenn es sich in Wirklichkeit doch um einen Handwerksbetrieb handelt. Mangels Verschulden begeht er in diesem Fall keine Ordnungs-

Handwerkskarte § 10 HwO

widrigkeit nach § 117 HwO. Auch hier kann er jedoch eine gerichtliche Klärung herbeiführen.

2. Die **Eintragung von Amts wegen** kommt dann in Frage, wenn eine notwendige Eintragung vom Gewerbetreibenden versehentlich oder bewusst nicht beantragt wird. Voraussetzung für eine Eintragung von Amts wegen ist, dass auch die Eintragungsvoraussetzungen vorliegen (vgl. OVG NRW vom 13. 5. 1959, GewA 1960, 276 = BB 1959, 1040; BVerwG vom 17. 2. 1961, GewA 1961, 65 = NJW 1961, 844).

Zu den Eintragungsvoraussetzungen in diesem Sinne gehört auch, dass überhaupt ein eintragungspflichtiger Handwerksbetrieb vorliegt. Meinungsverschiedenheiten über diesen Punkt können und müssen im Eintragungsverfahren (§§ 11, 12 HwO) geklärt werden.

II. Handwerkskarte

1. **Die Handwerkskarte** ist die Bescheinigung über die Eintragung in der Handwerksrolle. **Ihren Inhalt bestimmt Abs. 2 Satz 2.** Im Rahmen der Anlage D können weitere Informationen in die Handwerkskarte aufgenommen werden, z. B. die Berechtigung zur Führung des Meistertitels. Weicht der Inhalt der Handwerkskarte von der Handwerksrollen-Eintragung ab, so ist diese maßgebend (OVG Münster vom 6. 11. 1963, GewA 1964, 165). Dieser Fall ist gar nicht selten, z. B. bei Eintragungen nach § 8 HwO: eine Befristung etwa muss nicht auf der Handwerkskarte vermerkt werden. Auch die Eintragung in die Handwerksrolle selbst hat nur Ausweisfunktion und begründet für sich genommen keine Rechte (HessVGH vom 28. 10. 1964, GewA 1966, 86).

Die Ausstellung der Handwerkskarte ist gebührenpflichtig, ebenso wie die Handwerksrolleneintragung selbst. Für die Festsetzung der Gebühr gelten die allgemeinen Grundsätze des § 113 Abs. 3 HwO. Auf die Ausstellung der Handwerkskarte kann der Handwerker nicht verzichten, etwa zur Gebührenersparnis (vgl. auch BVerwG vom 20. 6. 1972, BayVBl. 1972, 585; BayVGH vom 13. 4. 1973, GewA 1974, 91).

2. Auf die Ausstellung hat der Gewerbetreibende einen Rechtsanspruch, der im verwaltungsgerichtlichen Verfahren erzwingbar ist. Die Handwerkskarte ist gemäß § 16 Abs. 1 HwO mit der Anzeige nach § 14 GewO vorzulegen. Umgekehrt erhalten die Handwerkskammern Kopien der Gewerbeanzeigen möglicher Handwerksbe-

triebe, um die Handwerksrolleneintragung zu überprüfen und erforderlichenfalls herbeizuführen (vgl. Anm. I.1. zu § 16 HwO).

10   **3.** Nachdem die Handwerkskarte Ausweisfunktionen erfüllt, ähnlich etwa einem Erbschein, ist sie nach erfolgter Löschung in der Handwerksrolle **zurückzugeben** (vgl. § 13 Abs. 4 HwO mit den dortigen Anmerkungen).

§ 11 [Mitteilungspflicht der Handwerkskammer]

Die Handwerkskammer hat dem Gewerbetreibenden die beabsichtigte Eintragung in die Handwerksrolle gegen Empfangsbescheinigung mitzuteilen; gleichzeitig und in gleicher Weise hat sie dies der Industrie- und Handelskammer mitzuteilen, wenn der Gewerbetreibende dieser angehört.

Übersicht   Rdn.

1. Mitteilungspflicht 1
   a) dem Gewerbetreibenden 1
   b) der IHK 5
2. Rechtsmittel bei unterbliebener Mitteilung 8
3. Empfangsbescheinigung 11

1   **1. Die beabsichtigte Eintragung in die Handwerksrolle ist gegen Empfangsbescheinigung mitzuteilen;** ob die Eintragung auf Antrag oder von Amts wegen erfolgen soll, ist theoretisch gleichgültig. Sie ist nur zulässig, wenn die materiellen Eintragungsvoraussetzungen vorliegen. Die Mitteilung nach § 11 HwO stellt in jedem Fall einen anfechtbaren Verwaltungsakt dar (dazu § 12 HwO).

2   **a)** Mitzuteilen ist **dem betreffenden Gewerbetreibenden** selbst, d. h. dem Betriebsinhaber oder bei Gesellschaften einem Zustellungsbevollmächtigten (vgl. § 714 BGB, §§ 125, 164 HGB). Richtet sich die Mitteilung an Ehegatten, so muss nicht jeder von ihnen eine eigene Ausfertigung erhalten (BVerwG vom 24. 1. 1992, NVwZ 1992, 565). Ein Schriftstück, das mittels eingeschriebenen Briefes zugestellt wurde, gilt nach § 4 Abs. 1 Verwaltungszustellungsgesetz erst mit dem dritten Tag nach Aufgabe zur Post als zugestellt, auch wenn der Empfänger den Bescheid ausweislich des Rückscheines früher erhalten hat; selbst wenn dieser Tag ein Feiertag ist (VGH Mannheim vom 19. 11. 1991, NVwZ 1992, 799). Generell *Allesch,* Zustellungsmängel und Wirksamkeit von Verwaltungsakten, NVwZ 1993, 544.

Mitteilungspflicht der Handwerkskammer §11 HwO

Das Sendeprotokoll eines Telefax-Schreibens beweist nicht dessen 3
Zugang, sondern zeigt nur die geglückte Herstellung der Verbindung
an (BGH NJW 1995, 221).

Nach Sinn und Zweck der Vorschrift besteht diese gesonderte 4
Mitteilungspflicht nur, wenn die Eintragung von Amts wegen erfolgen soll. Es ist überflüssig, einem Antragsteller erst einmal mitzuteilen, dass man die von ihm begehrte Eintragung vornehmen wolle. Eine beantragte Handwerksrolleneintragung kann daher unmittelbar vorgenommen werden, sofern nicht die Voraussetzungen des Satzes 2 vorliegen; die vom Gesetz der Berücksichtigung wert gehaltenen Interessen der Industrie- und Handelskammer werden in diesem Fall nicht berührt.

b) Mitzuteilen ist **der Industrie- und Handelskammer,** wenn 5
der Gewerbetreibende dieser angehört, gleichgültig ob mit dem ganzen oder nur mit einem Teil des Gewerbes. Nicht notwendig ist die Mitteilung, wenn die beabsichtigte Handwerkstätigkeit überhaupt nichts mit der Gewerbetätigkeit zu tun hat, deretwegen IHK-Zugehörigkeit besteht, wenn also z. B. ein Grafik-Designer noch einen Metallbaubetrieb aufmachen will.

Durch die Mitteilung soll die Industrie- und Handelskammer in 6
die Lage versetzt werden, ihren Standpunkt darzutun und gegebenenfalls mit der Anfechtungsklage nach § 12 HwO die beabsichtigte Eintragung zu verhindern. Dies gilt auch dann, wenn der Gewerbetreibende selbst die Eintragung in die Handwerksrolle anstrebt. Die z. T. in organisatorischer Hinsicht widerstreitenden Interessen der beiden Kammern sollen durch eine frühzeitige Abgrenzung ausgeglichen werden. Zum andern soll dem Gewerbetreibenden der Beistand der Organisation gewährt werden, der er angehört und sich zugehörig fühlt (vgl. OVG Rh.-Pf. vom 30. 1. 1986, GewA 1986, 166).

Wegen des Falles, dass die Voraussetzungen für eine Mitteilungs- 7
pflicht an die IHK erst nach erfolgter Mitteilung an den Gewerbetreibenden oder gar erst nach dessen Handwerksrolleneintragung eintreten, vgl. Rdn. 7 zu § 12.

2. Wird die Eintragung ohne die vorgeschriebene vorhe- 8
rige Mitteilung vorgenommen, so ist sie dennoch wirksam.
Sie ist jedoch wegen des Verstoßes gegen eine zwingende Verfahrensvorschrift fehlerhaft und daher auf Anfechtungsklage aufzuheben. Das Urteil lautet in diesem Fall nicht auf Löschung, sondern auf Unwirksamkeit der Eintragung.

Erfolgte die Eintragung auf Antrag, dann kann gegebenenfalls nur 9
die Industrie- und Handelskammer Anfechtungsklage erheben, nicht auch der Eingetragene, denn der ist in diesem Fall durch die Eintra-

gung nicht beschwert. Dies gilt allerdings dann nicht, wenn der Antrag wegen einer insoweit unrichtigen Behördenauskunft gestellt und die Eintragung zunächst hingenommen worden war (vgl. VG Neustadt/Weinstraße vom 7. 10. 1980, GewA 1981, 166).

10 Widerspruch und Anfechtungsklage haben aufschiebende Wirkung. Aus einer unzulässigen Eintragung erwachsen dem Betroffenen bis zur rechtskräftigen Entscheidung daher auch keine Verpflichtungen, z. B. Beitragszahlungen.

11 3. Der Empfangsbescheinigung kommt nur beweissichernder Charakter zu. Die Mitteilung löst daher auch ohne eine solche ihre volle Wirkung aus, sofern der Nachweis des Erhalts auf andere Weise erbracht wird.

§ 12 [Verwaltungsrechtsweg]

Gegen die Entscheidung über die Eintragung eines der Industrie- und Handelskammer angehörigen Gewerbetreibenden in die Handwerksrolle steht neben dem Gewerbetreibenden auch der Industrie- und Handelskammer der Verwaltungsrechtsweg offen.

Übersicht

	Rdn.
1. Anfechtung durch den Gewerbetreibenden	1
2. Anfechtung durch die IHK	5
3. Entscheidung des Verwaltungsgerichts	9

1 **1. Gegen die Entscheidung über die Eintragung in die Handwerksrolle steht den Betroffenen der Verwaltungsrechtsweg offen,** wie sich auch schon aus § 40 VwGO ergibt.

2 „Entscheidung" kann hier mehreres bedeuten:
- die Mitteilung über eine beabsichtigte Eintragung nach § 11 (oder über eine beabsichtigte Löschung nach § 13 Abs. 3);
- die Ablehnung einer beantragten Eintragung; oder schließlich
- die (ohne vorherige Mitteilung erfolgte) Eintragung selbst.

3 Dass der Verwaltungsrechtsweg bereits gegen die **Mitteilung** einer beabsichtigten Eintragung möglich ist und dass es sich hier nicht nur um die bloße Ankündigung eines Verwaltungsaktes handelt, ergibt sich u. a. aus der vorgeschriebenen Empfangsbestätigung, die nur im Hinblick auf eine Rechtsmittelfrist Sinn macht (st. Rspr.; vgl. BVerwG vom 17. 2. 1961, GewA 1961, 55 = NJW 1961, 844 und *Fröhler,* GewA 1961, 160).

Verwaltungsrechtsweg § 12 **HwO**

Da bereits gegen die Mitteilung nach § 11 HwO der Verwaltungs- 4
rechtsweg eröffnet ist, muss sie auch eine **Rechtsbehelfsbelehrung**
enthalten, wenn die Widerspruchsfrist in Lauf gesetzt werden soll
(§ 58 VwGO). Ist die Mitteilung rechtskräftig geworden, so ist die daraufhin
erfolgte Eintragung (oder Löschung) nicht mehr erneut anfechtbar,
sofern nicht nachträglich neue Umstände eingetreten sind
(BayVGH vom 30. 10. 1975, GewA 1976, 122). Für die Entscheidung
über einen eingelegten Widerspruch ist die Handwerkskammer zuständig.

2. Die Industrie- und Handelskammer hat ein eigenes An- 5
fechtungsrecht, wenn ihr der Gewerbetreibende angehört. Diese
Anfechtung kann unabhängig vom Willen des Betriebsinhabers und
auch gegen diesen erfolgen (OVG NRW vom 18. 1. 1956, BB 1956,
670). Wird die Anfechtungsklage nur vom Gewerbetreibenden oder
nur von der IHK erhoben, so ist der andere Teil beizuladen (notwendige
Beiladung), da die Entscheidung beiden gegenüber nur einheitlich
ergehen kann. Wird die Klage von beiden Teilen erhoben, so sind
sie als notwendige Streitgenossen zu betrachten; die Verfahren sind
miteinander zu verbinden.

Das Anfechtungsrecht der IHK setzt voraus, dass sie durch die Ent- 6
scheidung der Handwerkskammer beschwert ist. Diese Voraussetzung
ist nicht gegeben, wenn ein Eintragungsantrag abgelehnt wurde; Interessen
der Industrie- und Handelskammer werden in diesem Fall
nicht berührt. Folgerichtig gebietet hier auch § 11 HwO keine Mitteilungspflicht.

Wird der Gewerbetreibende erst nach Erhalt der Mitteilung nach 7
§ 11 HwO oder nachdem er den Handwerksrollen-Eintagungsantrag
gestellt hat, Angehöriger der Industrie- und Handelskammer, so ist
eine weitere, nachträgliche Mitteilung an diese nicht mehr erforderlich;
das Anfechtungsverfahren mit seiner kassatorischen Wirkung ist
auf den Zeitpunkt des Erlasses des Verwaltungsaktes (= Mitteilung)
zurückbezogen. Der IHK bleibt in diesem Fall nur die Möglichkeit,
gemäß § 13 HwO die Löschung zu beantragen.

Andere Personen oder Institutionen neben dem Gewerbe- 8
treibenden selbst und der Industrie- und Handelskammer **haben
kein Anfechtungsrecht.**

3. Hält das **Verwaltungsgericht** die Anfechtungsklage gegen 9
eine beabsichtigte Eintragung für unbegründet, so weist es die Klage
ab. Ist die Klage begründet, so lautet der Entscheidungstenor zweckmäßigerweise:
„Die Eintragung in die Handwerksrolle ist unzulässig". Bezüglich der Anfechtungsklage gegen die ohne vorherige Mit-

teilung vollzogene Eintragung in die Handwerksrolle vgl. Anm. 2 zu § 11 HwO.

10 Wird der Verwaltungsrechtsweg beschritten, weil die Handwerksrolleneintragung abgelehnt wurde, so handelt es sich um eine sog. Verpflichtungsklage. Wird während eines noch anhängigen verwaltungsgerichtlichen Verfahrens die zunächst abgelehnte Handwerksrolleneintragung erneut beantragt und sachlich darüber entschieden, so wird dadurch der Klageweg aufs Neue eröffnet (BayVGH vom 11. 1. 1973, GewA 1974, 96).

11 Nach formell rechtskräftigem Abschluss des verwaltungsgerichtlichen Verfahrens treten die Wirkungen der §§ 14 bzw. 15 HwO ein, je nachdem ob die Entscheidung der Handwerkskammer bestätigt oder verworfen wurde. Wegen der Einzelheiten vgl. die Anmerkungen zu den genannten Vorschriften.

§ 13 [Löschung in der Handwerksrolle]

(1) **Die Eintragung in die Handwerksrolle wird auf Antrag oder von Amts wegen gelöscht, wenn die Voraussetzungen für die Eintragung nicht vorliegen.**

(2) **Wird der Gewerbebetrieb nicht handwerksmäßig betrieben, so kann auch die Industrie- und Handelskammer die Löschung der Eintragung beantragen.**

(3) **Die Handwerkskammer hat dem Gewerbetreibenden die beabsichtigte Löschung der Eintragung in die Handwerksrolle gegen Empfangsbescheinigung mitzuteilen.**

(4) **Wird die Eintragung in die Handwerksrolle gelöscht, so ist die Handwerkskarte an die Handwerkskammer zurückzugeben.**

(5) **¹Die nach Absatz 1 in der Handwerksrolle gelöschten Daten sind für weitere dreißig Jahre ab dem Zeitpunkt der Löschung in einer gesonderten Datei zu speichern. ²Eine Einzelauskunft aus dieser Datei ist jedem zu erteilen, der ein berechtigtes Interesse glaubhaft darlegt, soweit der Betroffene kein schutzwürdiges Interesse an dem Ausschluß der Übermittlung hat. ³§ 6 Abs. 4 bis 6 gilt entsprechend.**

Übersicht

	Rdn.
1. Handwerksrollenlöschung	1
a) auf Antrag	2
b) von Amts wegen	5
aa) wegen Wegfall der Handwerkseigenschaft	6

Löschung in der Handwerksrolle §13 HwO

Rdn.
bb) wegen Wegfall der Eintragungsvoraussetzungen 7
cc) nach Gewerbeuntersagung 9
c) „Ruhender" Betrieb 11
2. a) Beteiligung der IHK 12
b) Keine weiteren Antragsrechte 13
3. Löschungsverfahren 14
a) Mitteilung von beabsichtigter Löschung 14
b) Verwaltungsrechtsweg 16
c) Kosten 18
d) sofortige Vollziehbarkeit 19
e) Wirkungen des Löschungsbescheides 20
4. Rückgabe der Handwerkskarte 22

1. Die Löschung in der Handwerksrolle erfolgt ebenso wie die 1
Eintragung entweder auf Antrag oder von Amts wegen (vgl. dazu ausführlich *Fröhler,* GewA 1971, 145). Nach der Löschung sind die Daten noch 30 Jahre verfügbar zu halten (Abs. 5).

a) Löschung auf Antrag des Gewerbetreibenden. Der Antrag 2
kann gestellt werden mit der Begründung, dass der Gewerbebetrieb aufgegeben worden ist, dass kein Handwerk mehr ausgeübt wird (z. B. weil sich der Betrieb so weit spezialisiert hat, dass nicht mehr von wesentlichen Tätigkeiten eines in der Positivliste aufgeführten Gewerbes gesprochen werden kann), oder weil das Gewerbe nicht mehr handwerksmäßig, sondern industriemäßig betrieben wird. Im letztgenannten Fall ist die Frist des § 14 HwO zu beachten.

Da die Handwerksrolleneintragung personen-, nicht betriebsbe- 3
zogen ist, kommt eine Löschung nicht in Frage, wenn nur eine von mehreren Betriebsstätten im Bezirk betroffen ist. Wenn nur eine einzelne Betriebsstätte die handwerksrechtlichen Anforderungen nicht erfüllt, ist gegebenenfalls nach § 16 Abs. 3 vorzugehen (vgl. VGH BW vom 8. 10. 2001, GewA 2001, 81).

Kein Löschungsantrag ist erforderlich, wenn der Gesetzgeber ein 4
Handwerk in der Positivliste ersatzlos gestrichen hat; die Eintragung ist damit automatisch gegenstandslos. Durch die Novelle 03 betrifft dies alle eingetragenen Handwerksbetriebe, deren Gewerbe jetzt nicht mehr in der Anlage A enthalten sind. Sofern diese Gewerbe jetzt in Anlage B aufgeführt sind, waren sie von Amts wegen in das Verzeichnis nach § 19 zu übernehmen.

b) Löschung von Amts wegen hat dann zu erfolgen, wenn die 5
Eintragungsvoraussetzungen weggefallen sind, ohne dass ein Löschungsantrag gestellt wurde.

6 **aa)** Der Wandel eines Unternehmens zum Industriebetrieb fordert nur im Ausnahmefall die Amtslöschung. Die Frage der Abgrenzung zwischen Industrie und Handwerk ist so schwierig, dass es der Handwerkskammer nicht zuzumuten ist, um jeden Betrieb, der sich im Grenzbereich befindet, gegebenenfalls einen Rechtsstreit führen zu müssen. Eine Handwerksrolleneintragung auch eines zwischenzeitlich zum Industriebetrieb gewordenen Handwerksbetriebs ist daher nicht zu beanstanden, solange die Eintragungsvoraussetzungen vorliegen und kein Berechtigter die Löschung begehrt (vgl. VG Köln vom 19. 9. 2002, GewA 2002, 483).

7 **bb)** Die wichtigsten Fälle der Löschung von Amts wegen sind, dass der Handwerker stirbt und niemand den Betrieb weiterführt, oder aber, dass die **Eintragungsvoraussetzungen entfallen** sind. Dies kann dadurch geschehen, dass eine Ausnahmebewilligung nach § 8 HwO ihre Wirkung verliert, sei es durch Zeitablauf (dazu VG Minden vom 25. 11. 1976, GewA 1977, 227), Eintritt einer auflösenden Bedingung oder Widerruf; ferner beim Fehlen oder Wegfall einer notwendigen Betriebsleitung. Besonders rasch muss bei Gefahrenhandwerken gehandelt werden (OVG Rh.-Pf. vom 21. 4. 1986, GewA 1987, 162), also jetzt immer!. Zu löschen ist auch eine erschlichene Eintragung (vgl. VG Ansbach vom 23. 7. 1987, GewA 1987, 383).

8 Nach Ablauf einer befristeten Ausnahmebewilligung muss unter allen Umständen die Löschung in der Handwerksrolle erfolgen, sofern zwischenzeitlich keine anderen Eintragungsvoraussetzung vorliegen wie z. B. die bestandene Meisterprüfung (ständige Rspr.; so BVerwG vom 29. 12. 1961, GewA 1962, 9; BayVGH vom 16. 7. 1969, GewA 1970, 110; VGH BW vom 30. 6. 1971, GewA 1971, 210). Im Löschungsverfahren ist nicht zu prüfen, ob ggf. die Voraussetzungen einer weiteren Ausnahmebewilligung vorliegen (st. Rspr.; so VG Meiningen vom 21. 3. 1996, GewA 1996, 483). Eine beabsichtigte GmbH-Gründung ist ohne Einfluss (HessVGH vom 9. 2. 1988, GewA 1988, 199).

9 **cc)** Schließlich muss die Handwerksrolleneintragung gelöscht werden nach einer auf das betreffende Handwerk gerichteten **Gewerbeuntersagung** nach § 35 GewO (BVerwG vom 1. 6. 1992, NVwZ-RR 1992, 547; VG Schleswig vom 27. 5. 1999, NVwZ-RR 2000, 19). Die Bestandskraft braucht dabei nicht abgewartet zu werden; vorläufige Vollziehbarkeit genügt (VG Ansbach vom 26. 1. 1976, GewA 1976, 227). Eine gegen eine GmbH ausgesprochene Untersagung betrifft auch deren vertretungsberechtigten Geschäftsführer (so VG Koblenz vom 1. 2. 1977, GewA 1977, 197 und 306; ablehnend *Beyer,* GewA 1977, 381). Vgl. *Kienzle,* GewA 1965, 97 und 1974, 253).

Löschung in der Handwerksrolle §13 HwO

In den genannten Fällen besteht eine **Amtspflicht zur Löschung** 10
(BVerwG vom 24. 9. 1965, BayVBl. 1966, 60); die Handwerkskammer hat kein irgendwie geartetes Ermessen (OVG Koblenz vom 29. 6. 1970, GewA 1970, 277). Sie kann lediglich unter dem Gesichtspunkt der Verhältnismäßigkeit zeitweilig von der Durchführung des Löschungsverfahrens absehen. Eine Besitzstandwahrung, die in diesen Fällen den Verbleib in der Handwerksrolle rechtfertigt, gibt es nicht (BVerwG vom 28. 9. 1971, GewA 1972, 155; vgl. auch VG Düsseldorf vom 19. 3. 1974, GewA 1975, 92).

c) **Keine Löschung kommt in Frage,** wenn der Handwerksbetrieb aus wirtschaftlichen oder persönlichen Gründen vorübergehend nicht ausgeübt wird. Nach Sinn und Wortlaut des Gesetzes ist die Handwerksrolleneintragung kein Zeichen dafür, dass ein bestimmtes Handwerk ausgeübt wird, sondern lediglich die Voraussetzung dafür, dass es ausgeübt werden darf. Dementsprechend ist es allein Sache des Handwerkers, in welchem Umfang er von der durch die Handwerksrolleneintragung gegebenen Berechtigung Gebrauch machen will. Es muss ihm freistehen, den Betrieb gegebenenfalls zeitweise auch ganz ruhen zu lassen, (was allerdings z. B. seine Beitragspflicht nicht berührt!). Nur wenn die Absicht der Betriebseinstellung nach dem erkennbaren Willen des Inhabers endgültig ist (z. B. Gewerbeabmeldung nach § 14 GewO; Verpachtung des Unternehmens u. Ä.) muss eine Handwerksrollenlöschung von Amts wegen vorgenommen werden (vgl. auch *Perkuhn,* GewA 1967, 52(57)). 11

2. a) Eine **Beteiligung der Industrie- und Handelskammer** 12
ist gem. Abs. 2 nur für den Fall vorgesehen, dass der zulassungspflichtige Gewerbebetrieb nicht oder genauer nicht mehr handwerksmäßig betrieben wird (vgl. VGH Bad Württ. vom 22. 7. 1970, GewA 1970, 274). In diesem Fall steht ihr ein eigenes, selbstständiges Antragsrecht auf Löschung in der Handwerksrolle zu, das auch gegen den Willen des Betriebsinhabers ausgeübt werden kann (OVG Münster vom 18. 1. 1956, BB 1956, 670).

b) Anderen Personen oder Institutionen ist ein solches Antragsrecht nicht eingeräumt. Dies gilt insbesondere für die Allgemeinen Ortskrankenkassen, die wegen der Zugehörigkeit eines bestimmten Betriebes zur Innungskrankenkasse u. U. ein besonderes Interesse an der Handwerksrollenlöschung dieses Unternehmens haben können. 13

3. a) **Der Gewerbetreibende ist von der beabsichtigten Löschung zu verständigen.** Dabei gilt sinngemäß das Gleiche wie für die Mitteilung nach § 11 HwO, d. h. bei einer Löschung auf Antrag ist eine nochmalige besondere Verständigung überflüssig. Einem An- 14

trag wird man die Gewerbeabmeldung nach § 14 GewO gleichsetzen dürfen, denn auch hier bringt der Gewerbetreibende zum Ausdruck, dass er sein Handwerk nicht mehr weiter auszuüben gedenkt. Die Mitteilung hat auch dann zu erfolgen, wenn die IHK nach Abs. 2 einen Antrag gestellt hat und die Handwerkskammer ihm stattgeben will.

15 Eine Mitteilung an die Industrie- und Handelskammer ist nicht erforderlich, auch wenn der Gewerbetreibende dieser angehört. Abgesehen vom Wortlaut ergibt sich dies auch aus dem Sinn des Gesetzes: die der IHK eingeräumten Mitwirkungsrechte sollen ihr ermöglichen, eventuelle Bedenken gegen eine Eintragung geltend zu machen. Dessen bedarf es aber nicht, wenn die Handwerkskammer ohnehin eine Löschung in der Handwerksrolle vornehmen will.

16 **b)** Auch ohne dass dies ausdrücklich gesagt ist, steht dem Gewerbetreibenden nach § 40 VwGO gegen die Entscheidung der Handwerkskammer der **Verwaltungsrechtsweg** offen (BVerwG vom 16. 4. 1991, GewA 1991, 352). Unter „Entscheidung" ist hier sinngemäß die Ablehnung einer beantragten Löschung, die Mitteilung über eine beabsichtigte Löschung und schließlich die ohne vorherige Mitteilung erfolgte Handwerksrollenlöschung selbst zu verstehen. Maßgebend ist der Zeitpunkt der tatsächlichen Entscheidung (BVerwG vom 26. 11. 1982, GewA 1983, 139 und vom 16. 4. 1991, NVwZ 1991, 1189). In allen diesen Fällen handelt es sich um einen anfechtbaren Verwaltungsakt, dem eine Rechtsbehelfsbelehrung beigefügt werden sollte, um die Widerspruchsfrist in Gang zu setzen (BVerwG vom 22. 4. 1994, GewA 1994, 248). Zum Verfahren vgl. VGH Bad-Württ. vom 8. 7. 1970, NJW 1971, 109 und vom 18. 3. 1974, GewA 1974, 340; zum Widerspruchsbescheid BayVGH vom 28. 11. 1996, GewA 1997, 75. Es handelt sich um einen Verwaltungsakt mit Dauerwirkung, so dass auf den Zeitpunkt der letzten mündlichen Verhandlung abzustellen ist (Nds. OVG vom 25. 9. 1992, GewA 1994, 171). Nicht anfechtbar ist die bloße Aufforderung, einen stillgelegten Handwerksbetrieb nach § 14 GewO beim Gewerberegister abzumelden (VGH BW vom 3. 7. 1964, GewA 1965, 248).

17 Ist die **Löschungsankündigung unanfechtbar** (rechtskräftig) geworden, dann kann die nachfolgende Löschung als solche nicht mehr angefochten werden, es sei denn, die Löschungsvoraussetzungen sind nachträglich weggefallen (VGH Mannheim vom 6. 9. 1991, NVwZ-RR 1992, 473). Beim Vorliegen der Voraussetzungen kann allenfalls Vollstreckungsgegenklage zum Verwaltungsgericht gemäß § 767 ZPO erhoben werden (OVG Berlin vom 3. 11. 1960, GewA 1961, 118; vgl. dazu auch *Haueisen,* Verwaltungsakt und Vollstreckungsgegenklage, NJW 1965, 2285, sowie *Renck,* NJW 1966, 1247).

Löschung in der Handwerksrolle § 13 HwO

c) Seine **Aufwendungen** in einem Löschungsverfahren trägt unabhängig vom Ausgang jeder Beteiligte immer selbst, es sei denn, die Sache ist gerichtshängig geworden (vgl. NWWME vom 23. 9. 1974, GewA 1975, 194). Wer in einem Verfahren wegen Löschung in der Handwerksrolle die Berechtigung der zunächst angefochtenen Löschungsankündigung nachträglich anerkennt und, um die Löschung zu verhindern, z. B. einen notwendigen Betriebsleiter einstellt, der hat als unterlegene Partei die Kosten des Verfahrens zu tragen. 18

d) Soll ein Löschungsbescheid gemäß § 80 VwGO für **sofort vollziehbar** erklärt werden, so muss die Notwendigkeit hierfür im Einzelnen begründet werden (VG Minden vom 13. 12. 1963, GewA 1964, 225; VG Hannover vom 6. 12. 1976, GewA 1977, 228). Die Notwendigkeit kann etwa darin liegen, dass von einer weiteren Ausübung des Handwerks durch ungeschulte Kräfte ganz besondere Gefahren für die Öffentlichkeit ausgehen können. Dies muss aber immer im Einzelfall für den konkreten Betrieb dargelegt werden; eine pauschale Beurteilung ist auch jetzt nicht zulässig. 19

e) Wegen der **Schließung** eines trotz Löschung in der Handwerksrolle weitergeführten Handwerksbetriebes vgl. die Anmerkungen zu § 16 Abs. 3 HwO. 20

Eine unanfechtbar gewordene Löschungsankündigung steht beim Vorliegen der Voraussetzungen der Wiedereintragung des Betreffenden in der Handwerksrolle nicht im Wege; es kommt ihr also keine materielle Rechtskraft zu (OVG Münster vom 11. 1. 1956, BB 1956, 670). Die Einschränkung des § 15 HwO greift in diesem Fall nicht Platz. 21

4. Die Handwerkskarte ist nach erfolgter Handwerksrollenlöschung zurückzugeben (vgl. Rdn. 10 zu § 10). Auf den Rechtsgrund der Löschung kommt es dabei nicht an (vgl. OVG NRW vom 15. 1. 1965, GewA 1965, 204). 22

Die Aufforderung, die Handwerkskarte zurückzugeben, ist ein selbstständig anfechtbarer Verwaltungsakt (so VGH BW vom 3. 7. 1964, GewA 1965, 248). Selbstverständlich kann diese Aufforderung schon zusammen mit der Löschungsankündigung erfolgen, aber nur mit Wirkung für den Zeitpunkt nach erfolgter Löschung (VGH BW vom 18. 3. 1974, GewA 1974, 340; BayVGH vom 3. 5. 1982, GewA 1982, 377). 23

Erforderlichenfalls kann zur Erzwingung der Rückgabe ein Ordnungsgeld nach § 112 verhängt werden. Wird trotzdem die Handwerkskarte nicht zurückgegeben, so kann sie im Wege des Verwaltungszwangsverfahrens eingezogen werden (interessant in diesem Zusammenhang VG Gelsenkirchen vom 12. 3. 1968, GewA 1968, 24

174; vgl. auch OVG Münster vom 15. 1. 1965, GewA 1965, 204); ist dies nicht möglich, so ist sie für ungültig zu erklären (in Anlehnung an §§ 175, 176 BGB).

§ 14 [Beschränkung des Antrags auf Löschung]

¹Ein in die Handwerksrolle eingetragener Gewerbetreibender kann die Löschung mit der Begründung, dass der Gewerbebetrieb kein Betrieb eines zulassungspflichtigen Handwerks im Sinne des § 1 Abs. 2 ist, erst nach Ablauf eines Jahres seit Eintritt der Unanfechtbarkeit der Eintragung und nur dann beantragen, wenn sich die Voraussetzungen für die Eintragung wesentlich geändert haben. ²Satz 1 gilt für den Antrag der Industrie- und Handelskammer nach § 13 Abs. 2 entsprechend.

Übersicht

	Rdn.
1. Einschränkungen des Löschungsantrags	1
a) Erst nach Ablauf eines Jahres	2
b) Beginn der Jahresfrist	3
2. Weitere Voraussetzungen	5
a) Wandel der Betriebsstruktur	6
b) Wandel der rechtlichen Beurteilung	8
c) Maßgebend auch für IHK-Antrag	10
3. Inhalt des Löschungsantrags	11

1 1. **Der Antrag auf Löschung in der Handwerksrolle ist Beschränkungen unterworfen,** die eine gewisse Kontinuität gewährleisten sollen. Diese Beschränkungen gelten nur für den Fall, dass der Löschungsantrag damit begründet wird, der Betrieb sei kein handwerksrollenpflichtiges Gewerbe (mehr), nicht jedoch, wenn der Betrieb aufgegeben wurde.

2 **a)** Ein Löschungsantrag kann in diesem Fall grundsätzlich erst nach Ablauf eines Jahres seit dem Eintritt der Unanfechtbarkeit der Eintragung gestellt werden. Ein früher gestellter Antrag ist als unzulässig abzuweisen, ohne dass seine materielle Berechtigung geprüft werden müsste.

3 **b) Fristbeginn** ist der Zeitpunkt der Handwerksrolleneintragung. Bei einer selbst beantragten Eintragung ist die Unanfechtbarkeit sofort gegeben. Eine Handwerksrolleneintragung von Amts wegen oder eines IHK-Mitglieds kann erst vorgenommen werden, wenn die Mitteilung über die beabsichtigte Eintragung rechtskräftig ist, wird dann aber in aller Regel unmittelbar erfolgen.

Beschränkung des Antrags auf Löschung § 14 HwO

Der „Unanfechtbarkeit der Eintragung" im Sinne des § 14 HwO steht gleich die rechtskräftige Ablehnung eines früheren Löschungsantrags. Diese Auffassung rechtfertigt sich aus der in beiden Fällen gleichen Interessenlage. Unabhängig davon, ob bereits der entsprechende Bescheid der Handwerkskammer rechtskräftig wurde oder ob das Verwaltungsgericht eingeschaltet war, wurde hier wie da erst vor kurzer Zeit die Handwerksnatur des Betriebes eigens überprüft, so dass auch hier im Interesse der Kontinuität nicht alsbald anschließend wieder ein gleichartiger Antrag gestellt werden soll.

2. Der Antrag auf Löschung kann ferner nur gestellt werden, wenn sich die Voraussetzungen für die Eintragung **wesentlich geändert** haben.

a) Maßgebend sind dabei immer die betrieblichen Verhältnisse, denn nur auf diese kommt es für die Beurteilung der Frage an, ob ein bestimmter Betrieb Handwerksbetrieb ist oder nicht (dazu § 1 HwO). Es ist also notwendig, dass der Betrieb seit der Eintragung eine Umgestaltung erfahren hat, die seine Struktur wesentlich verändert hat. Es sind dabei dieselben Abgrenzungskriterien heranzuziehen wie bei der Frage der Eintragung.

Die Einschränkung greift dann nicht Platz, wenn der Betrieb schon immer als Industriebetrieb anzusehen war, so dass die Eintragung in die Handwerksrolle rechtswidrig war und gar nicht hätte erfolgen dürfen. In diesem Fall kann die Löschung nicht deswegen versagt werden, weil die Verhältnisse seit der Eintragung unverändert geblieben sind. Im Hinblick darauf, dass die Abgrenzung nicht leicht und die Grenze fließend ist, kommt dieser Fall in der Praxis kaum vor, denn das Gesetz will ja gerade fortwährende Überprüfungen der Handwerksnatur vermeiden, so dass es sich schon um einen sehr eindeutigen Eintragungsfehler handeln müsste (vgl. OVG NRW vom 8. 5. 1974, GewA 1974, 387).

b) Eine wesentliche Änderung der Eintragungsvoraussetzungen liegt auch dann vor, wenn zwischenzeitlich ein **Wandel der rechtlichen Beurteilung** eingetreten ist, indem z. B. bestimmte, im gegebenen Fall ausschlaggebende Abgrenzungsmerkmale nach neuerer Anschauung keine Qualifizierung als Handwerksbetrieb mehr rechtfertigen (vgl. OVG Münster vom 11. 5. 1960, GewA 1960, 256; BayVGH vom 14. 12. 1961, GewA 1962, 223; VG Frankfurt/Main vom 10. 12. 1963, GewA 1964, 129). Die Entscheidung eines einzelnen, selbst höheren Gerichts bedeutet noch keinen Wandel der rechtlichen Beurteilung; die neue Ansicht muss vielmehr herrschende oder zumindest überwiegend herrschende Lehre geworden sein.

HwO § 15 1. Teil. Handwerk u. handwerksähnliches Gewerbe

9 **Änderungen der Positivliste** (etwa ersatzlose Streichung eines Gewerbes als handwerksfähig) stellen zweifellos eine wesentliche Änderung der Eintragungsvoraussetzungen dar. Die Jahresfrist des § 14 ist in diesem Fall aber nicht einzuhalten. Es geht hier nicht um eine schwierige Abgrenzungsfrage, die im Interesse des Organisationsfriedens nicht immer wieder aufgeworfen werden soll, sondern der Gesetzgeber hat eine klare Zäsur geschaffen und die Löschung ist sofort vorzunehmen.

10 **c)** Die vorstehenden Beschränkungen gelten auch dann, wenn die Löschung nach § 13 Abs. 2 HwO von der Industrie- und Handelskammer beantragt wird. Es spielt dabei keine Rolle, ob die Voraussetzungen des § 11 HwO vorliegen und ob die IHK an dem vorhergegangenen Eintragungs- oder erfolglosen Löschungsverfahren beteiligt war. Der „Eintritt der Unanfechtbarkeit der Eintragung" ist völlig abstrakt zu sehen.

11 **3.** Trotz der Fassung „kann ... nur dann beantragen, wenn sich die Voraussetzungen ... wesentlich geändert haben", handelt es sich hier um keine Frage der Zulässigkeit, sondern der Begründetheit. Außer der Frage, ob sich Veränderungen ergeben haben, muss ja auch geprüft werden, wie sich diese Veränderungen auswirken. Nicht zuletzt prozessökonomische Erwägungen führen also dazu, dass hier Zulässigkeit und Begründetheit nicht getrennt, sondern gleich in einem Zuge beurteilt werden. Richtigerweise kommt der Vorschrift daher die Bedeutung bei, dass mit dem Löschungsantrag behauptet werden muss, nach der rechtskräftigen Eintragung habe der Betrieb durch neu eingetretene Veränderungen den handwerklichen Charakter verloren.

§ 15 [Erneuter Eintragungsantrag nach Ablehnung]

Ist einem Gewerbetreibenden die Eintragung in die Handwerksrolle abgelehnt worden, so kann er die Eintragung mit der Begründung, daß der Gewerbebetrieb nunmehr Handwerksbetrieb ist, erst nach Ablauf eines Jahres seit Eintritt der Unanfechtbarkeit der Ablehnung und nur dann beantragen, wenn sich die Voraussetzungen für die Ablehnung wesentlich geändert haben.

1 Für einen **erneuten Antrag auf Eintragung in die Handwerksrolle** gelten die gleichen Beschränkungen wie für einen erneuten Antrag auf Löschung, wenn:

2 **1.** ein früherer Antrag unanfechtbar mit der Begründung abgelehnt worden ist, dass ein Handwerksbetrieb nicht vorliege. Die Ein-

Anzeigepflicht; Untersagung der Fortsetzung   § 16 HwO

schränkung gilt also nicht, wenn ein Antrag abgelehnt wurde, weil der Antragsteller nicht die persönlichen Voraussetzungen des § 7 HwO für seine Eintragung erfüllte.

2. der erneute Antrag sich darauf stützt, dass der Betrieb nunmehr handwerksmäßig betrieben wird. Die Beschränkung gilt nur, wenn sich der Antrag auf den selben Betrieb bezieht. Für einen neuen Betrieb kann also jederzeit die Handwerksrolleneintragung beantragt werden; ob es sich im gegebenen Fall um einen neuen oder lediglich den umgestalteten alten Betrieb handelt, ist Tatfrage.   3

Im Einzelnen kann auf die Anmerkungen zu § 14 HwO verwiesen werden. In der Praxis ist § 15 HwO ohne Bedeutung.   4

§ 16 [Anzeigepflicht bei Betriebsbeginn; Untersagung der Fortsetzung]

(1) ¹Wer den Betrieb eines zulassungspflichtigen Handwerks nach § 1 anfängt, hat gleichzeitig mit der nach § 14 der Gewerbeordnung zu erstattenden Anzeige der hiernach zuständigen Behörde die über die Eintragung in die Handwerksrolle ausgestellte Handwerkskarte (§ 10 Abs. 2) vorzulegen. ²Der Inhaber eines Hauptbetriebs im Sinne des § 3 Abs. 3 hat der für die Entgegennahme der Anzeige nach § 14 der Gewerbeordnung zuständigen Behörde die Ausübung eines handwerklichen Neben- oder Hilfsbetriebs anzuzeigen.

(2) Der Gewerbetreibende hat ferner der Handwerkskammer, in deren Bezirk seine gewerbliche Niederlassung liegt oder die nach § 6 Abs. 2 für seine Eintragung in die Handwerksrolle zuständig ist, unverzüglich den Beginn und die Beendigung seines Betriebs und in den Fällen des § 7 Abs. 1 die Bestellung und Abberufung des Betriebsleiters anzuzeigen; bei juristischen Personen sind auch die Namen der gesetzlichen Vertreter, bei Personengesellschaften die Namen der für die technische Leitung verantwortlichen und der vertretungsberechtigten Gesellschafter anzuzeigen.

(3) ¹Wird der selbständige Betrieb eines zulassungspflichtigen Handwerks als stehendes Gewerbe entgegen den Vorschriften dieses Gesetzes ausgeübt, so kann die nach Landesrecht zuständige Behörde die Fortsetzung des Betriebs untersagen. ²Die Untersagung ist nur zulässig, wenn die Handwerkskammer und die Industrie- und Handelskammer zuvor angehört worden sind und in

einer gemeinsamen Erklärung mitgeteilt haben, dass sie die Voraussetzungen einer Untersagung als gegeben ansehen.

(4) ¹Können sich die Handwerkskammer und die Industrie- und Handelskammer nicht über eine gemeinsame Erklärung nach Absatz 3 Satz 2 verständigen, entscheidet eine von dem Deutschen Industrie- und Handelskammertag und dem Deutschen Handwerkskammertag (Trägerorganisationen) gemeinsam für die Dauer von jeweils vier Jahren gebildete Schlichtungskommission. ²Die Schlichtungskommission ist erstmals zum 1. Juli 2004 zu bilden.

(5) ¹Der Schlichtungskommission gehören drei Mitglieder an, von denen je ein Mitglied von jeder Trägerorganisation und ein Mitglied von beiden Trägerorganisationen gemeinsam zu benennen sind. ²Das gemeinsam benannte Mitglied führt den Vorsitz. ³Hat eine Trägerorganisation ein Mitglied nicht innerhalb von einem Monat nach Benennung des Mitglieds der anderen Trägerorganisation benannt, so erfolgt die Benennung durch das Bundesministerium für Wirtschaft und Technologie. ⁴Das Bundesministerium für Wirtschaft und Technologie benennt auch das vorsitzende Mitglied, wenn sich die Trägerorganisationen nicht innerhalb eines Monats einigen können, nachdem beide ihre Vorschläge für das gemeinsam zu benennende Mitglied unterbreitet haben. ⁵Die Schlichtungskommission gibt sich eine Geschäftsordnung.

(6) Das Bundesministerium für Wirtschaft und Technologie wird ermächtigt, durch Rechtsverordnung mit Zustimmung des Bundesrates das Schlichtungsverfahren zu regeln.

(7) Hält die zuständige Behörde die Erklärung nach Absatz 3 Satz 2 oder die Entscheidung der Schlichtungskommission für rechtswidrig, kann sie unmittelbar die Entscheidung der obersten Landesbehörde herbeiführen.

(8) Bei Gefahr im Verzug kann die zuständige Behörde die Fortsetzung des Gewerbes auch ohne Einhaltung des Verfahrens nach Absatz 3 Satz 2 und Absatz 4 vorläufig untersagen.

(9) Die Ausübung des untersagten Gewerbes durch den Gewerbetreibenden kann durch Schließung der Betriebs- und Geschäftsräume oder durch andere geeignete Maßnahmen verhindert werden.

(10) ¹Die Schlichtungskommission kann auch angerufen werden, wenn sich in den Fällen des § 90 Abs. 3 die Handwerkskammer und die Industrie- und Handelskammer nicht über die Zugehörigkeit eines Gewerbetreibenden zur Handwerkskammer oder zur Industrie- und Handelskammer einigen können. ²Die Ab-

Anzeigepflicht; Untersagung der Fortsetzung **§ 16 HwO**

sätze 4 bis 6 gelten entsprechend. ³Hält der Gewerbetreibende die Entscheidung der Schlichtungskommission für rechtswidrig, so entscheidet die oberste Landesbehörde. ⁴§ 12 gilt entsprechend.

Übersicht Rdn.

- I. Anzeigepflichten 1
  1. nach § 14 GewO 2
     - a) Inhalt der Vorschrift 3
     - b) bei fehlender Handwerksbefugnis 10
  2. nach der Handwerksordnung 12
     - a) Betriebsbeginn und -ende 13
     - b) Betriebsleiter 15
- II. Betriebsuntersagung 16
  1. a) Wahlweise auch Bußgeldverfahren 16
     - b) Zuständigkeiten 17
     - c) Ausdrückliche Untersagung erforderlich 23
     - d) Sofortige Vollziehbarkeit 30
  2. Feststellungsklage des Gewerbetreibenden 32
     - a) Allgemeines 32
     - b) Zulässigkeit 34
- III. Betriebsschließung 36
  1. Vollzug 36
  2. Aufhebung 38
- IV. Gewerbeuntersagung nach § 35 GewO 39

I. Anzeigepflicht

Jeder Gewerbetreibende hat **Anzeigepflichten** einer ganzen 1 Reihe von Behörden und Dienststellen gegenüber: Finanzamt, Berufsgenossenschaft, Landesversicherungsanstalt (§ 1 Abs. 3 i.V. m. § 5 Abs. 5 HwVG!), u. a. Er kann jedoch alle diese Anzeigen durch zwei Meldungen erfüllen:

1. Anzeigepflichten nach § 14 GewO. (Zu deren letzten we- 2 sentlichen Änderung vgl. Schönleiter/Viethen, Die Dritte GewO-Novelle, GewA 2003, 129).

a) § 14 Abs. 1 GewO hat folgenden Wortlaut:

„Wer den selbstständigen Betrieb eines stehenden Gewerbes 3 oder den Betrieb einer selbstständigen oder einer unselbstständigen Zweigstelle anfängt, muss dies der für den betreffenden Ort nach Landesrecht zuständigen Behörde gleichzeitig anzeigen.

HwO § 16 1. Teil. Handwerk u. handwerksähnliches Gewerbe

Das Gleiche gilt, wenn
(1) der Betrieb verlegt wird,
(2) der Gegenstand des Gewerbes gewechselt oder auf Waren oder Leistungen ausgedehnt wird, die bei Gewerbebetrieben der angemeldeten Art nicht geschäftsüblich sind,
(3) der Betrieb aufgegeben wird."

4   **Zeitpunkt** der Anmeldung ist die Aufnahme oder Beendigung des Betriebes („gleichzeitig"). Zur Gewerbeaufgabe vgl. OLG Düsseldorf vom 28. 1. 1998, GewA 1998, 240.

5   **Zuständige Behörde** ist in aller Regel die Gemeinde, in deren Bereich sich die fragliche Betriebsstätte befindet. Für die Entgegennahme der Anzeige gibt es einheitliche Formulare (vgl. VO vom 19. 10. 1979, BGBl. I S. 1761)

6   **Anzeigepflichtig ist der Betriebsinhaber.** Bei Personengesellschaften gilt jeder Einzelne vollhaftende Teilhaber als Gewerbetreibender, so dass die Anzeigepflicht alle trifft und beim Ein- und Austritt einzelner Gesellschafter eine Anzeige erfolgen muss (dazu v. *Ebner,* GewA 1974, 213; OVG Saarl. vom 17. 2. 1992, NJW 1992, 2846; vgl. auch *Autenrieth,* GewA 1985, 86; BGB-Ges.: OLG Saarbrücken vom 25. 9. 1991, GewA 1992, 24). Für eine juristische Person muss deren Geschäftsführer handeln. Die Anzeige kann auch durch Bevollmächtigte oder schriftlich erstattet werden.

7   Die Anzeigepflicht gilt auch dann, wenn der Betrieb wegen einer Gewerbeuntersagung eingestellt wird (KG Berlin vom 13. 8. 1993, GewA 1993, 475). Wer die Anzeige unterlässt, macht sich einer Ordnungswidrigkeit nach § 146 Abs. 3 GewO schuldig. Zur Verjährung vgl. *Ganske,* GewA 1985, 318.

9   Weitere Einzelheiten zur Anzeigepflicht kann man ausführlich den Kommentierungen der Gewerbeordnung entnehmen.

10 **b) Mit der Gewerbeanzeige nach § 14 GewO ist gleichzeitig auch die Handwerkskarte vorzulegen;** im Anzeigeformular ist ein entsprechender Sichtvermerk vorgesehen. Eine Zuwiderhandlung ist allerdings nicht mit Strafe bedroht und man wird auch nicht davon ausgehen können, dass in diesem Fall die Anzeige nicht ordnungsgemäß erstattet sei (dazu siehe *Dannbeck,* GewA 1958, 25 und 124). Es handelt sich hier um eine bloße Ordnungsvorschrift zur besseren gegenseitigen Behördeninformation; Verstöße haben keine weiteren Auswirkungen. Einen strengeren Standpunkt vertritt *Dürr,* GewA 2006, 107; dagegen *Herrmann,* GewA 2006, 458.

11 **Das Formular der Gewerbeanmeldung** enthält den ausdrücklichen Hinweis: „Diese Anzeige berechtigt nicht zum Beginn des Gewerbebetriebes, wenn noch eine Erlaubnis oder eine Eintragung in

Anzeigepflicht; Untersagung der Fortsetzung **§ 16 HwO**

die Handwerksrolle notwendig ist." Die zur Entgegennahme der Gewerbeanmeldungen zuständige Verwaltungsbehörde kann sich daher darauf beschränken, den Handwerkskammern – wie vom Gesetzgeber vorgesehen – eine Kopie der Gewerbeanzeigen zuzuleiten zur Prüfung der Handwerksrollenpflicht in eigener Zuständigkeit.

2. Anzeigepflichten nach der Handwerksordnung. Der Handwerker hat nach Abs. 2 auch Meldepflichten gegenüber der für seinen Betriebssitz zuständigen Handwerkskammer. Die Bestimmung des Abs. 2 bezweckt die größtmögliche Vollständigkeit und Genauigkeit der Handwerksrolle. Wer die Anzeige unterlässt, macht sich einer Ordnungswidrigkeit nach § 118 Abs. 1 Nr. 1 HwO schuldig. Auch wenn die HWK auf andere Weise, etwa aus der Presse, von den maßgebenden Umständen erfahren kann (vgl. BGH vom 8. 8. 1969, NJW 1969, 1770) sind anzuzeigen: 12

a) Beginn und Ende des Handwerksbetriebes, auch eines Filialbetriebes. Zur Rechtzeitigkeit der Meldung einer Betriebsaufgabe vgl. OLG Düsseldorf vom 28. 1. 1998, NVwZ-RR 1998, 240. Beendet, bzw. wieder begonnen wird ein Betrieb auch, wenn er nur verlegt wird, selbst innerhalb eines Ortes. Nur wenn die Handwerkskammer den genauen Sitz eines Betriebes kennt, kann sie die ihr nach § 91 HwO obliegenden Betreuungs- und Überwachungsaufgaben wahrnehmen und von den ihr nach § 111 HwO zustehenden Befugnissen wirksam Gebrauch machen; 13

Wird ein Gewerbe neu in die Anlage A aufgenommen, so trifft die Anzeigepflicht theoretisch auch die in diesem Zeitpunkt bereits bestehenden Betriebe. „Beginnen" bedeutet die tatsächliche Aufnahme eines Gewerbes, aber auch dessen rechtliche Qualifizierung als handwerklich, da vorher logischerweise kein zulassungspflichtiges Handwerk ausgeübt wurde. In der Praxis wird in solchen Fällen aber zweckmäßigerweise eine pauschale Abfrage beim Gewerberegister oder bei der bisher zuständigen Institution erfolgen. 14

b) Bestellung und Abberufung des Betriebsleiters. Dieser, der früher hauptsächlich bei juristischen Personen und Nebenbetrieben eine Rolle spielte, hat jetzt eine wesentlich umfassendere Bedeutung. 15

II. Betriebsuntersagung

1. a) Gegen einen ohne Eintragung in die Handwerksrolle betriebenen zulassungspflichtigen Handwerksbetrieb kann wahlweise entweder ein Bußgeldverfahren nach § 117 Abs. 1 Nr. 1 HwO oder ein 16

Verfahren auf Betriebsuntersagung nach Abs. 3 eingeleitet werden. Eine zwingende Rangfolge dahingehend gibt es nicht (HessVGH vom 2. 7. 1984, GewA 1985, 67).

17 b) Mit dem HwO-Änderungsgesetz 1965 war das seitdem bewährte Verfahren eingeführt worden, dass die zuständige Verwaltungsbehörde auf Antrag der Handwerkskammer oder auch von sich aus die Fortsetzung eines gesetzwidrig betriebenen Handwerksunternehmens untersagen konnte. Sollte die Verwaltungsbehörde den Betrieb entgegen der Auffassung der Handwerkskammer für zulässig halten, so hatte diese die Möglichkeit, in einem Rechtsstreit gegen die Behörde die Berechtigung ihres Standpunktes feststellen zu lassen. Der Gesetzgeber war dabei der Ansicht, dass die Handwerkskammer an einer solchen gerichtlichen Klärung ein berechtigtes, gesetzlich zu schützendes Interesse hat (vgl. Bericht des Mittelstandsausschusses zu Drucks. IV/3416 S. 11). Mit der nunmehrigen Gesetzesfassung geht man bewusst einen anderen Weg, streicht das Antragsrecht der Handwerkskammer und schneidet sie vom Verwaltungsrechtsweg ab.

18 Die Handwerkskammer kann zwar weiterhin eine Untersagung anregen. Das Initiativrecht liegt aber jetzt allein bei der zuständigen Verwaltungsbehörde, die in jedem Fall zunächst sowohl die Handwerkskammer als auch die IHK anhören muss. Eine Untersagung ist nur zulässig, wenn beide Kammern in einer gemeinsamen Erklärung mitgeteilt haben, dass sie die Voraussetzungen einer Unterlassung für gegeben halten. „Gemeinsam" dürfte nicht wörtlich zu verstehen sein; es muss genügen, wenn übereinstimmende Erklärungen der Kammern vorliegen (a. A. VG Arnsberg vom 10. 2. 2005,GewA 2005, 486 sowie vom 1. 8. 2007 GewA 2007, 426). Ohne die eine Betriebsuntersagung bejahende Erklärung beider Kammern kann diese nicht wirksam verfügt werden (vgl. VG Arnsberg GewA 2007, 426).

19 Falls sich die Kammern über die Gesetzmäßigkeit eines bestimmten Unternehmens nicht einigen können, soll nach Abs. 4 eine neu zu errichtende Schlichtungskommission entscheiden (dazu *Kormann/Hüpers,* GewA 2004, 407). Der Verwaltungsbehörde wird also die Zuständigkeit gänzlich entzogen; die Kommission soll nicht nur vermittelnd auf eine gütliche Einigung der Kammern hinwirken. Zur Geschäftsordnung der Kommission und ihre Besetzung vgl. die gemeinsame Erklärung von ZDH und DHKT vom 20. 6. 2005, GewA 2005, 470.

20 Die Zusammensetzung der Kommission regelt Abs. 5. Dabei wird mit DIHK und DHKT zwei eingetragenen, privatrechtlichen Vereinen die Pflicht auferlegt, ein Gremium zu bilden, das bestehende Sachverhalte möglicherweise abweichend von ihren Mitgliedern entscheiden soll. Alle Kammern gehören ihrer jeweiligen Spitzenorgani-

Anzeigepflicht; Untersagung der Fortsetzung § 16 HwO

sation an, so dass sich die Meinungsunterschiede in eine Ebene verlagern, wo nicht mehr auf Grund eigener Situationskenntnis, sondern eher prinzipiell geurteilt wird. Wesentliche Fragen, etwa wie weit das Schlichtungsverfahren dezentralisiert werden soll, überlässt das Gesetz dem Bundeswirtschaftsministerium (Abs. 6). Im nicht unwahrscheinlichen Fall einer Nichteinigung der Trägerorganisationen entscheidet praktisch allein der Vorsitzende. Dagegen kann schließlich nach Abs. 7 die Höhere Verwaltungsbehörde zur abschließenden Entscheidung angerufen werden. Ob dies alles rechtlich haltbar ist, muss bezweifelt werden.

Der Erlass einer Untersagungsverfügung steht im pflichtgemäßen **21** Ermessen der zuständigen Behörde, das allerdings im Regelfall entsprechend dem Zweck der Ermächtigung auf „Null" reduziert ist (VGH Kassel vom 20. 2. 1990, NVwZ 1991, 280; vgl. auch OVG Rh.-Pf. vom 6. 12. 1993, GewA 1994, 203). Die Untersagung kann nach Maßgabe des einschlägigen Landesrechts gleich mit einer Zwangsgeldandrohung verbunden werden (vgl. VG Chemnitz vom 14. 12. 1998, GewA 1999, 250).

Bei Gefahr im Verzug kann die Verwaltungsbehörde nach Abs. 8 **22** ohne Einschaltung der Kammern oder der Schlichtungskommission die weitere Gewerbeausübung vorläufig untersagen. Das vorgeschriebene Verfahren ist dessen ungeachtet schnellstmöglich durchzuführen. Sollte dabei die Zulässigkeit festgestellt werden, so muss die vorläufige Untersagung wieder aufgehoben werden.

c) Aus dem Gesetzestext ergibt sich eindeutig, dass erst eine **aus- 23 drückliche Untersagung** eines ohne Handwerksrollenvoraussetzungen geführten Betriebes notwendig ist, ehe dieser nach Abs. 9 durch Zwangsmaßnahmen unterbunden werden kann. Vgl. auch *Odenthal,* GewA 2001, 448. I. d. R. genügt die Angabe der Bezeichnung in der Anlage A; es müssen nicht sämtliche Tätigkeiten aus dem Berufsbild aufgelistet werden, sofern zweifelsfrei erkennbar ist, welcher Betrieb gemeint ist (OVG NRW vom 6. 4. 1992, DHreport 1/ 1996, S. 35). Eine falsche handwerkliche Zuordnung ist unschädlich; es dürfen nicht aber auch erlaubte Tätigkeiten mit untersagt werden. Stützt sich die Untersagung auf das UWG, dann muss konkret gesagt werden, welche Tätigkeiten verboten sein sollen (vgl. OLG Karlsruhe vom 23. 7. 1997, GewA 1998, 32). Zwar ist der Betrieb auch ohne diese Untersagung gesetzwidrig und damit unzulässig; als verboten mit der Folge der zwangsweisen Einstellungsmöglichkeit wird er jedoch erst nach der förmlichen Untersagung behandelt. Die Vorschrift ist § 35 Abs. 1 GewO nachgebildet; dort wie hier hat die Untersagung konstitutive Wirkung und einem dagegen eingelegten Rechtsmittel kommt aufschiebende Wirkung zu.

24 **Eine Betriebsuntersagung bedeutet nicht gleichzeitig ein Gewerbeverbot** (BVerwG vom 22. 9. 1970, GewA 1971, 260; BayObLG vom 11. 6. 1986, GewA 1987, 60, VG Arnsberg vom 1. 8. 2007, GewA 2007, 426). § 16 Abs. 3 HwO ermöglicht nicht ein generelles Gewerbeverbot, sondern nur die Untersagung der Weiterführung eines konkreten Betriebes (so BVerwG vom 22. 9. 1970, GewA 1971, 260). „Betrieb" ist dabei weit auszulegen (VG Oldenburg vom 28. 2. 1978, GewA 1978, 226; für Zweigbetriebe vgl. VG Köln vom 10. 4. 1975, GewA 1976, 128; für Nebenbetriebe BVerwG vom 18. 10. 1979, GewA 1980, 61). Die Untersagungsverfügung wird nicht dadurch ausgeschlossen, dass im konkreten Fall gar keine feste Betriebsstätte vorhanden ist, sondern die Arbeiten an ständig wechselnden Plätzen beim jeweiligen Kunden ausgeführt werden. Wird der unzulässigerweise bestehende Handwerksbetrieb vorher vom Inhaber selbst stillgelegt, dann ist für eine Untersagungsverfügung keine Raum mehr (vgl. auch VGH Stuttgart vom 14. 6. 1971, GewA 1971, 260). Ein Konkurs erübrigt nicht eine notwendige Untersagung (vgl. VG Chemnitz vom 12. 8. 1996, GewA 1997, 206).

25 Bei der Anwendung des Abs. 3 handelt es sich um eine **Ermessensentscheidung** („kann"). Es ist aber nicht ermessensfehlerhaft, wenn die Behörde auf Einhaltung der zwingenden gesetzlichen Vorschriften besteht; ein rechtswidriger Zustand darf nicht stillschweigend geduldet werden (OVG NRW vom 15. 9. 1977, GewA 1978, 28). Die Rechtmäßigkeit einer Untersagung muss trotz „kann" nicht jeweils eigens begründet werden; eine Begründung ist nur erforderlich, wenn besondere Umstände ein Absehen von der Untersagung nahe legen (VG Hannover vom 30. 11. 1977, GewA 1978, 338). Weiteres zu formellen Fragen vgl. BayVGH vom 14. 10. 1983, GewA 1984, 126.

26 Eine Betriebsuntersagung nach § 16 HwO schließt weitere Maßnahmen nach § 35 GewO nicht aus (VGH Bad-Württ. vom 6. 12. 1972, GewA 1973, 122).

27 Der Schutz der Öffentlichkeit vor fachlich ungeeigneten Personen, die handwerklich arbeiten, obliegt nicht der Handwerkskammer, sondern es sind in diesen Fällen die **staatlichen Behörden und Gerichte zuständig** (ständige Rechtsprechung; vgl. BVerwG vom 17. 7. 1961, GewA 1961, 45 LS). Daher besteht auch kein schutzwürdiges Interesse für die Handwerkskammer, einen unzulässigen Betrieb im Wege einer einstweiligen Verfügung schließen zu lassen (OLG Braunschweig vom 17. 4. 1956, BB 1957, 1121 = GewA 1958, 250) oder auch nur beigeladen zu werden (VGH Bad-Württ. vom 25. 3. 1970, GewA 1970, 167). Eine Untersagungsanregung der Handwerkskammer muss nicht gefolgt werden,

Anzeigepflicht; Untersagung der Fortsetzung § 16 **HwO**

Welche Behörde im Einzelnen für die Betriebsschließung örtlich 28
zuständig ist, ist landesrechtlich geregelt. Zur Zuständigkeit, wenn
der Betrieb während des Verfahrens verlegt wird, vgl. VGH BW vom
30. 7. 1969, GewA 1970, 168.
Ebenso wie § 35 Abs. 5 zu § 35 Abs. 1 GewO sind Maßnahmen 29
nach § 16 Abs. 9 gegenüber denen nach § 16 Abs. 3 HwO eigenständig anfechtbare Verwaltungsakte.

d) Eine **sofortige Vollziehbarkeit** ist nach § 80 Abs. 2 Nr. 4 und 30
Abs. 3 VwGO besonders anzuordnen und zu begründen. Die bloße
Tatsache der handwerklichen Betätigung ohne Handwerksrolleneintragung ist Tatbestandsvoraussetzung für die Betriebsschließung, so
dass mit ihr nicht auch noch gleichzeitig die Notwendigkeit einer sofortigen Vollziehung begründet werden kann (VGH Kassel vom
29. 7. 1993, NVwZ-RR 1994, 82 LS). Es müssen also noch besondere Umstände hinzukommen. So rechtfertigen z. B. die Gefährlichkeit des betreffenden Handwerks (dazu vgl. auch *Schmitz*, WiVerw.
1999, 88), das drastische Anwachsen der Steuerrückstände (HessVGH
vom 29. 7. 1993, GewA 1993, 415), oder u. U. die Hartnäckigkeit
und Uneinsichtigkeit des Betriebsinhabers eine sofortige Vollziehung
der Schließungsverfügung (VG Karlsruhe vom 26. 7. 1961, GewA
1963, 60; vgl. auch VGH BW vom 30. 6. 1971, NJW 1971, 1764;
NdsOVG vom 9. 5. 2005, GewA 2005, 381). In diesem Zusammenhang siehe auch VG Hannover vom 7. 8. 1973, GewA 1974, 29; katastrophal VG Braunschweig vom 11. 7. 1973, GewA 1974, 158 mit
Anm. *Becker*. Es wäre rechtsmissbräuchlich, die aufschiebende Wirkung nur einzusetzen, um die Unterbindung einer eindeutig unzulässigen Tätigkeit hinauszuzögern (so VG Hannover vom 23. 1. 1976,
GewA 1976, 332).

Zum **vorläufigen Rechtsschutz** bei für sofort vollziehbar erklär- 31
ten Verwaltungsakten siehe VGH Stuttgart vom 30. 6. 1971, GewA
1973, 171; außerdem *Fröhler*, GewA 1975, 177. Zum Streitwert bei
einer Betriebsuntersagung (20 000.– DM) vgl. VG Chemnitz vom
14. 12. 1998, GewA 1999, 250.

2. Feststellungsklage des Gewerbetreibenden. a) Der Ge- 32
werbetreibende wird weiterhin seinerseits durch eine Feststellungsklage den zulassungs- oder nicht zulassungspflichtigen Charakter seines Unternehmens klären lassen können.(BVerwG vom 11. 1. 1963,
BVerwGE 16, 92 = GewA 1963, 252); er muss also nicht erst das Ergebnis eines evtl. Bußgeld- oder Untersagungsverfahrens abwarten.
Es ist einem Betroffenen nicht zuzumuten, die Klärung verwaltungsrechtlicher Zweifelsfragen auf der Anklagebank erleben zu müssen
(BVerfG vom 7. 4. 2003, GewA 2003, 243). Die Klage richtet sich

gegen die Handwerkskammer (vgl. BayVGH vom 18. 8. 1980, NJW 1981, 2076). Interessant wegen der Kostenentscheidung VG Darmstadt vom 12. 10. 1966, GewA 1967, 228; VG Hamburg vom 16. 4. 2004, GewA 2004, 307 und dazu Böttcher, GewA 2004, 466 sowie VGH BW vom 22. 7. 2004, GewA 2004, 430.

33 Eine Feststellungsklage umgekehrt der Handwerkskammer ist unzulässig. Siehe auch *Kopp,* GewA 1986, 41.

34 **b) Ein abstraktes Feststellungsinteresse des Gewerbetreibenden ist nicht ausreichend** (HessVGH vom 2. 9. 1975, GewA 1976, 195 und vom 14. 2. 1983, GewA 1983, 162). Es müssen vielmehr konkrete Anhaltspunkte dafür bestehen, dass der rechtliche oder tatsächliche Bestand seines Unternehmens durch Maßnahmen der Handwerkskammer oder der Verwaltungsbehörden ernsthaft gefährdet ist, wenn die Nichthandwerksmäßigkeit nicht eindeutig festgestellt wird (vgl. z. B. OVG NRW vom 13. 4. 1966, GewA 1967, 14; BayVGH vom 31. 3. 1971, GewA 1971, 158 und vom 16. 4. 1997, GewA 1998, 76). Beachte in diesem Zusammenhang auch *Ganske,* GewA 1972, 119.

35 Solange die Handwerkskammer nur nach § 17 HwO Aufklärung verlangt, um sich über ihr weiteres Verhalten schlüssig werden zu können, liegt in aller Regel noch kein Rechtsverhältnis vor, das durch eine Feststellungsklage nach § 43 Abs. 1 VwGO geklärt werden müsste (OVG NRW vom 7. 7. 1965, GewA 1966, 84; VG Augsburg vom 16. 12. 1974, GewA 1975, 336).

III. Betriebsschließung

Literatur: *App,* Die Erzwingung von Maßnahmen der Gewerbebehörden und anderer gewerbebetriebsbezogener Anordnungen, GewA 1999, 55; *Horn,* Zur Wiederaufnahme nach Untersagung, GewA 1983, 369.

36 **1.** Für den **Vollzug** einer rechtskräftigen (dazu VG Arnsberg vom 11. 8. 1978, GewA 1979, 129) **Schließungsverfügung** kommen nach Abs. 9 praktisch die gleichen Maßnahmen in Frage, wie sie § 35 Abs. 5 GewO für den Vollzug einer Gewerbeuntersagung bestimmt. Wegen der Einzelheiten kann daher auf die Rechtsprechung zu jener Vorschrift verwiesen werden (siehe auch *App,* GewA 1999, 55). Die Maßnahmen können dabei erforderlichenfalls äußerst weit gehen, indem die Werkstatträume, zumindest aber Geräte und Maschinen, versiegelt werden (BVerwG vom 9. 2. 1962, GewA 1962, 246). Eine derartige Versiegelung wird nicht dadurch unzulässig, dass der Betroffene die fraglichen Gegenstände außer für seinen unzulässigen Handwerksbetrieb auch privat oder für eine weitere, industrielle Nebentätigkeit verwenden könnte oder verwendet. Die Behörde droht die von ihr beabsichtigte Anwendung unmittelbaren Zwanges ausreichend bestimmt an, wenn sie ankündigt, sie werde unmittelbaren Zwang gegen Sachen und Personen anwenden, falls der von ihr untersagte Betrieb nicht bis zu dem festgesetzten Zeitpunkt geschlossen werde (BGH vom 14. 7. 1975, MDR 1975, 1006).

Wird die Fortsetzung des Betriebes untersagt, so sind Handwerkskammer und Industrie- und Handelskammer nach Abs. 3 zuvor **anzuhören**. Können diese sich über eine gemeinsame Erklärung nicht einigen, ist nach Abs. 4 bis 7 i. V. m. mit der VO über das Schlichtungsverfahren v. 22. 6. 2004, BGBl. I S. 1314 (Anh. 7) zu verfahren.

Als „**andere geeignete Maßnahmen**" kommt insbesondere auch die Verhängung eines (erforderlichenfalls wiederholten) Zwangsgeldes (VG Ansbach vom 27. 10. 1977, GewA 1978, 131) in Frage (vgl. § 11 VwVG und die entsprechenden landesrechtlichen Bestimmungen). Ein Zwangsgeld „für jeden Fall der Zuwiderhandlung" ist zu unbestimmt (vgl. OVG Sachs.-Anh. vom 10. 1. 1995, GewA 1995, 165). Letztes Mittel ist schließlich die Verhängung der Zwangshaft (VG Ansbach vom 4. 12. 1968, GewA 1969, 111). Besonders in den Bau- und Ausbauhandwerken bedarf es vielfach für die Gewerbeausübung keiner Werkstätte oder umfangreicher eigener Gerätschaften, so dass in diesen Fällen eine Betriebsuntersagung auf andere Weise nicht durchgesetzt werden könnte (vgl. BVerwG u. a. GewA 1982, 294). Zur Zulässigkeit der Zwangshaft bei der Möglichkeit unmittelbaren Zwanges vgl. VGH BW vom 13. 10. 1972, GewA 1973, 56. 37

2. Nach Wegfall der Voraussetzungen kann eine Betriebsschließung wieder aufgehoben werden (HessVGH vom 18. 3. 1985, GewA 1985, 268; vgl. hierzu *Horn,* GewA 1983, 369). 38

IV. Gewerbeuntersagung nach § 35 GewO

Hinsichtlich der Möglichkeit der Gewerbeuntersagung gem. § 35 GewO wird auf die einschlägigen Kommentierungen zur Gewerbeordnung verwiesen. 39

Speziell zur **Gewerbeuntersagung im Handwerk** vgl. OVG Münster vom 1. 12. 1977, GewA 1978, 223 und besonders HessVGH vom 28. 9. 1990, GewA 1991, 28; hinsichtlich eines GmbH-Geschäftsführers HessVGH vom 14. 3. 1978, GewA 1978, 224. In der Widerspruchsentscheidung kann die angefochtene Gewerbeuntersagung auf jede selbständige Gewerbeausübung erweitert werden (OVG Hamburg vom 24. 4. 1990, LKV 1991, 144). 40

§ 17 [Auskunftspflicht und -verweigerungsrecht; Betriebsrecht]

(1) ¹Die in der Handwerksrolle eingetragenen oder in diese einzutragenden Gewerbetreibenden sind verpflichtet, der Handwerkskammer die für die Prüfung der Eintragungsvoraussetzungen erforderliche Auskunft über Art und Umfang ihres Betriebs, über die Betriebsstätte, über die Zahl der im Betrieb beschäftigten gelernten und ungelernten Personen und über handwerkliche Prüfungen des Betriebsinhabers und des Betriebsleiters sowie über die vertragliche und praktische Ausgestaltung des Betriebsleiterverhältnisses zu erteilen sowie auf Verlangen hierüber Nachweise vorzulegen. ²Auskünfte, Nachweise und Informationen, die für die Prüfung der Eintragungsvoraussetzungen nach Satz 1 nicht erforderlich sind, dürfen von der Handwerkskammer nicht, auch nicht für Zwecke der Verfolgung von Straftaten oder Ordnungswidrigkeiten, verwertet werden. ³Die Handwerkskammer kann für die Erteilung der Auskunft eine Frist setzen.

(2) ¹Die Beauftragten der Handwerkskammer sind nach Maßgabe des § 29 Abs. 2 der Gewerbeordnung befugt, zu dem in Absatz 1 bezeichneten Zweck Grundstücke und Geschäftsräume des Auskunftspflichtigen zu betreten und dort Prüfungen und Besichtigungen vorzunehmen. ²Der Auskunftspflichtige hat diese Maßnahmen zu dulden. ³Das Grundrecht der Unverletzlichkeit der Wohnung (Artikel 13 des Grundgesetzes) wird insoweit eingeschränkt.

(3) Der Auskunftspflichtige kann die Auskunft auf solche Fragen verweigern, deren Beantwortung ihn selbst oder einen der in § 383 Abs. 1 Nr. 1 bis 3 der Zivilprozeßordnung bezeichneten Angehörigen der Gefahr strafgerichtlicher Verfolgung oder eines Verfahrens nach dem Gesetz über Ordnungswidrigkeiten aussetzen würde.

(4) Sofern ein Gewerbetreibender ohne Angabe von Name und Anschrift unter einem Telekommunikationsanschluß Handwerksleistungen anbietet und Anhaltspunkte dafür bestehen, daß er den selbständigen Betrieb eines Handwerks als stehendes Gewerbe entgegen den Vorschriften dieses Gesetzes ausübt, ist der Anbieter der Telekommunikationsdienstleistung verpflichtet, den Handwerkskammern auf Verlangen Namen und Anschrift des Anschlußinhabers unentgeltlich mitzuteilen.

Auskunftspflicht; Betriebsrecht **§ 17 HwO**

Übersicht	Rdn.
1. Auskunftspflicht der Handwerker	1
a) Auch bei ungewissem Handwerkscharakter	3
b) Auch bei fehlenden Handwerksrollenvoraussetzungen	5
c) Keine Rechtsmittel gegen bloßes Auskunftverlangen	6
2. Betriebsbesichtigung	7
a) Mit dem Grundgesetz vereinbar	7
b) „Beauftragte"	8
c) Nur Duldungspflicht	10
3. a) Auskunftsverweigerung	13
b) Aussageverweigerungsrecht	14
c) anderweitige Informationsbeschaffung	16

Literatur: *Honig*, Die gesetzlichen Auskunftspflichten des Handwerksbetriebes, GewA 1979, 187; *Knorr*, Geheimhaltung und Gewerbeaufsicht, 1982; *Thiel*, Auskunftsverlangen und Nachschau als Instrument der Informationsbeschaffung im Rahmen der Gewerbeaufsicht, GewA 2001, 403

1. Die Auskunftspflicht der Handwerker gegenüber der Handwerkskammer soll dieser ihre Betreuungsaufgaben ermöglichen oder doch erleichtern. Überprüft werden kann auch die nähere Ausgestaltung eines Betriebsleiterverhältnisses. Es sind nur Fragen zulässig, die für die Beurteilung der Eintragungspflicht und -möglichkeit erforderlich sind; darüber hinausgehend erlangte Informationen dürfen nicht verwertet werden. Für die Erteilung der Auskunft kann eine Frist gesetzt werden. Die Vorschrift wird ergänzt durch § 111 HwO. Dazu *Honig,* GewA 1979, 187; *Thiel,* GewA 2001, 403.

Durch die Besichtigung erlangte sog. Zufallserkenntnisse, d. h. Informationen, die mit der Handwerksrollenpflicht nichts zu tun haben, darf die HWK nicht verwerten. Dazu *Dürr,* GewA 2006, 16. Das BVerfG hat ganz deutlich gesagt, dass eine Betriebsbesichtigung ausschließlich auf den gesetzlichen Zweck beschränkt sein muss, ob der Gewerbetreibende die Voraussetzungen für die selbständige Handwerksausübung erfüllt. Eine Besichtigung, um festzustellen, was der Betrieb genau treibt, ist eine Durchsuchung, die nur von einem Richter angeordnet werden kann. (BVerfG vom 3. 4. 2007, Az. 1 BvR 2138/05). Ebenso noch ausführlicher BVerfG vom 15. 3. 2007 (GewA 2007, 206 mit Anm. *Maiwald*). Zum eingeschränkten Betretungsrecht vgl. auch *Wolff,* GewA 2007 231 und die Entscheidungen des BVerfG vom 26. 3. 2007, GewA 2007, 255 und 257. Nach diesem Entscheidungen dürfte die Kammer in letzter Konse-

1

1a

HwO § 17 1. Teil. Handwerk u. handwerksähnliches Gewerbe

quenz nur besichtigen, wenn die zu erwartenden Ergebnisse praktisch schon bekannt sind!

2   Abs. 4 schafft die Voraussetzungen dafür, dass auch einer nur unter einer Telefonnummer erfolgenden Werbung für vermutliche Handwerkstätigkeit (dazu vgl. auch OLG Hamm vom 17. 10. 1991, GRUR 1992, 126 = GewA 1994, 172 LS) effektiv nachgegangen werden kann. Das Fernmeldeunternehmen muss der HWK, bzw. den Bußgeldbehörden den betreffenden Teilnehmer offenbaren. Die Auskunftspflicht gilt ausnahmslos, also auch für die Mobilnetze. Die Novelle 98 hat ausdrücklich festgelegt, dass diese Auskünfte unentgeltlich zu erteilen sind (vgl. dazu *Erdmann*, GewA 1998, 272; siehe auch LG Bremen vom 19. 2. 1999, NStZ 1999, 412).

3   **a) Die Wendung „oder in diese einzutragende Gewerbetreibende" ist weit auszulegen.** Sie erfasst nicht nur Betriebe, deren Eigenschaft als Handwerksbetrieb feststeht, sondern sie soll gerade auch die Prüfung derjenigen ermöglichen, deren Struktur ungewiss erscheint (AG Bamberg vom 10. 4. 1975 GewA 1975, 235; OLG Oldenburg vom 8. 10. 1985 ZdH-intern 2/86 VI/2; VG München vom 11. 10. 1994, GewA 1995, 77; VG Stuttgart vom 28. 11. 2000, GewA 2001, 127).

4   Die Mitgliedschaft bei der Industrie- und Handelskammer, eine Handelsregistereintragung oder gar nur die Gewerbeanmeldung als „Industriebetrieb" schließen den Handwerkscharakter nicht von vornherein aus (OLG Stuttgart vom 15. 5. 1961, GewA 1963, 82; AG Bonn vom 8. 7. 1974, GewA 1975, 126). Bei Gewerben, die in der Anlage A aufgeführt sind, spricht die Vermutung im Zweifel für einen handwerklichen Betriebscharakter (BayObLG vom 13. 7. 1956, GewA 1958, 60).

5   **b) Die Auskunftspflicht eines Betriebsinhabers entfällt nicht etwa dann, wenn er persönlich die handwerksrechtlichen Voraussetzungen nicht erfüllt** (so aber OVG Rh.-Pf. vom 21. 12. 1966, GewA 1968, 62 mit abl. Anm. *Fröhler*). Gerade in diesen Fällen treten meist die Unklarheiten auf, deretwegen der Gesetzgeber die Vorschrift des § 17 HwO geschaffen hat. Die Auskunftspflicht hat nur dann Sinn, wenn sie alle Gewerbetreibenden betrifft, sofern nicht ganz offenkundig ist, dass kein Handwerksbetrieb vorliegt.(vgl. AG Bad Segeberg vom 11. 10. 1977, GewA 1978, 380).

6   **c)** Gegen Äußerungen der Handwerkskammer, die noch nicht die Handwerksrolleneintragung fordern, sondern mit denen erst geprüft werden soll, ob überhaupt die Voraussetzungen einer solchen vorliegen, kann keine Anfechtungs-, Feststellungs- oder Unterlassungsklage erhoben werden (BVerwG vom 11. 1. 1963, GewA 1963, 106). Auch das Verlangen der Handwerkskammer, als Unterlage für

Auskunftspflicht; Betriebsrecht § 17 **HwO**

ein eventuelles Eintragungsverfahren einen Fragebogen auszufüllen ist noch kein anfechtbarer Verwaltungsakt (BayVGH vom 31. 8. 1962, BayVBl. 1963, 123); es dient allenfalls der Vorbereitung für den Erlass eines solchen.

2. a) Durch eine **Betriebsbesichtigung** kann sich die Handwerkskammer die benötigten Informationen erforderlichenfalls selbst verschaffen. Dadurch wird das Grundrecht des Art. 13 GG nicht beeinträchtigt (BVerfG vom 13. 10. 1971, NJW 1971, 2299 = GewA 1972, 64). 7

b) Als „**Beauftragte der Handwerkskammer**" hat das Gesetz primär die zuständigen Mitarbeiter der Kammer im Auge, die aus ihrer dienstlichen Tätigkeit heraus am besten beurteilen können, worauf bei einer Betriebsbesichtigung geachtet werden muss. Die Beauftragung dritter Personen ist jedoch nicht ausgeschlossen. In Frage kommt das insbesondere dann, wenn besondere Fachkenntnisse erforderlich sind, z. B. zur Beurteilung des Einsatzzwecks bestimmter Maschinen. Es empfiehlt es sich allerdings in einem solchen Fall, die Besichtigung gemeinsam mit einem entsprechenden Experten durchzuführen. 8

Betriebs- oder Geschäftsgeheimnisse, die bei einer Besichtigung bekannt geworden sind, dürfen nicht ausgeplaudert werden; ihre Verletzung durch Amtsträger ist strafbar (§§ 203 Abs. 2, 204 StGB). Auch ein an sich bekanntes technisches Verfahren kann ein Geheimnis sein, wenn nicht allgemein bekannt ist, dass das betreffende Unternehmen dieses Verfahren anwendet (OLG Hamm vom 1. 9. 1992, WRP 1993, 36). Vgl. *Knorr*, Geheimhaltung und Gewerbeaufsicht, 1982. 9

c) Der Gewerbetreibende ist **nur zur Duldung**, nicht auch zur aktiven Unterstützung der Betriebsbesichtigung verpflichtet (OVG Rh.-Pf. vom 16. 1. 1986, GewA 1986, 136). Zur Duldung gehört auch, dass erforderlichenfalls Türen aufgesperrt, für ausreichende Beleuchtung gesorgt wird o. Ä. (Vgl. OVG Hamburg vom 9. 4. 1991, GewA 1991, 423) Irgendein weiteres Handeln, etwa die Vorlage von Geschäftsbüchern, womöglich in den Räumen der Handwerkskammer, verlangt das Gesetz über die Auskunftspflicht des Abs. 1 hinaus nicht (OLG Hamm vom 25. 7. 1974, GewA 1974, 402; ebenso BayObLG vom 8. 8. 1983, GewA 1983, 387). Andererseits darf aber der Zugriff auf benötigte Unterlagen nicht blockiert werden (VG München vom 11. 10. 1994, GewA 1995, 77). Die Einsicht muss auch in abgeschlossene Verträge, Leistungsverzeichnisse, Ein- und Ausgangsrechnungen usw. gewährt werden, die den Tätigkeitsbereich und damit die Handwerksnatur eines Betriebes verdeutlichen (BayVGH vom 11. 10. 1994, Az. M 16 K 941341; VG Oldenburg vom 12. 12. 1995, GewA 1997, 345. 10

Einschränkend Nds. OVG vom 17. 8. 1995, GewA 1996, 75 = NVwZ-RR 1996, 261).

11 Kontrollen sind auch unvermutet und in Abwesenheit des Betriebsinhabers zulässig (vgl. OLG Düsseldorf vom 23. 3. 1983 Az. 5 Ss (OWi) 120/81; OVG Hamb. vom 9. 4. 1991, GewA 1991, 423).

12 Auch das Verlangen der Handwerkskammer auf Duldung einer Betriebsbesichtigung ist als solches kein anfechtbarer Verwaltungsakt (VG Augsburg vom 15. 3. 1974, GewA 1974, 343) und auch keine Verwaltungsmaßnahme im Sinne von § 47 Abs. 3 OWiG, so dass eine gerichtliche Kostenentscheidung gegen die Maßnahme der Handwerkskammer nicht in Betracht kommt.

13 3. a) Die **Verweigerung der Auskunft** oder die Ver- oder Behinderung einer Betriebsbesichtigung stellt eine Ordnungswidrigkeit nach § 118 Abs. 1 Nr. 2 HwO dar. Zu weit geht die Ansicht, das Auskunftsverlangen sei ein Verwaltungsakt, der erst rechtskräftig werden müsse, ehe ein Bußgeld in Frage komme (so OLG Hamm vom 22. 10. 1992, GewA 1993, 28). Unabhängig davon können Auskunftserteilung und Besichtigung im Verwaltungszwangsverfahren durchgesetzt werden.

14 b) In Anlehnung an die entsprechenden Vorschriften anderer Gesetze (vgl. § 384 ZPO, §§ 55, 136 StPO) wurde dem Auskunftpflichtigen ein **Aussageverweigerungsrecht** zugestanden, wenn er durch seine Angaben sich selbst oder einen nahen Angehörigen (d. h. Verlobte, Ehegatten (auch nach Auflösung der Ehe) oder näher Verwandte und Verschwägerte) belasten müsste. So kann die Antwort auf die Frage nach dem weiteren Vorhandensein eines vorgeschriebenen Betriebsleiters verweigert werden, ohne dass aus der Nichtbeantwortung negative Folgerungen gezogen werden dürfen.

15 Wer von seinem Aussageverweigerungsrecht Gebrauch machen will, muss dies **ausdrücklich erklären;** ein entsprechendes Vorbringen erst im Bußgeldverfahren nach § 118 Abs. 1 Nr. 2 HwO reicht nicht aus (BayObLG vom 11. 10. 1968, GewA 1969, 41). Zur Belehrung über das bestehende Auskunftsverweigerungsrecht ist die Handwerkskammer nicht verpflichtet (BayObLG aaO; VG Oldenburg vom 25. 2. 1972, GewA 1972, 213).

16 c) Die Verweigerung der Aussage nach Abs. 3 hindert die Handwerkskammer nicht daran, sich die benötigten Angaben mit den Mitteln des Abs. 2 selbst zu beschaffen. Andernfalls könnten gerade diejenigen, die ein Handwerk unzulässigerweise betreiben, sich mit dem einfachen Mittel der Aussageverweigerung einer Verfolgung nach § 117 Abs. 1 HwO entziehen. Vgl. VG Stuttgart vom 28. 11. 2000, GewA 2001, 127 = NVwZ-RR 2001, 585.

Anzeigepflicht § 18 HwO

Auch anderweitig erhaltene Informationen (Presseberichte, Behördenauskünfte) können verwertet werden (dazu OVG Hamburg vom 3. 7. 1980, GewA 1980, 373). Bei der Nutzung vertraulicher Mitteilungen ist allerdings Zurückhaltung zu üben (vgl. BVerwG vom 30. 4. 1965, NJW 1965, 1450 = GewA 1969, 70). 17

Dritter Abschnitt. Zulassungsfreie Handwerke und handwerksähnliche Gewerbe

§ 18 [Anzeigepflicht]

(1) ¹Wer den selbständigen Betrieb eines zulassungsfreien Handwerks oder eines handwerksähnlichen Gewerbes als stehendes Gewerbe beginnt oder beendet, hat dies unverzüglich der Handwerkskammer, in deren Bezirk seine gewerbliche Niederlassung liegt, anzuzeigen. ²Bei juristischen Personen sind auch die Namen der gesetzlichen Vertreter, bei Personengesellschaften die Namen der vertretungsberechtigten Gesellschafter anzuzeigen.

(2) ¹Ein Gewerbe ist ein zulassungsfreies Handwerk im Sinne dieses Gesetzes, wenn es handwerksmäßig betrieben wird und in Anlage B Abschnitt 1 zu diesem Gesetz aufgeführt ist. ²Ein Gewerbe ist ein handwerksähnliches Gewerbe im Sinne dieses Gesetzes, wenn es handwerksähnlich betrieben wird und in Anlage B Abschnitt 2 zu diesem Gesetz aufgeführt ist.

(3) Das Bundesministerium für Wirtschaft und Technologie wird ermächtigt, durch Rechtsverordnung mit Zustimmung des Bundesrates die Anlage B zu diesem Gesetz dadurch zu ändern, daß es darin aufgeführte Gewerbe streicht, ganz oder teilweise zusammenfaßt oder trennt, Bezeichnungen für sie festsetzt oder die Gewerbegruppen aufteilt, soweit es die technische und wirtschaftliche Entwicklung erfordert.

Übersicht

	Rdn.
I. Zulassungsfreie Gewerbe	1
1. Begriff	3
2. Abgrenzung	6
3. Kein „Kleingewerbe"	8
II. Organisation	8
1. Kammerzugehörigkeit	8
2. Innungszughörigkeit	10
3. Anzeigepflichten	11

I. Zulassungsfreies Gewerbe

1 Die gleichwertigen Begriffe **„zulassungsfreies Gewerbe"** und **„handwerksähnliches Gewerbe"** sind in Abs. 1 näher definiert. Es ist der gleiche Weg beschritten worden wie für die Umschreibung des Handwerksbegriffes. Sie sind in der Anlage B aufgeführt. In Abschnitt 1 finden sich die als jetzt zulassungsfrei herab gestuften ehemaligen Vollhandwerke (dazu *Kormann/Hüpers,* GewA 2004, 404); Abschnitt 2 enthält die handwerksähnlichen Gewerbe.

2 Die früher kontroverse Haltung der Berufsverbände der handwerksähnlichen Gewerbe zum Vollhandwerke wurde durch die Novelle 03 gegenstandslos. Allein die früher handwerksähnlichen Gerüstbauer (vgl. VO vom 14. 11. 1978, BGBl. I S. 1795, Geprüfter Gerüstbau-Kolonnenführer) wurden durch die Novelle 98 Vollhandwerk und sind jetzt sogar zulassungspflichtig. Zur Unterscheidung zwischen zulassungspflichtigen und zulassungsfreien Handwerken durch die Handwerksnovelle 2004: vgl. § 1 Rdn. 1 ff. und Rdn. 44 f.

3 **1.** Wie die Anlage A ist die **Anlage B** Bestandteil der Handwerksordnung. Sie kann ebenso wie diese nur durch Gesetz und nur in bestimmten Grenzen im Verordnungsweg geändert werden und enthält diejenigen Gewerbe, die zulassungsfrei (Abschnitt 1) oder handwerksähnlich (Abschnitt 2) betrieben werden können.

4 Soweit für handwerksähnliche Gewerbe eine Ausbildungsordnung besteht, kann weiterhin ausgebildet werden, allerdings nicht mehr nach dem BBiG, sondern ebenso wie für die zulassungsfreien Handwerke nach der Handwerksordnung (§ 21 Abs. 6).

5 **Die Aufzählung in der Liste stellt nur einen Hinweis** für die Zugehörigkeit eines dieses Gewerbe ausübenden Betriebes zum zulassungsfreien, bzw. handwerksähnlichen Gewerbe dar. Es ist also auch hier in jedem Einzelfall zu prüfen, ob die betreffende Gewerbeausübung in handwerklicher oder handwerksähnlicher Form erfolgt (dazu schon *Schmidt,* Überlegungen zum Begriff der handwerksähnlichen Berufe, GewA 1962, 25). Kein der HwO unterfallendes Gewerbe liegt daher vor, wenn eine in der Liste verzeichnete Tätigkeit in industrieller Form ausgeübt wird.

6 **2.** Für die **Abgrenzung** können durchaus die gleichen Merkmale herangezogen werden wie für die Abgrenzung zwischen zulassungspflichtigem Handwerk und Industrie; dazu kann auf das Anm. III. zu § 1 Gesagte verwiesen werden. Die Bestimmung eines zulassungsfreien Gewerbes als handwerklich erfordert also kein Umdenken. Welche Arbeitsgebiete zu einem handwerks*ähnlichen* Gewerbe gehö-

Anzeigepflicht § 18 HwO

ren, richtet sich nach der Verkehrsauffassung, insbesondere nach der Ansicht der beteiligten Wirtschaftskreise Ob ein Unternehmen das Handwerk oder das daraus abgespaltene handwerksähnliche Gewerbe betreibt, richtet sich nach dem betrieblichen Schwerpunkt (VGH Mannheim vom 22. 4. 1994, GewA 1994, 292). Dazu liegt eine reiche kasuistisch Rechtsprechung vor; zur Abgrenzung Maler: Bautenschutz vgl. etwa OLG Hamm vom 9. 11. 1978, GewA 1979, 94; zur handwerksähnlichen Betriebsweise einer Schnellreinigung OVG Hamburg vom 11. 8. 1992, GewA 1993, 74.

Generell sollen die handwerksähnlichen Betriebe der Handwerkskammer zugeordnet sein (vgl. BVerwG vom 22. 2. 1994, GewA 1994, 248). 7

II. Organisation

1. Zweck der Berücksichtigung des handwerksähnlichen Gewerbes im Rahmen der Handwerksordnung war u. a. dessen Beratung und Betreuung durch die fachlich besonders geeigneten Handwerkskammern. Näheres dazu vgl. auch BVerwG vom 26. 8. 1997, GewA 1998, 36. Erst recht gilt dies für die schon bisher dem Handwerk zugerechneten zulassungsfreien Gewerbe. Beide sind vollwertige HWK-Mitglieder (vgl. § 90 Abs. 2 und § 97 Abs. 3). Vgl. VGH Mannheim v. 28. 11. 2007 (GewA 2008, 249). 8

Diese vom Gesetz statuierte Pflichtzugehörigkeit ist verfassungsmäßig. Es gelten dabei die gleichen Erwägungen, die das Bundesverfassungsgericht früher in anderem Zusammenhang angestellt hatte (BVerfG vom 19. 12. 1962, GewA 1963, 90 mit Anm. *Frentzel* = BB 1963, 53) und für die Schnellreiniger noch einmal ausdrücklich bestätigte (BVerfG vom 13. 10. 1971, GewA 1972, 64). 9

2. Der Zusammenschluss der Inhaber zulassungsfreier oder handwerksähnlicher Betriebe in eigene Innungen ist im Gesetz nicht vorgesehen. Handwerksinnungen können aber die ihnen fachlich oder wirtschaftlich nahe stehenden Gewerbe als Mitglied aufnehmen (§ 58). 10

3. Wegen der **Anzeigepflichten** (Abs. 1) vgl. Rdn. 3 zu § 19. 11

HwO § 19   1. Teil. Handwerk u. handwerksähnliches Gewerbe

§ 19 [Verzeichnis der Inhaber von Betrieben eines zulassungsfreien Handwerks oder handwerksähnlicher Betriebe]

¹Die Handwerkskammer hat ein Verzeichnis zu führen, in welches die Inhaber eines Betriebs eines zulassungsfreien Handwerks oder eines handwerksähnlichen Gewerbes nach Maßgabe der Anlage D Abschnitt II zu diesem Gesetz mit dem von ihnen betriebenen Gewerbe oder bei Ausübung mehrerer Gewerbe mit diesen Gewerben einzutragen sind. ²§ 6 Abs. 2 bis 5 gilt entsprechend.

Übersicht
                                                                    Rdn.
1. Verzeichnis der zulassungsfreien Gewerbe   1
2. Anzeigepflichten   3
3. Handwerksähnliche Neben- oder Hilfsbetrieb   4
4. Einsicht in das Verzeichnis   6

1   **1. Die Handwerkskammer hat die zulassungsfreien und die handwerksähnlichen Betriebe in einem besonderen Verzeichnis zu erfassen.** Diese Vorschrift ist dem § 6 HwO nachgebildet (vgl. dort). Für den Fall, dass zulassungsfreie Tätigkeiten mit der Ausübung eines zulassungspflichtigen Handwerks zusammentreffen, vgl. Anm. III.2. zu § 6.

2   **Die Eintragung hat keine konstitutive Bedeutung;** die Ausübung des Gewerbes ist von der Eintragung in das Verzeichnis nicht abhängig. Diese Eintragung soll die betroffenen Betriebe nur der Betreuung durch die Handwerkskammer zuordnen (OVG NRW vom 6. 4. 1992, GewA 1997, 40 LS). Der Betrieb eines nicht eingetragenen zulassungsfreien oder handwerksähnlichen Gewerbes kann – wie aus der Nichterwähnung von § 16 in § 20 folgt – nicht untersagt werden, da für die Ausübung ja ein irgendwie gearteter Befähigungsnachweis nicht erforderlich ist.

3   **2.** Eine dem § 16 Abs. 2 HwO nachgebildete **Anzeigepflicht** (§ 18 Abs. 1) soll gewährleisten, dass die Handwerkskammer das Verzeichnis stets auf dem Laufenden halten kann. Die unterlassene, unrichtige oder unvollständige Anzeige stellt eine Ordnungswidrigkeit nach § 118 Abs. 1 Nr. 1 HwO dar. Ist wegen der Einbeziehung eines bestimmten Gewerbes in die Handwerksordnung Verfassungsbeschwerde eingelegt, so hat die Rechtshängigkeit keinen Einfluss auf die Anzeigepflicht (BayVGH vom 31. 7. 1968, GewA 1968, 233).

3. Stellt sich die Tätigkeit als **Nebenbetrieb oder als Hilfsbetrieb** eines anderen Unternehmens dar, so kommt eine Eintragung in das von der Handwerkskammer geführt Verzeichnis nicht in Frage. Dies ergibt sich aus § 20 HwO, da dort eine Anwendung der §§ 2 und 3 auf die zulassungsfreien Gewerbe nicht vorgesehen ist. Dies war vom Gesetzgeber bewusst so gewollt; die organisatorische Zugehörigkeit sollte nicht unnötig aufgesplittert werden und nach Möglichkeit bei der für den hauptsächlichen Betriebsteil zuständigen Kammer verbleiben (vgl. schriftlicher Bericht des Bundestagsausschusses für Mittelstandsfragen, zu Drucks. IV/3461 S. 12). So für den handwerksähnlichen Nebenbetrieb eines IHK-Unternehmens BVerwG vom 22. 2. 1994, NVwZ-RR 1994, 438 LS.

Nicht jedes zulassungsfreie Gewerbe, das in Zusammenhang mit einem anderen Gewerbebetrieb ausgeübt wird, kann allerdings als Nebenbetrieb in diesem Sinne angesehen werden. Ob dies der Fall ist, richtet sich nach den auch für den handwerklichen Nebenbetrieb geltenden Kriterien und muss jeweils geprüft werden. Liegen die in den Anmerkungen zu § 3 HwO erläuterten Merkmale eines Neben- oder Hilfsbetriebes hinsichtlich der in Frage stehenden handwerksähnlichen Tätigkeit nicht vor, dann finden die §§ 18 ff. Anwendung. Auch bei organisatorischem Zusammenhang handelt es sich dann nämlich rechtlich zwei verschiedene Gewerbebetriebe, die sich zufällig in der Hand des selben Inhabers befinden. Dadurch wird aber nicht ausgeschlossen, dass jedes der Gewerbe für sich nach den jeweils dafür geltenden gesetzlichen Vorschriften behandelt wird.

4. Wegen der **Einsicht in das Verzeichnis** vgl. Anm. V. zu § 6.

§ 20 [Anwendbarkeit von Vorschriften]

¹**Auf zulassungsfreie Handwerke und handwerksähnliche Gewerbe finden § 10 Abs. 1, die §§ 11, 12, 13 Abs. 1 bis 3, 5, die §§ 14, 15 und 17 entsprechend Anwendung.** ²**§ 5a Abs. 2 Satz 1 findet entsprechende Anwendung, soweit dies zur Feststellung erforderlich ist, ob die Voraussetzungen für die Eintragung in das Verzeichnis der Inhaber eines Betriebs eines zulassungsfreien oder eines handwerksähnlichen Gewerbes vorliegen.**

Für die **Eintragung und Löschung im Verzeichnis** der zulassungsfreien und der handwerksähnlichen Gewerbe gelten sinngemäß die Bestimmungen für zulassungspflichtige Betriebe. Wegen der Einzelheiten kann daher auf die Anmerkungen zu den angegebenen Vorschriften verwiesen werden.

Zweiter Teil. Berufsbildung im Handwerk

Erster Abschnitt. Berechtigung zum Einstellen und Ausbilden

§ 21 [Anforderungen an die Ausbildungsstätte]

(1) Lehrlinge (Auszubildende) dürfen nur eingestellt und ausgebildet werden wenn
1. die Ausbildungsstätte nach Art und Einrichtung für die Berufsausbildung geeignet ist, und
2. die Zahl der Lehrlinge (Auszubildenden) in einem angemessenen Verhältnis zur Zahl der Ausbildungsplätze oder zur Zahl der beschäftigten Fachkräfte steht, es sei denn, dass anderenfalls die Berufsausbildung nicht gefährdet wird.

(2) Eine Ausbildungsstätte, in der die erforderlichen beruflichen Fertigkeiten, Kenntnisse und Fähigkeiten nicht in vollem Umfang vermittelt werden können, gilt als geeignet, wenn diese durch Ausbildungsmaßnahmen außerhalb der Ausbildungsstätte vermittelt werden.

Übersicht	Rdn.
I. Betriebliche Eignung	1
1. Sachliche Eignung	2
2. Lehrlingszüchterei	7
II. Nur Fakten maßgebend	1

1   I. Die **Eignung des Betriebs** ist neben der persönlichen und fachlichen Eignung der zur Ausbildung berufenen Personen weitere Voraussetzung für das Einstellen von Lehrlingen. Ein Verstoß gegen dieses Gebot macht das betreffende Ausbildungsverhältnis nicht unwirksam (§ 3 Abs. 4 BBiG), gibt aber dem Lehrling einen Grund für die fristlose Kündigung und kann außerdem eine Untersagung der Einstellungsbefugnis gem. § 24 Abs. 2 nach sich ziehen.

2   1. **Sachlich geeignet** ist eine Ausbildungsstätte, wenn der Betrieb nach seiner Art und seiner Einrichtung die Voraussetzung dafür bietet, dass einem durchschnittlich begabten Lehrling die in der Ausbildungsordnung vorgeschriebenen Fertigkeiten und Kenntnisse in vollem Umfang vermittelt werden können.

Anforderungen an die Ausbildungsstätte **§ 21 HwO**

Dies setzt einerseits **angemessene und geeignete Räumlich-** 3
keiten (ArbeitsstättenVO vom 20. 3. 1975 BGBl. I S. 743; dazu *Op-
fermann*, Arbeitsschutz 1975, 208 und BB 1975, 886) und deren Ausstattung mit den erforderlichen Maschinen, Werkzeugen usw. voraus.

Zu diesen materiellen Voraussetzungen bedarf es auch eines ent- 4
sprechenden **Betriebszuschnitts**. Ein Betrieb, der sich so stark spezialisiert hat, dass die Ausbildung für das fragliche Handwerk überwiegend nach Abs. 2 außerhalb erfolgen müsste, ist ebenso wenig geeignet, wie die völlige Übernahme von Handelstätigkeiten in einem kleinen Handwerksbetrieb. Einer Übungswerkstatt für benachteiligte Jugendliche fehlt es in aller Regel an der Eignung als Ausbildungsstätte (VG Stade vom 30. 11. 1990, GewA 1991, 387).

Ungeeignet ist ein Betrieb schließlich auch dann, wenn er zwar 5
nach seiner Art und seinem Zuschnitt für die Lehrlingsausbildung in Frage käme, aber z. B. wegen seiner hygienischen Verhältnisse oder aus sonstigen Gründen (z. B. Porno-Fotograf) für Jugendliche nachteilig ist. Es kommt immer auf den Einzelfall an.

Eine bloß **körperliche Gefährdung** des Lehrlings durch den Be- 6
trieb reicht in der Regel nicht aus. Für manche Handwerke, wie z. B. Kaminbauer, Dachdecker, Elektriker usw., ist ein gewisses Maß Gefährlichkeit als ihnen immanent anzusehen, so dass hier eine entsprechende Nachwuchsausbildung u. U. gar nicht mehr möglich wäre. Dieser körperlichen Gefährdung tragen die bestehenden Sicherheits- und Arbeitsschutzbestimmungen ausreichend Rechnung.

2. Es darf **keine Lehrlingszüchterei** betrieben werden. Dies be- 7
deutet, dass die Zahl der Lehrlinge in einem angemessenen Verhältnis zur Zahl der Ausbildungsplätze und zur Zahl der beschäftigten Fachkräfte stehen muss. Abs. 1 Nr. 2 bietet hierfür die Handhabe. Ein Verstoß gegen Art. 12 GG ist hierin nicht zu erblicken; denn einmal handelt es sich um eine zulässige Regelung der Berufsausübung, zum anderen will diese Vorschrift verhindern, dass die Rechte anderer – hier der Lehrlinge auf eine ordnungsgemäße Berufsausbildung – verletzt werden (Art. 2 Abs. 1 GG). Insoweit ist aber eine Einschränkung der Freiheit der gewerblichen Betätigung in jedem Fall zulässig.

Ein Missverhältnis der Lehrlingszahl zu Umfang oder Art des Be- 8
triebes berechtigt für sich allein noch nicht zum Einschreiten; es muss hinzukommen, dass dadurch eine Gefahr für die Ausbildung entsteht. Andererseits rechtfertigt die Vernachlässigung der Lehrlingsausbildung ebenfalls nicht die Annahme, die Lehrlingszahl sei zu hoch; hier kann höchstens die persönliche Eignung des Ausbildenden in Frage gestellt sein. Die allgemeine Nachwuchslage in einem bestimmten Handwerk und ähnliche Erwägungen dürfen keine Rolle spielen.

9 Schematische Verhältniszahlen lassen sich für die Frage der Angemessenheit nicht aufstellen. Wann die Lehrlingszahl zum Umfang des Betriebes im Missverhältnis steht, ist Tatfrage (vgl. OVG Rh.-Pfalz vom 17. 3. 1975, GewA 1975, 381 = BB 1975, 840). Dies wird vor allem dann anzunehmen sein, wenn die Zahl der Lehrlinge gegenüber der Zahl der Gesellen unverhältnismäßig groß ist. Zur Art des Betriebes steht die Lehrlingszahl vor allem dann im Missverhältnis, wenn es sich um einen Handwerksbetrieb handelt, der seiner Tätigkeit nach nur die Ausbildung einer beschränkten Zahl von Lehrlingen zulässt (etwa ein Friseurbetrieb). Wenn ein Fernsehschnelldienst nur einen Monteur hat, kann dieser nicht jeweils mit einem ganzen Gefolge von Lehrlingen beim Kunden auftreten.

10 Bei gleichzeitigem Betrieb mehrerer Handwerkszweige kommt es für die Frage, ob in einem Zweig Lehrlingszüchterei vorliegt, nicht auf die Gesamtheit der beschäftigten älteren Arbeitskräfte an, sondern nur darauf, wie viele Kräfte in dem für die Ausbildung der Lehrlinge allein in Frage kommenden Zweig für Ausbildungszwecke zur Verfügung stehen.

11 **II.** Die Eintragung in die Lehrlingsrolle kann nur bei **konkreter Nichteignung,** nicht schon bei bloßen Zweifeln, abgelehnt werden (BVerwG vom 13. 7. 1982, GewA 1983, 67). Ob im einzelnen Fall die Voraussetzungen für die Anwendung des § 22 vorliegen, ist Tat- und Rechtsfrage und daher im vollen Umfang der verwaltungsgerichtlichen Nachprüfung unterworfen.

§ 22 [Anforderungen an den Ausbilder]

(1) ¹**Lehrlinge (Auszubildende) darf nur einstellen, wer persönlich geeignet ist.** ²**Lehrlinge (Auszubildende) darf nur ausbilden, wer persönlich und fachlich geeignet ist.**

(2) **Wer fachlich nicht geeignet ist oder wer nicht selbst ausbildet, darf Lehrlinge (Auszubildende) nur dann einstellen, wenn er persönlich und fachlich geeignete Ausbilder bestellt, die die Ausbildungsinhalte unmittelbar, verantwortlich und in wesentlichem Umfang vermitteln.**

(3) **Unter der Verantwortung des Ausbilders kann bei der Berufsausbildung mitwirken, wer selbst nicht Ausbilder ist, aber abweichend von den besonderen Voraussetzungen des § 22b die für die Vermittlung von Ausbildungsinhalten erforderlichen beruflichen Fertigkeiten, Kenntnisse und Fähigkeiten besitzt und persönlich geeignet ist.**

Persönliche Eignung § 22a **HwO**

§ 22a [Persönliche Eignung]

Persönlich nicht geeignet ist insbesondere, wer
1. Kinder und Jugendliche nicht beschäftigen darf oder
2. wiederholt oder schwer gegen dieses Gesetz oder die auf Grund dieses Gesetzes erlassenen Vorschriften und Bestimmungen verstoßen hat.

§ 22b [Fachliche Eignung]

(1) Fachlich geeignet ist, wer die beruflichen sowie die berufs- und arbeitspädagogischen Fertigkeiten, Kenntnisse und Fähigkeiten besitzt, die für die Vermittlung der Ausbildungsinhalte erforderlich sind.

(2) In einem zulassungspflichtigen Handwerk besitzt die fachliche Eignung, wer
1. die Meisterprüfung in dem zulassungspflichtigen Handwerk, in dem ausgebildet werden soll, oder in einem mit diesem verwandten Handwerk bestanden hat oder
2. in dem zulassungspflichtigen Handwerk, in dem ausgebildet werden soll, oder in einem mit diesem verwandten Handwerk
   a) die Voraussetzungen zur Eintragung in die Handwerksrolle nach § 7 erfüllt oder
   b) eine Ausübungsberechtigung nach § 7a oder § 7b erhalten hat oder
   c) eine Ausnahmebewilligung nach § 8 oder nach § 9 Abs. 1 Satz 1 Nr. 1 erhalten hat

und den Teil IV der Meisterprüfung oder eine gleichwertige andere Prüfung, insbesondere eine Ausbildereignungsprüfung auf der Grundlage einer nach § 30 Abs. 5 des Berufsbildungsgesetzes erlassenen Rechtsverordnung, bestanden hat.

(3) [1]In einem zulassungsfreien Handwerk oder einem handwerksähnlichen Gewerbe besitzt die für die fachliche Eignung erforderlichen beruflichen Fertigkeiten, Kenntnisse und Fähigkeiten, wer
1. die Meisterprüfung in dem zulassungsfreien Handwerk oder in dem handwerksähnlichen Gewerbe, in dem ausgebildet werden soll, bestanden hat,
2. die Gesellen- oder Abschlussprüfung in einer dem Ausbildungsberuf entsprechenden Fachrichtung bestanden hat,
3. eine anerkannte Prüfung an einer Ausbildungsstätte oder vor einer Prüfungsbehörde oder eine Abschlussprüfung an einer

staatlichen oder staatlich anerkannten Schule in einer dem Ausbildungsberuf entsprechenden Fachrichtung bestanden hat oder

4. eine Abschlussprüfung an einer deutschen Hochschule in einer dem Ausbildungsberuf entsprechenden Fachrichtung bestanden hat

und im Falle der Nummern 2 bis 4 eine angemessene Zeit in seinem Beruf praktisch tätig gewesen ist. ²Der Abschlussprüfung an einer deutschen Hochschule gemäß Satz 1 Nr. 4 gleichgestellt sind Diplome nach § 7 Abs. 2 Satz 4. ³Für den Nachweis der berufs- und arbeitspädagogischen Fertigkeiten, Kenntnisse und Fähigkeiten finden die auf der Grundlage des § 30 Abs. 5 des Berufsbildungsgesetzes erlassenen Rechtsverordnungen Anwendung.

(4) ¹Das Bundesministerium für Wirtschaft und Technologie kann nach Anhörung des Hauptausschusses des Bundesinstitut für Berufsbildung durch Rechtsverordnung, die nicht der Zustimmung des Bundesrates bedarf, bestimmen, dass der Erwerb berufs- und arbeitspädagogischer Fertigkeiten, Kenntnisse und Fähigkeiten gesondert nachzuweisen ist. ²Dabei können Inhalt, Umfang und Abschluss der Maßnahmen für den Nachweis geregelt werden. ³Das Bestehen des Teils IV der Meisterprüfung gilt als Nachweis.

(5) Die nach Landesrecht zuständige Behörde kann Personen, die die Voraussetzungen der Absätze 2, 3 und 4 nicht erfüllen, die fachliche Eignung nach Anhören der Handwerkskammer widerruflich zuerkennen.

§ 22c [Fachliche Eignung nach EG-Recht]

(1) In den Fällen des § 22b Abs. 3 besitzt die für die fachliche Eignung erforderlichen beruflichen Fertigkeiten, Kenntnisse und Fähigkeiten auch, wer die Voraussetzungen für die Anerkennung seiner Berufsqualifikation nach der Richtlinie 2005/36/EG des Europäischen Parlaments und des Rates vom 7. September 2005 über die Anerkennung von Berufsqualifikationen (ABl. EU Nr. L 255 S. 22) erfüllt, sofern er eine angemessene Zeit in seinem Beruf praktisch tätig gewesen ist.

(2) Die Anerkennung kann unter den in Artikel 14 der in Absatz 1 genannten Richtlinie aufgeführten Voraussetzungen davon abhängig gemacht werden, dass der Antragsteller oder die Antragstellerin zunächst einen höchstens dreijährigen Anpassungslehrgang ableistet oder eine Eignungsprüfung ablegt.

(3) **Die Entscheidung über die Anerkennung trifft die Handwerkskammer. Sie kann die Durchführung von Anpassungslehrgängen und Eignungsprüfungen regeln.**

Übersicht	Rdn.
I. Nachwuchssicherung durch Lehrlingsausbildung	1
II. Einstellen und Ausbilden von Lehrlingen (§ 22)	5
1. Einstellen	5
a) Persönlich Eignung (§ 22a)	7
aa) Gesetzliches Beschäftigungsverbot	8
bb) Sonstige einschlägige Gesetzesstöße	10
b) Weitere Eignungsmängel	12
c) Gesellschaften und jur. Personen	14
2. Ausbilden (§ 22b)	15
a) Fachliche Eignung für ein Handwerk der Anlage A	18
aa) Meisterprüfung	18
bb) Sonstige Prüfungen	22
b) Fachliche Eignung für ein Handwerk der Anlage B	23
aa) Meisterprüfung	23
bb) Sonstiges	24
c) Fachliche Eignung für sonstige Ausbildung	27
III. Ausnahmsweise Zuerkennung der fachlichen Eignung (§ 22b Abs. 5)	28
1. Allgemeines	29
2. Widerruf	32
3. Nebenbestimmungen	34
4. Anhörung der HWK	35
IV. Ausbilder	36
V. Einstellen und Ausbilden ohne Voraussetzungen	38
VI. Ausbilder mit ausländischen Berufsausbildungen (§ 22c)	39

I. Nachwuchssicherung durch Lehrlingsausbildung

Im Handwerk ist nach wie vor die Bezeichnung „Lehrling" zulässig, während das Berufsbildungsgesetz (BBiG) für die übrige Wirtschaft nur noch den Begriff „Auszubildender" vorsieht. **1**

Die Lehrlingsausbildung im Handwerk ist zweigeteilt, je nach dem es sich um einen Ausbildungsberuf in einem Handwerk der Anlage A oder der Anlage B handelt. Hinzu kommen dem Handwerk traditionell zugerechnete Ausbildungsberufe wie Bäckerei- oder Metzgerei-Fachverkäuferin. **2**

Aus Art. 3 Abs. 1 GG kann kein Anspruch auf finanzielle Hilfen des Staates abgeleitet werden, weil dem Betrieb durch die Lehrlingsausbildung Kosten entstehen, während Betriebe, die z. B. Hochschul- **3** absolventen einstellen, zu deren Ausbildung nicht beisteuern müssen (BayVGH vom 15. 1. 1999, GewA 1999, 159).

4   Um Lehrlinge einstellen und ausbilden zu können, muss der Gewerbetreibende persönlich und fachlich geeignet sein

II. Einstellen und Ausbilden von Lehrlingen (§ 22 Abs. 1)

5   **1. Einstellen von Lehrlingen.** Hierunter ist die Befugnis zu verstehen, Lehrlinge zur Ausbildung anzunehmen, als „Lehrherr", wie man einst sagte.

6   Nach § 41 GewO ist grundsätzlich jeder selbständige Gewerbetreibende und damit auch jeder Handwerker im Sinne des § 1 einstellungsberechtigt. Personen, die nicht selbständige Gewerbetreibende im Handwerk sind, können auch beim Vorliegen der übrigen Voraussetzungen keine handwerklichen Ausbildungsverhältnisse begründen. Das gilt z. B. für einen freischaffenden Künstler, auch wenn er eine Meisterprüfung abgelegt hat. Möglich ist die Ausbildung in Handwerksbetrieben, die der Gesetzgeber aus bestimmten Gründen von der Eintragungspflicht in die Handwerksrolle freigestellt hat wie etwa die handwerklichen Hilfsbetriebe. Zum umgekehrten Fall vgl. Winter, Industrielehrlinge in Kfz-Werkstätten, GewA 1964, 195.

7   **a)** Die grundsätzlich gegebene **persönliche Eignung** und damit Einstellungsberechtigung entfällt, wenn einer der in § 22a normierten Ausschlussgründe vorliegt. Die persönliche Eignung ist also negativ definiert. Das Gesetz gibt dabei nur Richtlinien („insbesondere"); als Grundregel gilt, dass die persönliche Eignung dann fehlt, wenn eine Gefährdung der Lehrlinge zu erwarten ist oder gar bereits besteht (OVG NW vom 3. 8. 1984, GewA 1985, 21). Im Einzelnen ist dies der Fall:

8   **aa)** Bei einem **gesetzlichen Beschäftigungsverbot** (§ 22a Nr. 1). Von Bedeutung ist vor allem § 25 JArbSchG, wonach Kinder und Jugendliche nicht beschäftigen darf, wer wegen der Verletzung der Fürsorge- und Erziehungspflicht eines Kindes, wegen Unzucht mit abhängigen Personen oder anderen Sittlichkeitsverbrechen (*OVG Saarland* vom 10. 6. 1976, GewA 1976, 239), wegen Verbreitung unzüchtiger Schriften, wegen Verstoßes gegen die Arbeitsschutzbestimmungen oder wegen gewissenloser Ausnutzung der Arbeitskraft Jugendlicher verurteilt wurde (dazu VG Wiesbaden vom 27. 2. 1962, GewA 1963, 111, und VG Karlsruhe vom 8. 9. 1970, GewA 1972, 39).

Wird die mangelnde persönliche Eignung für die Ausbildung weiblicher Lehrlinge festgestellt, so muss sich dies nicht zwingend

Fachliche Eignung nach EG-Recht § 22c **HwO**

auch hinsichtlich männlicher Lehrlinge auswirken (BayVGH vom 12. 8. 2004, NVwZ-RR 2004, 49).

Bei Unzuverlässigkeit nach § 35 GewO fehlt in der Regel auch die Eignung zur Lehrlingsausbildung (BVerwG vom 11. 1. 1963, VerwRspr. 15, 353); zur Frage des Verhältnisses von Gewerbeuntersagung und Entziehung der Ausbildungsbefugnis vgl. auch VG München vom 15. 12. 1961, GewA 1963, 7. 9

bb) Bei **sonstigen einschlägigen Gesetzesverstößen** (§ 22a Nr. 2). In Frage kommen nicht nur Verstöße gegen die Handwerksordnung selbst, sondern auch gegen Vorschriften des Berufsbildungsgesetzes und gegen andere, auf deren Grundlage erlassener Bestimmungen wie Ausbildungs- und Prüfungsordnungen, die Satzung der Innung oder Handwerkskammer und dergleichen. 10

Die Verstöße müssen erwarten lassen, dass sich für eventuell eingestellte Lehrlinge Nachteile ergeben könnten. Es muss also gegen Bestimmungen verstoßen worden sein, deren Missachtung einen Charaktermangel erkennen lässt. Daraus folgt, dass die Verstöße von Gewicht sein müssen; ein einmaliger leichter Verstoß lässt die persönliche Eignung noch nicht verloren gehen. Vgl. auch VG Würzburg v. 27. 9. 1972, GewA 1973, 127. 11

b) Über die ausdrücklich normierten Beispielsfälle hinaus ist die persönliche Eignung auch dann nicht gegeben, wenn aus anderen Gründen eine ordnungsgemäße Erfüllung der Ausbildungspflichten nicht erwartet werden kann, z. B. bei geistigen Gebrechen, Suchtkrankheiten, krimineller Belastung und dergleichen (vgl. z. B. BayVGH GewA 2007, 427). Entfallen kann die Eignung auch bei zu hohem Alter; es kommt immer auf die Verhältnisse des Einzelfalles an. 12

Extreme religiöse oder politische Ansichten, oder gar nur solche, die von denen des Lehrlings abweichen, berühren die persönliche Eignung nicht. Etwas anderes gilt jedoch dann, wenn dem Lehrling diese Ansichten aufgezwungen werden sollen (dazu BVerwG vom 9. 1. 1962, GewA 1962, 104 = NJW 1963, 1170). 13

c) Will eine **Gesellschaft oder juristischen Person** ausbilden, dann muss die persönliche Eignung im vorerwähnten Sinne bei allen vertretungsberechtigten Personen vorliegen. Wenn sie auch nur einem fehlt, dann muss der Betrieb insgesamt als nicht einstellungsberechtigt angesehen werden. In weiterer Anwendung dieses Gedankens entfällt die persönliche Eignung sogar dann, wenn der selbständige Handwerker selbst zwar keinen Anlass zu Beanstandungen gibt, es aber unterlässt, unmittelbar beteiligte dritte Personen von einer schädigenden Einwirkung abzuhalten (vgl. OVG Münster v. 7. 11. 1956, GewA 1958, 58 und BVerwG v. 12. 3. 1965, NJW 1965, 1394 = GewA 1965, 132. 14

15 2. Unter **Ausbildung von Lehrlingen** ist die Beaufsichtigung und Unterweisung zu verstehen. Während das Einstellen von Lehrlingen nur die formalen Rechtsbeziehungen erfasst, beinhaltet die Befugnis zum Ausbilden das Recht, die Persönlichkeit des Lehrlings zu formen und ihn fachlich zu bilden.

16 Auch die **fachliche Eignung** ist negativ definiert (§ 22b): Sie fehlt, wenn nicht die für Ausbildungsberufe in zulassungspflichtigen Handwerken der Anlage A (Abs. 5) oder zulassungsfreien der Anlage B (Abs. 6) vorgeschriebenen Ausbildungsvoraussetzungen vorliegen oder die fachliche Eignung ausnahmsweise zugestanden ist (Abs. 7).

17 Die fachliche Eignung ist eine höchstpersönliche Eigenschaft; sie muss umfassend sein und kann nicht durch die betriebliche Eignung (§ 22) kompensiert werden (vgl. BVerwG vom 3.3.1981, GewA 1981, 301).

18 **a) Fachliche Eignung für ein Handwerk der Anlage A. aa)** Wer die **Meisterprüfung** in dem Handwerk der Anlage A, in dem ausgebildet werden soll, bestanden hat, ist fachlich geeignet. Darüber hinaus genügt jetzt auch die Meisterprüfung in einem mit diesem verwandten Handwerk.

19 Die durch die Meisterprüfung in einem Gewerbe der Anlage A verliehene Ausübungs- und Ausbildungsbefugnis sind deckungsgleich. Dies bedeutet, dass „Altmeister" in nach § 1 Abs. 3 zusammengefassten, getrennten oder neu bezeichneten Handwerken fachlich geeignet für das entsprechende neue Handwerk sind. Ein Kfz.-Mechaniker-Meister darf also im Ausbildungsberuf Kfz.-Elektriker oder Kfz.-Techniker ausbilden.

20 Ganz allgemein schließt der dynamische Handwerksbegriff auch die Ausbildungsbefugnis ein. So ist es einem Handwerksmeister selbstverständlich möglich, im ferneren Leben nach neuen Vorschriften auszubilden, die inhaltliche und strukturelle Änderungen seines Berufes berücksichtigen.

21 Eine in der früheren DDR erworbene Ausbildungsberechtigung blieb nach dem Einigungsvertrag erhalten.

22 **bb)** Die fachliche Eignung kann jetzt auch bejaht werden, wenn der Handwerker für sein oder ein verwandtes Handwerk eine Ausnahmebewilligung nach § 8 oder eine Ausübungsberechtigung nach den §§ 7a oder 7b erhalten hat, vorausgesetzt, er hat den Teil IV der Meisterprüfung oder eine gleichwertige andere Prüfung bestanden.

23 **b) Fachliche Eignung für ein Handwerk der Anlage B. aa)** Auch für ein Handwerk der Anlage B besitzt die fachliche Eignung, wer die einschlägige Meisterprüfung abgelegt hat.

Fachliche Eignung nach EG-Recht   § 22c HwO

bb) Weiter kommt hier in Frage, wer die Voraussetzungen nach 24 § 76 BBiG erfüllt. Hier wird noch die Vollendung des 24. Lebensjahres verlangt, sowie
(1) die Abschlussprüfung in einer dem Ausbildungsberuf entsprechenden Fachrichtung; oder
(2) eine dahingehende Hochschul- oder Ingenieurprüfung sowie „eine angemessene Zeit" praktischer Berufserfahrung; oder
(3) eine dahingehende anerkannte Prüfung in einer Ausbildungsstätte oder vor einer Prüfungsbehörde und ebenfalls „angemessene" Berufspraxis.

Hinsichtlich der Dauer einer nachzuweisenden Berufspraxis wird 25 man sich an § 49 orientieren können, wonach die Obergrenze bei drei Jahren liegt und der Fachschulbesuch anzurechnen ist.

Die berufs- und arbeitspädagogischen Kenntnisse besitzt, wer ent- 26 sprechend §§ 20 und 21 BBiG geeignet ist oder den Teil IV der Meisterprüfung oder eine gleichwertige Prüfung bestanden hat.

c) Die gleichen Voraussetzungen gelten für die Ausbildung in 27 einem **handwerksähnlichen oder dem Handwerk nahe stehenden Ausbildungsberuf.**

III. Ausnahmsweise Zuerkennung der fachlichen Eignung (§ 22 b Abs. 5)

Die nach Landesrecht zuständige Stelle, in der Regel die höhere 28 Verwaltungsbehörde, kann in Härtefällen Personen, die die fachliche Eignung nicht schon kraft Gesetzes besitzen, diese widerruflich zuerkennen.

1. Bei ihrer Entscheidung hat sich die Behörde von dem die 29 Handwerksordnung weiterhin beherrschenden **Befähigungsgedanken** leiten zu lassen. Wenn das Gesetz Möglichkeiten eröffnet, die fachliche Eignung für die Ausbildung von Lehrlingen auch Personen zuzuerkennen, die die einschlägige Meisterprüfung oder andere anerkannte Prüfungen nicht abgelegt haben, so kann das im Hinblick auf die Zielsetzung des Gesetzes nicht dahin verstanden werden, dass bei einer solchen Zuerkennung geringere Anforderungen zu stellen wären. Vielmehr müssen diese Personen das gleiche fachliche Können nachweisen, das von einem Handwerker erwartet wird, wenn er sich der Meisterprüfung mit Erfolg unterziehen will.

Zu beachten ist, dass hier nicht die Ausbildungsbefugnis insgesamt, 30 sondern nur die fachliche Eignung zur Debatte steht. Nichtsdestoweniger hat die Verwaltungsbehörde eine umfassende Prüfpflicht. Sie hat von Amts wegen alle notwendigen Ermittlungen zu pflegen um festzustellen, ob der Antragsteller zur Lehrlingsausbildung geeignet ist (VG Oldenburg vom 16. 11. 1971, GewA 1972, 186).

31 Die Zuerkennung der fachlichen Eignung kann nicht davon abhängig gemacht werden, ob es gerechtfertigt ist, aus in der Person des Bewerbers liegenden Gründen darüber hinwegzusehen, dass er nicht den in der Handwerksordnung vorgesehenen Ausbildungsgang durchlaufen und ihn nicht mit der bestandenen Meisterprüfung abgeschlossen hat (BVerwG vom 9. 11. 1962, GewA 1963, 31 = BB 1963, 95).

Charaktermängel betreffen die persönliche Eignung; sie können nur unter besonderen Umständen zu Ungunsten des Antragstellers verwertet werden, wenn sie auf die fachliche Befähigung Einfluss haben (NdsOVG vom 17. 9. 1975, GewA 1976, 95), so etwa auf die nötige praktisch-pädagogische Eignung (dazu auch Becker, GewA 1976, 289). Zu den Anforderungen an die fachliche Eignung allgemein vgl. OVG NRW vom 10. 3. 1989, GewA 1990, 175.

32 **2. Die fachliche Eignung kann nur widerruflich zuerkannt** werden. Die Widerrufsmöglichkeit ist unmittelbar im Gesetz verankert; ein besonderer Vorbehalt ist daher nicht notwendig, aber im Interesse des Berechtigten zweckmäßig. Von der Widerrufsmöglichkeit darf nur in begründeten Fällen Gebrauch gemacht werden. Im Allgemeinen wird der Widerruf nur auszusprechen sein, wenn die Voraussetzungen des § 24 gegeben sind oder wenn sonst ein wichtiger Grund vorliegt. In jedem Fall hat der Begünstigte einen Rechtsanspruch darauf, dass die Zuerkennung nicht aus sachfremden Erwägungen oder willkürlich widerrufen wird.

33 Die Zuerkennung der fachlichen Eignung wird gegenstandslos, wenn die persönliche Eignung entfällt (z. B. bei Eintritt der Voraussetzungen des § 39 Jugendarbeitsschutzgesetz). Doch ist es zweckmäßig, auch in solchen Fällen die Zuerkennung ausdrücklich zu widerrufen.

34 **3.** Der Zuerkennung der fachlichen Eignung können bei Bedarf **Nebenbestimmungen** (Auflagen, Bedingungen und Befristungen) beigegeben werden. Der Nebenbestimmung dürfen jedoch keine sachfremden Erwägungen zugrunde liegen. Es ist z. B. gegebenenfalls sinnvoll, die Befugnis auf einen einzelnen, namentlich bezeichneten Lehrling, etwa den Sohn des Betriebsinhabers, zu beschränken (so OVG NRW vom 9. 2. 1955, BB 1955, 352 = DÖV 1955, 571).

35 **4.** Zur **Anhörung der Handwerkskammer** ist die Behörde nur verpflichtet, wenn sie die Eignung zuerkennen will. Zur Ablehnung des Antrags ist sie an sich auch ohne Anhörung der Kammer berechtigt. Zweckmäßigerweise wird die Behörde die Handwerkskammer aber auch in diesem Fall hören. Wird die fachliche Eignung zuerkannt, ohne dass die Handwerkskammer gehört wurde, so ist dies auf die Wirksamkeit der Verleihung ohne Einfluss, da der Handwerkskammer kein besonderes Anfechtungsrecht gegen die Entscheidung gewährt ist (OVG Rh.-Pfalz vom 28. 10. 1986, GewA 1987, 30). Bei der Anhörung handelt es sich also nur um eine Ordnungsvorschrift, deren Verletzung die Rechtsbeständigkeit der ausgesprochenen Entscheidung nicht beeinflusst.

IV. Ausbilder

Wer nicht persönlich ausbilden kann, weil ihm die fachliche Eignung fehlt oder weil z. B. weil sein Unternehmen so groß ist, dass er sich nicht mehr im notwendigen Umfang um den einzelnen Lehrling kümmern könnte, muss einen **besonderen Ausbilder** bestellen. (Zum Begriff *Eule,* BB 1991, 2366). Für die Ausbildung des Lehrlings letztlich verantwortlich bleibt auch in diesem Fall der Einstellende, also der Betriebsinhaber (vgl. OVG Rh.-Pf. vom 1. 10. 1975, GewA 1976, 61). Ein eventuell bestellter Ausbilder muss voll persönlich und fachlich geeignet sein im Sinne des § 21 sein. Er muss förmlich bestellt werden und sich voll der Ausbildung widmen können. Vgl. dazu ergänzend die Anmerkungen zu § 14 BBiG. 36

Ein besonderer Ausbilder muss nicht schon dann bestellt werden, wenn der Betriebsinhaber die Ausbildung nicht in vollem Umfang selbst durchführt. Er kann den Lehrling durchaus in einzelnen Handgriffen und Fertigkeiten durch einen Gesellen oder andere Personen unterweisen lassen. Soweit es sich nicht um ganz untergeordnete Leistungen handelt, muss es sich dabei aber um qualifizierte Fachkräfte handeln. Auch bei voller fachlicher Eignung ist es jedoch nicht möglich, einen Dritten betriebsintern mit der Ausbildung zu betrauen und diese selbst nur zu überwachen; in diesem Fall bedarf es der förmlichen Bestellung zum Ausbilder mit allen damit verbundenen Konsequenzen. 37

V. Einstellen und Ausbilden ohne Voraussetzungen

Wegen der Konsequenzen der Begründung eines Ausbildungsverhältnisses ohne die vorgeschriebene persönliche oder fachliche Eignung vgl. § 24 sowie § 118 Abs. 1 Nr. 3 HwO und § 14 BBiG. Über die Maßstäbe für die Berechnung des Bußgeldes in einem solchen 38

HwO § 23 2. Teil. Berufsbildung im Handwerk

Fall äußert sich ausführlich AG Salzgitter vom 22. 6. 1973, GewA 1974, 231.

VI. Ausbilder mit ausländischen Berufsausbildungen (§ 22 c)

39 Die für die fachliche Eignung erforderliche beruflichen Fertigkeiten und Fähigkeiten bseitzt auch derjenige, welcher eine nach § 7 IV 2 als gleichwertig anerkannte Prüfung aus einem anderen EU- oder EWR-Staat oder der Schweiz abegelegt hat. Die Entscheidung über die Anerkennung trifft die Handwerkskammer. Diese kann die Anerkennung von der Ableistung eines maximal 3-jährigen Anpassungslehrgangs oder einer Eignungsprüfung abhängig machen. Sie kann auch Regelungen treffen über die Durchführung dieser Anpassungslehrgänge und Eignungsprüfungen.

§ 23 [Eignungsfeststellung]

(1) **Die Handwerkskammer hat darüber zu wachen, dass die Eignung der Ausbildungsstätte sowie die persönliche und fachliche Eignung vorliegen.**

(2) [1]**Werden Mängel der Eignung festgestellt, so hat die Handwerkskammer, falls der Mangel zu beheben und eine Gefährdung des Lehrlings (Auszubildenden) nicht zu erwarten ist, den Auszubildenden aufzufordern, innerhalb einer von ihr gesetzten Frist den Mangel zu beseitigen.** [2]**Ist der Mangel der Eignung nicht zu beheben oder ist eine Gefährdung des Lehrlings (Auszubildenden) zu erwarten oder wird der Mangel nicht innerhalb der gesetzten Frist beseitigt, so hat die Handwerkskammer der nach Landesrecht zuständigen Behörde dies mitzuteilen.**

Übersicht

	Rdn.
1. Überwachung durch HWK	1
2. Eignungsmängel	3
3. Einschaltung Verwaltungsbehörde	6
4. Rechtsfolgen	7

1 **1. Die Handwerkskammer überwacht** das Vorliegen der persönlichen und betrieblichen Ausbildungsvoraussetzungen. § 23 ergänzt § 41 a. Auch ohne dass dies hier ausdrücklich erwähnt wurde, kann die Handwerkskammer in beiden Fällen die Ausbildungsberater einsetzen und sich der Befugnisse des § 111 bedienen.

Eignungsfeststellung §23 HwO

2 Der Überwachung unterliegt nicht jeder Handwerksbetrieb schlechthin, sondern nur so weit und so lange, als darin Lehrlinge ausgebildet werden oder werden sollen. Dementsprechend sind vor allem im Zusammenhang mit der Eintragung eines Ausbildungsvertrages in die Lehrlingsrolle die erforderlichen Überprüfungen anzustellen (29 Abs. 1 Nr. 2). Auch im Übrigen sollen aber die ausbildenden Betriebe nach Möglichkeit laufend überwacht werden.

3 **2. Stellt sich bei der Überwachung ein Eignungsmangel heraus,** dann muss die Handwerkskammer auf Abhilfe hinwirken, wenn der Mangel zu beheben und keine Gefährdung des Lehrlings zu erwarten ist.

4 Sofern in diesem Fall nicht schon eine bloße Anregung der Handwerkskammer genügt, bedarf es einer förmlichen Aufforderung, den festgestellten Mangel innerhalb einer gesetzten angemessenen Frist zu beseitigen. In welcher Form der Mangel beseitigt werden soll, kann dabei angegeben werden, ohne dass dies von rechtlicher Bedeutung wäre. Einer entsprechenden Aufforderung der Handwerkskammer wird z. B. genauso genügt, wenn die fehlende fachliche Eignung statt durch Ablegung der geforderten Meisterprüfung durch die Bestellung eines Ausbilders gem. § 21 Abs. 4 geheilt wird.

5 Die Aufforderung zur Mängelbehebung ist **kein anfechtbarer Verwaltungsskt,** da ihm unmittelbare Rechtsfolgen fehlen; gegen die Mängel vorgehen kann erst die höhere Verwaltungsbehörde (aA. Detterbeck, § 23 Rdn. 7).

6 **3.** Die **Benachrichtigung** der nach Landesrecht zuständigen Behörde muss erfolgen, wenn festgestellte Mängel
a) trotz Aufforderung der Handwerkskammer innerhalb der gesetzten Frist nicht behoben wurden,
b) überhaupt nicht zu beheben sind oder
c) eine unmittelbare Gefährdung des Lehrlings erwarten lassen.

7 **4.** Sobald die Voraussetzungen für eine Mitteilung an die zuständige Verwaltungsbehörde vorliegen, darf die Handwerkskammer gem. § 29 Abs. 2 vorgelegte Ausbildungsverträge nicht mehr in die Lehrlingsrolle eintragen und muss bereits bestehende Eintragungen löschen. Erst hier handelt es sich um einen anfechtbaren Verwaltungsakt, da nun die Entscheidung über Ablehnung der Eintragung oder die Löschung von rechtlicher Relevanz sind.

§ 24 [Untersagung des Einstellens und Ausbildens]

(1) **Die nach Landesrecht zuständige Behörde kann für eine bestimmte Ausbildungsstätte das Einstellen und Ausbilden untersagen, wenn die Voraussetzungen nach § 21 nicht oder nicht mehr vorliegen.**

(2) **Die nach Landesrecht zuständige Behörde hat das Einstellen und Ausbilden zu untersagen, wenn die persönliche oder fachliche Eignung nicht oder nicht mehr vorliegt.**

(3) [1]Vor der Untersagung sind die Beteiligten und die Handwerkskammer zu hören. [2]Dies gilt nicht in den Fällen des § 22a Nr. 1.

Übersicht

	Rdn.
1. Untersagung des Einstellens und Ausbildens	1
a) wegen persönlicher und fachlicher Mängel	1
b) wegen betrieblicher Mängel	3
2. Zuständigkeit	4
3. Voraussetzungen	5
4. Verfahren	7
5. Wirkung	10
6. Rücknahme der Untersagung	13

1 1. a) Untersagung des Einstellens und des Ausbildens von Lehrlingen **bei persönlichen und fachlichen Mängeln** (dazu generell BVerwG vom 20. 12. 1985, GewA 1986, 95). Je nach dem, ob nur die fachliche oder auch die persönliche Eignung fehlt, ist entweder das Ausbilden allein oder gleichzeitig auch das Einstellen von Lehrlingen zu untersagen. Bei fehlender fachlicher Eignung kann in der Regel durch die Bestellung eines geeigneten Ausbilders Abhilfe geschaffen werden, während bei fehlender persönlicher Eignung beide Befugnisse aberkannt werden müssen. Die Untersagungsmöglichkeit richtet sich nicht nur gegen selbstständige Handwerker; auch anderen Personen gegenüber kann im Hinblick auf die Möglichkeit der Bestellung zum Ausbilder (21 Abs. 4) eine Untersagung ausgesprochen werden.

2 **Die Untersagung kann auch erfolgen, wenn niemals Lehrlinge ausgebildet wurden,** und auch, wenn bereits ein Gewerbeverbot nach § 35 GewO vorliegt (OVG Berlin vom 7. 10. 1970, GewA 1971, 167). Bei Unzuverlässigkeit nach § 35 GewO fehlt in aller Regel auch die persönliche Eignung zur Lehrlingsausbildung; zur Frage des Verhältnisses zur Gewerbeuntersagung und Entziehung der Ausbildungsbefugnis vgl. auch VG München vom 15. 12. 1961,

GewA 1963, 7. Das Fehlen der persönlichen Eignung kann sich auch daraus ergeben, dass in dem Betrieb Personen beschäftigt werden, durch die eine Gefährdung des Lehrzwecks zu erwarten ist (BayVGH vom 28. 8. 1974, GewA 1975, 29).
b) Untersagung des Einstellens und des Ausbildens von 3 Lehrlingen **bei betrieblichen Mängeln.** Im Fall des Abs. 2 ist die Untersagung rein lokal. Die Befugnisse des Betriebsinhabers und eventueller Ausbilder als solcher werden beim Vorliegen der persönlichen und fachlichen Eignung nicht berührt.

2. Nach Landesrecht **zuständige Behörde** ist in der Regel die 4 höhere Verwaltungsbehörde (Bezirksregierung bzw. Regierungspräsidium). Eigene Kontroll- oder Überwachungspflichten hat diese nicht; dafür ist vielmehr gem. § 23 die Handwerkskammer zuständig. Wird von dieser jedoch ein Sachverhalt mitgeteilt, der eine Untersagung rechtfertigen könnte, oder erfährt die Verwaltungsbehörde davon auf andere Weise, so ist sie von Amts wegen verpflichtet, alle gegebenenfalls zur Aufklärung erforderlichen weiteren Ermittlungen anzustellen. Stellt sich das Fehlen der persönlichen, fachlichen oder betrieblichen Eignung heraus, so muss die Untersagung ausgesprochen werden („hat ... zu untersagen"); Ermessen steht der Verwaltungsbehörde insoweit nicht zu.

3. Die **Voraussetzungen der Untersagung** richten sich aus- 5 schließlich nach den entsprechenden Sonderbestimmungen der §§ 21 ff. § 24 ist insoweit eine reine Vollzugsnorm (vgl. dazu die Ausführungen zur parallelen Situation bei der Betriebsschließung, Anm. II.1.c. zu § 16). Ob die Voraussetzungen der Entziehung vorliegen, ist **Tat- und Rechtsfrage** und im verwaltungsgerichtlichen Verfahren voll nachprüfbar. Für die gerichtliche Überprüfung maßgebend ist beim Antrag auf Aufhebung ex tunc der Zeitpunkt der Entziehung; ein späteres Wohlverhalten ist nicht zu prüfen und zu berücksichtigen (BVerwG vom 12. 3. 1965, NJW 1965, 1394 mit abl. Anm. *Czermak,* NJW 1965, 1875); beim Antrag auf Aufhebung ex nunc ist auf den Tatstand der letzten mündlichen Verhandlung abzustellen (vgl. in diesem Zusammenhang VG Würzburg vom 27. 9. 1972, GewA 1973, 127; BVerwG vom 14. 12. 1972, GewA 1973, 128).

Die Untersagung kann **auf bestimmte oder unbestimmte Zeit** 6 ausgesprochen werden. Die Untersagung auf bestimmte Zeit wird die Behörde wählen, wenn mit hinreichender Sicherheit zu erwarten ist, dass die Entziehungsgründe innerhalb eines bestimmten Zeitraums entfallen (vgl. dazu OVG Hamburg vom 26. 1. 1955, GewA 1956, 68 = MDR 1955, 441). Ebenso kann die Untersagung nach dem Satz plus minus continet wohl auch nur hinsichtlich bestimmter Kategorien von Lehrlingen (z. B. weibliche) ausgesprochen werden, wenn die Gefährdung bereits dadurch beseitigt werden kann (a. A. BayVGH vom 30. 1. 1963 AP Nr. 1 zu § 20 HwO). Nach der ratio des Gesetzes ist die Behörde ermächtigt und verpflichtet, alles, aber auch nicht mehr zu tun, als zur Beseitigung der Gefährdung notwendig ist. Es handelt es sich daher nicht um eine Ermessensentscheidung; die Frage, was notwendig ist, ist vielmehr Rechtsfrage (vgl. dazu auch OVG Saarland vom 10. 6. 1976, GewA 1976, 299).

7   **4. Verfahren.** Außer in den Fällen gesetzlicher Beschäftigungsverbote (§ 21 Abs. 2 Nr. 1) ist die Anhörung der Handwerkskammer und der Beteiligten zwingend vorgeschrieben. Deren nochmalige förmliche Anhörung ist allerdings überflüssig, wenn die Handwerkskammer selbst den Antrag auf Untersagung gestellt hat. Die Anhörung weiterer Stellen, etwa des Gewerbeaufsichtsamtes, kann im Rahmen der Amtsermittlungspflicht geboten sein. An die Auffassung der gehörten Stellen ist die Verwaltungsbehörde nicht gebunden.

8   Eine **Untersagung ohne die vorgeschriebenen Anhörungen** ist nicht nichtig, wohl aber fehlerhaft und daher auf Anfechtungsklage hin aufzuheben. Die nachträgliche Anhörung beseitigt den Mangel nicht; der Verwaltungsakt ist vielmehr mit Wirkung ex nunc neu zu erlassen (vgl. BVerwGE 9, 69). Die Untersagungsverfügung wird wirksam mit der Zustellung des Verwaltungsakts. Tritt durch Einlegung von Rechtsmitteln aufschiebende Wirkung ein (§ 80 Abs. 1 VwGO), so wird im Interesse der Auszubildenden in der Regel nach § 80 Abs. 2 Nr. 4 VwGO die sofortige Vollziehung anzuordnen sein.

9   Die Entziehung ist wirksam bis zum Ablauf der Zeit, für die sie ausgesprochen wurde oder bis zur Wiedereinräumung der Befugnis (dazu vgl. unten 6.). Es handelt sich also um einen Verwaltungsakt mit Dauerwirkung (VGH BW vom 12. 12. 1979, GewA 1980, 386).

10 **5. Wirkung der Untersagung.** Derjenige, dem das Einstellen (und Ausbilden) von Lehrlingen untersagt wurde, muss seine Lehrlinge entlassen. Wer gleichwohl weiterhin Lehrlinge hält, macht sich einer Ordnungswidrigkeit nach § 118 Abs. 1 Nr. 5 schuldig. Etwaige Ausbildungsverträge sind gem. § 29 Abs. 2 zurückzuweisen oder in der Lehrlingsrolle zu löschen. Im Weigerungsfall kann schließlich die Entlassung der Lehrlinge im Verwaltungszwangsverfahren durchgesetzt werden.

11 Derjenige, dem lediglich die Ausbildung untersagt wurde, kann Lehrlinge halten; er muss aber für deren Anleitung einen geeigneten Ausbilder bestellen (§ 21 Abs. 4); er selbst darf sich in die Lehrlings-

Ausbildungsordnung § 25 HwO

ausbildung nicht mehr einmischen. Auch hier kann mit Verwaltungszwang eingeschritten werden.

Wegen der zivilrechtlichen Wirkungen vgl. Anm. V.2. zu § 10 BBiG. 12

6. Die **Rücknahme der Untersagung** ist nach den allgemeinen verwaltungsrechtlichen Grundsätzen möglich, auch wenn eine dahingehende ausdrückliche Bestimmung im Gesetz jetzt nicht mehr enthalten ist. In angemessenen, nicht allzu kurzen Abständen muss eine Überprüfung vorgenommen werden (OVG Saarland vom 10. 6. 1976, GewA 1976, 299: 5 Jahre). 13

Ein Rechtsanspruch auf Rücknahme der Untersagung wird anzuerkennen sein, wenn die zur Untersagung führenden Gründe auf Dauer weggefallen sind, d. h. wenn die persönliche oder/und fachliche Eignung wieder gegeben ist. Die Anhörung der Kammer und der Beteiligten ist für die Wiedereinräumung der entzogenen Befugnisse nicht vorgeschrieben; sie liegt jedoch im Interesse der Sache und daher wird die Verwaltungsbehörde im Regelfall die Anhörungen von sich aus durchführen. 14

Zweiter Abschnitt. Ausbildungsordnung, Änderung der Ausbildungszeit

§ 25 [Ausbildungsordnung]

(1) ¹Als Grundlage für eine geordnete und einheitliche Berufsausbildung kann das Bundesministerium für Wirtschaft und Technologie im Einvernehmen mit dem Bundesministerium für Bildung und Forschung durch Rechtsverordnung, die nicht der Zustimmung des Bundesrates bedarf, für Gewerbe der Anlage A und der Anlage B Ausbildungsberufe staatlich anerkennen und hierfür Ausbildungsordnungen nach § 26 erlassen. ²Dabei können in einem Gewerbe mehrere Ausbildungsberufe staatlich anerkannt werden, soweit dies wegen der Breite des Gewerbes erforderlich ist; die in diesen Berufen abgelegten Gesellenprüfungen sind Prüfungen im Sinne des § 49 Abs. 1 oder § 51a Abs. 5 Satz 1.

(2) Für einen anerkannten Ausbildungsberuf darf nur nach der Ausbildungsordnung ausgebildet werden.

(3) In anderen als anerkannten Ausbildungsberufen dürfen Jugendliche unter 18 Jahren nicht ausgebildet werden, soweit die Berufsausbildung nicht auf den Besuch weiterführender Bildungsgänge vorbereitet.

HwO § 26   2. Teil. Berufsbildung im Handwerk

(4) Wird die Ausbildungsordnung eines Ausbildungsberufes aufgehoben oder werden Gewerbe in der Anlage A oder in der Anlage B zu diesem Gesetz gestrichen, zusammengefasst oder getrennt, so gelten für bestehende Berufsausbildungsverhältnisse die bisherigen Vorschriften.

(5) Das Bundesministerium für Wirtschaft und Technologie informiert die Länder frühzeitig über Neuordnungskonzepte und bezieht sie in die Abstimmung ein.

§ 26 [Inhalt der Ausbildungsordnung]

(1) Die Ausbildungsordnung hat festzulegen
1. die Bezeichnung des Ausbildungsberufes, der anerkannt wird; sie kann von der Gewerbebezeichnung abweichen, muss jedoch inhaltlich von der Gewerbebezeichnung abgedeckt sein,
2. die Ausbildungsdauer; sie soll nicht mehr als drei und nicht weniger als zwei Jahre betragen,
3. die beruflichen Fertigkeiten, Kenntnisse und Fähigkeiten, die mindestens Gegenstand der Berufsausbildung sind (Ausbildungsberufsbild),
4. eine Anleitung zur sachlichen und zeitlichen Gliederung der Vermittlung der beruflichen Fertigkeiten, Kenntnisse und Fähigkeiten (Ausbildungsrahmenplan),
5. die Prüfungsanforderungen.

(2) ¹Die Ausbildungsordnung kann vorsehen,
1. dass die Berufsausbildung in sachlich und zeitlich besonders gegliederten, aufeinander aufbauenden Stufen erfolgt; nach den einzelnen Stufen soll ein Ausbildungsabschluss vorgesehen werden, der sowohl zu einer qualifizierten beruflichen Tätigkeit im Sinne des § 1 Abs. 3 des Berufsbildungsgesetzes befähigt, als auch die Fortsetzung der Berufsausbildung in weiteren Stufen ermöglicht (Stufenausbildung),
2. dass die Gesellenprüfung in zwei zeitlich auseinander fallenden Teilen durchgeführt wird,
3. dass abweichend von § 25 Abs. 4 die Berufsausbildung in diesem Ausbildungsberuf unter Anrechnung der bereits zurückgelegten Ausbildungszeit fortgesetzt werden kann, wenn die Vertragsparteien dies vereinbaren,
4. dass auf die durch die Ausbildungsordnung geregelte Berufsausbildung eine andere, einschlägige Berufsausbildung unter Berücksichtigung der hierbei erworbenen beruflichen Fertigkeiten, Kenntnisse und Fähigkeiten angerechnet werden kann,

Inhalt der Ausbildungsordnung § 26 HwO

5. dass über das in Absatz 1 Nr. 3 beschriebene Ausbildungsberufsbild hinaus zusätzliche berufliche Fertigkeiten, Kenntnisse und Fähigkeiten vermittelt werden können, die die berufliche Handlungsfähigkeit ergänzen oder erweitern,
6. dass Teile der Berufsausbildung in geeigneten Einrichtungen außerhalb der Ausbildungsstätte durchgeführt werden, wenn und soweit es die Berufsausbildung erfordert (überbetriebliche Berufsausbildung),
7. dass Lehrlinge (Auszubildende) einen schriftlichen Ausbildungsnachweis zu führen haben.

²Im Rahmen der Ordnungsverfahren soll stets geprüft werden, ob Regelungen nach Nummer 1, 2 und 4 sinnvoll und möglich sind.

Übersicht	Rdn.
I. Ausbildungsordnungen (§ 25)	1
1. Rechtsformen	1
2. Nur für Ausbildungsberufe	3
3. Mindestinhalt (§ 26)	5
a) Bezeichnung des Ausbildungsberufs	6
b) Ausbildungsdauer	7
c) Ausbildungs-Berufsbild	9
d) Ausbildungs-Rahmenplan	10
e) Prüfungsanforderungen	13
4. Zusätzliche Regelungen	14
II. Stufenausbildung	15
III. gestreckte Prüfung	16
IV. Änderung von Ausbildungsberufen	17

Literatur: *Fehling,* Ausbildungsordnungen, WuV 1998/2, 106

I. Ausbildungsordnungen (§ 25)

1. Ausbildungsordnungen in Form einer Rechtsverordnung sieht 1
das Gesetz als Grundlage für eine ordnungsgemäße und geregelte Berufsausbildung vor. Sie treten an die Stelle der früheren allgemeinen Lehrlingsordnung und der so genannten „Fachlichen Vorschriften", die von den Handwerkskammern nach den vom Bundesminister für Wirtschaft empfohlenen einheitlichen Musterentwürfen erlassen worden waren.

Zuständig für den Erlass dieser Ausbildungsordnungen ist das Bun- 2
deswirtschaftsministerium. Soweit und solange dieses für einzelne Berufe noch keine Ausbildungsordnung erlassen hat, gelten nach § 122 die bisherigen Vorschriften fort; nicht möglich ist es, dass die Hand-

HwO § 26 2. Teil. Berufsbildung im Handwerk

werkskammer auf Grund § 41 in diesem Fall eine eigene Ausbildungsordnung erlässt.

3   **2. Nur staatlich anerkannte Ausbildungsberufe** können Grundlage einer Ausbildungsordnung sein. Ursprünglich waren als solche die einzelnen Handwerke der Positivliste definiert. Schon die Novelle 98 hatte die Zielsetzung, breitere Handwerke zu schaffen, in denen sich Tätigkeiten und damit Qualifikationsbereiche ergeben, die über den Rahmen eines Ausbildungsberufs mit einer Regeldauer von bis zu drei Jahren hinausgehen. Der damals neu formulierte Abs. 1 schaffte die Ermächtigung, für ein Gewerbe der Anlage A mehrere Ausbildungsberufe anzuerkennen und dafür Ausbildungsordnungen zu regeln, allerdings nicht beliebig, sondern nur, soweit dies wegen der Breite des Gewerbes erforderlich ist. Das Gleiche gilt jetzt auch für Handwerke der Anlage B. Darüber hinaus besteht die Möglichkeit, Fachrichtungen zu schaffen und bei der Ausbildung Schwerpunkte zu bilden; eine gesetzliche Ermächtigung ist dafür nicht erforderlich. Auch wenn für ein Gewerbe mehrere Ausbildungsberufe geschaffen wurden, muss in ausreichender Bereich einer einheitlichen Ausbildung gewährleistet sein. Die Regelung sorgt dafür, dass weder der ausbildende Meister noch der Lehrling überfordert werden. Außerdem werden dadurch die Möglichkeiten verbessert, für die Praxis der Handwerksunternehmen und im Hinblick auf eine verstärkte Mobilität bei der Ausbildung sachgerechte Differenzierungen vorzunehmen. Auch eine solcherart spezialisierte Prüfung ist Abschlussprüfung im Sinne des § 49 Abs. 1.

4   Für die nichthandwerklichen Berufe, in denen in Handwerksbetrieben ausgebildet werden kann (z. B. Verkäuferin in den Lebensmittelhandwerken, Bürokaufleute und dergleichen) und für entsprechende handwerksähnliche Berufe bedarf es ebenfalls einer ausdrücklichen staatlichen Anerkennung als Ausbildungsberuf, damit eine Ausbildungsordnung nach dem inhaltlich gleichen § 5 BBiG ergehen kann. Die Handwerksordnung ist insoweit nicht einschlägig. Möglich ist es jedoch, eine gemeinsame Ausbildungsordnung für inhaltlich übereinstimmende Ausbildungsberufe aus Handwerk und Industrie zu erlassen.

5   **3.** Als **Mindestinhalt (§ 26)** sind für eine Ausbildungsordnung die Regelung folgender Gebiete vorgeschrieben:

6   **a) Bezeichnung des Ausbildungsberufs.** Da nach Abs. 1 u. U. auch mehrere Ausbildungsberufe für ein Gewerbe der Positivlisten anerkannt werden können, genügt nicht einfach die Verweisung auf die Anlage A oder B. Abs. 2 wurde dementsprechend erweitert, dass

Inhalt der Ausbildungsordnung § 26 HwO

die Berufsbezeichnung jeweils in der Ausbildungsordnung festgelegt wird. Sie kann von der Gewerbebezeichnung abweichen, muss aber inhaltlich von dieser abgedeckt sein.

b) Ausbildungsdauer. Die Dauer der Lehrzeit ist durch die – im Anhang abgedruckte – Verordnung über die Festsetzung der Lehrzeitdauer im Handwerk festgelegt. Solange noch keine neue Regelung auf Grund des § 25 getroffen ist, gelten diese Vorschriften zunächst weiter. Im Übrigen ist als Rahmen die Zeit von zwei bis drei Jahren vorgesehen. 7

Es handelt sich dabei aber nur um eine Sollvorschrift, von der in begründeten Fällen nach oben und theoretisch auch nach unten abgewichen werden kann. Ausgangspunkt sollte auch weiterhin die **bewährte dreijährige Lehrzeitdauer** sein. Als Maßstab muss immer die Zeit dienen, die ein durchschnittlich begabter Jugendlicher benötigt, um alle Kenntnisse und Fertigkeiten des betreffenden Berufes ordnungsgemäß zu erlernen. 8

c) Ausbildungsberufsbild. Dieses muss Im Einzelnen die Kenntnisse und Fertigkeiten aufführen, die Gegenstand der Ausbildung sind. Es wird insoweit das Berufsbild des § 45 ergänzt. Dazu Mörtel, Die Berufsbilder nach § 25 und § 45 HwO, WuV 1980/2 S. 88. 9

d) Ausbildungsrahmenplan. Dieser soll die im Berufsbild festgelegten Fertigkeiten und Kenntnisse in einen zeitlichen und sachlichen Zusammenhang bringen, d. h. die Berufsausbildung durch eine entsprechende Verteilung des gesamten Ausbildungsstoffes auf die Ausbildungszeit gliedern. 10

Für die praktische Anwendung bedarf es dabei noch der Ergänzung durch einen **betrieblichen Ausbildungsplan,** der zum Inhalt des Berufsausbildungsvertrages gehört (§ 4 Abs. 1 Nr. 1 BBiG). Dieser betriebliche Ausbildungsplan muss die Anforderungen des Ausbildungsrahmenplanes mit den besonderen Gegebenheiten des Ausbildungsbetriebes in Einklang bringen und konkret festlegen. 11

Nach Abs. 3 kann die Berufsausbildung in engen Grenzen durch Fernunterricht erfolgen. 12

e) Prüfungsanforderungen. Hierunter sind nicht die formalen Bestimmungen des Prüfungsverfahrens usw. zu verstehen, die gem. § 38 in der Gesellenprüfungsordnung geregelt werden müssen. Hier ist vielmehr die Festlegung des materiellen Inhalts, des Umfangs und des Schwierigkeitsgrads des Prüfungsstoffes gemeint. Bei der Aufgabenstellung dürfen die jeweiligen Prüfer nicht über die in der Ausbildungsordnung festgelegten Prüfungsanforderungen hinausgehen; dadurch soll eine möglichst weitestgehende Chancengleichheit aller Prüflinge eines bestimmten Berufs erreicht werden (vgl. VG Aachen vom 21. 7. 1976, GewA 1977, 96). 13

HwO § 27 2. Teil. Berufsbildung im Handwerk

14 **4. Zusätzliche Regelungen sind möglich,** da es sich bei den vorgenannten Punkten nur um den vorgeschriebenen Mindestinhalt handelt. Einige Möglichkeiten für zusätzliche Regelungen sieht das Gesetz in §§ 26, 27a selbst vor (vgl. dazu Kormann, GewA 1991, 89), z. B. betreffend die überbetriebliche Berufsausbildung. Die Ausbildungsordnung kann berufliche Zusatzqualifikationen regeln, die nach § 39a gesondert geprüft werden. Anstelle des klassischen Berichtshefts kann auch eine andere Form des Ausbildungsnachweises vorgeschrieben werden (§ 26 II Nr. 7).

15 **II.** Die ursprünglich wenig genutzte **Stufenausbildung** wird jetzt zur Regel und durch Nennung an erster Stelle besonders hervorgehoben. Eine Stufenausbildungsordnung gibt es bisher nicht. Hier bietet eine Prüfung noch keinen Berufsabschluss. Dies ist der Fall bei gestuften Ausbildungsgängen (Anrechnungsmodell), wie z. B. in der Bauwirtschaft oder für Maler und Lackierer.

16 **III.** Regelfall für die Prüfung soll jetzt die **gestreckte Prüfung** sein, also mit auseinander fallenden Prüfungsteilen. Teil 1 kann nicht isoliert wiederholt werden (§ 31 I). Für jeden Teil findet ein isoliertes Zulassungsverfahren statt (§ 36a).

17 **IV. Werden Ausbildungsberufe geändert,** so können laufende Lehrverhältnisse gem. Abs. 3 trotzdem auf der Grundlage der zuvor geltenden Bestimmungen zu Ende geführt werden. Ein Lehrverhältnis beginnt allerdings erst mit der tatsächlichen Aufnahme, nicht schon mit Vertragsabschluss. Das Gesetz betrachtet eine solche Änderung ausdrücklich als Berufswechsel, der dem Lehrling das besondere Kündigungsrecht des § 22 Abs. 2 Nr. 2 BBiG gibt. Unabhängig davon kann das Lehrverhältnis jederzeit auch durch Vertragsänderung der geänderten Situation angepasst werden. Ein Anspruch auf Beibehaltung einmal eingeführter Ausbildungsberufe besteht nicht (VG Stuttgart vom 31. 1. 2000, GewA 2000, 343).

§ 27 [Ausschließlichkeitsgrundsatz]

Zur Entwicklung und Erprobung neuer Ausbildungsberufe sowie Ausbildungs- und Prüfungsformen kann das Bundesministerium für Wirtschaft und Technologie im Einvernehmen mit dem Bundesministerium für Bildung und Forschung nach Anhörung des Hauptausschusses des Bundesinstituts für Berufsbildung

Kürzung und Verlängerung der Ausbildungszeit § 27a HwO

durch Rechtsverordnung, die nicht der Zustimmung bedarf, Ausnahmen von § 25 Abs. 2 und 3 sowie den §§ 26, 31 und 39 zulassen, die auch auf eine bestimmte Art und Zahl von Ausbildungsstätten beschränkt werden können.

1. Die Wahrung einer einheitlichen Berufsausbildung für 1 ein und denselben Beruf ist Sinn dieser Bestimmung. Vertragliche Sonderabmachungen sind demnach nur in dem von Gesetz und Ausbildungsordnung selbst zugestandenen Rahmen erlaubt. So gelten z. B. für Behinderte die besonderen Vorschriften der §§ 42b, c. Zu beachten ist, dass der Ausbildungsberuf nicht mehr unbedingt einem Handwerk der Positivliste entsprechen muss.

Die Vorschrift ist nicht verfassungswidrig. Es stellt keinen Verstoß 2 gegen Artikel 12 GG dar, wenn der Gesetzgeber bestimmte Berufsgruppen dergestalt regelt, dass die einzelnen Berufstypen in Berufsbildern festgelegt werden, die die Wahl untypischer Berufe in diesem Berufsbereich ausschließen (so BVerfGE 17, 241).

In anderen als anerkannten Ausbildungsberufen dürfen allerdings 3 Jugendliche unter achtzehn Jahren nicht ausgebildet werden, so weit die Berufsausbildung nicht auf den Besuch weiterführender Bildungsgänge vorbereitet.

2. Neue Ausbildungsformen, die möglicherweise von wesent- 4 licher Bedeutung sein können, sollen vor einer eventuellen allgemeinen Einführung in der Praxis erprobt werden können (vgl. etwa die VO vom 24. 7. 1975, BGBl. I S. 1985 für Maurer). Hierfür gibt Abs. 2 die Rechtsgrundlage.

Die Anhörung des Bundesausschusses der Berufsbildung ist eine 5 Ordnungsvorschrift, deren Verletzung die Gültigkeit einer entsprechenden Rechtsverordnung nicht berührt.

§ 27a [Kürzung und Verlängerung der Ausbildungszeit]

(1) **Die Landesregierungen können nach Anhörung des Landesausschusses für Berufsbildung durch Rechtsverordnung bestimmen, dass der Besuch eines Bildungsganges berufsbildender Schulen oder die Berufsausbildung in einer sonstigen Einrichtung ganz oder teilweise auf die Ausbildungszeit angerechnet wird.** [2]**Die Ermächtigung kann durch Rechtsverordnung auf oberste Landesbehörden weiter übertragen werden.** [3]**Die Rechtsverordnung kann vorsehen, dass die Anrechnung eines gemeinsamen Antrags der Lehrlinge (Auszubildenden) und Ausbildenden bedarf.**

HwO § 27a   2. Teil. Berufsbildung im Handwerk

(2) ¹Die Anrechnung nach Absatz 1 bedarf des gemeinsamen Antrags der Lehrlinge (Auszubildenden) und Ausbildenden. ²Der Antrag ist an die Handwerkskammer zu richten. ³Er kann sich auf Teile des höchstzulässigen Anrechnungszeitraums beschränken.

Anm.: Gemäß Art. 8 Abs. 4 G. vom 23. 3. 2005 (BGBl. I S. 931) tritt Abs. 2 am 1. 8. 2009 in Kraft. Gleichzeitig tritt Abs. 1 Satz 3 außer Kraft.

Übersicht   Rdn.

I. Anrechnung Schulbesuch 1
   1. Berufsbildende Schulen 2
   2. durch Rechtsverordnung 3
   3. Anrechnung zwingend 4
II. Zuständigkeit........................... 5
III. Verfahren und Rechtsmittel................. 9

I. Anrechnung Schulbesuch

1 Der Besuch bestimmter berufsbildender Schulen **kann auf die Ausbildungszeit angerechnet werden.**

2 1. „**Berufsbildende Schulen**" im Sinne des Gesetzes können nicht die normalen Berufsschulen oder die so genannten Berufsaufbauschulen mit ihrem nur ausbildungsbegleitenden Unterricht sein. In Frage kommen vielmehr in erster Linie so genannte Berufsfachschulen. „Sonstige Einrichtung" kann, unabhängig vom jeweiligen Träger, jede außerbetriebliche Ausbildungsstätte sein, die systematisch und planvoll eine Berufsausbildung betreibt.

3 2. **Die Anrechnung erfolgt durch Rechtsverordnung,** deren Erlass in das Ermessen der jeweiligen Landesregierung gestellt ist. Auf der Grundlage des früheren § 26a erging insbesondere seitens des damals zuständigen Bundeswirtschaftsministeriums die **Berufsgrundbildungsjahr**-AnrechnungsVO vom 17. 7. 1978, BGBl. I S. 1061.

4 3. **Die Anrechnung ist zwingend,** soweit eine entsprechende Rechtsverordnung vorliegt. Zuständig dafür sind die Handwerkskammern. Ein eigenes Entscheidungsrecht dergestalt, dass sie auch über die Rechtsverordnung hinaus den Besuch bestimmter Ausbildungsstätten beim Vorliegen der materiellen Voraussetzungen anerkennen oder eine vorgeschriebene Anrechnung ablehnen könnten, haben sie nicht. Einen Ausweg bietet jedoch die Möglichkeit des

Ausbildungszeit auf Antrag § 27b HwO

§ 27 b, in geeigneten Fällen die Ausbildungszeit nach dem Besuch einer Berufsfachschule oder dergleichen individuell zu kürzen.

II. Zuständigkeit

Für den entsprechenden Verordnungserlass war früher das Bundeswirtschaftsministerium zuständig. Bestehende Anrechnungsvorschriften des Bundes werden weiter angewandt. Sie treten zum 1. 8. 2009 außer Kraft. Damit tritt auch Abs. 1 Satz 3 außer Kraft. 5

Nunmehr sind die einzelnen Landesregierungen verordnungsermächtigt. Sie können ihre Zuständigkeit durch rechtsverordnung auf oberste Landesbehörden weiter übertragen. 6

Die vorherige Anhörung des Landesausschusses für Berufsausbildung ist zwingend. 7

Die Länder können vorsehen, dass die Anrechnung von Lehrling und Ausbildendem gemeinsam beantragt werden muss. Ab 1. 8. 2009 ist dies zwingend. Abs. 2 tritt am 1. 8. 2009 in Kraft; gleichzeitg tritt Abs. 1 Satz 3 außer Kraft. 8

III. Verfahren und Rechtsmittel

Sofern die maßgebliche Verordnung dies vorsieht, spätestens aber ab 1. 8. 2009 muss ein gemeinsamer Antrag beider Vertragsparteien gestellt werden. 9

Zuständig ist die Handwerkskammer. Sie entscheidet zwingend gem. den Vorgaben der maßgeblichen Verordnung. 10

Die Antragsteller besitzen ein Anfechtungsrecht. Sie sind insoweit notwendige Streitgenossen (§ 65 VwGO). 11

§ 27b [Kürzung und Verlängerung der Ausbildungszeit auf Antrag]

(1) ¹**Auf gemeinsamen Antrag des Lehrlings (Auszubildenden) und des Ausbildenden hat die Handwerkskammer die Ausbildungszeit zu kürzen, wenn zu erwarten ist, dass das Ausbildungsziel in der gekürzten Zeit erreicht wird.** ²**Bei berechtigtem Interesse kann sich der Antrag auch auf die Verkürzung der täglichen oder wöchentlichen Ausbildungszeit richten (Teilzeitberufsausbildung).**

(2) ¹**In Ausnahmefällen kann die Handwerkskammer auf Antrag des Lehrlings (Auszubildenden) die Ausbildungszeit verlän-**

HwO § 27b   2. Teil. Berufsbildung im Handwerk

gern, wenn die Verlängerung erforderlich ist, um das Ausbildungsziel zu erreichen. ²Vor der Entscheidung nach Satz 1 ist der Ausbildende zu hören.

(3) Für die Entscheidung über die Verkürzung oder Verlängerung der Ausbildungszeit kann der Hauptausschuss des Bundesinstituts für Berufsbildung Richtlinien erlassen.

Übersicht   Rdn.

I. Abkürzung und Verlängerung der Lehrzeit 1
   1. Abkürzung 2
      a) von vornherein 3
      b) während der Lehrzeit 4
      c) keine Ermessensfrage 5
      d) Konkurrenz zu § 37 Abs. 1 6
   2. Verlängerung 7
      a) von vornherein 8
      b) nachträglich 9
      c) nicht mehr nach Gesellenprüfung 12
   3. Rechtswirkungen 13
II. Verfahren und Rechtsmittel 14
III. Vereinbarungen der Parteien 18

I. Abkürzung und Verlängerung der Lehrzeit

1   Die Handwerkskammer soll die Möglichkeit haben, in besonderen Fällen die Lehrzeit den individuellen Verhältnissen anzupassen und sie zu verlängern oder zu verkürzen. Von der in der jeweiligen Ausbildungsordnung gem. § 25 Abs. 2 Nr. 1 festgelegten Ausbildungsdauer kann dabei nach beiden Richtungen abgewichen werden.

2   **1.** Eine **Kürzung der Ausbildungsdauer** kann sowohl von vornherein, gleich beim Abschluss des Lehrvertrages, beantragt werden, als auch erst während der Dauer des Ausbildungsverhältnisses, falls sich erst dann die maßgebenden Gründe zeigen. Der Antrag auf Verkürzung kann sowohl vom Ausbildenden, als auch vom Lehrling (d. h. bei Minderjährigkeit von seinem gesetzlichen Vertreter) gestellt werden.

3   **a)** Eine **Verkürzung von vornherein** (im Lehrvertrag) wird vor allem dann in Frage kommen, wenn ein Lehrling erst im fortgeschrittenen Alter die Lehre beginnt, sei es, dass er früher einen Lehrplatz nicht erhalten konnte, sei es, dass er aus wohl überlegten Gründen einen Berufswechsel vornimmt, weil er etwa noch einen zweiten Beruf in der gleichen Branche erlernen will, und Ähnliches mehr. Eine

Verkürzung kann auch bei Abiturienten in Frage kommen, die sich durch gute Noten in den einschlägigen Fächern auszeichnen. Weiter ist denkbar, dass der Lehrling in einer Berufsfachschule oder dergleichen bereits einen Teil der für die Ausbildung notwendigen Kenntnisse und Fertigkeiten erlernt hat, ohne dass die Anrechnungsvoraussetzungen des Abs. 1 gegeben wären.

b) Eine **Verkürzung während des Lehrverhältnisses** kommt 4 vor allem dann in Frage, wenn der Lehrling sich während der Lehrzeit durch besonderen Fleiß und besondere Tüchtigkeit auszeichnete, die erkennen lassen, dass er das Lehrziel bereits vor Ablauf der normalen Lehrzeit erreichen wird. Voraussetzung ist also der Nachweis überdurchschnittlicher Leistungen; die Berufsschul- und die Betriebsbenotung muss mindestens die Note „gut" erreichen (vgl. HessVGH vom 16.6. 1971, GewA 1971, 230; BayVGH vom 31.5. 1996, GewA 1996, 422). Zu berücksichtigen ist, dass das Lehrpensum nach dem Ausbildungsplan auf die gesamte Ausbildungsdauer verteilt ist. Zur Vermeidung von Lücken auch bei überdurchschnittlich begabten Lehrlingen ist es daher erforderlich, dass im Falle einer eventuellen Verkürzung der Ausbildungszeit auch der betriebliche **Ausbildungsplan entsprechend angepasst** wird.

c) Die Frage, ob „zu erwarten ist", dass das Ausbildungsziel in ge- 5 kürzter Zeit zu erreichen ist, muss nach der Formulierung „Die Handwerkskammer hat" im Vergleich zum „kann" in Abs. 3 als **Rechtsfrage** angesehen werden. Ob die Voraussetzung gegeben ist, ist daher von den Verwaltungsgerichten nachprüfbar; wird sie bejaht, so hat der Lehrling einen Rechtsanspruch auf Abkürzung.

d) Nach dem reinen Gesetzeswortlaut enthält weder § 27a noch 6 § 37 Abs. 1 eine zeitliche Einschränkung, so dass theoretisch während des gesamten Lehrverhältnisses sowohl die Handwerkskammer als auch der Prüfungsausschuss die Ausbildungszeit abkürzen können. Einem gegenseitigen Ausspielen der beiden Institutionen durch den Lehrling wäre damit Tür und Tor geöffnet. Nach Sinn und Zweck der fraglichen Gesetzesbestimmungen wird man daher annehmen müssen, dass die Zuständigkeit des Prüfungsausschusses erst in der letzten Phase der Ausbildung einsetzt, wenn der Prüfungsstoff im Wesentlichen vermittelt und das vorzeitige Bestehen der Prüfung wahrscheinlich ist. Schmidt (DHBl. 1973/16 S. 28) setzt diesen Zeitraum mit maximal 1/2 Jahr an (a. A. Dohrn, DHBl. 1973/14 S. 14).

2. Auch eine **Verlängerung der Ausbildungszeit** gem. Abs. 2 7 kann sowohl von vornherein als auch erst während der Lehrzeit begehrt werden. Antragsberechtigt ist dafür aber allein der Lehrling, bei Minderjährigkeit der gesetzliche Vertreter.

HwO § 27b   2. Teil. Berufsbildung im Handwerk

8   **a)** Eine **von vornherein längere Lehrzeit** kann dann in Frage kommen, wenn die Ausbildungsfähigkeit des Lehrlings durch körperliche oder auch geistige Gebrechen beeinträchtigt ist.

9   **b) Nachträgliche Verlängerungen** der Ausbildungszeit können durch längere Krankheitszeiten oder andere zeitliche Ausfälle begründet werden. Ein Verlängerungsantrag kann aber auch schon dann gestellt werden, wenn der Lehrling lediglich den persönlichen Eindruck hat, dass seine Fähigkeiten nicht ausreichen, das Lehrziel in der vorgesehenen Zeit zu erreichen.

10   Auch hier bedarf es bejahendenfalls einer Anpassung des betrieblichen Ausbildungsplanes. Im Gegensatz zur Abkürzung nach Abs. 2 handelt es sich hier um eine **Ermessensentscheidung.**

11   Im Fall der Schwangerschaft eines weiblichen Lehrlings verlängert sich die Ausbildungszeit automatisch um die Dauer des darin liegenden Erziehungsurlaubs (s. Zmarzlik/Zipperer, Mutterschutzgesetz, Rdnr. 18 zu § 3)

12   **c)** Nach erfolgloser Gesellenprüfung kommt eine Verlängerung nach Abs. 3 nicht mehr in Frage, selbst wenn die vereinbarte Lehrzeit noch nicht abgelaufen sein sollte. Insoweit kann lediglich die auf die Dauer eines Jahres beschränkte Verlängerung gem. § 21 Abs. 3 BBiG verlangt werden (vgl. dort).

13   **3. Die Rechtswirkungen in Bezug auf die Ausbildungsdauer** treten durch die Entscheidung unmittelbar ein; es bedarf also nicht erst noch einer zivilrechtlichen Abänderung des Ausbildungsvertrages durch die Beteiligten. Diese sind lediglich zu hören (Abs. 4); eine von der Gegenseite beantragte Verkürzung oder Verlängerung kann die Handwerkskammer aber auch gegen den Willen der anderen Partei aussprechen.

II. Verfahren und Rechtsmittel

14   Für einen Antrag auf Ausildungszeitverlängerung ist nur der Lehrling antragsberechtigt. Die Verkürzung der Lehrzeit muss durch beide Vertragsteile beantragt werden.

15   Der Hauptausschuss kann Richtlinien für die Entscheidung über solche Anträge erlassen. Solange diese nicht vorliegen, entscheiden die Kammern nach pflichtgemäßem Ermessen.

16   Bei berechtigtem Interesse (z. B. Kinderbetreuung) kann auch die tägliche oder wöchentliche Ausbildungszeit gekürzt werden. Wichtig ist in diesen Fällen die Abstimmung mit der Berufsschule.

17   **Anfechtungsberechtigt** sind im Falle der ganzen oder teilweisen Ablehnung der jeweilige Antragsteller, im Falle der Stattgabe der an-

Gesamtausbildungszeit § 27c **HwO**

dere Beteiligte. Wurde ein Antrag von beiden Vertragsteilen gemeinsam gestellt und erheben sie beide die Anfechtungsklage, so sind sie notwendige Streitgenossen, da die Entscheidung beiden gegenüber nur einheitlich ergehen kann. Ist der Antrag nur von einem Vertragsteil gestellt, so ist der andere beizuladen. Es handelt sich dabei um eine so genannte notwendige Beiladung (§ 65 Abs. 2 VwGO).

III. Vereinbarungen der Parteien

Parteivereinbarungen über eine von der Ausbildungsordnung abweichende Lehrzeitdauer sind nach § 134 BGB unwirksam, sofern nicht die Zustimmung der Handwerkskammer vorliegt. Damit wird aber, ähnlich wie bei den Verstößen gegen Preisvorschriften, nicht der ganze Ausbildungsvertrag nichtig, sondern er gilt als für die vorgeschriebene Lehrzeitdauer abgeschlossen. Beendigen die Parteien das Vertragsverhältnis ohne Zustimmung nach Abs. 2 gleichwohl früher, so liegt eine ordnungsgemäße Lehrzeit im Sinn des § 36 Abs. 1 Nr. 1 nicht vor, so dass der Lehrling nicht zur Gesellenprüfung zugelassen werden kann. 18

§ 27c [Gesamtausbildungszeit]

[1]Werden in einem Betrieb zwei verwandte Handwerke ausgeübt, so kann in beiden Handwerken in einer verkürzten Gesamtausbildungszeit gleichzeitig ausgebildet werden. [2]Das Bundesministerium für Wirtschaft und Technologie bestimmt im Einvernehmen mit dem Bundesministerium für Bildung und Forschung durch Rechtsverordnung, für welche verwandte Handwerke eine Gesamtausbildungszeit vereinbart werden kann und die Dauer der Gesamtausbildungszeit.

1. Ausbildung in mehreren Handwerken. Nicht selten werden in einem Betrieb gleichzeitig mehrere Handwerke ausgeübt und der Lehrling möchte sich in diesen verschiedenen Berufen ausbilden lassen, etwa weil er den Betrieb übernehmen und unverändert fortführen will. Mangels einer besonderen gesetzlichen Regelung ist für jedes Handwerk die volle Lehrzeit abzuleisten, sofern nicht mit den Ausnahmen des § 27a geholfen werden kann. 1

2. a) Für verwandte Handwerke (hierzu vgl. bei § 7) schuf § 27b die Möglichkeit, dass ein Lehrling in einem Betrieb, in dem zwei verwandte Handwerke ausgeübt werden, in diesen in einer ver- 2 kürzten Lehrzeit **(Gemischtlehre)** gleichzeitig ausgebildet werden kann. In welchen verwandten Handwerken eine derartige Gemischtlehre möglich ist und die Dauer der Gesamtausbildungszeit regelt eine Rechtsverordnung des Bundeswirtschaftsministeriums. Eine solche ist bisher nicht ergangen.

3 **b)** Bei einer Gemischtlehre muss die Ausbildungsbefugnis für beide Handwerke gegeben sein und in jedem der verwandten Handwerke ist eine selbstständige Gesellenprüfung abzulegen. § 27b dient nicht der Vereinfachung der Ausbildung in verwandten Handwerken, sondern lediglich der Kürzung der Ausbildungszeit.

4 **c)** Die praktische Bedeutung der Vorschrift ist wegen ihrer Beschränkung auf verwandte Handwerke relativ gering: Im Hinblick auf die 1965 erfolgte Neufassung des § 49 Abs. 1 S. 1 ist die Ablegung mehrerer Gesellenprüfungen unter dem Gesichtspunkt der späteren Ablegung der Meisterprüfung nicht erforderlich. Abgesehen davon gibt eine Meisterprüfung ohnehin nach § 7 Abs. 1a auch die Berechtigung zur Ausübung der verwandten zulassungspflichtigen Handwerke.

Dritter Abschnitt. Verzeichnis der Berufsausbildungsverhältnisse

§ 28 [Lehrlingsrolle, Datenschutz]

(1) ¹**Die Handwerkskammer hat zur Regelung, Überwachung, Förderung und zum Nachweis der Berufsausbildung in anerkannten Ausbildungsberufen ein Verzeichnis der in ihrem Bezirk bestehenden Berufsausbildungsverhältnisse nach Maßgabe der Anlage D Abschnitt III zu diesem Gesetz einzurichten und zu führen (Lehrlingsrolle).** ²**Die Eintragung ist für den Lehrling (Auszubildenden) gebührenfrei.**

(2) ¹**Die nach Absatz 1 gespeicherten Daten dürfen an öffentliche und nicht-öffentliche Stellen übermittelt werden, soweit dies zu den in Absatz 1 genannten Zwecken erforderlich ist.** ²**Werden Daten an nicht-öffentliche Stellen übermittelt, so ist der Betroffene hiervon zu benachrichtigen, es sei denn, daß er von der Übermittlung auf andere Weise Kenntnis erlangt.**

(3) ¹**Der Empfänger darf die übermittelten Daten nur für den Zweck verarbeiten oder nutzen, zu dessen Erfüllung sie ihm übermittelt werden.** ²**Bei Übermittlungen an nicht-öffentliche Stellen hat die übermittelnde Stelle den Empfänger hiervon zu unterrichten.**

(4) **Für das Verändern und Sperren der Daten in der Lehrlingsrolle gelten die Datenschutzgesetze der Länder.**

Lehrlingsrolle, Datenschutz § 28 **HwO**

(5) Die Eintragungen sind am Ende des Kalenderjahres, in dem das Berufsausbildungsverhältnis beendet wird, in der Lehrlingsrolle zu löschen.

(6) ¹Die nach Absatz 5 gelöschten Daten sind in einer gesonderten Datei zu speichern, solange und soweit dies für den Nachweis der Berufsausbildung erforderlich ist, höchstens jedoch 60 Jahre. ²Die Übermittlung von Daten ist nur unter den Voraussetzungen des Absatzes 2 zulässig.

(7) ¹Zur Verbesserung der Ausbildungsvermittlung, zur Verbesserung der Zuverlässigkeit und Aktualität der Ausbildungsvermittlungsstatistik sowie zur Verbesserung der Feststellung von Angebot und Nachfrage auf dem Ausbildungsmarkt darf die Handwerkskammer folgende Daten aus der Lehrlingsrolle an die Bundesagentur für Arbeit übermitteln:
1. Name, Geburtsname, Vorname, Geburtsdatum und Anschrift des Lehrlings (Auszubildenden),
2. Name und Anschrift der Ausbildungsstätte,
3. Ausbildungsberuf sowie
4. Datum des Beginns der Berufsausbildung.

²Bei der Datenübermittlung sind dem jeweiligen Stand der Technik entsprechende Maßnahmen zur Sicherstellung von Datenschutz und Datensicherheit zu treffen, die insbesondere die Vertraulichkeit, Unversehrtheit und Zurechenbarkeit der Daten gewährleisten.

(8) Im Übrigen darf die Handwerkskammer Daten aus dem Berufsausbildungsvertrag, die nicht nach Absatz 1 oder Absatz 6 gespeichert sind, nur für die in Absatz 1 genannten Zwecke sowie in den Fällen des § 88 Abs. 2 des Berufsbildungsgesetzes übermitteln.

1. Die Führung der Lehrlingsrolle ist ausschließlich Sache der 1
Handwerkskammer. Eine „Lehrlingsrolle" einer Innung ist ohne rechtliche Bedeutung und dementsprechend auch nicht gebührenfähig (vgl. auch VG Ansbach vom 31. 10. 1985, GewA 1986, 27).

§ 28 betrifft nur Lehrverhältnisse in den Handwerken der Positiv- 2
listen, die nach § 25 als Ausbildungsberuf gelten. Für die Registrierung nicht handwerklicher Ausbildungsverhältnisse in Handwerksbetrieben (z. B. Verkäuferinnen in den Lebensmittelhandwerken, Bürokaufleute usw.) gelten die Vorschriften der §§ 34 bis 36 BBiG.

2. Einzutragen ist der wesentliche Inhalt des Lehrvertrages. 3
Dies bedeutet nicht einfach eine schematische Übernahme des Vertragsinhalts gem. § 11 BBiG. Nach der Absicht des Gesetzgebers dient die Lehrlingsrolle vielmehr in erster Linie der Überwachung der Be-

HwO § 29 2. Teil. Berufsbildung im Handwerk

rufsausbildung. Wesentlich sind daher vor allem diejenigen Angaben, die für die Durchführung dieser Überwachung notwendig sind, also die personellen Voraussetzungen beim Ausbildungsbetrieb, Lehrzeitdauer usw. Inhalt und Ausgestaltung der Lehrlingsrolle regelt die HwO in Anl. D Abschn. III.

4   3. Die Eintragung ist nach der ausdrücklichen Regelung des Abs. 1 Satz 2 für den Lehrling gebührenfrei. Dies berührt jedoch nicht die Gebührenpflicht des Ausbildenden, der nach § 30 die Eintragung zu veranlassen hat. Die Rechtsgrundlage für eine derartige Gebührenforderung bildet § 113 Abs. 3. Zur Zulässigkeit unterschiedlicher Gebühren für Innungsmitglieder und andere vgl. dort und OVG Lüneburg vom 30. 4. 1969, GewA 1969, 202.

5   **4. Datenspeicherung und -übermittlung.** Die Erfassung, Speicherung und Weitergabe personenbezogener Daten ist nur in engen, gesetzlich festzulegenden Grenzen erlaubt. Die Einzelheiten sind in den Absätzen 2 bis 7 detailliert geregelt. (Dazu ausführlich *Seidl*, WuV 1994, 55) Die durch die Novelle 94 neu eingefügten Regelungen entsprachen im Prinzip der bis dahin üblichen Praxis.

6   Die Lehrlingsrollendaten sind gem. Abs. 5 nach dem Ausbildungsende zu löschen, gem. Abs. 6 sind sie aber in einer gesonderten Datei noch so lange verfügbar zu halten, wie sie für den Ausbildungsnachweis erforderlich sind. Diese Frist wurde durch die Novelle 98 den Erfordernissen der Praxis entsprechend auf 60 Jahre festgesetzt. Der spätere Nachweis wird vor allem für die Rentenberechnung benötigt. Entfällt der Aufbewahrungsgrund, z. B. weil der einst Ausgebildete verstorben ist, dann sind die Daten schon vor Ablauf der Höchstdauer zu löschen (vgl. BT-Drucks. 12/5918).

§ 29 [Eintragen, Ändern, Löschen]

(1) **Ein Berufsausbildungsvertrag und Änderungen seines wesentlichen Inhalts sind in die Lehrlingsrolle einzutragen, wenn**
1. **der Berufsausbildungsvertrag den gesetzlichen Vorschriften und der Ausbildungsordnung entspricht,**
2. **die persönliche und fachliche Eignung sowie die Eignung der Ausbildungsstätte für das Einstellen und Ausbilden vorliegen und**
3. **für Auszubildende unter 18 Jahren die ärztliche Bescheinigung über die Erstuntersuchung nach § 32 Abs. 1 des Jugendarbeitsschutzgesetzes zur Einsicht vorgelegt wird.**

(2) ¹Die Eintragung ist abzulehnen oder zu löschen, wenn die Eintragungsvoraussetzungen nicht vorliegen und der Mangel nicht nach § 23 Abs. 2 behoben wird. ²Die Eintragung ist ferner zu löschen, wenn die ärztliche Bescheinigung über die erste Nachuntersuchung nach § 33 Abs. 1 des Jugendarbeitsschutzgesetzes nicht spätestens am Tage der Anmeldung des Auszubildenden zur Zwischenprüfung oder zum ersten Teil der Gesellenprüfung zur Einsicht vorgelegt und der Mangel nicht nach § 23 Abs. 2 behoben wird.

Übersicht

	Rdn.
I. Rechtsanspruch auf Eintragung	1
1. Eintragungsvoraussetzungen	1
2. Voraussetzungsmängel	2
II. Keine Wirksamkeitsvoraussetzung für Lehrvertrag	5
III. Rechtsmittel	6

I. Rechtsanspruch auf Eintragung

1. Auf die Eintragung in die Lehrlingsrolle besteht ein Rechtsanspruch, wenn die gesetzlichen Voraussetzungen erfüllt sind, d. h. wenn der abgeschlossene Vertrag den gesetzlichen Vorschriften und der Ausbildungsordnung entspricht (§ 11 BBiG) und wenn die Ausbildungsstätte in personeller und betrieblicher Hinsicht die Ausbildungsvoraussetzungen erfüllt (vgl. auch VG Stuttgart vom 1.10.1974, BB 1975, 375). Das Berufsgrundschuljahr ist erforderlichenfalls von Amts wegen auf die Lehrzeitdauer anzurechnen (vgl. BVerwG vom 12. 4. 1984, GewA 1984, 293).

Keine Eintragung kann erfolgen, wenn das Ausbildungsverhältnis nur auf dem Papier steht und der angebliche Lehrling gar nicht im Betrieb ist, sondern etwa zur gleichen Zeit das Gymnasium besucht (VG Karlsruhe vom 30.1. 1976, GewA 1977, 80; VG Aachen vom 30.11. 1977, GewA 1978, 166; BVerwG vom 25.2. 1982. GewA 1982, 273).

Großen Wert legt das Gesetz auf den ordnungsgemäßen Nachweis der vorgeschriebenen Gesundheitsuntersuchungen.

2. Festzustellen, ob die vorgenannten Voraussetzungen nicht oder nicht mehr gegeben sind, ist nach § 23 gesetzliche Aufgabe der Handwerkskammer. Fehlen sie, so ist die Eintragung nach Absatz 2 abzulehnen oder zu löschen, falls der festgestellte Mangel nicht nach § 23 Abs. 2 alsbald behoben wird. Die Kammer muss zwar nach der genannten Vorschrift die Verwaltungsbehörde informieren. Die Löschung in der Lehrlingsrolle hat aber unabhängig davon zu erfolgen, ob und welche Maßnahmen im Rahmen des § 24 getroffen werden; auch ist die Löschung in der Lehrlingsrolle nicht von der vorgängigen Durchführung eines Bußgeldverfahrens nach § 118 HwO abhängig.

II. Keine Wirksamkeitsvoraussetzung für Lehrvertrag

5   Die Eintragung in die Lehrlingsrolle ist nicht Wirksamkeitsvoraussetzung für den Lehrvertrag. Andererseits wird ein nichtiger Lehrvertrag auch nicht durch die Rolleneintragung wirksam. Die rechtskräftig abgelehnte Eintragung oder die Löschung in der Lehrlingsrolle begründen jedoch eine Vermutung dahin, dass ein Lehrverhältnis im gegebenen Fall nicht bestanden hat (vgl. § 36 Abs. 1 Nr. 3).

III. Rechtsmittel

6   Die Ablehnung der Eintragung und die Löschung in der Lehrlingsrolle sind **anfechtbare Verwaltungsakte**. Anfechtungsberechtigt sind der antragstellende Ausbildende (OVG NW vom 25.1. 1980, GewA 1980, 274) wie auch der Lehrling (VG Kassel vom 31.1. 1980, GewA 1980, 168). Der jeweils andere ist nach § 65 VwGO beizuladen (BVerwG vom 13.7. 1982, GewA 1983, 67).

7   Zur Möglichkeit einer bloßen Feststellungsklage vgl. VG Schleswig vom 9.8. 1988, GewA 1989, 300.

§ 30 [Antrag]

(1) ¹**Der Ausbildende hat unverzüglich nach Abschluß des Berufsausbildungsvertrags die Eintragung in die Lehrlingsrolle zu beantragen.** ²**Eine Ausfertigung der Vertragsniederschrift ist beizufügen.** ³**Entsprechendes gilt bei Änderungen des wesentlichen Vertragsinhalts.**

(2) **Der Ausbildende hat anzuzeigen**
1. **eine vorausgegangene allgemeine und berufliche Ausbildung des Lehrlings (Auszubildenden),**
2. **die Bestellung von Ausbildern.**

1   **1. Die Eintragung muss unverzüglich nach Abschluss des Berufsausbildungsvertrags beantragt werden.** Abgeschlossen ist der Vertrag nicht erst mit seiner schriftlichen Fixierung (vgl. Anm.

Antrag **§ 30 HwO**

I.1. zu § 11 BBiG). Da die Vertragsniederschrift der Anmeldung beizufügen ist, ergibt sich aus dieser Vorschrift aber ein indirekter Zwang, den Vertrag jeweils auch unverzüglich schriftlich zu fixieren.

Es ist nicht zulässig, mit der Einreichung des Lehrvertrages bis nach Ablauf der Probezeit zu warten. Dies ist im Hinblick auf die verstärkten Überwachungspflichten der Handwerkskammer vom Gesetzgeber klargestellt worden. Auch nicht für kurze Zeit soll ein Lehrling ungeeigneten Personen oder Betrieben überantwortet werden.

2. a) Etwaige **spätere Änderungen des Lehrvertrages** sind gleichfalls zu melden, damit die Lehrlingsrolle stets auf dem Laufenden gehalten werden kann. Änderungen des wesentlichen Vertragsinhaltes können nicht nur durch Vereinbarung herbeigeführt werden. Meldepflichtig sind vielmehr auch einseitige Änderung des Lehrvertrages, z. B. eine Kündigung aus wichtigem Grund.

Zur Antragstellung, bzw. Anzeige ist **allein der Ausbildende verpflichtet.** Kommt dieser einer seiner Verpflichtungen nicht, nicht vollständig oder nicht rechtzeitig nach, so begeht er eine Ordnungswidrigkeit nach § 118 Abs. 1 Nr. 6. Die Kammer kann und wird gem. § 113 für die Eintragung eine Gebühr festsetzen.

b) Die **ergänzenden Anzeigepflichten** des Abs. 2 dienen ebenfalls dazu, den Lehrling möglichst vor Beeinträchtigungen zu schützen.

aa) Die in Nr. 1 vorgeschriebene Unterrichtung der Handwerkskammer über die Vorbildung des Lehrlings soll gewährleisten, dass der Ausbildungsplan alle wesentlichen Umstände berücksichtigt.

bb) Nr. 2 will sicherstellen, dass jederzeit Klarheit darüber besteht, wer konkret für die Ausbildung verantwortlich ist.

cc) Auch ohne ausdrücklichen dahingehenden Gesetzeshinweis wird man davon ausgehen müssen, dass auch die Abberufung eines Ausbilders während des Lehrverhältnisses anzuzeigen ist, wenn der Lehrherr anschließend die Ausbildung wieder selbst übernimmt.

c) Eine **bestimmte Form ist für diese Anzeigen nicht vorgeschrieben;** es empfiehlt sich aber die Schriftform. Für den Zeitpunkt der Anzeige muss nach Sinn und Zweck der Vorschrift ebenfalls gelten, dass sie jeweils unverzüglich zu erfolgen hat.

HwO § 31   2. Teil. Berufsbildung im Handwerk

Vierter Abschnitt. Prüfungswesen

§ 31 [Gesellenprüfung]

(1) ¹In den anerkannten Ausbildungsberufen (Gewerbe der Anlage A oder der Anlage B) sind Gesellenprüfungen durchzuführen. ²Die Prüfung kann im Falle des Nichtbestehens zweimal wiederholt werden. ³Sofern die Gesellenprüfung in zwei zeitlich auseinander fallenden Teilen durchgeführt wird, ist der erste Teil der Gesellenprüfung nicht eigenständig wiederholbar.

(2) ¹Dem Prüfling ist ein Zeugnis auszustellen. ²Dem Ausbildenden werden auf dessen Verlangen die Ergebnisse der Gesellenprüfung des Lehrlings (Auszubildenden) übermittelt. ²Sofern die Gesellenprüfung in zwei zeitlich auseinander fallenden Teilen durchgeführt wird, ist das Ergebnis der Prüfungsleistung im ersten Teil der Gesellenprüfung dem Prüfling schriftlich mitzuteilen.

(3) ¹Dem Zeugnis ist auf Antrag des Lehrlings (Auszubildenden) eine englischsprachige und eine französischsprachige Übersetzung beizufügen. ²Auf Antrag des Lehrlings (Auszubildenden) kann das Ergebnis berufsschulischer Leistungsfeststellungen auf dem Zeugnis ausgewiesen werden.

(4) Die Prüfung ist für den Lehrling (Auszubildenden) gebührenfrei.

1   **1. Die Gesellenprüfung bildet den offiziellen Abschluss** einer handwerklichen Berufsausbildung. Abs. 1 Satz 1 legt den Handwerkskammern (vgl. § 33) die Pflicht auf, für die Durchführung von Gesellenprüfungen zu sorgen und gibt damit dem Lehrling einen Rechtsanspruch darauf, seine Ausbildung in der vorgesehenen Form abschließen zu können. Eine eventuelle Verpflichtungsklage kann allerdings nur dahin gehen, dass überhaupt innerhalb eines angemessenen Zeitraumes und unter angemessenen Umständen die Möglichkeit zur Prüfungsablegung gewährt wird.

2   **2. Die Prüfung kann zwei Mal wiederholt werden.** Im Gegensatz zur früheren Rechtslage kann eine Wiederholung jedoch nur bei nicht bestandener Prüfung erfolgen und nicht mehr zum Zweck der Notenverbesserung.

3   **3.** Dem Auszubildenen dürfen alle Prüfungsergebnisse mitgeteilt werden, bei getrennt abgelegten Prüfungsteilen auch einzeln.

4   **4. Die Zeugniserteilung** war schon immer ganz allgemein üblich. Das Gesetz hat dem Prüfling jedoch auch einen ausdrücklichen

Prüfungsgegenstand § 32 HwO

Rechtsanspruch darauf eingeräumt, ein förmliches Beweismittel über das Ergebnis der von ihm abgelegten Prüfung in die Hand zu bekommen.

Dem Ausbildenden sind auf Wunsch die Prüfungsergebnisse zu übermitteln. Diese Bekanntgabe ist für den Lehrling zumutbar und sachgerecht: der Lehrbetrieb muss wissen, welches Ergebnis „seine" Ausbildungsleistungen erbracht haben. Nicht vorgesehen ist jedoch die Weitergabe der Prüfungsergebnisse an Innungen u.dgl.

Beim Prüfungszeugnis des Abs. 2 und beim Lehrzeugnis des § 16 BBiG handelt es sich um zwei verschiedene Dinge. Eines dieser Zeugnisse kann also nicht das andere ersetzen.

5. Der Lehrling darf auf Kosten der Handwerkskammer auch eine englische und französische Übersetzung seines Prüfungszeugnisses verlangen.

6. Die Gebührenfreiheit gem. Abs. 4 gilt nur für den Lehrling; sie bezieht sich auch auf das Zulassungsverfahren. Die Vorschrift schließt jedoch nicht aus, dem Ausbildenden gem. § 113 Abs. 3 eine Gebühr aufzuerlegen. Die Gebührenfreiheit für den Lehrling bedeutet nicht Kostenfreiheit; seine Anfahrtskosten usw. muss der Prüfling tragen (so BAG vom 14. 12. 1983 Az. 5 AZR 333/81).

§ 32 [Prüfungsgegenstand]

¹**Durch die Gesellenprüfung ist festzustellen, ob der Prüfling die berufliche Handlungsfähigkeit im Sinne des § 1 Abs. 3 des Berufsbildungsgesetzes erworben hat.** ²**In ihr soll der Prüfling nachweisen, dass er die erforderlichen beruflichen Fertigkeiten beherrscht, die notwendigen beruflichen Kenntnisse und Fähigkeiten besitzt und mit dem im Berufsschulunterricht zu vermittelnden, für die Berufsausbildung wesentlichen Lehrstoff vertraut ist.** ³**Die Ausbildungsordnung ist zugrunde zu legen.**

1. Gegenstand der Prüfung sind die für den betreffenden Beruf notwendigen Fertigkeiten und praktischen und theoretischen Fachkenntnisse sowie die Berufsschulkenntnisse des Lehrlings. Grundlage dafür ist die jeweilige Ausbildungsordnung nach § 25 (vgl. dort).

2. Die Anforderungen an den Prüfling dürfen nicht übersteigert werden. Nur die notwendigen Kenntnisse und Fertigkeiten sind zu fordern, die die Brauchbarkeit des Prüflings als künftigen Mitarbeiter im Betrieb sicherstellen; es sind jedoch nicht bereits meister-

HwO § 33 2. Teil. Berufsbildung im Handwerk

liches Können und meisterliche Kenntnisse vorauszusetzen. Würde bei einer Prüfung über die durch die Ausbildungsordnung vorgegebenen Prüfungsanforderungen hinausgegangen, so wäre dies ein Anfechtungsgrund (dazu vgl. Rdn. 26 zu § 38).

§ 33 [Gesellenprüfungsausschüsse]

(1) ¹**Für die Abnahme der Gesellenprüfung errichtet die Handwerkskammer Prüfungsausschüsse.** ²**Mehrere Handwerkskammern können bei einer von ihnen gemeinsame Prüfungsausschüsse errichten.** ³**Die Handwerkskammer kann Handwerksinnungen ermächtigen, Gesellenprüfungsausschüsse zu errichten, wenn die Leistungsfähigkeit der Handwerksinnung die ordnungsgemäße Durchführung der Prüfung sicherstellt.**

(2) **Werden von einer Handwerksinnung Gesellenprüfungsausschüsse errichtet, so sind sie für die Abnahme der Gesellenprüfung aller Lehrlinge (Auszubildenden) der in der Handwerksinnung vertretenen Handwerke ihres Bezirks zuständig, soweit nicht die Handwerkskammer etwas anderes bestimmt.**

(3) **Der Prüfungsausschuss kann zur Bewertung einzelner, nicht mündlich zu erbringender Prüfungsleistungen gutachterliche Stellungnahmen Dritter, insbesondere berufsbildender Schulen, einholen.**

(4) **Im Rahmen der Begutachtung nach Absatz 3 sind die wesentlichen Abläufe zu dokumentieren und die für die Bewertung erheblichen Tatsachen festzuhalten.**

Übersicht

	Rdn.
1. Gesellenprüfungsausschuss	1
a) der HWK	1
b) der Innung	3
2. Zuständigkeit	7
a) Kammerausschuss	7
b) Innungsausschuss	9
3. Prüfungsanfechtung	12

1. a) Die Gesellenprüfungsausschüsse werden grundsätzlich von der Handwerkskammer errichtet. Es handelt sich dabei um eine Pflichtaufgabe (§ 91 Abs. 1 Nr. 5); für die Innungen ist die Errichtung von Gesellenprüfungsausschüssen Pflichtaufgabe nur nach ausdrücklicher Ermächtigung seitens der Handwerkskammer (§ 54 Abs. 1 Nr. 4). Zur Rechtsstellung des Gesellenprüfungsausschusses generell *Schotthöfer,* GewA 1981, 259.

Gesellenprüfungsausschüsse §33 HwO

Für jeden Ausbildungsberuf, in dem Lehrlinge ausgebildet werden, muss im Hinblick auf § 31 Abs. 1 ein Gesellenprüfungsausschuss zur Verfügung stehen. Wenn in einem Handwerk nur wenige Prüflinge anfallen, wird von der Möglichkeit des Abs. 1 Satz 2 Gebrauch zu machen sein, dass mehrere Kammern einen gemeinsamen Prüfungsausschuss bilden.

b) Die Innungen sind zur Errichtung von Gesellenprüfungsausschüssen nur befugt, wenn sie von der Handwerkskammer hierzu ermächtigt sind; es handelt sich insoweit nicht um eine Selbstverwaltungsaufgabe der Innung (VG Oldenburg vom 20. 9. 1983, GewA 1984, 128). Die Handwerkskammer wird die Ermächtigung erteilen, wenn die Mitgliederzahl der Innung die Errichtung eines eigenen Prüfungsausschusses rechtfertigt und ihre Leistungsfähigkeit eine ordnungsgemäße Durchführung der Prüfungen gewährleistet; nach Sinn und Zweck des Gesetzes ist aber hier ein strenger Maßstab anzulegen. Ein Rechtsanspruch auf Erteilung der Ermächtigung steht der Innung nicht zu. Eine gegen die Versagung der Ermächtigung erhobene Anfechtungsklage könnte daher nur bei Ermessensfehlgebrauch zum Erfolg führen. Ist der Innung die Ermächtigung erteilt, so ist sie auch verpflichtet, einen Prüfungsausschuss zu errichten, da dies dann zu ihren Pflichtaufgaben zählt.

Die Ermächtigung kann unter Nebenbestimmungen wie Auflagen, Bedingungen usw. erteilt werden.

Bei Vorliegen einer genehmigten Kammergebührenordnung gelten deren Obergrenzen auch für die Innung; diese hat also keine Möglichkeit mehr, höhere Gebühren zu beschließen. Dies gilt auch für die Inanspruchnahme von Innungsleistungen und -einrichtungen durch Nichtinnungsmitglieder. Es ist der Innung allerdings unbenommen, die von der Handwerkskammer beschlossenen Sätze für Innungsmitglieder zu reduzieren und so zwischen Mitgliedern und Nichtmitgliedern der Innung zu differenzieren.

Die Ermächtigung kann nach den allgemeinen Grundsätzen des Verwaltungsrechts widerrufen werden, wenn die Innung nicht mehr die Gewähr bietet, dass die Prüfungen ordnungsgemäß durchgeführt werden Dazu gehören auch Unkorrektheiten bei der Gebührenberechnung. So dürfen andere Gebühren, z. B. eine Lehrlingsbetreuungsgebühr, nur beschlossen werden, wenn dafür auch tatsächlich andere Leistungen geboten werden. Etwaige Fehlbeträge muss die Innung als Körperschaft des öffentlichen Rechts aus ihrem allgemeinen Haushalt finanzieren. Im Rahmen ihrer Aufsicht hat die Handwerkskammer zu prüfen, ob das Innungsverhalten auch insoweit korrekt ist.

HwO § 33 2. Teil. Berufsbildung im Handwerk

7 **2. Zuständigkeit der Gesellenprüfungsausschüsse. a)** Der **Gesellenprüfungausschuss der Handwerkskammer** ist für den ganzen Kammerbezirk zuständig, so weit nicht die Zuständigkeit eines Prüfungsausschusses der Innung gegeben ist. Vereinbaren mehrere Handwerkskammern gem. Abs. 1 Satz 2 die Bildung eines gemeinsamen Prüfungsausschusses, so ist dieser mit der vorgenannten Einschränkung für die Bezirke aller beteiligten Kammern zuständig.

8 Andererseits kann in den Fällen, in denen die Zahl der Prüflinge besonders groß ist, die Handwerkskammer auch mehrere gleichartige Prüfungsausschüsse bilden. Dabei muss durch entsprechende Richtlinien von vornherein eindeutig klargestellt sein, welcher Ausschuss im Einzelfall für eine bestimmte Prüfung zuständig ist (z. B. räumliche Aufteilung des Bezirks; Aufteilung nach dem Anfangsbuchstaben des Familiennamens des Prüflings u. Ä.).

9 **b)** Die **Prüfungsausschüsse der Innung** sind grundsätzlich zur Abnahme der Gesellenprüfung aller in ihrem Bezirk beschäftigten Lehrlinge zuständig. Auch Lehrlinge, die in einem nicht der Innung angehörenden Betrieb ausgebildet wurden, haben in diesem Fall den Rechtsanspruch des § 31 Abs. 1 gegen die betreffende Innung. Die Innung muss dafür sorgen, dass alle sämtliche notwendigen Informationen erhalten. Lehrlinge in Nichtinnungsbetrieben müssen daher durch besondere Anschreiben z. B. über die Prüfungstermine unterrichtet werden; die bloße Bekanntgabe im Mitteilungsblatt oder Rundschreiben der Innung genügt nicht.

10 Von dieser **Allzuständigkeit der Innung** kann die Handwerkskammer Ausnahmen bestimmen. Die **Zuständigkeit kann eingeschränkt** werden, und zwar allgemein (bereits in der Ermächtigung oder nachträglich; in letzterem Fall handelt es sich um einen teilweisen Widerruf der Ermächtigung). Die Handwerkskammer kann z. B. die Innung nur zur Durchführung der Prüfungen für ihre eigenen Mitgliedsbetriebe ermächtigen; sie muss dann allerdings für die übrigen Prüflinge einen eigenen Kammerausschuss zur Verfügung stellen.

11 Die Zuständigkeit des Innungsausschusses kann von der Handwerkskammer auch **erweitert** werden. So kann etwa der Gesellenprüfungsausschuss einer großen Innung auch für den Bezirk einer anderen kleineren Innung für zuständig erklärt werden, die – im selben Handwerkskammerbezirk liegend – nicht selbst zur Errichtung eines Prüfungsausschusses ermächtigt ist. Der Gesetzeswortlaut „so weit nicht die Handwerkskammer etwas anderes bestimmt" zwingt zu dieser Auslegung; denn er enthält auch die Regelung „so weit nicht die Handwerkskammer etwas anderes zulässt".

3. Die **Gesellenprüfungsausschüsse sind als Organe der Körperschaften anzusehen, bei denen sie errichtet sind.** Es handelt sich dabei um Behörden im Sinn der Verwaltungsgerichtsordnung; **ihre Entscheidungen sind Verwaltungsakte,** gegen die der Verwaltungsrechtsweg eröffnet ist; Klagegegner ist die Körperschaft selbst, nicht der Ausschuss als solcher (OVG NRW vom 11. 11. 1977, GewA 1979, 21); bei Innungsausschüssen demnach die Innung, nicht aber die ermächtigende Handwerkskammer (VG Meiningen vom 4. 2. 1998, GewA 1998, 206). Hinsichtlich des Vorverfahrens bei Innungsprüfungsausschüssen vgl. NsWME vom 12. 2. 1965, GewA 1966, 91.

Zur Anfechtung einer nicht bestandenen Prüfung vgl. im Einzelnen Anm. II zu § 38.

§ 34 [Zusammensetzung, Berufung]

(1) ¹**Der Prüfungsausschuß besteht aus mindestens drei Mitgliedern.** ²**Die Mitglieder müssen für die Prüfungsgebiete sachkundig und für die Mitwirkung im Prüfungswesen geeignet sein.**

(2) ¹**Dem Prüfungsausschuss müssen als Mitglieder für zulassungspflichtige Handwerke Arbeitgeber oder Betriebsleiter und Arbeitnehmer in gleicher Zahl, für zulassungsfreie Handwerke oder handwerksähnliche Gewerbe Beauftragte der Arbeitgeber und Arbeitnehmer in gleicher Zahl sowie mindestens ein Lehrer einer berufsbildenden Schule angehören.** ²**Mindestens zwei Drittel der Gesamtzahl der Mitglieder müssen in zulassungspflichtigen Handwerken Arbeitgeber und Arbeitnehmer, in zulassungsfreien Handwerken oder handwerksähnlichen Gewerben Beauftragte der Arbeitgeber und der Arbeitnehmer sein.** ³**Die Mitglieder haben Stellvertreter.** ⁴**Die Mitglieder und die Stellvertreter werden längstens für fünf Jahre berufen oder gewählt.**

(3) ¹**Die Arbeitgeber müssen in dem zulassungspflichtigen Handwerk, für das der Prüfungsausschuß errichtet ist, die Meisterprüfung abgelegt haben oder zum Ausbilden berechtigt sein.** ²**In dem zulassungsfreien Handwerk oder in dem handwerksähnlichen Gewerbe, für das der Prüfungsausschuss errichtet ist, müssen die Arbeitgeber oder die Beauftragten der Arbeitgeber die Gesellenprüfung oder eine entsprechende Abschlussprüfung in einem anerkannten Ausbildungsberuf nach § 4 des Berufsbildungsgesetzes bestanden haben und in diesem Handwerk oder in diesem Gewerbe tätig sein.** ³**Die Arbeitnehmer und die Beauftragten der Arbeitnehmer müssen die Gesellenprüfung in dem zulassungspflich-**

tigen oder zulassungsfreien Handwerk oder in dem handwerksähnlichen Gewerbe, für das der Prüfungsausschuss errichtet ist, oder eine entsprechende Abschlussprüfung in einem anerkannten Ausbildungsberuf nach § 4 des Berufsbildungsgesetzes bestanden haben und in diesem Handwerk oder in diesem Gewerbe tätig sein. [4]Arbeitnehmer, die eine entsprechende ausländische Befähigung erworben haben und handwerklich tätig sind, können in den Prüfungsausschuß berufen werden.

(4) [1]Die Mitglieder werden von der Handwerkskammer berufen. [2]Die Arbeitnehmer und die Beauftragten der Arbeitnehmer der von der Handwerkskammer errichteten Prüfungsausschüsse werden auf Vorschlag der Mehrheit der Gesellenvertreter in der Vollversammlung der Handwerkskammer berufen. [3]Der Lehrer einer berufsbildenden Schule wird im Einvernehmen mit der Schulaufsichtsbehörde oder der von ihr bestimmten Stelle berufen.

(5) [1]Für die mit Ermächtigung der Handwerkskammer von der Handwerksinnung errichteten Prüfungsausschüsse werden die Arbeitgeber und die Beauftragten der Arbeitgeber von der Innungsversammlung, die Arbeitnehmer und die Beauftragten der Arbeitnehmer von dem Gesellenausschuß gewählt. [2]Der Lehrer einer berufsbildenden Schule wird im Einvernehmen mit der Schulaufsichtsbehörde oder der von ihr bestimmten Stelle nach Anhörung der Handwerksinnung von der Handwerkskammer berufen.

(6) [1]Die Mitglieder der Prüfungsausschüsse können nach Anhörung der an ihrer Berufung Beteiligten aus wichtigem Grund abberufen werden. [2]Die Absätze 4 und 5 gelten für die Stellvertreter entsprechend.

(7) [1]Die Tätigkeit im Prüfungsausschuß ist ehrenamtlich. [2]Für bare Auslagen und für Zeitversäumnis ist, soweit eine Entschädigung nicht von anderer Seite gewährt wird, eine angemessene Entschädigung zu zahlen, deren Höhe von der Handwerkskammer mit Genehmigung der obersten Landesbehörde festgesetzt wird.

(8) Von Absatz 2 darf nur abgewichen werden, wenn anderenfalls die erforderliche Zahl von Mitgliedern des Prüfungsausschusses nicht berufen werden kann.

Übersicht

	Rdn.
I. Gesellenprüfungsausschuss	1
1. Zusammensetzung	1
2. Mitglieder	4
a) Selbstständige Handwerker	5
b) Arbeitnehmer	6
c) Berufsschullehrer	7

Zusammensetzung, Berufung § 34 HwO

Rdn.
II. Bestellung der Mitglieder 8
   1.+2. Kammerausschuss 8
   3.+4. Innungsausschuss 10
III. Stellvertreter 12
IV. Amtsdauer 13
V. Keine Mitwirkungspflicht 15
   1. Rücktritt 15
   2. Abberufung......................... 16
VI. Öffentliches Ehrenamt 19

I. Gesellenprüfungsausschuss

1. Der Gesellenprüfungsausschuss muss aus **mindestens drei** 1
Mitgliedern bestehen. Eine Höchstzahl ist nicht festgelegt. Theoretisch könnten also beliebig große Gesellenprüfungsausschüsse gebildet werden. Da aber mit wachsender Größe die Prüfungsausschüsse immer schwerfälliger und aufwändiger werden, sollte nur beim Vorliegen ganz besonderer Umstände über die vorgeschriebene Mindestzahl hinausgegangen werden.

Die Mitglieder müssen für ihr Prüfungsgebiet sachkundig 2
und für die Durchführung von Prüfungen geeignet sein. Wann ein Prüfer als sachkundig angesehen werden kann, ist in Abs. 3 festgelegt. Die weiter gehende Eignung bezieht sich in erster Linie auf die Fähigkeit, mit Menschen umzugehen und ohne den jugendlichen Prüfling psychisch über gebühr zu belasten. sein Wissen und Können festzustellen. Zur Eignung von Personen, die ihre Qualifikation in einem inzwischen gesetzlich umgestalteten Handwerk erworben haben, vgl. § 122 Abs. 1.

Besteht der Prüfungsausschuss nicht aus der vorgeschriebenen 3
Mindestzahl, so ist er nicht ordnungsgemäß besetzt. Unzulässig ist auch ein Wechsel in der Zusammensetzung während einer laufenden Prüfung (BayVGH vom 7.6. 1974, GewA 1974, 348; interessant auch VG Münster vom 23. 11. 1990, GewA 1991, 182). Seine Entscheidungen sind aber gleichwohl nicht Nichtakte, auch nicht nichtig. Sie können aber nach den allgemeinen Grundsätzen des Verwaltungsrechts widerrufen werden und sie sind auf Anfechtungsklage hin aufzuheben.

2. Der Prüfungsausschuss muss zu mindestens zwei Dritteln aus 4
Arbeitgebern und aus Arbeitnehmern in gleicher Anzahl, sowie aus mindestens einem Berufsschullehrer bestehen (Abs. 2). Im Übrigen unterscheidet das Gesetz:

Für zulassungspflichtige **Handwerke der Anlage A** müssen auch die Prüfer aus diesem Bereich sein; auf der Arbeitgeberseite kommen auch Betriebsleiter in Frage.

Für zulassungsfreie **Handwerke der Anlage B** können sowohl Arbeitgeber wie auch Arbeitnehmer Beauftragte entsenden.

5 **a) Arbeitgeber** hat in diesem Zusammenhang nicht mehr die umfassende Bedeutung wie selbstständige Handwerker im bisherigen § 1 Abs. 1; als Prüfer geeignet sind aber weiterhin nur natürliche, entsprechend qualifizierte Personen. Gesellschaften und eingetragene juristische Personen können durch ihren Betriebsleiter in einem Prüfungsausschuss mitwirken; in einem Innungsausschuss auch dann, wenn diesem nicht gem. § 65 das Innungsstimmrecht übertragen wurde. Auch der betriebsleitende Teilhaber einer Personengesellschaft ist der ratio der Vorschrift gemäß zulässig.

6 **b)** Die **Arbeitnehmer** müssen die Gesellenprüfung in dem einschlägigen Handwerk oder eine entsprechende Facharbeiterprüfung abgelegt haben und außerdem in einem Handwerksbetrieb beschäftigt sein. Als Gesellen sind auch die bei einem Handwerksbetrieb beschäftigten Meistergesellen anzusehen.

7 **c) Der Berufsschullehrer** soll in erster Linie Gewerbelehrer oder Gewerbestudienrat sein. Es bestehen jedoch keine Bedenken, wenn ein Fachlehrer in den Prüfungsausschuss berufen wird. Erforderlich ist die Beteiligung des Lehrers „einer" Schule; es ist also nicht erforderlich, wenn auch zweckmäßig, dass der Betreffende gerade der für die prüfenden Lehrlinge zuständigen Berufsschule und Fachrichtung angehört. Im Hinblick auf Abs. 1 Satz 2 muss es sich aber zumindest um den Berufsschullehrer einer angrenzenden Fachrichtung handeln. Für die Berufsschullehrer stellt die Mitwirkung eine dienstliche Nebenbeschäftigung dar (vgl. NWKME v. 26.5. 1971, GewA 1971, 257).

II. Bestellung der Mitglieder

8 **1. Für die bei der Handwerkskammer errichteten Gesellenprüfungsausschüsse** werden alle Mitglieder gem. Abs. 4 von der Handwerkskammer berufen. Die Arbeitnehmervertreter müssen dabei von der Mehrheit der Gesellenvertreter in der Handwerkskammervollversammlung vorgeschlagen sein (vgl. *Kuhfuß,* GewA 1984, 112; dazu *Lücke,* GewA 1984, 285).

9 **2. Die Berufung des Berufsschullehrers** kann nur im Einvernehmen mit der Schulaufsichtsbehörde oder der von ihr bestimmten

Zusammensetzung, Berufung § 34 HwO

Stelle erfolgen. Eine ohne entsprechenden Vorschlag, bzw. ohne das vorgeschriebene Einvernehmen vorgenommene Berufung ist fehlerhaft, so dass die Besetzung des Prüfungsausschusses nicht ordnungsgemäß ist.

3. Auch für die Prüfungsausschüsse der Innungen wird der Berufsschullehrer von der Handwerkskammer nach vorheriger Anhörung der Innung berufen (Abs. 5 Satz 2). Die Handwerkskammer kann vom Votum der Innung abweichen. Unterblieb die Anhörung aber überhaupt, dann ist die Berufung fehlerhaft. 10

4. Die übrigen Mitglieder der Innungsausschüsse werden gewählt. Wegen der Wahl der Arbeitgeber durch die Innungsversammlung vgl. §§ 61 ff. Wegen der Wahl der Arbeitnehmer durch den Gesellenausschuss vgl. §§ 68 ff. 11

Verweigert der Gesellenausschuss die Wahl, so kann nach § 106 vorgegangen werden; bleibt auch dies ohne Erfolg, so wird die Handwerkskammer befugt sein, den Gesellenausschuss aufzulösen und die Wahl eines neuen anzuordnen. In der Regel wird aber ein derartiges Verhalten des Gesellenausschusses die Ungeeignetheit der betreffenden Innung zur Errichtung eines Gesellenprüfungsausschusses zeigen, so dass die Handwerkskammer ihre dahingehende Ermächtigung zurückziehen und den Prüfungsausschuss selbst bilden wird.

III. Stellvertreter

Für die Stellvertreter der Ausschussmitglieder (Abs. 2 Satz 3) gelten die gleichen Voraussetzungen (Abs. 6 Satz 2). Eine bestimmte Zahl von Stellvertretern schreibt das Gesetz nicht vor. Ebenso wenig ist vorgeschrieben, dass jedes Ausschussmitglied einen persönlichen Stellvertreter haben müsste. Die Stellvertreter müssen vielmehr nur jeweils die betreffenden Gruppeneigenschaften aufweisen. 12

IV. Amtsdauer

Die Amtsdauer **ist auf maximal fünf Jahre festgesetzt** (Abs. 2 Satz 4). Die Frist beginnt bei der erstmaligen Bildung des Ausschusses nicht mit der tatsächlichen Berufung oder Wahl des einzelnen Mitglieds zu laufen, sondern erst mit der endgültigen Konstituierung des Prüfungsausschusses, da die betreffende Person erst in diesem Zeitpunkt „Mitglied" werden kann. Andernfalls wäre vor allem gegen Ende der Amtsdauer des Ausschusses eine unerträgliche Unsicherheit 13

HwO § 34   2. Teil. Berufsbildung im Handwerk

gegeben, ob er noch ordnungsgemäß besetzt ist oder ob nicht etwa schon die Amtsdauer eines Mitglieds abgelaufen ist. Bei der Zuwahl zu einem bestehenden Ausschuss beginnt die Frist dagegen sofort.

14 Wiederholte Berufungen oder Wahlen des gleichen Ausschussmitgliedes sind möglich.

V. Keine Mitwirkungspflicht

15 **1. Es besteht keine Pflicht zur Übernahme des Amtes** als Prüfungsausschussmitglied. Dementsprechend kann ein Mitglied auch jederzeit ohne besondere Begründung zurücktreten. Dieser Rücktritt darf aber nicht zur Unzeit erfolgen, d. h. etwa mitten in einem laufenden Prüfungsverfahren. Zum Prüfungsverfahren gehören auch die Korrektur der Arbeiten und die Behandlung evtl. Widersprüche.

16 **2. Abberufen werden** kann ein Mitglied des Prüfungsausschusses dann, wenn ein wichtiger Grund vorliegt. Ein wichtiger Grund ist gegeben, wenn die Berufungsvoraussetzungen fehlen oder weggefallen sind, wenn sich der Betreffende in seiner Amtstätigkeit schwerwiegende Pflichtverletzungen zu Schulden kommen ließ, oder wenn aus sonstigen triftigen Gründen seine weitere Tätigkeit als Prüfer als nicht mehr zumutbar erscheint. Dazu gehört auch die Unfähigkeit zur weiteren Ausübung des Amtes. Der Betroffene kann gegen die Entscheidung den Verwaltungsrechtsweg beschreiten. Ob die Voraussetzungen gegeben sind, ist eine in vollem Umfang nachprüfbare Tat- und Rechtsfrage.

17 Die an der Berufung Beteiligten sind vorher zu hören. Unterbleibt diese zwingende Voraussetzung, so ist eine dennoch ausgesprochene Abberufung anfechtbar.

18 Stellvertreter können unter den gleichen Voraussetzungen abberufen werden, auch wenn sie gar nicht amtiert haben und wenn der Gesetzestext diesbezüglich Zweifel erwecken könnte.

VI. Öffentliches Ehrenamt

19 Die Tätigkeit im Prüfungsausschuss ist ein öffentliches Ehrenamt. Eine besondere Vergütung kann daher weder verlangt noch vereinbart werden. Zulässig ist lediglich die angemessene Entschädigung für bare Auslagen wie Fahrtkosten und dergleichen und für Zeitversäumnis (vgl. BAG vom 7. 11. 1991, NZA 1992, 464). Für die Zeitversäumnis wird gewöhnlich eine Pauschalsumme festgesetzt. Zu entschädigen ist dabei nicht nur die reine Sitzungszeit, sondern auch

die übrige für die Durchführung der Prüfung aufgewandte Zeit, etwa für die häusliche Korrektur schriftlicher Arbeiten. Die Ausschussmitglieder haben andererseits ihren Zeitaufwand auf das unbedingt Erforderliche zu beschränken.

Die Grundsätze für die Entschädigung werden nach Abs. 7 von der Handwerkskammer festgesetzt, auch so weit die Gesellenprüfungsausschüsse der Innungen betroffen sind. Die Festsetzung wird erst mit Genehmigung durch die Oberste Landesbehörde wirksam. 20

Auf die Entschädigung müssen anderweitige Zuwendungen angerechnet werden. Erhält z. B. ein Arbeitnehmer Lohnfortzahlung für die Dauer seiner Verhinderung durch die Prüfung, so scheidet eine Entschädigung für Zeitversäumnis aus. Zur steuerlichen Behandlung der Entschädigung vgl. Anm. IV. zu § 66. 21

§ 35 [Vorsitzender; Stellvertreter]

[1]Der Prüfungsausschuß wählt aus seiner Mitte einen Vorsitzenden und dessen Stellvertreter. [2]Der Vorsitzende und sein Stellvertreter sollen nicht derselben Mitgliedergruppe angehören. [3]Der Prüfungsausschuß ist beschlußfähig, wenn zwei Drittel der Mitglieder, mindestens drei, mitwirken. [4]Er beschließt mit der Mehrheit der abgegebenen Stimmen. [5]Bei Stimmengleichheit gibt die Stimme des Vorsitzenden den Ausschlag.

1. a) Der Vorsitzende des Prüfungsausschusses ist nicht von vornherein gesetzlich festgelegt. Der eigenverantwortlichen Funktion des Gremiums entsprechend wurde diesem vielmehr die Möglichkeit gegeben, selbst zu bestimmen, wer Vorsitzender sein soll. 1

b) Den Vorsitzenden und dessen Stellvertreter wählen sämtliche Ausschussmitglieder mit einfacher Stimmenmehrheit aus ihrer Mitte. Beide sollen nicht der gleichen Gruppe angehören (Satz 2); von dieser Proporzvorschrift sind jedoch in begründeten Fällen Ausnahmen möglich. 2

c) Über die Form der Wahl enthält das Gesetz keine Vorschriften. Es ist daher grundsätzlich auch möglich, die Wahl in einem Zug durch Zuruf durchzuführen. Es zählt nur die Stimmenmehrheit; irgendeine Privilegierung gibt es hier nicht. 3

2. a) Beschlussfähig ist der Prüfungsausschuss, wenn zwei Drittel seiner Mitglieder, mindestens drei, mitwirken (Satz 2). Die Beschlussfähigkeit hängt allein von der Zahl der Mitwirkenden ab; zu welcher Gruppe sie gehören, ist bedeutungslos. Auch hier entscheidet 4 die Stimmenmehrheit, wobei aber bei Stimmengleichheit nicht erneut abgestimmt werden muss, sondern die Stimme des Vorsitzenden den Ausschlag gibt.

5 **b)** Die Regelung der Beschlussfähigkeit und der Beschlussfassung betrifft nicht die Feststellung der Prüfungsergebnisse, woran alle Ausschussmitglieder mitwirken müssen, sondern andere vom Prüfungsausschuss zu treffende Beschlüsse, etwa über die Prüfungszulassung gem. § 36 Abs. 2 Satz 2 (vgl. VG Münster vom 23. 11. 1990, GewA 1991, 182).

§ 35a [Beschlüsse über Prüfungsleistungen]

(1) Beschlüsse über die Noten zur Bewertung einzelner Prüfungsleistungen, der Prüfung insgesamt sowie über das Bestehen und Nichtbestehen der Gesellenprüfung werden vom Prüfungsausschuss gefasst.

(2) ¹Zur Vorbereitung der Beschlussfassung nach Absatz 1 kann der Vorsitzende mindestens zwei Mitglieder mit der Bewertung einzelner, nicht mündlich zu erbringender Prüfungsleistungen beauftragen. ²Die Beauftragten sollen nicht derselben Mitgliedergruppe angehören.

(3) Die nach Absatz 2 beauftragten Mitglieder dokumentieren die wesentlichen Abläufe und halten die für die Bewertung erheblichen Tatsachen fest.

Die Bewertung der Prüfungsleistungen erfolgt durch den Prüfungsausschuss als Kollegium. Bei rein mündlichen Prüfungen, ausgenommen Fachgesprächen, muss auch immer der gesamte Prüfungsausschuss anwesend sein. Die Vorbereitung der Beschlussfassung und Bewertung kann aber durch einzelne Mitglieder des Prüfungsausschusses erfolgen.

§ 36 [Zulassung zur Gesellenprüfung]

(1) Zur Gesellenprüfung ist zuzulassen,
1. **wer die Ausbildungszeit zurückgelegt hat oder wessen Ausbildungszeit nicht später als zwei Monate nach dem Prüfungstermin endet,**
2. **wer an vorgeschriebenen Zwischenprüfungen teilgenommen sowie vorgeschriebene schriftliche Ausbildungsnachweise geführt hat und**

Zulassung zur Gesellenprüfung § 36 **HwO**

3. wessen Berufsausbildungsverhältnis in die Lehrlingsrolle eingetragen oder aus einem Grund nicht eingetragen ist, den weder der Lehrling (Auszubildende) noch dessen gesetzlicher Vertreter zu vertreten hat.

(2) ¹Zur Gesellenprüfung ist ferner zuzulassen, wer in einer berufsbildenden Schule oder einer sonstigen Berufsbildungseinrichtung ausgebildet worden ist, wenn dieser Bildungsgang der Berufsausbildung in einem anerkannten Ausbildungsberuf (Gewerbe der Anlage A oder der Anlage B) entspricht. ²Ein Bildungsgang entspricht der Berufsausbildung in einem anerkannten Ausbildungsberuf, wenn er

1. nach Inhalt, Anforderung und zeitlichem Umfang der jeweiligen Ausbildungsordnung gleichwertig ist,
2. systematisch, insbesondere im Rahmen einer sachlichen und zeitlichen Gliederung durchgeführt wird, und
3. durch Lernortkooperation einen angemessenen Anteil an fachpraktischer Ausbildung gewährleistet.

³Die Landesregierungen werden ermächtigt, im Benehmen mit dem Landesausschuss für Berufsbildung durch Rechtsverordnung zu bestimmen, welche Bildungsgänge die Voraussetzungen der Sätze 1 und 2 erfüllen. ⁴Die Ermächtigung kann durch Rechtsverordnung auf oberste Landesbehörden weiter übertragen werden.

Übersicht

	Rdn.
I. Zulassung mit betrieblicher Ausbildung	1
1. Voraussetzungen	1
a) Zurückgelegte Ausbildungszeit	2
b) Zwischenprüfungen und Berichtsheft	5
c) Eintrag in der Lehrlingsrolle	6
2. Rechtsanspruch auf Zulassung	8
II. Zulassung ohne betriebliche Zulassung	9

I. Zulassung mit betrieblicher Ausbildung

Das Gesetz nennt drei Voraussetzungen für die Zulassung. Ist auch nur eine der genannten Voraussetzungen nicht erfüllt, so muss die Zulassung abgelehnt werden. 1

1. Im Einzelnen handelt es sich um folgende Voraussetzungen: 2
a) Zurücklegung der vorgeschriebenen Ausbildungszeit. Darunter ist die für den einzelnen Lehrling verbindliche Ausbildungsdauer zu verstehen (vgl. Anm. I.3.a. zu § 25). Zu berücksichtigen sind also auch Kürzungen, bzw. Verlängerungen nach §§ 27a

HwO § 36   2. Teil. Berufsbildung im Handwerk

HwO, 21 Abs. 3 BBiG. ÜLU-Maßnahmen sind wesentliche Bestandteile der Ausbildung.

3   Vorübergehende Fehlzeiten des Lehrlings durch Urlaub oder Krankheit sind unschädlich. Es kann aber nicht mehr von einer ausreichenden Ausbildung gesprochen werden, wenn die Fehlzeiten über das Normalmaß (maximal 10 %) hinausgehen (vgl. VG Schwerin vom 17. 6. 1999, GewA 2000, 288).

4   Der Lehrling muss die Lehrzeit nicht auf den Tag genau erfüllen, sondern er kann sich bereits zu einem nicht allzu erheblich früher liegenden Termin zur Gesellenprüfung melden, wenn er das Lehrziel bereits erreicht hat und andernfalls unverhältnismäßig lange über die Lehrzeit hinaus auf die nächste Prüfung warten müsste (so schon LAG Hannover vom 19. 7. 1950, BB 1950, 565). Das Gesetz hat diese Zeit auf zwei Monate konkretisiert. Maßgebend für die Fristberechnung ist der offiziell festgesetzte Prüfungstermin, d. h. der Zeitpunkt der eigentlichen Prüfungshandlung. Auf den Zeitpunkt der Prüfungszulassung kommt es hier ebenso wenig an wie auf den Zeitpunkt der Bekanntgabe des Ergebnisses.

5   **b) Nachweis von Zwischenprüfungen und Berichtsheftführung.** Die Teilnahme an Zwischenprüfungen und die Führung von Berichtsheften ist nur dort Zulassungsvoraussetzung, wo die einschlägige Ausbildungsordnung dies vorschreibt.

6   **c) Eintragung in die Lehrlingsrolle.** Durch die Eintragung in die Lehrlingsrolle soll gewährleistet werden, dass die Berufsausbildung auch tatsächlich unter Beachtung aller gesetzlichen und sonstigen Bestimmungen ordnungsgemäß durchgeführt wird (vgl. § 29). Die Tatsache, dass das betreffende Ausbildungsverhältnis in der Lehrlingsrolle eingetragen war, ist daher der Nachweis für eine ordnungsgemäße Ausbildung. Gegenbeweis ist allerdings möglich.

7   Trotz fehlender Eintragung in die Lehrlingsrolle kann die Zulassung dann erfolgen, wenn diesen Umstand weder der Lehrling noch sein gesetzlicher Vertreter zu vertreten haben. Dies ist dann der Fall, wenn der Ausbildende seinen Anmeldepflichten aus § 30 nicht nachgekommen ist, ohne dass der Lehrling dies wusste. Eine Pflicht, sich von der ordnungsgemäßen Anmeldung zu überzeugen, hat dieser nur dann, wenn konkrete Anhaltspunkte dafür vorliegen, dass die Anmeldung nicht erfolgt ist.

8   **2. Bei Vorliegen der Voraussetzungen besteht ein Rechtsanspruch** auf Zulassung zur Gesellenprüfung. Ob die Voraussetzungen vorliegen, ist Tat- und Rechtsfrage und im verwaltungsgerichtlichen Verfahren im vollen Umfang nachprüfbar.

II. Zulassung ohne betriebliche Ausbildung

1. Die Gesellenprüfung kann jetzt auch abgelegt werden, ohne dass eine betriebliche Ausbildung absolviert wird. Dies setzt eine als gleichwertig anerkannte Ausbildung an einer berufsbildenden Schule oder sonstigen Berufsbildungseinrichtung voraus.

2. Die Bundesländer sind ermächtigt, die Einzelheiten im Verordnungswege zu regeln. Dabei können die Landesregierungen ihre Zuständigkeit auf die obersten Landesbehörden übertragen.

§ 36a [Gesellenprüfung in zwei Teilen]

(1) Sofern die Gesellenprüfung in zwei zeitlich auseinander fallenden Teilen durchgeführt wird, ist über die Zulassung jeweils gesondert zu entscheiden.

(2) Zum ersten Teil der Gesellenprüfung ist zuzulassen, wer die in der Ausbildungsordnung vorgeschriebene, erforderliche Ausbildungszeit zurückgelegt hat und die Voraussetzungen des § 36 Abs. 1 Nr. 2 und 3 erfüllt.

(3) ¹Zum zweiten Teil der Gesellenprüfung ist zuzulassen, wer über die Voraussetzungen in § 36 Abs. 1 hinaus am ersten Teil der Gesellenprüfung teilgenommen hat. ²Dies gilt nicht, wenn der Lehrling (Auszubildende) aus Gründen, die er nicht zu vertreten hat, am ersten Teil der Gesellenprüfung nicht teilgenommen hat. ³In diesem Fall ist der erste Teil der Gesellenprüfung zusammen mit dem zweiten Teil abzulegen.

In der Praxis werden die Gesellenprüfung immer häufiger in 2 getrennten Teilen abgehalten. § 36a regelt nunmehr ausdrücklich, dass über die Zulassung zu beiden Prüfungsteilen gesondert entschieden wird und legt die Zulassungsvoraussetzungen für beide Prüfungsteile fest.

§ 37 [Zulassung in besonderen Fällen]

(1) Der Lehrling (Auszubildende) kann nach Anhörung des Ausbildenden und der Berufsschule vor Ablauf seiner Ausbildungszeit zur Gesellenprüfung zugelassen werden, wenn seine Leistungen dies rechtfertigen.

(2) ¹Zur Gesellenprüfung ist auch zuzulassen, wer nachweist, dass er mindestens das Eineinhalbfache der Zeit, die als Ausbil-

dungszeit vorgeschrieben ist, in dem Beruf tätig gewesen ist, in dem er die Prüfung ablegen will. ²Als Zeiten der Berufstätigkeit gelten auch Ausbildungszeiten in einem anderen, einschlägigen Ausbildungsberuf. ³Vom Nachweis der Mindestzeit nach Satz 1 kann ganz oder teilweise abgesehen werden, wenn durch Vorlage von Zeugnissen oder auf andere Weise glaubhaft gemacht wird, dass der Bewerber die berufliche Handlungsfähigkeit erworben hat, die die Zulassung zur Prüfung rechtfertigt. ⁴Ausländische Bildungsabschlüsse und Zeiten der Berufstätigkeit im Ausland sind dabei zu berücksichtigen.

(3) Soldaten auf Zeit und ehemalige Soldaten sind nach Absatz 2 Satz 3 zur Gesellenprüfung zuzulassen, wenn das Bundesministerium der Verteidigung oder die von ihm bestimmte Stelle bescheinigt, dass der Bewerber berufliche Fertigkeiten, Kenntnisse und Fähigkeiten erworben hat, welche die Zulassung zur Prüfung rechtfertigen.

Übersicht

	Rdn.
I. Zulassung in Ausnahmefällen	1
1. bei überdurchschnittlicher Leistung	2
2. bei anderweitiger Berufserfahrung	6
a) langdauernde Berufstätigkeit	8
b) anderer Erfahrungserwerb	10
3. Außerbetriebliche Ausbildung	11
II. Zuständigkeit	14

I. Zulassung in Ausnahmefällen

1 Auch ohne dass die regulären Zulassungsvoraussetzungen des § 36 vorliegen, kann unter bestimmten Voraussetzungen eine vorzeitige Zulassung zur Gesellenprüfung erfolgen. Über die Möglichkeiten des § 27a hinaus (zum Unterschied vgl. VG Ansbach vom 21.7. 1977, GewA 1977, 306; siehe auch *Hurlebaus,* Betrieb 1982 Heft 19) soll damit die Berufsausbildung noch flexibler gestaltet und die Möglichkeit einer zusätzlichen Begabtenförderung geschaffen werden. Im Einzelnen handelt es sich um folgende Zulassungsvoraussetzungen:

2 **1. Überdurchschnittliche Leistungen.** Es gelten hier die gleichen Kriterien wie für eine Verkürzung der Lehrzeit (dazu § 27a). Die Tatsache, dass der Lehrling die Prüfung auch vorzeitig bestehen dürfte, rechtfertigt für sich allein noch keine Zulassung nach Abs. 1. Es ist auch nicht möglich, die vorzeitige Prüfungszulassung unter der

Zulassung in besonderen Fällen **§ 37 HwO**

auflösenden Bedingung auszusprechen, dass die anschließende Prüfung auch wirklich bestanden wird.

Es handelt sich um eine **reine Ermessensentscheidung** („kann 3 …"). Der Antragsteller hat also nur Anspruch darauf, dass bei der Entscheidung die Grundsätze der Gleichbehandlung und des pflichtgemäßen Ermessens beachtet werden. Als Erkenntnisquellen können dabei außer schriftlichen Unterlagen und den vorgeschriebenen Anhörungen auch eine Art vereinfachtes Prüfungsgespräch treten. Der Antrag ist unter allen rechtlichen Gesichtspunkten zu prüfen (BayVGH vom 31. 5. 1996, GewA 1996, 422)

Nach dem Wortlaut ist die Anhörung zwingend nur bei der Zulas- 4 sung zur vorzeitigen Prüfung vorgeschrieben, nicht aber bei der Ablehnung. Der ratio des Gesetzes entspricht es aber, dass die Entscheidung überhaupt, also auch die ablehnende, nur nach Anhörung zu treffen ist. Eine Ablehnung ohne Anhörung wäre somit fehlerhaft. Ausreichend ist, dass die Betreffenden Gelegenheit zur Äußerung hatten; eine tatsächliche Stellungnahme ist nicht unbedingt erforderlich.

Anfechtungsberechtigt ist nur der Lehrling im Falle der Ableh- 5 nung. Nicht dagegen kann der Ausbildende die Zulassung anfechten; denn bei dieser Entscheidung sind dem Gesetzeszweck nach nur die Interessen des Lehrlings, nicht auch die des Ausbildenden zu berücksichtigen.

2. Anderweitige Berufserfahrung. Durch die Novelle 03 6 wurde klargestellt, dass auch in diesem Fall die Zulassung erst ausdrücklich ausgesprochen werden muss und nicht bereits kraft Gesetzes erfolgt (vgl. VG Gießen vom 27. 5. 2002, GewA 2002, 338).

Die Befreiung vom Nachweis der Lehre war schon früher möglich; 7 das Gesetz hat jetzt näher konkretisiert:

a) Zugelassen werden kann einerseits, ohne dass ein besonderer 8 Kenntnisnachweis zu erbringen wäre, wer ohne in einem Ausbildungsverhältnis zu stehen **mindestens das Zweifache** der dafür vorgeschriebenen Zeit in dem betreffenden Handwerk tätig war. Das Vorliegen dieser Voraussetzung muss der Antragsteller glaubhaft machen. Tätigkeit bedeutet dabei nicht jede Beschäftigung schlechthin in einem Handwerksbetrieb der betreffenden Art; es muss sich vielmehr um eine Tätigkeit im fachlich-technischen Bereich des betreffenden Handwerks handeln, so dass z. B. reine Büro- oder Helfertätigkeiten nicht ausreichen.

Ob die vorgenannten Voraussetzungen vorliegen, ist eine Tat- und 9 Rechtsfrage. Bejahendenfalls ist die Zulassung auszusprechen; es besteht also ein Rechtsanspruch.

HwO § 37   2. Teil. Berufsbildung im Handwerk

10   **b) Ohne Rücksicht auf die Zeitdauer** der Tätigkeit erfolgt die Zulassung dann, wenn der Antragsteller glaubhaft dartun kann, dass er auf anderem Wege als über eine reguläre Ausbildung die notwendige Befähigung erworben hat. Zu denken ist etwa an langjährige Mitarbeit im elterlichen oder zulässigerweise betriebenen eigenen Handwerksbetrieb, ohne dass ein ausgesprochenes Lehrverhältnis bestand. Hierher gehört auch der Fall, dass die Lehrzeit im Ausland verbracht wurde, da diese nicht eine solche im Sinn der Handwerksordnung ist und damit nicht ohne weiteres zur Ablegung der Gesellenprüfung berechtigt. Im Gegensatz zu Satz 1 handelt es sich insoweit um eine Ermessensfrage.

11   **3. Außerbetriebliche Berufsausbildung.** Zuzulassen ist auch, wer zwar keine betriebliche Lehre durchgemacht, aber in einer berufsbildenden Schule oder einer entsprechenden sonstigen Einrichtung eine ordnungsgemäße Berufsausbildung erfahren hat (§ 1 Abs. 5 BBiG). Neben speziellen Berufsfachschulen (vgl. *Lilla*, GewA 1987, 365 [369]) kommt hier vor allem die Ausbildung in Industriebetrieben, bei der Bahn oder im öffentlichen Fernmeldedienst, in einschlägigen Universitätswerkstätten und dergleichen in Frage. Immer muss es sich dabei um eine Ausbildung handeln, die der in dem betreffenden Handwerk entspricht.

12   Ausgeschlossen ist eine rein theoretische Ausbildung in Form eines Studiums; unter ‚sonstigen Einrichtungen' sind solche zu verstehen, die berufliche Fertigkeiten systematisch vermitteln. Ob dies der Fall ist, kann generell durch eine Rechtsverordnung nach Abs. 3 Satz 2 festgelegt werden.

13   Auch so weit und solange keine derartige Verordnung vorliegt, ist Abs. 3 nicht gegenstandslos. Die Entscheidung ist vielmehr für jeden Einzelfall zu treffen. Ob eine bestimmte Ausbildung der in einem Handwerk entspricht, ist Tat- und Rechtsfrage. Wird sie bejaht, so hat die Zulassung zu erfolgen (vgl. ausführlich *Lilla*, GewA 1987, 365).

II. Zuständigkeit

14   Die Zuständigkeit für die zu treffenden Entscheidung ist in § 37 nicht ausdrücklich klargestellt. Man muss aber davon ausgehen, dass die Zuständigkeitsregelung des § 36 Abs. 2 auch hier gilt.

§ 37a [Entscheidung]

(1) ¹Über die Zulassung zur Gesellenprüfung entscheidet der Vorsitzende des Prüfungsausschusses. ²Hält er die Zulassungsvoraussetzungen nicht für gegeben, so entscheidet der Prüfungsausschuss.

(2) Auszubildenden, die Elternzeit in Anspruch genommen haben, darf bei der Entscheidung über die Zulassung hieraus kein Nachteil erwachsen.

Übersicht

	Rdn.
I. Zuständigkeit	1
1. Zulassung	1
2. Ablehnung	3
II. Elternzeit	5

I. Zuständigkeit

1. Die Zulassung zur Prüfung kann der Vorsitzende allein aussprechen; er kann die Entscheidung aber auch dem Gesamtausschuss übertragen. Spricht der Vorsitzende die Zulassung aus, so ist der Prüfungsausschuss nicht befugt, diese Entscheidung zu ändern; auch wenn er die Voraussetzungen nicht für gegeben hält. 1

Auch wenn die Zulassung fehlerhaft war, ergeben sich daraus nach erfolgreich abgelegter Prüfung keine Konsequenzen. 2

2. Die Ablehnung der Zulassung kann nur vom Prüfungsausschuss als solchem ausgesprochen werden. Eine Ablehnung des Zulassungsgesuchs durch den Vorsitzenden allein wäre fehlerhaft, aber wohl nicht nichtig; denn der Vorsitzende allein ist nicht absolut, sondern nur relativ – für diese Entscheidung – unzuständig. Auch entgegen einem gegenteiligen Votum des Vorsitzenden kann der Ausschuss die Zulassung ablehnen. 3

Für die Beschlussfassung gilt § 35. Die Ablehnung kann verwaltungsgerichtlich angefochten werden. 4

II. Elternzeit

Abs. 2 stellt lediglich eine Konkretisierung des Diskriminierungsverbots dar und beinhaltet keine Befreiung von den Prüfungs- und Zulassungsvoraussetzungen. 5

§ 38 [Prüfungsordnung]

(1) ¹Die Handwerkskammer hat eine Prüfungsordnung für die Gesellenprüfung zu erlassen. ²Die Prüfungsordnung bedarf der Genehmigung der zuständigen obersten Landesbehörde.

(2) ¹Die Prüfungsordnung muss die Zulassung, die Gliederung der Prüfung, die Bewertungsmaßstäbe, die Erteilung der Prüfungszeugnisse, die Folgen von Verstößen gegen die Prüfungsordnung und die Wiederholungsprüfung regeln. ²Sie kann vorsehen, dass Prüfungsaufgaben, die überregional oder von einem Aufgabenerstellungsausschuss bei der Handwerkskammer erstellt oder ausgewählt werden, zu übernehmen sind, sofern diese Aufgaben von Gremien erstellt oder ausgewählt werden, die entsprechend § 34 Abs. 2 zusammengesetzt sind.

(3) Der Hauptausschuss des Bundesinstituts für Berufsbildung erlässt für die Prüfungsordnung Richtlinien.

Übersicht

	Rdn.
I. Prüfungsordnung	1
1. Erlass durch HWK	2
2. Inhalt	3
3. Verbindlich auch für Innungsprüfungen	5
II. Prüfungsentscheidungen anfechtbar	6
1. Allgemeines	6
2. Anfechtungsgründe	16
a) Zulassungsfehler	18
b) Prüfungsmängel	19
aa) Fehlerhafte Ausschussbesetzung	20
bb) Unkorrekte Prüfungsabnahme	21
cc) Störung des Ablaufs	22
dd) Persönliche Behinderung	24
ee) Unzulässige Anforderungen	26
ff) Bewertungsfehler	27
c) Rücknahme der Prüfung	28
3. Wirkung von Aufhebung oder Rücknahme	29

I. Prüfungsordnung

1 Durch die Prüfungsordnung werden die Formalien und der äußere Ablauf der Gesellenprüfung geregelt, nicht jedoch der materielle Inhalt; diesen enthält die Ausbildungsordnung nach § 25. Es handelt sich bei der Prüfungsordnung um eine Rechtsverordnung (so BayVGH vom 28. 3. 1963, GewA 1963, 207).

Prüfungsordnung §38 **HwO**

1. Zum Erlass der Gesellenprüfungsordnung ist die Handwerkskammer verpflichtet („hat ... zu erlassen"; vgl. auch § 91 Abs. 1 Nr. 5). Eine beschlossene Prüfungsordnung ist unwirksam, solange ihr die Genehmigung der zuständigen obersten Landesbehörde fehlt (Abs. 1 Satz 2). Das gilt auch für spätere Änderungen.

2. Der **Inhalt der Prüfungsordnung** ist im Wesentlichen vom Gesetz vorgegeben (Abs. 2). Eine „Musterprüfungsordnung für Gesellenprüfungen" bildet die Anlage 1b der „Richtlinien für Prüfungsordnungen", die der Bundesausschuss für Berufsbildung am 9. 6. 1971 beschlossen hat (BArbBl. 1971, 634). Diese in Abs. 1 Satz 3 erwähnten „Richtlinien" haben keine verbindliche Wirkung (dazu ausführlich *Breitmeier,* BB 1972, 275). Es ist aber sinnvoll und zweckmäßig, wenn die Handwerkskammern der Einfachheit halber die Musterprüfungsordnung übernehmen; die Genehmigungsbehörde sollte im Interesse der Einheitlichkeit Abweichungen nur zur Berücksichtigung besonderer regionaler Unterschiede zulassen.

Die Gesellenprüfung kann nur in einem anerkannten Ausbildungsberuf abgenommen und abgelegt werden. Wurden während der Ausbildung Handwerke geändert, zusammengelegt, getrennt oder umbenannt, so sind in der Regel die alten Ausbildungsvorschriften bis zum Abschluss weiter anzuwenden, sofern nichts anderes vorgeschrieben oder vereinbart wurde. In den Prüfungszeugnissen sind auf jeden Fall die neuen Berufsbezeichnungen zu verwenden; im Interesse der Prüflinge sollte auf eine Kennzeichnung verzichtet werden, wenn die Prüfung noch nach den alten Vorschriften abgenommen wurde.

3. Die Prüfungsordnung ist verbindlich nicht nur für die Prüfungsausschüsse der Handwerkskammer selbst, sondern auch für die einer von ihr gem. § 33 Abs. 1 Satz 2 ermächtigten Innung. Dies gilt auch für die Prüfungen sog. überörtlicher Innungen, die über den Bezirk der Handwerkskammer hinausgehen.

II. Prüfungsentscheidungen anfechtbar

1. Die Entscheidungen der Prüfungsausschüsse sind Verwaltungsakte, gegen die der Verwaltungsrechtsweg eröffnet ist. Anfechten kann nur der Prüfling, nicht auch sein Ausbildender (OVG NRW vom 11. 11. 1977, GewA 1978, 381). Der Streitwert beläuft sich in der Regel auf 7500 €. Auf Basis dieses Streitwerts ermitteln sich die Gerichtskosten gem. Kostenordnung und die Rechtsanwaltskosten gem. dem Rechtsanwaltsvergütungsgesetz.

7 Zur gerichtlichen Kontrolle von Prüfungsleistungen vgl. Nds. OVG vom 25. 7. 1994, GewA 1995, 170. – Zur Zuständigkeit im Widerspruchsverfahren vgl. *Steiniger,* GewA 1984, 258 und *Rückert,* GewA 1986, 221.

8 Prüfungsleistungen sind vom Ausschuss selbst zu beurteilen; eine Delegation auf fachkundige Beauftragte ist unzulässig (BayVGH vom 6. 8. 1990, NVwZ-RR 1991, 198; OVG Bremen vom 16. 3. 1993, NVwZ-RR 1994, 26). Ebenso wenig genügt es, wenn schriftliche Arbeiten nur von einem Ausschussmitglied korrigiert werden und die andern sich dann im Schnelldurchgang anschließen (OVG NRW vom 28. 2. 1997, DHreport 10/97 S. 24). Die Entscheidung muss nachvollziehbar begründet sein (BVerwG vom 9. 12. 1992, GewA 1994, 128).

9 Die Prüfungsentscheidung unterliegt nur in beschränktem Umfang der richterlichen Prüfung. Es macht dabei einen wesentlichen Unterschied aus, ob das Verfahren zur Ermittlung der Prüfungsleistungen fehlerhaft war (z. B. weil unzulässige Themen geprüft wurden) oder ob bei der Bewertung der korrekt ermittelten Leistung Fehler gemacht wurden (z. B. bei der Berechnung der Punkte). Im letztgenannten Fall muss selbstverständlich nicht die Leistung wiederholt, sondern nur neu bewertet werden (vgl. VG Meiningen vom 4. 2. 1998, GewA 1998, 206).

10 Die Prüfungsentscheidung unterliegt nur in beschränktem Umfang der richterlichen Würdigung (BVerfG vom 17. 4. 1991, NJW 1991, 2005 – mit Anm. *Honig,* GewA 1994, 222, – und vom 10. 10. 1991, NVwZ 1992, 657, sowie OVG NRW vom 14. 8. 1991, NWVBl. 1992, 67). Zu den Anforderungen an ein korrektes Prüfungsverfahren auch BVerwG vom 24. 2. 1993, NVwZ 1993, 681, vom 14. 3. 1994, NVwZ-RR 1994, 585 und vom 30. 6. 1994, DVBl. 1994, 1362. Siehe auch BVerwG vom 10. 10. 1994, NJW 1995, 977. Die Bewertung einzelner Aufgaben innerhalb eines Prüfungsteils hat keine selbstständige rechtliche Bedeutung; entscheidend ist die Feststellung des Gesamtergebnisses (vgl. BVerwG vom 16. 3. 1994, NVwZ-RR 1994, 582).

11 Die Neubewertung einer Prüfungsarbeit auf Grund begründeter Beanstandungen des Prüflings darf nicht zu einer Notenverschlechterung führen. Haben sich die ursprünglichen Prüfer schon vorweg dahin festgelegt, dass an der Note nichts geändert wird, kann die Neubewertung durch andere Prüfer in Betracht kommen (BVerwG vom 24. 2. 1993, NVwZ 1993, 686); vgl. aber BVerwG vom 30. 1. 1995, NVwZ 1995, 788.

12 Die Würdigung der Prüfungsleistung – der einzelnen Leistung und auch des Gesamtergebnisses – ist von fachlichen Wertungen ab-

Prüfungsordnung §38 **HwO**

hängig, die der Richter nicht nachvollziehen kann. Vom Gericht geprüft wird daher nur, ob erhebliche Verstöße gegen Verfahrensvorschriften vorliegen, ob der Beurteilende von falschen Tatsachen ausgegangen ist, allgemein gültige Bewertungsmaßstäbe nicht beachtet hat oder sich von sachfremden Erwägungen leiten ließ (BVerwG st. Rspr., etwa Urteil vom 25. 1. 1962, GewA 1962, 248 und vom 2. 7. 1965, DVBl. 1966, 35; ferner OVG Berlin vom 20. 8. 1969, GewA 1970, 201). Im Vordergrund steht die Chancengleichheit aller Prüflinge (vgl. OVG Sachs.-Anh. vom 28. 11. 1996, GewA 1997, 158). Der Prüfling kann aber nicht rügen, dass andere ungerechtfertigte Vorteile gehabt hätten oder dass Fehler, die bei der Bewertung anderer Arbeiten gemacht wurden, auch ihm zugute kommen, sofern er selbst korrekt geprüft wurde.

Die vom BVerfG aufgestellten Grundsätze über die gerichtliche 13 Überprüfung von Leistungsbewertungen gelten auch für die handwerkliche Meisterprüfung. Dabei muss aber berücksichtigt werden, dass es sich – zumindest bei der Meisterprüfungsarbeit – um eine an der Praxis, d. h. am Stand der handwerklichen Technik, ausgerichtete Prüfung handelt (VGH BW vom 12. 10. 1999, GewA 2000, 29).

Ist eine Prüfungsentscheidung wegen Voreingenommenheit eines 14 Prüfers aufgehoben worden und verlangt der Prüfling nun deswegen Schadenersatz wegen Amtspflichtverletzung, dann kann das Zivilgericht im Rahmen der Schadensermittlung hypothetische Feststellungen über das Ergebnis einer korrekt durchgeführten Prüfung treffen (BGH vom 3. 3. 1983, NJW 1983, 2241). Ähnlich ist die Situation, wenn der Abschluss einer Ausbildungsmaßnahme unbegründet verwehrt wurde (BGH vom 13. 11. 1997, NJW 1998, 748).

Die durch Art. 19 Abs. 4 GG garantierte gerichtliche Nachprüfung 15 von Prüfungsleistungen setzt eine Begründung der Prüfungsentscheidung und ordnungsgemäße **Dokumentierung des Prüfungsablaufs** voraus (dazu BayVGH vom 8. 3. 1982, NJW 1982, 2685; OVG NRW vom 14. 8. 1991. NWVBl. 1992, 67); sie verlangt aber keine lückenlose Protokollierung (BVerwG vom 31. 3. 1994, DVBl. 1994, 641 = NVwZ 1995, 494; BVerfG vom 14. 2. 1996, DVBl. 1996, 433 = NVwZ 1997, 263; vgl. auch VGH BW vom 13. 6. 1995, NVwZ-RR 1996, 27). Die Bewertung mündlicher Prüfungsleistungen muss nicht unbedingt schriftlich erfolgen (OVG NRW vom 10. 5. 1995, NJW 1996, 2675; BVerwG vom 6. 9. 1995, NJW 1996, 2670 = BVerwGE Bd. 99, 185). Die Prüfungsakten sind ihrem Wesen nach nicht geheim (OVG Nds. vom 28. 2. 1972 NJW 1973, 638). Umfassend zur Akteneinsicht bei Prüfungsanfechtungen vgl. *Steike*, NVwZ 2001, 863. Unklarheiten hinsichtlich des wirklichen Ablaufs gehen zu Lasten des

Klägers (so VG Frankfurt vom 26. 1. 1972, DVBl. 1972, 428). Die Prüfungsordnung kann eine Ausschlussfrist zur Geltendmachung von Mängeln des Prüfungsverfahrens vorsehen (BVerwG vom 22. 6. 1994, DÖV 1995, 115 = NVwZ 1995, 492).

16 2. Nicht jeder Verstoß gegen die Prüfungsordnung oder sonst einschlägige Bestimmungen ist beachtlich. Es kommt vielmehr immer darauf an, ob das Prüfungsergebnis auf diesem Verstoß beruhen kann (vgl. VG Meiningen vom 7. 5. 1997, GewA 1997, 378). Der Anfechtende muss seine Einwände schlüssig, substantiiert und nachvollziehbar vorbringen (OVG NRW vom 14. 3. 1994, NVwZ-RR 1994, 585). Diese Einwände müssen grundsätzlich den Prüfern noch einmal zugeleitet werden, um ihnen die Möglichkeit zu einem „Überdenken" ihrer Entscheidung zu geben (OVG Rh.-Pf. vom 7. 1. 1994, NVwZ 1994, 805).

17 Das Bestehen einer Wiederholungsprüfung macht die Anfechtungsklage gegen die erste Prüfung nicht gegenstandslos (BayVGH vom 21. 10. 1976, GewA 1977, 98; BVerwG vom 12. 4. 1991, NVwZ 1992, 56).

18 **a) Die Zulassung zur Prüfung ist deren Bestandteil,** so dass eine Prüfung auch bei schweren Zulassungsfehlern aufgehoben werden kann (VGH Stuttgart vom 14. 1. 1958, DÖV 1959, 558). Auch ein schwerwiegender Verstoß gegen die Zulassungsbestimmungen rechtfertigt jedoch dann nicht mehr die Aufhebung der Prüfung, wenn der Prüfling daran teilgenommen und bestanden hat (BVerwG vom 8. 12. 1961, GewA 1962, 89).

19 **b)** Die Prüfungsaufgaben müssen geeignet sein, Kandidaten, die das Ausbildungsziel erreicht haben, von denen zu unterscheiden, wo das nicht der Fall ist. Aufgaben und Verfahren unterliegen in vollem Umfang der gerichtlichen Nachprüfung (BVerwG vom 9. 8. 1998, NVwZ-RR 1998, 176). Prüfungsmängel im Einzelnen sind:

20 **aa) Fehlerhafte Besetzung des Ausschusses.** Der Prüfungsausschuss muss korrekt nach § 34 zusammengesetzt sein; es gibt aber kein Recht auf den „gesetzlichen Prüfer" (vgl. OVG NRW vom 14. 3. 1994, NVwZ-RR 1994, 585) – Auch ohne dahingehende ausdrückliche Norm ist es nach allgemeinen Verfahrensgrundsätzen ein erheblicher Verstoß, wenn der Lehrherr eines Prüflings im Prüfungsausschuss mitwirkt (LVG Oldenburg 9. 12. 1958, GewA 1960, 84; einschränkend OVG Rh.-Pf. vom 14. 7. 1976, BB 1976, 1274 = GewA 1977, 164). Dieser Grundsatz gilt allerdings nicht für die nach § 34 an der Prüfung beteiligten Berufsschullehrer; hier ist im Gegenteil sinnvoll, wenn auch der Lehrer des Prüflings mitwirkt. – Zur Frage der Ablehnung eines Prüfers wegen Befangenheit vgl. OVG

Hamburg vom 10. 12. 1969, NJW 1970, 910. Der befangene Prüfer muss wirksam aus dem Verfahren gehalten werden (BVerwG vom 11. 11. 1998, NVwZ-RR 1999, 438). Ein Prüfling kann sich nicht auf mögliche Befangenheit des Prüfers anderen gegenüber berufen, solange er selbst korrekt behandelt wird (OVG Sachs.-Anh. vom 28. 11. 1996, GewA 1997, 158)

bb) Unkorrektheiten bei der Prüfungsabnahme. Die Prü- 21
fungsarbeit muss von sämtlichen Prüfern bewertet werden; die Vorbegutachtung und Vorbenotung kann aber auf zwei Fachbeisitzer übertragen werden (vgl. Nds. OVG vom 21. 4. 1997, GewA 1999, 298). – Die Prüfer müssen sich voll dem Prüfungsgeschehen widmen (OVG NRW vom 4. 4. 1986, NJW 1987, 972). Die gleichzeitige Abnahme der Prüfung bei mehr Prüflingen, als die Prüfungsordnung vorsieht, ist unzulässig und verfälscht das Urteil der Prüfer (VG Düsseldorf vom 27. 7. 1962, GewA 1963, 61). – Die zeitweilige Abwesenheit eines Prüfers ist ein Verfahrensverstoß, allerdings nur, wenn sie Einfluss auf das Ergebnis haben kann (OVG NRW vom 15. 12. 1969, VerwRspr. 1970, 406). – Es stellt einen rechtserheblichen Mangel dar, wenn eine bloße Aufsichtsperson bei der schriftlichen Prüfung sich inhaltlich über die Benotung einer Aufgabe äußert (BayVGH vom 23. 2. 1973, NJW 1973, 1243; vgl. auch VGH BW vom 31. 1. 1995, GewA 1995, 280). – Die Prüfung ist aufzuheben, wenn ein Prüfer in der mündlichen Prüfung auf Fehlleistungen mit unsachlichen und sarkastischen Bemerkungen reagiert (BVerwG vom 28. 4. 1978; VGH Stuttgart vom 10. 1. 1979 GewA 1979, 198). Mit Missfallen ausdrückenden „Grimassen" des Prüfers muss der Prüfling fertig werden; schließlich muss er auch im Berufsleben damit rechnen, dass Vorgesetzte oder Kollegen so reagieren (vgl. FG Rh.-Pf., Az. 2 K 1410/05). Mündliche Prüfer sind zur Fairness verpflichtet. Wurde ein sofort gerügter Vorfall nicht rechtzeitig aufgeklärt, trägt die Prüfungsbehörde die materielle Beweislast (OVG NRW vom 27. 2. 1997, NVwZ-RR 1997, 714). – Nachträgliche Änderungen der Prüfungsaufgabe dürfen vom Prüfling nicht einfach hingenommen werden (OLG Düsseldorf vom 1. 10. 1991, NVwZ 1992, 94).

cc) Störungen des Prüfungsablaufs. Auch Störungen des Ab- 22
laufs durch äußere Einwirkungen muss der Prüfling unverzüglich rügen (für Störung durch Baulärm BVerwG vom 17. 2. 1984, NJW 1985, 447; BVerwG vom 10. 8. 1994, DVBl. 1994, 1364); erst recht gilt dies für rein subjektiv empfundene Störungen (Rauchen der Mitprüflinge: OVG NRW vom 19. 5. 1976, NJW 1977, 121). Eine erst nachträgliche Geltendmachung ist nicht mehr möglich.

Den Prüfungsbehörden steht kein Ermessensspielraum zu bei der 23
Frage, welche Kompensationsmaßnahmen zur Wiederherstellung der

Chancengleichheit geeignet und geboten waren (BVerfG vom 21. 12. 1992, NJW 1993, 917). Ist bei einer Prüfung die Beeinträchtigung – wie etwa bei vorübergehenden Lärmstörungen – durch ausreichende (= 1:1!) Verlängerung der Bearbeitungszeit ausgeglichen worden, ist eine wirksame Anfechtung deswegen nicht mehr möglich (vgl. BVerwG vom 29. 8. 1990, NJW 1991, 442 und vom 11. 8. 1993, NVwZ 1994, 486 = DVBl. 1994, 158).

24 **dd) Nichtberücksichtigung persönlicher Behinderungen** des Prüflings (OVG Lüneburg vom 17. 3. 1971 GewA 1971, 208). Wer einer anerkannten Religionsgemeinschaft angehört, die aus religiösen Gründen die Arbeit an bestimmten Tagen (Sabbath) ablehnt, muss nach Art. 3 i. V. m. 4 GG Anspruch darauf haben, an einem anderen Tag geprüft zu werden; er muss dies aber vor der Prüfung geltend machen. Wegen krankheitsbedingter Beeinträchtigungen vgl. BVerwG vom 8. 5. 1978, WVMBl. 1978, 134. Ein generelles Rauchverbot verstößt nicht gegen den Grundsatz der Chancengleichheit (BVerwG vom 6. 5. 1988, NJW 1988, 2813). – Prüfungsunfähigkeit wegen Krankheit ist nur dann beachtlich, wenn vor Erlangung der Kenntnis des Ergebnisses der Rücktritt erklärt wurde (OVG Rh.-Pf. vom 26. 2. 1986 NVwZ 1988, 457; auch darf es sich nicht um eine Dauerkrankheit handeln. Das gilt auch für den Rücktritt von der Meisterprüfung (VGH Stuttgart vom 12. 7. 1994, GewA 1994, 429). – Ein Rücktritt nach Prüfungsablegung je nach dem erzielten Ergebnis würde die Chancengleichheit verletzen und dem Prüfling eine ungerechtfertigte zusätzliche Chance geben. Entsprechendes gilt für eine Auszubildende, die sich im Mutterschutz befindet: sie braucht in diesem Fall die Prüfung nicht abzulegen, kann dies aber freiwillig tun (vgl. *Zmarzlik/Zipperer,* MutterschutzG, Rdn. 18 zu § 3), sich aber bei einem ungenügenden Ergebnis in diesem Fall nicht mehr auf den Mutterschutz berufen.

25 Meint ein Prüfling, er sei wegen unzureichender Ausbildung der Prüfung noch nicht gewachsen, so muss er auch dies v o r der Prüfung vorbringen (BVerwG vom 12. 11. 1992, NVwZ-RR 1993, 188).

26 **ee) Unzulässige Prüfungsanforderungen.** Es dürfen nicht Dinge geprüft werden, die nicht Ausbildungsinhalt waren (vgl. auch VG Meiningen vom 7. 5. 1997, GewA 1997, 378) oder die zu einem anderen Prüfungsbereich gehören (VGH Bad-Württ. vom 8. 7. 1997, NJW-RR 1998, 106 LS). Zulässiger Prüfungsstoff ist der gesamte Inhalt des Rahmenlehrplans, auch so weit er nicht im Berufsschulunterricht durchgenommen wurde (VG Köln vom 2. 6. 1993, Az. 10 K 3921/90). Ob die Prüfer den zulässigen Rahmen überschritten haben, unterliegt der unbeschränkten gerichtlichen Kontrolle (BVerwG vom 16. 6. 1997., NJW 1998, 323 = DVBl. 1997, 1235). – Schlechte Schrift

Prüfungsordnung **§ 38 HwO**

darf ein Prüfungsergebnis nicht beeinflussen (BayVGH vom 21. 10. 1976, GewA 1977, 98).

ff) Bewertungsfehler. Dazu *Fredebeul/Leonhard,* GewA 1983, 249. – Zur Berechnung einer Gesamtnote vgl. VG Frankfurt vom 25. 5. 1982 GewA 1982, 381; es besteht dabei ein weiter Gestaltungsspielraum (VG Stuttgart vom 31. 1. 1995, GewA 1995, 281). Die Endnote muss nicht aus dem arithmetischen Mittel der Einzelnoten gebildet werden; es darf auch gewichtet werden (VGH BW vom 8. 7. 1997, GewA 1998, 176 = NVwZ-RR 1998, 106 LS). Es ist zulässig, eine Gesamtnote allein anzugreifen, ohne die Aufhebung der gesamten Prüfungsentscheidung zu beantragen (VG Frankfurt vom 26. 1. 1972, NJW 1972, 1294). Zur Gewichtung der Noten vgl. auch OVG Rh.-Pf. vom 21. 7. 1971, VerwRspr. 1972, 546. In gewissen Grenzen kann auch auf- und abgerundet werden. – Eine 100-Punkte-Skala muss nicht linear, sondern kann auch degressiv gestaffelt sein (so VGH BW vom 16. 1. 1990, GewA 1990, 134; BVerwG vom 13. 5. 1986, GewA 1986, 303). – Die Prüfungsordnung kann durchaus sog. Sperrfächer einführen (VGH BW vom 31. 1. 1995, GewA 1995, 280). Es gibt keinen allgemeinen Grundsatz, dass es stets eine Ausgleichsmöglichkeit zwischen praktischen und theoretischen oder schriftlichen und mündlichen Prüfungsleistungen geben müsste (NdsOVG NJW 1974, 2149). Zur Bewertung des Gesellenstücks vgl. OVG Saarland vom 26. 9. 1985, GewA 1986, 238. Die Bewertungsentscheidung eines Prüfungsausschusses, die maßgeblich darauf beruht, dass ein Prüfer entgegen seiner festen Überzeugung um des lieben Friedens willen nachgab, ist unkorrekt (BVerwG vom 16. 1. 1995, NVwZ 1995, 469). – Zur nachträglichen Bewertung durch das Gericht vgl. BVerwG vom 12. 11. 1997, NVwZ-RR 1998, 636. Mehr zur Bewertung von Prüfungsleistungen auch bei § 50!

c) Rücknahme der Prüfung. Der Prüfungsausschuss selbst kann auch ohne Anfechtung nach den allgemeinen Grundsätzen über die Rücknahme eines Verwaltungsaktes (dazu *Fischer,* LKV 1992, 298) die Prüfung für ungültig erklären. Dies kommt z. B. in Frage bei Prüfungsbetrug, Bestechung u. Ä. Den Rücknahmebescheid kann der Betroffene verwaltungsgerichtlich anfechten. Die irrtümliche Mitteilung vom Bestehen der Prüfung kann widerrufen werden, solange der Prüfling in falscher Hoffnung noch nichts „ins Werk gesetzt" hat (VG Kassel vom 15. 7. 1976 Az. IV E 253/76).

3. Wirkung sowohl der Aufhebung als auch der Rücknahme eines Prüfungsbescheids ist grundsätzlich nur, dass der Prüfling in den Stand vor der Prüfungsablegung zurückversetzt wird. Die gleiche Wirkung hat der Rücktritt des Prüflings (dazu VGH Sttgt. vom

12. 7. 1994, GewA 1994, 429). Es tritt also nicht die Wirkung ein, dass bei Aufhebung eines negativen Bescheids die Prüfung nunmehr als bestanden gilt. Ob und in welchem Umfang die erbrachte Leistung noch einmal wiederholt werden muss oder ob eine Neubewertung genügt, richtet sich nach den jeweiligen Umständen (dazu vgl. VG Ansbach vom 19. 12. 1966, GewA 1967, 220; BayVGH vom 14. 5. 1970, GewA 1970, 278 und BVerwG vom 1. 10. 1970, GewA 1971, 163). Nicht möglich ist eine Neubewertung durch das Gericht, selbst wenn ihm die gleichen tatsächlichen Grundlagen wie dem Prüfungsausschuss zur Verfügung stehen. Auch wenn dieses meint, auf Grund eigenen Sachverstandes dazu in der Lage zu sein, so kennt es doch nur den Einzelfall und hat keinen Überblick über den allgemeinen Leistungsstand (vgl. BFH vom 26. 6. 1973 BStBl. II S. 747).

§ 39 [Zwischenprüfung]

(1) [1]**Während der Berufsausbildung ist zur Ermittlung des Ausbildungsstands eine Zwischenprüfung entsprechend der Ausbildungsordnung durchzuführen.** [2]**Die §§ 31 bis 33 gelten entsprechend.**

(2) **Sofern die Ausbildungsordnung vorsieht, dass die Gesellenprüfung in zwei zeitlich auseinander fallenden Teilen durchgeführt wird, findet Absatz 1 keine Anwendung.**

1   **1. Die Durchführung von Zwischenprüfungen ist zwingend vorgeschrieben.** Ihre Ablegung ist nach § 36 Abs. 1 Nr. 2 Voraussetzung für die Zulassung zur Gesellenprüfung.

2   **2. Grundlage** für die Zwischenprüfung ist die jeweilige Ausbildungsordnung. Die Durchführung dieser Prüfungen richtet sich nach den allgemeinen Grundsätzen für Gesellenprüfungen (Abs. 2). Vorschriften über die Zusammensetzung des Prüfungsausschusses gibt es zwar nicht, doch empfiehlt sich auch insoweit die Anlehnung an das Verfahren bei der Gesellenprüfung.

3   **3. Durch die Zwischenprüfung soll lediglich der jeweilige Leistungsstand des Lehrlings festgestellt werden,** um die Berufsausbildung möglichst effektiv gestalten zu können. Irgendwelche weitere Bedeutung oder Wirkungen hat diese Prüfung nicht. Ihr „Bestehen" gibt daher keine irgendwie gearteten Rechte; ein Versagen führt andererseits nicht zu einer Wiederholung des betreffenden Ausbildungsabschnitts oder dergleichen, sondern soll lediglich dem

Zusätzliche Fertigkeiten § 39a HwO

Lehrling und seinem Ausbilder ein Zeichen setzen, welche Schwächen vor der Abschlussprüfung noch beseitigt werden müssen.

4. Bei getrennt durchgeführter Gesellenprüfung bedarf es keiner Zwischenprüfung.

§ 39a [Zusätzliche Fertigkeiten]

(1) ¹**Zusätzliche berufliche Fertigkeiten, Kenntnisse und Fähigkeiten nach § 26 Abs. 2 Nr. 5 werden gesondert geprüft und bescheinigt.** ²**Das Ergebnis der Prüfung nach § 31 bleibt unberührt.**
(2) **§ 31 Abs. 3 und 4 sowie die §§ 33 bis 35 a und 38 gelten entsprechend.**

Die Erweiterung der Ausbildungsmöglichkeiten verlangt auch entsprechende Prüfungsmöglichkeiten. Erworbene Zusatzqualifikationen, z. B. Fremdsprachen, werden gesondert geprüft, für den Lehrling gebührenfrei; vom Ausbildenden können Zusatzgebühren erhoben werden. Das Gesamtergebnis wird von Zusatzqualifikationen nicht beeinflusst.

§ 40 [Gleichstellung von Prüfungszeugnissen]

(1) **Das Bundesministerium für Wirtschaft und Technologie kann im Einvernehmen mit dem Bundesministerium für Bildung und Forschung nach Anhörung des Hauptausschusses des Bundesinstituts für Berufsbildung durch Rechtsverordnung außerhalb des Anwendungsbereichs dieses Gesetzes erworbene Prüfungszeugnisse den entsprechenden Zeugnissen über das Bestehen der Gesellenprüfung gleichstellen, wenn die Berufsausbildung und die in der Prüfung nachzuweisenden beruflichen Fertigkeiten, Kenntnisse und Fähigkeiten gleichwertig sind.**
(2) **Das Bundesministerium für Wirtschaft und Technologie kann im Einvernehmen mit dem Bundesministerium für Bildung und Forschung nach Anhörung des Hauptausschusses des Bundesinstituts für Berufsbildung durch Rechtsverordnung im Ausland erworbene Prüfungszeugnisse den entsprechenden Zeugnissen über das Bestehen der Gesellenprüfung gleichstellen, wenn die in der Prüfung nachzuweisenden beruflichen Fertigkeiten, Kenntnisse und Fähigkeiten gleichwertig sind.**

HwO § 41 2. Teil. Berufsbildung im Handwerk

1   **1. Ersatz der Gesellenprüfung.** Im Gegensatz zu § 27a Abs. 1 bzw. § 37 Abs. 3 wird hier nicht nur der Besuch der Lehrwerkstätte usw. als Lehrzeit anerkannt, sondern es wird die Prüfung der Gesellenprüfung unmittelbar gleichgestellt. Auch ohne eine dem § 121 (für die Meisterprüfung) entsprechende ausdrückliche Übergangsbestimmung kann sich die Gleichstellung auch auf solche Prüfungen beziehen, die vor Inkrafttreten der Handwerksordnung abgelegt worden sind.

2   **2. Die Privilegierung erfolgt durch Rechtsverordnung** des Bundeswirtschaftsministeriums. Voraussetzung dafür ist, dass die Ausbildung und die in der betreffenden Prüfung nachgewiesenen Fertigkeiten und Kenntnisse denen der handwerklichen Gesellenprüfung gleichwertig sind. Auch wenn diese Voraussetzung materiell gegeben ist, kann beim Fehlen einer Rechtsverordnung nach Abs. 1 keine individuelle Gleichstellung etwa durch die Handwerkskammer erfolgen. Ist allerdings andererseits eine Gleichstellung in der vorgeschriebenen Form erfolgt, so ist diese in jeder Hinsicht verbindlich (vgl. VO i. d. F. vom 2. 7. 1984 BGBl. I S. 870).

3   Ob eine Gleichstellung erfolgt, steht im Ermessen des Bundeswirtschaftsministeriums. Ein Rechtsanspruch auf Gleichstellung einer bestimmten Prüfung besteht nicht.

4   **3. Außerhalb des Bundesgebietes abgelegte Prüfungen** können unter den gleichen Voraussetzungen und in der gleichen Form gleichgestellt werden. Notwendig ist nur die Gleichwertigkeit der Prüfung, nicht auch der Ausbildung wie nach Abs. 1 (vgl. VO i. d. F. vom 12. 8. 1985 BGBl. I S. 1760). Auf Status oder Nationalität des im Ausland Geprüften kommt es nicht an.

Fünfter Abschnitt. Regelung und Überwachung der Berufsausbildung

§ 41 [Regelung der Berufsausbildung]

Soweit Vorschriften nicht bestehen, regelt die Handwerkskammer die Durchführung der Berufsausbildung im Rahmen der gesetzlichen Vorschriften.

Überwachung der Berufsausbildung § 41a HwO

Literatur: *Kormann,* Die Verpflichtung zur überbetrieblichen Lehrlingsunterweisung im Handwerk, GewA 1989, 366; *ders.,* Normsetzungskonkurrenz bei Vorkehrung überbetrieblicher Unterweisung im Handwerk, GewA 1991, 89.

Die Vorschrift ist eine **reine Zuständigkeitsnorm.** Die Regelung der Berufsausbildung kann sowohl durch generelle Vorschriften als auch durch Einzelanordnungen erfolgen. Voraussetzung ist jedoch immer eine entsprechende gesetzliche Grundlage. Die Vorschrift gibt daher der Handwerkskammer keine Befugnisse auf den Gebieten, wo eine andere Stelle ausdrücklich für allein zuständig erklärt wurde, auch wenn diese andere Stelle von ihrer Befugnis (noch) keinen Gebrauch gemacht hat (vgl. *Kormann,* GewA 1991, 89; VG Kiel vom 23. 1. 1997, GewA 1997, 157). 1

§ 41 klärt die Zuständigkeit zur Regelung der Überbetrieblichen Lehrlingsunterweisung – ÜLU – (so VG Stuttgart vom 25. 9. 1985, GewA 1985, 270 und VGH BW vom 17. 10. 1985, GewA 1986, 28; vgl. *Kormann,* GewA 1989, 366; *ders.,* GewA 1991, 89 zum Verhältnis der §§ 26a, 41, 54, 91). Siehe auch Anm. I.1.c. zu § 91. 2

Von der Handwerkskammer angeordnete ÜLU-Maßnahmen, selbst wenn die Durchführung Außenstehenden übertragen ist, können nicht deswegen abgelehnt werden, weil eine Innung in eigener Trägerschaft entsprechendes anbietet (VG Osnabrück vom 24. 1. 1995, GewA 1996, 247). 3

§ 41a [Überwachung der Berufsausbildung]

(1) ¹**Die Handwerkskammer überwacht die Durchführung**
1. **der Berufsausbildungsvorbereitung,**
2. **der Berufsausbildung und**
3. **der beruflichen Umschulung**
und fördert diese durch Beratung der an der Berufsbildung beteiligten Personen. ²**Sie hat zu diesem Zweck Berater zu bestellen.** ³**§ 111 ist anzuwenden.**

(2) **Ausbildende, Umschulende und Anbieter von Maßnahmen der Berufsausbildungsvorbereitung sind auf Verlangen verpflichtet, die für die Überwachung notwendigen Auskünfte zu erteilen und Unterlagen vorzulegen sowie die Besichtigung der Ausbildungsstätten zu gestatten.**

(3) ¹**Die Durchführung von Auslandsaufenthalten nach § 2 Abs. 3 des Berufsbildungsgesetzes überwacht und fördert die Handwerkskammer in geeigneter Weise.** ²**Beträgt die Dauer eines Ausbildungsabschnitts im Ausland mehr als vier Wochen, ist hier-**

HwO § 41a 2. Teil. Berufsbildung im Handwerk

für ein mit der Handwerkskammer abgestimmter Plan erforderlich.

(4) Die Handwerkskammer teilt der Aufsichtsbehörde nach dem Jugendarbeitsschutzgesetz Wahrnehmungen mit, die für die Durchführung des Jugendarbeitsschutzgesetzes von Bedeutung sein können.

Übersicht

	Rdn.
I. Überwachung der Berufsausbildung	1
1. Allgemeines	1
2. Bestellung von Ausbildungsberatern	2
3. Aufgaben der Ausbildungsberater	5
a) Beratung der Beteiligten	6
b) Überwachung der Durchführung	7
c) Zusammenarbeit mit anderen Stellen	8
II. Sonderrechte	9

I. Überwachung der Berufsausbildung

1 **1. Überwachung** bedeutet nicht nur ein Eingreifen bei etwaigen Beschwerdefällen. Die Handwerkskammer muss sich vielmehr laufend und umfassend um alle Berufsausbildungsverhältnisse ihres Gebietes kümmern. Die Durchführung lediglich vereinzelter Stichproben entspricht nicht dem Willen des Gesetzgebers.

2 Wie sich aus anderen Vorschriften ergibt (z. B. § 23a Abs. 1), genügt für eine ausreichende Überwachung keineswegs die rein büromäßige Registrierung und Kontrolle. Die Handwerkskammer muss sich vielmehr auch an Ort und Stelle um die betrieblichen und persönlichen Verhältnisse jedes einzelnen Ausbildungsverhältnisses kümmern. Ohne die dadurch gewonnene Kenntnis der faktischen Gegebenheiten könnte die Handwerkskammer auch ihrer weiteren Pflicht zur Beratung der Ausbildenden und Lehrlinge nicht nachkommen.

3 **2.** Die Handwerkskammer muss **Ausbildungsberater** bestellen. Es handelt sich hierbei um eine zwingende Verpflichtung. Damit ist aber nicht gesagt, dass die Überwachung und Förderung nach Satz 1 ausschließlich Sache dieser Ausbildungsberater sei.

4 Ein bestimmter Status ist für die Ausbildungsberater nicht vorgeschrieben. Es kann sich dabei also um haupt-, neben- oder ehrenamtliche Kräfte handeln. In aller Regel wird aber der Einsatz ausschließlich nebenberuflicher Kräfte zur Erfüllung der Überwachungsaufgabe nicht ausreichen. Im Hinblick auf die notwendige Eignung und Erfahrung in den anstehenden rechtlichen, technischen und mensch-

Überwachung der Berufsausbildung § 41a HwO

lichen Problemen wird letztlich nur ein hauptamtlicher Ausbildungsberater den größtmöglichen Nutzen bringen. Als Richtzahl wird man annehmen können, dass auf je ca. 2500 bis 3000 Ausbildungsverhältnisse ein hauptamtlicher Ausbildungsberater entfallen sollte. (Die vom Deutschen Bildungsrat 1969 aufgestellte Richtgröße von 1:300 ist gut gemeint, aber nicht realisierbar!).

3. Die Aufgaben des Ausbildungsberaters, wie sie der Bundesausschuss für Berufsbildung am 24. 8. 1973 definiert hat und woran sich seitdem im Prinzip nichts geändert hat, sind zusammengestellt z. B. in der BayIME vom 14. 12. 1978 (MABl. 1979 S. 5): 5

a) Beratung der an der Berufsausbildung Beteiligten. 6

1) Beratung der Ausbildenden und Ausbilder, etwa über
   - Ausbildungsmöglichkeiten (Ausbildungsberufe und -ordnungen)
   - Ausbildungsvertrag, insbes. Ausbildungspflichten
   - Art und Einrichtung der Ausbildungsstätte
   - Angemessenes Verhältnis zwischen Fachkräften, Ausbildungsplätzen und Lehrlingen
   - Persönliche und fachliche Eignung der Ausbildenden und Ausbilder
   - Bestellung von Ausbildern
   - Sachliche und zeitliche Gliederung der Ausbildung (betrieblicher Ausbildungsplan) und ggf. ergänzende Maßnahmen
   - Verkürzung und Verlängerung der Ausbildungszeit
   - Berufs- und arbeitspädagogische Fragen der Ausbildung
   - Berichtsheftführung, bzw. Ausbildungsnachweis
   - Berufsschulbesuch, ÜLU
   - Zwischen und Abschlussprüfungen
   - Zusammenarbeit mit den an der Ausbildung Beteiligten
   - Einschlägige Gesetze und Vorschriften
2) Beratung der Lehrlinge, etwa über
   - Rechte und Pflichten aus dem Ausbildungsverhältnis
   - Verkürzung der Ausbildungszeit (Anrechnungen, Abkürzungen, vorzeitige Zulassung) und Verlängerung
   - Berufsschulbesuch und ÜLU
   - Zwischen- und Abschlussprüfung (Anmeldung, Zulassung, Anforderungen und Ablauf)
   - Aufstiegs-, Fortbildungs- und Förderungsmöglichkeiten
   - Hinweise auf Beratungsmöglichkeiten bei Leistungs- und Entwicklungsstörungen

b) Überwachung der Durchführung der Berufsausbildung. 7
Zu berücksichtigen sind etwa

HwO § 42 2. Teil. Berufsbildung im Handwerk

- Art und Einrichtung der Ausbildungsstätte
- Angemessenes Verhältnis zwischen Fachkräften, Ausbildungsplätzen und Lehrlingen
- Persönliche und fachliche Eignung von Ausbildenden und Ausbildern
- Einhaltung der bestehenden Vorschriften
- Einhaltung des Verbots der Beschäftigung mit ausbildungsfremden Tätigkeiten
- Berufsschulbesuch und ÜLU
- Kostenlose Bereitstellung der Ausbildungsmittel
- Erfüllung von Auflagen im Zusammenhang mit der Ausbildung

8 **c) Mitwirkung bei der Zusammenarbeit der zuständigen Stellen** mit betrieblichen und außerbetrieblichen Stellen. Der Ausbildungsberater hat im Rahmen seiner Tätigkeit bei der Zusammenarbeit mit Verwaltung und Personalrat der Handwerkskammer, mit der Berufsberatung, den beruflichen Schulen und der Gewerbeaufsicht mitzuwirken.

II. Sonderrechte

9 Zur ordnungsgemäßen Erfüllung ihrer Überwachungsaufgabe muss die Handwerkskammer erforderlichenfalls auch gegen den Willen des Betriebsinhabers die Ausbildungsstätte besichtigen können und dergleichen. Abs. 1 Satz 3 gibt hier dazu die Möglichkeit, indem er § 111 für anwendbar erklärt (vgl. dort). Diese Ermächtigung kommt nicht nur den ausdrücklich zum Ausbildungsberater Bestellten zugute, sondern sämtlichen Mitarbeitern der Handwerkskammer, soweit sie konkret mit der Durchführung der Berufsausbildung und deren Überwachung und Förderung befasst sind. Der Handwerkskammer stehen insoweit gem. Abs. 2 auch die notwendigen Auskunftsansprüche zu.

Sechster Abschnitt. Berufliche Fortbildung, berufliche Umschulung

§ 42 [Überwachung und Förderung]

(1) **Als Grundlage für eine einheitliche berufliche Fortbildung kann das Bundesministerium für Bildung und Forschung im Einvernehmen mit dem Bundesministerium für Wirtschaft und Technologie nach Anhören des Hauptausschusses des Bundesinstituts für Berufsbildung durch Rechtsverordnung, die nicht der**

Berufliche Fortbildung, berufliche Umschulung § 42a **HwO**

Zustimmung des Bundesrates bedarf, Fortbildungsabschlüsse anerkennen und hierzu Prüfungsregelungen erlassen (Fortbildungsordnung).
(2) Die Fortbildungsordnung hat festzulegen
1. die Bezeichnung des Fortbildungsabschlusses,
2. das Ziel, den Inhalt und die Anforderungen der Prüfung,
3. die Zulassungsvoraussetzungen sowie
4. das Prüfungsverfahren.

§ 42a [Fortbildungsprüfungsregelungen]

[1]Soweit Rechtsverordnungen nach § 42 nicht erlassen sind, kann die Handwerkskammer Fortbildungsprüfungsregelungen erlassen. [2]Die Vorschriften über die Meisterprüfung bleiben unberührt. [3]Die Handwerkskammer regelt die Bezeichnung des Fortbildungsabschlusses, Ziel, Inhalt und Anforderungen der Prüfungen, ihre Zulassungsvoraussetzungen sowie das Prüfungsverfahren.

§ 42b [Ausländische Bildungsabschlüsse und Berufstätigkeit]

Sofern die Fortbildungsordnung (§ 42) oder eine Regelung der Handwerkskammer (§ 42a) Zulassungsvoraussetzungen vorsieht, sind ausländische Bildungsabschlüsse und Zeiten der Berufstätigkeit im Ausland zu berücksichtigen.

§ 42c [Prüfungsausschüsse]

(1) [1]Für die Durchführung von Prüfungen im Bereich der beruflichen Fortbildung errichtet die Handwerkskammer Prüfungsausschüsse. [2]§ 31 Abs. 2 und 3 sowie die §§ 34 bis 35a, 37a und 38 gelten entsprechend.
(2) Der Prüfling ist auf Antrag von der Ablegung einzelner Prüfungsbestandteile durch die Handwerkskammer zu befreien, wenn er eine andere vergleichbare Prüfung vor einer öffentlichen oder staatlich anerkannten Bildungseinrichtung oder vor einem staatlichen Prüfungsausschuss erfolgreich abgelegt hat und die Anmeldung zur Fortbildungsprüfung innerhalb von fünf Jahren nach der Bekanntgabe des Bestehens der anderen Prüfung erfolgt.

§ 42d [Gleichstellung von Zeugnissen]

Das Bundesministerium für Wirtschaft und Technologie kann im Einvernehmen mit dem Bundesministerium für Bildung und Forschung nach Anhörung des Hauptausschusses des Bundesinstituts für Berufsbildung durch Rechtsverordnung außerhalb des Anwendungsbereichs dieses Gesetzes oder im Ausland erworbene Prüfungszeugnisse den entsprechenden Zeugnissen über das Bestehen einer Fortbildungsprüfung auf der Grundlage der §§ 42 und 42a gleichstellen, wenn die in der Prüfung nachzuweisenden beruflichen Fertigkeiten, Kenntnisse und Fähigkeiten gleichwertig sind.

§ 42e [Umschulungsordnung]

Als Grundlage für eine geordnete und einheitliche berufliche Umschulung kann das Bundesministerium für Bildung und Forschung im Einvernehmen mit dem Bundesministerium für Wirtschaft und Technologie nach Anhörung des Hauptausschusses des Bundesinstituts für Berufsbildung durch Rechtsverordnung, die nicht der Zustimmung des Bundesrates bedarf,
1. die Bezeichnung des Umschulungsabschlusses,
2. das Ziel, den Inhalt, die Art und Dauer der Umschulung,
3. die Anforderungen der Umschulungsprüfung und ihre Zulassungsvoraussetzungen sowie
4. das Prüfungsverfahren der Umschulung
unter Berücksichtigung der besonderen Erfordernisse der beruflichen Erwachsenenbildung bestimmen (Umschulungsordnung).

§ 42f [Umschulungsprüfungsregelungen]

[1]Soweit Rechtsverordnungen nach § 42e nicht erlassen sind, kann die Handwerkskammer Umschulungsprüfungsregelungen erlassen. [2]Die Handwerkskammer regelt die Bezeichnung des Umschulungsabschlusses, Ziel, Inhalt und Anforderungen der Prüfungen, ihre Zulassungsvoraussetzungen sowie das Prüfungsverfahren unter Berücksichtigung der besonderen Erfordernisse beruflicher Erwachsenenbildung.

Berufliche Fortbildung, berufliche Umschulung § 42 g HwO

§ 42g [Umschulung für einen anerkannten Ausbildungsberuf]

¹Sofern sich die Umschulungsordnung (§ 42e) oder eine Regelung der Handwerkskammer (§ 42f) auf die Umschulung für einen anerkannten Ausbildungsberuf (Gewerbe der Anlage A oder der Anlage B) richtet, sind das Ausbildungsberufsbild (§ 26 Abs. 1 Nr. 3), der Ausbildungsrahmenplan (§ 26 Abs. 1 Nr. 4) und die Prüfungsanforderungen (§ 26 Abs. 1 Nr. 5) zugrunde zu legen. ²Die §§ 21 bis 24 gelten entsprechend.

§ 42h [Ausländische Bildungsabschlüsse und Berufstätigkeit im Ausland]

Sofern die Umschulungsordnung (§ 42e) oder eine Regelung der Handwerkskammer (§ 42f) Zulassungsvoraussetzungen vorsieht, sind ausländische Bildungsabschlüsse und Zeiten der Berufstätigkeit im Ausland zu berücksichtigen.

§ 42i [Erfordernisse]

(1) Maßnahmen der beruflichen Umschulung müssen nach Inhalt, Art, Ziel und Dauer den besonderen Erfordernissen der beruflichen Erwachsenenbildung entsprechen.

(2) ¹Der Umschulende hat die Durchführung der beruflichen Umschulung unverzüglich vor Beginn der Maßnahme der Handwerkskammer schriftlich anzuzeigen. ²Die Anzeigepflicht erstreckt sich auf den wesentlichen Inhalt des Umschulungsverhältnisses. ³Bei Abschluss eines Umschulungsvertrages ist eine Ausfertigung der Vertragsniederschrift beizufügen.

(3) ¹Für die Durchführung von Prüfungen im Bereich der beruflichen Umschulung errichtet die Handwerkskammer Prüfungsausschüsse. ²§ 31 Abs. 2 und 3 sowie die §§ 34 bis 35a, 37a und 38 gelten entsprechend.

(4) Der Prüfling ist auf Antrag von der Ablegung einzelner Prüfungsbestandteile durch die Handwerkskammer zu befreien, wenn er eine andere vergleichbare Prüfung vor einer öffentlichen oder staatlich anerkannten Bildungseinrichtung oder vor einem staatlichen Prüfungsausschuss erfolgreich abgelegt hat und die Anmeldung zur Umschulungsprüfung innerhalb von fünf Jahren nach der Bekanntgabe des Bestehens der anderen Prüfung erfolgt.

HwO § 42j   2. Teil. Berufsbildung im Handwerk

§ 42j [Gleichstellung anderer Prüfungszeugnisse]

Das Bundesministerium für Wirtschaft und Technologie kann im Einvernehmen mit dem Bundesministerium für Bildung und Forschung nach Anhörung des Hauptausschusses des Bundesinstituts für Berufsbildung durch Rechtsverordnung außerhalb des Anwendungsbereichs dieses Gesetzes oder im Ausland erworbene Prüfungszeugnisse den entsprechenden Zeugnissen über das Bestehen einer Umschulungsprüfung auf der Grundlage der §§ 42e und 42f gleichstellen, wenn die in der Prüfung nachzuweisenden beruflichen Fertigkeiten, Kenntnisse und Fähigkeiten gleichwertig sind.

1   1. **Die berufliche Fortbildung** soll es ermöglichen, die beruflichen Fertigkeiten und Kenntnisse zu erhalten, zu erweitern, der technischen Entwicklung anzupassen, oder beruflich aufzusteigen (§ 1 Abs. 3 BBiG). – **Die berufliche Umschulung** soll zu einer anderen beruflichen Tätigkeit befähigen (§ 1 Abs. 4 BBiG). Rechtsprechung dazu vgl. GewA 2002, 20–22).

2   In beiden Fällen ist Voraussetzung, dass der Betreffende bereits eine Berufsausbildung abgeschlossen hat (BSG vom 5.6.1973, SGb 1974, 202). Fortbildungs- und Umschulungsmaßnahmen kommen daher in aller Regel nur für Personen fortgeschrittenen Alters in Frage. Ungeachtet aller im Gesetz vorgesehenen Ausnahmemöglichkeiten wäre es unter diesen Umständen unangemessen und unangebracht, die zusätzliche Ausbildung nach den allgemeinen Ausbildungsvorschriften durchzuführen.

3   2. Das Gesetz gibt daher die Möglichkeit, für Fortbildungs- und Umschulungsmaßnahmen **besondere Ausbildungsvorschriften** aufzustellen und besondere Prüfungen durchzuführen. Diese müssen den Erfordernissen der beruflichen Erwachsenenbildung entsprechen (vgl. auch BVerwG vom 18.11.1992, NVwZ-RR 1993, 251). Begehrt und bewährt ist z.B. die Fortbildung zum **Betriebswirt des Handwerks,** durch die Handwerksmeistern in einem viersemestrigen Zusatzstudium kaufmännische, betriebswirtschaftliche und rechtliche Kenntnisse vermittelt werden. Zur Prüfungszulassung vgl. OVG Hamb. vom 18.2.1985, GewA 1985, 272. Eine erleichterte Meisterprüfung ist auf dem Weg über Fortbildungsmaßnahmen allerdings nicht möglich (§ 42 Abs. 1 S. 2).

4   3. Es ist der Handwerkskammer freigestellt, ob sie entsprechende Sonderprüfungen durchführt; ein Rechtsanspruch darauf besteht

Berufliche Bildung behinderter Menschen § 42k HwO

nicht. Entschließt sich allerdings die Handwerkskammer zu diesem Schritt, dann muss sie die Vorschriften der §§ 42, 42a beachten.

Siebenter Abschnitt. Berufliche Bildung behinderter Menschen, Berufsausbildungsvorbereitung

§ 42k [Grundsatz]

Behinderte Menschen (§ 2 Abs. 1 Satz 1 des Neunten Buches Sozialgesetzbuch) sollen in anerkannten Ausbildungsberufen ausgebildet werden.

§ 42l [Besondere Anforderungen]

(1) ¹Regelungen nach den §§ 38 und 41 sollen die besonderen Verhältnisse behinderter Menschen berücksichtigen. ²Dies gilt insbesondere für die zeitliche und sachliche Gliederung der Ausbildung, die Dauer von Prüfungszeiten, die Zulassung von Hilfsmitteln und die Inanspruchnahme von Hilfeleistungen Dritter, wie Gebärdendolmetscher für hörbehinderte Menschen.

(2) ¹Der Berufsausbildungsvertrag mit einem behinderten Menschen ist in die Lehrlingsrolle (§ 28) einzutragen. ²Der behinderte Mensch ist zur Gesellenprüfung auch zuzulassen, wenn die Voraussetzungen des § 36 Abs. 1 Nr. 2 und 3 nicht vorliegen.

§ 42m [Besondere Ausbildungsregelungen]

(1) ¹Für behinderte Menschen, für die wegen Art und Schwere ihrer Behinderung eine Ausbildung in einem anerkannten Ausbildungsberuf nicht in Betracht kommt, trifft die Handwerkskammer auf Antrag der behinderten Menschen oder ihrer gesetzlichen Vertreter Ausbildungsregelungen entsprechend den Empfehlungen des Hauptausschusses des Bundesinstituts für Berufsbildung. ²Die Ausbildungsinhalte sollen unter Berücksichtigung von Lage und Entwicklung des allgemeinen Arbeitsmarktes aus den Inhalten anerkannter Ausbildungsberufe entwickelt werden. ³Im Antrag nach Satz 1 ist eine Ausbildungsmöglichkeit in dem angestrebten Ausbildungsgang nachzuweisen.

(2) § 42l Abs. 2 Satz 1 gilt entsprechend.

§ 42n [Berufliche Fortbildung]

Für die berufliche Fortbildung und die berufliche Umschulung behinderter Menschen gelten die §§ 42k bis 42m entsprechend, soweit Art und Schwere der Behinderung dies erfordern.

§ 42o [Berufsausbildungsvorbereitung]

(1) ¹Die Berufsausbildungsvorbereitung richtet sich an lernbeeinträchtigte oder sozial benachteiligte Personen, deren Entwicklungsstand eine erfolgreiche Ausbildung in einem anerkannten Ausbildungsberuf (Gewerbe der Anlage A oder der Anlage B) noch nicht erwarten lässt. ²Sie muss nach Inhalt, Art, Ziel und Dauer den besonderen Erfordernissen des in Satz 1 genannten Personenkreises entsprechen und durch umfassende sozialpädagogische Betreuung und Unterstützung begleitet werden.

(2) Für die Berufsausbildungsvorbereitung, die nicht im Rahmen des Dritten Buches Sozialgesetzbuch oder anderer vergleichbarer, öffentlich geförderter Maßnahmen durchgeführt wird, gelten die §§ 21 bis 24 entsprechend.

§ 42p [Qualifizierungsbausteine]

(1) Die Vermittlung von Grundlagen für den Erwerb beruflicher Handlungsfähigkeit (§ 1 Abs. 2 des Berufsbildungsgesetzes) kann insbesondere durch inhaltlich und zeitlich abgegrenzte Lerneinheiten erfolgen, die aus den Inhalten anerkannter Ausbildungsberufe (Gewerbe der Anlage A oder der Anlage B) entwickelt werden (Qualifizierungsbausteine).

(2) ¹Über vermittelte Grundlagen für den Erwerb beruflicher Handlungsfähigkeit stellt der Anbieter der Berufsausbildungsvorbereitung eine Bescheinigung aus. ²Das Nähere regelt das Bundesministerium für Bildung und Forschung im Einvernehmen mit dem Bundesministerium für Wirtschaft und Technologie nach Anhörung des Hauptausschusses des Bundesinstituts für Berufsbildung durch Rechtsverordnung, die nicht der Zustimmung des Bundesrates bedarf.

§ 42q [Anbieter]

(1) **Die nach Landesrecht zuständige Behörde hat die Berufsausbildungsvorbereitung zu untersagen, wenn die Voraussetzungen des § 42o Abs. 1 nicht vorliegen.**

(2) ¹Der Anbieter hat die Durchführung von Maßnahmen der Berufsausbildungsvorbereitung vor Beginn der Maßnahme der Handwerkskammer schriftlich anzuzeigen. ²Die Anzeigepflicht erstreckt sich auf den wesentlichen Inhalt des Qualifizierungsvertrages sowie die nach § 88 Abs. 1 Nr. 5 des Berufsbildungsgesetzes erforderlichen Angaben.

(3) ¹Die Absätze 1 und 2 sowie § 41a finden keine Anwendung, soweit die Berufsausbildungsvorbereitung im Rahmen des Dritten Buches Sozialgesetzbuch oder anderer vergleichbarer, öffentlich geförderter Maßnahmen durchgeführt wird. ²Dies gilt nicht, sofern der Anbieter der Berufsausbildungsvorbereitung nach § 421m des Dritten Buches Sozialgesetzbuch gefördert wird.

1. Körperliche, geistige oder seelische Behinderungen wurden schon immer im Rahmen der Berufsausbildung so weit wie möglich berücksichtigt (vgl. z. B. NdsOVG vom 17. 3. 1971, GewA 1971, 208).

2. Durch die §§ 42k bis q haben diese Fälle eine eigene gesetzliche Regelung erfahren. Sowohl bei der Behandlung des einzelnen Ausbildungsverhältnisses mit einem Behinderten, wie auch bei generellen Regelungen müssen die besonderen Verhältnisse der Behinderten berücksichtigt werden. Dies bedeutet, dass je nach Art und Ausmaß der Behinderung eine von der regulären Ausbildungsordnung abweichende Regelung getroffen werden kann, vereinfachte Zulassungsvoraussetzungen für die Prüfung möglich sind und dergleichen. Als Grundregel hat allerdings immer zu gelten, dass das Ausbildungsziel als solches unberührt bleibt. Es können z. B. nicht die Prüfungsanforderungen herabgesetzt werden, sondern lediglich die Form des Nachweises entsprechend gemildert. Ebenso darf die Ausbildung nicht in wesentlichen Teilen unvollständig bleiben. Ziel muss sein, dem Behinderten durch besondere Förderung bestimmter Schwerpunkte einen sinnvollen Berufsabschluss zu gewährleisten. Gerade deswegen ist hier z. B. ein Verzicht auf Zwischenprüfungen nicht angebracht; diese sind im Gegenteil bei Behinderten zur Fortschrittskontrolle besonders wichtig.

3. Wie die Ausbildung sollen auch Umschulung und Fortbildung Behinderter unter Berücksichtigung ihrer Beeinträchtigungen ermöglicht werden.

4 Unabdingbar ist die Eintragung in die Lehrlingsrolle. Gerade Behinderte sollten die besondere Fürsorge durch die Handwerkskammer erfahren, so dass eine Registrierung ihrer Ausbildungsverhältnisse von besonderer Bedeutung ist.

Achter Abschnitt. Berufsbildungsausschuß

§ 43 [Ausschuß]

(1) ¹Die Handwerkskammer errichtet einen Berufsbildungsausschuß. ²Ihm gehören sechs Arbeitgeber, sechs Arbeitnehmer und sechs Lehrer an berufsbildenden Schulen an, die Lehrer mit beratender Stimme.

(2) ¹Die Vertreter der Arbeitgeber werden von der Gruppe der Arbeitgeber, die Vertreter der Arbeitnehmer von der Gruppe der Vertreter der Gesellen und der anderen Arbeitnehmer mit einer abgeschlossenen Berufsausbildung in der Vollversammlung gewählt. ²Die Lehrer an berufsbildenden Schulen werden von der nach Landesrecht zuständigen Behörde als Mitglieder berufen. ³Die Amtszeit der Mitglieder beträgt längstens fünf Jahre.

(3) § 34 Abs. 7 gilt entsprechend.

(4) Die Mitglieder können nach Anhören der an ihrer Berufung Beteiligten aus wichtigem Grund abberufen werden.

(5) ¹Die Mitglieder haben Stellvertreter, die bei Verhinderung der Mitglieder an deren Stelle treten. ²Die Absätze 1 bis 4 gelten für die Stellvertreter entsprechend.

(6) ¹Der Berufsbildungsausschuß wählt aus seiner Mitte einen Vorsitzenden und dessen Stellvertreter. ²Der Vorsitzende und sein Stellvertreter sollen nicht derselben Mitgliedergruppe angehören.

Übersicht	Rdn.
1. Natur des Berufsbildungsausschusses	1
2. Mitglieder	3
a) Arbeitgeber	3
b) Arbeitnehmer	4
c) Berufsschullehrer	5
d) Freizügigkeit	6
3. Berufung der Mitglieder	7
a) Vollmitglieder	7
b) Stellvertreter	8
c) Amtsdauer	9
d) Entschädigung	10
e) Abberufung	11
4. Vorsitzender	12

Ausschuß § 43 **HwO**

1. Der Berufsbildungsausschuss ist, auch wenn dies nicht klar zum Ausdruck kommt, für alle von der Handwerkskammer betreuten Ausbildungsverhältnisse zuständig, nicht nur für die eigentlichen handwerklichen Lehrverhältnisse oder gar nur die in zulassungspflichtigen Handwerken. Zu seiner Errichtung ist die Handwerkskammer verpflichtet.

Der Berufsbildungsausschuss ist ein Organ der Handwerkskammer. Seine Zusammensetzung und seine Größe sind bindend vorgeschrieben.

2. Mitglieder des Berufsbildungsausschusses. a) Arbeitgeber. Der Begriff ist im gleichen Sinne zu verstehen wie beim Gesellenprüfungsausschuss (§ 34). Im Gegensatz zu dort ist hier allerdings die Meisterprüfung oder eine Ausbildungsbefugnis nicht vorgeschrieben.

b) Arbeitnehmer im Sinne dieser Vorschrift ist jeder unselbstständig Beschäftigte ohne Rücksicht auf seinen Beruf und auf seinen Arbeitgeber. Es kommen also nicht nur Handwerksgesellen in Frage (BVerwG vom 26. 10. 1971, BayVBl. 1972, 76 = GewA 1972, 70).

c) Die Lehrer an berufsbildenden Schulen haben nur beratende Stimme. Damit soll ihr Sachverstand zur Geltung kommen, ohne dass andererseits die Parität von Arbeitgebern und Arbeitnehmern aufgegeben wird.

d) Die Zugehörigkeit zu einem Berufsbildungsausschuss schließt nicht die Mitgliedschaft in anderen Berufsbildungsausschüssen oder anderen entsprechenden Gremien, wie z. B. Prüfungsausschüssen aus. Ebenso gibt es keine räumliche Beschränkung, dass die Mitglieder etwa ihren Wohnort im Bezirk der betreffenden Handwerkskammer haben müssten.

3. a) Durch Wahl erfolgt die Bestimmung, welche selbstständigen Handwerker und Arbeitnehmer den Berufsbildungsausschuss bilden. Die Wahl erfolgt gem. Abs. 2 gruppenweise durch die Vollversammlung der Handwerkskammer. Die Berufsschullehrer werden von der nach Landesrecht zuständigen Behörde berufen.

b) Stellvertreter für die Mitglieder des Berufsbildungsausschusses sind in der gleichen Form zu berufen. Dabei hat nicht jedes einzelne Mitglied seinen persönlichen Stellvertreter, sondern die Stellvertretung wird innerhalb der drei Gruppen geregelt. Für die Stellvertreter gelten die gleichen Vorschriften wie für die ordentlichen Mitglieder.

c) Als **Amtszeit** für die Mitglieder des Berufsbildungsausschusses sind längstens 5 Jahre festgesetzt.

HwO § 44 2. Teil. Berufsbildung im Handwerk

10 d) Wegen der **Entschädigung der Mitglieder** für bare Auslagen und für Zeitversäumnis verweist das Gesetz auf die entsprechende Regelung für die Mitglieder von Gesellenprüfungsausschüssen in § 34 Abs. 7. Im Einzelnen kann daher auf die dortigen Ausführungen verwiesen werden. Die Kosten trägt die Handwerkskammer, so weit nicht von anderer Seite Entschädigung gewährt wird (so – für RA-Kammer – BVerwG vom 13. 9. 1977, NJW 1978, 233).

11 e) Aus wichtigem Grund können Mitglieder des Berufsbildungsausschusses (und auch Stellvertreter) durch die Handwerkskammer **abberufen** werden. Auch hier gelten die gleichen Grundsätze wie hinsichtlich der Abberufung von Mitgliedern eines Gesellenprüfungsausschusses. Einem freiwilligen Rücktritt steht bei Beachtung gewisser Grundsätze hier wie dort nichts im Wege. Im Einzelnen vgl. dazu Anm. V.1. zu § 34 HwO.

12 **4. Die Wahl des Vorsitzenden** und seines Stellvertreters ist in Abs. 6 wörtlich gleich lautend geregelt wie in § 35 Satz 1 und 2 für den Gesellenprüfungsausschuss. Es kann auf die dortigen Anmerkungen verwiesen werden. Vorsitzender kann auch ein Berufsschullehrer werden, ohne dass diesem aber dadurch ein Stimmrecht im Berufsbildungsausschuss zukäme.

§ 44 [Aufgaben]

(1) ¹**Der Berufsbildungsausschuß ist in allen wichtigen Angelegenheiten der beruflichen Bildung zu unterrichten und zu hören.** ²**Er hat im Rahmen seiner Aufgaben auf eine stetige Entwicklung der Qualität der beruflichen Bildung hinzuwirken.**

(2) **Wichtige Angelegenheiten, in denen der Berufsbildungsausschuss anzuhören ist, sind insbesondere:**
1. **Erlass von Verwaltungsgrundsätzen über die Eignung von Ausbildungs- und Umschulungsstätten, für das Führen von schriftlichen Ausbildungsnachweisen, für die Verkürzung der Ausbildungsdauer, für die vorzeitige Zulassung zur Gesellenprüfung, für die Durchführung der Prüfungen, zur Durchführung von über- und außerbetrieblicher Ausbildung sowie Verwaltungsrichtlinien zur beruflichen Bildung,**
2. **Umsetzung der vom Landesausschuss für Berufsbildung (§ 82 des Berufsbildungsgesetzes) empfohlenen Maßnahmen,**
3. **wesentliche inhaltliche Änderungen des Ausbildungsvertragsmusters.**

(3) Wichtige Angelegenheiten, in denen der Berufsausbildungsausschuss zu unterrichten ist, sind insbesondere:
1. Zahl und Art der der Handwerkskammer angezeigten Maßnahmen der Berufsausbildungsvorbereitung und beruflichen Umschulung sowie der eingetragenen Berufsausbildungsverhältnisse,
2. Zahl und Ergebnisse von durchgeführten Prüfungen sowie hierbei gewonnene Erfahrungen,
3. Tätigkeit der Berater und Beraterinnen nach § 41a Abs. 1 Satz 2,
4. für den räumlichen und fachlichen Zuständigkeitsbereich der Handwerkskammer neue Formen, Inhalte und Methoden der Berufsbildung,
5. Stellungnahmen oder Vorschläge der Handwerkskammer gegenüber anderen Stellen und Behörden, soweit sie sich auf die Durchführung dieses Gesetzes oder der auf Grund dieses Gesetzes erlassenen Rechtsvorschriften im Bereich der beruflichen Bildung beziehen,
6. Bau eigener überbetrieblicher Berufsbildungsstätten,
7. Beschlüsse nach Absatz 5 sowie beschlossene Haushaltsansätze zur Durchführung der Berufsbildung mit Ausnahme der Personalkosten,
8. Verfahren zur Beilegung von Streitigkeiten aus Ausbildungsverhältnissen,
9. Arbeitsmarktfragen, soweit sie die Berufsbildung im Zuständigkeitsbereich der Handwerkskammer berühren.

(4) [1]Vor einer Beschlußfassung in der Vollversammlung über Vorschriften zur Durchführung der Berufsbildung, insbesondere nach den §§ 41, 42, 42a und 42e bis 42g, ist die Stellungnahme des Berufsbildungsausschusses einzuholen. [2]Der Berufsbildungsausschuß kann der Vollversammlung auch von sich aus Vorschläge für Vorschriften zur Durchführung der Berufsbildung vorlegen. [3]Die Stellungnahmen und Vorschläge des Berufsbildungsausschusses sind zu begründen.

(5) [1]Die Vorschläge und Stellungnahmen des Berufsbildungsausschusses gelten vorbehaltlich der Vorschrift des Satzes 2 als von der Vollversammlung angenommen, wenn sie nicht mit einer Mehrheit von drei Vierteln der Mitglieder der Vollversammlung in ihrer nächsten Sitzung geändert oder abgelehnt werden. [2]Beschlüsse, zu deren Durchführung die für Berufsbildung im laufenden Haushalt vorgesehenen Mittel nicht ausreichen oder zu deren Durchführung in folgenden Haushaltsjahren Mittel bereitgestellt werden müssen, die die Ausgaben für Berufsbildung des laufenden

HwO § 44 2. Teil. Berufsbildung im Handwerk

Haushalts nicht unwesentlich übersteigen, bedürfen der Zustimmung der Vollversammlung.
(6) **Abweichend von § 43 Abs. 1 haben die Lehrkräfte Stimmrecht bei Beschlüssen zu Angelegenheiten der Berufsausbildungsvorbereitung und Berufsausbildung, soweit sich die Beschlüsse unmittelbar auf die Organisation der schulischen Berufsbildung (§ 2 Abs. 1 Nr. 2 des Berufsbildungsgesetzes) auswirken.**

Übersicht

	Rdn.
1. Rechte des Berufsbildungsausschusses	1
a) auf Unterrichtung	2
b) auf Anhörung	3
c) Vorschlagsrecht	4
2. Wirkung der Äußerungen	5
a) ohne finanzielle Belastung	5
b) mit finanzieller Belastung	7
c) Unklarheiten	8

1 **1. Die Rechte des Berufsbildungsausschusses. a) Das Recht auf Unterrichtung.** Der Berufsbildungsausschuss ist in allen wichtigen Angelegenheiten der beruflichen Bildung zu unterrichten. Diese Unterrichtung muss nach Sinn und Zweck des Gesetzes umfassend und lückenlos sein. Unterrichtet werden muss über alle Angelegenheiten der beruflichen Ausbildung, Fortbildung und der Umschulung, so weit die Handwerkskammer in irgendeiner Form damit befasst ist.

2 **b) Das Recht auf Anhörung.** Korrespondierend zur Pflicht zur Unterrichtung hat die Handwerkskammer auch die Pflicht zur Anhörung des Berufsbildungsausschusses (Abs. 1). In einer Reihe von Fällen ist die Pflicht zur Anhörung noch einmal besonders betont (Abs. 2 S. 1). Der Unterschied zwischen beiden Bestimmungen liegt darin, dass im Allgemeinen die Handwerkskammer lediglich die Stellungnahmen zur Kenntnis nehmen und würdigen muss, die ihr der Berufsbildungsausschuss von sich aus zukommen lässt, während in den genannten Sonderfällen die Kammer selbst eine Stellungnahme herbeiführen muss, da andernfalls der betreffende Beschluss der Handwerkskammer rechtswidrig wäre und ihm die Genehmigung versagt werden müsste.

3 Das **Anhörungsrecht des Berufsbildungsausschusses** beschränkt sich nicht auf diejenigen Fälle, die ihm von der Handwerkskammer vorgetragen wurden oder in denen er ausdrücklich um eine Stellungnahme ersucht wurde. Er kann vielmehr in jeder beliebigen anderen Angelegenheit der Berufsausbildung von sich aus eine

Aufgaben §44 HwO

Äußerung abgeben und verlangen, dass er von dem für die betreffende Entscheidung zuständigen Gremium oder Sachbearbeiter der Handwerkskammer gehört wird. Dem Sinn der Vorschrift entsprechend muss es sich dabei wohl immer um allgemeine Angelegenheiten handeln; zu einer Mitwirkung auch bei Einzelentscheidungen nicht grundsätzlicher Art ist der Berufsbildungsausschuss nicht berufen.

c) Das Vorschlagsrecht. Der Berufsbildungsausschuss braucht 4 sich nicht auf Stellungnahmen zu anderweitig aufgegriffenen Angelegenheiten zu beschränken. Nach Abs. 2 Satz 2 kann er vielmehr auch von sich aus Vorschläge zur Durchführung der Berufsbildung machen. Diese sind, ebenso wie die abgegebenen Stellungnahmen, zu begründen (Abs. 2 Satz 3). Im Hinblick auf die damit verbundenen Wirkungen aus Abs. 3 müssen derartige Vorschläge so formuliert sein, dass sie gegebenenfalls ohne weitere Veränderung vollzogen werden können. Als Organ der Handwerkskammer kann sich der Berufsbildungsausschuss dabei der fachkundigen Hilfe des Verwaltungsapparats der Kammer bedienen.

2. Wirkung der Äußerungen des Berufsbildungsausschus- 5 **ses. a)** Äußerungen, die zu **keiner finanziellen Belastung** der Kammer führen, gelten eo ipso als entsprechender Beschluss der Vollversammlung, wenn diese nicht in ihrer nächsten Sitzung mit Dreiviertel-Mehrheit die Änderung oder Ablehnung beschließt (Abs. 3 Satz 1).

Es kann der Vollversammlung nicht verwehrt sein, die Entschei- 6 dung über einen Beschluss des Berufsbildungsausschusses noch einmal zu vertagen, wenn z. B. vorher noch bestimmte Fragen geklärt werden sollen. Wenn sich in der Vollversammlung eine Dreiviertel-Mehrheit findet, die für eine solche Vertagung ist, sollte diese möglich sein. Eine Vertagung ist weniger als eine Ablehnung oder Änderung und muss der Vollversammlung in begründeten Fällen zustehen, ohne dass die Gesetzesautomatik eintritt. Der Beschluss wird allerdings wirksam, wenn weniger als Dreiviertel der Mitglieder für die Vertagung stimmen. Das Gleiche muss auch dann gelten, wenn keine sachlichen Gründe die Vertagung bestimmen, sondern wenn es um reine Verzögerungstaktik geht.

b) Bei Äußerungen, die **mit einer finanziellen Belastung** der 7 Kammer verbunden sind, tritt diese Wirkung nur dann ein, wenn durch die vorgesehene Maßnahme die dafür bereitgestellten Haushaltsansätze nicht überschritten werden (Abs. 3 Satz 2). Reichen die Mittel des laufenden Haushalts nicht aus oder müssten im folgenden Haushaltsjahr die gegenwärtigen Sätze mehr als nur unwesentlich erhöht werden, so bleibt die Äußerung des Berufsbildungsausschusses so lange schwebend unwirksam, als nicht die Vollversammlung zugestimmt hat. Nach Sinn und Zweck des Gesetzes muss sich diese aber in ihrer nächsten Sitzung mit der Angelegenheit befassen, da andernfalls durch bloße Nichtbeachtung das Mitwirkungsrecht des Berufsbildungsausschusses vereitelt werden könnte.

8 c) Bei den Fragen in diesem Zusammenhang, etwa ob die Haushaltsansätze ausreichen, bzw. ob die notwendige Erhöhung nur unwesentlich ist, handelt es sich jeweils um **unbestimmte Rechtsbegriffe;** die dahingehende Entscheidung liegt daher nicht etwa im Ermessen der Handwerkskammer.

§ 44a [Beschlußfähigkeit; Wirksamkeit von Beschlüssen]

(1) **¹Der Berufsbildungsausschuß ist beschlußfähig, wenn mehr als die Hälfte seiner stimmberechtigten Mitglieder anwesend ist. ²Er beschließt mit der Mehrheit der abgegebenen Stimmen.**

(2) **Zur Wirksamkeit eines Beschlusses ist es erforderlich, daß der Gegenstand bei der Einberufung des Ausschusses bezeichnet ist, es sei denn, daß er mit Zustimmung von zwei Dritteln der stimmberechtigten Mitglieder nachträglich auf die Tagesordnung gesetzt wird.**

1 1. Die **Beschlussfähigkeit des Berufsbildungsausschusses** ist gegeben, wenn mehr als die Hälfte seiner stimmberechtigten Mitglieder anwesend sind. Da die Berufsschullehrer nicht stimmberechtigt sind, müssen also mindestens sieben selbstständige Handwerker oder Arbeitnehmer anwesend sein.

2 Ist der Ausschuss beschlussfähig, dann entscheidet die einfache Mehrheit der abgegebenen Stimmen. Bei Stimmengleichheit kommt ein Beschluss nicht zu Stande. Die Stimme des Vorsitzenden gibt nicht den Ausschlag.

3 2. **Beschlüsse können nur wirksam gefasst werden,** wenn der Gegenstand schon bei der Einberufung des Ausschusses genannt wurde, es sei denn, er wird mit Zweidrittel-Mehrheit der stimmberechtigten Mitglieder, nicht nur der anwesenden, nachträglich auf die Tagesordnung gesetzt. Entsprechende Regelungen gibt es ganz allgemein bei beschlussfassenden Gremien (vgl. z. B. § 62 Abs. 1); sie sollen aus rechtsstaatlichen Gründen verhindern, dass sich ein Mitglied überraschend zur Entscheidung über Dinge gezwungen sieht, über die es nicht informiert ist.

Hier wie allgemein genügt die nachvollziehbare Bezeichnung des zu behandelnden Gegenstandes; eine förmliche Beschlussvorlage ist nicht erforderlich.

§ 44b [Geschäftsordnung]

¹Der Berufsbildungsausschuß gibt sich eine Geschäftsordnung. ²Sie kann die Bildung von Unterausschüssen vorsehen und bestimmen, daß ihnen nicht nur Mitglieder des Ausschusses angehören. ³Für die Unterausschüsse gelten § 43 Abs. 2 bis 6 und § 44a entsprechend.

1. Seine **Geschäftsordnung** gibt sich der Berufsbildungsausschuss selbst. Die Geschäftsordnung hat die Aufgabe, eine Richtschnur für die Geschäftsbehandlung zu sein. In ihr zu regeln sind dementsprechend Frist und Form der Einladung zu den Sitzungen, Formalien der Sitzungsführung, Arten der Sachbehandlung usw. Auch zu den Aufgaben des Berufsbildungsausschusses kann sich die Geschäftsordnung äußern. Sie darf aber nicht in Widerspruch mit zwingenden gesetzlichen oder sonstigen Vorschriften stehen.

2. Die Geschäftsordnung ist keine Satzung und muss daher nicht veröffentlicht und auch nicht genehmigt werden. Abweichungen von der Geschäftsordnung (z. B. hinsichtlich Form und Frist der Einladung zu den Sitzungen) können unter Umständen die Gültigkeit gefasster Beschlüsse beeinträchtigen. Eine fortgesetzte Missachtung der Geschäftsordnung kann zu einem Eingreifen der Aufsichtsbehörde nach § 115 führen.

3. Für besondere Aufgaben können in der Geschäftsordnung **Unterausschüsse** vorgesehen werden. Eine bestimmte Größe ist für sie nicht vorgeschrieben. Um eine sinnvolle Arbeit zu gewährleisten, sollten sie jedoch nicht zu groß sein; außerdem muss – auch wenn dies nicht ausdrücklich ausgesprochen ist – auf die gesetzliche Gruppenstruktur auch im Unterausschuss geachtet werden. In derartige Unterausschüsse können auch, jedoch nicht ausschließlich, Personen gewählt werden, die dem Berufsbildungsausschuss selbst nicht angehören. Damit sollen über den begrenzten Mitgliederkreis des Berufsbildungsausschusses hinaus qualifizierte Fachleute zur Mitwirkung herangezogen werden können. Allein aus diesem Grund einen Unterausschuss zu bilden würde jedoch den Intentionen des Gesetzgebers zuwiderlaufen und dürfte dementsprechend unzulässig sein.

HwO § 44b   2. Teil. Berufsbildung im Handwerk

4 4. Für die Bildung und die Tätigkeit von Unterausschüssen gelten gem. Satz 3 die für den Berufsbildungsausschuss selbst maßgebenden Regelungen entsprechend.

Dritter Teil. Meisterprüfung, Meistertitel

Erster Abschnitt. Meisterprüfung in einem zulassungspflichtigen Handwerk

§ 45 [Berufsbild; Prüfungszweck und -ablauf]

(1) Als Grundlage für ein geordnetes und einheitliches Meisterprüfungswesen für zulassungspflichtige Handwerke kann das Bundesministerium für Wirtschaft und Technologie im Einvernehmen mit dem Bundesministerium für Bildung und Forschung durch Rechtsverordnung die nicht der Zustimmung des Bundesrates bedarf, bestimmen,
1. welche Fertigkeiten und Kenntnisse in den einzelnen zulassungspflichtigen Handwerken zum Zwecke der Meisterprüfung zu berücksichtigen (Meisterprüfungsberufsbild A) und
2. welche Anforderungen in der Meisterprüfung zu stellen sind.

(2) Durch die Meisterprüfung ist festzustellen, ob der Prüfling befähigt ist, ein zulassungspflichtiges Handwerk meisterhaft auszuüben und selbständig zu führen sowie Lehrlinge ordnungsgemäß auszubilden.

(3) Der Prüfling hat in vier selbständigen Prüfungsteilen nachzuweisen, dass er wesentliche Tätigkeiten seines Handwerks meisterhaft verrichten kann (Teil I), die erforderlichen fachtheoretischen Kenntnisse (Teil II), die erforderlichen betriebswirtschaftlichen, kaufmännischen und rechtlichen Kenntnisse (Teil III) sowie die erforderlichen berufs- und arbeitspädagogischen Kenntnisse (Teil IV) besitzt.

(4) [1]Bei der Prüfung in Teil I können in der Rechtsverordnung Schwerpunkte gebildet werden. [2]In dem schwerpunktspezifischen Bereich hat der Prüfling nachzuweisen, dass er wesentliche Tätigkeiten in dem von ihm gewählten Schwerpunkt meisterhaft verrichten kann. [3]Für den schwerpunktübergreifenden Bereich sind die Grundfertigkeiten und Grundkenntnisse nachzuweisen, die die fachgerechte Ausübung auch dieser Tätigkeiten ermöglichen.

Übersicht

	Rdn.
1. Meisterprüfung nur für Gewerbe der Anlage A	1
2. Meisterprüfung	10
a) Prüfungsgegenstand	12

HwO § 45   3. Teil. Meisterprüfung, Meistertitel

Rdn.

b) Verfahren 15
c) Anfechtung 16

Literatur: *App,* Steuerliche Berücksichtigung der Aufwendungen für die Anfertigung eines Meisterstücks, GewA 1991, 93; *Detterbeck,* Inhalt und Grenzen einer Schornsteinfegermeisterverordnung nach § 45 HwO, GewA 2003, 47; *Fehling,* Neuere Entwicklungen bei den Rechtsverordnungen für Meisterprüfungen im Handwerk, GewA 2003, 41.

1 1. **Geregelt ist hier nur die Meisterprüfung für Gewerbe der Anlage A.** Wurde ein Handwerk in der Anlage A gestrichen, so können Meisterprüfungen in diesem Handwerk nicht mehr abgelegt werden, es sei denn nach § 51a für in die Anlage B überführte Gewerbe.

2 **Das Meisterprüfungsberufsbild** ist als wesentliche Grundlage einer geordneten und einheitlichen Berufsausbildung anzusehen. Es dient erklärtermaßen den Zwecken der Meisterprüfung, während für das Berufsbild der Ausbildung § 25 Abs. 2 Nr. 2 eine eigene Grundlage schuf. Vgl. zum Thema auch *Fehling,* GewA 2003, 41 und *Detterbeck,* GewA 2003, 47. Warum die bisherige Meisterprüfung als Höhepunkt und Abschluss nur noch für die Handwerke der Anlage A vorgesehen ist, für die zulassungsfreien Gewerbe der Anlage B aber mit § 51a überflüssigerweise eine praktisch übereinstimmende eigene Regelung gilt, ist dem Normalbürger schwer begreiflich zu machen.

3 Es handelt sich um **Rechtsverordnungen** des Bundeswirtschaftsministeriums im Einvernehmen mit dem Bundesbildungsministerium. Darin ist detailliert zusammengestellt, welche Fertigkeiten und Kenntnisse einem bestimmten Handwerksberuf zuzuordnen sind (Berufsbild) und – Nr. 2 – welche Anforderungen in der Meisterprüfung zu stellen sind, um die Qualifikation nachzuweisen, über die ein Handwerker verfügen muss, damit er dieses Gewerbe „meisterhaft" ausüben kann. Es ist dem Ministerium unbenommen, für ein Handwerk beide Gebiete zusammengefasst oder getrennt zu regeln; allgemein wurde jedoch beides zusammengefasst. Ein Betroffener hat keinen rechtlichen Anspruch, inhaltliche Änderungen der Verordnung zu verlangen (vgl. HessVGH vom 29. 7. 1997, GewA 1998, 34).

4 Im Gegensatz zu früher nennt das Berufsbild nicht mehr die dem betreffenden Handwerk „zuzurechnenden Tätigkeiten", also die Arbeitsgebiete. Die bisherige Handlungsorientierung der Prüfung wurde aufgegeben, ersichtlich, um den Kern der Meisterprüfungsinhalte zu reduzieren. Vgl. auch *Dürr,* GewA 2007, 64.

Berufsbild; Prüfungszweck und -ablauf § 45 **HwO**

Die **Gewerbe der Anlage A** sind durch das Gesetz festgelegt. Berufszusammenfassungen u. dgl. können nicht auf dem Weg über § 45, sondern nur durch eine Änderung der Anlage A (§ 1 Abs. 3) erfolgen. § 25 schuf jedoch die Möglichkeit, für ein Handwerk mehrere Ausbildungsberufe anzuerkennen. Dabei hat der Verordnungsgeber weitgehend freie Hand: Wie auch das BVerfG in seiner Handwerksentscheidung von 1961 (vgl. Rdn. 2 zu § 1) klargestellt hatte, darf bei der Zurechnung zu einem bestimmten Handwerksberuf typisiert und generalisiert werden. Auch durch die Festlegung von Schwerpunkten u. dgl. bei der Meisterprüfung kann man der Praxis entgegenkommen (Abs. 4).

Bestehende Prüfungsvorschriften und Berufsbilder bleiben bis zum Erlass neuer Meisterprüfungsberufsbilder gem. § 122 in Kraft (vgl. BVerwG vom 19. 8. 1970, GewA 1972, 189; VGH Bad-Württ. v. 25. 3. 1970, GewA 1970, 249).

Im Vollzug der Nr. 2 erging zur Ergänzung der einzelnen Meisterprüfungsberufsbilder die im Anh. 5 abgedruckte VO über gemeinsame Anforderungen in der Meisterprüfung im Handwerk v. 18. 7. 2000 (BGBl. I S. 1078). Dazu *Fehling,* GewA 2003, 44.

Die Meisterprüfung kann zwar nur in einem Gewerbe der Anlage A abgelegt werden. Dennoch entsprach es einer schon früher vielfach geübten Praxis, Meisterprüfungen im praktischen Teil unter Betonung eines gewissen Teilsektors abzuhalten, z. B. Maler- und Lackierer, Fachrichtung Lackierer. In diesem Fall lag der Schwerpunkt auf dem Gebiet des Lackierens, es wurden aber auch die übrigen Kenntnisse und Fertigkeiten des gesamten Handwerks geprüft, wobei aber eine Beschränkung auf die Grundzüge zulässig war (vgl. VGH BW vom 17. 3. 1972, GewA 1972, 241). In Abs. 4 wurde dies legalisiert: Wenn andernfalls die Meisterprüfung zu schwierig würde und deshalb aus verfassungsrechtlichen Gründen nicht zugemutet werden kann, dürfen in der Berufsbildverordnung Schwerpunkte gebildet werden, wobei aber auch für die anderen Bereiche die wesentlichen Grundkenntnisse und -fertigkeiten nachzuweisen sind. Die Voraussetzungen für die Zulassung gem. § 49 werden hierdurch nicht verändert.

Es ist grundrechtswidrig, wenn der Prüfling nach seiner Zulassung mehr als vier Jahre auf die Prüfung warten muss (BVerfG vom 3. 5. 1999, NVwZ 1999, 1102); bei seltenen Handwerken muss daher eine Abstimmung zwischen den Kammern erfolgen.

2. Meisterprüfung. In Abs. 2 kommt der Gedanke der Einheit des Befähigungsnachweises (vgl. Rdn. 1 zu § 1) deutlich zum Ausdruck. Die Meisterprüfung muss die Fähigkeit zum selbstständigen Betrieb eines Handwerks und zur Ausbildung von Lehrlingen erweisen. Mit erfolgreich abgelegter Meisterprüfung erwirbt man das Recht für die Eintragung in die Handwerksrolle (§ 7 Abs. 1 a) und damit für den selbstständigen Betrieb des stehenden Handwerks der Anlage A (§ 1) sowie für die Befugnis, Lehrlinge auszubilden (§ 21 Abs. 3) und den Meistertitel zu führen (§ 51).

11 Nach Abs. 3 hat der Prüfling in **vier selbstständigen Prüfungsteilen** seine Befähigung nachzuweisen. Es handelt sich aber nach wie vor um eine einheitliche Prüfung (§ 2 Abs. 1 MPVerfO). Über jeden Prüfungsteil erhält der Prüfling ein Zeugnis; das Zeugnis über das Bestehen der Meisterprüfung erteilt der zuletzt tätige Prüfungsauschuss nach erfolgreichem Abschluss des letzten Prüfungsteiles (§ 2 Abs. 3 MPVerfO). Die Meisterprüfung ist insgesamt bestanden, wenn in jedem der vier Prüfungsteile im rechnerischen Durchschnitt ausreichende Leistungen erbracht und die jeweils vorgeschriebenen Mindestvoraussetzungen erfüllt sind (§ 2 Abs. 1 MPVerfO).

12 a) **Prüfungsgegenstand.** Durch die Fassung „wesentliche Tätigkeiten" (die aber im Berufsbild nicht mehr genannt werden!) soll verhindert werden, dass durch übermäßige Anforderungen an das handwerkliche Können der Gedanke des Befähigungsnachweises verfälscht und die Meisterprüfung zu einem Instrument wird, um unliebsame Konkurrenz fern zu halten. Daran ändert auch die Einschaltung des Wortes „meisterhaft" nichts. Meisterhaft ist eine Leistung eben dann, wenn sie dem entspricht, was sich der Kunde von einem selbstständigen Handwerker erwartet, nicht dagegen bedeutet meisterhaft in diesem Sinne etwa eine ganz außergewöhnliche Leistung. Zur Meisterprüfung im Dachdeckerhandwerk vgl. VGH Sttgt. vom 31. 5. 1994, GewA 1994, 427.

13 Entsprechend dem heutigen Stand der Wirtschaft sind außer **fachlichem Können** für den selbstständigen Betrieb eines handwerklichen Unternehmens **betriebswirtschaftliche, kaufmännische und sonstige allgemein-theoretischen Kenntnisse** unumgänglich; die Handwerksordnung hat letztere als rechtliche Kenntnisse präzisiert. Die Anforderungen an den Prüfling dürfen aber auch hier nicht übersteigert werden; es genügt die Beherrschung der Grundzüge (§ 4 Abs. 1 Nr. 3 MPVerfO). Darüber hinaus wurde auch die Notwendigkeit **berufs- und arbeitspädagogischer Kenntnisse** herausgestellt. Der Handwerker braucht kein Wissenschaftler zu sein; er muss in der Meisterprüfung nur den Nachweis erbringen, dass er als selbstständiger Handwerker der Konkurrenz gegenüber zu bestehen vermag. Maßgebend für das Bestehen der Meisterprüfung sind die vom Prüfling gezeigten Prüfungsleistungen; weder Erfolge im Vorbereitungskurs noch der Leistungsstandard der übrigen Mitprüflinge dürfen auf das Ergebnis Einfluss haben.

Befreiung von der Meisterprüfung § 46 HwO

Der Besuch von Vorbereitungskursen auf die Meisterprüfung ist 14. nicht vorgeschrieben, i. d. R. aber ratsam. Für die Kosten gibt es staatliche Zuschüsse, das sog. Meister-Bafög (dazu *Beckmann,* GewA 1997, 89). Zur Absetzung der Aufwendungen als Werbungskosten BFH vom 18. 4. 1996, NJW 1997, 79. Vgl. auch *App,* GewA 1991, 93.

b) Die einzelnen Prüfungsteile können zusammen vor einem einzigen Prüfungsausschuss, aber auch getrennt vor beliebigen, örtlich zuständigen Ausschüssen abgelegt werden. Für die Teile III und IV ist fachliche Zuständigkeit nicht nötig. Ein Prüfungsteil kann erforderlichenfalls schon vor Ablegung der Gesamtprüfung wiederholt werden. Insgesamt ist allerdings nach wie vor grundsätzlich eine lediglich zweimalige Wiederholung der Meisterprüfung zulässig (§ 31 MPVerfO). Die Meisterprüfung hat auch den Zweck, ungeeignete Bewerber zu erkennen und von der selbstständigen Handwerksausübung fern zu halten (vgl. VG Stuttgart vom 6. 12. 2002, GewA 2004, 35).

c) Für die **gerichtliche Anfechtung** nicht bestandener Prüfungen gelten die allgemeinen Grundsätze (vgl. Anm. II zu § 38). Wegen der Zuständigkeiten vgl. die Anm. zu § 47. Nicht erst die Gesamtprüfung, sondern jedes Ergebnis ist für sich anfechtbar; wegen der dadurch größeren Zeitnähe effizienter.

Zur rechtlichen Situation eines Prüflings bei Aufhebung eines negativen Prüfungsbescheids vgl. *Czermak,* GewA 1967, 220. Ein neues Meisterstück ist nicht notwendig, wenn dessen Bewertung aufgehoben wurde, das Meisterstück einer Kommission aber erneut vorgelegt werden kann (BVerwG vom 1. 10. 1971, GewA 1971, 163); allerdings nur bei zweifelsfreier Identität (BayVGH vom 16. 11. 1990, GewA 1991, 142).

§ 46 [Befreiung von der Meisterprüfung]

(1) ¹Der Prüfling ist von der Ablegung einzelner Teile der Meisterprüfung befreit, wenn er eine dem jeweiligen Teil der Meisterprüfung vergleichbare Prüfung auf Grund einer nach § 42 oder § 51a Abs. 1 in Verbindung mit Abs. 2 dieses Gesetzes oder § 53 des Berufsbildungsgesetzes erlassenen Rechtsverordnung oder eine andere vergleichbare Prüfung vor einer öffentlichen oder staatlich anerkannten Bildungseinrichtung oder vor einem staatlichen Prüfungsausschuss erfolgreich abgelegt hat. ²Er ist von der Ablegung der Teile III und IV befreit, wenn er die Meisterprüfung in einem anderen zulassungspflichtigen oder zulassungsfreien Handwerk oder in einem handwerksähnlichen Gewerbe bestanden hat.

HwO § 46 3. Teil. Meisterprüfung, Meistertitel

(2) ¹Prüflinge, die andere deutsche staatliche oder staatlich anerkannte Prüfungen mit Erfolg abgelegt haben, sind auf Antrag durch den Meisterprüfungsausschuss von einzelnen Teilen der Meisterprüfung zu befreien, wenn bei diesen Prüfungen mindestens die gleichen Anforderungen gestellt werden wie in der Meisterprüfung. ²Der Abschlussprüfung an einer deutschen Hochschule gleichgestellt sind Diplome nach § 7 Abs. 2 Satz 4.

(3) Der Prüfling ist auf Antrag von der Ablegung der Prüfung in gleichartigen Prüfungsbereichen, Prüfungsfächern oder Handlungsfeldern durch den Meisterprüfungsausschuss zu befreien, wenn er die Meisterprüfung in einem anderen zulassungspflichtigen oder zulassungsfreien Handwerk oder handwerksähnlichen Gewerbe bestanden hat oder eine andere vergleichbare Prüfung vor einer öffentlichen oder staatlich anerkannten Bildungseinrichtung oder vor einem staatlichen Prüfungsausschuss erfolgreich abgelegt hat.

(4) Der Meisterprüfungsausschuss entscheidet auf Antrag des Prüflings auch über Befreiungen auf Grund ausländischer Bildungsabschlüsse.

1 1. § 46 stellt klar, dass bereits anderweitig geprüfte Gebiete nicht noch einmal zu prüfen sind. Es wird damit ein allgemein sinnvoller Gedanke gesetzlich fixiert.

2 Durch Rechtsverordnung kann bestimmt werden, dass bestimmte Prüfungen einzelnen Teilen der Meisterprüfung vergleichbar sind. Wer eine solche Prüfung abgelegt hat, ist von dem genannten Teil der Meisterprüfung nach Abs. 1 kraft Gesetzes befreit. Teil III (Allgemeintheorie) und IV (Berufspädagogik) sind für alle Handwerke, sei es nach Anlage A oder B, gleich, so dass von diesen Teilen befreit ist, wer bereits erfolgreich die Meisterprüfung für ein anderes Gewerbe der Handwerksordnung abgelegt hat.

3 In vielen Fortbildungs- und auch Hochschulprüfungen werden dem Teil III der Meisterprüfung vergleichbare Kenntnisse geprüft. Dies konnte früher nur auf Antrag zu einer entsprechenden Befreiung führen. Bei der Beurteilung der Gleichwertigkeit gab es aber in der Praxis große Schwierigkeiten. Zu deren Vermeidung hatte bereits die Novelle 98 für die wichtigsten Fälle eine Befreiung kraft Gesetzes geschaffen. Bei den genannten anderen öffentlich-rechtlichen Prüfungen handelt es sich insbesondere um Prüfungen an Fachschulen der Länder, z. B. Technikerprüfungen.

4 Die entsprechenden Rechtsverordnungen des Bundeswirtschaftsministeriums nach Absatz 1 (Vgl. VO vom 26. 6. 1981 BGBl. I S. 596 i. d. F. vom 20. 12. 1991, BGBl. I S. 2383; VO vom 2. 11. 1982, BGBl. I

Meisterprüfungsausschüsse § 47 HwO

S. 1475) gelten daneben weiter. Sie sind eng auszulegen (dazu VG Berlin vom 17. 12. 1980, GewA 1981, 200; Nds. OVG vom 22. 10. 1987, GewA 1988, 126; HessVGH vom 14. 1. 1993, GewA 1993, 252).

2. Für die Anerkennung weiterer vergleichbarer Prüfungsteile verbleibt es bei der Befreiung auf Antrag durch den Meisterprüfungsausschuss. So kann z. B. auch vom schriftlichen Teil der praktischen Prüfung befreit werden, wenn etwa in einer Technikerprüfung schon Gleichwertiges nachgewiesen wurde (VG Schleswig vom 31. 1. 2002, GewA 2002, 295). Die Vorschriften sind ihrem Sinn entsprechend streng wörtlich auszulegen (vgl. VG Schleswig vom 15. 3. 1991, GewA 1991, 390).

Irgendeine Zeitgrenze, innerhalb derer eine Anrechnung nur stattfinden könnte, ist nicht gegeben.

3. Der Meisterprüfungsausschuss hat einen relativ weiten Spielraum, von Prüfungsbereichen, Prüfungsfächern oder Handlungsfeldern zu befreien, wenn die dort verlangten Fertigkeiten und Kenntnisse in einer inhaltlich und qualitativ gleichwertigen Prüfung bereits nachgewiesen wurden. Voraussetzung ist aber immer ein entsprechender Antrag des Prüflings. Von diesem wird eine Mitwirkungspflicht verlangt werden müssen, wenn es um den Nachweis der Gleichwertigkeit geht.

4. In Frage kommt auch die Berücksichtigung ausländischer Bildungsabschlüsse; eine Beschränkung auf den EU-Raum gibt es dabei nicht.

§ 47 [Meisterprüfungsausschüsse]

(1) ¹Die Meisterprüfung wird durch Meisterprüfungsausschüsse abgenommen. ²Für die Handwerke werden Meisterprüfungsausschüsse als staatliche Prüfungsbehörden am Sitz der Handwerkskammer für ihren Bezirk errichtet. ³Die oberste Landesbehörde kann in besonderen Fällen die Errichtung eines Meisterprüfungsausschusses für mehrere Handwerkskammerbezirke anordnen und hiermit die für den Sitz des Meisterprüfungsausschusses zuständige höhere Verwaltungsbehörde beauftragen. ⁴Soll der Meisterprüfungsausschuß für Handwerkskammerbezirke mehrerer Länder zuständig sein, so bedarf es hierfür des Einvernehmens der beteiligten obersten Landesbehörden. ⁵Die Landesregierungen werden ermächtigt, durch Rechtsverordnung zu be-

HwO § 47 3. Teil. Meisterprüfung, Meistertitel

stimmen, daß abweichend von Satz 3 an Stelle der obersten Landesbehörde die höhere Verwaltungsbehörde zuständig ist. ⁶Sie können diese Ermächtigung auf oberste Landesbehörden übertragen.

(2) ¹Die höhere Verwaltungsbehörde errichtet die Meisterprüfungsausschüsse nach Anhörung der Handwerkskammer und ernennt auf Grund ihrer Vorschläge die Mitglieder und die Stellvertreter für längstens fünf Jahre. ²Die Geschäftsführung der Meisterprüfungsausschüsse liegt bei der Handwerkskammer.

1   1. Die Errichtung der Meisterprüfungs-Ausschüsse ist der höheren Verwaltungsbehörde übertragen, um damit von vornherein jeden Zweifel an der Objektivität der Ausschüsse zu vermeiden. Wegen der Mitwirkung der Handwerkskammer gelten die Ausführungen zu § 34 entsprechend.

2   **Die Meisterprüfungsausschüsse sind staatliche Behörden.** Dementsprechend unterliegen sie auch der staatlichen Aufsicht, zwar nicht hinsichtlich der fachlich-pädagogischen Wertungen, aber hinsichtlich der Verfahrens- und Bewertungsgrundsätze. Bei Widerspruch gegen eine Entscheidung des Meisterprüfungsausschusses ist die jeweilige höhere Verwaltungsbehörde für den Erlass des Widerspruchsbescheides nach § 73 VwGO zuständig. Die Anfechtungsklage ist gegen den Staat zu richten, konkret gegen das betreffende Bundesland. Dieses und nicht die HWK trägt auch gegebenenfalls die insoweit entstehenden Kosten (BVerwG vom 12. 9. 1989, GewA 1990, 68).

3   **Die Geschäftsführung** der Meisterprüfungsausschüsse liegt bei der Handwerkskammer. Diese erließ erforderlichenfalls auch die Meisterprüfungsordnung (§ 50, § 91 Abs. 1 Nr. 6), trägt die Kosten (§ 50 Satz 1) und erhält die Prüfungsgebühren.

4   **2. Grundsätzlich ist für jeden Bezirk einer Handwerkskammer und für jedes Handwerk ein Meisterprüfungsausschuss zu errichten.** Mit Rücksicht auf Handwerkszweige mit geringen Betriebsziffern kann die oberste Landesbehörde – ggf. im Einvernehmen mit der entsprechenden Behörde anderer Bundesländer – anordnen, dass ein Meisterprüfungsausschuss für mehrere Handwerkskammerbezirke errichtet wird. Auch in diesem Fall kann jedoch die oberste Landesbehörde den Meisterprüfungsausschuss nicht selbst errichten, sondern sie muss damit die höhere Verwaltungsbehörde betrauen, in deren Bezirk der Meisterprüfungsausschuss seinen Sitz haben soll.

5   3. Im Übrigen gelten hier die Ausführungen zu § 34 entsprechend.

§ 48 [Zusammensetzung des Meisterprüfungsausschusses]

(1) ¹Der Meisterprüfungsausschuß besteht aus fünf Mitgliedern; für die Mitglieder sind Stellvertreter zu berufen. ²Die Mitglieder und die Stellvertreter sollen das vierundzwanzigste Lebensjahr vollendet haben.

(2) Der Vorsitzende braucht nicht in einem zulassungspflichtigen Handwerk tätig zu sein; er soll dem zulassungspflichtigen Handwerk, für welches der Meisterprüfungsausschuss errichtet ist, nicht angehören.

(3) Zwei Beisitzer müssen das Handwerk, für das der Meisterprüfungsausschuß errichtet ist, mindestens seit einem Jahr selbständig als stehendes Gewerbe betreiben und in diesem Handwerk die Meisterprüfung abgelegt haben oder das Recht zum Ausbilden von Lehrlingen besitzen oder in dem zulassungspflichtigen Handwerk als Betriebsleiter, die in ihrer Person die Voraussetzungen zur Eintragung in die Handwerksrolle erfüllen, tätig sein.

(4) Ein Beisitzer soll ein Geselle sein, der in dem zulassungspflichtigen Handwerk, für das der Meisterprüfungsausschuß errichtet ist, die Meisterprüfung abgelegt hat oder das Recht zum Ausbilden von Lehrlingen besitzt und in dem betreffenden zulassungspflichtigen Handwerk tätig ist.

(5) Für die Abnahme der Prüfung in der wirtschaftlichen Betriebsführung sowie in den kaufmännischen, rechtlichen und berufserzieherischen Kenntnissen soll ein Beisitzer bestellt werden, der in diesen Prüfungsgebieten besonders sachkundig ist und dem Handwerk nicht anzugehören braucht.

(6) § 34 Abs. 6 Satz 1 und Abs. 7 gelten entsprechend.

Übersicht

	Rdn.
1. Mitglieder des Prüfungsausschusses	1
a) Allgemeine Voraussetzungen	1
b) Vorsitzender	2
c) Meisterbeisitzer	3
d) Weitere Beisitzer	4
e) Fehlerhafte Besetzung	7
f) Amtsdauer	8
2. Beschlussfassung	9

1. Mitglieder des Prüfungsausschusses. a) Die Vollendung 1 des 24. Lebensjahres ist nur eine Sollvorschrift, von der in begründeten Ausnahmefällen abgewichen werden kann. Die deutsche Staatsangehörigkeit ist auch hier nicht mehr Voraussetzung.

2 b) Der **Vorsitzende** kann auch ein Nichthandwerker sein; damit sollte insbesondere ermöglicht werden, dass auch Fachschullehrer zu Vorsitzenden bestellt werden können. Im Interesse einer größtmöglichen Objektivität des Prüfungsausschusses soll der Vorsitzende nicht dem Handwerk angehören, für das der Prüfungsausschuss bestellt wird. Auch hier handelt es sich jedoch um eine Sollvorschrift, von der in begründeten Fällen abgewichen werden kann. Ein Gewerbeschulrat als Vorsitzender verstößt nicht gegen § 48 Abs. 2, auch wenn er Fachmann in dem betreffenden Handwerk ist (BVerwG vom 25. 1. 1962, VRS 14, 996).

3 c) **Von den Beisitzern müssen zwei die Meisterprüfung** in dem Handwerk abgelegt haben, für das der Meisterprüfungsausschuss errichtet ist und dieses Gewerbe seit mindestens einem Jahr betreiben; es genügt nicht, dass sie das Handwerk früher einmal selbstständig betrieben haben. Ebenso wenig genügt die bloß formelle Eintragung in die Handwerksrolle; Voraussetzung ist eine wirkliche, aktive Berufsausübung (VG Berlin vom 10. 7. 1991, GewA 1991, 436). An die Stelle der abgelegten Meisterprüfung kann auch der Besitz der Lehrlingsausbildungsbefugnis für das betreffende Gewerbe treten. Es handelt sich hier um Mussvorschriften; bei Verletzung ist der Meisterprüfungsausschuss nicht ordnungsgemäß besetzt. Wegen der Folgen vgl. die Anm. zu § 38.

4 d) **Ein Beisitzer soll Meistergeselle** sein, d. h. er muss die Meisterprüfung in dem Handwerk abgelegt haben, für das der Meisterprüfungsausschuss gebildet wurde und als Arbeitnehmer in dem betreffenden Gewerbe tätig sein. Die Forderung nach einer Tätigkeit in einem Handwerksbetrieb wurde aufgegeben, um auch Meister aus Betrieben der öffentlichen Hand und dgl. beiziehen zu können. Wichtig ist die eigene praktische Erfahrung.

5 Ferner soll ein Beisitzer auf dem Prüfungsgebiet der Betriebswirtschaft usw. besondere Sachkunde aufweisen, wobei eine Zugehörigkeit zum Handwerk nicht erforderlich ist. Gedacht ist hier insbesondere an Fachschullehrer und dgl.

6 Auch hier handelt es sich lediglich um Sollvorschriften, von denen in begründeten Ausnahmefällen abgewichen werden kann. So ist die Bestellung einer besonders sachkundigen Person im Sinne des Abs. 5 insbesondere dann nicht erforderlich, wenn der Vorsitzende selbst über die nötige Sachkunde verfügt. In diesem Fall stellt das Gesetz keine zusätzlichen Anforderungen an den weiteren Beisitzer; er darf deswegen nun aber nicht willkürlich berufen werden, sondern auf praktische Berufserfahrung ist in jedem Fall zu achten.

7 e) **Zwingende Voraussetzung für die ordnungsmäßige Besetzung** ist lediglich, dass die in Abs. 1 vorgeschriebene Gesamtzahl

Zulassung zur Prüfung §49 **HwO**

der Ausschussmitglieder erreicht wird, deren Mehrheit nach dem Sinn des Gesetzes sog. Fachbeisitzer sein, d. h. selbst die einschlägige Meisterprüfung abgelegt haben muss. Die Nichteinhaltung der in § 48 getroffenen Sollvorschriften ist auf die Rechtmäßigkeit der Besetzung des Prüfungsausschusses ohne Einfluss; Rechte können aus ihrer Verletzung daher nicht abgeleitet werden.

f) Die Amtsdauer beträgt längstens 5 Jahre; zwischen Gesellenprüfung und Meisterprüfung soll Parallelität bestehen.

2. Beschlussfassung. Beschließen kann **nur der vollständige Meisterprüfungsausschuss**, vor allem, wenn es um die Entscheidung über Bestehen oder Nichtbestehen geht, von der hier die Befugnis zur selbstständigen Handwerksausübung abhängt. Ist ein Ausschussmitglied aus tatsächlichen oder rechtlichen (z. B. Befangenheit) Gründen verhindert, so tritt der Stellvertreter für die Dauer des ganzen Prüfungsverfahrens an seine Stelle; der Ausgeschiedene darf auch nicht das Protokoll unterzeichnen (VG Düsseldorf vom 27. 7. 1962, GewA 1963, 61 u. OVG Berlin vom 20. 8. 1969, GewA 1970, 201).

Beschlüsse des Meisterprüfungsausschusses müssen **in ordentlichen Sitzungen** gefasst werden; eine Umfrage der Handwerkskammer genügt nicht. Der Ausschuss muss aber nicht bei allen Prüfungsabschnitten in voller Besetzung anwesend sein. Der Vorsitzende kann fachkundige Ausschussmitglieder mit einer Vorbewertung der Prüfungsleistungen beauftragen, was Aufwand und Kosten spart.

Im Übrigen vgl. die Ausführungen zu § 34.

§ 49 [Zulassung zur Prüfung]

(1) Zur Meisterprüfung ist zuzulassen, wer eine Gesellenprüfung in dem zulassungspflichtigen Handwerk, in dem er die Meisterprüfung ablegen will, oder in einem damit verwandten zulassungspflichtigen Handwerk oder eine entsprechende Abschlussprüfung in einem anerkannten Ausbildungsberuf oder eine Prüfung auf Grund einer nach § 45 oder § 51a Abs. 1 in Verbindung mit Abs. 2 erlassenen Rechtsverordnung bestanden hat.

(2) ¹Zur Meisterprüfung ist auch zuzulassen, wer eine andere Gesellenprüfung oder eine andere Abschlussprüfung in einem anerkannten Ausbildungsberuf bestanden hat und in dem zulassungspflichtigen Handwerk, in dem er die Meisterprüfung ablegen will, eine mehrjährige Berufstätigkeit ausgeübt hat. ²Der Abschlussprüfung an einer deutschen Hochschule gleichgestellt sind Diplome nach § 7 Abs. 2 Satz 4. ³Ferner ist der erfolgreiche

Abschluss einer Fachschule bei einjährigen Fachschulen mit einem Jahr, bei mehrjährigen Fachschulen mit zwei Jahren auf die Berufstätigkeit anzurechnen.

(3) Ist der Prüfling in dem zulassungspflichtigen Handwerk, in dem er die Meisterprüfung ablegen will, selbständig, als Werkmeister oder in ähnlicher Stellung tätig gewesen, oder weist er eine der Gesellentätigkeit gleichwertige praktische Tätigkeit nach, so ist die Zeit dieser Tätigkeit anzurechnen.

(4) [1]Die Handwerkskammer kann auf Antrag
1. eine auf drei Jahre festgesetzte Dauer der Berufstätigkeit unter besonderer Berücksichtigung der in der Gesellen- oder Abschlussprüfung und während der Zeit der Berufstätigkeit nachgewiesenen beruflichen Befähigung abkürzen,
2. in Ausnahmefällen von den Voraussetzungen der Absätze 1 bis 4 ganz oder teilweise befreien,
3. unter Berücksichtigung ausländischer Bildungsabschlüsse und Zeiten der Berufstätigkeit im Ausland von den Voraussetzungen der Absätze 1 bis 4 ganz oder teilweise befreien.

[2]Die Handwerkskammer kann eine Stellungnahme des Meisterprüfungsausschusses einholen.

(5) [1]Die Zulassung wird vom Vorsitzenden des Meisterprüfungsausschusses ausgesprochen. [2]Hält der Vorsitzende die Zulassungsvoraussetzungen nicht für gegeben, so entscheidet der Prüfungsausschuß.

Übersicht

	Rdn.
I. Zulassungsvoraussetzungen	1
1. Für Gewerbe der Anlage A Einschlägiger Lehrabschluss	1
a) Gesellenprüfung	2
b) Abschlussprüfung	5
2. Mehrjährige Gesellentätigkeit	6
a) Allgemeines	6
b) Wehrdienstzeiten	9
c) Fachschulbesuch	10
3. Erleichterte Zulassung	12
4. Vorbereitungskurse	13
II. Ausnahmsweise Zulassung	14
1. Voraussetzungen	14
2. Zuständigkeit	18
III. Rechtsmittel	20

Zulassung zur Prüfung §49 HwO

I. Voraussetzungen für die Zulassung zur Meisterprüfung

1. Die „normale" Meisterprüfung gibt es jetzt nur noch für Handwerke der Anlage A. Zuzulassen ist auf jeden Fall, wer die einschlägige Gesellenprüfung abgelegt hat. 1

a) Die **Gesellenprüfung** soll primär in dem Gewerbe abgelegt worden sein, für das die Meisterprüfung angestrebt wird. Es kann sich auch um die Gesellenprüfung in einem damit verwandten Handwerk oder um eine einschlägige Facharbeiterprüfung handeln. In Frage kommt schließlich auch eine Prüfung auf Grund einer nach § 51a erlassenen Rechtsverordnung, d. h. die Meisterprüfung für ein Handwerk der Anlage B. 2

Der Gesellenprüfung steht die Ablegung der Prüfung in einer der in § 40 genannten privilegierten Werkstätten usw. gleich (vgl. die dortigen Anmerkungen). 3

Darüber hinausgehende praktische Berufserfahrung wird nicht mehr gefordert; eine Meisterprüfung könnte jetzt also unmittelbar nach der Gesellenprüfung abgelegt werden. 4

b) Wer die **Gesellen- oder Facharbeiterprüfung in einem anderen Gewerbe** abgelegt hat, ist zuzulassen, wenn er das Handwerk, für das er die Meisterprüfung ablegen will, mehrere Jahre praktisch ausgeübt hat. 5

2. a) Die **mehrjährige praktische Berufstätigkeit** ist nicht mehr an die Prüfungsablegung gekoppelt, kann also auch davor liegen. Die nachzuweisende Tätigkeit muss in dem zulassungspflichtigen Handwerk erfolgt sein, in dem die Meisterprüfung angestrebt wird. Immer muss es sich um eine praktische Ausübung der betreffenden Handwerkstätigkeiten handeln; reine Bürotätigkeiten (z. B. Angebotsausarbeitung, Kalkulation, Abrechnung) genügen nicht (vgl. VG Aachen vom 30. 7. 1975, GewA 1976, 199). 6

Auch im Ausland kann die nachzuweisende praktische Tätigkeit vollbracht worden sein; Voraussetzung ist allerdings die fachliche Gleichwertigkeit. 7

Die Dauer der nachzuweisenden praktischen Berufstätigkeit wird vom Meisterprüfungsausschuss in dem gesetzlichen Rahmen festgelegt, solange keine entsprechende Rechtsverordnung ergangen ist. **Es dürfen aber nicht mehr als drei Jahre gefordert werden.** 8

b) Wehrdienstzeiten können in bestimmten Umfang als Gesellenzeit angerechnet werden, wenn während des Wehrdienstes eine beruflich gleichwertige Tätigkeit ausgeübt, wurde. Wegen der Zuordnung militärischer Tätigkeiten zu handwerklichen Zivilberufen 9 vgl. BayWME v. 9. 12. 1969, BayWVMBl 1969, 145 und Übereinkommen vom 4. 11. 1966 (VMBl. 1967, 245, erneuert VMBl. 1970, 65). Zur Anrechnung von Wehrdienstzeiten und dergl. auf die Berufszugehörigkeit allgemein *Papenheim,* Beilage 4 zu BB 1969 und VG Münster vom 28. 9. 1973, GewA 1974, 123.

10 c) Ein **Fachschulbesuch** ist nach Abs. 2 auf die Gesellenzeit anzurechnen, wobei die Höchstzeit zwei Jahre beträgt. Es muss sich um Vollzeitunterricht handeln; bei Teilzeitunterricht ist entsprechend umzurechnen.

11 Zu den Fachschulen rechnen auch die sog. **Meisterschulen,** die unmittelbar auf die Prüfung hinführen, d. h. die Ausbildung wird mit der Ablegung der offiziellen Meisterprüfung abgeschlossen. Charakterliche Ungeeignetheit kann zur Entlassung aus einer solchen Meisterschule führen (BayVGH v. 14. 1. 1969, BayVBl. 1969, 142; vgl. auch VGH Mannheim vom 11. 6. 1969, NJW 1969, 1791 LS).

12 **3. Erleichterte Zulassungsvoraussetzungen** sind für diejenigen vorgesehen, die, etwa auf Grund einer Ausnahmebewilligung oder nach den Übergangsbestimmungen des § 119 auch ohne Meisterprüfung das Handwerk berechtigterweise selbstständig ausgeübt haben oder darin in herausgehobener Stellung wie z. B. als Werkmeister tätig waren. Diese Zeit ist nach Abs. 3 anzurechnen. Angerechnet werden soll ferner eine der Gesellentätigkeit gleichwertige praktische Tätigkeit. Es handelt sich auch hier um einschlägige „Berufstätigkeit", so dass die Vorschrift im Hinblick auf Abs. 2 eigentlich überflüssig ist.

13 4. Der Besuch von Vorbereitungskursen ist nicht vorgeschrieben, wenn auch ratsam. Das Gesetz zur Förderung der beruflichen Aufstiegsfortbildung – AFBG – vom 23. 4. 1996 (BGBl. I S. 623) bietet Finanzierungshilfen.

II. Ausnahmsweise Zulassung

14 1. Die Zulassung zur Meisterprüfung kann im Einzelfall gestattet werden, auch wenn der Bewerber den gesetzlichen Zulassungsvoraussetzungen nicht genügt. Von dieser Möglichkeit sollte nicht kleinlich Gebrauch gemacht werden. Das Prinzip, selbstständige Handwerksausübung in den Gewerben der Anlage A nur auf Grund des Befähigungsnachweises zu erlauben, wird durch eine großzügige Zulassungspraxis in keiner Weise gefährdet.

15 Von der ausnahmsweisen Zulassung sollte z. B. Gebrauch gemacht werden bei Personen, die in einem Handwerkerhaushalt aufgewach-

Zulassung zur Prüfung §49 **HwO**

sen sind, ohne allerdings eine förmliche Lehre zu absolvieren. Der spätere Entschluss, die Meisterprüfung abzulegen, sollte nicht durch die Forderung blockiert werden, erst noch die Gesellenprüfung nachzuholen. – Ein weiterer typischer Fall ist der Handwerksmeister und Betriebsinhaber, der eine zusätzliche Meisterprüfung zur Abrundung seines Unternehmens ablegen will und dafür auch die Fachkenntnisse, nicht aber die formalen Voraussetzungen besitzt. Der Inhaber eines Installateur- und Heizungsbauerbetriebes, der zusätzlich die Prüfung als Kälteanlagenbauer ablegen und dafür nicht nur eine Ausübungsberechtigung möchte, kann nicht erst längere Zeit in einem fremden Betrieb arbeiten und wäre ohne ausnahmsweise Zulassung zur weiteren Prüfungsablegung regelmäßig gar nicht in der Lage (vgl. VG Aachen vom 30. 7. 1975, GewA 1976, 179).

Der Bund-Länder-Ausschuss „Handwerksrecht" empfahl eine **großzügige Nutzung der Befreiungsmöglichkeiten** und sagte erforderlichenfalls eine nachdrückliche Unterstützung der Handwerkskammern durch die Länder zu. Als Ausnahmefall könne z. B. **unverschuldete Arbeitslosigkeit** während der Gesellenzeit in Frage kommen, sofern sich kein Betrieb findet, der dem Betroffenen die Fortsetzung der Gesellenzeit ermöglicht. Der Ausschuss wies ausdrücklich darauf hin, dass die Handwerkskammer an das Votum des Meisterprüfungsausschusses nicht gebunden ist (WME vom 17. 12. 1987, BAnz. 1987, 16514). **16**

Die Befugnis zur Befreiung gibt Abs. 4. Dessen Nr. 1 ist an sich von Nr. 2 mit umfasst und wäre daher überflüssig. Die besondere Erwähnung des Falles in Nr. 1 lässt aber ebenfalls erkennen, dass der Gesetzgeber hier eine relativ großzügige Handhabung für vertretbar hält, während von weiteren Befreiungen nach Nr. 2 nur in wirklichen Ausnahmefällen Gebrauch gemacht und daher ein strenger Maßstab angelegt werden soll (einschränkend OVG NRW v. 3. 3. 1965, GewA 1967, 173). **17**

2. Zuständig für die Befreiung ist die Handwerkskammer, die die Geschäfte des betreffenden Prüfungsausschusses führt, und nicht der Meisterprüfungsausschuss selbst. Dieser kann angehört werden, ist aber nicht mehr zwingend zu hören. Ein Zulassungsantrag ist beim Fehlen der Voraussetzungen der Absätze 1–3 von Amts wegen darauf zu prüfen, ob die Zulassung nicht nach Abs. 4 ausgesprochen werden kann (so VG Aachen vom 30. 7. 1975, GewA 1976, 199). Ein Rechtsanspruch auf Erteilung der Ausnahmegenehmigung besteht nicht; die Ausführungen Anm. II.1. zu §22 gelten entsprechend. Eine gegen die Versagung erhobene Anfechtungsklage könnte daher nur bei Vorliegen von Ermessensfehlern Erfolg haben. **18**

HwO § 50   3. Teil. Meisterprüfung, Meistertitel

19 An eine Ausnahmegenehmigung der Handwerkskammer nach Abs. 4 ist der Meisterprüfungsausschuss gebunden; im Übrigen vgl. die Anm. zu § 36.

III. Rechtsmittel

20 Gegen die Versagung der Zulassung sind Rechtsmittel zulässig. Im Hinblick auf die gesetzliche Klarstellung, dass der Meisterprüfungsausschuss eine staatliche Behörde ist, können die Zuständigkeiten für das Vorverfahren unmittelbar aus der Verwaltungsgerichtsordnung abgeleitet werden. Gegen die ablehnende Entscheidung des Meisterprüfungsausschusses steht dem Antragsteller daher der Verwaltungsrechtsweg offen.

21 Der Streitwert beläuft sich in der Regel auf € 15 000. Auf Basis dieses Streitwerts ermitteln sich die Gerichtskosten gem. der Kostenordnung und die Rechtsanwaltskosten gem. dem Rechtsanwaltsvergütungsgesetz.

§ 50 [Prüfungskosten; Zulassungs- und Prüfungsverfahren]

(1) ¹**Die durch die Abnahme der Meisterprüfung entstehenden Kosten trägt die Handwerkskammer.** ²**Das Zulassungs- und Prüfungsverfahren wird durch eine von der Handwerkskammer mit Genehmigung der obersten Landesbehörde zu erlassende Meisterprüfungsordnung geregelt.**

(2) **Das Bundesministerium für Wirtschaft und Technologie wird ermächtigt, durch Rechtsverordnung mit Zustimmung des Bundesrates Vorschriften über das Zulassungs- und Prüfungsverfahren nach Absatz 1 Satz 2 zu erlassen.**

Übersicht Rdn.

1. Allgemeines 1
2. Kosten der Meisterprüfung 5
3. Meisterstück und Arbeitsprobe 6
4. Prüfungsanfechtung 10

1 **1. Grundlage des Prüfungsverfahrens ist die Meisterprüfungsordnung.** Unter dem Namen Meisterprüfungsverfahrensordnung (MPVerfO) wurde diese gemäß Abs. 2 am 31. 12. 2001 bundeseinheitlich erlassen (BGBl. I 4154, Anh. 6). Den Handwerks-

Prüfungskosten; Zulassungs- und Prüfungsverfahren **§ 50 HwO**

kammern bleiben allerdings weiterhin eigene Regelungsspielräume für Einzelfragen. Dazu *Fehling,* GewA 2003, 45.

Die Meisterprüfungsordnung kann, wie schon aus der offiziellen 2 Bezeichnung zum Ausdruck kommt, nur Formalien des Prüfungsverfahrens festlegen; **die inhaltlichen Anforderungen** der Meisterprüfung sind durch die §§ 45, 46 vorgegeben (siehe die dortigen Anmerkungen). Die HWK kann daher den Prüfungsstoff nicht abweichend bestimmen (VG Meiningen vom 7. 5. 1997, GewA 1997, 378; Nds. OVG vom 23. 8. 1996, GewA 1999, 297). Zur Meisterprüfungsordnung vgl. auch BVerwG vom 3. 11. 1977, GewA 1978, 133. Eine von der HWK erlassene Meisterprüfungsordnung hat wegen des Selbstverwaltungsprinzips Rechtssatzcharakter und kann daher verbindlich z. B. die Zulässigkeit eines Rücktritts von der Prüfung regeln (BVerwG vom 22. 11. 1994, NVwZ-RR 1995, 197).

Über das Ergebnis der Prüfung wird ein **Zeugnis** ausgestellt (dazu 3 auch *Honig,* GewA 1995, 144). Für die Bewertung sind die in der MPVerfO vorgegebenen Noten zu verwenden; eine Aufrundung ist weder vorgesehen, noch erforderlich. Dazu und zur Gewichtung der schriftlichen und mündlichen Prüfungsleistungen vgl. OVG Saarland vom 11. 11. 1994, GewA 1995, 204.

Sieht die Prüfungsordnung eine schriftliche und eine mündliche 4 Prüfung vor, so muss die mündliche Prüfung so gestaltet werden, dass unzureichende schriftliche Leistungen ausgeglichen werden können (so VGH Bad-Württ. vom 12. 9. 1973, GewA 1974, 163). Welche Kenntnisse für das Bestehen notwendig sind, ist eine prüfungsrechtliche Wertungsfrage, bei der die Prüfer (hier: Friseurhandwerk) einen sehr weiten Beurteilungsspielraum haben (OVG Schl.-H. vom 14. 10. 1994, NVwZ-RR 1995, 393). Die Gewichtung der einzelnen Prüfungsteile sollte 7:3 betragen (so BayVGH vom 9. 11. 1987, GewA 1988, 200). Wegen weiterer Einzelheiten der Prüfungsdurchführung und -bewertung vgl. VG Düsseldorf vom 27. 7. 1962, GewA 1963, 61, sowie VG Schleswig vom 17. 3. 1970, GewA 1970, 164. Zur Überprüfung der Prüfungsbewertung ausführlich *Honig,* GewA 1994, 222. Im Übrigen kann dazu auf die Anmerkungen zu § 38 verwiesen werden.

2. Die **Kosten für die Abnahme der Meisterprüfung** trägt 5 nach dem Gesetz die Handwerkskammer und nicht der Staat. Dies gilt auch für die Kosten, die dem Ausschuss im Rechtsbehelfsverfahren entstehen, also z. B. für nochmalige Überprüfung der Entscheidung, Stellungnahmen u. dgl. Mangels einer dem § 31 Abs. 3 entsprechenden Regelung bedeutet dies jedoch nicht Kostenfreiheit für den Prüfling; die Handwerkskammer kann und wird vielmehr durch die

Festsetzung entsprechender Prüfungsgebühren in ihrer Gebührenordnung nach § 113 einen Ausgleich ihres Aufwands herbeiführen. Für seine Kosten kann der Prüfling jetzt staatliche Hilfe bekommen. Zum sog. „Meister-BAFöG" *Beckmann,* GewA 1997, 89 und *Habitzel/Wolf,* WuV 1998, 130.

6   3. Zu den Wesensunterschieden von Meisterstück und Arbeitsprobe vgl. VG Ansbach vom 11. 11. 1965, GewA 1966, 169, und ergänzend VG Ansbach vom 19. 12. 1966, GewA 1967, 112. Der Ausschuss muss nicht jede angebotene Arbeit als Meisterstück akzeptieren. Im Gegensatz zur Meisterprüfungsarbeit (Meisterstück) liegt bei der Arbeitsprobe der Schwerpunkt auf der Arbeitsweise des Prüflings, wobei die Prüfer auf Arbeitsvorbereitung, Haltung und Führung der Werkzeuge sowie auf die Handfertigkeit des Prüflings zu achten haben. Leidet der Prüfungsabschnitt der Arbeitsprobe an einem erheblichen Verfahrensfehler, dann ist nicht nur der entsprechende Teilabschnitt, sondern die ganze Arbeitsprobe zu wiederholen (VGH Sttgt. vom 31. 1. 1995, GewA 1995, 281). Zur Meisterprüfung im Dachdeckerhandwerk vgl. VGH BW vom 31. 5. 1994, GewA 1994, 427.

7   Wenn die Prüflinge die Arbeitsprobe durch die Verarbeitung eigenen Materials durchführen, dann verlieren sie das Eigentum daran auch hinterher nicht nach § 950 Abs. 1 BGB; dem Prüfungsausschuss kommt keine Herstellereigenschaft zu (BGH vom 28. 6. 1954, BGHZ 14, 114). Es gelten hier die gleichen Grundsätze wie beim Eigentum am Gesellenstück; dazu § 14 BBiG.

8   Über die Folgen des Unterschleifs bei der Anfertigung des Meisterstücks vgl. VGH BW vom 22. 9. 1976, GewA 1978, 29. – Bei einem Verlust des Meisterstücks gibt es keine fiktive Bewertung (BayVGH vom 16. 11. 1990, GewA 1991, 142). – Zur Frage, ob die Kosten des Meisterstücks als Werbungskosten von der Steuer abgesetzt werden können, vgl. BFH vom 5. 12. 1989, BB 1990, 1534.

9   Im Übrigen siehe zum Prüfungsverfahren die Anm. zu § 38.

10 4. Bei der **abschnittsweisen Ablegung** der Meisterprüfung ist eine Teilanfechtung möglich (§ 46 Abs. 2). Dabei konnten bis zu vier Prüfungsausschüsse mit jeweils unterschiedlichen Verfahrensvorschriften maßgebend sein, was die Regelung nach Abs. 2 jetzt verhindert. Keine eigene Anfechtung ist möglich, wenn es sich lediglich um eine Teilentscheidung innerhalb des Prüfungsabschnittes handelt (vgl. Nds. OVG vom 23. 8. 1996, GewA 1999, 297).

11 Der Meisterprüfungsausschuss ist eine staatliche Institution. Bei einer Prüfungsanfechtung erlässt daher die zuständige höhere Verwal-

Im Ausland erworbene Prüfungszeugnisse § 50a HwO

tungsbehörde den notwendigen Widerspruchsbescheid, und Klagegegner ist der Staat, d. h. das betreffende Bundesland, das auch die Verfahrenskosten trägt. Zum Streitwert vgl. VGH BW vom 1. 10. 1996, NJW 1997, 145. Zur Frage des berechtigten Interesses an der Feststellung der Rechtswidrigkeit einer Mitteilung über das frühere Nichtbestehen der Meisterprüfung nach Bestehen der Prüfung im zweiten Versuch vgl. BayVGH vom 24. 9. 1990, NVwZ-RR 1991, 240. – Im Rechtsstreit um den Rücktritt von der Meisterprüfung ist der Nichtbestehensbescheid nicht Klagegegenstand. Rücktritt ist nur aus wichtigem Grund möglich; kein solcher sind Schwierigkeiten, die durch die behördliche Schließung eines in der Hoffnung auf das Bestehen der Meisterprüfung unzulässigerweise vorzeitig begonnenen Handwerksbetriebes entstehen (VGH BW vom 12. 7. 1994, GewA 1994, 429).

§ 50a [Im Ausland erworbene Prüfungszeugnisse]

[1]Das Bundesministerium für Wirtschaft und Technologie kann im Einvernehmen mit dem Bundesministerium für Bildung und Forschung durch Rechtsverordnung mit Zustimmung des Bundesrates im Ausland erworbene Prüfungszeugnisse den entsprechenden Zeugnissen über das Bestehen einer deutschen Meisterprüfung in zulassungspflichtigen Handwerken gleichstellen, wenn an den Bildungsgang und in den Prüfungen gleichwertige Anforderungen gestellt werden. [2]Die Vorschriften des Bundesvertriebenengesetzes bleiben unberührt.

Bei entsprechender Gleichwertigkeit können ausländische Prüfungen in jeder Hinsicht, also auch hinsichtlich der Titelführung, der deutschen Meisterprüfung gleichgestellt werden. Dies geschieht durch Rechtsverordnung. Eine solche ist bisher nicht ergangen. 1

Siehe auch *Maiwald,* Deutsch-französisches Abkommen über die gegenseitige Anerkennung von Meisterprüfungszeugnissen (vom 9. 12. 1996), GewA 1997, 143. 2

§ 51 [Meistertitel]

Die Ausbildungsbezeichnung Meister/Meisterin in Verbindung mit einem zulassungspflichtigen Handwerk oder in Verbindung mit einer anderen Ausbildungsbezeichnung, die auf eine Tätigkeit in einem oder mehreren zulassungspflichtigen Handwerken hinweist, darf nur führen, wer für dieses zulassungspflich-

tige Handwerk oder für diese zulassungspflichtigen Handwerke die Meisterprüfung bestanden hat.

Übersicht

	Rdn.
I. Führung des Meistertitels für Gewerbe der Anlage A	1
1. Form der Titelführung	1
2. Nachträgliche Änderungen der Handwerksbezeichnung	4
3. ... des Handwerks-Inhalts	5
4. Keine Entziehung des Meistertitels	8
II. Verbotene Titelführung	9
1. Ahndung	9
2. Verwechselbare Bezeichnungen	10
3. Titelführung	12
4. „Obermeister"	13
III. Werbung mit dem Meistertitel	14
1. Allgemeines	14
2. „Meisterbetrieb"	15

Literatur: *Heck,* Handwerksordnung und Wettbewerb, DHBl. 1985, 237; *Honig,* Werbung mit dem guten Ruf des Handwerks, WRP 1995, 568; *ders.,* Der gefälschte Meisterbrief, GewA 1995, 144.

I. Führung des Meistertitels

1 1. Die Titelberechtigung ist eine automatische und ausschließliche Folge der erfolgreich abgelegten Meisterprüfung. Die Befugnis ist nicht an den Betrieb eines selbstständigen Handwerks geknüpft; es darf daher insbesondere auch der unselbstständige Handwerker (Meistergeselle) den Meistertitel führen. Ein bestimmtes Alter oder sonstige persönliche Erfordernisse sind nicht vorausgesetzt.

2 Um zu verdeutlichen, dass Frauen im Handwerk gleichberechtigt sind, wurde ausdrücklich klargestellt, dass der Meistertitel auch in der weiblichen Form geführt werden kann bzw. im amtlichen Verkehr muss.

3 Im Prüfungszeugnis und im Amtsgebrauch muss der Meistertitel in seiner korrekten Form verwendet werden. Ansonsten jedoch sind Vereinfachungen möglich, z. B. Maurermeister statt Maurer- und Betonbauermeister, Optikermeister statt Augenoptikermeister. Vermeiden sollte man solche Vereinfachungen dort, wo Verwechslungsgefahr besteht (ein Kfz.-Meister ist etwas anderes als ein Kfz.-Techniker-Meister). Erlaubt ist auch die Verwendung der regionalen Bezeichnungen, z. B. Schreiner- statt Tischlermeister.

Meistertitel **§ 51 HwO**

2. Wurde und wird ohne inhaltliche Veränderung **die Bezeich-** 4
nung eines Handwerks geändert, z. B. gemäß § 1 Abs. 3, so erwächst
dadurch den geprüften Meistern des betreffenden Handwerks automatisch die Berechtigung der Titelführung mit der neuen Bezeichnung, ohne dass es hierzu einer Änderung der Prüfungsurkunde bedürfte. Eine Korrektur des Prüfungszeugnisses wäre sogar irreführend.
Dem betreffenden Handwerker muss aber das Recht zustehen, eine entsprechende Änderung der Bezeichnung in seinen sonstigen Unterlagen, etwa in der Handwerkskarte verlangen zu können. Andererseits muss aber auch das Recht bestehen bleiben, den Meistertitel in der alten, erworbenen Form weiterführen zu dürfen.

3. Bei einer **materiellen Veränderung** des Handwerkszweiges 5
wird an der Berechtigung zur Führung des Meistertitels nichts geändert. Wird ein Handwerk zu einem Teilhandwerk eines größeren Handwerksbereiches, so kann die frühere Bezeichnung weitergeführt werden; nicht kann aber ohne weiteres die Bezeichnung des neuen Handwerkes übernommen werden. Das Gleiche gilt auch, wenn aus einem umfassenden Handwerk bisherige Teilhandwerke als neue, eigene Handwerke ausgegliedert werden; es kann nur der erworbene Titel geführt werden, es kann aber nicht auch der Meistertitel für die ausgegliederten neuen Handwerke übernommen werden, da damit eine Irreführung der Kundschaft verbunden wäre. Die neue Berufsbezeichnung könnte den Eindruck erwecken, die Kenntnisse und Fertigkeiten des Betreffenden würden sich auf Bereiche erstrecken, die ihm möglicherweise nicht hinreichend oder überhaupt nicht vertraut sind.

So waren mit der Novelle 98 Elektroinstallateur, Elektromechani- 6
ker und Fernmeldeanlagenelektroniker zusammengelegt worden zum neuen Elektrotechniker (jetzt: Informationstechniker!); der Meistertitel durfte aber unverändert nur in der erworbenen Form geführt werden, unabhängig von der durch die Neuordnung nach § 119 Abs. 4 erweiterten Ausübungs- und Ausbildungsbefugnis. – Umgekehrt durfte sich ein Geigenbauermeister auch nach Einführung des neuen Handwerks Bogenmacher (VO vom 9. 12. 1991, BGBl. I. S. 2196) nicht „Bogenmachermeister" nennen, auch wenn er schwerpunktmäßig im Bogenbau geprüft worden war.

Wird ein Handwerk in der Positivliste **ersatzlos gestrichen,** weil 7
die Tätigkeit etwa ihren handwerklichen Charakter generell verloren hat, so besteht die Befugnis zur Führung des Meistertitels zwar weiterhin, aber ohne den Schutz und die Wirkungen der HwO. Für Handwerke, die aus der bisherigen Positivliste in die Anlage B übernommen wurden, besteht der Schutz ungeachtet des Wortlauts des § 51 b weiter.

8   4. Ebenso wie früher die GewO enthält auch die HwO keine Vorschriften über die **Entziehung des Meistertitels**. Der Verlust der Befugnis zur Ausbildung von Lehrlingen, die Gewerbeuntersagung u. Ä. sind daher auf die Befugnis zur Führung des Meistertitels ohne Einfluss.

II. Verbotene Führung des Meistertitels

9   **1. Der Meistertitel ist als Ehrenname des Handwerks geschützt** (Ordnungswidrigkeit nach § 117 Abs. 1 Nr. 2); eine unzulässige Verwendung in der Werbung ist sogar strafbar (§ 4 Abs. 1 UWG).

10 **2. Verbot der Führung einer dem Meistertitel ähnlichen Bezeichnung.** Der Meistertitel ist nicht für sich allein, sondern nur in Verbindung mit einem Handwerk geschützt. Die unbefugte Verwendung des Industriemeister-Titel, wie er durch Prüfung vor den Industrie- und Handelskammern erworben werden kann, fällt daher nicht unter diese Vorschrift. Ebenso ist es nicht verboten, die Bezeichnung „Meister" schlechthin oder als Meister in anderen Verbindungen als mit dem Namen eines Handwerks, z. B. als Werkmeister, Montagemeister, Maschinenmeister, zu verwenden. Auch ein nicht geprüfter Handwerker kann eine solche Bezeichnung führen, sofern darin nicht gegenüber der Kundschaft der Eindruck erweckt wird, dass es sich um einen Handwerksmeister handelt. Als verbotene Verbindung wäre etwa anzusehen die Bezeichnung „Tischlerei von Meister X". Verboten ist nur die Bezeichnung „Meister", nicht etwa auch eine entsprechende fremdsprachige Bezeichnung wie „Maitre-Tailleur" o. dgl.

11 Ohne Bedeutung ist § 51 selbstverständlich für nichtgewerbliche Meisterbezeichnungen wie Bademeister, Hausmeister usw. oder für sportliche Meistertitel.

12 **3.** Verboten ist nur das unberechtigte **Führen des Meistertitels.** Dies setzt voraus, dass der Betreffende sich selbst im geschäftlichen oder auch im privaten Verkehr als Meister ausgibt und als solcher auftritt. Nicht jede Verwendung der Bezeichnung, etwa aus Angabe, muss schon eine unzulässige Titelführung sein (vgl. BGH vom 13. 5. 1982, NJW 1982, 2009). Die Verwendung eines fremden oder gefälschten Meisterbriefes, um in die Handwerksrolle eingetragen zu werden, kann zusätzlich als Ausweismissbrauch, bzw. Urkundenfälschung strafrechtlich verfolgt werden (AG Nürnberg vom 4. 11. 1969, GewA 1970, 111; siehe auch *Honig,* GewA 1995, 144). Die Be-

zeichnung Handwerksmeister führt nicht, wer sich lediglich widerspruchslos als Meister anreden lässt (vgl. dazu RGSt. 33, 305). Keine Frage des § 51 sondern ein rein wettbewerbsrechtliches Problem ist es, ob sich ein Unternehmen „Meisterbetrieb" nennen darf (dazu unten).

4. Nicht hierher gehört die nicht als Titel, sondern als Amtsbezeichnung anzusehende Bezeichnung **„Obermeister"** für den Vorsitzenden des Innungsvorstands. Der Berechtigte darf sich als Amtsträger daher auch z. B. „Dachdecker-Obermeister" o. Ä. nennen, auch wenn er keine Meisterprüfung abgelegt hat, sondern etwa auf Grund einer Ausnahmebewilligung in die Handwerksrolle eingetragen ist. (Zu den Rechtsfragen um den Obermeister-Titel vgl. „Obermeister-Brief", Beilage zum DHBl. 7/1965 S. 27). Sinngemäß das Gleiche gilt für die Titel Kreishandwerksmeister, u. dgl. Es handelt sich hier ersichtlich nicht um „Ausbildungsbezeichnungen". 13

III. Werbung mit dem Meistertitel

1. Die unberechtigte Führung des Meistertitels kann daneben nach §§ 1, 3 UWG eine wettbewerbswidrige Handlung darstellen. Voraussetzung ist, dass, wie es im Allgemeinen der Fall sein wird, die unberechtigte Titelführung im geschäftlichen Verkehr und zu Zwecken des Wettbewerbs erfolgt und die unrichtige Angabe zu einer Irreführung über den Betriebsinhaber oder Betriebsmitglieder führt, die geeignet ist, den Anschein eines besonders günstigen Angebots hervorzurufen (§ 3 UWG). Auch unklare Meistertitel können wettbewerbswidrig sein. Zur Benennung eines Fotografenmeisters als Fotomeister, worunter man sich etwas anderes vorstellt, vgl. Gutachterausschuss für Wettbewerbsfragen Nr. 4/1960. Vgl. in diesem Zusammenhang auch *Heck*, DHBl. 1985, 237 und *Honig*, WRP 1995, 568. 14

2. Beliebt ist z. B. die Bezeichnung als **„Meisterbetrieb"**. Sie setzt voraus, dass der betreffende Betrieb auch wirklich von einem Meister verantwortlich geführt wird. Die Rechtsprechung stellt mit Recht hohe Anforderungen an diese Werbung. Siehe z. B. OLG Düsseldorf vom 26. 5. 1972 GewA 1975, 233; OLG Köln vom 6. 2. 1987, GewA 1987, 383; OLG Stuttgart vom 21. 5. 1987, GewA 1987, 128; OLG Karlsruhe vom 31. 8. 1987, WRP 1988, 631. 15

Das Verbot irreführender Werbung im UWG ist verfassungsrechtlich nicht zu beanstanden (BVerfG vom 13. 7. 1992, NJW 1993, 1969). 16

Zweiter Abschnitt. Meisterprüfung in einem zulassungsfreien Handwerk oder in einem handwerksähnlichen Gewerbe

§ 51a [Voraussetzungen]

(1) Für zulassungsfreie Handwerke oder handwerksähnliche Gewerbe, für die eine Ausbildungsordnung nach § 25 dieses Gesetzes oder nach § 4 des Berufsbildungsgesetzes erlassen worden ist, kann eine Meisterprüfung abgelegt werden.

(2) Als Grundlage für ein geordnetes und einheitliches Meisterprüfungswesen für Handwerke oder Gewerbe im Sinne des Absatzes 1 kann das Bundesministerium für Wirtschaft und Technologie im Einvernehmen mit dem Bundesministerium für Bildung und Forschung durch Rechtsverordnung, die nicht der Zustimmung des Bundesrates bedarf, bestimmen,
1. welche Fertigkeiten und Kenntnisse in den einzelnen zulassungsfreien Handwerken oder handwerksähnlichen Gewerben zum Zwecke der Meisterprüfung zu berücksichtigen sind (Meisterprüfungsberufsbild B),
2. welche Anforderungen in der Meisterprüfung zu stellen sind.

(3) [1]Durch die Meisterprüfung ist festzustellen, ob der Prüfling eine besondere Befähigung in einem zulassungsfreien Handwerk oder in einem handwerksähnlichen Gewerbe erworben hat und Lehrlinge ordnungsgemäß ausbilden kann. [2]Zu diesem Zweck hat der Prüfling in vier selbständigen Prüfungsteilen nachzuweisen, dass er Tätigkeiten seines zulassungsfreien Handwerks oder seines handwerksähnlichen Gewerbes meisterhaft verrichten kann (Teil I), besondere fachtheoretische Kenntnisse (Teil II), besondere betriebswirtschaftliche, kaufmännische und rechtliche Kenntnisse (Teil III) sowie die erforderlichen berufs- und arbeitspädagogischen Kenntnisse (Teil IV) besitzt.

(4) [1]Zum Nachweis der Fertigkeiten und Kenntnisse führt die Handwerkskammer Prüfungen durch und errichtet zu diesem Zweck Prüfungsausschüsse. [2]Die durch die Abnahme der Meisterprüfung entstehenden Kosten trägt die Handwerkskammer.

(5) [1]Zur Prüfung ist zuzulassen, wer eine Gesellenprüfung oder eine Abschlussprüfung in einem anerkannten Ausbildungsberuf bestanden hat. [2]Die Handwerkskammer kann auf Antrag in Ausnahmefällen von der Zulassungsvoraussetzung befreien. [3]Für die Ablegung des Teils III der Meisterprüfung entfällt die Zulassungsvoraussetzung.

Meisterprüfungsausschuss §51b HwO

(6) Für Befreiungen gilt § 46 entsprechend.

(7) Das Bundesministerium für Wirtschaft und Technologie kann durch Rechtsverordnung mit Zustimmung des Bundesrates Vorschriften über das Zulassungs- und Prüfungsverfahren erlassen.

§ 51b [Meisterprüfungsausschuss]

(1) ¹Die Handwerkskammer errichtet an ihrem Sitz für ihren Bezirk Meisterprüfungsausschüsse. ²Mehrere Handwerkskammern können bei einer von ihnen gemeinsame Meisterprüfungsausschüsse errichten.

(2) ¹Der Meisterprüfungsausschuss besteht aus fünf Mitgliedern; für die Mitglieder sind Stellvertreter zu berufen. ²Sie werden für längstens fünf Jahre ernannt.

(3) Der Vorsitzende braucht nicht in einem zulassungsfreien Handwerk oder einem handwerksähnlichen Gewerbe tätig zu sein; er soll dem zulassungsfreien Handwerk oder dem handwerksähnlichen Gewerbe, für welches der Meisterprüfungsausschuss errichtet ist, nicht angehören.

(4) Zwei Beisitzer müssen das zulassungsfreie Handwerk oder das handwerksähnliche Gewerbe, für das der Meisterprüfungsausschuss errichtet ist, mindestens seit einem Jahr selbständig als stehendes Gewerbe betreiben und in diesem zulassungsfreien Handwerk oder in diesem handwerksähnlichen Gewerbe die Meisterprüfung abgelegt haben oder das Recht zum Ausbilden von Lehrlingen besitzen.

(5) Ein Beisitzer soll ein Geselle sein, der in dem zulassungsfreien Handwerk oder in dem handwerksähnlichen Gewerbe, für das der Meisterprüfungsausschuss errichtet ist, die Meisterprüfung abgelegt hat oder das Recht zum Ausbilden von Lehrlingen besitzt und in dem betreffenden zulassungsfreien Handwerk oder handwerksähnlichen Gewerbe tätig ist.

(6) Für die Abnahme der Prüfung der betriebswirtschaftlichen, kaufmännischen und rechtlichen Kenntnisse sowie der berufs- und arbeitspädagogischen Kenntnisse soll ein Beisitzer bestellt werden, der in diesen Prüfungsgebieten besonders sachkundig ist und einem zulassungsfreien Handwerk oder einem handwerksähnlichen Gewerbe nicht anzugehören braucht.

(7) § 34 Abs. 6 Satz 1 und Abs. 7 gilt entsprechend.

HwO § 51c   3. Teil. Meisterprüfung, Meistertitel

§ 51c [Gleichstellung von Zeugnissen]

¹Das Bundesministerium für Wirtschaft und Technologie kann im Einvernehmen mit dem Bundesministerium für Bildung und Forschung durch Rechtsverordnung mit Zustimmung des Bundesrates im Ausland erworbene Prüfungszeugnisse den entsprechenden Zeugnissen über das Bestehen einer deutschen Meisterprüfung in einem zulassungsfreien Handwerk oder handwerksähnlichen Gewerbe gleichstellen, wenn an den Bildungsgang und in den Prüfungen gleichwertige Anforderungen gestellt werden. ²Die Vorschriften des Bundesvertriebenengesetzes bleiben unberührt.

Übersicht Rdn.
1. Meisterprüfung für Handwerke der Anlage B 1
2. Keine staatlichen Prüfungsausschüsse 4
3. Zulassung 5
4. Verfahren 6

1 1. Für Handwerke der Anlage B kann ebenfalls eine Meisterprüfung abgelegt werden, wenn für das betreffende Gewerbe eine Ausbildungsordnung besteht. Voraussetzung ist aber, dass diese Möglichkeit ausdrücklich durch Rechtsverordnung des Bundeswirtschaftsministeriums eröffnet wurde. Eine generelle Meisterprüfung gibt es also insoweit nicht mehr.

2 Da diese Meisterprüfung nicht mehr Voraussetzung für die selbständige Berufsausübung ist, nimmt die Zahl der Teilnehmer ab. Ihr Nutzen liegt, abgesehen vom Werbewert, vor allem in der mit dieser Prüfung erlangten fachlichen Befähigung zur Lehrlingsausbildung (§ 21 Abs. 6).

3 Grundlagen und Ziel dieser Meisterprüfung sind in den Absätzen 2 und 3 geregelt. Die Regelung entspricht wörtlich den Vorschriften des § 45 für die Meisterprüfung in den Handwerken der Anlage A, so dass insoweit auf die dortigen Anmerkungen verwiesen werden kann.

4 2. Entscheidender Unterschied ist, dass hier keine staatlichen Ausschüsse die Prüfung abnehmen. Die Meisterprüfungsausschüsse für Handwerke der Anlage B hat vielmehr die Handwerkskammer zu errichten, die auch hier die Kosten trägt.

5 3. Zur Prüfung ist zuzulassen, wer erfolgreich die Abschlussprüfung in einem beliebigen anerkannten Ausbildungsberuf abgelegt hat. Es muss also kein Zusammenhang mit dem Gewerbe bestehen, für das die Prüfung angestrebt wird. Ebenso wenig ist eine irgendwie geartete vorgängige Berufserfahrung Voraussetzung. Selbst diese Minimalanforderungen sind nicht zwingend. Für Befreiungen gilt § 46 entsprechend; darüber hinaus kann die Handwerkskammer in Ausnahmefällen wie nach § 49 von den Zulassungsvoraussetzungen befreien. Auf die Anmerkungen zu den genannten Vorschriften kann also verwiesen werden.

4. Einzelheiten der Zusammensetzung der Prüfungsausschüsse 6
und des Prüfungsverfahrens regelt das Gesetz in § 51b.

5. Über die Frage der Gleichstellung von Zeugnissen kann das 7
Bundeswirtschaftsministerium Regelung durch Rechtsverordnung treffen. Hierzu ist das Einvernehmen des Bundesbildungsministeriums erforderlich.

§ 51d [Führen des Meistertitels]

Die Ausbildungsbezeichnung Meister/Meisterin in Verbindung mit einem zulassungsfreien Handwerk oder handwerksähnlichen Gewerbe darf nur führen, wer die Prüfung nach § 51a Abs. 3 in diesem Handwerk oder Gewerbe bestanden hat.

Nach dem Wortlaut der Vorschrift darf den Meistertitel in Verbin- 1
dung mit einem Gewerbe der Anlage B nur führen, wer die Prüfung nach § 51a bestanden hat. Dies würde alle ausschließen, die früher im bisherigen entsprechenden Vollhandwerk die Meisterprüfung abgelegt hatten. Nach Sinn und Zweck des Gesetzes muss aber auch diesen Personen der Schutz ihres Titels erhalten bleiben.

Auch ein Fliesenleger, Schuhmacher, Buchbinder usw., also ein 2
Handwerker, dessen Gewerbe aus der Anlage A in Anlage B überführt wurde, genießt weiterhin den Schutz seines Titels, wenn er früher erfolgreich die Meisterprüfung abgelegt hatte.

Insgesamt kann im Übrigen hier auf die Anmerkungen zu § 51 3
verwiesen werden.

Vierter Teil. Organisation des Handwerks

Erster Abschnitt. Handwerksinnungen

§ 52 [Bildung von Handwerksinnungen, Innungsbezirke]

(1) ¹Inhaber von Betrieben des gleichen zulassungspflichtigen Handwerks oder des gleichen zulassungsfreien Handwerks oder des gleichen handwerksähnlichen Gewerbes oder solcher Handwerke oder handwerksähnlicher Gewerbe, die sich fachlich oder wirtschaftlich nahe stehen, können zur Förderung ihrer gemeinsamen gewerblichen Interessen innerhalb eines bestimmten Bezirks zu einer Handwerksinnung zusammentreten. ²Voraussetzung ist, dass für das jeweilige Gewerbe eine Ausbildungsordnung erlassen worden ist. ³Für jedes Gewerbe kann in dem gleichen Bezirk nur eine Handwerksinnung gebildet werden; sie ist allein berechtigt, die Bezeichnung Innung in Verbindung mit dem Gewerbe zu führen, für das sie errichtet ist.

(2) ¹Der Innungsbezirk soll unter Berücksichtigung einheitlicher Wirtschaftsgebiete so abgegrenzt sein, daß die Zahl der Innungsmitglieder ausreicht, um die Handwerksinnung leistungsfähig zu gestalten, und daß die Mitglieder an dem Leben und den Einrichtungen der Handwerksinnung teilnehmen können. ²Der Innungsbezirk hat sich mindestens mit dem Gebiet einer kreisfreien Stadt oder eines Landkreises zu decken. ³Die Handwerkskammer kann unter den Voraussetzungen des Satzes 1 eine andere Abgrenzung zulassen.

(3) ¹Der Innungsbezirk soll sich nicht über den Bezirk einer Handwerkskammer hinaus erstrecken. ²Soll der Innungsbezirk über den Bezirk einer Handwerkskammer hinaus erstreckt werden, so bedarf die Bezirksabgrenzung der Genehmigung durch die oberste Landesbehörde. ³Soll sich der Innungsbezirk auch auf ein anderes Land erstrecken, so kann die Genehmigung nur im Einvernehmen mit den beteiligten obersten Landesbehörden erteilt werden.

Übersicht

	Rdn.
I. Innung als Interessenvertretung	1
1. Gründungsvoraussetzungen	2
a) Gründungsmitglieder	4
b) Nur ein Gewerbe oder sich nahe stehende	7

Bildung von Handwerksinnungen, Innungsbezirke **§ 52 HwO**

Rdn.

    c) Errichtung freier Willensentschluss 10
  2. Gründungsvorgang 12
  3. Veränderungen 13
    a) Änderungen der Innung 13
    b) Auflösung 17
II. Nur eine Innung im Bezirk 20
  1. Vereinigungsfreiheit 21
  2. Errichtungssperre 22
    a) auch bei Teilüberschneidung 23
    b) Leistungsfähigkeit 28
    c) Rechtsmittel 29
  3. Für jedes Handwerk 30
  4. Namensschutz 31
  5. Andere Wirtschaftsvereinigungen 33
III. Innungsbezirk 36
  1. In Satzung zu bestimmen 36
  2. ... durch die Mitglieder 37
    a) Normalfall 38
    b) Überbezirkliche Innung 40
    c) Formales 41
    d) Rechtsmittel 42
  3. Änderungen des Innungsbezirks 44
  4. Eingemeindungen u. dgl. 45

I. Innung als Interessenvertretung

Die Handwerksinnungen sind, ebenso wie die Kreishandwerkerschaften (§§ 86 ff.), die untere Stufe der Interessenvertretung des Handwerks. 1

1. Zu einer Innung zusammenschließen können sich Handwerker 2 eines bestimmten Berufes und handwerksähnliche Gewerbe – selbstverständlich auch Frauen (vgl. Art. 3 Abs. 2 GG) – in einem bestimmten Bezirk. Es kann sich also um Gewerbe der Anlage A oder B handeln; Voraussetzung ist nur, dass für das jeweilige Gewerbe eine Ausbildungsordnung erlassen worden ist.

Durch die Regelung, die gleichermaßen zulassungspflichtigen wie 3 zulassungsfreien Handwerken die Innungsbildung ermöglicht, wird erreicht, dass die **bestehende Innungsorganisation erhalten bleibt.**

a) Gründungsmitglieder können nur selbstständige Gewer- 4 betreibende im Sinne der HwO sein; für die sonstigen Gewerbetreibenden gilt die GewO. Handwerker in diesem Sinn sind die bei der

Handwerkskammer nach §§ 6 oder 19 eingetragenen natürlichen und juristischen Personen (vgl. Anm. zu § 1).Der Rechtsgrund der Eintragung spielt keine Rolle. So ist die Eintragung in die Handwerksrolle auch auf Grund einer bedingten oder befristeten Ausnahmebewilligung ausreichend; andererseits genügt bei zulassungspflichtigen Handwerken das Vorliegen der materiellen Eintragungsvoraussetzungen nicht, solange z. B. noch ein Rechtsstreit anhängig und die Eintragung nicht erfolgt ist.

5   Neben der Eintragung ist weitere Voraussetzung nur, dass das Gründungsmitglied das Handwerk auch tatsächlich ausübt (vgl. dazu Anm. I.1.b. zu § 58).

6   Gesellen können nicht Gründungsmitglieder sein; das Gesetz kennt auch keine Geselleninnung. Wegen des Gesellenausschusses vgl. §§ 68 ff.

7   **b) Nur Angehörige des gleichen Handwerks** oder solcher Handwerke, die sich fachlich oder wirtschaftlich nahe stehen, und die innerhalb eines bestimmten Bezirks (vgl. dazu unten) tätig sind, können eine Innung bilden. Würde eine Innung von Handwerkern gegründet, die einander völlig fremde Handwerke betreiben oder die, wenn sie auch demselben Handwerk zugehören, in verschiedenen Bezirken ihren Sitz haben, so müsste die Handwerkskammer nach § 56 Abs. 2 die Genehmigung der Satzung versagen. Das Gesetz kennt also nur eine Fachinnung, keine gemischte Innung. Die HwO gibt damit dem Fachprinzip den Vorrang vor dem Territorialitätsprinzip. Wenn ein bestimmter Bezirk nicht genügend Handwerker einer Fachrichtung für die Bildung einer wirksamen Innung aufweist, so muss der Innungsbezirk eben entsprechend größer gewählt werden. Nicht jedoch kann durch die Hinzunahme von Handwerkern aus fremden Fachgebieten die erforderliche Mitgliederzahl erreicht werden.

8   **Ziel hat stets zu sein die Errichtung lebensnaher und leistungsfähiger Innungen.** Daher darf der Begriff „Handwerke, die sich fachlich oder wirtschaftlich nahe stehen", nicht zu eng ausgelegt werden. Ob Handwerke sich fachlich oder wirtschaftlich nahe stehen, ist eine – bei Streit über die Genehmigung (vgl. Anm. II.3. zu § 56) vom Verwaltungsgericht zu prüfende und zu entscheidende – Tat- und Rechtsfrage, nicht Ermessensfrage.

9   Die einzelnen Handwerker einer Innung, die mehrere sich fachlich oder wirtschaftlich nahe stehende Handwerke umfasst, können **Fachgruppen** innerhalb der Innung bilden. Es steht den Handwerkern einer bestimmten Fachrichtung völlig frei, selbst eine Innung zu gründen oder auch sich (als Fachgruppe) einer bestehenden anderen Innung anzuschließen, sofern die Satzung es erlaubt. Die Mehrheit entscheidet (LVG Schleswig vom 23. 3. 1957, GewA 1958, 132).

Bildung von Handwerksinnungen, Innungsbezirke § 52 HwO

Einen besonderen rechtlichen Status hat eine derartige Fachgruppe nicht.

c) Die Errichtung der Innung hängt also vom **freien Willensentschluss** der Handwerker ab; diese haben auch zu bestimmen, ob die Innung nur für ein bestimmtes oder für mehrere sich nahe stehende Handwerke gebildet werden soll. Der Wortlaut des Gesetzes („können zusammentreten") darf nicht so ausgelegt werden, dass damit nur eine rechtliche Möglichkeit für die Errichtung von Innungen, denen dann alle zugehörigen selbstständigen Handwerker beitreten müssen, ausgedrückt sein sollte. Die Unrichtigkeit einer solchen Auffassung ergäbe sich im Übrigen schon aus § 58 Abs. 1 („Mitglied kann ... werden"). Zwangsinnungen kennt das Gesetz nicht, auch nicht als fakultative Zwangsinnungen. Darüber, dass für jedes Handwerk in demselben Bezirk nur eine Innung errichtet werden darf, vgl. unten.

Zweck des Zusammenschlusses zu einer Innung muss sein die Förderung der gemeinsamen gewerblichen Interessen im Innungsbezirk. Die gesetzlichen und die freiwilligen Aufgaben der Innung sind in § 54 näher umschrieben. Auf andere Gebiete darf sich die Tätigkeit der Innung nicht erstrecken.

2. Die Gründung neuer Innungen ist angesichts der Vielfalt der bestehenden Innungen heute der Ausnahmefall. Häufiger sind fachliche Zusammenschlüsse oder gebietliche Aufspaltungen; dazu vgl. unten.

3. a) Änderungen der Innung, sei es ihres Bezirks oder der Handwerke, auf die sie sich erstreckt, oder Änderung ihrer Aufgaben ist nur durch Satzungsänderung möglich (vgl. dazu § 61 Abs. 2 Nr. 8; siehe aber auch die Anm. zu § 76); auch sie bedarf der Genehmigung der Handwerkskammer (vgl. § 61 Abs. 3).

Wird ein Gewerbe durch eine **Änderung der gesetzlichen Verzeichnisse** oder gemäß § 1 Abs. 3 umbenannt, so sollten die einschlägigen Innungen ihren satzungsmäßigen Namen dahin ändern, dass nunmehr die neue Bezeichnung erscheint. Es dürften jedoch keine Bedenken dagegen bestehen, die bisherige Berufsbezeichnung wenigstens für eine Übergangszeit beizubehalten (vgl. im Einzelnen Anm. II.1.a. zu § 55). Werden Handwerke zusammengefasst oder getrennt, so wirkt sich das auch auf die Innungsorganisation aus.

Die Handwerkskammer kann kraft ihres Aufsichtsrechtes auf unbedingt erforderliche Satzungsänderungen hinwirken; bei Verweigerung steht ihr die Möglichkeit der Ersatzvornahme zu, da insoweit kein Eingriff in die Selbstverwaltung erfolgt, sondern lediglich einer gesetzlichen Rechtsfolge Rechnung getragen wird (vgl. OVG Münster vom 28. 8. 1963, GewA 1964, 63).

16 Für die **Zusammenlegung (Verschmelzung, Fusion)** von Innungen ist es zweckmäßig und sinnvoll, wenn die zwei fusionsbereiten Innungen in getrennten Versammlungen jeweils das Zusammengehen mit der anderen beschließen; in einer nachfolgenden gemeinsamen Versammlung muss dann Einigkeit über die zukünftige Satzung, die der Genehmigung der Handwerkskammer bedarf, herbeigeführt werden (ebenso *Schmidt,* GewA 2006, 451). Die von *Perkuhn* (GewA 1966, 5) vertretene Auffassung, ein direkter Fusionsbeschluss sei nicht möglich, widerspricht der Lebenswirklichkeit. Auflösung und anschließende Neugründung tragen zudem die Gefahr in sich, dass Mitglieder verloren gehen. Sinngemäß gilt dies auch, wenn sich einzelne Handwerksberufe von ihrer Innung abwenden und geschlossen zu einer anderen wechseln wollen. Vgl. hierzu auch *Zimmermann,* GewA 2006, 274. Wegen den Auswirkungen staatlicher Gebietsreformen u. dgl. siehe unten III.4.

17 b) **Auflösung** der Innung kann erfolgen durch Beschluss der Innungsversammlung (vgl. dazu § 61 Abs. 2 Nr. 8 und Abs. 3, § 62 Abs. 1, 2), durch Verfügung der Handwerkskammer (vgl. dazu § 76) und kraft Gesetzes (bei Eröffnung des Konkursverfahrens, vgl. § 77 Abs. 1).

18 Wird ein der HwO unterfallendes Gewerbe gestrichen, so verlieren die dafür bestehenden Innungen ihren öffentlich-rechtlichen Status und werden zu einer privatrechtlichen Vereinigung. Umfasst die Innung auch noch andere, verbleibende Handwerke, so ändert sich nichts; gegebenenfalls können die Betroffenen Gastmitglied bleiben (§ 59) oder sogar Vollmitglied (§ 58 Abs. 1).Die Zahl der verbleibenden Mitglieder muss aber in jedem Fall die weitere Leistungsfähigkeit der Innung gewährleisten.

19 Zur **Vermögensauseinandersetzung** bei Teilung oder Auflösung von Innungen und sinngemäß auch bei ihrer Vereinigung vgl. § 78.

II. Gründung nur einer Innung im Bezirk

20 Nur eine Handwerksinnung darf für ein Handwerk in einem Bezirk gebildet werden.

21 **1.** Nach Art. 9 Abs. 3 GG ist das Recht, zur Wahrung und Förderung der Arbeits- und Wirtschaftsbedingungen Vereinigungen zu bilden, für jedermann und für alle Berufe gewährleistet. Dieses Grundrecht schließt aber nicht auch das Recht von Privatpersonen ein, öffentlich-rechtliche Körperschaften zu bilden (Näheres vgl. *Fröhler,*

Bildung von Handwerksinnungen, Innungsbezirke **§ 52 HwO**

Handwerksinnung, S. 16, 39). Die Vorschrift des § 52 Abs. 1 Satz 2 HwO verstößt also nicht gegen Art. 9 GG, wenn sie die Errichtung nur einer Innung in einem Bezirk zulässt.

2. Besteht in einem Bezirk schon eine Innung, so kann dort 22
eine zweite nicht mehr errichtet werden.

a) Es brauchen sich weder die Bezirke noch die betreuten 23
Handwerke der schon bestehenden und der beabsichtigten
(zweiten) Innung vollständig zu decken; es genügt, dass in dem durch die Satzung der neuen Innung vorgesehenen Bezirk für eines der Handwerke, die sie umfassen will, bereits eine Innung besteht (vgl. HessVGH vom 9. 8. 1957, GewA 1958, 229), auch wenn sich die Bezirke nur überlappen.

Daher kann auch, wenn für ein einzelnes Handwerk bereits eine 24
Innung besteht, nicht eine weitere Innung errichtet werden, die dieses Handwerk gemeinsam mit anderen, ihm fachlich oder wirtschaftlich nahe stehenden, umfasst. Die Erstinnung ist also in ihrem Rechtsbestand dem ganzen Umfang nach geschützt.

Dieser **Bestandsschutz** besteht auch dann noch, wenn aus einer 25
Innung, die mehrere fachlich oder wirtschaftlich sich nahe stehende Handwerke umfasst, so viele Mitglieder eines Handwerks austreten, dass die bestehende Innung nicht mehr als Vertretung dieses Handwerks angesehen werden kann.

Die Innung, der die Handwerker zunächst noch angehört haben, 26
muss in diesem Falle von der Handwerkskammer im Aufsichtswege angehalten werden, im Wege einer Satzungsänderung die Betreuung des betreffenden Handwerks aufzugeben. Erst dann könnten die in Frage kommenden Handwerker eine neue Innung für ihr Handwerk errichten, vorausgesetzt, dass sie leistungsfähig ist (vgl. VG Hannover vom 14. 10. 1969, GewA 1970, 36). Eingehende Ausführungen zu diesem ganzen Problemkreis finden sich in der Entscheidung des BVerwG vom 14. 4. 1961 (GewA 1962, 90) und in der damit bestätigten Entscheidung des HessVGH vom 28. 2. 1958 (GewA 1960, 35), sowie BVerwG vom 25. 4. 1972 (GewA 1972, 333). In seiner letztgenannten Entscheidung verneint das Bundesverwaltungsgericht die Möglichkeit einer Teilauflösung; dazu Näheres Anm. I.1.b. zu § 76.

Ob die Gründung einer neuen Innung den Rechtsbestand einer 27
schon vorhandenen Innung verletzt, ist eine vom **Verwaltungsgericht zu prüfende Tat- und Rechtsfrage.** Das Verwaltungsgericht kann zur Entscheidung berufen sein auf Anfechtungsklage der Erstinnung wegen Genehmigung der Satzung der Zweitinnung oder auf Anfechtungsklage der Zweitinnung gegen Versagung dieser Genehmigung (Näheres vgl. Anm. II.3. zu § 56).

28 **b) Die Leistungsfähigkeit ergibt sich in erster Linie aus der Mitgliederzahl,** wobei man im Normalfall für eine Innung mindestens 50–100 Handwerksbetriebe rechnen sollte (a. A. *Zimmermann,* GewA 2006, 274), der der Mitgliederzahl nur marginale Bedeutung zumisst).

29 c) Jeder der abgewiesenen Antragsteller kann mit der die Genehmigung versagenden Verfügung inzidenter die Genehmigung der Satzung des begünstigten Mitbewerbers anfechten. Erfolg wird die Anfechtungsklage nur haben, wenn das Verwaltungsgericht feststellen muss, dass die Handwerkskammer bei Erteilung der Genehmigung von ihrem Ermessen nicht im Sinne des Gesetzes Gebrauch gemacht hat (vgl. dazu LVG Minden vom 17. 1. 1950, DVBl. 1950, 646). Eine Genehmigung erteilen kann das Verwaltungsgericht selbst nicht.

30 **3. Für jedes Handwerk kann in dem Bezirk nur eine Innung errichtet werden.** Wegen des Begriffs Handwerk vgl. die Anmerkungen zu §§ 1 und 18 Abs. 2. In der Regel dürfen Innungen, wenn schon nicht für mehrere sich fachlich oder wirtschaftlich nahe stehende Handwerke, für jedes einzelne in der Anlage A oder B aufgeführte Gewerbe gebildet werden. Aber auch fachlich klar abgrenzbare Teilhandwerke können ausreichende Grundlage einer Innung sein (z. B. Lackierer), vor allem in bevölkerungsreichen Bezirken. Jedoch werden sich die Handwerkskammern zu bemühen haben, jeder zu weit gehenden Verzettelung vorzubeugen; dies wird mehr durch Beratung der Handwerker als durch hoheitliches Einschreiten zu geschehen haben. Ob eine Innung errichtet werden und welchen Umfang sie haben soll, entscheiden die Handwerker; die Handwerkskammer kann die Genehmigung nur versagen, wenn die Innung nicht leistungsfähig wäre.

31 **4. Namensschutz.** Die für ein Handwerk oder für mehrere sich nahe stehende Handwerke in einem Bezirk errichtete Innung darf sich allein als Innung dieses oder dieser Handwerke bezeichnen. Wird ihr dieses Recht streitig gemacht oder gebraucht eine andere Vereinigung unbefugt die gleiche Bezeichnung, so kann sie von dem Störer Beseitigung der Beeinträchtigung verlangen und, wenn weitere Beeinträchtigungen zu besorgen sind, bei den Zivilgerichten auf Unterlassung klagen (§ 12 BGB, der für gesetzliche Namen juristischer Personen entsprechend anwendbar ist). Wegen des Inhalts des Namensrechtes vgl. Anm. II.1.a. zu § 55.

32 Keine Anwendung findet die Vorschrift auf die noch historisch vorhandenen Vereinigungen anderer Wirtschaftsbereiche mit der Bezeichnung Innung (Gastwirteinnung, Laderinnung, Taxiinnung).

Bildung von Handwerksinnungen, Innungsbezirke **§ 52 HwO**

Hier wird Innung nicht „in Verbindung mit (einem) Gewerbe (der HwO)" geführt. Vgl. in diesem Zusammenhang VG Ansbach vom 9.10.1997, GewA 1998, 72.

5. Der Gründung **anderer Wirtschaftsvereinigungen** durch 33 Handwerker steht das gesetzliche Verbot, mehr als eine Innung zu errichten, nicht entgegen. Von der Einsicht der Handwerker wird allerdings erwartet werden können, dass sie sich des Instruments der Innungen zu bedienen wissen und andere Organisationen nur schaffen, so weit dies unumgänglich notwendig ist oder so weit sie andere Ziele verfolgen wollen, als für die Innungen vorgesehen sind. Diese anderen Organisationen dürfen nicht als Innungen bezeichnet werden, und sie dürfen auch der Aufgabenstellung nach nicht Innungsaufgaben erfüllen wollen (vgl. *Fröhler,* Handwerksinnung, S. 33, 39).

Derartige Wirtschaftsvereinigungen können als Vereine des bür- 34 gerlichen Rechts ins Leben treten und zwar als nicht rechtsfähige (§ 54 BGB) oder als rechtsfähige (§§ 21 ff. BGB); ist der Zweck eines Vereins auf einen wirtschaftlichen Geschäftsbetrieb gerichtet (dazu gehört auch die Unterhaltung von Kranken-, Unterstützungs- und ähnlichen Kassen), so kann der Verein die Rechtsfähigkeit nicht durch bloße Eintragung in das Vereinsregister, sondern nur durch staatliche Verleihung erlangen (§ 22 BGB). Auf die Verleihung besteht kein Rechtsanspruch.

Die zuständigen Behörden, in der Regel die obersten Landesbe- 35 hörden, werden vor der Entscheidung sorgfältig zu erwägen haben, ob die geplante Vereinigung neben oder anstelle einer Innung bestehen soll und dabei auch prüfen, ob der Zweck der Vereinigung nicht ebenso gut oder besser durch eine, der ständigen Aufsicht der Handwerkskammer unterworfene, Innung erreicht werden kann, die obendrein Handwerker als Mitglieder nach § 58 aufnehmen muss.

III. Innungsbezirk

1. Der Bezirk muss in der Satzung der Innung bestimmt sein (vgl. 36 § 55 Abs. 2 Nr. 1); fehlt die Angabe, dann ist die Genehmigung der Satzung zu versagen (§ 56 Abs. 2 Nr. 1).

2. Die Bestimmung des Bezirks ist Sache der Mitglieder. 37 Das Gesetz schränkt jedoch, um leistungsfähige Innungen zu erreichen, die Willensfreiheit ein. Die Innung soll nicht zu klein, aber auch nicht zu groß sein, sie soll weiter Handwerker umfassen, die unter den gleichen Wirtschaftsbedingungen leben. Ob der Bezirk im

HwO § 52 4. Teil. Organisation des Handwerks

Sinne des Gesetzes abgegrenzt ist, ist (ggf. vom Verwaltungsgericht zu entscheidende) Tat- und Rechtsfrage.

38 **a) Den Normalfall soll die Innung für den Bezirk eines Stadt- oder Landkreises bilden.** Diese Sollvorschrift gilt nicht nur für den Gründungszeitpunkt, sondern für die ganze Dauer des Bestands der Innung (BVerwG vom 17. 3. 1992, NVwZ 1993, 675). Nach Abs. 2 Satz 2 kann sich die Innung auch auf das vollständige Gebiet mehrerer Städte oder Landkreise erstrecken (BVerwG vom 10. 8. 2000, NVwZ-RR 2000, 778 wie BVerwG NVwZ-RR 1996, 385 = GewA 1996, 163).

39 Als größten Bereich für den Bezirk der Innung sieht Abs. 3 den Bezirk der Handwerkskammer (vgl. hierzu § 90 Abs. 3) vor. Die Innung soll sich wegen der Aufsichtsbefugnisse der Handwerkskammer (§ 75) nicht über deren räumlichen Bereich hinaus erstrecken. Überschritten werden darf dieser Bereich nur mit Genehmigung der obersten Landesbehörde (das sind die für die Angelegenheit der Wirtschaft zuständigen Ministerien oder, in den Hansestädten und in Berlin, Senatoren).

40 **b)** Greift der Innungsbezirk über das Gebiet eines Landes hinaus, so darf die Ausnahmeerlaubnis nur (von der für den Sitz der Innung zuständigen obersten Landesbehörde) erklärt werden, nachdem sämtliche beteiligten obersten Landesbehörden zugestimmt haben. Die Genehmigung wird nur in ganz besonders gelagerten Ausnahmefällen zu erteilen sein, wenn andernfalls eine Innungsbildung nicht möglich wäre, also bei seltenen Berufen. Nach Wortlaut und Sinn der Vorschrift besteht auf die Ausnahmeerlaubnis kein Rechtsanspruch; gegen die Versagung kann also in einem etwaigen Anfechtungsverfahren nur vorgebracht werden, die oberste Landesbehörde habe ihr Ermessen nicht im Sinn des Gesetzes gebraucht. Eine für das gesamte Bundesgebiet zuständigen **Bundesinnung** darf nicht mit dem Bundesinnungsverband gem. § 85 verwechselt werden!

41 **c)** Wer die Ausnahmeerlaubnis einzuholen hat (Handwerkskammer oder Antragsteller), sagt das Gesetz nicht. Da die Ausnahmegenehmigung dem Satzungsgenehmigungsverfahren vorgeschaltet und gleichzeitig in dieses einbezogen ist, hat sinnvollerweise die Handwerkskammer (und nicht die Gründungsversammlung) die Erteilung der Ausnahmegenehmigung bei der obersten Landesbehörde zu beantragen. Ist die Genehmigung erteilt, dann kann die Handwerkskammer die Satzung genehmigen, ist hierzu aber nicht verpflichtet.

42 **d)** Die Versagung der Genehmigung kann sowohl für sich allein, als auch mittelbar über den nach außen in Erscheinung tretenden Akt der Handwerkskammer gerichtlich nachgeprüft werden, allerdings lediglich auf Ermessensfehler (vgl. BayVGH vom 18. 6. 1959,

Bildung von Handwerksinnungen, Innungsbezirke **§ 52 HwO**

BayVBl. 1960, 118 und BVerwG vom 14. 4. 1961, GewA 1962, 90 mit abl. Anmerkung *Fröhler*).
Wegen weiterer Einzelheiten zu diesem ganzen Komplex verglei- 43
che *Honig,* GewA 1972, 233.

3. Änderung des Innungsbezirks – durch Satzungsänderung – 44
ist zulässig. Jedoch darf in dem neuen Bezirk nicht schon eine einschlägige Handwerksinnung vorhanden sein. Ist dies der Fall, muss die Genehmigung der Satzungsänderung von der Handwerkskammer versagt werden (vgl. § 61 Abs. 2 Nr. 8 u. Abs. 3). Wird der Innungsbezirk verkleinert oder verlagert, so erlischt automatisch die Mitgliedschaft der jetzt nicht mehr im Bezirk lebenden Handwerker.

4. Eingemeindungen oder sonstige Änderungen des Verwal- 45
tungssprengels, mit deren Bezirk sich nach der Innungssatzung der Innungsbezirk deckt (Stadt- oder Landkreis oder Bezirk der Handwerkskammer), führen eine Änderung des Innungsbezirks nicht ohne weiteres herbei, können aber Anlass zu dieser Änderung bieten (vgl. VG Minden vom 21. 10. 1975, GewA 1976, 300). Die Sollvorschrift des Abs. 2 Satz 2 ist im Regelfall für die Innung zwingend; die Vorschrift dient der „Einräumigkeit der Verwaltung", d. h. die Zuständigkeitsbezirke der allgemeinen inneren Verwaltung und der Sonderbehörden und Gerichte sollen übereinstimmen (BVerwG vom 20. 12. 1995, GewA 1996, 163 = NVwZ-RR 1996, 385; *Müller,* GewA 1980, 330; *Zimmermann,* GewA 2006, 274). Dass u. U. für ein und dieselbe Gemeinde je zum Teil verschiedene Innungen zuständig werden können, kann in Sonderfällen hingenommen werden, etwa um einem einheitlichen Wirtschaftsgebiet angemessen Rechnung zu tragen (BVerwG vom 10. 8. 2000, GewA 2000, 493 = NVwZ-RR 2000, 778; vgl. auch BVerfG vom 15. 1. 1980, NJW 1980, 1618). Zur „Einräumigkeit" siehe auch OVG Sachs.-Anh. vom 12. 2. 1997, LKV 1998, 65. Für Sparkassen vgl. *Winters,* NJW 1980, 2685; für die IHK *Weides,* GewA 1981, 366). Die HWK als Aufsichtsbehörde ist befugt, die Innung zu einer rechtlich gebotenen Satzungsänderung anzuweisen (BVerwG vom 17. 3. 1992, NVwZ 1993, 675).

Gegen das einer Innung von der Handwerkskammer erteilte Ge- 46
bot, ihren Bezirk zu ändern, kann nur die Innung selbst, nicht aber ein einzelnes Innungsmitglied, Rechtsmittel einlegen. Die Mitglieder können auch nicht gem. § 65 VwGO beigeladen werden (BVerwG vom 2. 11. 1994, GewA 1995, 119). Verfassungsbeschwerde gegen Entscheidungen über die Gebietsabgrenzung sind nicht möglich (BVerfG vom 5. 4. 1993, NVwZ 1994, 262). – Eine Nachbarinnung kann gegen eine ihr unwillkommene Gebietsabgrenzung nicht kla-

gen (OLG Bremen vom 28. 3. 2000, bestätigt durch BVerwG vom 10. 8. 2000, GewA 2000, 493 = NVwZ-RR 2000, 778).

47 Die Änderung muss erfolgen, wenn der Handwerkskammerbezirk, mit dem der Innungsbezirk sich deckt, kleiner wird und die oberste Landesbehörde die Ausnahmeerlaubnis nach Abs. 3 Satz 2 nicht erteilt (vgl. OVG NRW vom 28. 8. 1963, GewA 1964, 63). Zu den **Auswirkungen einer Gebietsreform** auf die Handwerksorganisation vgl. *Kreppner*, GewA 1971, 121; *Fröhler/Kormann*, GewA 1976, 313; weiter *Fröhler*, GewA 1983, 256; *Rollecke*, GewA 1987, 105. Dazu auch VG Freiburg vom 19. 4. 1977, GewA 1977, 229; OVG NRW vom 17. 10. 1974, GewA 1975, 92 und vom 21. 12. 1988 GewA 1989, 117. Die Innung einfach aufzulösen ist kein Mittel, die Anpassung an eine Gebietsreform zu erreichen (VGH BW vom 25. 7. 1979, GewA 1979, 380).

48 Eine Satzungsbestimmung des Inhalts, dass der Innungsbezirk sich mit dem Stadtkreis usw. in seinem jeweiligen Umfang deckt, darf von der Handwerkskammer nicht genehmigt werden. Bei Änderung der staatlichen Gebietsstruktur könnte es nämlich sonst eintreten, dass sich entgegen den Vorschriften der Handwerksordnung die Gebiete zweier gleichartiger Innungen überschneiden.

§ 53 [Rechtsform der Handwerksinnung]

¹Die Handwerksinnung ist eine Körperschaft des öffentlichen Rechts. ²Sie wird mit Genehmigung der Satzung rechtsfähig.

Übersicht

	Rdn.
1. Innungen sind Körperschaften des öff. Rechts	1
a) Ausübung staatlicher Machtbefugnisse	2
c) Staatsaufsicht unterworfen	4
2. Rechtsfähigkeit	6
a) Entstehung	6
b) Inhalt	7
c) Haftung der Innungsmitglieder	8

Literatur: *Lohbeck,* Die Frage der Verjährungseinrede von Körperschaften des öffentlichen Rechts, NJW 1965, 1575.

1 **1. Die Handwerksinnungen des § 52 sind Körperschaften des öffentlichen Rechts.** (Zum Begriff *Bayer,* LKV 1992, 372.)

2 **a)** Es konnten ihnen daher staatliche Machtbefugnisse übertragen werden, ohne dass man zur Konstruktion der „beliehenen Unterneh-

Rechtsform der Handwerksinnung **§ 53 HwO**

men" zu greifen brauchte. Eine hoheitliche Maßnahme ist in erster Linie die Abnahme der Gesellenprüfung (§ 54 Abs. 1 Nr. 4, §§ 33 ff.) – von ihrem Bestehen hängt die öffentlich-rechtliche Befugnis ab, zur Meisterprüfung zugelassen zu werden (§ 49 Abs. 1) –, weiter die Regelung und Überwachung der Lehrlingsausbildung (§ 54 Abs. 1 Nr. 3), die Festsetzung von Beiträgen und Gebühren, die beigetrieben werden können (§ 73), usw.

Die Innungen können also Verwaltungsakte erlassen, gegen 3 die der Verwaltungsrechtsweg eröffnet ist. Die erforderlichen Widerspruchsbescheide im Vorverfahren erlässt nach § 73 Abs. 1 Nr. 3 VwGO die Handwerksinnung selbst.

b) Aus dieser Rechtsnatur der Innungen ergab sich die Notwen- 4 digkeit der **Staatsaufsicht.** Die unmittelbare Aufsicht führt zwar die Handwerkskammer (§ 75), also das höherrangige Selbstverwaltungsorgan. Die Handwerkskammer aber ist ihrerseits der Aufsicht der obersten Landesbehörde unterstellt (§ 115 Abs. 1).

Vorschriften und Anordnungen, die die Handwerkskammer in- 5 nerhalb ihrer Zuständigkeit erlässt, haben die Innungen durchzuführen (§ 54 Abs. 1 Nr. 10). Unter bestimmten Voraussetzungen kann die Handwerkskammer eine Innung auch auflösen (§ 76).

2. Rechtsfähigkeit. a) Mit Genehmigung und Verkündung der 6 Satzung (vgl. § 56), die konstitutiv wirkt, wird die Innung rechtsfähig. Einer besonderen Verleihung der Rechtsfähigkeit bedarf es darüber hinaus nicht.

b) Die Rechtsfähigkeit bedeutet, dass die Innung juristische 7 Person ist. Sie kann also unter ihrem Namen Rechte erwerben und Verbindlichkeiten eingehen, vor Gericht klagen und verklagt werden. Es gibt aber kein allgemeines Prozessführungsrecht der Innung, schon gleich gar nicht, um die Handwerkskammer zu einem bestimmten Verhalten zu zwingen (BVerwG vom 22. 3. 1982, GewA 1982, 271). Hinsichtlich ihrer Vermögensverwaltung und des Abschlusses von Verträgen unterliegt sie allerdings gewissen Beschränkungen (vgl. § 61 Abs. 3). Auch sonst gebietet der öffentlich-rechtliche Status gewisse Einschränkungen (vgl. z. B. *Lohbeck,* Die Frage der Verjährungseinrede von Körperschaften des öffentlichen Rechts, NJW 1965, 1575). Andererseits gibt es auch herausragende Rechte. So ist z. B. der Eingangsstempel einer öffentlich-rechtlichen Körperschaft öffentliche Urkunde i. S. von § 418 ZPO. Die Innung kann Arbeiter und Angestellte, nicht aber – da die auszuübende Tätigkeit dies nicht verlangt – Beamte im beamtenrechtlichen Sinn beschäftigen. Für sie gilt das (Landes-)Personalvertretungsrecht (OVG NRW vom 20. 12. 1981, GewA 1990, 215).

HwO § 54 4. Teil. Organisation des Handwerks

8 c) Eine persönliche **Haftung der Innungsmitglieder** für Verbindlichkeiten der Innung (einschließlich ihrer Nebeneinrichtungen und der Innungskrankenkassen besteht nicht. Den Gläubigern haftet nur das Innungsvermögen. Dazu gehören allerdings auch Forderungen der Innung an ihre Mitglieder, z. B. Beiträge; für deren Pfändung gelten §§ 828 ff. ZPO.

9 Gerichtlich und außergerichtlich **vertreten** wird die Innung durch ihren Vorstand (§ 66 Abs. 3).

§ 54 [Aufgabe der Innung]

(1) [1]**Aufgabe der Handwerksinnung ist, die gemeinsamen gewerblichen Interessen ihrer Mitglieder zu fördern.** [2]**Insbesondere hat sie**
1. **den Gemeingeist und die Berufsehre zu pflegen,**
2. **ein gutes Verhältnis zwischen Meistern, Gesellen und Lehrlingen anzustreben,**
3. **entsprechend den Vorschriften der Handwerkskammer die Lehrlingsausbildung zu regeln und zu überwachen sowie für die berufliche Ausbildung der Lehrlinge zu sorgen und ihre charakterliche Entwicklung zu fördern,**
4. **die Gesellenprüfungen abzunehmen und hierfür Gesellenprüfungsausschüsse zu errichten, sofern sie von der Handwerkskammer dazu ermächtigt ist,**
5. **das handwerkliche Können der Meister und Gesellen zu fördern; zu diesem Zweck kann sie insbesondere Fachschulen errichten oder unterstützen und Lehrgänge veranstalten,**
6. **bei der Verwaltung der Berufsschulen gemäß den bundes- und landesrechtlichen Bestimmungen mitzuwirken,**
7. **das Genossenschaftswesen im Handwerk zu fördern,**
8. **über Angelegenheiten der in ihr vertretenen Handwerke den Behörden Gutachten und Auskünfte zu erstatten,**
9. **die sonstigen handwerklichen Organisationen und Einrichtungen in der Erfüllung ihrer Aufgaben zu unterstützen,**
10. **die von der Handwerkskammer innerhalb ihrer Zuständigkeit erlassenen Vorschriften und Anordnungen durchzuführen.**

(2) **Die Handwerksinnung soll**
1. **zwecks Erhöhung der Wirtschaftlichkeit der Betriebe ihrer Mitglieder Einrichtungen zur Verbesserung der Arbeitsweise und der Betriebsführung schaffen und fördern,**
2. **bei der Vergebung öffentlicher Lieferungen und Leistungen die Vergebungsstellen beraten,**

Aufgabe der Innung § 54 **HwO**

3. **das handwerkliche Pressewesen unterstützen.**
(3) **Die Handwerksinnung kann**
1. **Tarifverträge abschließen, soweit und solange solche Verträge nicht durch den Innungsverband für den Bereich der Handwerksinnung geschlossen sind,**
2. **für ihre Mitglieder und deren Angehörige Unterstützungskassen für Fälle der Krankheit, des Todes, der Arbeitsunfähigkeit oder sonstiger Bedürftigkeit errichten,**
3. **bei Streitigkeiten zwischen den Innungsmitgliedern und ihren Auftraggebern auf Antrag vermitteln.**

(4) **Die Handwerksinnung kann auch sonstige Maßnahmen zur Förderung der gemeinsamen gewerblichen Interessen der Innungsmitglieder durchführen.**

(5) **Die Errichtung und die Rechtsverhältnisse der Innungskrankenkassen richten sich nach den hierfür geltenden bundesrechtlichen Bestimmungen.**

Übersicht

	Rdn.
I. Pflichtaufgaben	1
1. Pflege des Gemeingeistes und der Berufsehre	2
a) Allgemeines	4
b) Unterstützung wirtschaftlicher Interessen	7
c) Verfolgung von Verstößen	10
2. Pflege des guten Verhältnisses zu Mitarbeitern	11
3. Lehrlingsausbildung	16
4. Abnahme der Gesellenprüfung	19
5. Fachschulen	20
6. Mitwirkung bei Berufsschule	25
7. Förderung des Genossenschaftswesens	26
8. Erstattung von Gutachten und Auskünften	27
a) Kostenfrage	28
b) Rechtsnatur	29
9. Unterstützung sonstiger Handwerkseinrichtungen	30
10. Ausführung von HWK-Vorschriften	31
II. Sollaufgaben	35
1. Einrichtungen zur Verbesserung der Betriebsführung	36
2. Beratung der Vergabestellen	38
3. Unterstützung des handwerklichen Pressewesens	40
III. Freiwillige Aufgaben	41
1. Tariffähigkeit (subsidiär)	42
2. Unterstützungskassen	44
3. Vermittlung bei Streitigkeiten	48
IV. Sonstige freiwillige Aufgaben	50
1. Nur wenn gesetzeskonform	50
2. Warnung vor Schwarzarbeitern u. dgl.	51

	Rdn.
3. Verfolgung von Wettbewerbsverstößen u. dgl.	52
4. Gemeinsamer Zeitschriftenbezug	54
V. Innungskrankenkasse	56

Literatur: Weitere für das Handwerk wichtige Einzelfragen sind zusammengestellt bei *Honig*, Innung und Wettbewerb, GewA 2000, 99. Vgl. auch WRP 1971, 455. Weiter: *Ellscheid*, Verbände und Wettbewerbsrecht, GRUR 1972, 284; BGH vom 10. 11. 1972, NJW 1973, 279, dazu *Schulze zur Wiesche*, GRUR 1973, 355; *Kormann*, Einschränkungen der Innungsaufgaben durch das Wettbewerbsrecht?, WiVerw. 1981, 168; *ders.*, Möglichkeiten und Grenzen der Kooperationen der Handwerksorganisationen, 1981.

I. Pflichtaufgaben

1   Abs. 1 zählt die auferlegten **Pflichtaufgaben** auf und wiederholt noch einmal den schon in § 52 Abs. 1 angesprochenen Zweck der Innung, die gemeinsamen gewerblichen Interessen zu fördern. Hinsichtlich dieser Generalklausel vgl. auch Anm. I.1.a. zu § 91. Die zur Erfüllung dieses Zwecks dienenden gesetzlichen Aufgaben müssen sämtlich in die Satzung übernommen werden; andernfalls ist die Genehmigung nach § 56 Abs. 2 Nr. 1 zu versagen.

2   **1.** Die **Pflege des Gemeingeistes und der Berufsehre** verlangt, dass den Innungsmitgliedern das Gefühl gegenseitiger Achtung und das Bewusstsein der Interessengemeinschaft nahe gebracht wird. Daher wird die Satzung (§ 55 Abs. 2) auch Vorsorge treffen müssen, dass Personen, die dieser Achtung nicht würdig sind, der Innung nicht beitreten oder aus ihr ausgeschlossen werden oder die Mitgliedsrechte nicht ausüben können (vgl. Hamb. OVG vom 13. 8. 1997, GewA 1998, 295).

3   Unbotmäßige Mitglieder können ermahnt und beim Vorliegen triftiger Gründe aus der Innung ausgeschlossen werden. Eine ausgesprochene Strafgewalt ihren Mitgliedern gegenüber steht der Innung dagegen nur in engen Grenzen zu (vgl. Anm. III. zu § 55).

4   **a)** Die Aufgabe der Innung beschränkt sich auf das Verhältnis der Innungsmitglieder untereinander. Aus Nr. 1 hat die Innung also nicht die Aufgabe, für ein Mitglied einzutreten, das von einem Dritten, einem Außenstehenden beleidigt wird o. dgl.

5   Die Satzung kann aber wohl bei persönlichen (z. B. Beleidigungen) oder gewerblichen Streitigkeiten der Mitglieder unter sich die Vornahme eines Sühneversuchs vor dem Innungsvorstand vorsehen. Den Rechtsweg kann sie jedoch nicht ausschließen. Dies wäre bei

Aufgabe der Innung §54 HwO

bürgerlich-rechtlichen Streitigkeiten nur möglich, wenn die Streitteile einen Schiedsvertrag nach §§ 1025 ff. ZPO eingehen (vgl. auch *Nicklisch,* Schiedsgerichtsklauseln und Gerichtsstandvereinbarungen in Verbandssatzungen, BB 1972, 1285).

Alle Maßnahmen, die die Innung auf Grund der Nr. 1 ergreift, müssen der Gesamtheit der Mitglieder oder einem fachlich abgegrenzten größeren Mitgliederkreis dienen; sie dürfen niemals den Vorteil eines einzelnen Mitglieds bezwecken (vgl. auch OLG Hamburg vom 16. 7. 1959, WRP 1959, 302). Vgl. in diesem Zusammenhang auch *Thieme,* GewA 1967, 121. **6**

b) Die Innung **darf nicht durch Beschlüsse oder Vereinbarungen in die wirtschaftliche Betätigung ihrer Mitglieder eingreifen;** es ist also unzulässig, etwa einheitliche Ladenschlusszeiten oder Preise vorzuschreiben. Bei Preis- und Kalkulationsempfehlungen, Gemeinschaftswerbung u. dgl., sind die Vorschriften des Kartellgesetzes (Gesetz gegen Wettbewerbsbeschränkungen – GWB – vom 27. 7. 1957, in seiner jeweils gültigen Fassung) zu beachten. Als Faustregel kann gelten, dass solche Maßnahmen unzulässig sind, die den freien Wettbewerb beeinträchtigen. Vgl. auch *Fröhler/Kormann,* Interessenförderungspflicht der Innung und Wettbewerbsrecht, 1981. **7**

Die zulässigen Formen zwischenbetrieblicher Zusammenarbeit im Rahmen des Gesetzes gegen Wettbewerbsbeschränkungen enthalten sog. „Kooperationsfibeln", die von den Wirtschaftsministern des Bundes oder der Länder immer wieder nach dem aktuellen Rechtsstand herausgegeben werden. **8**

Fördert die Innung den Wettbewerb ihrer Mitglieder, etwa durch eine **Gemeinschaftswerbung** oder durch einen Boykottaufruf und dgl., so liegt auch da ein Handeln zu Wettbewerbszwecken vor, auf das die Vorschriften des UWG Anwendung finden (BGH vom 21. 11. 1953, NJW 1954, 147). Zur Frage des Rechtswegs vgl. VG Düsseldorf v. 21. 5. 1968, GewA 1968, 207. Siehe auch *Scholz,* NJW 1978, 16 und *Ch. Fröhler,* GewA 1982, 77. **9**

c) Zur Verfolgung gewerberechtlicher Verstöße sowohl ihrer Mitglieder als auch Außenstehender sind die Innungen nach ihrem Aufgabenbereich nicht ohne weiteres berufen. Wegen ihres gesetzlichen Zweckes gelten sie jedoch als „Verbände zur Förderung gewerblicher Interessen" im Sinne des § 13 Abs. 2 Nr. 2 UWG und können daher Wettbewerbsverstößen nachgehen (dazu mehr unten IV.). **10**

2. Pflege des guten Verhältnisses zu Gesellen und Lehrlingen. Es ist hier vor allem an die gütliche Beilegung von Streitigkeiten gedacht; die Satzung kann hierfür einen besonderen Ausschuss vorsehen (wegen der Wahl von Gesellenmitgliedern für diesen Ausschuss **11**

vgl. § 68 Abs. 1). Im Übrigen dient der Erfüllung der Aufgabe aus Nr. 2 im Wesentlichen die Zusammenarbeit mit dem Gesellenausschuss (§§ 68 ff.).

12 Die Innung kann auch mit anderen Vertretern der Gesellen und Lehrlinge, z. B. mit den Gewerkschaften, verhandeln. So weit die Arbeitskräfte der selbstständigen Handwerker nicht Gesellen oder Lehrlinge sind, sondern ungelernte Arbeiter wie Handlanger, Taglöhner, Packer, Ausfahrer usw. oder kaufmännische und technische Angestellte, bleiben als Verhandlungspartner nur die Berufsverbände, denen diese Arbeitskräfte angehören. Besteht in einem Handwerksbetrieb ein Betriebsrat, so ist zunächst mit diesem zu verhandeln.

13 Aus dem Wortlaut der Nr. 2 darf nicht geschlossen werden, dass die Innung bei Lohnkämpfen neutral zu bleiben habe. Dies widerspräche dem Zweck der Innung, als Interessenvertretung des Handwerks zu dienen. Es stünden auch keine rechtlichen Gründe der Aufnahme einer Vorschrift in die Satzung entgegen, dass Innungsmitglieder, die einem Kampfbeschluss der Innungsversammlung, z. B. einer Aussperrung, nicht Folge leisten, eine Vertragsstrafe zu entrichten haben. Diese Beschränkung der Freiheit des Innungsmitglieds beruht auf seinem eigenen Willensentschluss, den er durch Beitritt zur Innung geäußert hat, daher kann § 41 GewO nicht herangezogen werden. – Wegen der Tariffähigkeit der Innung siehe unten III.1.

14 Der Beitritt zu einem Arbeitgeberverband der auch andere Arbeitgeber als Handwerker umfasst, ist zwar nicht unzulässig, bringt aber in der Regel für eine einzelne Innung wenig. Zur Stärkung sollten sich die Innungen besser in den Innungsverbänden zusammenschließen.

15 Arbeits- und Lehrstellenvermittlung ist im Wesentlichen den Arbeitsagenturen vorbehalten. Für eine dahingehende offizielle Tätigkeit der Innungen bleibt kein Raum.

16 **3. Lehrlingsausbildung.** Vorschriften kann nur die Innungsversammlung (vgl. § 61 Abs. 2 Nr. 6 und Anm. hierzu) und auch diese nur so weit erlassen, als nicht die Handwerkskammer nach § 91 Abs. 1 Nr. 4 eine Regelung getroffen hat. So weit Letzteres geschehen ist, ist die Handwerksinnung zur Durchführung verpflichtet (vgl. Nr. 10). § 54 Abs. 1 Satz 2 Nr. 3 gibt also der Innung keine konkurrierende, sondern nur eine von der Handwerkskammer abgeleitete Befugnis zur Durchführung von ÜLU-Maßnahmen (VG Köln vom 27. 3. 2003, GewA 2003, 256; OVG NRW vom 30. 11. 2005, GewA 2006, 84). Im Übrigen vgl. auch wegen des Verhältnisses der Innungs- zu den Kammervorschriften Anm. I.1.c. zu § 91.

17 Ob die Lehrlingsausbildung nach den gesetzlichen und sonst maßgebenden Bestimmungen erfolgt, hat gem. § 41a primär die Handwerkskammer zu überwachen. Aus Abs. 1 Nr. 3 und 10, die das Berufsbildungsgesetz unberührt gelassen hat, ergibt sich jedoch auch ein Überwachungsrecht der Innung, und man wird daraus ableiten können, dass Beauftragte der Innung zu diesem Zweck die Befugnisse des § 111 haben. Stellt die Innung Missstände fest, die auf ihr Eingreifen nicht beseitigt werden, so hat sie den Sachverhalt der Handwerkskammer und ggf. der höheren Verwaltungsbehörde mitzuteilen (vgl. §§ 23a, 24).

Für die technische, gewerbliche und sittliche Ausbildung der Lehrlinge können die Innungen Einrichtungen in Gestalt von Schulungsheimen, Lehrlingsheimen u. Ä. schaffen und mit Ermächtigung durch die HWK ihren Besuch zur Pflicht machen. An den Kosten können die jeweiligen Lehrherren beteiligt werden (HessVGH vom 12. 9. 1968, GewA 1969, 166); sie können aber auch umgelegt werden. Schon vor Erlass des Berufsbildungsgesetzes hatten derartige so genannte überbetriebliche Schulungsmaßnahmen eine immer größere Bedeutung gewonnen (vgl. auch die Anmerkungen zu § 26a). Wegen des Innungsausschusses s. § 67 Abs. 2, wegen Beteiligung des Gesellenausschusses s. § 68 Abs. 2 Nr. 1 u. 2. **18**

4. Abnahme der Gesellenprüfung, so weit die Handwerkskammer die Innung hierzu ermächtigt hat (§ 33 Abs. 1 Satz 3). Wegen des Gesellenprüfungsausschusses vgl. §§ 34f., wegen der Beteiligung des Gesellenausschusses s. § 68 Abs. 2 Nr. 3. **19**

5. Errichtung oder Unterstützung von Fachschulen, sonstige Förderung des handwerklichen Könnens. Die Innungen werden um die Fortentwicklung der handwerklichen Arbeit, was Qualität (auch Schönheit der Formgebung) und Wirtschaftlichkeit (s. auch Abs. 2 Nr. 1) anlangt, stets besonders bemüht sein müssen. Für die Verfolgung dieses Zieles bieten sich viele Wege: Bezug von Fachzeitschriften, ständige oder vorübergehende Ausstellungen, Ausbildungskurse, Vorträge von Künstlern und Fachleuten aller Richtungen, endlich Errichtung von Fachschulen. Diese Förderung des Handwerks ist eine der wichtigsten Aufgaben der Innungen; zur Beteiligung des Gesellenausschusses s. § 68 Abs. 2 Nr. 4. **20**

Die Errichtung von Fachschulen ist keine Pflichtaufgabe, vielmehr nur eine der Möglichkeiten, die die Innung wählen kann. Ein Nebeneinander mehrerer gleichartiger Fachschulen sollte unbedingt vermieden werden; die Innungen sollten sich ggf. auf die Unterstützung bestehender Fachschulen beschränken und diesen dadurch zu größerer Leistungsfähigkeit verhelfen. In welcher Weise die Innungen Fachschulen errichten können, richtet sich, da das gesamte Schulwe- **21**

HwO § 54 4. Teil. Organisation des Handwerks

sen zur alleinigen Gesetzgebungszuständigkeit der Länder gehört (Art. 70 Abs. 11 in Verbindung mit Art. 73 ff. GG), ausschließlich nach Landesrecht. Vgl aber *Michel,* Bundeszuständigkeit für die Berufsschulen?, BB 1977, 1455.

22 Der Besuch der Fachschulen kann von der Innung ohne Rücksicht auf die Fortbildungsschulpflicht vorgesehen werden, also nicht nur für Lehrlinge, sondern gerade – wie der Wortlaut der Nr. 5 zeigt – auch für Gesellen und für Meister und auch neben dem Besuch der Forbildungsschule.

23 Neben den Innungen können Fachschulen errichten auch die Handwerkskammern, obwohl § 91 Abs. 1 Nr. 7 die Fachschulen nicht ausdrücklich erwähnt. Das Recht einer Innung, eine Fachschule einzurichten, wird nicht dadurch beseitigt, dass die Handwerkskammer eine solche ins Leben ruft. Die Innung sollte sich in diesem Falle aber in der Regel darauf beschränken, die Fachschule der Kammer zu unterstützen. Aufsichtlich einschreiten kann die Handwerkskammer nur, wenn die Fachschule der Innung ihren Zweck nicht erfüllen kann oder tatsächlich nicht erfüllt.

24 Wegen der Erhebung von Gebühren für den Besuch der Fachschulen vgl. § 73 Abs. 2.

25 **6. Bei der Verwaltung von Berufsschulen mitzuwirken,** ist Pflichtaufgabe der Innung. Nachkommen kann sie ihr jedoch nur, wenn ihr das Recht zur Mitwirkung eingeräumt ist. Weder bundes- noch landesrechtlich ist den Innungen bedauerlicherweise eine effektive Mitwirkungsmöglichkeit gegeben, so dass die Nr. 6 zurzeit nur ein leerer Programmsatz ist. Wegen der Beteiligung des Gesellenausschusses s. § 68 Abs. 2 Nr. 5.

26 **7. Die Förderung des Genossenschaftswesens im Handwerk** hat darin zu bestehen, dass die Innungen ihre Mitglieder über die möglichen Arten der Genossenschaften (z. B. mit beschränkter und unbeschränkter Haftung der Genossen; Einkaufs-, Produktions-, Verkaufsgenossenschaften), über ihre Vor- und Nachteile und über Geschäftsbetrieb und Verwaltung berät. Sie wird auf die große Bedeutung der Genossenschaften hinweisen müssen. Eine direkte Beteiligung der Innung an einer Genossenschaft ist nur dann möglich, wenn der Innung als solcher kein entscheidender Einfluss auf die Geschäftsführung zukommt (vgl. dazu auch BFH vom 30. 6. 1971, BStBl II S. 753). In den neuen Bundesländern spielen die Genossenschaften im Handwerk traditionell eine maßgebende Rolle; die PGH bildeten den Kernbereich des DDR-Handwerks, die ELG waren wichtige Säulen und in die Handwerksorganisation einbezogen.

Aufgabe der Innung §54 HwO

8. Gutachten und Auskünfte zu erstatten hat die Innung an alle deutschen Behörden des Bundesgebiets, gleichgültig, wo sie ihren Sitz haben (z. B. Gemeinde-, Staats- und Bundesbehörden; nach der Privatisierung aber nicht mehr Bahn und Postdienste). Behörden im Sinne dieser Vorschrift sind auch die Handwerkskammern, ferner die Gerichte jedes Rechtsweges (bürgerliche einschließlich der Strafgerichte, Verwaltungs-, Finanz-, Arbeits-, Sozialgerichte, auch die Verfassungsgerichte). Ferner werden hierher Selbstverwaltungseinrichtungen mit hoheitlichen Aufgaben wie Sozialversicherungsträger (Krankenkassen, Landesversicherungsanstalten, Berufsgenossenschaften usw.) zu rechnen sein. 27

a) Das Gesetz legt der Innung die Gutachterpflicht auf, ohne die Kostenfrage zu regeln. Daraus ist zu schließen, dass auf die Rechtsnatur der Innung zurückgegangen werden muss. Von Körperschaften des öffentlichen Rechts, wie es die Innungen sind, ist unentgeltliche Erstattung von Gutachten und Auskünften an Behörden zu verlangen. Es kommt hinzu, dass die Erstattung nur dem wohlverstandenen Interesse des Handwerks dient. Gegen einen Gebührenansatz spricht auch der Wortlaut des § 73 Abs. 2, nach dem Gebühren nur für die Benutzung der von der Innung getroffenen Einrichtungen erhoben werden können. 28

b) Gutachten und Auskünfte sind keine Verwaltungsakte, also nicht mit der Anfechtungsklage angreifbar; sie können nur durch andere Gutachten oder Auskünfte entkräftet werden. Unrichtige Gutachten oder Auskünfte, durch die einem Dritten Schaden entsteht, verpflichten die Innung – sofern ursächlicher Zusammenhang bejaht werden muss – zu Schadenersatz nach den Vorschriften des bürgerlichen Rechts über unerlaubte Handlungen (in der Regel nur nach § 826 BGB). Das Organ einer öffentlich-rechtlichen Körperschaft, das um die Erstattung eines Gutachtens ersucht worden ist, kann nicht wegen Besorgnis der Befangenheit abgelehnt werden (OLG Nürnberg vom 19. 10. 1966, NJW 1967, 401). 29

9. Zu unterstützen sind die sonstigen handwerklichen Organisationen und Einrichtungen. Dabei handelt es sich um die Innungsverbände, die Kreishandwerkerschaften und die Handwerkskammern sowie die Einrichtungen dieser genannten Organisationen. Auch hier kann die Innung Gebühren nicht ansetzen. 30

10. Ausführung von Vorschriften der Handwerkskammer. Rechtsvorschriften, die die Kammer erlässt, sind nicht nur für Innungen und Kreishandwerkerschaften, sondern im Bezirk der Handwerkskammer überhaupt für jeden einzelnen Handwerker verbind- 31 lich. Verstöße kann die Handwerkskammer durch Ordnungsgeld ahnden (§ 112).

32 Die Kammer kann sich, so weit sie zur Normsetzung berechtigt ist, auch den Erlass von Einzelanweisungen vorbehalten; dies muss aber in den Rechtsvorschriften genau geregelt werden, denn die Kammer kann auch von ihren eigenen Vorschriften nicht willkürlich abweichen. Geschieht dies, so steht die Innung zur Kammer insoweit in demselben Verhältnis wie nachgeordnete zu übergeordneten Behörden. Anfechtungsklagen gegen derartige Weisungen sind daher ausgeschlossen (vgl. Rdn. 11 zu § 75).

33 Weisungen besonderer Art ergeben sich aus der Aufsichtsbefugnis der Kammer. Die Aufsicht ist nur eine Rechts- und Pflichtaufsicht (vgl. § 75). Es kann also die Innung, die im Kammerbezirk ihren Sitz hat, nur angehalten werden, eine Rechtsverletzung zu beseitigen oder eine Rechtspflicht zu erfüllen. Darüber hinaus darf die Kammer inhaltliche Weisungen zur Regelung des Einzelfalles in Ermessensfragen nur geben, wenn sie hierzu besonders befugt ist (s. oben). Andernfalls verletzt sie den Rechtskreis der Innung; wegen Erhebung der Anfechtungsklage s. Anm. III. zu § 75.

34 Die genaue Einhaltung der den Kammern gezogenen Grenzen ist schon deshalb besonders geboten, weil die Kammern von Selbstständigen und Unselbstständigen (Gesellen) besetzte Selbstverwaltungsorgane sind, während die ihrer Aufsicht unterworfenen Organisationen die Interessen der selbstständigen Handwerker (als Unternehmer und Arbeitgeber) zu vertreten haben. Einzelheiten bei *Fröhler,* Handwerksinnung, S. 150 ff.

II. Sollaufgaben

35 **Abs. 2 zählt Aufgaben auf, die die Innung übernehmen soll, aber nicht übernehmen muss.** Werden sie in die Satzung nicht aufgenommen, so kann also die Handwerkskammer deren Genehmigung nicht versagen.

36 **1.** Zwecks Erhöhung der Wirtschaftlichkeit der Mitgliedsbetriebe soll die Innung **Einrichtungen zur Verbesserung der Arbeitsweise und der Betriebsführung** schaffen und fördern. In diesem Zusammenhang hätte das Gesetz von gemeinschaftlichen Geschäftsbetrieben (wie sie früher § 81 b Abs. 1 Nr. 5 GewO vorgesehen hatte) sprechen müssen, wenn es derartige Einrichtungen für zulässig angesehen hätte. Das Schweigen zwingt zu dem Schluss, dass gemeinschaftliche Geschäftsbetriebe, zu denen z. B. auch Vor-

schusskassen, Versicherungskassen u. dgl. gehören, nicht errichtet werden dürfen. Dies ergibt sich auch daraus, dass § 57 die Erstellung von Nebensatzungen, die getrennte Rechnungsführung und gesonderte Vermögensverwaltung nur für die Unterstützungskassen des Abs. 3 Nr. 2 vorsieht. Gleiches hätte aber für gemeinschaftliche Geschäftsbetriebe vorgeschrieben werden müssen, sollten sie errichtet werden können.

Die Innungen müssen sich also auf Einrichtungen beschränken, 37 die sich vor allem mit der Unterweisung in technischer Rationalisierung, Betriebsorganisation, Betriebsabrechnung u. Ä., aber auch mit der Menschenführung befassen. Von den Mitteln der Innung wird abhängen, ob eine ständige, mit sachkundigen Personen besetzte Stelle eingerichtet werden oder ob die Unterrichtung der Mitglieder nur durch gelegentliche Kurse oder Vorträge stattfinden soll. Wegen des gemeinschaftlichen Bezugs einer Fachzeitschrift vgl. BGH vom 21. 6. 1971, NJW 1971, 2027 = WRP 1971, 472.

2. Bei der Vergebung öffentlicher Lieferungen und Leistungen soll 38 die Innung die **Vergabestellen beraten;** eine Aufgabe, die sich an sich schon unter Abs. 1 Nr. 8 subsumieren ließe. Dabei muss sich die Innung jeder Handlung enthalten, die auf Bevorzugung eines Mitglieds abzielt. Um unliebsame Auseinandersetzungen und u. U. auch Schadenersatzansprüche zu vermeiden, dürfte es vorzuziehen sein, wenn die Innung die Vergabestellen bei der Abfassung der Ausschreibung berät, damit den sich bewerbenden Handwerkern keine Missverständnisse unterlaufen können; wird sie zum Zuschlag gehört, so muss sie sich möglichst durch Beauftragte vertreten lassen, die sich für ihre eigenen Betriebe nicht beteiligt haben.

Selbst beteiligen kann sich die Innung nicht, auch nicht namens 39 ihrer sämtlichen Mitglieder. Eine derartige Betätigung als Gewerbetreibender liegt nicht im Aufgabenkreis der Innungen.

3. Unterstützung des handwerklichen Pressewesens. Damit 40 will das Gesetz erreichen, dass die Handwerkspresse lebensnah bleibt.

III. Freiwillige Aufgaben

Abs. 3 regelt die freiwilligen Aufgaben der Innung, jedoch 41 nicht abschließend (vgl. Abs. 4).

1. Daraus, dass die Innung **Tarifverträge abschließen** kann, er- 42 gibt sich ihre Tariffähigkeit; damit hat das Gesetz eine alte Streitfrage gelöst. Die zunächst weiterbestehenden verfassungsrechtlichen Bedenken wurden durch das Bundesverfassungsgericht, das die Tariffähigkeit der Innung für verfassungsmäßig erklärte, ausgeräumt (BVerfG vom 19.10.1966, BB 1966, 1267 = NJW 1966, 2305 = GewA 1967, 83).

43 Die Tariffähigkeit der Innung ist nur subsidiärer Art, d. h. sie besteht nur so lange und reicht nur so weit, als nicht durch einen Innungsverband für ihren Bereich Tarifverträge geschlossen sind; vorausgesetzt ist die Mitgliedschaft der Innung beim Innungsverband. Ist die Innung nicht Mitglied des Verbands, so kann nur die Allgemeinverbindlichkeitserklärung des vom Verband abgeschlossenen Tarifvertrages den Abschluss eines Tarifvertrages durch die Innung unmöglich machen. Besteht schon ein von einer Innung eingegangener Tarifvertrag, so wird er verdrängt, wenn der Innungsverband abschließt oder dessen Tarifvertrag für allgemeinverbindlich erklärt wird. Der Klarheit halber empfiehlt es sich, diesen Beendigungsgrund in alle Tarifverträge aufzunehmen, die von Innungen abgeschlossen werden.

44 **2. Unterstützungskassen** sind die wichtigsten Nebeneinrichtungen, die das Gesetz erwähnt. Die Kassen sollen nach dem Wortlaut der Nr. 2 nur der Unterstützung der Innungsmitglieder und deren Angehörigen dienen; wie der Kreis der Angehörigen abzugrenzen ist, ob z. B. auch eine nichteheliche Lebensgemeinschaft oder jahrzehntelange Hausgemeinschaft eines Nichtverwandten oder Nichtverschwägerten genügt, muss die Satzung bestimmen. Die Satzung kann aber auch Unterstützungskassen für Gesellen schaffen, wie sich aus § 68 Abs. 2 Nr. 7 ergibt. Wegen der Beteiligung des Gesellenausschusses vgl. diese Vorschrift und § 68 Abs. 4, und, wenn die Gesellen Aufwendungen zu machen haben, auch § 68 Abs. 3 Nr. 3.

45 Die für Unterstützungskassen geltenden Bestimmungen sind in **Nebensatzungen** zusammenzufassen, die der Genehmigung der Handwerkskammer bedürfen (§ 57 Abs. 1). Wegen der getrennten Rechnungsführung und der gesonderten Vermögensverwaltung s. § 57 Abs. 2.

46 **Die Unterstützungskassen sind Innungseinrichtungen ohne eigene Rechtspersönlichkeit.** Die Mitgliedschaft bei ihnen, die Rechte und Pflichten der Mitglieder sind in den Nebensatzungen zu regeln. Nach diesen und, so weit sie keine Bestimmungen enthalten, nach entsprechend anwendbaren Grundsätzen des bürgerlichen Rechts, ist das zwischen der Innung (als dem Rechtsträger der Unterstützungskasse) und den Kassenmitgliedern bestehende Rechtsver-

hältnis zu beurteilen. Wegen der Ansprüche gegen Unterstützungskassen vgl. *Meilicke,* BB 1974, 241 (zu BAG vom 13. 5. 1973, NJW 1973, 1946 = GewA 1974, 39). Über Streitigkeiten entscheiden die Verwaltungsgerichte; die Handwerkskammer kann aufsichtlich nicht eingreifen.

Da bei der Auflösung der Innung auch die Unterstützungskasse als 47 deren Nebeneinrichtung ihr Ende findet, muss in der Nebensatzung vorgesehen werden, dass das (u. U. auch durch Beiträge der Kassenmitglieder geschaffene) Kassenvermögen seinem ursprünglichen Zweck erhalten bleibt (vgl. dazu auch Anm. zu § 57).

3. Zur **Vermittlung bei Streitigkeiten** zwischen den Innungs- 48 mitgliedern und deren Auftraggebern errichtet die Innung zweckmäßigerweise einen eigenen Ausschuss. Er kann im Einzelfall seine Tätigkeit auf Antrag (nie von Amts wegen) eines der Streitteile aufnehmen und durch sachkundige Beratung auf einen Ausgleich hinwirken. Entscheidungsbefugnis hätte er nur in dem Ausnahmefall, dass er als Schiedsgericht von den Streitteilen vereinbart würde (vgl. 1025 ff. ZPO).

Keine reine Innungsinstitution, aber doch auf der Basis des Abs. 3 49 Nr. 3 errichtet, sind die so genannten Schieds- oder Schlichtungsstellen, die vor allem für das Kraftfahrzeuggewerbe große praktische Bedeutung erlangt haben (dazu *Honig,* GewA 1977, 258). Zur Wirkung der Kfz.-Schiedstellen vgl. *Honig,* DAR 1994, 148. Generell vgl. *Heck,* WiVerw. 1999, 100.

IV. Sonstige freiwillige Aufgaben

1. Abs. 4 lässt **weitere freiwillige Aufgaben** der Innung zu. Sie 50 dürfen jedoch nur der Förderung der gemeinsamen gewerblichen Interessen der Innungsmitglieder dienen. Mit wirtschaftlichen Fragen des Handwerks, das sie betreut, kann sich die Innung befassen. Sie darf dabei aber nicht in einen ruinösen Vernichtungswettbewerb gegen andere Gewerbetreibende eintreten (vgl. OLG Karlsruhe vom 11. 4. 1991, NJW-RR 1992, 1259). Entzogen ist ihr die Verfolgung allgemeiner wirtschaftlicher oder wirtschaftspolitischer Aufgaben. Für politische oder sonstige Betätigung, die mit den gemeinsamen gewerblichen Interessen der Mitglieder nicht in Verbindung steht, ist in ihr kein Raum. **Verstößt die Satzung** gegen diese Grundsätze, so ist ihr die Genehmigung nach § 56 Abs. 2 Nr. 1 zu versagen. Die Innung kann auch nicht auf dem Umweg über Abs. 4 Aufgaben übernehmen, die nach dem Wortlaut des Abs. 2 oder 3 vom Gesetz als innungsfremd angesehen werden; wie mehrfach gesagt gilt dies z. B. für die Einrichtung gemeinschaftlicher Geschäftsbetriebe. Endlich überschritte eine Innung den gesetzlichen Rahmen, wenn sie den Geschäftsbetrieb eines Mitglieds, sei es auch nur vorübergehend, selbst führen wollte.

51 2. Der zulässigen Unterstützung ihrer Mitglieder dient es, wenn die Innung z. B. vor gefährlichen Geschäftspraktiken Dritter wie etwa **Schwarzarbeit warnt** und dergleichen. Dabei ist (nach entsprechender Interessenabwägung) unter Umständen nichts dagegen einzuwenden, wenn die Innung die Angelegenheit in aller Deutlichkeit zur Sprache bringt und dabei auch ihren subjektiven Standpunkt in einer für die Innungsmitglieder verständlichen Weise vertritt (OLG Celle vom 25. 11. 1966, GewA 1967, 175 = BB 1967, 350. Im gleichen Sinne auch BGH vom 15. 10. 1966, NJW 1967, 390 und vom 25. 5. 1985, GewA 1985, 390). So darf eine unzulässige Handwerkstätigkeit auch deutlich als „Schwarzarbeit" bezeichnet werden (VGH BW vom 16. 1. 1976, GewA 1976, 231). Vgl. VG Freiburg vom 14. 3. 1985, GewA 1985, 273.

52 **3. Die Innung kann im eigenen Namen gegen festgestellte Wettbewerbsverstöße vorgehen** (§ 13 Abs. 2 Nr. 2 UWG). Die Hürden sind allerdings hoch. Neben der allgemeinen Leistungsfähigkeit der Innung (auch juristisch! OLG München vom 15. 10. 1998, NJWE-WettbR 1999, 66) verlangt das Gesetz, dass die Wettbewerbsverstöße a) die direkt vertretenen Gewerbe betreffen und b) wesentlich sein müssen (vgl. BGH vom 10. 10. 1996, WRP 1997, 325 = NJW 1997, 180 und vom 19. 6. 1997, NJW-RR 1998, 111). Zu einem von den Innungsmitgliedern extra gegründeter Verein zur Bekämpfung von Wettbewerbsverstößen vgl. OLG München vom 15. 10. 1998, GewA 1999, 71. Ansprüche ihrer Mitglieder in Prozessstandschaft kann die Innung nicht verfolgen (BGH vom 9. 10. 1997, GewA 1998, 153). Vorgegangen werden kann nicht nur gegen Außenstehende, sondern auch gegen Mitglieder. Zur Vermeidung unnötiger Kosten sollte vor gerichtlichen Schritten eine gütliche Beilegung der Sache versucht werden (OLG Düsseldorf vom 12. 12. 1966, BB 1967, 93).

53 Wegen des Auftretens ihres Vorstandes oder eines von diesem Bevollmächtigten vor den Gerichten im Rechtsstreit eines Mitglieds und wegen weiterer möglicher freiwilliger Aufgaben vgl. auch die Anmerkungen zu § 87.

Satzung **§ 55 HwO**

4. Möglich ist es, eine einschlägige **Fachzeitschrift** auf Kosten der Innung zu beziehen und an die Mitglieder zu verteilen, auch wenn dadurch u. U. konkurrierende Fachzeitschriften beeinträchtigt werden (BGH vom 26. 6. 1971, UFITA 1972, 280; vgl. auch BGH vom 3. 7. 1981, GewA 1982, 89 = NJW 1982, 335).

54

Für die **Klage gegen eine Handwerksinnung** auf Unterlassung geschäftsschädigender Behauptungen, die der Obermeister der Innung in deren Namen aufgestellt hat, ist grundsätzlich nicht der Rechtsweg zu den ordentlichen Gerichten gegeben. Jedes tatsächliche Verhalten einer juristischen Person des öffentlichen Rechts, das der Erfüllung einer ihr obliegenden öffentlichen Aufgabe dient, ist als hoheitliche Betätigung anzusehen, solange der Wille, privatrechtlich tätig zu werden, nicht deutlich in Erscheinung tritt. Die hoheitliche Betätigung setzt nicht voraus, dass die juristische Person des öffentlichen Rechts Dritten gegenüber in einem Verhältnis rechtlicher Überordnung auftritt (OLG Stuttgart vom 27. 8. 1971, BB 1972, 731).

55

V. Innungskrankenkassen

Abs. 5 verweist für die **Innungskrankenkassen – IKK –** (eigene Rechtspersönlichkeit!) auf die einschlägigen bundesrechtlichen Vorschriften. Ohne wesentlichen sachlichen Änderungen wurden die früher maßgebenden Bestimmungen der RVO abgelöst durch den Dritten Titel des SGB V (G vom 20. 12. 1988, BGBl. I S. 2477). Danach können die Innungen mit Zustimmung der Gesellenausschüsse Innungskrankenkassen errichten, so weit nicht der Bestand oder die Leistungsfähigkeit vorhandener Ortskrankenkassen gefährdet wird; mindestens müssen 450 Versicherungspflichtige erreicht werden (§ 157 SBG V).

56

§ 55 [Satzung]

(1) Die Aufgaben der Handwerksinnung, ihre Verwaltung und die Rechtsverhältnisse ihrer Mitglieder sind, soweit gesetzlich nichts darüber bestimmt ist, durch die Satzung zu regeln.

(2) Die Satzung muß Bestimmungen enthalten über
1. **den Namen, den Sitz und den Bezirk der Handwerksinnung sowie die Handwerke, für welche die Handwerksinnung errichtet ist,**
2. **die Aufgaben der Handwerksinnung,**
3. **den Eintritt, den Austritt und den Ausschluß der Mitglieder,**

4. die Rechte und Pflichten der Mitglieder sowie die Bemessungsgrundlage für die Erhebung der Mitgliedsbeiträge,
5. die Einberufung der Innungsversammlung, das Stimmrecht in ihr und die Art der Beschlußfassung,
6. die Bildung des Vorstands,
7. die Bildung des Gesellenausschusses,
8. die Beurkundung der Beschlüsse der Innungsversammlung und des Vorstands,
9. die Aufstellung des Haushaltsplans sowie die Aufstellung und Prüfung der Jahresrechnung,
10. die Voraussetzungen für die Änderung der Satzung und für die Auflösung der Handwerksinnung sowie den Erlaß und die Änderung der Nebensatzungen,
11. die Verwendung des bei der Auflösung der Handwerksinnung verbleibenden Vermögens.

Wegen der Anwendbarkeit auf Kreishandwerkerschaften siehe § 89 Abs. 1 Nr. 1.

Übersicht

	Rdn.
I. Satzung	1
1. Zweck	2
2. Form	3
3. Veröffentlichung	4
II. Notwendiger Inhalt	5
1. Grundlagen	6
a) Namen	7
b) Sitz	8
c) Bezirk	9
d) Handwerke	10
2. Aufgaben	11
3. Regelung der Mitgliedschaft	12
a) Aufnahmevoraussetzungen	12
b) Ausschluss	16
c) Verwaltungsrechtsweg	17
d) Austritt	18
e) Ausscheiden	19
f) Beiträge	20
4. Vorschriften über die Organe	21
a) Innungsversammlung	21
b) Vorstand und Ausschüsse	22
c) Gesellenausschuss	23
d) Weitere Geschäftsordnungsfragen	24
5. Haushaltsplan und Jahresrechnung	25
6. Satzungsformalien	27

Satzung   **§ 55 HwO**

Rdn.

    a) Satzungsänderungen 27
    b) Auflösung der Innung 28
    c) Nebensatzungen 29
  7. Vermögensverwendung 30
III. Weitere Satzungsregelungen 31
  1. Vertragsstrafen; Ordnungsstrafen 31
  2. Errichtung von Schiedsgerichten 32

I. Satzung

Die Errichtung der Satzung ist notwendige Voraussetzung 1
für die Entstehung der Innung. Über ihr Zustandekommen bei Gründung einer Innung vgl. Anm. I.2. zu § 52, über die erforderliche Genehmigung der Satzung die Anmerkungen zu § 53 und zu § 56.

1. Inhalt der Satzung ist die Regelung der Aufgaben und der Ver- 2
waltung der Innung. Die Geschäftsführung kann auch der Kreishandwerkerschaft übertragen werden (§ 87 Nr. 5). Ferner müssen die Rechtsverhältnisse der Innungsmitglieder geregelt werden. Wegen des notwendigen Inhalts s. unten. Die Satzung hat das Gesetz nur zu konkretisieren und zu ergänzen; sie darf ihm nicht widersprechen. Nicht in die Satzung aufgenommen werden dürfen Bestimmungen über Nebeneinrichtungen nach § 54 Abs. 3 Nr. 2 (Unterstützungskassen); hierfür ist die Erstellung von Nebensatzungen notwendig, die ebenfalls von der Handwerkskammer genehmigt werden müssen (§ 57).

2. Die Satzung bedarf der Schriftform, schon wegen der Ge- 3
nehmigung; dass sie in deutscher Sprache abgefasst ist, setzt das Gesetz wohl als selbstverständlich voraus. Bei einer etwa vorkommenden fremdsprachlichen Fassung muss auf jeden Fall eine von einem vereidigten Dolmetscher erstellte deutsche Übersetzung zur Genehmigung mit vorgelegt werden.

3. Eine förmliche **Veröffentlichung der Satzung** ist zwar nicht 4
vorgeschrieben. Notwendig ist aber eine irgendwie geartete öffentliche Bekanntmachung zumindest der Bestimmungen mit Außenwirkung. Zur Form der Bekanntmachung siehe VGH Mannheim vom 16. 7. 1970, VerwRspr. 1971, 811.

II. Notwendiger Inhalt

5 Notwendiger Inhalt der Satzung sind Vorschriften nach Nr. 1 bis 11. In Nr. 7 ist zwar der nach § 68 erforderliche Gesellenausschuss erwähnt, nicht aber die – nach § 67 Abs. 2 ebenfalls obligatorische – Bildung des Berufsbildungsausschusses. Auch dieser muss in die Satzung aufgenommen werden.

6 **1. Namen, Sitz, Bezirk und Handwerke (Nr. 1)** hat die Satzung anzugeben.

7 **a) Namen** ist die Bezeichnung „Innung" in Verbindung mit dem Handwerk oder den Handwerken, für das (die) sie errichtet ist (vgl. § 52 Abs. 1 letzter Halbsatz). Die Bezeichnung der Handwerke soll grundsätzlich der Formulierung in der Positivliste (Anlage A oder B zur Handwerksordnung) entsprechen. Es bestehen aber keine Bedenken dagegen, dass die mundartlichen Bezeichnungen der Innungen, auch wenn diese Bezeichnungen nicht (mehr) im Gesetz aufgeführt sind, beibehalten werden können (z. B. Metzger, Schreiner, Flaschner, Spengler usw.; so auch BayStMWV vom 20. 7. 1966; vgl. auch Bay. Staatszeitung Nr. 81 v. 5. 8. 1966 S. 9 und *Besch,* Sprachnormkompetenz des Bundestages? Das Beispiel der Handwerkernamen, in Festschrift Mathias Zander, 1972, S. 993). Wenn eine Innung den Wunsch hat, eine alteingeführte Bezeichnung zu wählen oder beizubehalten, z. B. Putzmacherinnung an Stelle von Modisteninnung, so ist dagegen nichts einzuwenden. § 52 Abs. 1 letzter Halbsatz gibt der Innung hinsichtlich ihrer Bezeichnung nur ein Recht, legt ihr jedoch keine Verpflichtung auf. Im Einzelfall kann daher in begründeten Fällen mit der Bezeichnung auch von der Positivliste abgewichen werden (z. B. Bau-Innung, Innung für die Bekleidungshandwerke u. Ä.). Hingegen ist es nicht zulässig, dass Innungen völlig neue Namen wählen, die weder mit der Bezeichnung in der Anlage A oder B noch mit einer herkömmlichen mundartlichen Bezeichnung des Handwerks übereinstimmen. So durfte sich eine Wagner-Innung nicht „Innung des Fahrzeugbauer-Handwerks" nennen, da eine solche Bezeichnung zur Verwechslungen z. B. mit den Karosseriebauern führte (vgl. auch VG Hamburg vom 7. 9. 1983, ZdH-intern 6/84 VI/3). Zur Bezeichnung „Innung für Schmuck und Zeitmesstechnik" als Namen einer Uhrmacherinnung vgl. BayVGH vom 14. 1. 1985, GewA 1985, 164.

8 **b)** Der **Sitz** der Innung ist, wenn die Satzung nichts anderes bestimmt, der Ort, an dem die Verwaltung geführt (§ 24 BGB), also der Vorstand tätig wird. Dies muss allerdings nach Sinn und Zweck des Gesetzes innerhalb des Innungsbezirks sein. Bei Innungen, die über

Satzung §55 HwO

den Bereich einer Handwerkskammer hinausgehen, sollen wegen der Aufsicht nach § 75 Sitz und Verwaltung nicht in verschiedenen Bezirken liegen.

c) Wegen des **Bezirks** vgl. Anm. III. zu § 52. 9

d) Wegen der Handwerke, für die eine gemeinsame Innung errichtet werden kann, vgl. Anm. I.1.b. zu § 52. 10

2. Wegen der Aufgaben (Nr. 2) vgl. § 54. Die Innung darf nur 11 solche Aufgaben erfüllen, die in der Satzung erwähnt sind; enthält aber die Satzung nicht alle obligatorischen Aufgaben, die in § 54 aufgezählt sind, so ist die Genehmigung zu versagen (§ 56 Abs. 2 Nr. 1).

3. Regelung der Mitgliedschaft (Nr. 3, 4). a) Wer Mitglied 12 werden kann, bestimmt § 58. Die Satzung darf dieses Recht nicht willkürlich beschränken. Sie kann also für die Aufnahme und für den Ausschluss nur solche Voraussetzungen aufstellen, die mit dem Sinn des Gesetzes vereinbar sind, insbesondere also nicht die Ablegung der Meisterprüfung verlangen. Ebenso darf im Hinblick auf die wachsende Verflechtung mit dem Ausland, insbesondere mit der EU (vgl. § 9), nicht die deutsche Staatsangehörigkeit verlangt werden.

Da die Satzung den Kreis der Mitglieder nicht über die gesetzliche 13 Regelung hinaus erstrecken darf, kann sie auch nicht die Aufnahme von Handwerkern oder sonstigen Personen vorsehen, die nach dem Gesetz nicht Mitglied dieser oder überhaupt einer Innung werden können. Die Möglichkeit, in der Satzung die Ernennung von **Ehrenmitgliedern** – ohne Stimmrecht – zu regeln, steht dem nicht entgegen (vgl. Anm. III zu § 58). In der Satzung zu klären ist, ob und welche Inhaber handwerksähnlicher Betriebe, für deren Gewerbe keine Ausbildungsordnung erlassen wurde, Mitglied werden können (§ 58 Abs. 2). Macht die Innung von der Möglichkeit Gebrauch, auch **Gastmitglieder** nach § 59 aufzunehmen, so sind deren Rechte und Pflichten gleichfalls in der Satzung zu regeln (§ 59 Satz 2). Ein Stimm- und Wahlrecht kann ihnen aber im Hinblick auf § 59 Abs. 3 nicht zugestanden werden.

Eintrittsgelder (Aufnahmegebühren) sollen eine seltene Aus- 14 nahme bleiben; sie sind mit dem Wesen der Innung als Körperschaft des öffentlichen Rechts nicht vereinbar. Denn wenn auch die Mitgliedschaft freiwillig ist, so sind doch die Tendenz und der Wunsch des Gesetzgebers deutlich zum Ausdruck gebracht, dass möglichst alle innungsfähigen Personen auch der Innung angehören sollten. Erschwerung des Beitritts durch Aufnahmebeiträge – mögen sie vom Standpunkt der Mitglieder auch als berechtigt empfunden werden – sind daher abzulehnen. Im Grunde ist dies das kongruente Ergebnis

HwO § 55 4. Teil. Organisation des Handwerks

dazu, dass das ausscheidende Innungsmitglied keinen Anspruch auf das Vermögen der Innung hat (siehe unten). Sieht die Satzung ausnahmsweise Aufnahmebeiträge vor, so müssen sich die geforderten Beträge unter Berücksichtigung der Einkommensstruktur der betreffenden Handwerksbranche in einer angemessen geringen Höhe halten.

15 **Die Aufnahme wird verweigert werden können,** wenn der Antragsteller kriminell schwer bestraft wurde, wenn er wegen Verstoßes gegen die Handwerksordnung wiederholt mit einer Geldbuße belegt wurde, wenn er durch sein Verhalten die Erreichung des Zwecks der Innung gefährdet, und wohl auch, wenn er durch sein (persönliches oder gewerbliches) Verhalten die Achtung verwirkt hat, ohne die den übrigen Mitgliedern eine Zusammenarbeit mit ihm nicht mehr zugemutet werden kann. Die in Frage kommenden Gründe müssen aber ausdrücklich in der Satzung genannt sein. Politische oder sonstige unsachliche Gründe, z. B. religiöser, rassischer, weltanschaulicher Art oder persönliche Verfeindung, dürfen keine Rolle spielen.

16 b) Gleiches gilt für den **Ausschluss aus der Innung.** Verstöße gegen Satzungsbestimmungen und Innungsbeschlüsse rechtfertigen nur in groben oder in wiederholten Fällen den Ausschluss (vgl. VG Oldenburg vom 17. 7. 1963, GewA 1964, 62). Vor dem Ausschluss ist dem Betreffenden Gelegenheit zur Äußerung zu geben. Besonders grobe Verstöße rechtfertigen den Ausschluss auch unmittelbar (Hamb. OVG vom 13. 8. 1997, GewA 1998, 295).

17 **c) Ob die Ablehnung der Aufnahme oder der Ausschluss zu Recht erfolgen, ist im Verwaltungsstreit nachzuprüfende Tat- und Rechtsfrage** (vgl. Anm. I.3.c. zu § 58). In diesem Rechtsstreit kann das Verwaltungsgericht auch die Ungültigkeit einer einschlägigen Satzungsvorschrift, etwa weil mit dem Sinn des Gesetzes nicht vereinbar, feststellen und zwar ohne Rücksicht darauf, dass die Satzung mit der in Frage kommenden Vorschrift von der Handwerkskammer genehmigt ist.

18 d) Der **Austritt** muss den Mitgliedern freistehen; das zeigt schon der Wortlaut des Gesetzes (vgl. § 52). Die Satzung kann aber Kündigungsfristen vorschreiben; in Anwendung eines in § 39 Abs. 2 BGB zum Ausdruck gekommenen allgemeinen Rechtsgedankens wird die Höchstdauer der Kündigungsfrist zwei Jahre nicht überschreiten dürfen (dazu vgl. BGH vom 22. 9. 1980, NJW 1981, 340). Auch über die Zulässigkeit des Ausscheidens haben im Streit die Verwaltungsgerichte zu entscheiden. Auf einen Anteil am Vermögen der Innung hat der Ausscheidende keinen Anspruch. Um Klarheit zu schaffen, wird zweckmäßigerweise in die Satzung eine Vorschrift aufgenommen, nach der ausscheidende Mitglieder alle Ansprüche an das Innungsvermögen verlieren, dass sie aber zur Zahlung derjenigen Beiträge verpflichtet bleiben, deren Umlegung für die Zeit bis zum Ausscheiden vor dem Tage des Austritts erfolgt ist, und schließlich, dass vertragliche Verbindlichkeiten, die sie der Innung gegenüber eingegangen sind, durch den Austritt nicht berührt werden.

e) Ein **Zwangsausscheiden (nicht Ausschluss)** kann möglich sein bei Bezirksänderungen (vgl. Anm. III.3. zu § 52). Für diesen Fall wird die Satzung eine Vermögensauseinandersetzung vorsehen können und sollen, und zwar mit der Innung, die die Ausscheidenden nun aufnehmen kann, da das Innungsvermögen durch die Beiträge auch der nun zum Ausscheiden gezwungenen Mitglieder gesammelt wurde (§ 78 Abs. 2 analog). Auszahlung an die Ausscheidenden oder gar nur an einzelne von ihnen ist aber auch in diesen Fällen unzulässig. 19

f) Die **Mitgliedsbeiträge** (über deren Beitreibung vgl. § 73 Abs. 3) werden der Höhe nach festgesetzt durch Beschluss der Innungsversammlung (vgl. § 61 Abs. 2 Nr. 2). Die Satzung hat jedoch die **Bemessungsgrundlage** vorzuschreiben. Hierfür gibt das Gesetz keine Anhaltspunkte. Allgemeine Rechtsgrundsätze verlangen jedoch, dass die Mitgliedsbetriebe nach ihrer Leistungsfähigkeit heranzuziehen sind, jedoch nur, so weit die Quelle der Leistungsfähigkeit im Zusammenhang steht mit den Aufgaben der Innung. Im Einzelnen vgl. dazu die Anmerkungen zu § 73. Es steht den Innungen frei, auch andere, abweichende Beitragsbemessungsgrundlagen zu wählen, sofern diese nicht den Gleichheitsgrundsatz verletzen. So können auch für Mitglieder, die weder Gesellen noch Lehrlinge beschäftigen oder nur Gesellen oder nur Lehrlinge, Abschläge vorgesehen werden, da sie die Innung in der Regel weniger stark in Anspruch nehmen werden. Zur Anrechnung auf den Handwerkskammerbeitrag vgl. *Badura/Kormann*, GewA 2005, 99 und 136. 20

4. Vorschriften über die Organe (Nr. 5 bis 8). a) Die Satzung hat zu bestimmen, wer die **Innungsversammlung** beruft (dies wird in der Regel der Vorstand sein, auch wenn nur die Versammlung einer Fachgruppe der Innung einberufen werden soll), in welchen Zeitabständen ordentliche Versammlungen stattzufinden haben (wegen der außerordentlichen Versammlungen vgl. § 62 Abs. 3), wie einzuladen ist (Veröffentlichung im Mitteilungsblatt der Handwerkskammer oder in einer – zu bezeichnenden – Tageszeitung, durch eingeschriebenen oder durch einfachen Brief), dass der Einladung die Tagesordnung beizufügen ist (vgl. dazu § 63 Abs. 1) usw. Das Stimmrecht ist in §§ 63 bis 65 geregelt; vgl. die dortigen Anm. Zur Beschlussfassung bestimmt das Gesetz in § 62 Abs. 2, dass zur Änderung der Satzung und zur Auf- 21 lösung der Innung besondere Mehrheiten erforderlich sind. Die Satzung kann bestimmen, dass auch andere Beschlüsse einer besonderen Mehrheit bedürfen; sie sollte hierin jedoch sehr zurückhaltend sein, damit die Innung dem Wandel der tatsächlichen Verhältnisse leicht folgen kann. Die Satzung wird ferner bestimmen müssen, wie Beschluss zu fassen und zu wählen ist (wenn kein Widerspruch erfolgt auch durch Zuruf oder durch Handaufheben; für Wahlen vgl. § 66 Abs. 1).

22   b) Weiter muss die Satzung festlegen, aus wie viel Personen der **Vorstand** besteht und auf welche Zeit er zu wählen ist (§ 66), welche Ausschüsse (vgl. Anm. zu § 61 und § 67 Abs. 1) zu bilden sind (s. § 66) und wie sie sich zusammensetzen, und sie wird anzuordnen haben, dass sich Vorstand und Ausschüsse eine Geschäftsordnung geben müssen.

23   c) Auch die Zusammensetzung des **Gesellenausschusses** nach Zahl und – wenn die Innung mehrere Handwerke umfasst – nach Handwerk, sowie die Wahlzeit seiner Mitglieder hat die Satzung zu bestimmen (vgl. § 69 Abs. 3).

24   d) Endlich muss die Satzung vorschreiben, wie die Beschlüsse der Innungsversammlung und des Vorstandes zu beurkunden sind (z. B. mit Tinte unter Orts- und Zeitangabe in ein gebundenes Buch einzutragen und vom Vorstand, bei Innungsversammlungen auch vom Schriftführer, zu unterschreiben o. Ä.; vgl. dazu § 62). Ferner wird zweckmäßigerweise angeordnet, dass die Beschlüsse der Innungsversammlung veröffentlicht werden, sei es in einem laufend erscheinenden Mitteilungsblatt oder in einer in der Satzung zu bezeichnenden Zeitung oder Zeitschrift.

25   **5. Haushaltsplan und Jahresrechnung (Nr. 9).** Der Haushaltsplan, der eine Gegenüberstellung aller im Haushaltsjahr voraussichtlich anfallenden Ausgaben und Einnahmen bringen muss, ist vom Vorstand der Innungsversammlung vorzulegen, die ihn nach § 61 Abs. 2 Nr. 1 festzustellen hat. Zur Vorprüfung der Jahresrechnung kann ein Ausschuss bestellt werden; trotzdem muss sie vom Vorstand der Innungsversammlung zur Beschlussfassung (Entlastung des Vorstands) vorgelegt werden. Weder Haushaltsplan noch Jahresrechnung bedürfen einer Genehmigung der Handwerkskammer, doch kann sich diese, um ihrer Aufsichtspflicht (§ 75) nachzukommen, beide vorlegen lassen.

26   Einnahmen und Ausgaben der Nebeneinrichtungen nach § 54 Abs. 3 Nr. 2 (also der Unterstützungskassen) sind in gesondertem Haushaltsplan und in gesonderter Jahresrechnung zu erfassen (§ 57 Abs. 2). Auch in sie kann die Handwerkskammer Einsicht nehmen (vgl. Anm. zu § 57).

Satzung **§ 55 HwO**

6. Satzungsänderung, Auflösung der Innung, Nebensat- 27
zungen (Nr. 10). a) Zur **Satzungsänderung** vgl. § 61 Abs. 2
Nr. 8, Abs. 3, § 62 Abs. 1, 2. Die Satzung kann die Notwendigkeit
einer Beschlussfassung der Innungsversammlung nicht beseitigen,
kann auch sonst die Satzungsänderung nicht erleichtern, wohl aber
erschweren. Davon sollte aber abgesehen werden.

b) Die gleichen Grundsätze gelten für die **Auflösung der In-** 28
nung. Eine Satzungsbestimmung, dass die Auflösung der Innung in
bestimmten Fällen ipso jure eintritt, z. B. wenn die Mitgliederzahl
unter eine bestimmte Mindestzahl sinkt, dürfte nicht zulässig sein.
Auch hier muss die Innungsversammlung beschließen; denn die
Rechtsklarheit verlangt einen besonderen Auflösungsakt. Wegen der
Auflösung durch die Handwerkskammer vgl. Anm. zu § 76.

c) Zu **Nebensatzungen** hat sich die Hauptsatzung nur insoweit 29
zu äußern, als sie die Errichtung von Unterstützungskassen vorsehen
muss; im Übrigen hat sie auf die Nebensatzung zu verweisen. In die
Hauptsatzung gehören jedoch die Vorschriften über deren Erlass und
Änderung.

7. Vermögensverwendung (Nr. 11). Dazu siehe auch *Fröhler/* 30
Kormann, Vermögensrechtliche Probleme ..., 1979, S. 18. Was unter
„verbleibendem Vermögen" zu verstehen ist, muss nach § 78 der Regelung des § 49 BGB entnommen werden. Die Satzung hat die Anfallberechtigten zu bestimmen, z. B. den Landesinnungsverband, eine
sonstige handwerkliche Organisation, eine Fachschule o. dgl. Sie
kann auch bestimmen, dass das Vermögen an die zurzeit der Auflösung vorhandenen Mitglieder zu gleichen Teilen zu fallen hat. Dies
ergibt sich daraus, dass § 78 auf die §§ 47 bis 53 BGB verweist, diese
Vorschriften jedoch von einer bestimmten Anfallsregelung ausgehen,
nämlich davon, dass das Vermögen nicht an den Fiskus fällt. Man muss
annehmen, dass auch die Voraussetzungen dieser bürgerlich-rechtlichen Regelung des Anfalls, also die Vorschriften des § 45 Abs. 3 Halbsatz 1 BGB, entsprechend anwendbar sein sollen. Irgendeine Bestimmung muss unter allen Umständen getroffen werden, denn Nr. 11
zählt zum notwendigen Inhalt der Satzung. Die Satzung kann daher
auch diese Regelung nicht dem Beschluss der Innungsversammlung
vorbehalten.

III. Weitere Satzungsregelungen

Die Satzung kann, so weit sie nicht gegen Wortlaut oder Sinn des
Gesetzes verstößt, weitere Bestimmungen aufnehmen.

HwO § 56   4. Teil. Organisation des Handwerks

31 **1.** So können **Vertragsstrafen** (Ordnungsstrafen) für den Fall vorgesehen werden, dass Innungsmitglieder gegen die Satzung oder gegen Beschlüsse der Innungsversammlung, von Ausschüssen oder des Vorstands verstoßen. (Vgl. in diesem Zusammenhang *Herbst,* BB 1965, 419, und *Kuhfuß,* DHBl. 1968, 459). Da § 73 Abs. 3 nur von Beiträgen und Gebühren spricht, können Vertragsstrafen nicht nach dieser Vorschrift beigetrieben werden. Im Streitfall haben, da es sich um ein öffentlich-rechtliches Verhältnis (Körperschaft zum Mitglied) handelt und die Körperschaft eine das Mitglied bindende Entscheidung fällen kann, die Verwaltungsgerichte (im Anfechtungsverfahren) zu entscheiden, nicht die bürgerlichen Gerichte.

32 **2.** Die Satzung kann auch **Schiedsgerichte** zur Entscheidung von Streitigkeiten zwischen Innung und Mitgliedern oder von Mitgliedern untereinander vorsehen; einer besonderen Vereinbarung nach § 1027 Abs. 1 ZPO bedarf es nicht (vgl. dazu RGZ 165, 143). „Ehrengerichte" sind nicht möglich (dazu *Mohr/Faber* GewA 1989, 145).

§ 56 [Genehmigung der Satzung]

(1) **Die Satzung der Handwerksinnung bedarf der Genehmigung durch die Handwerkskammer des Bezirks, in dem die Handwerksinnung ihren Sitz nimmt.**
(2) **Die Genehmigung ist zu versagen, wenn**
1. die Satzung den gesetzlichen Vorschriften nicht entspricht,
2. die durch die Satzung vorgesehene Begrenzung des Innungsbezirks die nach § 52 Abs. 3 Satz 2 erforderliche Genehmigung nicht erhalten hat.

Wegen der Anwendbarkeit auf Kreishandwerkerschaften s. § 89 Abs. 1 Nr. 2.

Übersicht

	Rdn.
1. Genehmigung der Satzung	1
a) Rechtsnatur	1
b) Bedeutung	2
c) Zuständigkeit	3
d) Wirksamkeit	4
2. Versagung der Genehmigung	5
a) Versagungsgründe	5
b) Kein Ermessen	7
c) Kein Rechtsanspruch auf Genehmigung	8

1 **1. Die Genehmigung der Satzung. a) Sie stellt einen Verwaltungsakt dar;** Erteilung und Versagung können verwaltungsge-

Genehmigung der Satzung § 56 **HwO**

richtlich angefochten werden. (Vgl. ausführlich *Kormann,* GewA 1996, 393). Eine schriftliche Begründung braucht die Genehmigung, im Gegensatz zur Ablehnung, nicht zu enthalten. Zur Versagung der Genehmigung und zum verwaltungsgerichtlichen Verfahren siehe unten II.

b) Die Genehmigung begründet die Reehtsfähigkeit der Innung. Darin liegt ihre besondere Bedeutung. Sie muss also endgültig klare Rechtsverhältnisse schaffen. Daher duldet sie ihrer Natur nach keine Bedingungen und Befristungen, die sich auf die Zeit nach Satzungsverkündung beziehen (vgl. *Fröhler,* Handwerksinnung, S. 75); die Handwerkskammer kann sich auch den Widerruf nicht vorbehalten (LVG Schleswig vom 23. 3. 1957, GewA 1958, 132). 2

c) Die Genehmigung ist auszusprechen durch die Handwerkskammer des Bezirks, in dem die Innung ihren Sitz nimmt. 3

d) Als Rechtsnorm verbindlich wird die Satzung erst mit der Veröffentlichung, und erst mit ihr ist die Innung entstanden (vgl. *Fröhler,* Handwerksinnung, S. 74). 4

2. Die Versagung der Genehmigung. a) Die **Versagungsgründe** sind in Abs. 2, allerdings nicht erschöpfend, aufgezählt (vgl. HessVGH vom 9. 8. 1957, GewA 1958, 229). Die Genehmigung ist stets zu versagen, wenn die Errichtung der Innung gegen zwingende Vorschriften der HwO verstößt, insbesondere, wenn in einem Bezirk schon eine gleich geartete Innung besteht, wenn der Bezirk zu groß oder zu klein gewählt, die Innung also nicht leistungsfähig sein wird, oder wenn die Innung nicht nur sich fachlich oder wirtschaftlich nahe stehende Handwerke und Gewerbe umfasst. 5

Soll sich der Innungsbezirk über den Bezirk einer Handwerkskammer hinaus erstrecken, so muss die Ausnahmeerlaubnis der obersten Landesbehörde vorliegen (vgl. § 52 Abs. 3 Satz 2 und die dortigen Anmerkungen). Ist dies nicht der Fall, so greift der Versagungsgrund nach Abs. 2 Nr. 2 Platz. 6

b) Liegen Versagungsgründe vor, muss die Handwerkskammer die Genehmigung versagen; sie kann nicht etwa die Genehmigung erteilen unter der Bedingung, dass bestimmte Vorschriften der Satzung zu ändern seien. Dahingehende Vorverhandlungen vor einer abschließenden Entscheidung sind aber angebracht und selbstverständlich möglich. Die Versagungsgründe sind im Einzelnen schriftlich darzulegen. 7

c) Auf Erteilung der Genehmigung besteht kein Rechtsanspruch (BayVGH vom 18. 6. 1959, BayVBl. 1960, 118 = DVBl. 1960, 144). 8

§ 57 [Nebensatzungen für Unterstützungskassen]

(1) ¹Soll in der Handwerksinnung eine Einrichtung der im § 54 Abs. 3 Nr. 2 vorgesehenen Art getroffen werden, so sind die dafür erforderlichen Bestimmungen in Nebensatzungen zusammenzufassen. ²Diese bedürfen der Genehmigung der Handwerkskammer des Bezirks, in dem die Handwerksinnung ihren Sitz hat.

(2) ¹Über die Einnahmen und Ausgaben solcher Einrichtungen ist getrennt Rechnung zu führen und das hierfür bestimmte Vermögen gesondert von dem Innungsvermögen zu verwalten. ²Das getrennt verwaltete Vermögen darf für andere Zwecke nicht verwandt werden. ³Die Gläubiger haben das Recht auf gesonderte Befriedigung aus diesem Vermögen.

Übersicht

	Rdn.
I. Unterstützungskassen	1
1. Grundlage Innungssatzung	2
2. Erlass Nebensatzung	3
3. Genehmigung	10
II. Getrennte Rechnungsführung und Vermögensverwaltung	12
III. Verwendung des Kassenvermögens	13
1. Nur für Kassenzwecke	14
2. Gläubigerhaftung	15

I. Unterstützungskassen

1 **Unterstützungskassen** können nur zu dem in § 54 Abs. 3 Nr. 2 umrissenen Zweck gebildet werden; die Leistungen dürfen also nur natürlichen Personen, nicht etwa Betrieben als solchen oder anderen Zwecken zugute kommen (vgl. in diesem Zusammenhang auch BAG vom 31. 10. 1969, NJW 1970, 1145). Errichtet werden Unterstützungskassen durch die Innung, nicht nur in dieser, wie der Wortlaut des § 54 Abs. 3 Nr. 2 zeigt.

2 **1.** Es muss also zunächst in der (Haupt-)Satzung die Errichtung der Unterstützungskasse als Aufgabe der Innung vorgesehen sein (§ 55 Abs. 2 Nr. 2 u. 10); wegen des Erlasses und der Änderung der Nebensatzung der Kasse vgl. Anm. II.6.c. zu § 55.

3 **2. Der Erlass der Nebensatzung ist zwingend vorgeschrieben.** Fehlt sie oder ist sie nicht genehmigt (s. dazu nachfolgend 3.),

Nebensatzungen für Unterstützungskassen § 57 HwO

so muss die aufsichtsführende Handwerkskammer das Tätigwerden der Unterstützungskasse unterbinden, notfalls die Innung nach § 75 Satz 2, § 76 Nr. 2 auflösen.

Da die Unterstützungskasse eine Einrichtung der Innung ist, die 4 Innung in der Regel sie auch durch laufende oder einmalige Zuschüsse leistungsfähig erhalten wird – wenn sie nicht überhaupt die Leistungen allein aufbringt –, entscheidet über Änderung der Nebensatzung und über Auflösung der Kasse grundsätzlich die Innungsversammlung (vgl. § 61 Abs. 2 Nr. 8).

Eine eventuelle eigene Mitgliederversammlung (vgl. unten) kann 5 die Beschlussfassung der Innungsversammlung nicht ersetzen; ihr Auflösungsbeschluss wird aber für die diese bindend sein. Eigene Rechtspersönlichkeit haben die Unterstützungskassen nicht.

Über den Inhalt der Nebensatzung sagt das Gesetz nichts, 6 abgesehen von Abs. 2 Satz 1 u. 2. In Anlehnung an § 55 Abs. 2 wird zu verlangen sein, dass sie Bestimmungen enthält über die Aufgaben der Kasse, die Rechte der Mitglieder, die Aufstellung des Haushaltsplanes sowie die Aufstellung und Prüfung der Jahresrechnung und die Verwendung des bei Auflösung der Kasse verbleibenden Vermögens.

Es ist nicht notwendig, dass sämtliche Innungsmitglieder gleichzei- 7 tig auch Mitglieder der Unterstützungskasse sind; vielmehr kann vorgesehen werden, dass die Kassenmitglieder besondere Beiträge zu entrichten haben. In diesem Fall muss die Nebensatzung weiter regeln Eintritt, Austritt und Ausschluss der Mitglieder, muss besonders sorgfältig die Rechte und Pflichten der Kassenmitglieder und die Bemessungsgrundlage für die Erhebung der Sonderbeiträge behandeln und wird zweckmäßigerweise eine Mitgliederversammlung und einen Vorstand der Kasse vorsehen (s. auch Anm. III.1.a. zu § 66).

Von den Rechten der Mitglieder sind besonders die vermögens- 8 rechtlicher Art zu erwähnen, insbesondere bei Austritt (Fortbestand aller oder gewisser Rechte gegen die Kasse oder Anspruch auf angemessene Rückzahlung geleisteter Beiträge), Ausschluss, ferner bei Auflösung der Kasse. Vgl. weiter *Höhne,* BB 1969, 530.

Auf die Beitreibung etwaiger gesonderter Beiträge zur Unterstüt- 9 zungskasse findet, da es sich auch bei ihnen um Innungsbeiträge handelt, § 73 Abs. 3 Anwendung.

3. Die Genehmigung der Nebensatzung erfolgt durch die 10 **Handwerkskammer.** Die Genehmigung zu erteilen ist nicht deren Ermessen überlassen. Wenn also die Innung sich in ihrer Satzung die Errichtung einer Unterstützungskasse zur Aufgabe gemacht hat, dann muss die Nebensatzung genehmigt werden, falls sie nicht gegen zwin-

HwO § 57 4. Teil. Organisation des Handwerks

gende Rechtsvorschriften verstößt und die Kasse Gewähr für Leistungsfähigkeit bietet. Letzteres ergibt sich aus dem Sinn der Handwerksordnung.

11 Im Übrigen gelten für Erteilung und Versagung der Genehmigung der Nebensatzungen, für die Beifügung von Bedingungen, Befristungen und Auflagen sowie für Rücknahme und Widerruf die in den Anm. zu § 56 dargelegten Grundsätze.

II. Getrennte Rechnungsführung und Vermögensverwaltung

12 Dieses Gebot richtet das Gesetz an die Innung und an etwaige Organe der Kasse, damit die Leistungsfähigkeit der Kasse jederzeit einwandfrei festgestellt werden kann. Verstoß eines Organs kann zu Schadensersatz (nach §§ 823 ff. BGB) gegenüber der Innung verpflichten, die den erstatteten Betrag dem Kassenvermögen zuzuführen hat.

III. Verwendung des Kassenvermögens

13 Die Verwendung des Kassenvermögens ist gesetzlich geregelt, damit die Interessen der Kassenmitglieder ausreichend geschützt sind.

14 1. Für andere als Kassenzwecke darf das Vermögen nicht verwendet werden. Das Verbot richtet sich an Innung und etwaige Kassenorgane. Da Verträge zwischen Innung und Kasse mangels eigener Rechtspersönlichkeit der letzteren nicht möglich sind, können Verträge, die gegen das Verbot verstoßen, nur mit Außenstehenden zu Stande kommen; sie können daher nicht nach § 134 BGB nichtig sein. Dagegen werden sie in der Regel den für die Kasse Handelnden zu Schadensersatz verpflichten. Im Übrigen zwingen derartige Verstöße die Handwerkskammer letztlich zur Schließung der Innung nach § 76 Abs. 2.

15 2. Abgesonderte Befriedigung der Gläubiger. Den Gläubigern (zu denen auch Kassenmitglieder zählen, die – falls die Nebensatzung dies vorsieht – einen Anspruch auf Leistung der Kasse haben) haftet das gesamte Innungsvermögen. An den gesondert zu verwaltenden Vermögenswerten der Kasse haben sie innerhalb und außerhalb des Insolvenzverfahrens Recht auf abgesonderte Befriedigung. Die einzelnen Innungsmitglieder sind den Gläubigern allerdings nicht haftbar (vgl. Rdn. 10 zu § 53).

§ 58 [Innungsmitglieder]

(1) ¹Mitglied bei der Handwerksinnung kann jeder Inhaber eines Betriebs eines Handwerks oder eines handwerksähnlichen Gewerbes werden, der das Gewerbe ausübt, für welches die Handwerksinnung gebildet ist. ²Die Handwerksinnung kann durch Satzung im Rahmen ihrer örtlichen Zuständigkeit bestimmen, dass Gewerbetreibende, die ein dem Gewerbe, für welches die Handwerksinnung gebildet ist, fachlich oder wirtschaftlich nahe stehendes handwerksähnliches Gewerbe ausüben, für das keine Ausbildungsordnung erlassen worden ist, Mitglied der Handwerksinnung werden können.

(2) Übt der Inhaber eines Betriebs eines Handwerks oder eines handwerksähnlichen Gewerbes mehrere Gewerbe aus, so kann er allen für diese Gewerbe gebildeten Handwerksinnungen angehören.

(3) Dem Inhaber eines Betriebs eines Handwerks oder eines handwerksähnlichen Gewerbes, das den gesetzlichen und satzungsmäßigen Vorschriften entspricht, darf der Eintritt in die Handwerksinnung nicht versagt werden.

(4) Von der Erfüllung der gesetzlichen und satzungsmäßigen Bedingungen kann zugunsten einzelner nicht abgesehen werden.

Übersicht

	Rdn.
I. Recht auf Mitgliedschaft	1
1. Voraussetzungen	2
a) Selbstständiger Handwerker	3
b) Handwerksähnliches Gewerbe	4
c) Tatsächliche Gewerbeausübung	6
d) Gesetzliche und Satzungs-Voraussetzungen	7
2. Zugehörigkeit zu mehreren Innungen	8
3. Aufnahmezwang	9
a) Keine zusätzlichen Anforderungen	10
b) Verfahren	11
c) Rechtsmittel	12
4. Keine Bevorzugung Einzelner	13
II. Ausscheiden	15
III. Ehrenmitgliedschaft	16

I. Recht auf Mitgliedschaft

Das Recht, Innungsmitglied zu werden. Eine Pflicht, der Innung beizutreten, besteht nicht; die Handwerksordnung hat also von der

1

HwO § 58   4. Teil. Organisation des Handwerks

Wiedereinführung von Zwangsinnungen oder auch nur fakultativen Pflichtinnungen abgesehen. Andererseits darf die Innung Handwerker, deren Beitritt sie zu erreichen wünscht, nicht unter moralischen Druck setzen. Derartige Maßnahmen wären nach Art. 9 Abs. 3 GG rechtswidrig. Die Werbung von Mitgliedern ist aber zulässig (vgl. BGH vom 15. 11. 1967, MDR 1968, 118; OLG Düsseldorf vom 2. 2. 1973, WRP 1973, 643).

2   **1. Der Erwerb der Mitgliedschaft** ist im Normalfall an drei Voraussetzungen geknüpft: Der Bewerber muss selbstständiger Gewerbetreibender nach den Anlagen A oder B sein, er muss das betreffende Handwerk ausüben, und er muss „den gesetzlichen und satzungsmäßigen Vorschriften entsprechen". Sind diese Voraussetzungen erfüllt, steht der Innung kein weiteres Ermessen zu und sie muss das Mitglied aufnehmen (BVerwG vom 30. 9. 1987, GewA 1988, 96; BayVGH vom 11. 8. 1988, GewA 1989, 28).

3   **a) Selbstständig** in dem auch hier maßgebenden Sinne des § 1 ist jede bei der Handwerkskammer eingetragene natürliche oder juristische Person oder Personengesellschaft, also nicht etwa deren einzelne Gesellschafter (zum Anspruch einer GmbH auf Innungsaufnahme vgl. VG Ansbach vom 30. 4. 1987, GewA 1987, 340). Ausschlaggebend ist die von der Handwerkskammer vorgenommene Eintragung; es gilt also die sog. Tatbestandswirkung. Ein eigenes Prüfungsrecht steht der Innung insoweit nicht zu (VG Köln vom 22. 4. 1965, GewA 1970, 66; OVG Bad.-Württ. vom 28. 2. 1973, GewA 1974, 97).

4   **b) Handwerksähnliche Gewerbe,** für die keine Ausbildungsordnung besteht, die aber fachlich oder wirtschaftlich nahe stehen, können im Wege der Satzungsautonomie von einer Innung zugelassen werden. Die Aufnahme kann ihnen dann nicht verwehrt werden (Abs. 3). Nach der ganzen Gesetzessystematik kann innerhalb eines Bezirks ein handwerksähnliches Gewerbe nur einer Innung angehören.

5   Gesellen oder andere Arbeitnehmer können nicht Innungsmitglied werden; wegen des Gesellenausschusses vgl. §§ 68 ff.

6   **c) Das Gewerbe muss tatsächlich ausgeübt werden,** und zwar im Innungsbezirk. Das Innungsmitglied soll, um sich an der Interessenvertretung des Handwerks beteiligen zu können, alle einschlägigen Fragen dieses Handwerks, bzw. des betreffenden handwerksähnlichen Gewerbes, aus unmittelbarer eigener Anschauung kennen.

7   **d) Die gesetzlichen und satzungsmäßigen Vorschriften** müssen erfüllt sein. Wegen der gesetzlichen Vorschriften ist auf § 52

Innungsmitglieder **§ 58 HwO**

Abs. 1, wegen der satzungsmäßigen Vorschriften auf § 55 Abs. 2 Nr. 3 und die dortigen Kommentierungen zu verweisen.

2. Mehreren Innungen kann ein Handwerker nur beitreten, 8 wenn er mehrere Handwerke betreibt, denn für jedes Handwerk darf nur eine Innung errichtet werden. Dies gilt jedoch nur für den jeweiligen Innungsbezirk. Übt ein Handwerker sein Handwerk rechtlich und faktisch, zulässigerweise gleichzeitig im Bezirk verschiedener Innungen aus, so kann er jeder der in diesen Bezirken für dasselbe Handwerk gegründeten Innung angehören. Wegen der Zulässigkeit eines doppelten oder mehrfachen Betriebssitzes vgl. Anm. IV. zu § 6.

3. Aufnahmezwang der Innung. Der Handwerker oder Betrei- 9 ber eines handwerksähnlichen Gewerbes, der ordnungsgemäß eingetragen ist und sein Gewerbe im Innungsbezirk tatsächlich ausübt, hat ein subjektiv-öffentliches Recht darauf, als Mitglied angenommen zu werden, wenn er den gesetzlichen und satzungsmäßigen Vorschriften entspricht (VG Ansbach vom 30. 4. 1987, GewA 1987, 340, bestätigt durch BayVGH vom 11. 8. 1988, GewA 1989, 28; BVerwG vom 30. 9. 1987, GewA 1988, 96; GmbH: VG Stade vom 27. 11. 1991, GewA 1992, 190).

a) Die Erfüllung anderer Voraussetzungen darf die Innung 10 **nicht verlangen,** insbesondere nicht z. B. die Mitgliedschaft oder Nichtmitgliedschaft bei einer bestimmten politischen Partei oder Vereinigung, etwa einem Gewerbeverein, aber auch nicht den Beitritt zu einer Genossenschaft. Ebenso kann nicht die Meisterprüfung oder eine andere besondere Qualifikation verlangt werden. Für die vorausgesetzte Eigenschaft als Bezirksschornsteinfegermeister s. BayVGH vom 17. 10. 1984, GewA 1985, 68. (Vgl. in diesem Zusammenhang OLG Koblenz v. 2. 1. 1973, BB 1973, 576; VG Augsburg vom 23. 9. 1981, GewA 1982, 160, dazu *Stolz,* GewA 1982, 153). Vgl. auch BayVGH vom 24. 3. 2005, GewA 2005, 349.

b) Die **Aufnahme** wird nicht schon durch die Beitrittserklärung 11 des Bewerbers bewirkt, sondern erst durch die sie aussprechende Verfügung der Innung. Hieraus folgt, dass nicht die zur Zeit der Anmeldung, sondern die zur Zeit des Erlasses der Innungsverfügung geltenden Aufnahmebedingungen maßgebend sind. Die notwendige Innungsverfügung kann allerdings auch stillschweigend erfolgen. Die Eintragung in ein Mitgliederverzeichnis der Innung ist nur deklaratorischer Natur. Wer z. B. ohne ein besonderes Beitrittsgesuch den wiederholten Einladungen einer Innung vorbehaltlos gefolgt ist, hat dadurch seinen Willen bekundet, Mitglied zu sein und zu bleiben und ist daher konkludent der Innung beigetreten. Ebenso muss sich nach

Treu und Glauben als Innungsmitglied behandeln lassen, wer sich trotz Austrittserklärung weiter als solches betätigt (VG Freiburg v. 26. 10. 1962, GewA 1963, 86).

12   c) Gegen die Ablehnung der Aufnahme und gegen den Ausschluss ist der **Verwaltungsrechtsweg** gegeben (vgl. VGH BW vom 17. 7. 1968, GewA 1969, 36). Der Klageanspruch entfällt nicht deswegen, weil das ausgeschlossene Mitglied sowieso austreten wollte (OLG Hamm vom 9. 2. 1976, BB 1976, 663). Voraussetzung für die Klageerhebung ist der Widerspruch, über den in diesen Fällen die Innungsversammlung entscheiden muss (VG Oldenburg vom 17. 7. 1963, GewA 1964, 62). Das Verwaltungsgericht prüft als Tat- und Rechtsfrage, ob die Ablehnung oder der Ausschluss zu Recht erfolgt ist; kommt es zur Verneinung, so hebt es durch Urteil die Verfügung und den Widerspruchsbescheid der Innung auf und verurteilt, wenn die Sache spruchreif ist, die Innung zur Aufnahme. Vollzieht die Innung ein rechtskräftiges Urteil nicht, so ist sie u. U. dem Bewerber gegenüber sogar schadensersatzpflichtig; im Übrigen hat die aufsichtsführende Handwerkskammer einzugreifen und bei beharrlichem, grundlosen Widerstand gegen den Aufnahmezwang die Innung aufzulösen (vgl. die Anm. zu § 76).

13   **4. Bevorzugung Einzelner ist untersagt.** Die Satzung darf auch den Vorstand nicht ermächtigen, zu Gunsten Einzelner Ausnahmen zu machen, etwa Personen aufzunehmen, die nicht Innungsmitglieder werden können. Dies bedeutet jedoch nicht, dass auch z. B. auf schlechte wirtschaftliche Verhältnisse eines Aufzunehmenden oder eines Mitglieds, etwa infolge Krankheit, keinerlei Rücksicht genommen werden dürfte; hier kann sehr wohl der Beitrag ermäßigt oder es kann von der Erhebung überhaupt abgesehen werden. Zweckmäßigerweise werden derartige Fälle gleich in der Satzung geregelt, auf jeden Fall in der Beitragsordnung. Grundsätzliche Voraussetzung ist nur, dass es sich nicht um eine Bevorzugung eines Einzelnen handelt, sondern dass die gleiche Vergünstigung jedem gewährt wird, der sich in der gleichen Lage befindet.

14   So weit sie hoheitlich tätig wird, darf die Innung ihre Mitglieder nicht anders behandeln als die Nichtmitglieder, z. B. beim Erlass von Vorschriften über die Lehrlingsausbildung (§ 61 Abs. 2 Nr. 5), bei der Abnahme der Gesellenprüfung (§§ 33 ff.). Die Bekanntgabe für Nichtmitglieder wichtiger Informationen, z. B. über den Termin einer Gesellenprüfung, nur im Innungsrundschreiben genügt nicht; erforderlichenfalls müssen Betroffene gezielt angeschrieben werden. **Verstöße** können zur Auflösung der Innung nach § 76 führen. Auch einzelne Innungsmitglieder können die Handwerkskammer zum

Innungsmitglieder **§ 58 HwO**

Einschreiten anregen; dagegen wäre eine Anfechtungsklage gegen die Innung, wenn auch zulässig, da es sich um Verwaltungsakte handelt, so doch in aller Regel unbegründet, da die anderen Innungsmitglieder nicht unmittelbar in ihren Rechten verletzt sein werden.

II. Ausscheiden

Wer eine der gesetzlichen Voraussetzungen nicht mehr erfüllt, also 15
im Verzeichnis der Kammer gelöscht wird, oder seine Gewerbeausübung im Innungsbezirk einstellt, muss ausscheiden. Welche Fälle zu einem Ausscheiden führen, muss in der Satzung eindeutig festgelegt sein. Im Falle des Todes endet die Mitgliedschaft sofort, ohne Rücksicht auf die u. U. erst später erfolgende Löschung in der Handwerksrolle (VG Minden vom 14. 2. 1961, GewA 1961, 57). Die Mitgliedschaft geht nicht automatisch auf einen nachfolgenden Betriebsinhaber über; dieser muss vielmehr selbst die Mitgliedschaft neu beantragen (VGH BW vom 21. 7. 1986, GewA 1986, 379). Dies kann auch stillschweigend geschehen. Auch in den übrigen Fällen des Wegfalls der Voraussetzungen erfolgt die Beendigung der Mitgliedschaft unmittelbar kraft Gesetzes; zweckmäßigerweise ergeht aber trotzdem ein entsprechender Bescheid der Innung. Diesem kommt allerdings nur deklaratorische Bedeutung zu (vgl. VGH BW vom 17. 7. 1968, GewA 1969, 36). Ein unanfechtbar gewordener Ausschluss aus der Innung wirkt weiter, solange die Gründe fortbestehen (VG Freiburg vom 26. 10. 1962, GewA 1963, 86).

III. Ehrenmitgliedschaft

Zum Ehrenmitglied ernannt werden, auch ohne dass das Gesetz 16
dies ausdrücklich erwähnt, können verdiente Mitglieder wie auch solche Personen, die die gesetzlichen Voraussetzungen für eine Innungsmitgliedschaft nicht erfüllen. Eine Beschränkung auf frühere Mitglieder, die infolge Krankheit oder fortgeschrittenen Alters o. dgl. ihr Handwerk nicht mehr ausüben können, ist nicht erforderlich. Es können also auch sonstige Persönlichkeiten, die sich um das Handwerk oder die betreffende Innung in irgendeiner Weise verdient gemacht haben, diese Ehrung erfahren. Welche Befugnisse innen zustehen, muss die Satzung bestimmen. Die eigentlichen Mitgliedsrechte dürfen ihnen jedoch nicht zuerkannt werden. Wenn sie an der Innungsversammlung teilnehmen sollen, können sie zwar ihren Rat erteilen; ein Stimmrecht kann ihnen nicht eingeräumt werden und ebenso wenig können sie zu Innungsämtern gewählt werden, weil

dies gegen das Gesetz verstieße. Im Übrigen werden für sie die gleichen Regeln wie für Gastmitglieder gelten (vgl. § 59), naturgemäß ohne eine Beitragspflicht.

§ 59 [Gastmitglieder der Innung]

¹**Die Handwerksinnung kann Gastmitglieder aufnehmen, die dem Handwerk, für das die Innung gebildet ist, beruflich oder wirtschaftlich nahestehen.** ²**Ihre Rechte und Pflichten sind in der Satzung zu regeln.** ³**An der Innungsversammlung nehmen sie mit beratender Stimme teil.**

Übersicht

	Rdn.
1. Aufnahme von Gastmitgliedern außerhalb des Handwerks	1
2. Aufnahme von Gastmitgliedern außerhalb des Bezirks	3
3. Aufnahme von Gastmitgliedern ohne Rechtsanspruch	4
4. Aufnahme von Gastmitgliedern ohne spezifische Innungsrechte	5

1　**1. Die Innung kann Gastmitglieder aufnehmen,** um dem Handwerk nahe stehende Personen, die keine selbstständigen Handwerker sind, am Innungsleben teilnehmen zu lassen. Gedacht ist an mit dem betreffenden Handwerk verbundene Personen wie z. B. Berufsschullehrer, Fabrikanten, einschlägige Handelskreise (z. B. Reifenhändler bei Kfz,-Innung) u. dgl. Die Vorschrift ist nicht auf natürliche Personen beschränkt. Es können also auch juristische Personen oder Personengesellschaften, z. B. auch ein einschlägiger Verein, Gastmitglied werden. Sinn und Zweck der Bestimmung ist es, den Innungsmitgliedern den Rat und die Erfahrung anderer Fachleute nutzbar zu machen (vgl. schriftlicher Bericht BT-Drucks. IV/2335 Nr. 45). Der Begriff „fachlich oder wirtschaftlich nahe stehen" ist unter diesen Umständen möglichst weit auszulegen. So können wohl auch alte Gesellen des betreffenden Handwerks usw. als Gastmitglied aufgenommen werden. Ebenso ist es nicht ausgeschlossen, dass im Einzelfall auch Handwerker anderer Branchen Gastmitglied werden.

2　Nicht möglich ist es jedoch, dass ein Vollhandwerker des betreffenden Handwerks, für das die Innung gebildet ist, dort aus irgendwelchen Gründen lediglich als Gastmitglied beitritt oder verbleibt, da ein Handwerker nicht gleichzeitig „dem Handwerk nahe stehen"

Organe der Innung § 60 **HwO**

kann (VG Ansbach vom 10. 10. 1996, GewA 1996, 484, bestätigt durch BayVGH vom 13. 5. 1997, GewA 1997, 373 und BVerwG vom 15. 8. 1997, Az. 1 B 158.97).

2. Da es hier darum geht, Kräfte außerhalb des Innungshandwerks für die Innung nutzbar zu machen, ist die Innung in der Auswahl der Personen sowohl hinsichtlich Beruf wie Wohnort frei. Es ist also nicht Voraussetzung, dass das Gastmitglied im Innungsbezirk seinen Wohnsitz oder eine gewerbliche Niederlassung hat.

3. Kein Rechtsanspruch auf die Aufnahme als Gastmitglied besteht; es fehlt eine dem § 58 Abs. 3 entsprechenden Bestimmung. Die Innung darf allerdings bei der Entscheidung über Aufnahmeanträge nicht willkürlich verfahren. Dies kann unter Umständen indirekt über das Verbot der Ungleichbehandlung zu einem Anspruch auf Aufnahme führen.

4. Durch das Institut der Gastmitgliedschaft sollte nichts an dem Grundsatz geändert werden, dass die Handwerksinnung der Zusammenschluss selbstständiger Handwerker ist. Daher werden den Gastmitgliedern **nicht die vollen Rechte eines Innungsmitgliedes** gewährt; insbesondere haben sie kein Stimmrecht in der Innungsversammlung und können keine Innungsämter übernehmen. Die nähere Ausgestaltung des Verhältnisses der Innung zu den Gastmitgliedern regelt die Satzung (vgl. Anmerkungen zu § 55).

§ 60 [Organe der Innung]

Die Organe der Handwerksinnung sind
1. **die Innungsversammlung,**
2. **der Vorstand,**
3. **die Ausschüsse.**

Auf Kreishandwerkerschaften (§§ 89 Abs. 1 Nr. 3) entsprechend anwendbar.

Übersicht	Rdn.
I. Innungsorgane	1
1. Innungsversammlung und Vorstand	1
2. Ausschüsse	2
II. Aufzählung erschöpfend	5
1. Keine zusätzlichen Organe durch Satzung	5
2. Organe von Unterstützungskassen	6

I. Innungsorgane

1 1. Stets notwendige Organe sind die **Innungsversammlung** (vgl. §§ 61 bis 65) und der **Vorstand** (vgl. § 66).

2 2. Von den Ausschüssen ist notwendiges Organ lediglich der **Lehrlingsausschuss** nach § 67 Abs. 2 und der **Gesellenausschuss** (vgl. die Anmerkungen zu §§ 68 bis 72).

3 Der Gesellenprüfungsausschuss (vgl. §§ 33, 34) ist notwendiges Innungsorgan dann, wenn die Handwerkskammer der Innung die Ermächtigung zur Abnahme der Gesellenprüfung erteilt hat. Dass beim Lehrlings- und Gesellenprüfungsausschuss auch Gesellen mitzuwirken haben, nimmt ihnen nicht die Eigenschaft als Inngsausschüsse und damit als Innungsorgane.

4 Die Errichtung weiterer Ausschüsse ist dem freien Willensentschluss der Innung überlassen (vgl. § 67 Abs. 1). Wegen des Ausschusses für Lehrlingsstreitigkeiten vgl. Anm. II.3. zu § 67.

II. Die Aufzählung der Innungsorgane ist erschöpfend

5 1. **Auch die Satzung kann weitere Organe nicht einführen.** So hat der auch zur Handwerksordnung verwertbare preußische Bescheid vom 1. 2. 1928 (DHBl. 1928, 63) mit Recht die Errichtung neuer Innungsorgane in Form einer Verwaltungsstelle und eines Innungsverwalters für unzulässig erklärt; die Schaffung derartiger Organe, auf die der Vorstand ihm gesetzlich obliegende Pflichten übertragen könnte, sei mit der gesetzlich geordneten Innungsverwaltung nicht vereinbar. Zulässig ist es, wenn die Innung einen Geschäftsführer bestellt, diesen zur Führung der laufenden Geschäfte zu bevollmächtigen (vgl. Anm. III.2. zu § 66). Öffentlich-rechtlich verantwortlich muss immer der Vorstand bleiben. Für die Mitarbeiter in der Innungsgeschäftstelle gilt das Personalvertretungsgesetz des betreffenden Bundeslandes (OVG NRW vom 20. 12. 1981, GewA 1990, 215).

6 2. Für Unterstützungskassen kann die Satzung besondere Organe vorsehen (§ 57). Hier handelt es sich jedoch nur um Organe einer Einrichtung der Innung, nicht um Organe der Innung selbst.

Innungsversammlung §61 HwO

§ 61 [Innungsversammlung]

(1) ¹Die Innungsversammlung beschließt über alle Angelegenheiten der Handwerksinnung, soweit sie nicht vom Vorstand oder den Ausschüssen wahrzunehmen sind. ²Die Innungsversammlung besteht aus den Mitgliedern der Handwerksinnung. ³Die Satzung kann bestimmen, daß die Innungsversammlung aus Vertretern besteht, die von den Mitgliedern der Handwerksinnung aus ihrer Mitte gewählt werden (Vertreterversammlung); es kann auch bestimmt werden, daß nur einzelne Obliegenheiten der Innungsversammlung durch eine Vertreterversammlung wahrgenommen werden.

(2) Der Innungsversammlung obliegt im besonderen
1. die Feststellung des Haushaltsplans und die Bewilligung von Ausgaben, die im Haushaltsplan nicht vorgesehen sind;
2. die Beschlußfassung über die Höhe der Innungsbeiträge und über die Festsetzung von Gebühren; Gebühren können auch von Nichtmitgliedern, die Tätigkeiten oder Einrichtungen der Innung in Anspruch nehmen, erhoben werden;
3. die Prüfung und Abnahme der Jahresrechnung;
4. die Wahl des Vorstands und derjenigen Mitglieder der Ausschüsse, die der Zahl der Innungsmitglieder zu entnehmen sind;
5. die Einsetzung besonderer Ausschüsse zur Vorbereitung einzelner Angelegenheiten;
6. der Erlaß von Vorschriften über die Lehrlingsausbildung (§ 54 Abs. 1 Nr. 3);
7. die Beschlußfassung über
   a) den Erwerb, die Veräußerung oder die dingliche Belastung von Grundeigentum,
   b) die Veräußerung von Gegenständen, die einen geschichtlichen, wissenschaftlichen oder Kunstwert haben,
   c) die Ermächtigung zur Aufnahme von Krediten,
   d) den Abschluß von Verträgen, durch welche der Handwerksinnung fortlaufende Verpflichtungen auferlegt werden, mit Ausnahme der laufenden Geschäfte der Verwaltung,
   e) die Anlegung des Innungsvermögens;
8. die Beschlußfassung über die Änderung der Satzung und die Auflösung der Handwerksinnung;
9. die Beschlußfassung über den Erwerb und die Beendigung der Mitgliedschaft beim Landesinnungsverband.

(3) Die nach Absatz 2 Nr. 6, 7 und 8 gefaßten Beschlüsse bedürfen der Genehmigung durch die Handwerkskammer.

Wegen der Anwendbarkeit auf Kreishandwerkerschaften siehe § 89 Abs. 1 Nr. 3.

Übersicht

	Rdn.
I. Innungsversammlung	1
1. Zusammensetzung	1
2. Vertreterversammlung	3
3. Fachgruppenversammlung	5
4. Einberufung und Leitung	6
II. Zuständigkeiten	7
1. Haushaltsplan	8
2. Beiträge, Gebühren	9
3. Jahresrechnung	10
4. Wahl des Vorstands und der Ausschussmitglieder	11
5. Einsetzen besonderer Ausschüsse	12
6. Vorschriften über Lehrlingsausbildung	13
7. Genehmigungspflichtige Rechtsgeschäfte	14
a) Grundstücksgeschäfte	15
b) Veräußerung wertvoller Gegenstände	16
c) Aufnahme von Anleihen	17
d) Verträge mit Dauerverpflichtung	18
e) Anlegung des Innungsvermögens	20
f) zu a.–e.: Allgemeines zur Genehmigung	21
8. Satzungsänderung; Auflösung der Innung	24
9. Mitgliedschaft im LIV	27
10. Innengeschäfte	28
III. Genehmigung von Beschlüssen durch die HWK	29
1. Ermessensentscheidung	29
2. Kein Rechtsanspruch auf Genehmigung	30
3. Sonderfall Auflösungsbeschluss	31
IV. Rechtsmittel bei rechtswidrigen Beschlüssen	32

I. Innungsversammlung

1 1. **Die Innungsversammlung** ist das oberste Organ der Innung. Ist zweifelhaft, welches Organ zuständig ist, dann spricht die Vermutung für ihre Zuständigkeit. Vorstand und Ausschüsse sind nur berufen, diejenigen Angelegenheiten der Innung wahrzunehmen, so weit dies im Gesetz oder in der Satzung vorgesehen ist. Gewisse Aufgaben können aber auch durch die Satzung der Innungsversammlung nicht entzogen werden (vgl. dazu unten Anm. II.).

2 Grundsätzlich besteht die Innungsversammlung aus sämtlichen Vollmitgliedern der Innung. Ehren- und Gastmitglieder gehören der Innungsversammlung nicht an. Die Mitglieder der Innungsversammlung haben ein Recht auf Unterrichtung über die zur Behandlung vorgesehenen Tagesordnungspunkte, ein Recht auf Teilnahme und

Innungsversammlung § 61 HwO

ein Recht auf Abstimmung; damit ist das Recht auf Beteiligung an der Willensbildung erschöpft. So besteht etwa kein Anspruch auf Aushändigung der Niederschriften von in der Vergangenheit liegenden Versammlungen (OVG NRW vom 9. 3. 1972, GewA 1973, 73). Liegen Gründe vor, die an einer korrekten Amtsführung von Obermeister bzw. Vorstand zweifeln lassen, so sind entsprechende Vorhaltungen, auch in überspitzter Form, im Zusammenhang mit der einschlägigen Beschlussfassung erlaubt (vgl. OVG Rh.-Pf. vom 17. 9. 1991, NJW 1992, 1844).

2. Vertreterversammlung. Es ist möglich, dass die Satzung bestimmt, dass die Innungsversammlung nicht aus sämtlichen Innungsmitgliedern besteht, sondern dass sie aus Delegierten gebildet werden kann. Die Regelung kann besonders in Großstädten bei großer Mitgliederzahl der Innung zweckmäßig sein oder bei großräumigen Landes- oder Bundesinnungen. Ob derartige Vertreterversammlungen im Einzelfall vorgesehen werden, steht im freien Ermessen der Innung. 3

Ausgehend von Sinn und Zweck des Gesetzes ist aber wohl daran festzuhalten, dass im Vordergrund immer die Vertretung durch die ganze Innungsversammlung stehen sollte und dass das Institut der Vertreterversammlung nicht dazu dienen soll, die Entscheidungsgewalt und Verantwortung aus Bequemlichkeit auf eine Art erweiterten Vorstand abzuwälzen. Konkrete Zahlen, ab wann eine Vertreterversammlung in Frage kommt und wie groß diese mindestens sein muss, stehen als Anhaltspunkte nicht zur Verfügung. Die Handwerkskammer wird hier im Rahmen ihrer Aufsichtsgewalt nach pflichtmäßigem Ermessen die beabsichtigte Regelung zu prüfen haben und sollte die Genehmigung ablehnen, sofern eine Vertreterversammlung im Einzelfall nicht objektiv notwendig ist oder in der vorgesehenen Form nicht die Gewähr dafür bietet, dass auch wirklich der Wille der überwiegenden Mitglieder bei den zu treffenden Entscheidungen repräsentiert wird. 4

3. Keine Vertreterversammlung im vorstehenden Sinn sind die sog. **Fachgruppenversammlungen** einer Innung, in der mehrere verschiedene Handwerke zusammengefasst sind. Derartige Versammlungen sind nur von interner Bedeutung; irgendwelche Funktionen der Innungsversammlung können sie nicht ausüben, wohl aber die Funktionen eines Ausschusses (vgl. § 67). Gleiches gilt für sog. **Bezirksversammlungen** räumlich ausgedehnter Innungen. 5

4. Einberufung und Leitung der Versammlung obliegt dem Vorstand (s. § 66). Dies gilt auch für die Einberufung einer Fachgrup- 6 penversammlung; hier tritt nicht etwa der Fachgruppenleiter an die Stelle des Vorstands. Beruft dieser eine notwendige Versammlung nicht ein, so hat die Handwerkskammer die Versammlung einzuberufen und zu leiten (vgl. Anm. III.3. zu § 62). Wegen weiterer Förmlichkeiten siehe § 62, wegen des Stimmrechts §§ 63 bis 65.

II. Zuständigkeiten im Einzelnen

7   Kraft Gesetzes ist die Innungsversammlung in den in Abs. 2 aufgezählten Angelegenheiten allein zur Beschlussfassung zuständig. Darüber hinaus kann ihr die Satzung noch weitere Angelegenheiten übertragen, nicht jedoch entziehen. Wegen der Zuständigkeitsvermutung siehe oben Rdn. 1. Die Zuständigkeit kraft Gesetzes umfasst:

8   **1. Feststellung des Haushaltsplanes** und Bewilligung von Ausgaben, die im Haushaltsplan nicht vorgesehen sind. Die Ausgabenbewilligung kann auch nachträglich erfolgen. Handelt der Vorstand ohne oder gegen einen solchen Beschluss, so ist er der Innung gegenüber schadenersatzpflichtig; an der Rechtswirksamkeit seiner Erklärungen Dritten gegenüber ändert das Fehlen eines Beschlusses der Innungsversammlung jedoch nichts. – Die Zuständigkeit der Innungsversammlung erstreckt sich auch auf Haushaltsplan und Ausgabenbewilligung für Unterstützungskassen (vgl. § 57).

9   **2. Beschlussfassung über die Höhe der Beiträge und über die Festsetzung der Gebühren** (vgl. § 73). Es handelt sich hier um allgemeine Beschlüsse, nicht um solche für einen Einzelfall (vgl. im Einzelnen VG Minden vom 14. 2. 1961, GewA 1961, 57). Die Bemessungsgrundlage für die Beiträge muss in der Satzung festgelegt sein (vgl. § 55 Abs. 2 Nr. 4). – Gebühren können auch von Nichtmitgliedern für die Inanspruchnahme der Innung erhoben werden; nicht jedoch Beiträge für allgemeine Leistungen (vgl. OVG NRW vom 6. 5. 1997, GewA 1997, 374).

10 **3. Prüfung und Abnahme der Jahresrechnung.** Ist zur Prüfung ein Ausschuss bestellt, so hat dieser durch seinen Sprecher vor der Innungsversammlung das Ergebnis seiner Prüfung zu erläutern. Ob Entlastung erteilt wird, liegt bei der Mitgliederversammlung; ein klageweise durchsetzbarer Anspruch des Vorstands besteht nicht (vgl. OLG Celle vom 9. 3. 1994, NdsRpfl. 1994, 210).

Innungsversammlung **§ 61 HwO**

4. Wahl des Vorstands und der Ausschussmitglieder. Nach 11
§ 66 Abs. 1 Satz 2 kann der Vorstand durch Zuruf gewählt werden,
wenn niemand widerspricht. Gleiches hat für die Wahl der Ausschussmitglieder zu gelten, die ebenfalls Innungsmitglieder sein müssen (vgl. dazu Rdn. 2 zu § 67).

5. Einsetzen besonderer Ausschüsse. Der Wortlaut (Aus- 12
schüsse zur „Vorbereitung" einzelner Angelegenheiten) ließe darauf
schließen, dass es sich hier um Ausschüsse handelt, die besondere
Fragen jeweils für die nächste Innungsversammlung zu bearbeiten
haben. Es sind aber hier trotz des abweichenden Wortlauts die Ausschüsse des § 67 Abs. 1 gemeint. Diese Ausschüsse können nur von
der Innungsversammlung errichtet werden, die auch die Mitglieder
zu wählen hat. Andere Ausschüsse als in der Satzung vorgesehen
sind, kann die Innungsversammlung ohne Satzungsänderung nicht
bilden. Diese Erschwerung wird vermieden, wenn in die Satzung
eine Vorschrift mit dem Wortlaut des § 67 Abs. 1 aufgenommen
wird.

6. Vorschriften über die Lehrlingsausbildung. Vgl. hierzu 13
Anm. I.3. zu § 54; wegen der Beteiligung des Gesellenausschusses
siehe § 68 Abs. 2 Nr. l. Der Erlass der Vorschriften ist eine Maßnahme
des Selbstverwaltungsrechts, die von der Handwerkskammer auf die
Innung übertragen wurde. Aus diesem Grunde bedarf er auch der
Genehmigung der Handwerkskammer. Er setzt Rechtsnormen für
die Mitglieder der Körperschaft des öffentlichen Rechts. Lehrlinge
müssen die Vorschriften nach § 28 beachten, auch wenn dort nur
von Vorschriften der Handwerkskammer gesprochen wird. Ein Beschluss der Innung, von der Handwerkskammer angeordnete überbetriebliche Ausbildungsmaßnahmen n i c h t zu beachten, ist unwirksam und rechtfertigt ein aufsichtliches Einschreiten. Im Übrigen
vgl. zu den Ausbildungsvorschriften Anm. I.1.c. zu § 91.

7. Genehmigungspflichtige Rechtsgeschäfte. Wegen der Be- 14
deutung des Beschlusses der Innungsversammlung und der Genehmigung siehe unten Anm. III.
   a) Erwerb, Veräußerung oder dingliche Belastung von 15
Grundeigentum. Erwerb ist auch der durch Schenkung. Wegen landesrechtlicher Vorschriften, die den Erwerb von Rechten durch juristische Personen beschränken oder von staatlicher Genehmigung abhängig machen können, vgl. Artikel 86 EGBGB. Dingliche Belastung
sind die Bestellung von Erbbaurechten (§§ 1012 ff. BGB), Dienstbarkeiten (§§ 1018 ff. BGB), Vorkaufsrechten (§§ 1094 ff. BGB), Real-

lasten (§§ 1105 ff. BGB), Hypotheken, Grundschulden und Rentenschulden (§§ 1113 ff. BGB).

16 **b) Veräußerung wertvoller Gegenstände.** „Veräußerung" ist nicht nur ein Verkauf; betroffen ist auch die unentgeltliche Abgabe, z. B. einer historischen Zunftlade an ein Museum. Ist der Vorstand im Zweifel, ob es sich um einen Gegenstand mit geschichtlichem, wissenschaftlichem oder Kunstwert handelt, so wird er die Beschlussfassung der Innungsversammlung herbeiführen.

17 **c) Aufnahme von Krediten.** „Kredit" darf nicht zu weit ausgelegt werden. Nicht hierher gehören wird z. B. die Eröffnung eines laufenden Kredits bei einem Geldinstitut, wenn er sich in begrenztem Rahmen hält und nur dem zeitlichen Ausgleich von Einnahmen und Ausgaben (etwa in einem Monat) dienen soll. Im Zweifelsfall wird allerdings der Vorstand, um Schadensersatzpflicht der Innung gegenüber zu vermeiden, eine Beschlussfassung der Innungsversammlung herbeiführen.

18 **d) Verträge, die der Innung fortlaufende Verpflichtungen auferlegen.** Fortlaufende Verpflichtungen sind solche, die in gewissen Zeitabschnitten aus demselben Schuldverhältnis zu erfüllen sind. Anders als bei den wiederkehrenden Leistungen des § 258 ZPO kommt es hier nicht darauf an, ob sie einseitig (z. B. Gewährung von Leibrenten) oder zweiseitige Leistungen zum Gegenstand haben; die Vorschrift unter Buchst. d erfasst auch Miet- und Anstellungsverträge ohne Rücksicht auf ihre Zeitdauer und auf die Höhe der vereinbarten Vergütung.

19 Eine Ausnahme bringt der 3. Halbsatz für die **laufenden Geschäfte** der Verwaltung. Was zu den laufenden Geschäften der Verwaltung gehört, richtet sich nach natürlicher Lebensanschauung und muss von Fall zu Fall entschieden werden; von entscheidender Bedeutung ist dabei auch die Größe der betreffenden Innung.

20 **e) Anlegung des Innungsvermögens.** Die Vorschriften über die Anlegung von Mündelgeld (§§ 1807, 1808 BGB, Art. 212 EGBGB) sind nicht mehr, wie dies nach § 89a Abs. 2 GewO der Fall war, zwingendes Recht. Das Vermögen muss sicher, aber auch so weit erforderlich jederzeit greifbar angelegt werden.

21 **f) Zu a bis e.** Sämtliche genannten Beschlüsse bedürfen der Genehmigung der Handwerkskammer. Der Vorstand wird also, soll ein hier in Frage stehendes Rechtsgeschäft abgeschlossen werden, Beschluss der Innungsversammlung herbeiführen und diesen der Handwerkskammer vorlegen. Nach Genehmigung kann er als Vertreter der Innung (§ 66 Abs. 3) das Rechtsgeschäft eingehen; er wird dabei auf den Beschluss der Innungsversammlung und die Genehmigung der Handwerkskammer ausdrücklich verweisen.

Innungsversammlung **§ 61 HwO**

Zur Genehmigung vgl. unten III. Bis zur Erteilung der Genehmi- 22
gung sind die Beschlüsse der Innungsversammlung schwebend unwirksam. Zur Wirkung dennoch vollzogener Beschlüsse vgl. Anm.
III.1. zu § 66.

Hat die Innungsversammlung das Rechtsgeschäft zwar ordnungs- 23
gemäß beschlossen, jedoch bewusst ohne Genehmigung oder gar
gegen versagenden Bescheid der Handwerkskammer ausführen lassen, so kann dies eine Auflösung nach § 76 Nr. 1 rechtfertigen.

8. Änderung der Satzung und Auflösung der Innung. 24
Wegen der Förmlichkeiten siehe § 62 Abs. 1 u. 2. Satzungsänderung
ist auch erforderlich, wenn der Innungsbezirk geändert werden soll.
Zur Änderung der Nebensatzung und zur Auflösung einer Unterstützungskasse ist ebenfalls die Innungsversammlung zuständig. Die
Auflösung der Innung entzieht auch deren Einrichtungen (z. B. Fachschulen, Unterstützungskassen) und bezüglich der betreffenden Innung der Innungskrankenkasse (vgl. § 54) den Rechtsboden für das
Weiterbestehen.

Die Voraussetzungen für eine Änderung der Satzung und die Auf- 25
lösung der Innung müssen in der Satzung festgelegt sein (§ 55 Abs. 2
Nr. 10).

Die Änderung der Satzung bedarf, wie ihre Errichtung (vgl. dazu 26
§ 56), der Genehmigung der Handwerkskammer. Gleiches gilt für
die Auflösung der Innung. Diese wird erst mit Zugang der Genehmigung wirksam.

9. Erwerb und Beendigung der Mitgliedschaft beim Lan- 27
desinnungsverband. Wegen der Bedeutung, die der Zugehörigkeit
zum Landesinnungsverband (z. B. schon im Hinblick auf dessen Tariffähigkeit, § 82 Nr. 3) zukommt, ist die Beschlussfassung der Innungsversammlung vorbehalten, die frei, ohne Genehmigung der Handwerkskammer, entscheiden kann.

10. Innengeschäfte. Die Innungsversammlung ist der Natur der 28
Sache nach weiter dann zuständig, wenn der Vorstand kraft Gesetzes
(§ 181 BGB) die Innung nicht vertreten kann, insbesondere etwa zur
Geltendmachung von Ersatzansprüchen gegen den Vorstand. Wenn
nach der Satzung gegen einen Vorstandsbeschluss die Innungsversammlung angerufen werden kann, dann erlässt diese auch gemäß
§ 73 Abs. 1 Nr. 3 VwGO den Widerspruchshescheid (VG Oldenburg
vom 17. 7. 1963, GewA 1964, 62).

III. Genehmigung von Beschlüssen durch die Handwerkskammer

29 **1. Die Genehmigungsentscheidung ist ein Ermessensakt der Handwerkskammer.** Diese ist also nicht auf eine Prüfung der formellen und materiellen Gesetz- und Rechtmäßigkeit des genehmigungsbedürftigen Rechtsakts beschränkt, sondern sie kann und soll auch dessen Zweckmäßigkeit prüfen. Dabei hat jedoch die Handwerkskammer die sich aus dem Wesen der Selbstverwaltung ergebenden Grenzen bei ihrer Ermessensausübung einzuhalten. Im Allgemeinen wird sie die Genehmigung eines Beschlusses der Innungsversammlung nur dann versagen können, wenn dieser Beschluss gegen wesentliche Grundsätze einer ordnungsmäßigen körperschaftlichen Verwaltungsführung verstößt. Im Einzelnen vgl. *Fröhler*, Staatsaufsicht, S. 84 ff.; ausführlich *Kormann*, GewA 1996, 41; zu Natur und Modalitäten GewA 1996, 393.

30 **2.** Die Innung hat zwar **keinen Rechtsanspruch** auf Genehmigungserteilung schlechthin, wohl aber darauf, dass die Handwerkskammer die gegenständlichen Grenzen der Genehmigungsvorbehalte beachtet und bei ihrer Entscheidung einen fehlerfreien Gebrauch von ihrem Ermessen macht. Verstöße hiergegen verletzen das Selbstverwaltungsrecht der Innung. Dieser steht – da die Genehmigungsversagung als Verwaltungsakt zu werten ist – der Verwaltungsrechtsweg offen. Ein Dritter, z. B. ein einzelnes Innungsmitglied oder ein an einem Vertragsabschluss mit der Innung Interessierter, kann jedoch weder die Erteilung noch die Versagung der Genehmigung im Klageweg anfechten.

31 **3.** Hat die Innungsversammlung die Auflösung der Innung beschlossen, so kann die Handwerkskammer – da die Errichtung einer Innung dem freien Willensentschluss der Handwerker überlassen ist – die Genehmigung nur versagen, wenn die in der Satzung vorgeschriebenen Voraussetzungen (§ 55 Abs. 2 Nr. 10) nicht erfüllt sind oder über die Verwendung des verbleibenden Vermögens satzungswidrig (§ 55 Abs. 2 Nr. 11) verfügt ist.

IV. Unwirksame Beschlüsse

32 **1.** Fasst die Innungsversammlung rechtswidrige Beschlüsse oder unterlässt sie, obwohl sie (z. B. nach Abs. 2 Nr. 1 bis 4) dazu verpflichtet wäre, die Beschlussfassung, so hat die aufsichtsführende Handwerkskammer einzuschreiten. Notfalls hat sie die Innung nach § 76 aufzulösen.

Das Einschreiten der Handwerkskammer kann auch durch ein- 33
zelne, z. B. in der Innungsversammlung überstimmte, Innungsmitglieder angeregt werden. Nach dem Grundsatz, dass auf aufsichtliches Einschreiten kein Rechtsanspruch besteht, ist hier Anfechtungsklage nicht gegeben (*Fröhler,* Handwerksinnung, S. 153). Vgl. in diesem Zusammenhang auch *Gräf,* GewA 1967, 27.

2. Die Regelung eines Einzelfalles durch einen Innungsbeschluss 34
stellt einen Verwaltungsakt dar. Dagegen kann nach durchgeführtem Vorverfahren (Widerspruch bei der Innung) Anfechtungsklage zum Verwaltungsgericht erhoben werden.

§ 62 [Beschlußfassung; Einberufung der Versammlung]

(1) **Zur Gültigkeit eines Beschlusses der Innungsversammlung ist erforderlich, daß der Gegenstand bei ihrer Einberufung bezeichnet ist, es sei denn, daß er in der Innungsversammlung mit Zustimmung von drei Vierteln der erschienenen Mitglieder nachträglich auf die Tagesordnung gesetzt wird, sofern es sich nicht um einen Beschluß über eine Satzungsänderung oder Auflösung der Handwerksinnung handelt.**

(2) **[1]Beschlüsse der Innungsversammlung werden mit einfacher Mehrheit der erschienenen Mitglieder gefaßt. [2]Zu Beschlüssen über Änderungen der Satzung der Handwerksinnung ist eine Mehrheit von drei Vierteln der erschienenen Mitglieder erforderlich. [3]Der Beschluß auf Auflösung der Handwerksinnung kann nur mit einer Mehrheit von drei Vierteln der stimmberechtigten Mitglieder gefaßt werden. [4]Sind in der ersten Innungsversammlung drei Viertel der Stimmberechtigten nicht erschienen, so ist binnen vier Wochen eine zweite Innungsversammlung einzuberufen, in welcher der Auflösungsbeschluß mit einer Mehrheit von drei Vierteln der erschienenen Mitglieder gefaßt werden kann. [5]Satz 3 gilt für den Beschluß zur Bildung einer Vertreterversammlung (§ 61 Abs. 1 Satz 3) mit der Maßgabe, daß er auch im Wege schriftlicher Abstimmung gefaßt werden kann.**

(3) **[1]Die Innungsversammlung ist in den durch die Satzung bestimmten Fällen sowie dann einzuberufen, wenn das Interesse der Handwerksinnung es erfordert. [2]Sie ist ferner einzuberufen, wenn der durch die Satzung bestimmte Teil oder in Ermangelung einer Bestimmung der zehnte Teil der Mitglieder die Einberufung schriftlich unter Angabe des Zwecks und der Gründe verlangt; wird dem Verlangen nicht entsprochen oder erfordert es das Inte-**

resse der Handwerksinnung, so kann die Handwerkskammer die Innungsversammlung einberufen und leiten.

Wegen der Anwendbarkeit auf Kreishandwerkerschaften s. § 89 Abs. 1 Nr. 4.

Übersicht

	Rdn.
I. Voraussetzungen der Beschlussfassung	1
II. Zustandekommen eines Beschlusses	3
1. Behandlung zulässig	3
2. Beschlussfähigkeit	4
3. Mehrheit	5
4. Sonderfall Auflösung	7
III. Einberufung	8
1. Form	8
2. Zeitpunkt	9
3. Einberufung durch Vorstand	11
IV. Unwirksame Beschlüsse	13

I. Voraussetzungen der Beschlussfassung

1 **Die Tagesordnung der Innungsversammlung** muss mit der Einberufung (siehe dazu unten III.) bekannt gegeben werden. Aufzustellen hat sie derjenige, der die Versammlung einzuberufen hat, d. h. in der Regel der Vorstand. Wegen des Einberufungsrechts der Handwerkskammer vgl. Abs. 3 letzter Halbsatz.

2 Die Tagesordnung muss jeden Punkt, der zur Behandlung kommen soll, so genau bezeichnen, dass die Mitglieder erkennen können, um was es geht. Die generelle Angabe „Verschiedenes" reicht nicht aus (vgl. auch OVG NRW vom 4. 7. 1974, GewA 1975, 94). Hierzu können rechtsgültige Beschlüsse nur gefasst werden, wenn mindestens drei Viertel der erschienenen Mitglieder der Behandlung zustimmen. Satzungsänderungen oder die Auflösung der Innung sind von dieser Möglichkeit ausgenommen; hier ist auf jeden Fall die vorherige Bekanntgabe erforderlich. Die Angabe eines Tagesordnungspunktes „Satzungsänderung" dürfte zwar formal genügen; zweckmäßigerweise wird aber die zu ändernde Bestimmung und möglichst auch der vorgesehene neue Wortlaut aufgeführt.

II. Zustandekommen eines Beschlusses der Innungsversammlung

3 1. Zunächst muss die **Behandlung des Gegenstandes zulässig** sein, also in die Zuständigkeit der Versammlung fallen und mit der

Tagesordnung rechtzeitig angekündigt oder gegebenenfalls mit der nach Abs. 1 vorgeschriebenen Mehrheit nachträglich auf die Tagesordnung gesetzt worden sein. Dies wird der Versammlungsleiter bei Eröffnung der Versammlung unter Hinweis auf die ordnungsgemäß erfolgte Einberufung, bei nachträglich aufgenommenen Gegenständen unter Hinweis auf den Beschluss, feststellen.

2. Dass die **Beschlussfähigkeit** vom Erscheinen einer bestimmten Mindestzahl von Mitgliedern abhängt, ist vom Gesetz (Abs. 2 Satz 3) nur für die erste über die Auflösung der Innung abstimmende Versammlung vorgeschrieben. Die Satzung kann weitere Fälle dieser Art einführen, muss jedoch stets die Möglichkeit offen lassen, dass eine zweite Innungsversammlung auch entscheiden kann, wenn die vorgesehene Mindestzahl der Mitglieder nicht erscheint.

3. Gefasst werden die Beschlüsse in der Regel mit einfacher Mehrheit. Maßgebend ist die Zahl der abstimmenden Mitglieder. Gewertet werden nur Ja- und Nein-Stimmen; Enthaltungen gelten als nicht erschienen (BGH vom 25. 1. 1982, NJW 1982, 1585 und vom 8. 12. 1988, NJW 1989, 1090). Bei Stimmengleichheit kommt ein Beschluss nicht zu Stande; die Stimme des Versammlungsleiters gibt nicht den Ausschlag. Über die Art der Abstimmung hat die Satzung Vorschriften zu treffen (§ 55 Abs. 2 Nr. 5). Wegen des Stimmrechts vgl. §§ 63 bis 65.

Einer **qualifizierten Mehrheit** bedürfen Beschlüsse, die die Satzung ändern oder die die Innung auflösen sollen. Das Gesetz betont ausdrücklich, dass auch die Bildung einer Vertreterversammlung nach § 61 Abs. 1 Satz 3 mit qualifizierter Mehrheit beschlossen werden muss, obgleich es sich auch hierbei um eine Satzungsänderung handelt; dies ist allerdings auch schriftlich möglich.

4. Um die Auflösung beschließen zu können, müssen in der Innungsversammlung, die als Erste über diesen Punkt zu entscheiden hat, mindestens drei Viertel aller stimmberechtigten Mitglieder erscheinen und der Auflösung auch zustimmen. Sind zwar drei Viertel der Stimmberechtigten erschienen, hat die Versammlung aber die Auflösung abgelehnt oder haben nicht drei Viertel der Stimmberechtigten zugestimmt, so muss die Sache von vorn beginnen; es kann eine nachfolgende zweite Innungsversammlung über diesen Punkt nicht einberufen werden. Dies ist nur dann möglich, wenn in der ersten Versammlung nicht drei Viertel der Stimmberechtigten erschienen sind. Diese zweite Versammlung kann dann mit einer Mehrheit von drei Viertel der erschienenen Mitglieder die Auflösung beschließen, jedoch nur, wenn sie spätestens vier Wochen nach der ersten Versammlung stattfindet. Die Fristberechnung hat nach §§ 187, 188 BGB zu erfolgen; diese Vorschriften gelten, da in der Handwerksordnung nichts Abweichendes bestimmt ist, nach § 186 BGB auch hier. Trotz des etwas irreführenden Wortlauts genügt es nicht, dass die zweite Versammlung innerhalb der Vier-Wochen-Frist zu einem späteren Zeitpunkt einberufen wird; entscheidend ist vielmehr ihre tatsächliche Abhaltung.

III. Einberufung der Innungsversammlung

8   **1. Die Form,** in der die Einberufung zu geschehen hat, muss die Satzung bestimmen (§ 55 Abs. 2 Nr. 5). Die Einladung ist keine Willenserklärung, so dass es für die Einhaltung der Ladungsfrist nicht auf den Zugang ankommt (LSG Essen vom 6. 6. 1974, GewA 1975, 378). Die Einladung muss aber so rechtzeitig abgeschickt worden sein, dass sie unter normalen Umständen den Empfängern die notwendige Frist belässt. Wurde dies nicht beachtet, so sind gefasste Beschlüsse mangelhaft und können angefochten werden.

9   **2. Der Zeitpunkt,** zu dem einzuberufen ist, ergibt sich zwangsläufig aus den Aufgaben der Innungsversammlung. Die Gegenstände in § 61 Abs. 2 Nr. 1 bis 3 werden regelmäßig kurz nach Beginn eines neuen Haushaltsjahres zu behandeln sein, Nr. 4 vor Ablauf der Wahlperiode, Nr. 5 bis 9 bei jeweiligem Anlass. Daneben können jederzeit außerordentliche Innungsversammlungen einberufen werden, wenn es das Interesse der Innung verlangt.

10   Eine Innungsversammlung muss außerdem einberufen werden, wenn es der in der Satzung bestimmte Teil (der jedoch, da es sich um ein **Minderheitenrecht** handelt, nicht größer als die Hälfte der Mitglieder sein darf!) oder mangels einer Satzungsvorschrift ein Zehntel der stimmberechtigten Mitglieder schriftlich unter Angabe des Zweckes und der Gründe verlangt; es genügt, wenn die Gründe kurz bezeichnet sind. Aus Förmelei darf das Minderheitenrecht nicht verkürzt werden.

11   **3. Einzuberufen hat der Vorstand** (s. § 66). Unterlässt er die Einberufung, so muss der Vorstand der Handwerkskammer die Versammlung einberufen und leiten. Die Einberufungsmöglichkeit der Handwerkskammer besteht in allen Fällen, wo die Interessen der Handwerksinnung dies erfordern. Abgesehen von einem förmlichen Minderheitenbegehren kann die Einberufung durch die Handwerkskammer auch durch einzelne Innungsmitglieder angeregt werden.

Stimmrecht **§ 63 HwO**

Wenn Abs. 3 im letzten Halbsatz sagt, die Handwerkskammer 12 „kann" die Innungsversammlung einberufen und leiten, so soll damit nur die Befugnis der Handwerkskammer begründet, nicht aber zum Ausdruck gebracht werden, dass die Einberufung in das freie Ermessen der Kammer gestellt sei. Die Handwerkskammer ist vielmehr zur Einberufung verpflichtet, wenn die Voraussetzungen hierfür gegeben sind. Die Einberufung durch die Handwerkskammer ist ein Verwaltungsakt; gegen ihn kann der Vorstand, gegen seine Unterlassung ein Innungsmitglied oder die Minderheit nach erfolglosem Widerspruch Anfechtungsklage erheben.

IV. Unwirksame Beschlüsse

Beschlüsse, die gegen Abs. 1 oder Abs. 2 Satz 2 ff. versto- 13
ßen, sind ungültig; sie können also keine Rechtswirkungen äußern. Hierauf kann sich jedermann berufen. Doch wird bei Verletzung des Abs. 1, wenn der Beschluss sämtlichen Innungsmitgliedern bekannt gegeben ist und binnen angemessener Frist kein Widerspruch erhoben wird, Heilung anzunehmen sein (so auch Palandt, Anm. 3 zu § 32 BGB; a. A. BGH vom 18. 12. 1967, NJW 1968, 543 = BB 1968, 147, der eine förmliche Wiederholung des Beschlusses in satzungsgemäßer Form verlangt).

Im Übrigen hat die Handwerkskammer Beschlüsse, die wegen 14 ihres Inhalts oder wegen ihres fehlerhaften Zustandekommens rechtswidrig sind, zu beanstanden und darauf hinzuwirken, dass sie aufgehoben werden, der Klarheit halber zweckmäßigerweise auch dann, wenn sie nichtig oder ungültig sein sollten. Leistet die Innung nicht Folge, so wird Auflösung nach § 76 zu erwägen sein.

Wegen weiterer Einzelheiten vgl. Anm. IV. zu § 61. Ausführungen zur Beweisfrage bei behaupteter Nichtigkeit eines Beschlusses finden sich in der Entscheidung des BGH vom 18. 12. 1967 a. a. O.

§ 63 [Stimmrecht]

[1]**Stimmberechtigt in der Innungsversammlung sind die Mitglieder der Handwerksinnung im Sinne des § 58 Abs. 1.** [2]**Für eine juristische Person oder eine Personengesellschaft kann nur eine Stimme abgegeben werden, auch wenn mehrere vertretungsberechtigte Personen vorhanden sind.**

Übersicht Rdn.

1. Stimmmrecht 1
2. Übertragung des Stimmrechts 4
3. Ausschluss des Stimmrechts 5
4. Streitigkeiten 7

1 **1. Stimmrecht. a)** Jedes Mitglied hat nur eine Stimme, auch juristische Personen und Gesellschaften ohne eigene Rechtspersönlichkeit.

2 **b)** Für juristische Personen und für Personengesellschaften hat eine „vertretungsberechtigte Person" abzustimmen. Wer als gesetzlicher Vertreter zu handeln befugt ist, richtet sich nach bürgerlichem Recht; in Frage kommen also auch Prokuristen. Der Leiter der Innungsversammlung hat nur festzustellen, ob der für eine juristische Person oder Personengesellschaft Erschienene im Außenverhältnis Vertretungsmacht hat; ob er auch im Innenverhältnis den anderen Teilhabern gegenüber berechtigt ist, für die Gesellschaft in der Innungsversammlung abzustimmen, berührt die Gültigkeit der Stimmabgabe nicht.

3 Die gesetzliche Vertretung für juristische Personen des öffentlichen Rechts bemisst sich nach öffentlichem Recht.

4 **2.** Wegen der **Übertragung des Stimmrechts** s. § 65.

5 **3. Ausschluss des Stimmrechts. a)** Insoweit kennt das Gesetz nur die Vorschrift des § 64.

6 **b)** Die Satzung kann weitere Ausschlussgründe vorsehen, darf dabei jedoch die Rechte der Mitglieder nicht willkürlich verkürzen. Würde dies geschehen, hätte die Handwerkskammer die Genehmigung der Satzung zu versagen. Die Satzung kann z. B. Mitglieder vom Stimmrecht ausschließen, denen die Fähigkeit zur Bekleidung öffentlicher Ämter aberkannt worden ist oder gegen die das Hauptverfahren wegen einer Tat eröffnet ist, das eine solche Entscheidung zur Folge haben kann (§ 45 StGB); oder die infolge gerichtlicher Anordnung in der Verfügung über ihr Vermögen beschränkt sind, etwa wegen Eröffnung des Insolvenzverfahrens, u. dgl.

7 **4. Streitigkeiten.** Stimmt jemand ab, der nicht stimmberechtigt ist, oder wird einem Stimmberechtigten das Stimmrecht entzogen, so wird der Beschluss der Innungsversammlung nur dann ungültig, wenn die Stimme für den Beschluss entscheidend sein konnte.

§ 64 [Ausschluß des Stimmrechts]

Ein Mitglied ist nicht stimmberechtigt, wenn die Beschlußfassung die Vornahme eines Rechtsgeschäfts oder die Einleitung oder Erledigung eines Rechtsstreits zwischen ihm und der Handwerksinnung betrifft.

Auf Kreishandwerkerschaften (§ 89 Abs. 1 Nr. 5) entsprechend anwendbar.

1. Die Vorschrift, die sich mit § 34 BGB deckt, ist zwingend. Nur von der Abstimmung ist das interessierte Mitglied ausgeschlossen; am Erscheinen in der Versammlung, selbst an der Beteiligung bei der Aussprache, ist es nicht gehindert. 1

Anderer Interessenwiderstreit, als in § 64 vorgesehen, z. B. bei eigener Wahl zum Vorstand oder Ausschussmitglied, verbietet eine Stimmabgabe des interessierten Mitglieds nicht (vgl. dazu Palandt, Anm. 1 zu § 34 BGB). 2

2. Abstimmen entgegen dem Verbot des § 64 macht den Beschluss der Innungsversammlung mangels einer abweichenden Regelung nur ungültig, wenn die Stimme für den Beschluss entscheidend sein konnte (vgl. dazu *Säcker,* NJW 1966, 719). 3

§ 65 [Übertragung des Stimmrechts]

(1) Ein gemäß § 63 stimmberechtigtes Mitglied, das Inhaber eines Nebenbetriebs im Sinne des § 2 Nr. 2 oder 3 ist, kann sein Stimmrecht auf den Leiter des Nebenbetriebs übertragen, falls dieser die Pflichten übernimmt, die seinen Vollmachtgebern gegenüber der Handwerksinnung obliegen.

(2) Die Satzung kann die Übertragung der in Absatz 1 bezeichneten Rechte unter den dort gesetzten Voraussetzungen auch in anderen Ausnahmefällen zulassen.

(3) Die Übertragung und die Übernahme der Rechte bedarf der schriftlichen Erklärung gegenüber der Handwerksinnung.

Übersicht

	Rdn.
I. Übertragbarkeit des Stimmrechts kraft Gesetzes	1
1. Nicht durch Satzung ausschliessbar	1
2. Ausdrückliche Willenserklärung erforderlich	2
3. Rechtsstellung	3
II. Übertragbarkeit des Stimmrechts laut Satzung	4

	Rdn.
1. Nur für Ausnahmefälle	5
2. Wirkung	6
3. Teilnahme an der Innungsversammlung durch Gäste	7
III. Formvorschriften	8
1. Allgemeines	8
2. Widerruf	9
IV. Streit über das Stimmrecht	10

I. Übertragung des Stimmrechts

1 1. Die Satzung kann das Übertragungsrecht des Abs. 1 nicht ausschließen. Es soll den tatsächlichen Leitern der Handwerksbetriebe, die als Nebenbetriebe geführt werden, die Teilnahme am Innungsleben an Stelle von gesetzlichen Vertretern des Innungsmitglieds ermöglichen, die u. U. den Belangen des Handwerks fern stehen. Eine analoge Übertragung auf die Betriebsleiter dürfte sich aber verbieten, nachdem der Gesetzestext insoweit unverändert blieb. Die Situation unterscheidet sich insoweit, als in diesen Fällen Inhaber, bzw. juristische Person nicht wie beim Nebenbetrieb primär andere geschäftliche Interessen haben, sondern ja gerade das in Frage stehende Handwerk ausüben wollen. Übertragen werden kann das Stimmrecht nur durch das Innungsmitglied oder ggf. seinen gesetzlichen Vertreter und nur auf den (wenn mehrere vorhanden sind, auf einen – beliebigen –) Leiter des Nebenbetriebes. Einer Zustimmung der Innung bedarf es nicht; sie kann aber nicht der Satzung entsprechende Personen ablehnen.

2 2. Damit der Betriebsleiter stimmberechtigt wird, bedarf es neben der Übertragung noch einer von ihm abzugebenden Willenserklärung: der Übernahme der Pflichten gegenüber der Innung. Gedacht ist hier an die Pflichten persönlicher Art, z. B. Teilnahme an der Innungsversammlung, Beachtung der Beschlüsse der Innungsversammlung usw., nicht dagegen an die Beitragspflicht, die weiter das Mitglied selbst trifft.

3 **3. Mit der Übertragung erhält der Betriebsleiter auch die Rechte des Mitglieds** insofern, als er zu Innungsämtern gewählt werden kann.

Übertragung des Stimmrechts §65 HwO

II. Übertragbarkeit des Stimmrechts laut Satzung

Die Satzung kann das Übertragungsrecht ausdehnen. Diese Regelung entspricht der des Vereinsrechts, wo der Grundsatz der Unübertragbarkeit von Mitgliedschaftsrechten ebenfalls der Satzungsdisposition überlassen wird (§§ 38 S. 2, 40 BGB). 4

1. Die über das Gesetz hinaus zugelassene Übertragung muss auf Ausnahmefälle beschränkt sein. Dazu gehören z. B. langwierige Krankheit oder hohes Alter des selbstständigen Handwerkers, Betriebsfortführung durch den überlebenden Ehegatten oder den minderjährigen Erben, Nachlasspflegschaft, Nachlassverwaltung, Testamentsvollstreckung, Führung eines weit entfernten Filialbetriebes (vgl. Anm. IV. zu § 6) usw. 5

2. Ohne entsprechende Satzungsgrundlage können Mitgliedschaftsrechte der Innung nicht übertragen werden. „Unter den dort gesetzten Voraussetzungen" bedeutet, dass der vom Inhaber bestellte Leiter des Handwerksbetriebs pp. die Pflichten des Innungsmitglieds der Innung gegenüber übernimmt. Der Übergang kann nur insgesamt erfolgen; der Betriebsinhaber kann sich nicht einzelne Befugnisse vorbehalten oder die Tätigkeit in der Innung durch Weisungen steuern. Damit scheidet insbesondere die Möglichkeit aus, sich bei einer Verhinderung im Einzelfall durch einen bevollmächtigten Dritten vertreten zu lassen. 6

3. Über die Zulassung von Nichtmitgliedern als Beistand oder bloßer Zuhörer entscheidet letztlich die Innungsversammlung; ein Rechtsanspruch auf Teilnahme besteht nicht. 7

III. Formvorschriften

1. Übertragung und Übernahme müssen schriftlich erklärt werden (siehe oben I.2.). Sie sind mit Eingang bei der Innung wirksam. Eingang bei der Handwerkskammer, höheren Verwaltungsbehörde usw. genügt nicht. Das Stimmrecht des Vertreters entsteht mit dem Eingang der zuletzt eintreffenden Erklärung. 8

2. Übertragung des Stimmrechts und Übernahme der Innungspflichten können **widerrufen** werden, sowohl vom Übertragenden als auch vom Übernehmenden. Auch der Widerruf muss schriftlich erfolgen und der Innung gegenüber erklärt werden. Mit Eingang des 9

HwO § 66

Widerrufs einer Erklärung, sei es der Übertragung oder der Pflichtübernahme, ist das Stimmrecht des Betriebsleiters erloschen und die vollen Rechte des Innungsmitglieds leben wieder auf.

IV. Streit über das Stimmrecht

10 Der Streit über das Stimmrecht kann als Zwischenpunkt im Streit über die Gültigkeit eines Beschlusses der Innungsversammlung entschieden werden. Wird ein Betriebsleiter, dem das Stimmrecht übertragen wurde, von der Innung nicht als Stimmberechtigter zugelassen, so kann er oder der Betriebsinhaber, also das eigentliche Innungsmitglied, Anfechtungsklage erheben und Feststellung beantragen, dass er zum Kreise der Stimmberechtigten gehöre. Umgekehrte Feststellungsklage können Innungsmitglieder ihrerseits erheben, wenn sie glauben, es sei ein Betriebsleiter zu Unrecht in der Innungsversammlung als Stimmberechtigter zugelassen worden.

§ 66 [Vorstand der Handwerksinnung]

(1) ¹**Der Vorstand der Handwerksinnung wird von der Innungsversammlung für die in der Satzung bestimmte Zeit mit verdeckten Stimmzetteln gewählt.** ²**Die Wahl durch Zuruf ist zulässig, wenn niemand widerspricht.** ³**Über die Wahlhandlung ist eine Niederschrift anzufertigen.** ⁴**Die Wahl des Vorstands ist der Handwerkskammer binnen einer Woche anzuzeigen.**

(2) ¹**Die Satzung kann bestimmen, daß die Bestellung des Vorstands jederzeit widerruflich ist.** ²**Die Satzung kann ferner bestimmen, daß der Widerruf nur zulässig ist, wenn ein wichtiger Grund vorliegt; ein solcher Grund ist insbesondere grobe Pflichtverletzung oder Unfähigkeit.**

(3) ¹**Der Vorstand vertritt die Handwerksinnung gerichtlich und außergerichtlich.** ²**Durch die Satzung kann die Vertretung einem oder mehreren Mitgliedern des Vorstands oder dem Geschäftsführer übertragen werden.** ³**Als Ausweis genügt bei allen Rechtsgeschäften die Bescheinigung der Handwerkskammer, daß die darin bezeichneten Personen zur Zeit den Vorstand bilden.**

(4) **Die Mitglieder des Vorstands verwalten ihr Amt als Ehrenamt unentgeltlich; es kann ihnen nach näherer Bestimmung der Satzung Ersatz barer Auslagen und eine Entschädigung für Zeitversäumnis gewährt werden.**

Auf Kreishandwerkerschaften (§ 89 Abs. 1 Nr. 4) entsprechend anwendbar.

Vorstand der Handwerksinnung **§ 66 HwO**

Übersicht Rdn.

I. Vorstandswahl 1
   1. Wählbarkeit 1
   2. Amtsdauer 4
   3. Verstöße 5
   4. Wahlanfechtung 6
II. Widerruf 7
   1. Bestimmung und Satzung 7
   2. Niederlegung 9
III. Vertretungsmacht 10
   1. Unbeschränkt und unbeschränkbar 11
      a) auch für Innungseinrichtungen 12
      b) mehrgliedriger Vorstand 13
   2. Vertretungsmöglichkeit 15
   3. Bescheinigung der HWK 17
IV. Vorstandsamt ist Ehrenamt 19
V. Fehlen des Vorstands 21

Literatur: *Boujong,* Vertretungsbefugnis und Vertretungsmacht im öffentlichen Recht, WiVerw. 1979, 48; *Dohrn,* Einbeziehung von Nichthandwerkern in die Organisation, DHBl. 1971, 12; *ders.,* Wahlen zum Vorstand eines Innungsverbandes und deren Bescheinigung, GewA 1987, 49; *Graef,* Die Anfechtung von Innungswahlen im autonomen Verfassungsstreitverfahren, GewA 1967, 27.

I. Die Wahl des Vorstands

1. Gewählt werden sollte, da die Innung die Interessen des Handwerks zu vertreten hat, in erster Linie ein selbstständiger Betriebsinhaber, der ein Handwerk ausübt, das die Innung betreut. 1

Man wird weiter aus den gleichen Gründen nur ein Innungsmitglied für wählbar halten müssen, auch wenn die Satzung dies nicht ausdrücklich vorschreibt, was allerdings der Klarheit halber geschehen sollte (BVerwG vom 12. 7. 1982, DHBl. 23–24/1982 S. 58; vgl. in diesem Zusammenhang aber *Dohrn,* DHBl. 12/1971, Seite 12). Sind im gegebenen Fall auch die Inhaber handwerksähnlicher Betriebe Innungsmitglied, dann steht auch ihnen das Vorstandsamt offen. Wegen der Beschränkung der Wählbarkeit durch die Satzung gilt Anm. II.4.b. zu § 55 sinngemäß. Scheidet das Vorstandsmitglied aus der Innung aus, so erlischt sein Amt, da die gesetzliche Voraussetzung der Wählbarkeit weggefallen ist. Bleibt kein Vorstandsmitglied übrig, das eine Innungsversammlung zur Neuwahl des Vorstandes einberufen kann, so gilt das unten V. Ausgeführte. 2

Eine Pflicht zur Übernahme des Amtes besteht nicht. 3
Nimmt der Gewählte an, so hat er seine Wahl binnen einer Woche

(§§ 187, 188 BGB) der Handwerkskammer anzuzeigen; damit zeigt er gleichzeitig das Erlöschen des Amts seines Vorgängers an.

4 **2.** Die Wahl muss stets auf bestimmte Zeit, die die Satzung vorzusehen hat (§ 55 Abs. 2 Nr. 6), erfolgen. Der Vorstand darf also nicht bis auf weiteres, auf Widerruf (trotz der Möglichkeit eines solchen siehe unten II.), oder auf Lebenszeit gewählt werden.

5 **3. Verstöße gegen die Vorschriften** in Satz 1 u. Satz 2 des Abs. 1 machen die Wahl ungültig. Darüber hinausgehende Beschränkungen bestehen nicht. So gibt es z. B. keinen allgemeinen Rechtsgrundsatz, dass der Wahlvorstand nicht selbst kandidieren dürfe (BVerwG vom 12. 1. 1962, GewA 1962, 142; vgl. auch *Haberkorn,* BB 1968, 87). Wird entgegen Satz 3 keine Niederschrift über den Wahlhergang aufgenommen, so wird die Wahl nur ungültig, wenn sich die Wahlhandlung nicht mehr mit hinreichender Sicherheit feststellen lässt. Das Unterlassen der vom Vorstand zu erstattenden Anzeige an die Handwerkskammer (Satz 4) beeinflusst die Gültigkeit der Wahl nicht; doch kann die Handwerkskammer die Ausstellung des Ausweises (vgl. Abs. 3 Satz 3) verweigern und ein Dritter braucht, wenn er das Wahlergebnis nicht kennt, den Gewählten nicht als Vorstand anzuerkennen (siehe unten III.3.).

6 **4.** Besondere Vorschriften über eine **Wahlanfechtung** kennt das Gesetz nicht. Es muss daher bei dem Verfahren bleiben, das gegen Beschlüsse der Innungsversammlung schlechthin gegeben ist (vgl. Anm. IV. zu § 61). Die Wahl ist kein Verwaltungsakt, sie kann daher nicht mit Anfechtungsklage unmittelbar angegriffen werden (vgl. HessVGH vom 28. 3. 1952, DVBl. 1953, 26; siehe auch *Graef,* GewA 1967, 27).

II. Widerruf

7 **1. Bestimmung und Satzung.** Enthält die Satzung keine entsprechende Bestimmung, so kann die Bestellung des Vorstands nicht widerrufen werden. Ist er vorgesehen, so kann ihn die Innungsversammlung aussprechen. Mit dem Beschluss erlischt das Amt; gleichzeitig hat die Versammlung im Interesse der Kontinuität einen neuen Vorstand zu wählen.

8 Glaubt das Vorstandsmitglied, der Widerruf sei satzungswidrig, weil z. B. ein wichtiger Grund nicht vorliege, kann es Rechtsbehelfe nur auf dem in Anm. IV. zu § 61 geschilderten Weg ergreifen.

Vorstand der Handwerksinnung §66 **HwO**

2. Der Vorstand kann sein Amt auch niederlegen. Vorher hat 9
er eine Innungsversammlung zur Neuwahl einzuberufen; unterlässt er
dies und ist kein Vorstandsmitglied mehr vorhanden, ist gemäß Anm.
V. zu verfahren.

III. Die Vertretungsmacht des Vorstands

Dazu *Boujong,* Vertretungsbefugnis und Vertretungsmacht im 10
öffentlichen Recht, WiVerw. 1979/1 S. 48.

1. Sie ist nach außen unbeschränkt und unbeschränkbar. 11
Die Vorstandsmitglieder sind für ihre Handlungen voll verantwortlich; strafrechtlich gelten sie aber nicht als Amtsträger im Sinne des
StGB (vgl. RGSt 72/289). Beim Abschluss von ungenehmigten Verträgen, die nach § 61 Abs. 2 Nr. 7 eines Beschlusses der Innungsversammlung bedürfen, machen sie sich regresspflichtig, wenn der Vertragspartner auf die Rechtmäßigkeit vertrauen konnte. Nach außen
sind solche Verträge jedoch wirksam (so BGH vom 20. 2. 1979,
NJW 1980, 115).

a) Der Vorstand vertritt die Innung einschließlich ihrer 12
Einrichtungen. Da die Letzteren keine eigene Rechtspersönlichkeit
besitzen, können Rechte und Pflichten nur für die Innung bestehen.
Dies gilt auch für die Unterstützungskassen des § 54 Abs. 3 Nr. 2; ist
ein Kassenvorstand vorgesehen, so hat dieser nur die Stellung eines
Beauftragten (siehe nachfolgend 2.). Die Innungskrankenkasse dagegen ist eigene juristische Person (vgl. § 54).

b) Bei **mehrgliedrigem Vorstand** wird man wohl grundsätzlich 13
Gesamtvertretung verlangen müssen. Es empfiehlt sich daher, dass die
Satzung eine entsprechende Regelung trifft, um allzu große Schwerfälligkeit zu vermeiden. Das erste Vorstandsmitglied wird in der Regel
als **Obermeister** bezeichnet; eine Werbung mit diesem Titel ist unzulässig. Dieser Obermeister kann z. B. als alleinvertretungsberechtigt
bestimmt werden, von den übrigen Vorstandsmitgliedern haben je
zwei gemeinschaftlich zu handeln o. dgl. Durch Abs. 3 Satz 2 wurde
dieses Recht dem § 109 entsprechend auch der Innung zugestanden.
Weiter sollte die Satzung ordnen, wie der mehrgliedrige Vorstand
entscheidet. Fehlt es an einer Vorschrift, so gelten (vgl. § 28 Abs. 1
BGB) die Bestimmungen über die Beschlüsse der Innungsversammlung, d. h. es genügt einfache Mehrheit der erschienenen Mitglieder
(§ 62 Abs. 2 Satz 1). Willenserklärungen an die Innung können irgendeinem von mehreren Vorstandsmitgliedern gegenüber wirksam
abgegeben werden (vgl. § 28 Abs. 2 BGB).

HwO § 66 4. Teil. Organisation des Handwerks

14 Hat der Innungsvorstand ehrverletzende und ähnliche Äußerungen abgegeben, so ist für dagegen gerichtete Klagen nicht der ordentliche, sondern der Verwaltungsrechtsweg gegeben (LG Wiesbaden vom 2. 4. 1998, GewA 1998, 472.

15 **2. Der Vorstand kann sich vertreten lassen,** insbesondere in der Führung der laufenden Geschäfte. Bevollmächtigt werden können Angestellte der Innung, aber auch Innungsmitglieder. Die Vorschrift des § 30 BGB über die Bestellung besonderer Vereinsvertreter ist auf jur. Personen des öffentlichen Rechts anzuwenden (BAG vom 11. 7. 1991, NZA 1992, 383 L). Die Verantwortung der Innung gegenüber trägt stets der Vorstand. Es besteht daher keine Vertretungsmöglichkeit im Verhältnis zur Innungsversammlung. Diese hat der Vorstand unter Bekanntgabe der Tagesordnung selbst einzuberufen und zu leiten.

16 Die Verantwortung des Vorstands der Innung gegenüber ist eingeschränkt, wenn die Geschäftsführung der Kreishandwerkerschaft übertragen wird, weil hierzu ein Beschluss der Innungsversammlung nötig ist (vgl. Rdn. 2 zu § 87), ferner, so weit Ausschüsse zuständig sind (vgl. Rdn. 1 zu § 67), schließlich, so weit durch die Satzung gemäß Abs. 3 Satz 2 ausdrücklich ein anderer als der Vorstand mit der Vertretung betraut wurde.

17 **3. Die Bescheinigung der Handwerkskammer** dient zur Legitimation des Vorstands im Rechtsverkehr mit Privaten und Behörden. Konstitutive Wirkung hat sie jedoch nicht. Die Innung muss also das Handeln der in ihr als Vorstand Bezeichneten dann nicht gegen sich gelten lassen, wenn dem Vertragspartner das Erlöschen des Vorstandsamtes bekannt war. Fahrlässige, selbst grob fahrlässige Unkenntnis des Vertragspartners reicht nicht aus, denn er darf sich auf die Bescheinigung verlassen. Vgl. auch *Dohrn,* GewA 1987, 49.

18 Bei **Erlöschen des Amtes** ist die Bescheinigung der Handwerkskammer in entsprechender Anwendung des § 175 BGB zurückzugeben. Die Handwerkskammer darf eine neue Bescheinigung erst ausstellen, wenn ihr die alte zurückgegeben oder wenn Antrag auf Kraftloserklärung eingereicht ist. Die Kraftloserklärung wird in entsprechender Anwendung des § 176 BGB zu erfolgen haben, jedoch – da es sich um die Beurkundung eines öffentlich-rechtlichen Organschaftsverhältnisses handelt – durch das zuständige Verwaltungsgericht zu bewilligen sein. Herausgabeklagen gegen den früheren Vorstand, die auf Eigentum gestützt werden, sind bei den bürgerlichen Gerichten zu erheben.

Ausschüsse § 67 HwO

IV. Vorstandsamt ist Ehrenamt

Damit die Vorstandsmitglieder gezwungen sind, ihr Handwerk 19 weiter nachhaltig zu betreiben und dem Tagesgeschehen eng verbunden zu bleiben, darf ihnen keine Vergütung gewährt werden; auch keine „Rente" o. dgl. Eine Aufwandsentschädigung (Ersatz barer Auslagen und Entschädigung für Zeitversäumnis) ist nur zulässig, wenn es in der Satzung ausdrücklich angeordnet ist. Dies braucht nicht zahlenmäßig zu geschehen, es empfiehlt sich aber die Festlegung von Höchstbeträgen. Da die Satzung und deren Änderung genehmigungspflichtig sind, kann jeder missbräuchlichen Festsetzung der Entschädigung für Zeitversäumnis vorgebeugt werden.

Zur Frage der steuerlichen Behandlung etwaiger **Aufwandsent-** 20 **schädigungen** hat ein Urteil des Bundesfinanzhofes vom 15. 3. 1968 (BStBl. II S. 437) und ein einheitlicher Ländererlass vom 31. 10. 1969 wesentlich zur Klärung der aufgetretenen Fragen beigetragen. Eine zusammenfassende Übersicht findet sich DHBl. 4/1970 S. 12. Zur Frage der Sozialversicherungspflicht (verneinend) vgl. Schotthöfer, GewA 1983, 12.

V. Fehlen des Vorstandes

Fehlt der Vorstand, so muss die Handwerkskammer (da sie mangels 21 einer dem § 29 BGB entsprechenden Vorschrift der HwO den Vorstand nicht selbst bestellen kann), in entsprechender Anwendung des § 62 Abs. 3 letzter Halbsatz unverzüglich eine Innungsversammlung einberufen und einen Vorstand wählen lassen. Misslingt dies, wird Auflösung der Innung nach § 76 erfolgen müssen, da die Innung ihre Aufgaben nicht mehr erfüllen kann.

§ 67 [Ausschüsse]

(1) **Die Handwerksinnung kann zur Wahrnehmung einzelner Angelegenheiten Ausschüsse bilden.**
(2) ¹**Zur Förderung der Berufsbildung ist ein Ausschuß zu bilden.** ²**Er besteht aus einem Vorsitzenden und mindestens vier Beisitzern, von denen die Hälfte Innungsmitglieder, die in der Regel Gesellen oder Lehrlinge beschäftigen, und die andere Hälfte Gesellen sein müssen.**
(3) ¹Die Handwerksinnung kann einen Ausschuß zur Schlichtung von Streitigkeiten zwischen Ausbildenden und Lehrlingen (Auszubildenden) errichten, der für alle Berufsausbildungsver-

hältnisse der in der Handwerksinnung vertretenen Handwerke ihres Bezirks zuständig ist. ²Die Handwerkskammer erläßt die hierfür erforderliche Verfahrensordnung.

Abs. 1 auf Kreishandwerkerschaften entsprechend anwendbar (§ 89 Abs. 1 Nr. 5).

Übersicht	Rdn.
I. Ausschüsse sind Innungsorgane	1
II. Im Einzelnen	4
1. Lehrlingsausschuss	4
2. Gesellenprüfungsausschuss	6
3. Ausschuss für Lehrlingsstreitigkeiten	7
a) Bildung	7
b) Aufgaben	8
c) Zuständigkeit	10
d) Form und Wirkung der Entscheidungen	12
e) Unabhängig	13
4. Gesellenausschuss	14

I. Ausschüsse sind Innungsorgane

1   Die Ausschüsse sind Organe der Innung, denen die Innungsversammlung nach der Satzung genau begrenzte Aufgaben („Wahrnehmung einzelner Angelegenheiten") übertragen kann, z. B. Förderung des Fachschul-, des Genossenschaftswesens, Beratung der Vergabestellen, Durchführung eines Bauvorhabens, auch Behandlung von Tarifverträgen usw. Angelegenheiten, die in die Zuständigkeit der Innungsversammlung fallen, können einem Ausschuss nicht zur Erledigung, wohl aber zur Vorbereitung übertragen werden.

2   **Mitglieder eines Ausschusses können,** wie aus dem Begriff Ausschuss abzuleiten ist, nur Innungsmitglieder sein (vgl. dazu auch den Hinweis in Abs. 2 Satz 2 wegen der Beisitzer), sofern nicht das Gesetz ausdrücklich auch Gesellen zulässt. Beschränkung der Wählbarkeit durch die Satzung vgl. Rdn. 1 zu § 66; wegen des missverständlichen Wortlauts in § 61 Abs. 2 Nr. 5 vgl. Anm. II.5. zu § 61.

3   So weit ein Ausschuss zuständig ist, entfällt die Verantwortlichkeit des Vorstands gegenüber der Innung. An der bürgerlich-rechtlichen Vertretungsmacht des Vorstands ändert sich jedoch nichts. Bei hoheitlichem Handeln ist dagegen ein vom Vorstand gesetzter Akt nichtig, wenn das Gesetz Zuständigkeit eines Ausschusses vorschreibt, wie etwa bei der Abnahme der Gesellenprüfung.

Ausschüsse §67 **HwO**

II. Die Ausschüsse im Einzelnen

1. Die Errichtung eines so genannten Lehrlings-Ausschus- 4
ses ist zwingend vorgeschrieben. Er dient der Erfüllung der in § 54
Abs. 1 Nr. 3 erwähnten Aufgabe und entspricht dem Berufsbildungsausschuss bei der Handwerkskammer. Es handelt sich um einen
Innungsausschuss, wie sich aus der Regelung im Rahmen des § 67 ergibt. Eine Satzungsvorschrift, die für Ausschussmitglieder die Ausbildungsbefugnis verlangt, dürfte mit dem Sinn des Gesetzes zu vereinbaren sein.

Die Gesellenmitglieder sind vom Gesellenausschuss zu wählen 5
(§ 68 Abs. 1 Satz 2); die Innungsversammlung wählt nur den Vorsitzenden und die Hälfte der Beisitzer, die Innungsmitglieder sein müssen. Vorsitzender kann sowohl ein Arbeitgeber als auch ein Arbeitnehmer werden. Entspricht die Zusammensetzung des Ausschusses
nicht dem Gesetz, indem z. B. Innungsmitglieder als Beisitzer gewählt
wurden, die nie Gesellen oder Lehrlinge beschäftigt haben, so ist nach
Anm. IV. zu § 61 zu verfahren; wegen des Klagerechts des Gesellenausschusses vgl. Rdn. 17 zu § 68.

2. Wegen des **Gesellenprüfungsausschusses** vgl. §§ 34 ff. 6

3. a) Die Bildung von **Ausschüssen für Lehrlingsstreitigkei-** 7
ten gemäß § 111 Abs. 2 ArbGG wurde in Abs. 3 eigens herausgestellt.
Die Zusammensetzung des Ausschusses hat die Innungssatzung zu bestimmen; alles Weitere regelt sich nach der von der Handwerkskammer zu erlassenden Verfahrensordnung (vgl. auch *Wollenschläger,*
GewA 1978, 183). Auch ohne ausdrückliche Norm in der HwO
konnten schon früher derartige Ausschüsse gebildet werden (BAG
vom 18. 10. 1961, GewA 1962, 227 = BB 1962, 51).

b) § **111 Abs. 2 ArbGG** hat folgenden Wortlaut: 8

„Zur Beilegung von Streitigkeiten zwischen Ausbildenden
und Lehrlingen aus einem bestehenden Berufsausbildungsverhältnis können im Bereich des Handwerks die Handwerksinnungen, im Übrigen die zuständigen Stellen im Sinne des Berufsbildungsgesetzes Ausschüsse bilden, denen Arbeitgeber
und Arbeitnehmer in gleicher Zahl angehören müssen. Der
Ausschuss hat die Parteien mündlich zu hören. Wird der von
ihm gefällte Spruch nicht innerhalb einer Woche von beiden
Parteien anerkannt, so kann binnen zwei Wochen nach ergangenem Spruch Klage beim zuständigen Arbeitsgericht erhoben werden. Der Klage muss in allen Fällen die Verhandlung

vor dem Ausschuss vorangegangen sein. Aus Vergleichen, die vor dem Ausschuss geschlossen sind, und aus Sprüchen des Ausschusses, die von beiden Seiten anerkannt sind, findet die Zwangsvollstreckung statt. Die §§ 107 und 109 gelten entsprechend. So weit ein Ausschuss nach Satz 1 gebildet ist, findet ein Güteverfahren vor dem Arbeitsgericht nicht statt."

9 Unter **Streitigkeiten im Sinne dieser Vorschrift** fällt nicht jede Auseinandersetzung schlechthin, sondern nur solche, die im Lehrverhältnis ihre Wurzel haben und daher in die Zuständigkeit der Arbeitsgerichte fallen, also etwa aus unerlaubter Handlung des Lehrlings oder wegen Vergütungs- oder Urlaubsstreitigkeiten. Eingeschlossen sind auch Streitigkeiten über das Bestehen oder Nichtbestehen eines Lehrverhältnisses, aus Verhandlungen über die Eingehung des Lehrverhältnisses, aus dessen Nachwirkungen usw. (LAG Hamburg vom 5. 3. 1975, BB 1976, 186; LAG Frankfurt vom 24. 6. 1977, BB 1977, 1507; vgl. auch Anm. III. zu § 10 BBiG).

10 **c) Durch das Berufsbildungsgesetz erfolgte eine Erweiterung** dahin, dass ein derartiger Ausschuss über den Mitgliederkreis der betreffenden Innung hinaus jetzt für sämtliche Berufsausbildungsverhältnisse der in der Innung vertretenen Handwerke ihres Bezirkes zuständig ist. Es besteht zwar keine Pflicht zur Bildung eines derartigen Ausschusses. Wurde aber ein solcher gebildet, so müssen nicht nur die Innungsmitglieder und deren Lehrlinge vor einer Klage beim Arbeitsgericht ihre Arbeitsstreitigkeiten vor den Innungsausschuss bringen. Einer arbeitsgerichtlichen Klage steht eine prozesshindernde Einrede entgegen, solange nicht der Ausschuss für Lehrlingstreitigkeiten entschieden hat (vgl. LAG Hamm vom 22. 4. 1954, BB 1954, 564). Als „Entscheidung" genügt auch die Feststellung, dass sich der Ausschuss unzuständig fühle (LAG Nürnberg vom 25. 11. 1975, BB 1976, 1076).

11 Zum Weiterbeschäftigungsanspruch eines gekündigten Lehrlings, schon bevor der Ausschuss entschieden hat, s. LAG Bremen, Betrieb 1983, 345 = NJW 1983, 2864. Vgl. auch BAG vom 7. 10. 1979, GewA 1980, 166 = NJW 1980, 2095.

12 **d) Die Entscheidung des Ausschusses** erfolgt mit Stimmenmehrheit; ohne Unterschrift ist sie ungültig (BAG vom 10. 9. 1998, NZA 1999, 265). Wird der vom Innungsausschuss gefällte Spruch nicht innerhalb einer Woche nach Eröffnung oder Zustellung an die Parteien von diesen anerkannt, so kann binnen einer weiteren Woche, also binnen zwei Wochen nach ergangenem Spruch, Klage beim Arbeitsgericht erhoben werden. Aus Vergleichen, die vor dem Ausschuss beschlossen sind, und aus den Sprüchen des Ausschusses,

Gesellenausschuß　　　　　　　　　　　　　　　§ 68　HwO

die von beiden Seiten anerkannt sind, findet die Zwangsvollstreckung statt, wenn sie vom Vorsitzenden des Arbeitsgerichts, das für die Geltendmachung des Anspruchs zuständig wäre, für vollstreckbar erklärt worden sind.

e) Der Ausschuss für Lehrlingsstreitigkeiten entscheidet unabhängig. Er untersteht in seiner Spruch- und Vergleichstätigkeit nicht der aufsichtlichen Einflussnahme der Handwerkskammer (vgl. dazu *Fröhler*, Handwerksinnung, S. 150 ff.). 13

4. Innungsausschuss im Sinne des § 67 ist auch der **Gesellen-Ausschuss** nach § 68 (vgl. dort). 14

§ 68 [Gesellenausschuß]

(1) ¹Im Interesse eines guten Verhältnisses zwischen den Innungsmitgliedern und den bei ihnen beschäftigten Gesellen (§ 54 Abs. 1 Nr. 2) wird bei der Handwerksinnung ein Gesellenausschuß errichtet. ²Der Gesellenausschuß hat die Gesellenmitglieder der Ausschüsse zu wählen, bei denen die Mitwirkung der Gesellen durch Gesetz oder Satzung vorgesehen ist.

(2) Der Gesellenausschuß ist zu beteiligen
1. bei Erlaß von Vorschriften über die Regelung der Lehrlingsausbildung (§ 54 Abs. 1 Nr. 3),
2. bei Maßnahmen zur Förderung und Überwachung der beruflichen Ausbildung und zur Förderung der charakterlichen Entwicklung der Lehrlinge (§ 54 Abs. 1 Nr. 3),
3. bei der Errichtung der Gesellenprüfungsausschüsse (§ 54 Abs. 1 Nr. 4),
4. bei Maßnahmen zur Förderung des handwerklichen Könnens der Gesellen, insbesondere bei der Errichtung oder Unterstützung der zu dieser Förderung bestimmten Fachschulen und Lehrgänge (§ 54 Abs. 1 Nr. 5),
5. bei der Mitwirkung an der Verwaltung der Berufsschulen gemäß den Vorschriften der Unterrichtsverwaltungen (§ 54 Abs. 1 Nr. 6),
6. bei der Wahl oder Benennung der Vorsitzenden von Ausschüssen, bei denen die Mitwirkung der Gesellen durch Gesetz oder Satzung vorgesehen ist,
7. bei der Begründung und Verwaltung aller Einrichtungen, für welche die Gesellen Beiträge entrichten oder eine besondere Mühewaltung übernehmen, oder die zu ihrer Unterstützung bestimmt sind.

(3) Die Beteiligung des Gesellenausschusses hat mit der Maßgabe zu erfolgen, daß
1. bei der Beratung und Beschlußfassung des Vorstands der Handwerksinnung mindestens ein Mitglied des Gesellenausschusses mit vollem Stimmrecht teilnimmt,
2. bei der Beratung und Beschlußfassung der Innungsversammlung seine sämtlichen Mitglieder mit vollem Stimmrecht teilnehmen,
3. bei der Verwaltung von Einrichtungen, für welche die Gesellen Aufwendungen zu machen haben, vom Gesellenausschuß gewählte Gesellen in gleicher Zahl zu beteiligen sind wie die Innungsmitglieder.

(4) ¹Zur Durchführung von Beschlüssen der Innungsversammlung in den in Absatz 2 bezeichneten Angelegenheiten bedarf es der Zustimmung des Gesellenausschusses. ²Wird die Zustimmung versagt oder nicht in angemessener Frist erteilt, so kann die Handwerksinnung die Entscheidung der Handwerkskammer binnen eines Monats beantragen.

(5) Die Beteiligung des Gesellenausschusses entfällt in den Angelegenheiten, die Gegenstand eines von der Handwerksinnung oder von dem Innungsverband abgeschlossenen oder abzuschließenden Tarifvertrags sind.

Literatur: *Fröhler,* Ist der Gesellen-Ausschuss ein Organ der Handwerksinnung? GewA 1963, 49 und Handwerksinnung S. 129f.; *Honig,* Die Überbezirkliche Innung, GewA 1972, 233

Übersicht

	Rdn.
I. Errichtung	1
1. Rechtsnatur	2
2. Bildung	3
3. Aufgaben	4
4. Kosten des Gesellenausschusses	7
II. Beteiligung	8
1. Umfang	8
2. Art und Weise	10
3. Einschaltung der HWK	11
III. Keine Mitwirkung bei Arbeitgeberfragen	15

I. Errichtung

1 Die Errichtung des Gesellenausschusses ist zwingend vorgeschrieben. Er ist ein Innungsorgan besonderer Art.

Gesellenausschuß § 68 HwO

1. Rechtsnatur. Der Gesellenausschuss weist gegenüber anderen Organen der Innung Besonderheiten auf. Dass er ein Innnngsorgan ist, ergibt sich daraus, dass er der Erfüllung einer besonders aufgeführten Pflichtaufgabe der Innung (§ 54 Abs. 1 Nr. 2) dient und dass demgemäß das Gesetz für jede Innung die Errichtung des Gesellenausschusses und seine Beteiligung bei der Bildung anderer Innungsorgane und deren Beratung und Beschlussfassung weitgehend zwingend vorschreibt. Fröhler wertete den Ausschuss allerdings kompromisslos als abhängiges Innungsorgan (*Fröhler*, Ist der Gesellenausschuss ein Organ der Handwerksinnung? GewA 1963, 49 und *ders.*, Handwerksinnung S. 129f.); man wird ihn aber wohl doch als eine mit eigenen Rechten ausgestatte Einrichtung besonderer Art ansehen müssen.

2. Bildung. Die Zahl der Mitglieder und die Wahlzeit hat die Innungssatzung zu bestimmen (§ 55 Abs. 2 Nr. 7). Wegen der Wahlen siehe §§ 69 bis 71. Wer Mitglied sein kann, ist in §§ 71 Abs. 1, 72 geregelt.

3. Aufgaben. Nach Abs. 1 Satz 2 muss der Gesellenausschuss die Gesellenmitglieder von Innungsausschüssen wählen. Mitwirkung von Gesellenmitgliedern ist gesetzlich vorgeschrieben für den Gesellenprüfungs- und den Lehrlingsausschuss (§§ 34 Abs. 5, 67 Abs. 2), für den Ausschuss für Lehrlingsstreitigkeiten (§ 111 Abs. 2 ArbGG; vgl. Anm. II.3. zu § 67) und bei Einrichtungen für Gesellen, die eines der drei in Abs. 2 Nr. 7 bezeichneten Merkmale aufweisen (vgl. Abs. 3 Nr. 3). Im Übrigen kann die Satzung vorsehen, dass Ausschüsse, die für eine der in Abs. 2 Nr. 4, 5 erwähnten Aufgaben gebildet werden, auch mit Gesellenmitgliedern zu besetzen sind.

Beschlüsse von Ausschüssen, die ohne die erforderlichen Gesellenmitglieder gebildet wurden, sind nichtig. Werden die Gesellenmitglieder nicht zur Beschlussfassung eingeladen, so sind die Beschlüsse ungültig und die Handwerkskammer muss einschreiten. Ggf. kann diese Frage auch als Zwischenpunkt in einem verwaltungsgerichtlichen Verfahren geprüft werden (vgl. auch Anm. IV. zu § 62).

Erfüllt der Gesellenausschuss seine Aufgabe nicht, wird man annehmen müssen, dass die Handwerkskammer anstelle der ganzen Innung als minder schweren Eingriff ihn in entsprechender Anwendung des § 76 auflösen kann; es hätte dann Neuwahl stattzufinden. Wegen des Gesellenausschusses bei so genannten überbezirklichen Innungen (vgl. auch *Honig*, GewA 1972, 233).

4. Kosten des Gesellenausschusses siehe § 73 Abs. 1.

HwO § 68 4. Teil. Organisation des Handwerks

II. Beteiligung des Gesellenausschusses

8 1. Welchen **Umfang** sie hat, ist in Abs. 2 bestimmt. Wegen Beteiligung an Innungskrankenkassen siehe die in den Anmerkungen zu § 54 erwähnten Vorschriften.

9 Auf Beachtung hat der Gesellenausschuss einen Rechtsanspruch. Wird er nicht beteiligt, so sind die Beschlüsse zwar nicht nichtig, jedoch fehlerhaft. Vollzieht die Innung Beschlüsse, ohne die erforderliche Zustimmung des Gesellenausschusses herbeigeführt oder ersetzt zu haben, muss die Handwerkskammer einschreiten; diese kann vom Gesellenausschuss angerufen werden.

10 2. Auf welche **Art und Weise** die Beteiligung zu erfolgen hat, regelt Abs. 3, bei dessen Nr. 3 zu beachten ist, dass sie Aufwendungen der Gesellen voraussetzt. Auch hier ist dem Gesellenausschuss ein Rechtsanspruch eingeräumt.

11 **3. Beschlüsse der Innungsversammlung** in den in Abs. 2 bezeichneten Angelegenheiten bedürfen stets, also auch dann, wenn sämtliche Mitglieder des Gesellenausschusses nach Abs. 3 Nr. 2 an der Innungsversammlung teilgenommen haben, der ausdrücklichen Zustimmung des Gesellenausschusses, damit die Gesellen in diesen Angelegenheiten, die ihre besondere Mitarbeit verlangen, nicht ohne weiteres überstimmt werden können. Der Innungsvorstand muss also den Beschluss der Innungsversammlung dem Vorsitzenden des Gesellenausschusses zuleiten. Dieser hat den Gesellenausschuss einzuberufen und abstimmen zu lassen; wegen der Förmlichkeiten sind § 62 Abs. 1 und Abs. 2 Satz 1 entsprechend anzuwenden.

12 Wird die Zustimmung versagt, was wegen des Prüfungsrechts der Handwerkskammer begründet werden sollte, so kann die Innung die **Handwerkskammer anrufen.** Diese Anrufung kann nur innerhalb eines Monats erfolgen, wobei die Frist mit dem Zugang des die Versagung enthaltenen Schriftstücks oder mit der mündlichen Erklärung einem Vorstandsmitglied der Innung gegenüber beginnt. Die Frist berechnet sich nach §§ 187, 188 BGB; eine Verlängerung ist ausgeschlossen.

13 Gibt der Gesellenausschuss, nachdem ihm der Beschluss der Innungsversammlung zugeleitet wurde, binnen angemessener Frist überhaupt keine Antwort, so kann die Innung ebenfalls die Entscheidung der Handwerkskammer herbeiführen, da Versagung der Zustimmung unterstellt werden muss. Welcher Zeitraum als angemessen anzusehen ist, richtet sich nach den jeweiligen besonderen Umständen des Falles. Eine aktive Mitwirkung des Gesellenausschusses kann nicht erzwungen werden.

Zusammensetzung und Wahl des Gesellenausschusses § 69 HwO

Die Handwerkskammer hat die Vertreter der Innung und des Gesellenausschusses anzuhören und kann ggf. dessen zu Unrecht verweigerte Zustimmung durch ihre eigene Entscheidung ersetzen. Gegen diese Entscheidung können die Innung oder der Gesellenausschuss – je nach dem Inhalt der Entscheidung – den Verwaltungsrechtsweg beschreiten. 14

III. Keine Mitwirkung bei Arbeitgeberfragen

Wo die Innung als Arbeitgebervertretung tätig wird, ist für die Beteiligung des Gesellenausschusses, der ja Arbeitnehmer vertreten müsste, kein Raum (siehe auch Abs. 5). 15

§ 69 [Zusammensetzung und Wahl des Gesellenausschusses]

(1) **Der Gesellenausschuß besteht aus dem Vorsitzenden (Altgesellen) und einer weiteren Zahl von Mitgliedern.**
(2) **Für die Mitglieder des Gesellenausschusses sind Stellvertreter zu wählen, die im Falle der Verhinderung oder des Ausscheidens für den Rest der Wahlzeit in der Reihenfolge der Wahl eintreten.**
(3) **¹Die Mitglieder des Gesellenausschusses werden mit verdeckten Stimmzetteln in allgemeiner, unmittelbarer und gleicher Wahl gewählt. ²Zum Zwecke der Wahl ist eine Wahlversammlung einzuberufen; in der Versammlung können durch Zuruf Wahlvorschläge gemacht werden. ³Führt die Wahlversammlung zu keinem Ergebnis, so ist auf Grund von schriftlichen Wahlvorschlägen nach den Grundsätzen der Verhältniswahl zu wählen; jeder Wahlvorschlag muß die Namen von ebensovielen Bewerbern enthalten, wie Mitglieder des Gesellenausschusses zu wählen sind; wird nur ein gültiger Wahlvorschlag eingereicht, so gelten die darin bezeichneten Bewerber als gewählt. ⁴Die Satzung trifft die näheren Bestimmungen über die Zusammensetzung des Gesellenausschusses und über das Wahlverfahren, insbesondere darüber, wie viele Unterschriften für einen gültigen schriftlichen Wahlvorschlag erforderlich sind.**
(4) **¹Die Mitglieder des Gesellenausschusses dürfen in der Ausübung ihrer Tätigkeit nicht behindert werden. ²Auch dürfen sie deswegen nicht benachteiligt oder begünstigt werden. ³Die Mitglieder des Gesellenausschusses sind, soweit es zur ordnungsgemäßen Durchführung der ihnen gesetzlich zugewiesenen Aufga-**

ben erforderlich ist und wichtige betriebliche Gründe nicht entgegenstehen, von ihrer beruflichen Tätigkeit ohne Minderung des Arbeitsentgelts freizustellen.

(5) Das Ergebnis der Wahl der Mitglieder des Gesellenausschusses ist in den für die Bekanntmachung der zuständigen Handwerkskammer bestimmten Organen zu veröffentlichen.

Übersicht

	Rdn.
I. Grundlagen	1
1. Wahl in Wahlversammlung	4
2. Schriftliche Wahl	10
3. Wahlergebnis	14
II. Wahlanfechtung	16
III. Ausscheiden von Mitgliedern	17
IV. Keine Bevorzugung oder Benachteiligung	18

I. Grundlagen

1 Die Innungssatzung hat zu bestimmen die Zahl der zu wählenden Ausschussmitglieder und der Ersatzmänner (so können z. B. für jedes Mitglied zwei Ersatzmänner gewählt werden, damit Neuwahlen vermieden werden; siehe dazu unten), die **Wahlzeit** (eine bestimmte Zeit, wobei die Ausführungen in Anm. I.2. zu § 66 entsprechend gelten) und **das Nähere über den Wahlvorgang.** Die wesentlichsten Grundsätze des Wahlverfahrens sind jetzt unmittelbar im Gesetz geregelt. Als Wahlleiter dürfte die Satzung in der Regel ein Vorstandsmitglied der Innung zu bestimmen haben. Wegen der Niederschrift über die Wahlhandlung siehe § 71 Abs. 2.

2 Über aktives und passives Wahlrecht siehe §§ 70 und 71. Eine Pflicht zur Annahme der Wahl besteht nicht. Aus Abs. 5 ergibt sich, dass das Wahlergebnis der Handwerkskammer angezeigt werden muss. Auch ohne ausdrückliche Norm ist daneben eine Anzeige an die Innung vorgeschrieben, da z. B. im Hinblick auf § 68 Abs. 3 Nr. 2 der Innungsvorstand in der Lage sein muss, sämtliche Mitglieder des Gesellenausschusses zur Innungsversammlung einzuladen.

3 Für die Wahl des Gesellenausschusses gelten in der Regel folgende Grundsätze, die in der Satzung der Handwerksinnung niedergelegt sein müssen:

4 **1. Zum Zwecke der Wahl ist eine Wahlversammlung einzuberufen.** Die Mitglieder des Gesellenausschusses werden mit verdeckten Stimmzetteln in allgemeiner, unmittelbarer und gleicher Wahl gewählt. Eine Wahl durch Zuruf ist nicht möglich.

Wahl des Gesellenausschusses §69 **HwO**

Die Durchführung der Wahl obliegt dem Wahlvorstand. Dieser 5
besteht aus dem Vorsitzenden (Wahlleiter) und zwei Beisitzern. Für
jedes Mitglied ist (mindestens) ein Stellvertreter zu bestellen. Die
Mitglieder des Wahlvorstandes müssen den Voraussetzungen des §71
entsprechen. Sie werden von dem Gesellenausschuss vor Ablauf seiner
Amtszeit bestellt; ist dies nicht geschehen, so bestellt der Vorstand der
Handwerksinnung die Mitglieder des Wahlvorstandes.

Der Wahlvorstand bestimmt den Tag der Wahl, den Abstimmungs- 6
ort und die Abstimmungszeit. Die Abstimmungszeit ist so zu legen,
dass in der Regel kein Lohnausfall eintritt. Etwa entstandener Lohnausfall oder Aufwendungen werden durch die Innung nicht ersetzt.
Die Handwerksinnung hat die Wahlberechtigten mindestens zwei
Wochen vor dem Wahltermin zur Vornahme der Wahl durch Bekanntmachung in dem Veröffentlichungsorgan der Handwerksinnung
einzuladen. Die Innungsmitglieder haben die bei ihnen beschäftigten
wahlberechtigten Gesellen auf diese Wahl aufmerksam zu machen.

Der Wahlleiter leitet die Versammlung der Wahlberechtigten. Er 7
hat dafür zu sorgen, dass mit Ausnahme der Vertreter der Handwerkskammer nur wahlberechtigte Personen an der Versammlung teilnehmen.

In der Wahlversammlung können durch Zuruf **Wahlvorschläge** 8
gemacht werden. Die Mitglieder des Gesellenausschusses und ihre
Stellvertreter werden in einem Wahlgang von den anwesenden Wahlberechtigten gewählt. Jeder Wahlberechtigte kann in dem Stimmzettel nur so viele wählbare Gesellen bezeichnen, als Mitglieder oder
Stellvertreter zum Gesellenausschuss zu wählen sind. Der Wahlberechtigte bezeichnet die wählbaren Personen, denen er seine Stimme
gibt, mit Vor- und Zunamen auf dem Stimmzettel und übergibt diesen zugleich mit einer Beschäftigungsbescheinigung dem Wahlvorstand. Der Wahlleiter kann verlangen, dass sich der Wähler durch
einen Personalausweis über seine Person ausweist.

Nach Beendigung der Stimmabgabe stellt der Wahlvorstand fest, 9
wie viele Stimmen auf die einzelnen Bewerber entfallen. Gewählt
sind die Bewerber, welche die meisten Stimmen auf sich vereinigen.
Dabei sollte bestimmt werden, dass die ersten als Mitglieder, die folgenden als Ersatzmänner gewählt sind.

2. Führt die Wahlversammlung zu keinem Ergebnis, so ist 10
von der Handwerksinnung in ihrem Veröffentlichungsorgan innerhalb von zwei Wochen seit der ersten Wahlversammlung zur Einreichung von schriftlichen Wahlvorschlägen aufzufordern. Die Innungsmitglieder haben die bei ihnen beschäftigten Gesellen auf diese
Aufforderung hinzuweisen.

11 Die Wahlvorschläge müssen innerhalb 30 Tagen seit der Aufforderung zur Einreichung von Wahlvorschlägen im Veröffentlichungsorgan der Handwerksinnung bei dem Wahlleiter eingereicht werden. Mit jedem Wahlvorschlag ist die Erklärung der Bewerber vorzulegen, dass sie der Aufnahme ihrer Namen in den Wahlvorschlag zustimmen.

12 Wird nur ein gültiger Wahlvorschlag eingereicht, so gelten die darin bezeichneten Bewerber als gewählt. Sind mehrere gültige Wahlvorschläge eingereicht worden, so übermittelt der Wahlvorstand jedem Innungsmitglied, das wahlberechtigte Gesellen beschäftigt, die erforderliche Anzahl von Stimmzetteln, auf denen sämtliche eingereichte Wahlvorschläge mit den Namen sämtlicher Bewerber aufgeführt sind, sowie je zwei verschliessbare Umschläge, und teilt den Termin mit, bis zu welchem der ausgefüllte Stimmzettel spätestens beim Wahlvorstand eingegangen sein muss.

13 Der Wahlberechtigte kennzeichnet den Wahlvorschlag, dem er seine Stimme geben will. Änderungen am Wahlvorschlag, insbesondere durch Ausstreichen eines Namens, Hinzufügen eines anderen Namens oder durch Umstellen der Reihenfolge, sind unzulässig und machen die Stimme ungültig. Ebenso ist eine Stimmenhäufung unzulässig (BayVGH vom 13. 11. 1974, GewA 1975, 129). Der Wahlberechtigte legt den ausgefüllten Stimmzettel in einen Umschlag und verschließt ihn. Diesen Umschlag legt er zusammen mit der Bescheinigung des Arbeitgebers über seine Beschäftigung in dessen Betrieb in den zweiten Umschlag und übersendet diesen dem Wahlvorstand.

14 3. Die **Sitze im Gesellenausschuss** werden auf die Wahlvorschläge nach dem Verhältnis der ihnen zugefallenen Gesamtstimmzahlen zweckmäßigerweise nach dem d'Hondtschen Verfahren verteilt. Nach dieser einfach zu praktizierenden Methode werden die Zahlen der Wahlergebnisse der Reihe nach durch 1, 2, 3, 4 usw. geteilt; von den dabei gefundenen, der Größe nach zu ordnenden Zahlen werden so viele Höchstzahlen ausgesondert, als Bewerber zu wählen sind. Jeder Wahlvorschlag erhält so viele Sitze, als Höchstzahlen auf ihn entfallen. Sind Höchstzahlen gleich, entscheidet über die Reihenfolge ihrer Zuteilung das Los. Die Stellvertreter (Ersatzleute) sind der Reihe nach aus den nicht gewählten Bewerbern derjenigen Vorschlagsliste zu entnehmen, denen die zu vertretenden Mitglieder angehören. Andere Systeme (etwa das von Hare/Niemeyer – vgl. § 6 Abs. 2 BundeswahlG) sind rechtlich gleichwertig (vgl. BayVerfGH vom 22. 7. 1993, NVwZ-RR 1994, 107 und vom 12. 8. 1994, BayVerwBl. 1994, 716; HessStG vom 22. 12. 1993, NVwZ 1994, 1197 = DVBl. 1994, 471), aber komplizierter.

Wahlrecht **§ 70 HwO**

Das Ergebnis der Wahl der Mitglieder des Gesellenausschusses ist in 15
den für die Bekanntmachung der Handwerkskammer bestimmten
Organen zu veröffentlichen. Die Ermittlung und die Feststellung des
Wahlergebnisses durch den Wahlleiter hat nicht die Wirkung eines
konstitutiv das Ergebnis fixierenden Aktes (vgl. BGH vom 26. 5.
1975, NJW 1975, 2101 = BB 1975, 1276).

II. Wahlanfechtung

Eine Wahlanfechtung sieht das Gesetz nicht ausdrücklich vor (vgl. 16
BayVGH vom 13. 11. 1974, GewA 1975, 129). So weit die Prüfung
nicht als Vorfrage in einem verwaltungsgerichtlichen Verfahren erfolgt, muss bei Mängeln ein aufsichtliches Einschreiten der Handwerkskammer als zulässig angesehen werden. Das Gleiche gilt für Beschlüsse des Gesellenausschusses, die nicht in ordnungsmäßiger Besetzung gefasst wurden. Die Entscheidung der Kammer ist bindend (SG Nürnberg v. 9. 4. 1968, GewA 1968, 134).

III. Ausscheiden von Mitgliedern

Scheiden Mitglieder aus (siehe Anm. 2. zu § 71 sowie Anm. zu 17
§ 72), so rücken nach Abs. 2 die Ersatzmänner in der Reihenfolge
der Stimmenzahl nach, die bei der Wahl auf sie entfallen sind. Das
Gleiche gilt, wenn ein Mitglied verhindert ist, etwa, wenn ein Mitglied zu einer Sitzung des Ausschusses nicht erscheinen kann. Eine
Ergänzung durch Zuwahl (wie nach § 95 b GewO) ist nicht möglich;
ggf. muss eine Neuwahl stattfinden.

IV. Keine Bevorzugung oder Benachteiligung

Vorteile oder Nachteile dürfen mit der Mitarbeit im Gesellenaus- 18
schuss nicht verbunden sein, wie Abs. 4 ausdrücklich klarstellt.

§ 70 [Wahlrecht]

Berechtigt zur Wahl des Gesellenausschusses sind die bei einem Innungsmitglied beschäftigten Gesellen.

1. Für das **aktive Wahlrecht** ist nur die Eigenschaft als Geselle (s. 1
unten 2.) und die Beschäftigung bei einem Innungsmitglied vorausgesetzt. Der Kreis der Wahlberechtigten ist also größer als der der Wählbaren (§ 71 Abs. 1); er kann von der Satzung nicht eingeengt werden.

HwO § 71 4. Teil. Organisation des Handwerks

2   Entscheidend ist der Zeitpunkt der Wahl. Späteres Ausscheiden des Gesellen aus der Tätigkeit bei einem Innungsmitglied oder seines Arbeitgebers aus der Innung macht die Wahl nicht ungültig. Kurzfristige Arbeitslosigkeit steht der Teilnahme an der Wahl nicht entgegen (§ 71 a); zum Ausscheiden eines bereits Gewählten vgl. § 72.

3   Beteiligen sich Nichtwahlberechtigte an der Wahl, so wird diese nur ungültig, wenn die Stimmen für den Ausgang entscheidend sein konnten.

4   **2. Nur Gesellen** im funktionalen Sinne, also auch Meistergesellen, (nicht jedoch Mitinhaber, GmbH-Gesellschafter u. Ä.) sind wahlberechtigt. Nicht wahlberechtigt sind dagegen bloße Hilfsarbeiter sowie Lehrlinge, Büro- und Ladenpersonal (BVerfG vom 11. 10. 1960, BVerfGE 11, 310). Eine allzu strenge Anwendung dieses Grundsatzes entspräche aber nicht dem Sinn des Gesetzes; geprüfte Verkäuferinnen im Lebensmittelhandwerk etwa stehen einem Gesellen sicherlich gleich. Wie ein Vergleich mit § 71 Abs. 1 Nr. 3 zeigt, ist die Eigenschaft als Geselle nicht von der abgelegten Gesellenprüfung abhängig. Als Geselle gelten daher auch Facharbeiter mit einer Lehrabschlussprüfung und andere Personen, die in einem Handwerksbetrieb eine Tätigkeit ausüben, für die gewöhnlich ein Geselle oder Facharbeiter eingesetzt wird. Für die Wahlberechtigung muss hinzukommen, dass der Betreffende in einer von der Innung betreuten Branche seine Qualifikation erworben hat oder tätig ist, da andernfalls das fachliche Können der zu wählenden Mitglieder der Beurteilung der Wähler entzogen wäre. Dieses Prinzip gilt auch dann, wenn ein zur Innung gehörender Betrieb u. a. auch Gesellen anderer Fachrichtungen beschäftigt, um Hilfs-, Vor- oder Nebenarbeiten selbst ausführen zu können (vgl. BayVGH vom 13. 11. 1974, GewA 1975, 129; VGH Mannheim vom 16. 11. 1981, GewA 1982, 137; a. A. BVerwG vom 17. 12. 1985, GewA 1986, 137).

§ 71 [Wählbarkeit zum Gesellenausschuß]

(1) **Wählbar ist jeder Geselle, der**
1. **volljährig ist,**
2. **eine Gesellenprüfung oder eine entsprechende Abschlußprüfung abgelegt hat und**
3. **seit mindestens drei Monaten in dem Betrieb eines der Handwerksinnung angehörenden selbständigen Handwerkers beschäftigt ist.**

(2) **Über die Wahlhandlung ist eine Niederschrift anzufertigen.**

Wählbarkeit zum Gesellenausschuß **§ 71 HwO**

Übersicht Rdn.

1. Voraussetzungen 1
   a) Volljährigkeit 3
   b) Gesellenprüfung 4
   c) Dreimonatige Beschäftigung 5
2. Fehlen einer Voraussetzung 7

1. Die **Wählbarkeitsvoraussetzungen** müssen sämtliche im 1 Zeitpunkt der Wahl erfüllt sein. Fehlt eine von ihnen, so ist die Wahl ungültig. Ein früheres Vorhandensein der Voraussetzungen, etwa schon im Zeitpunkt der Wahlausschreibung, ist nicht erforderlich; andererseits tritt dadurch keine Heilung ein, dass die fehlende Voraussetzung nach der Wahl eingetreten ist, indem z. B. der Gewählte volljährig wurde.

Die vom Gesetz geforderten Voraussetzungen im Einzelnen sollen 2 Reife, Qualität und Beständigkeit der Gesellenausschuss-Mitglieder gewährleisten.

a) Die Volljährigkeit ist eingetreten mit Beginn des 18. Geburts- 3 tags (vgl. § 187 Abs. 2 BGB).

b) Daraus, dass das Gesetz von „einer" und nicht von „der" **Ge-** 4 **sellenprüfung** spricht, kann wohl nicht geschlossen werden, dass die Ablegung einer beliebigen Gesellenprüfung ausreicht. Man muss vielmehr verlangen, dass die Prüfung in einem der von der Innung betreuten Handwerke abgelegt worden ist, denn die Mitglieder des Gesellenausschusses sollen sich z. B. an der Prüfung der Gesellen beteiligen (§ 38 Abs. 2 Satz 2). Entsprechend der zunehmenden Verflechtung zwischen Handwerk und Industrie genügt aber nach Abs. 1 Nr. 3 auch eine erfolgreich abgelegte Lehrabschlussprüfung als Voraussetzung für die Wählbarkeit zum Gesellenausschuss. Verkaufskräften oder den Mitarbeitern handwerksähnlicher Betriebe fehlt auch bei abgelegter Prüfung die Geselleneigenschaft im Sinne des § 71.

c) Mindestens dreimonatige Beschäftigung bei einem In- 5 nungsmitglied (s. § 58). Nicht erforderlich ist es, dass während der ganzen drei Monate der Arbeitgeber auch Innungsmitglied war. Das Aufsteigen in gehobenere Positionen (Werkmeister im Angestelltenverhältnis o. Ä.) schadet ebenso wenig wie die Ablegung der Meisterprüfung (BSG vom 15. 5. 1974 Az. III RK 87/72).

Analog wird man es als unschädlich ansehen müssen, wenn der 6 Geselle zunächst noch Lehrling im selben Betrieb war. Man wird es dementsprechend auch für ausreichend halten dürfen, wenn der Geselle während der Dreimonatsfrist in verschiedenen Innungsbetrieben beschäftigt war.

427

7 2. Fällt eine Voraussetzung der Wählbarkeit später weg (z. B. Selbstständigmachung, Gesellenprüfung wird nach § 43 für ungültig erklärt), so erlischt das Amt als Gesellenausschussmitglied; vgl. aber § 72. Es rückt der Ersatzmann mit der höchsten Stimmenzahl nach.

§ 71a [Kurzzeitige Arbeitslosigkeit]

Eine kurzzeitige Arbeitslosigkeit läßt das Wahlrecht nach den §§ 70 und 71 unberührt, wenn diese zum Zeitpunkt der Wahl nicht länger als drei Monate besteht.

§ 72 [Bei Innungsmitgliedern nicht mehr beschäftigte Ausschußmitglieder]

¹Mitglieder des Gesellenausschusses behalten, auch wenn sie nicht mehr bei Innungsmitgliedern beschäftigt sind, solange sie im Bezirk der Handwerksinnung im Betrieb eines selbständigen Handwerkers verbleiben, die Mitgliedschaft noch bis zum Ende der Wahlzeit, jedoch höchstens für ein Jahr. ²Im Falle eintretender Arbeitslosigkeit behalten sie ihr Amt bis zum Ende der Wahlzeit.

1 1. **Amtsverlust** tritt grundsätzlich ein, wenn der Geselle nicht mehr bei einem Innungsmitglied beschäftigt ist, gleichgültig ob das Beschäftigungsverhältnis Geselle zum Innungsmitglied gelöst wird oder ob der den Gesellen beschäftigende Handwerker aus der Innung ausscheidet.

2 2. Bis zum Ablauf der Wahlzeit, längstens jedoch ein Jahr bleibt aber der Gewählte Mitglied des Innungsausschusses. Diese Regelung erfolgte im Interesse der Kontinuität der Arbeitsfähigkeit des Ausschusses. Vorausgesetzt ist lediglich, dass der Betreffende auch weiterhin als Geselle tätig sein muss, selbstverständlich im Innungsbezirk. Wird dieser verlassen, so erlischt das Amt.

3 3. Unverschuldete vorübergehende Arbeitslosigkeit sollte dem Verbleib im Gesellenausschuss nicht im Wege stehen. Der durch die Novelle 94 neu eingeführte § 71a und die Ergänzung des § 72 haben diesen schon früher hier vertretenen Standpunkt festgeschrieben und bezwecken eine größere Kontinuität beim Gesellenausschuss. Arbeitslosigkeit lässt nicht die fachliche Kompetenz verloren gehen.

4 4. Wird der Geselle selbstständiger Handwerker oder wechselt er zu einem nichthandwerklichen Betrieb, so erlischt sein Amt als Mit-

Beiträge und Gebühren § 73 **HwO**

glied des Gesellenausschusses sofort, ohne dass § 72 anwendbar wäre. Diese Vorschrift will nur zu häufigen Wechsel in der Zusammensetzung des Ausschusses verhindern, nicht aber – auch nicht für vorübergehende Zeit – von der wesentlichsten Voraussetzung, der Geselleneigenschaft, befreien.

§ 73 [Beiträge und Gebühren]

(1) ¹Die der Handwerksinnung und ihrem Gesellenausschuß erwachsenden Kosten sind, soweit sie aus den Erträgen des Vermögens oder aus anderen Einnahmen keine Deckung finden, von den Innungsmitgliedern durch Beiträge aufzubringen. ²Zu den Kosten des Gesellenausschusses zählen auch die anteiligen Lohn- und Lohnnebenkosten, die dem Arbeitgeber durch die Freistellung der Mitglieder des Gesellenausschusses von ihrer beruflichen Tätigkeit entstehen. ³Diese Kosten sind dem Arbeitgeber auf Antrag von der Innung zu erstatten.
(2) Die Handwerksinnung kann für die Benutzung der von ihr getroffenen Einrichtungen Gebühren erheben.
(3) Soweit die Handwerksinnung ihre Beiträge nach dem Gewerbesteuermeßbetrag, Gewerbekapital, Gewerbeertrag, Gewinn aus Gewerbebetrieb oder der Lohnsumme bemißt, gilt § 113 Abs. 2 Satz 2, 3 und 8 bis 11.
(4) Die Beiträge und Gebühren werden auf Antrag des Innungsvorstands nach den für die Beitreibung von Gemeindeabgaben geltenden landesrechtlichen Vorschriften beigetrieben.

Auf Kreishandwerkerschaften entsprechend anwendbar (§ 89 Abs. 1 Nr. 5).

Übersicht	Rdn.
I. Kostendeckung der Innung	1
1. Mitgliedsbeiträge	2
2. Bemessungsgrundlage	3
3. Mehrfache Innungszugehörigkeit	6
II. Gebührenerhebung	8
1. Für Nutzung Innungseinrichtungen	8
2. „Lehrlingsbetreuungsgebühren"	9
3. Gebührenhöhe	10
III. Beitreibung	13
1. Maßgebend Landesrecht	13
2. Verjährung	15
3. Streitigkeiten	16

HwO § 73 4. Teil. Organisation des Handwerks

I. Kostendeckung der Innung

1   Durch Beiträge und Gebühren sind die Kosten der Innung und des Gesellenausschusses zu decken. Gesellenbeiträge dürfen allenfalls erhoben werden für Einrichtungen, die allein und unmittelbar dem Interesse der Gesellen zu dienen bestimmt sind (vgl. dazu § 68 Abs. 2 Nr. 7, Abs. 3 Nr. 3).

2   **1. Mitgliedsbeiträge** sind nur aufzubringen, so weit Vermögenserträge und andere Einnahmen zur Kostendeckung nicht ausreichen (dazu Rdn. 1 zu § 113). Wegen der Anlegung des Innungsvermögens s. § 61 Abs. 2 Nr. 7 e. Andere Einnahmen sind Gebühren (s. unten II.), Vertrags- oder Ordnungsstrafen (s. Anm. III.1. zu § 55), freiwillige Beiträge oder sonstige Schenkungen.
Die Beitragspflicht erlischt mit dem Wirksamwerden des Ausscheidens eines Mitglieds (s. Anm. II. zu § 58).

3   **2. Die Bemessungsgrundlage** für die Beiträge ist in der Satzung zu bestimmen (§ 55 Abs. 2 Nr. 4 und die dortige Anm. II.3.g.); über die Höhe der Beiträge im einzelnen Haushaltsjahr hat die Innungsversammlung zu beschließen (§ 61 Abs. 2 Nr. 2); der vom einzelnen Mitglied geschuldeten Beitrag wird im Vollzug des Beschlusses der Innungsversammlung festgesetzt.

4   Die Beiträge können und sollen sich an der Leistungsfähigkeit des Mitglieds orientieren (BVerfG vom 19. 12. 1962, GewA 1963, 90). Bei der Bemessung müssen das Äquivalenz- und das Gleichheitsprinzip beachtete werden (vgl. BVerwG vom 3. 9. 1991, GewA 1992, 28). Sinnvollerweise werden ein für alle gleicher **Grundbeitrag** festgesetzt, sowie ein **Zusatzbeitrag** z. B. entweder nach der Zahl der beschäftigen Gesellen, nach einem Tausendsatz der Lohnsumme, in einem Hundertsatz des einheitlichen Gewerbesteuermessbetrages nach dem Ertrag und Kapital, oder auch nach irgendeinem anderen praktikablen Schlüssel. Entschieden zweckmäßiger, als den Mitgliedern eine entsprechende Offenbarungspflicht aufzuerlegen ist es, von jedem eine (generelle) Einverständniserklärung abzuverlangen, dass z. B. die Berufsgenossenschaft die benötigten Lohnsummen bekannt gibt. Ein entsprechender Satzungsbeschluss müsste genügen.

5   Zahlungspflicht entsteht nur, wenn die Umlegung inhaltlich und förmlich dem Gesetz und der Satzung entspricht. Zur Umlegung für ein „Handwerkerstübchen" s. OVG NRW vom 26. 3. 1980, GewA 1980, 337. Unrichtige Umlegung kann, wie in Anm. IV.2 zu § 61 dargelegt, aber auch durch Anfechtungsklage gegen die Innung (nach

Widerspruchsbescheid der Innung) und im Anfechtungsverfahren gegen die Beitreibung (s. unten III.3.) angegriffen werden.

3. Gehört ein Handwerker gleichzeitig mehreren Innungen 6
an, weil er mehrere Handwerke ausübt, so war umstritten, ob er jeweils voll Beitrag zahlen muss oder ob er „splitten" kann. Die Rspr. meinte dazu, dass jeweils die gesamte Lohn- und Gehaltssumme als Beitragsbasis herangezogen werden muss und nicht nur der auf das jeweilige Handwerk entfallende Anteil (OVG Rh.-Pf. vom 24. 5. 1988, GewA 1988, 275). Handwerksfremde Bemessungsgrundlagen, also z. B. Handelserträge, sollten aber nicht zu Grunde gelegt werden.

Allgemein für **Mischbetriebe** hat das Bundesverwaltungsgericht 7 folgende Grundsätze aufgestellt: Für die Beitragsbemessung kommt es auf die Leistungsfähigkeit des Mitglieds an und auf den Vorteil, der dem Mitglied aus der Tätigkeit der Innung erwächst. Eine wirtschaftliche Leistungsfähigkeit auf Grund innungsfremder Tätigkeiten darf dementsprechend nicht herangezogen werden. Die Innung muss sich allerdings nicht auf z. B. den Teil der Lohnsumme beschränken, der unmittelbar auf die Tätigkeit im Innungshandwerk entfällt; sie kann anteilmäßig etwa auch die Lohnsumme der Bürokräfte des Mischbetriebes berücksichtigen (BVerwG vom 3. 9. 1991, GewA 1992, 28 = NVwZ-RR 1992, 175).

II. Gebührenerhebung

1. Für die Nutzung jeder ihrer Einrichtungen (auch Fachschulen) 8 kann die Innung Gebühren erheben u. zwar auch von Nichtmitgliedern. Dieser an sich selbstverständliche Grundsatz wird durch § 61 Abs. 2 Nr. 2 Satz 2 unterstrichen. Die **Gebührenpflicht entsteht durch die tatsächliche Inanspruchnahme** der Einrichtung (vgl. in diesem Zusammenhang auch VG Wiesbaden vom 16. 9. 1966, GewA 1967, 134, bestätigt durch HessVGH vom 12. 9. 1968, GewA 1969, 166). Wegen der Gesellenprüfungsgebühr für den Lehrling siehe Anm. 4 zu § 31. Richtlinien der Handwerkskammer für die Festsetzung und Erhebung von Gebühren sind zu beachten (vgl. ME NRW vom 23. 12. 1969, GewA 1970, 131).

2. „Lehrlingsbetreuungsgebühren" sind nur zulässig, wenn 9 die Innung für die Lehrlinge auch konkret Kosten aufwendet; dann können sie aber auch von Nichtmitgliedern, die Lehrlinge beschäftigen, erhoben werden (OVG Lüneburg vom 23. 12. 1981, GewA 1982, 307). Für die generellen Leistungen der Innung können keine

Gebühren verlangt werden; sie sind durch Beiträge der Mitglieder zu finanzieren (OVG NRW vom 6. 5. 1997, GewA 1997, 374 = NVwZ-RR 1998, 100).

10 3. Die **Höhe der Gebühren** ist jeweils für das Haushaltsjahr durch Beschluss der Innungsversammlung festzusetzen (§ 61 Abs. 2 Nr. 2). Sie muss nach festen Normen und Sätzen bestimmt sein; nachträglich können unvorhergesehene und unvoraussehbare Gegenleistungen nicht auferlegt werden (BayVerfGH vom 10. 11. 1952, VerfGHE n. F. S. 243/264 mit weiteren Nachweisen; OVG Lüneburg vom 22. 2. 1973 VerwRspr. 1974, 659). Zu beachten sind Gleichheits- und Kostendeckungsprinzip (dazu eingehend VG Schleswig vom 9. 3. 2000, GewA 2000, 428).

11 Bei der Gebührenfestsetzung kann zwischen Innungsmitgliedern und Nichtmitgliedern differenziert werden. Zwar verlangt Art. 3 GG eine gleichmäßige Belastung aller. Mitglieder tragen aber zur Finanzierung des Aufwands der Innung mit ihren Beiträgen bei, und dies kann bei der Gebührenbemessung gebührensenkend berücksichtigt werden. Der Unterschied muss nachvollziehbar begründet sein (Für Prüfungsgebühren OVG Bremen vom 18. 6. 1996, GewA 1997, 423).

12 Ist eine Rahmengebühr bestimmt, so hat der Innungsvorstand, der stets im Einzelfall dem Benutzer gegenüber die geschuldete Gebühr festzusetzen hat, auch deren Höhe zu bestimmen; der Vorstand oder ein von ihm Beauftragter hat die geschuldeten Gebühren einzuheben.

III. Beitreibung

Zur Beitreibung der Beiträge und Gebühren vgl. auch die Anm. zu § 113.

13 1. Es gelten die landesrechtlichen Vorschriften über die Beitreibung von Gemeindeabgaben; das Verwaltungsvollstreckungsgesetz des Bundes ist nicht anwendbar. Der zwangsweisen Beitreibung hat stets eine Mahnung vorauszugehen. Säumniszuschläge können nicht erhoben werden; das Steuersäumnisgesetz vom 13. 7. 1961 (BGBl. 1981) ist nicht anwendbar.

14 Beigetrieben werden können auf Antrag des Innungsvorstandes auch Beiträge zu Unterstützungskassen (vgl. Anm. III.2. zu § 54), ferner sämtliche Gebühren einschließlich der Gesellenprüfungsgebühr.

15 2. Die **Verjährung** ist in der HwO nicht geregelt. Für öffentlich-rechtliche Geldforderungen sind meist landesrechtlich Verjährungs-

fristen von 2 bis 5 Jahren festgesetzt. Wenn nicht, so gilt auf jeden Fall die Frist von 30 Jahren ab Entstehen des Anspruchs (§§ 195, 198 BGB).

3. Streitigkeiten. Gegen die Verfügung der Verwaltungsbehörde, durch die beigetrieben wird, kann der Schuldner nach Durchführung des Vorverfahrens Anfechtungsklage zum Verwaltungsgericht erheben. Da es sich nicht um die Vollstreckung eines rechtskräftigen Verwaltungsakts handelt, kann im verwaltungsgerichtlichen Verfahren die beizutreibende Leistung nach Grund und Höhe geprüft werden, daher als Zwischenpunkt auch die Rechtsgültigkeit eines Beschlusses der Innungsversammlung und selbst einer Satzungsbestimmung. 16

§ 74 [Haftung der Innung]

Die Handwerksinnung ist für den Schaden verantwortlich, den der Vorstand, ein Mitglied des Vorstands oder ein anderer satzungsmäßig berufener Vertreter durch eine in Ausführung der ihm zustehenden Verrichtungen begangene, zum Schadensersatz verpflichtende Handlung einem Dritten zufügt.

Auf Kreishandwerkerschaften (§ 89 Abs. 1 Nr. 5) entsprechend anwendbar.

Übersicht Rdn.

1. Haftung zwingend 1
   a) Nur bei „offiziellem" Handeln 2
   b) Privatrecht maßgebend 3
   c) Keine Innenhaftung 4
2. Ergänzt § 31 BGB 5
3. Haftung des Handelnden selbst 6
4. Rückgriff 7

1. Die Vorschrift ist zwingend; sie kann auch durch die Satzung nicht beseitigt oder abgeschwächt werden. Ausschluss der Haftung ließe sich bürgerlich-rechtlich nur durch Vertrag mit dem Dritten erreichen (u. zw. auch für Vorsatz, vgl. § 276 Abs. 2, § 278 Satz 2 BGB). Zu konkreten Fallgruppen der Haftung vgl. *Luber/Tremml*, GewA 2007, 393. 1

a) Die Innung haftet nur für Handeln des Vorstands, eines Mitglieds des Vorstandes oder eines anderen satzungsmäßig berufenen Vertreters, also eines Vertreters, dessen Berufung in der Satzung selbst vorgesehen ist. Verursachen andere Vertreter oder Beauftragte einen Schaden, so gelten die allgemeinen Vorschriften (§§ 278, 831 BGB). 2

HwO § 75   4. Teil. Organisation des Handwerks

3 **b) Die Haftung** der Innung tritt stets ein, wo auch eine natürliche Person schadensersatzpflichtig wäre. Sie tritt aber nur ein, wenn der Vorstand usw. innerhalb seiner Zuständigkeit handelte oder zu handeln unterließ (vgl. dazu mit Recht kritisch *Neumann-Duesberg,* NJW 1966, 715). Zur Haftung eines Innungsverbandes wegen Computerempfehlungen vgl. OLG Hamm vom 30. 11. 1992, NJW-RR 1993, 1179.

4 **c) Der Schaden muss einem Dritten zugefügt sein.** Dritter kann hier auch ein Innungsmitglied sein; es ist dabei zu unterscheiden zwischen hoheitlichem Handeln – hier ist das Innungsmitglied gerade in dieser Eigenschaft Dritter – und bürgerlich-rechtlichem Handeln – hier ist das Innungsmitglied nur Dritter, wenn es nicht als Mitglied, sondern als Privatperson (sei es auch gewerblich, z. B. beim Abschluss eines Lieferungsvertrages) der Innung gegenübertritt.

5 2. Die Vorschrift deckt sich inhaltlich mit 31 BGB, der nach § 89 BGB auch für juristische Personen des öffentlichen Rechts (also auch Innungen) gilt. Während aber die Vorschriften des BGB nur für den bürgerlichen Rechtsverkehr gelten, muss aus der ausdrücklichen Regelung in der HwO der Schluss gezogen werden, dass sie auch hoheitliches Handeln einschließen will, da sie andernfalls überflüssig wäre.

6 3. Neben der Innung haften für unerlaubte Handlungen die Handelnden selbst (vgl. Palandt Anm. 2 zu § 31 BGB; BGH vom 23. 5. 1985, ZdH-intern 20/85 VI/1).

7 4. So weit die Innung Schadensersatz leistet, kann sie **Rückgriffsansprüche** gegen den Handelnden geltend machen. Dafür gelten die allgemeinen Regeln des Zivilrechts.

§ 75 [Aufsicht über die Handwerksinnung]

¹Die Aufsicht über die Handwerksinnung führt die Handwerkskammer, in deren Bezirk die Handwerksinnung ihren Sitz hat. ²Die Aufsicht erstreckt sich darauf, daß Gesetz und Satzung beachtet, insbesondere daß die der Handwerksinnung übertragenen Aufgaben erfüllt werden.

Auf Kreishandwerkerschaften entsprechend anwendbar (§ 89 Abs. 1 Nr. 5).

Aufsicht über die Handwerksinnung **§ 75 HwO**

Übersicht Rdn.

1. Grundlagen des Aufsichtsrechts 1
   a) Zuständigkeit der HWK 2
   b) Nur Rechts- und Pflichtenaufsicht 3
   c) Keine Pflicht zu aufsichtlichem Einschreiten . . . 4
2. Maßnahmen der Aufsicht 5
3. Rechtsschutz der Innung 9

1. Die Aufsicht über die Innungen ist eine Staatsaufsicht, die 1
das Gesetz der Handwerkskammer übertragen hat. Alles Dienstaufsichtsrecht, das zwischen Körperschaften des öffentlichen Rechts zur Anwendung kommt, ist hoheitliches Handeln in einem ausgesprochen eindeutigen Sinn. Vgl. *Kormann*, GewA 1987, 249.

a) Zuständig ist die Handwerkskammer, in deren Bezirk die 2
Innung ihren Sitz hat. Dies gilt auch dann, wenn sich der Innungsbezirk gemäß § 52 Abs. 3 über den Bezirk der Handwerkskammer hinaus erstreckt.

b) Ihrem Umfang nach ist die Aufsicht nur **Rechts- und Pflich-** 3
tenaufsicht; sie hat lediglich darüber zu wachen, dass die Innung die ihr obliegenden gesetzlichen (oder auf der Satzung beruhenden) Pflichten erfüllt und dass sie nicht gegen das Gesetz (auch nicht gegen dessen Sinn!) und die Satzung verstößt (vgl. VG München vom 21. 10. 1975, GewA 1976, 300). Aufsichtliche Maßnahmen sind jederzeit möglich, nicht nur bei konkretem Verdacht von Unregelmäßigkeiten (VGH BW vom 22. 6. 1979, GewA 1979, 382). So weit die Innung nach Ermessen handeln kann, ist – von Ermessensfehlern abgesehen – ein aufsichtliches Eingreifen unzulässig. Weisungen im Einzelfall kann die Kammer nur in engen Grenzen erteilen (vgl. § 54 Abs. 1 Nr. 10).

Unterworfen ist der Aufsicht die Innung mit ihren sämtlichen Einrichtungen, auch Gesellenausschuss und Unterstützungskassen. Dagegen erstreckt sich die Aufsicht nicht auf Innungszusammenschlüsse und auf sonstige Vereinigungen oder Einrichtungen einzelner Mitglieder. Vgl. auch *Kormann,* Zur Struktur der Aufsicht ..., München 1986.

c) Die Aufsichtspflicht der Handwerkskammer besteht nur 4
gegenüber dem Staat, nicht auch als Amtspflicht gegenüber Dritten. Diese haben allenfalls ein Anregungsrecht, jedoch keinen klagbaren Anspruch auf aufsichtliches Einschreiten.

2. Aufsichtliches Einschreiten der Kammer erfolgt durch mah- 5
nende Beanstandungen, verbietende oder gebietende Weisungen, Ersatzvornahmen einschließlich Zwangsetatisierung, Amtsenthebung

einzelner Personen (vgl. z. B. § 34 Abs. 6) oder schließlich Auflösung der Innung. Die Aufzählung ist nicht abschließend. Die Handwerksordnung selbst sagt über die der Handwerkskammer zur Verfügung stehenden Aufsichtsmittel nichts; es sind alle Mittel zulässig, die nach allgemeinem deutschen Verwaltungsrecht die Staatsaufsicht zur Beachtung von Gesetz und Satzung anwenden darf. Dazu *App,* GewA 1999, 55. Die Aufsichtsmittel dürfen nicht kumuliert werden; ist eine Beanstandung erfolgt, kann erst nach deren Erfolglosigkeit eine Ersatzvornahme erfolgen (vgl. OVG NRW vom 29. 1. 1992, NVwZ-RR 1992, 449).

6   Um ihre aufsichtlichen Maßnahmen durchzusetzen, kann die Handwerkskammer Ordnungsgelder verhängen (§ 112). Die Ordnungsgelder haben sich gegen den Vorstand oder, wenn etwa die Innungsversammlung einer aufsichtlichen Maßnahme nicht nachkommt, gegen die Innung selbst zu richten.

7   Als letztes Mittel kann die Auflösung der Innung nach § 76 erfolgen, sofern die Voraussetzungen hierfür erfüllt sind. Vgl. auch *Kormann,* Instrumente der Kammeraufsicht über Innungen und KHW, München 1988.

8   Anfechtungsklage gegen rechtswidrige Verwaltungsakte der Innung kann die Handwerkskammer nie erheben, da solche Akte nicht gegen die Kammer gerichtet sein können.

9   **3. Rechtsschutz der Innung.** Bei allen aufsichtlichen Maßnahmen Fällen handelt es sich um den Erlass von Verwaltungsakten. Dagegen kann nach Durchführung des Vorverfahrens (Widerspruch zur Handwerkskammer) das Verwaltungsgericht angerufen werden. Unabhängig davon ist eine formlose Aufsichtsbeschwerde zur obersten Landesbehörde möglich (§ 115 Abs. 1). Ein auf Aufsichtsbeschwerde ergehender ablehnender Bescheid kann mit Anfechtungsklage nicht angegriffen werden.

10 So weit die Handwerkskammer weisungsbefugt ist (s. Anm. I.10. zu § 54), handelt die Innung ihr gegenüber im Verhältnis einer nachgeordneten zur vorgesetzten Behörde; Anfechtungsklage der Innung gegen eine derartige Weisung ist daher unzulässig (vgl. VGH Kassel vom 2. 10. 1990, NVwZ 1991, 1015).

§ 76 [Auflösung der Innung]

Die Handwerksinnung kann durch die Handwerkskammer nach Anhörung des Landesinnungsverbands aufgelöst werden,
1. wenn sie durch einen gesetzwidrigen Beschluß der Mitgliederversammlung oder durch gesetzwidriges Verhalten des Vorstands das Gemeinwohl gefährdet,
2. wenn sie andere als die gesetzlich oder satzungsmäßig zulässigen Zwecke verfolgt,
3. wenn die Zahl ihrer Mitglieder so weit zurückgeht, daß die Erfüllung der gesetzlichen und satzungsmäßigen Aufgaben gefährdet erscheint.

Auf Kreishandwerkerschaften entsprechend anwendbar (§ 89 Abs. 1 Nr. 5).

Übersicht

	Rdn.
I. Auflösung der Innung	1
1. Auflösungsgründe	2
a) Allgemein	2
b) Sinken der Mitgliederzahl	6
2. Gruppen-Betroffenheit	7
II. Verfahren	9
1. Auflösungsverfügung	9
2. Rechtsmittel	11
3. Wirksamwerden	12
III. Pflicht zur Auflösung	13

I. Auflösung (Schließung) der Innung durch die Handwerkskammer

Die Auflösung ist nicht eine Sühne für Verfehlungen in der Vergangenheit, sondern sie soll dem Fortbestand gesetzwidriger Zustände für die Zukunft vorbeugen. 1

1. a) Die Gründe, die zur Auflösung der Innung führen können, sind in Nrn. 1 bis 3 aufgezählt. Dem Wortlaut könnte entnommen werden, dass die Aufzählung erschöpfend sein soll, die Auflösung also auf andere Gründe nicht gestützt werden darf. Dies würde aber dem Sinn des Gesetzes widersprechen. Die Innung muss leistungsfähig sein und ihre gesetzlichen und satzungsmäßigen Aufgaben (siehe § 54, § 55 Abs. 2 Nr. 2) erfüllen. Darauf verweist auch die Nr. 3, die eine Auflösung schon dann zulässt, wenn allein wegen Sinkens der Mitgliederzahl die Erfüllung der Aufgaben nur gefährdet erscheint. Steht mithin 2

HwO § 76   4. Teil. Organisation des Handwerks

fest, dass die Innung ihre Aufgaben gröblich vernachlässigt oder ihnen überhaupt nicht nachkommt, so wird die Auflösung zulässig sein.

3   Gleiches gilt, wenn die Innung verwaltungsgerichtliche Urteile nicht beachtet und Zwangsvollzug nicht möglich ist oder nicht zum Ziele führt, wie etwa bei einem Feststellungsurteil oder bei der Aufhebung gewisser Verfügungen der Innung.

4   Es ist weiter zu beachten, dass sich die Aufsicht der Handwerkskammer nach § 75 Abs. 2 darauf erstreckt, ob die **Innung Gesetz und Satzung beachtet.** Diese Vorschrift muss sich verwirklichen lassen. Es kann daher Auflösung der Innung auch in Frage kommen, wenn die Innung gegen zwingende Gesetzesbestimmungen verstößt oder ihre Satzung schwerwiegend verletzt (geringfügige Verstöße genügen nicht). Dies liegt z. B. vor, wenn das Vermögen der Unterstützungskasse für andere Zwecke (§ 57 Abs. 2 Satz 2) oder das Innungsvermögen für innungsfremde Zwecke verwendet wird, wenn Beschlüsse der Innungsversammlung nach § 61 Abs. 2 Nr. 6, 7, 8 ohne die notwendige Genehmigung der Handwerkskammer vollzogen werden, der Gesellenausschuss entgegen § 68 Abs. 2, 3 nicht beteiligt wird, die Genehmigung der Nebensatzung nach § 57 Abs. 1 Satz 2 nicht herbeigeführt wird, einzelne Mitglieder entgegen § 58 Abs. 4 bevorzugt werden u. Ä. mehr. Einer Gefährdung des Gemeinwohls bedarf es in allen diesen Fällen nicht; jedoch muss hier verlangt werden, dass die Handwerkskammer zunächst erfolglos Ordnungsgelder nach § 112 verhängt und unter Androhung der Auflösung eindringlich abmahnt.

5   **Verstöße allein des Obermeisters** rechtfertigen keine Auflösung, sofern der Innungsvorstand an ihnen unbeteiligt ist (PrOVG vom 10. 6. 1914, GewA 1914, 652).

6   **b) Bei Sinken der Mitgliederzahl** (Nr. 3) ist zu prüfen, ob die Innung für die Zukunft nicht mehr leistungsfähig ist (VG Aachen vom 29. 6. 1988, GewA 1989, 208 LS). Der Rückgang der Mitgliederzahl darf also nicht eine nur vorübergehende Erscheinung sein: er muss weiter für die Gefährdung der Aufgabenerfüllung ursächlich sein. Ein – auch vermögenswertes – Interesse der noch verbliebenen Innungsmitglieder am Fortbestand der Innung steht der Auflösung nicht entgegen. – Aufgelöst werden kann die Innung nur, wenn die Zahl der Mitglieder „zurückgeht" also nicht, wenn sie sich seit der Gründung nicht verringert hat, mag sie auch noch so klein sein. In diesem Fall wurde durch die trotzdem vorgenommene Satzungsgenehmigung nach § 53 inzidenter festgestellt, dass die geringe Mitgliederzahl die Erfüllung der gesetzlichen und satzungsmäßigen Aufgaben nicht hindert. Ob ein die Auflösung begründender Rückgang vorliegt, ist eine vom Verwaltungsrichter zu prüfende Tat- und Rechtsfrage. Vgl. *Kormann,* Kammeraufsicht, S. 65.

Auflösung der Innung § 76 HwO

2. Gruppen-Betroffenheit. Wurde die Innung zur Betreuung 7
mehrerer Handwerke errichtet und ist vom Sinken der Mitgliederzahl nur eine einzige Fachgruppe betroffen, so kann, erforderlichenfalls im Wege der Ersatzvornahme, eine Satzungsänderung dahin erzwungen werden, dass der Innung die Zuständigkeit lediglich für das in Frage stehende Handwerk genommen wird (vgl. OVG Münster vom 28. 8. 1963, GewA 1964, 63; BVerwG vom 25. 4. 1972, GewA 1972, 333). Das Gleiche muss in entsprechender Anwendung auch dann gelten, wenn in einem räumlich ausgedehnten Innungsbezirk die Handwerker eines bestimmten Gebietes die bestehende Innung mehr oder weniger geschlossen verlassen und die Bildung einer eigenen Innung verlangen. Die frühere Innung hätte in diesen Fällen für den betreffenden sachlichen oder räumlichen Bereich die erforderliche Leistungsfähigkeit verloren; durch das Innungsmonopol des § 52 Abs. 1 Satz 2 wäre andererseits der Weg zur Bildung einer neuen, leistungsfähigen Innung verschlossen, was nicht im Sinne des Gesetzes liegen kann. Ein Zwang von außen sollte aber wirklich das allerletzte Mittel sein (vgl. VGH BW vom 27. 12. 1974, GewA 1975, 127). Nicht jeder teilweise Mitgliederschwund bedeutet allerdings eine Schwächung der Leistungsfähigkeit; es kommt vielmehr immer auf die besonderen Verhältnisse des Einzelfalles an (vgl. VG Regensburg vom 15. 10. 1968, GewA 1969, 55).

Es handelt sich in diesen Fällen um **keine Teilauflösung** (so aber, 8
mit *Fröhler*, LVG Schleswig vom 23. 3. 1957, GewA 1958, 132; vgl. OVG Rh.-Pf. vom 28. 6. 1967, GewA 1967, 208). § 76 Abs. 3 ermöglicht lediglich die Auflösung einer Innung für ihren gesamten räumlichen Wirkungsbereich (dazu *Mailer*, GewA 1973, 45).

II. Verfahren

1. Die Auflösung erfolgt durch Verwaltungsakt nach Anhörung 9
des zuständigen Landesinnungsverbandes; bei einer für mehrere Handwerke errichteten Innung sind also mehrere Landesinnungsverbände anzuhören. Der Landesinnungsverband ist auch dann anzuhören, wenn die aufzulösende Innung ihm nicht als Mitglied angehört. Wenn kein Landesinnungsverband für das betreffende Handwerk besteht, ist nicht etwa an seiner Stelle ein anderer Verband, z. B. der zuständige Bundesinnungsverband, anzuhören. Die Anhörung ist zwingend vorgeschrieben. Wird sie unterlassen, so ist die Auflösung nicht nichtig, jedoch anfechtbar, da das Gesetz nur Anhörung und nicht Einvernehmen verlangt. Die Anfechtungsklage kann jedoch nicht der Landesinnungsverband erheben, da der Verwaltungsakt sich nicht gegen ihn richtet.

HwO § 76   4. Teil. Organisation des Handwerks

10   Der die Auflösung aussprechende Verwaltungsakt muss der Innung bekannt gegeben werden. Er ist daher in der Regel schriftlich zu erlassen und mit kurzer Begründung unter Anführung der wichtigsten Tatsachen und der einschlägigen Gesetzesstellen zu versehen. Ordnungsmäßige Rechtsbehelfsbelehrung (§ 58 VwGO) ist beizufügen.

11   **2.** Gegen die Auflösungsverfügung kann die aufzulösende Innung nach Durchführung des Vorverfahrens (Widerspruch zur Handwerkskammer) **Anfechtungsklage** zum zuständigen Verwaltungsgericht erheben. Dieses entscheidet nach der Sach- und Rechtslage, die im Zeitpunkt des Erlasses des Widerspruchsbescheides gegeben waren. Die Handwerkskammer darf im Lauf des verwaltungsgerichtlichen Verfahrens ihre Entscheidung nicht auf andere Bestimmungen der HwO stützen, als es in der Verfügung selbst geschehen ist; wenn aber nicht wesentlich neue Tatsachen vorgebracht, sondern höchstens die bereits in der Verfügung oder im Widerspruchsbescheid vorgebrachten ergänzt werden, dann liegt kein unzulässiges Nachschieben von Gründen vor. Bei Vorbringen wesentlich neuer Tatsachen kann ein neuer Verwaltungsakt angenommen werden müssen, der allerdings durch Klageänderung zum Gegenstand des anhängigen verwaltungsgerichtlichen Verfahrens gemacht werden könnte. – Wegen der Aufsichtsbeschwerde siehe Anm. I.3. zu § 75.

12   **3. Wirksam wird die Auflösung** mit der Rechtskraft der Verfügung der Handwerkskammer oder mit der Rechtskraft des auf die Anfechtungsklage ergehenden abweisenden Urteils. Wegen der Liquidation vgl. § 78. Die Handwerkskammer kann aber auch die sofortige Vollziehbarkeit ihrer Auflösungsverfügung anordnen, wenn sie es im öffentlichen Interesse für geboten hält (siehe dazu und über die Befugnis der Verwaltungsgerichte, die aufschiebende Wirkung der Rechtsbehelfe wiederherzustellen, § 80 VwGO). Ist die Vollziehung angeordnet, so kann die Innung keine Tätigkeit mehr entwickeln. Theoretisch könnte dann schon eine neue Innung gegründet werden, die allerdings, wenn die erste Innung im verwaltungsgerichtlichen Verfahren obsiegt, wieder aufzulösen wäre, so dass man diesen Weg vermeiden sollte.

III. Pflicht zur Auflösung

13   **Zur Auflösung ist die Handwerkskammer verpflichtet,** wenn die Voraussetzungen erfüllt sind, nicht nur berechtigt, (LVG Schleswig vom 23. 3. 1957, GewA 1958, 132). Unterlässt sie die Auf-

Insolvenzverfahren **§ 77 HwO**

lösung, so kann die oberste Landesbehörde als Aufsichtsbehörde der Handwerkskammer ihrerseits einschreiten (vgl. § 115 Abs. 1).

§ 77 [Insolvenzverfahren]

(1) **Die Eröffnung des Insolvenzverfahrens über das Vermögen der Handwerksinnung hat die Auflösung kraft Gesetzes zur Folge.**
(2) **¹Der Vorstand hat im Falle der Zahlungsunfähigkeit oder der Überschuldung die Eröffnung des Insolvenzverfahrens oder des gerichtlichen Vergleichsverfahrens zu beantragen. ²Wird die Stellung des Antrags verzögert, so sind die Vorstandsmitglieder, denen ein Verschulden zur Last fällt, den Gläubigern für den daraus entstehenden Schaden verantwortlich; sie haften als Gesamtschuldner.**

Auf Kreishandwerkerschaften entsprechend anwendbar (§ 89 Abs. 1 Nr. 5).

Übersicht

	Rdn.
I. Auflösung kraft Gesetzes bei Insolvenz	1
1. Einzelheiten	1
2. Insolvenzfähigkeit der Innung	3
II. Antragspflicht des Vorstands	4
1. Voraussetzungen	4
2. Unterlassung	5
3. Überschuldung erst nach Auflösung	6
III. Verfahren	7

I. Auflösung kraft Gesetzes bei Insolvenz

1. Die Auflösung der Handwerksinnung bei Insolvenz tritt kraft **1** Gesetzes ein mit Rechtskraft des amtsgerichtlichen Beschlusses, durch den das Verfahren eröffnet wird. Einer Auflösungsverfügung der Handwerkskammer bedarf es in diesem Falle nicht. – Die Eröffnung des Vergleichsverfahrens zur Abwendung der Insolvenz löst die Innung nicht auf.
Gleiches gilt für die Kreishandwerkerschaften (§ 89 Abs. 1 Nr. 5). **2**

2. Aus § 77 ergibt sich, dass **Innungen insolvenzfähig** sind. Die **3** Möglichkeit, sich gem. § 73 Mittel verschaffen zu können, ändert nichts daran, dass die Innung durch eine Entscheidung ihrer Mitgliederversammlung oder auch nur wegen des notwendigen Zeitvorlaufs zahlungsunfähig werden kann (vgl. auch *Gundlach*, DÖV 1999, 815).

Dies bedeutet u. a., dass für sie als Arbeitgeber Insolvenzsicherungspflicht besteht (dazu *Herdt*, BB 1977, 1357).

II. Antragspflicht des Vorstands

4   **1. Bei Überschuldung,** d. h. wenn die Verbindlichkeiten der Innung ihr Vermögen übersteigen, muss der Vorstand (§ 66 Abs. 3) die Eröffnung des Insolvenzverfahrens oder des gerichtlichen Vergleichsverfahrens beantragen. Nicht nur, wenn mit der Möglichkeit einer Überschuldung zu rechnen ist, sondern auch während des Laufs des Haushaltsjahres hat sich der Vorstand über die Vermögenslage der Innung zu unterrichten. Tritt Zahlungsunfähigkeit ein, muss geprüft werden, ob es sich nur um eine Liquiditätsschwierigkeit oder um die Folge einer Überschuldung handelt.

5   **2. Unterbleibt rechtzeitiger Antrag,** so können die dadurch geschädigten Gläubiger den Vorstand auf Schadensersatz in Anspruch nehmen. Haftbar sind diejenigen Vorstandsmitglieder, denen ein Verschulden zur Last fällt, die also die Überschuldung erkannt haben oder, bei Anwendung der nötigen Sorgfalt, hätten erkennen können. Im Zweifel sind sämtliche Vorstandsmitglieder haftbar. Mehrere Vorstandsmitglieder haften den Gläubigern als Gesamtschuldner (vgl. §§ 421 ff. BGB).

6   **3. Ergibt sich Überschuldung erst nach Auflösung** der Innung (durch Beschluss der Innungsversammlung oder durch Verfügung der Handwerkskammer), so haben die Liqidatoren (§ 48 Abs. 1 BGB i. V. m. § 78 HandwO) – in der Regel der letzte Vorstand der Innung – den Insolvenzantrag zu stellen. Die Eröffnung des Verfahrens ist so lange zulässig, als die Verteilung des Vermögens noch nicht vollzogen ist. Antrag auf Eröffnung des Vergleichsverfahrens kann nach der Auflösung jedoch nicht mehr gestellt werden (§ 88 VerglO).

III. Verfahren

7   Im Übrigen richtet sich das Verfahren nach der Insolvenz- oder Vergleichsordnung.

8   Insolvenzantrag kann bei Zahlungsunfähigkeit der Innung, insbes. bei Zahlungseinstellung, auch jeder Gläubiger stellen. Die Rechte des Gemeinschuldners während des Insolvenzverfahrens hat der Vorstand wahrzunehmen in seiner Eigenschaft als Liquidator (denn die Innung ist ja durch die Eröffnung des Verfahrens aufgelöst). Wegen der Er-

Liquidation; Vermögensauseinandersetzung § 78 HwO

nennung eines Konkursverwalters s. § 22 InsO. – Die Gläubiger einer Unterstützungskasse können nach § 57 Abs. 2 Satz 3 abgesonderte Befriedigung verlangen (Vgl. Anm. zu § 57).

§ 78 [Liquidation; Vermögensauseinandersetzung]

(1) **Wird die Handwerksinnung durch Beschluß der Innungsversammlung oder durch die Handwerkskammer aufgelöst, so wird das Innungsvermögen in entsprechender Anwendung der §§ 47 bis 53 des Bürgerlichen Gesetzbuchs liquidiert.**

(2) ¹**Wird eine Innung geteilt oder wird der Innungsbezirk neu abgegrenzt, so findet eine Vermögensauseinandersetzung statt, die der Genehmigung der für den Sitz der Innung zuständigen Handwerkskammer bedarf; kommt eine Einigung über die Vermögensauseinandersetzung nicht zustande, so entscheidet die für den Innungsbezirk zuständige Handwerkskammer.** ²**Erstreckt sich der Innungsbezirk auf mehrere Handwerkskammerbezirke, so kann die Genehmigung oder Entscheidung nur im Einvernehmen mit den beteiligten Handwerkskammern ergehen.**

1. Die **Auflösung der Innung** kann durch diese selbst erfolgen (§ 61 Abs. 2 Nr. 8, Abs. 3, § 62 Abs. 1, 2) oder durch die Handwerkskammer (§ 76).

Liquidation erfolgt durch den Vorstand oder durch besondere, von der Innungsversammlung (§ 61 Abs. 2 Nr. 4) zu wählende Liquidatoren ((§ 48 Abs. 1 BGB). Sie haben unter Beachtung der Vorschriften der §§ 49 bis 52 BGB das verbleibende Vermögen festzustellen und es den Anfallberechtigten zu überantworten. Wegen der Haftung der Liqidatoren vgl. § 53 BGB.

2. Für **Teilung oder Neuabgrenzung** der Innung bestimmt Abs. 2, dass in diesen Fällen eine direkte Vermögensauseinandersetzung erfolgen kann, die jedoch zur Vermeidung einer Benachteiligung des wirtschaftlich Schwächeren einer Genehmigung der Handwerkskammer bedarf. Kann eine Einigung nicht gefunden werden, so entscheidet die Handwerkskammer selbst nach pflichtgemäßem Ermessen; es ist also nicht Totalliquidation und faktische Neugründung erforderlich. Die Entscheidung der Handwerkskammer stellt einen anfechtbaren Verwaltungsakt dar.

Auch ohne ausdrückliche Erwähnung ist die gleiche Regelung für den Fall der **Zusammenlegung oder Fusion** von Innungen ebenfalls anwendbar. Vgl. auch *Fröhler/Kormann*, Vermögensrechtliche

HwO § 79   4. Teil. Organisation des Handwerks

Probleme bei Teilung und Vereinigung von Innungen, 1979 und *Kormann,* GewA 1986, 41(48).

Zweiter Abschnitt. Innungsverbände

§ 79 [Landesinnungsverband]

(1) ¹Der Landesinnungsverband ist der Zusammenschluß von Handwerksinnungen des gleichen Handwerks oder sich fachlich oder wirtschaftlich nahestehender Handwerke im Bezirk eines Landes. ²Für mehrere Bundesländer kann ein gemeinsamer Landesinnungsverband gebildet werden.

(2) ¹Innerhalb eines Landes kann in der Regel nur ein Landesinnungsverband für dasselbe Handwerk oder für sich fachlich oder wirtschaftlich nahestehende Handwerke gebildet werden. ²Ausnahmen können von der obersten Landesbehörde zugelassen werden.

(3) Durch die Satzung kann bestimmt werden, daß selbständige Handwerker dem Landesinnungsverband ihres Handwerks als Einzelmitglieder beitreten können.

1   **1. Die Innungsverbände** sollen der Erfüllung dr Aufgaben dienen, die über die örtliche Innung hinausgehen. Sie sind bewährte Organe der Interessenvertretung des Handwerks; hoheitliches Tätigwerden kennt das Gesetz nicht (vgl. § 80); wegen ihrer Aufgaben vgl. §§ 81, 82.

2   **2.** Nur für das selbe Handwerk oder für Handwerke, die sich fachlich nahe stehen, könnte – ebenso wie bei der Innung – ein **Landesinnungsverband (LIV)** gebildet werden; innerhalb eines Bundeslandes nur einer.

3   Auch ein sich über mehrere Länder erstreckender LIV kann gebildet werden. Zuständig für die Satzungsgenehmigung ist dann die oberste Landesbehörde des Landes, in dem sich der Sitz des LIV befinden soll; sie muss jedoch das Einvernehmen der übrigen betroffenen Länder herbeiführen.

4   **3. Mitglieder des Landesinnungsverbandes** sind die Innungen, die ihn gegründet haben oder ihm später beitreten. Sie werden auch hier gem. § 66 durch ihren Vorstand vertreten.

5   a) Es besteht **keine Beitrittspflicht,** aber, da § 58 Abs. 3 in § 83 Abs. 1 nicht für entsprechend anwendbar erklärt wurde, auch kein Aufnahmezwang.

Rechtsform; Satzung **§ 80 HwO**

Dies gilt auch für **Einzelmitglieder,** die nicht nur einem bereits bestehenden LIV beitreten, sondern auch bei der Gründung mitwirken können. Die Möglichkeit, selbstständige Handwerker im Sinne der §§ 1 oder 18 als Einzelmitglieder aufzunehmen, sollte die Satzung stets offen lassen. So ist auch für Betriebsinhaber, die sich keiner Innung anschließen können, z. B., weil es bei ihnen keine gibt, die Interessenvertretung des Handwerks gewährleistet. Wegen der Vertretung der Einzelmitglieder in der Mitgliederversammlung s. § 83 Abs. 2.

b) **Streitigkeiten aus der Mitgliedschaft,** auch über Aufnahme, Austritt oder Ausschluss, haben die Zivilgerichte zu entscheiden. 6

§ 80 [Rechtsform; Satzung]

¹**Der Landesinnungsverband ist eine juristische Person des privaten Rechts; er wird mit Genehmigung der Satzung rechtsfähig.** ²**Die Satzung und ihre Änderung bedürfen der Genehmigung durch die oberste Landesbehörde.** ³**Im Falle eines gemeinsamen Landesinnungsverbandes nach § 79 Abs. 1 Satz 2 ist die Genehmigung durch die für den Sitz des Landesinnungsverbandes zuständige oberste Landesbehörde im Einvernehmen mit den beteiligten obersten Landesbehörden zu erteilen.** ⁴**Die Satzung muß den Bestimmungen des § 55 Abs. 2 entsprechen.**

1. Eine juristische Person des bürgerlichen Rechts ist der 1 Landesinnungsverband (LIV). So weit die HwO keine besonderen Vorschriften enthält, sind die des BGB anzuwenden, auch über die Verweisungen des § 83 Abs. 1 Nr. 4 hinaus.

Neben des Landesinnungsverbänden und dem Bundesinnungsverband können Innungen auch andere Zusammenschlüsse bilden. Diese dürfen aber weder den Namen Landes- oder Bundesinnungsverband führen, noch stehen ihnen deren Befugnisse zu.

2. Die Bildung eines Innungsverbandes hängt vom freien Willens- 2 entschluss der Gründer ab. Gleiches gilt für die Bestimmung der Handwerke und des Gebietes. Zweckmäßiger- und üblicherweise deckt sich der Bezirk eines LIV mit einem Bundesland.

3. Die Satzung muss den Bestimmungen des § 55 Abs. 2 entspre- 3 chen, die in § 83 Abs. 1 Nr. 1 aufgeführt sind. Ist dies der Fall und enthält die Satzung werder einen Verstoß gegen Wortlaut und Sinn der Handwerksordnung noch anderer Gesetze, dann steht dem LIV ein

HwO § 81 4. Teil. Organisation des Handwerks

erforderlichenfalls gerichtlich durchsetzbarer Anspruch auf Satzungsgenehmigung zu.

4   4. Rechtsfähigkeit tritt mit Zugang der Genehmigung ein. Eine Eintragung in das Vereinsregister (§ 21 BGB) ist nicht erforderlich und auch nicht zulässig, da die HwO eine Sondervorschrift bringt.

§ 81 [Aufgaben des Landesinnungsverbandes]

(1) **Der Landesinnungsverband hat die Aufgabe,**
1. **die Interessen des Handwerks wahrzunehmen, für das er gebildet ist,**
2. **die angeschlossenen Handwerksinnungen in der Erfüllung ihrer gesetzlichen und satzungsmäßigen Aufgaben zu unterstützen,**
3. **den Behörden Anregungen und Vorschläge zu unterbreiten sowie ihnen auf Verlangen Gutachten zu erstatten.**

(2) **Er ist befugt, Fachschulen und Fachkurse einzurichten oder zu fördern.**

1   1. Abs. 1 zählt die **Pflichtaufgaben** auf, die in der Satzung gem. § 83 Abs. 1 Nr. 1, § 55 Abs. 2 Nr. 2 erwähnt werden müssen. Wege der Einzelheiten kann auf die Anmerkungen zu § 54 verwesen werden. Zur Erstattung von Gutachten (Nr. 3) gehört auch die Äußerung, die der LIV nach § 76 vor Auflösung einer Innung der Handwerkskammer gegenüber abzugeben hat.

2   2. Abs. 2 räumt eine besonders wichtige Befugnis ein. Besonders in Gegenden, in denen die einzelnen Innungen dieser Aufgabe nicht hinreichend nachkommen können, wird der Innungsverband **Fachschulen und Fachkurse** zu errichten und zu fördern haben. Die Satzung des Innungsverbandes hat Vorkehrungen zu treffen, wie die dahingehenden Aufwendungen von seinen Mitgliedern aufzubringen sind. Wegen des Nebeneinanders von gleichartigen Fachschulen vgl. Anm. I.5 zu § 54.

3   Der Landes- und auch der Bundesinnungsverband können von sich aus den Besuch der von ihnen errichteten und geförderten Fachschulen nicht zur Pflicht machen. Eine überbetriebliche Ausbildung zwingend vorschreiben kann nur die Handwerkskammer. Subsidiär kann dies auch durch die einzelnen Innungen geschehen, die auch die für den Schulbesuch zu entrichtenden Gebühren festsetzen müssen, da § 73 auf Innungsverbände nicht anwendbar ist (vgl. § 83 Abs. 1).

§ 82 [Förderung wirtschaftlicher und sozialer Interessen]

¹Der Landesinnungsverband kann ferner die wirtschaftlichen und sozialen Interessen der den Handwerksinnungen angehörenden Mitglieder fördern. ²Zu diesem Zweck kann er inbesondere
1. Einrichtungen zur Erhöhung der Leistungsfähigkeit der Betriebe, vor allem in technischer und betriebswirtschaftlicher Hinsicht schaffen oder unterstützen,
2. den gemeinschaftlichen Einkauf und die gemeinschaftliche Übernahme von Lieferungen und Leistungen durch die Bildung von Genossenschaften, Arbeitsgemeinschaften oder auf sonstige Weise im Rahmen der allgemeinen Gesetze fördern,
3. Tarifverträge abschließen.

1. Von den **freiwilligen Aufgaben** der Innungsverbände zählt das Gesetz nur einige wenige auf. Grundsätzlich gilt, dass der Innungsverband keine Aufgaben übernehmen darf, die der Innung selbst verwehrt sind. Die Innungen können nicht durch den Zusammenschluss zu einem Verband ihr Aufgabengebiet gesetzwidrig ausweiten. Davon abgesehen kann sich ein Verband über den Katalog des § 82 sämtlicher Aufgaben annehmen, die auch eine Innung erfüllen darf. Ausgenommen sind lediglich Aufgaben hoheitlicher Art, wie sich aus den nach § 83 für anwendbar erklärten Vorschriften ergibt.

Der LIV ist ein Verband zur Förderung gewerblicher Belange im Sinn des Wettbewerbsrechts; er kann daher im eigenen Namen Verstöße gegen das UWG verfolgen (BGH vom 29. 10. 1992, NJW-RR 1993, 363). Dies gilt auch für einen Bundesinnungsverband (LG Bremen vom 25. 6. 1981, GewA 1982, 61).

2. Ergänzend kann auf die Anmerkungen zu § 54 verwiesen werden. Zu betonen ist, dass auch ein Innngsverband Genossenschaften usw. nur anregen und fördern, sich aber nicht an ihnen beteiligen darf.

3. Ein Innungsverband ist **tariffähig,** wenn der Abschluss von Tarifverträgen in der Satzung als Aufgabe vorgesehen ist. Ein abgeschlossener Tarifvertrag bindet, sofern er nicht für algemein verbindlich erklärt wurde, nur die angeschlossenen Innungen und deren Mitglieder sowie etwaige Einzelmitglieder. Zum Verhältnis eines Innungs- zu einem Verbands-Tarifvertrag vgl. Anm. III.1 zu § 54.

Die Tariffähigkeit umfasst das Recht, Streikfonda zu bilden (BGH vom 18. 12. 1967, NJW 1968, 543 = GewA 1968, 230).

HwO § 83 4. Teil. Organisation des Handwerks

§ 83 [Anwendbarkeit von Vorschriften]

(1) Auf den Landesinnungsverband finden entsprechende Anwendung:
1. § 55 Abs. 1 und Abs. 2 Nr. 1 bis 6, 8 bis 9 und hinsichtlich der Voraussetzungen für die Änderung der Satzung und für die Auflösung des Landesinnungsverbandes Nummer 10 sowie Nummer 11,
2. §§ 60, 61 Abs. 1 und Abs. 2 Nr. 1 und hinsichtlich der Beschlußfassung über die Höhe der Beiträge zum Landesinnungsverband Nummer 2 sowie Nummern 3 bis 5 und 7 bis 8,
3. §§ 59, 62, 64, 66 und 74,
4. § 39 und §§ 41 bis 53 des Bürgerlichen Gesetzbuchs.

(2) ¹Die Mitgliederversammlung besteht aus den Vertretern der angeschlossenen Handwerksinnungen und im Fall des § 79 Abs. 3 auch aus den von den Einzelmitgliedern nach näherer Bestimmung der Satzung gewählten Vertretern. ²Die Satzung kann bestimmen, daß die Handwerksinnungen und die Gruppe der Einzelmitglieder entsprechend der Zahl der Mitglieder der Handwerksinnungen und der Einzelmitglieder mehrere Stimmen haben und die Stimmen einer Handwerksinnung oder der Gruppe der Einzelmitglieder uneinheitlich abgegeben werden können.

(3) Nach näherer Bestimmung der Satzung können bis zur Hälfte der Mitglieder des Vorstands Personen sein, die nicht von der Mitgliederversammlung gewählt sind.

Übersicht

	Rdn.
1. Maßgebende Bestimmungen (Abs. 1)	1
2. Mitgliederversammlung (Abs. 2)	2
3. „Geborene" Vorstandsmitglieder (Abs. 3)	3

1   **1.** Wegen der Bedeutung der für **anwendbar erklärten Vorschriften** ist auf die Anmerkungen zu ihnen zu verweisen. Hervorzuheben ist, dass ein **Innungsverband nicht hoheitlich** tätig werden kann. Einer Staatsaufsicht ist er nur im engen Rahmen des § 43 BGB unterworfen, ebenso wie auch eine Auflösung – abgesehen vom dahingehenden Beschluss der Mitgliederversammlung (§ 41 BGB) und Insolvenz (§ 42 BGB) – nur durch Entziehung der Rechtsfähigkeit nach § 43 BGB erfolgen kann. Das Verfahren hierfür richtet sich nach § 44 BGB. Nur die in § 43 BGB genannten Gründe, wozu auch die Verfolgung eines von der Satzung abweichenden Zweckes gehört, tragen eine Entziehung. Zuständig ist ebenso wie für die Sat-

Anschluß von handwerksähnlichen Betrieben § 84 **HwO**

zungsgenehmigung nach § 80 die oberste Landesbehörde. Nach Entziehung der Rechtsfähigkeit ebenso wie bei Insolvenz bleibt der Verband als nicht rechtsfähiger Verein bestehen, darf sich dan aber nicht mehr Landes- oder Bundesinnungsverband nennen.

2. Mitgliederversammlung. Abs. 2 stellt klar, dass nicht jede 2
Mitgliedsinnung nur eine Stimme haben soll, sondern dass die Satzung nach der Größe, also der Mitgliederzahl der Mitgliedsinnungen, abstufen kann. Das Gesetz verlangt nicht, dass eine Innung mit mehreren Stimmen nur einheitlich abstimmen kann.

3. Nach Abs. 3 kann die Satzung bis zur Hälfte sog. **geborene** 3
Vorstandsmitglieder festlegen. Gedacht ist hier vor allem an die Vorsitzenden der Landesinnungsverbände, die im Vorstand des Bundesinnungsverbandes sein sollten (vgl. den schriftlichen Bericht zu BT-Drucksache IV/3461, Nr. 58). Nach ihrem klaren Wortlaut findet diese Vorschrift nur auf das Verhältnis LIV und Bundesinnungsverband Anwendung; eine analoge Anwendung auf Innungen ist nicht möglich, auch wenn diese, wie z. B. in den Stadtstaaten, funktionell einem LIV gleichen.

Primär hat die Bestimmung nur für aktive Amtsträger der Handwerksorganisation Bedeutung. Es können aber auch bereits ausgeschiedene oder sonst dem Handwerk nahe stehende Persönlichkeiten berufen werden. Die Ausgestaltung der Regelung im Einzelnen gehört zur Autonomie der handwerklichen Fachverbände.

§ 84 [Anschluß von handwerksähnlichen Betrieben]

[1]Durch die Satzung kann bestimmt werden, daß sich Vereinigungen von Inhabern handwerksähnlicher Betriebe oder Inhaber handwerksähnlicher Betriebe einem Landesinnungsverband anschließen können. [2]In diesem Falle obliegt dem Landesinnungsverband nach Maßgabe der §§ 81 und 82 auch die Wahrnehmung der Interessen des handwerksähnlichen Gewerbes. [3]§ 83 Abs. 2 gilt entsprechend für die Vertretung des handwerksähnlichen Gewerbes in der Mitgliederversammlung.

1. Da **handwerksähnliche Gewerbe** weitestgehend jetzt schon 1
regulär Innungen bilden oder ihnen beitreten können (§§ 52, 58 Abs. 1), hat die Vorschrift ihre Bedeutung verloren. In der Hektik des Vermittlungsverfahrens wurde dies offensichtlich bei der Novelle 03 übersehen.

449

HwO § 85   4. Teil. Organisation des Handwerks

2 2. Die Aufnahme anderer, dem Handwerk nahe stehender Organisationen, etwa des Handels oder der Industrie, in die Innungsverbände kann durch die Satzung nicht vorgesehen werden. In diesen Fällen muss es bei einer bloßen Zusammenarbeit bleiben.

§ 85 [Bundesinnungsverband]

(1) **Der Bundesinnungsverband ist der Zusammenschluß von Landesinnungsverbänden des gleichen Handwerks oder sich fachlich oder wirtschaftlich nahestehender Handwerke im Bundesgebiet.**

(2) **¹Auf den Bundesinnungsverband finden die Vorschriften dieses Abschnitts sinngemäß Anwendung. ²Die nach § 80 erforderliche Genehmigung der Satzung und ihrer Änderung erfolgt durch das Bundesministerium für Wirtschaft und Arbeit.**

1 1. Die Errichtung mehrerer Bundesinnungsverbände (BIV) für das selbe Handwerk wäre zwar gem. § 79 Abs. 2 mit einer Ausnahmeerlaubnis des Bundeswirtschaftsministeriums rechtlich möglich, aber ohne Sinn.

2 2. Wegen des Rechtsanspruchs auf Genehmigung der Satzung vgl. Anm. II zu § 80.

3 3. **Tarifverträge** kann auch ein Bundesinnungsverband nur für seine Mitglieder abschließen, also für die zugehörigen Landesinnungsverbände und deren Mitglieder sowie für etwaige Einzelmitglieder (§ 79 Abs. 3). Tarifverträge des BIV gehen denen eines LIV oder einer Innung vor (vgl. Anm. II zu § 82). Auch wenn der Bundesinnungsverband nach seiner Satzung Tarifverträge „im Auftrag des Landesinnungsverbandes" abschließt, handelt er doch im eigenen Namen; die Klausel regelt nur das Innenverhältnis (BAG vom 11. 6. 1975, Betrieb 1975, 2454).

Dritter Abschnitt. Kreishandwerkerschaften

§ 86 [Kreishandwerkerschaft]

¹Die Handwerksinnungen, die in einem Stadt- oder Landkreis ihren Sitz haben, bilden die Kreishandwerkerschaft. ²Die Handwerkskammer kann eine andere Abgrenzung zulassen.

Übersicht Rdn.

1. Natur der KHW 1
    a) Bezirk 2
    b) Mitgliedschaft 3
    c) Zwangsmitgliedschaft verfassungsmäßig 4
2. Entstehen und Aufsicht 5
3. Mitglieds-Streitigkeiten 9

1. Die Kreishandwerkerschaften sind als Organe der Interessenvertretung des Handwerks (vgl. Rdn. 1 zu § 52) die örtliche Zusammenfassung aller in ihrem Bezirk bestehenden Innungen. 1

a) Bezirk ist in aller Regel ein (Stadt- oder Land-) Kreis. Um jedoch zu ermöglichen, dass übergroße Kreishandwerkerschaften geteilt oder nicht leistungsfähige Kreishandwerkerschaften zusammengelegt werden können, ist in Satz 2 die Befugnis für die Handwerkskammer enthalten, eine andere als die im Regelfall vorgesehene bezirkliche Abgrenzung festzulegen, erforderlichenfalls auch gegen den Willen der Kreishandwerkerschaft. Von dieser Möglichkeit sollte aber nur in wirklich begründeten Ausnahmefällen Gebrauch gemacht werden. Vergleiche in diesem Zusammenhang auch *Kreppner,* GewA 1971, 121; OVG NRW vom 17. 10. 1974, GewA 1975, 93. 2

b) Mitglieder können nur Innungen werden – es gibt also keine Einzelmitgliedschaft selbstständiger Handwerker –, und nur Innungen, die im Bezirk der Kreishandwerkerschaft ihren Sitz haben. Auch eine die Bezirke mehrerer Kreishandwerkerschaften umfassende Innung kann also immer nur einer davon angehören. Andererseits gehören aber die Innungen, die ihren Sitz im Bezirk haben, ohne Rücksicht auf die räumliche Erstreckung ihres Bezirks automatisch der betreffenden Kreishandwerkerschaft an. 3

Aus dem Wortlaut „bilden die Kreishandwerkerschaft" und der Tatsache, dass § 89 Abs. 1 Nr. 1 ausdrücklich die Vorschrift des § 55 Abs. 2 Nr. 3 (Bestimmungen über den Eintritt, den Austritt und den Ausschluss der Mitglieder) von der entsprechenden Anwendung ausschließt, ergibt sich, dass das Gesetz eine **Pflichtmitgliedschaft der Innungen** bei den Kreishandwerkerschaften verlangt. Die Mitgliedschaft entsteht im Zeitpunkt des Entstehens der Innung oder der Kreishandwerkerschaft als juristische Person automatisch, sie endet mit dem Verlust der Rechtspersönlichkeit. Austritt ist rechtlich nicht möglich (VG Freiburg vom 30. 6. 1970, GewA 1970, 220). Kommt eine Innung ihren Pflichten als Mitglied der Kreishandwerkerschaft nicht nach, so kann Auflösung nach § 76 in Frage kommen. Wegen Streitigkeiten zwischen Innung und Kreishandwerkerschaft siehe unten III.

4 c) **Die Zwangsmitgliedschaft stellt keinen Verstoß gegen das Grundgesetz** (den Länderverfassungen geht die HwO als Bundesgesetz gemäß Art. 31 GG vor) dar. Vgl. zur Zwangsmitgliedschaft bei öffentlich-rechtlichen Körperschaften, zu denen die Kreishandwerkerschaften gehören, auch *Mangold,* BB 1952, 621, und *Fröhler,* GewA 1962, 169.

5 **2. Die Kreishandwerkerschaften sind Körperschaften des öffentlichen Rechts,** die durch Genehmigung der Satzung (hierfür ist die Handwerkskammer zuständig) die Rechtsfähigkeit erlangen (§ 89 in Verbindung mit §§ 53, 56 Abs. 1). Sie unterstehen der Aufsicht der Handwerkskammer (§ 89 in Verbindung mit § 75). Auflösung durch Beschluss der Mitgliederversammlung ist ausgeschlossen, da die entsprechenden Vorschriften für die Innungen in § 89 nicht für anwendbar erklärt sind.

6 Dagegen kann die Handwerkskammer nach § 89 in Verbindung mit § 76 auflösen; Eröffnung des Insolvenzverfahrens hat die Auflösung kraft Gesetzes zur Folge (§ 89 in Verbindung mit § 77). Sollte eine Kreishandwerkerschaft aufgelöst werden, so haben die Innungen die Pflicht, unverzüglich eine neue Kreishandwerkerschaft zu bilden.

7 Aus § 89 Abs. 1 Nr. 5 in Verbindung mit § 76 Nr. 3 ist zu schließen, dass eine Kreishandwerkerschaft nicht gebildet werden kann, wenn die als Mitglieder in Frage kommenden Innungen die Erfüllung der Aufgaben einer Kreishandwerkerschaft nicht gewährleisten. In diesem Fall kommt eine Vergrößerung des Bezirks oder ein Zusammenschluss mit einer anderen Kreishandwerkerschaft in Frage (vgl. oben Rdn. 2).

8 Der **Geschäftsführer** gilt nicht als Arbeitnehmer im Sinne des ArbGG, auch wenn ein dahingehender Vertrag besteht, sofern er satzungsgemäß die KHW für die laufenden Geschäfte vertritt (BAG vom 11. 4. 1997, NZA 1997, 902).

9 **3. Streitigkeiten** zwischen der Kreishandwerkerschaft und den ihr als Mitglieder angehörenden Innungen sind Streitigkeiten des öffentlichen Rechts. Es haben also die Verwaltungsgerichte zu ent-

Aufgaben § 87 HwO

scheiden. Die Satzung kann die Zuständigkeit eines Schiedsgerichts vorsehen.

Einen ordnungsgemäß festgesetzten **Beitrag** muss die Innung bezahlen, auch wenn er nach ihrer Meinung falsch verwendet wird; eine Beitragsverweigerung kann also auch hier nicht als Druckmittel zur Aufgabenkritik eingesetzt werden.

§ 87 [Aufgaben]

Die Kreishandwerkerschaft hat die Aufgabe,
1. **die Gesamtinteressen des selbständigen Handwerks und des handwerksähnlichen Gewerbes sowie die gemeinsamen Interessen der Handwerksinnungen ihres Bezirks wahrzunehmen,**
2. **die Handwerksinnungen bei der Erfüllung ihrer Aufgaben zu unterstützen,**
3. **Einrichtungen zur Förderung und Vertretung der gewerblichen, wirtschaftlichen und sozialen Interessen der Mitglieder der Handwerksinnungen zu schaffen oder zu unterstützen,**
4. **die Behörden bei den das selbständige Handwerk und das handwerksähnliche Gewerbe ihres Bezirks berührenden Maßnahmen zu unterstützen und ihnen Anregungen, Auskünfte und Gutachten zu erteilen,**
5. **die Geschäfte der Handwerksinnungen auf deren Ansuchen zu führen,**
6. **die von der Handwerkskammer innerhalb ihrer Zuständigkeit erlassenen Vorschriften und Anordnungen durchzuführen; die Handwerkskammer hat sich an den hierdurch entstehenden Kosten angemessen zu beteiligen.**

Übersicht

	Rdn.
I. Pflichtaufgaben	1
1. Interessenvertretung	1
2. Tätigwerden für die HWK	3
II. Freiwillige Aufgaben	8
1. Tätigwerden für Einzelbetriebe	11
a) Buchstellen, Inkassostellen	12
b) Rechtsberatung	13
2. Auftreten vor Gericht	15
III. Keine Tariffähigkeit	18

HwO § 87 4. Teil. Organisation des Handwerks

I. Pflichtaufgaben

1 **1. Die erwähnten Aufgaben sind Pflichtaufgaben.** Sie zielen zunächst auf die Förderung des Gesamtinteresses des selbstständigen Handwerks und handwerksähnlichen Gewerbes und der gemeinsamen Interesse aller Innungen im Bezirk der Kreishandwerkerschaft. Zum Begriff der Interessenvertretung vgl. Anm. I.1. zu § 91.

2 Daneben tritt die Unterstützung der einzelnen Innungen. Dies auch so weit, dass die Kreishandwerkerschaft auf Ansuchen einer Mitgliedsinnung (zu stellen vom Innungsvorstand, aber nur auf Grund eines Beschlusses der Innungsversammlung) deren Geschäfte zu führen hat.

3 **2.** Zu den **Pflichtaufgaben** der Kreishandwerkerschaft gehört auch die Durchführung von Vorschriften und Anordnungen der Handwerkskammer. Wegen der Frage, in welchem Umfang die Kreishandwerkerschaft für die Handwerkskammer tätig werden muss, vgl. die Ausführungen in Anm. I.10. zu § 54. Aufgaben, die die Handwerkskammern selbst durchführen müssen, können nicht auf die Kreishandwerkerschaft abgewälzt werden.

4 Die **Kostenregelung** wurde 1965 nur eingeführt, um im Interesse der Kreishandwerkerschaften den praktisch schon seit jeher durchgeführten Grundsatz einer angemessenen Kostenbeteiligung der Handwerkskammer auch gesetzlich festzulegen (vgl. den schriftlichen Bericht der Abgeordneten Schulhoff und Lange, BT-Drucks. IV/3461 S. 17 Nr. 61). Diese Vorschrift ergibt also keineswegs, dass die Kreishandwerkerschaften generell finanziell zu unterstützen seien, etwa in Form von Schlüsselzuweisungen.

5 Dies bedeutet, dass die Durchführung von Anordnungen der Handwerkskammer den Kreishandwerkerschaften grundsätzlich nicht ohne entsprechende Kostenbeteiligung übertragen werden soll. Es muss sich aber immer um von der Handwerkskammer ausdrücklich zugewiesene Aufgaben handeln; eine Kostenbeteiligung ist nicht vorgesehen; wenn es sich etwa um Aufgaben oder Pflichten handelt, die der Kreishandwerkerschaft direkt vom Gesetz auferlegt wurden. Den dafür notwendigen Aufwand muss die Kreishandwerkerschaft aus ihrem eigenen Vermögen oder Beitragsaufkommen decken (§ 73 Abs. 1 i. V. m. § 89 Abs. 1 Nr. 5).

6 Reine Verwaltungskostenzuschüsse an Kreishandwerkerschaften zur Deckung der Personal- und Sachkosten und zum Ausgleich des Haushalts kann die Handwerkskammer auch nach anderen Vorschriften der Handwerksordnung nicht gewähren: Die Handwerkskammern dürfen nur Ausgaben leisten, die unmittelbar aus den ihnen ob-

Aufgaben **§ 87 HwO**

liegenden Aufgaben und aus ihrer gesetzlichen und satzungsgemäßen Tätigkeit erwachsen. § 113 sieht ausdrücklich vor, dass Handwerkskammerbeiträge nur erhoben werden dürfen zur Deckung der Kosten, die aus der Tätigkeit der Handwerkskammer selbst erstehen. Die finanzielle Unterstützung von Kreishandwerkerschaften über § 87 Nr. 6 hinaus ist jedoch im Gesetz an keiner Stelle vorgesehen.

Durch die Formulierung „angemessen zu beteiligen" ist ausgedrückt, dass nicht ein reines Entgeltsystem gewollt ist. Im Regelfall wird die Kreishandwerkerschaft auch bei Auftragsangelegenheiten einen Teil ihrer Kosten selbst tragen müssen. Es ist also nicht so, dass gerade die großen und daher ohnehin leistungsfähigen Kreishandwerkerschaften die größten Zuschüsse erhalten müssen, sondern nach dem Prinzip der Angemessenheit können durchaus die beitragsschwachen Kreishandwerkerschaften bevorzugt werden. 7

II. Freiwillige Aufgaben

Freiwillige Aufgaben, die in der Satzung festzulegen sind, kann die Kreishandwerkerschaft übernehmen, jedoch nur, so weit sie die oben unter I. gezogenen Grenzen nicht überschreiten. Auch hier haben also das Interesse des Gesamthandwerks und der handwerklichen Gewerbe, sowie die gemeinsamen Interessen der Handwerksinnungen des Bezirks im Vordergrund zustehen. 8

Die Beratung durch eine berufsständische Einrichtung muss die gleichen Anforderungen erfüllen wie die durch einen Rechtsanwalt, also umfassend und möglichst erschöpfend sein. Für evtl. nachteilige Folgen einer fehlerhaften Beratung muss die Institution einstehen (vgl. OLG Düsseldorf vom 16. 1. 2001, GewA 2001, 205). 9

Wettbewerbsverstöße nach dem UWG kann die Kreishandwerkerschaft im eigenen Namen verfolgen (OLG Hamm vom 3.10. 1989, GewA 1990, 102). Näheres siehe Rdn. 53 zu § 54. Zum Unterlassungsanspruch einer KHW gegen einen Verband, der ohne behördliche Erlaubnis die Rechtsberatung von Handwerkern betreibt, vgl. OLG Zweibrücken vom 13. 6. 1997, NJWE-WettbR 1998, 55. 10

1. Für Einzelhandwerker oder -gewerbetreibende, die ihr über eine Innung korporativ angeschlossen sind, kann die Kreishandwerkerschaft auch unmittelbar tätig werden: 11

a) Die Kreishandwerkerschaften sind befugt, sog. **Buchstellen, Inkassostellen** (dazu BGH vom 12. 7. 1990, GewA 1991, 36 = BB 1990, 2068) und andere Einrichtungen zu schaffen, in denen individuelle Interessen der einzelnen Mitglieder vertreten werden (BVerwG 12 vom 16. 5. 1957, GewA 1958, 730 = BB 1957, 662). Bei ihrer Hilfeleistung sind diese Institutionen auf die selbstständigen Handwerker im Sinne des § 52 Abs. 1 HwO beschränkt, dürfen also z. B. nicht auch für deren Mitarbeiter tätig werden. Daraus ist abzuleiten, dass die Hilfe in einem sinnvollen sachlichen Zusammenhang mit der wirtschaftlichen Tätigkeit des Betriebes stehen muss. Vgl. auch *Heck,* Wi-Verw. 1999, 100; LG Kleve vom 1. 9. 2005, GewA 2006, 167. Kritisch zur Gebührenfrage äußert sich *Creutzig,* GewA 1970, 124, mit Entgegnung *Vetter,* GewA 1970, 199 und 310. Zu einem Rechtsanwalts-Rahmenvertrag mit einer Einziehungsstelle vgl. OLG Hamm vom 25. 3. 1982, WRP 1982, 536 = GewA 1983, 27

13   b) Die **Rechtsberatung** ist der Kreishandwerkerschaft gem. Art. 1 § 3 RBerG erlaubt, die dafür auch Gebühren verlangen darf (BGH vom 30. 11. 1954, NJW 1955, 422; AG Olpe vom 28. 3. 1962, GewA 1962, 177 und sehr streng AG Waiblingen vom 7. 5. 1969, GewA 1969, 276; OLG Köln vom 8. 3. 1972, BB 1972, 636; OLG München vom 12. 1. 1989, GewA 1990, 103, bestätigt BGH vom 12. 7. 1990, GewA 1991, 36). Vgl *Heck,* GewA 1982, 48. Der Rechtsprechung kann entnommen werden, dass eine strikte Beschränkung der Beratung auf den rein betrieblichen Bereich nicht vorausgesetzt wird; bei einem nicht engherzig zu beurteilenden wirtschaftlichem Zusammenhang mit der Tätigkeit des Handwerkers sind auch private Fragen zulässig, z. B. hinsichtlich des Erbrechts. Zur Frage der Geltendmachung von Rechtsberatungsgebühren gegenüber Nichtinnungsmitgliedern vergleiche den Fall AG Düsseldorf vom 2. 4. 1970, GewA 1970, 203.

14   Zur **Steuerberatung** vgl. BGH vom 12. 7. 1990, GewA 1991, 233 = NJW 1991, 1759; s. auch *Scholtissek,* GewA 1991, 210.

15   **2. Auftreten vor Gericht.** Die Kreishandwerkerschaft ist als solche nicht vertretungsberechtigt. So weit im Rahmen der vorgenannten Rechtsbetreuung ein Auftreten vor Gericht erforderlich ist, ist dies dem Geschäftsführer oder gegebenenfalls einem sonstigen Bediensteten nur möglich, wenn er durch die Satzung oder eine besondere Vorstandsvollmacht hierzu befugt ist. Kein Anspruch besteht auf eine aktive Vertretung durch einen Rechtsanwalt (HessVGH vom 30. 7. 1968, GewA 1969, 169).

16   Unabhängig davon sind selbstverständlich die entsprechenden Sonderbestimmungen in den einzelnen Prozessordnungen zu beachten. So wäre z. B. vor den ordentlichen Gerichten gem. § 157 ZPO die Zulassung als Prozessagent nötig; die als Voraussetzung hierfür notwendige Erlaubnis nach Art. 1 § 1 RBerG kann aber seit 1981 nicht mehr erteilt werden (für die frühere Rechtslage vgl. AG Esslin-

Mitgliederversammlung **§ 88 HwO**

gen vom 3. 2. 1969, GewA 1969, 227). Für die Verwaltungsgerichtsbarkeit siehe OVG NRW vom 22. 2. 1967 Az. VIII B 564/66, „Die Personalvertretung" 1969, 65. Hinsichtlich des Bundessozialgerichts vgl. BSG vom 31. 7. 1963, GewA 1964, 206 und vom 20. 1. 1971, DVBl. 1971, 410

Vor den Landesarbeitsgerichten kann ein Kreishandwerkerschafts-Geschäftsführer im Hinblick auf § 11 Abs. 2 ArbGG nicht auftreten (BAG vom 8. 12. 1960, GewA 1961, 83 = NJW 1961, 623 = BB 1961, 179). Dort auftreten kann er jedoch in seiner Eigenschaft als Innungsgeschäftsführer, was aber eindeutig erkennbar sein muss (LAG Düsseldorf vom 8. 8. 1961, BB 1962, 563). 17

III. Keine Tariffähigkeit

Tariffähig ist die Kreishandwerkerschaft nicht; dies bringt das Gesetz dadurch zum Ausdruck, dass es eine Vorschrift, entsprechend dem § 54 Abs. 3 Nr. 1 nicht aufgenommen hat. 18

§ 88 [Mitgliederversammlung]

¹**Die Mitgliederversammlung der Kreishandwerkerschaft besteht aus Vertretern der Handwerksinnungen.** ²**Die Vertreter oder ihre Stellvertreter üben das Stimmrecht für die von ihnen vertretenen Handwerksinnungen aus.** ³**Jede Handwerksinnung hat eine Stimme.** ⁴**Die Satzung kann bestimmen, daß den Handwerksinnungen entsprechend der Zahl ihrer Mitglieder bis höchstens zwei Zusatzstimmen zuerkannt und die Stimmen einer Handwerksinnung uneinheitlich abgegeben werden können.**

1. Organe der KHW sind nach § 89 in Verbindung mit § 60 Mitgliederversammlung, Vorstand und Ausschüsse. 1

Zur arbeitsrechtlichen Stellung des Geschäftsführers vgl. BAG vom 11. 4. 1997, GewA 1997, 421). 2

2. Zuständigkeit und Beschlussfassung der Mitgliederversammlung s. §§ 61, 62 und 64, so weit nach § 89 anwendbar. In der Mitgliederversammlung werden die Innungen offiziell durch ihren Vorstand vertreten. Da das Gesetz aber den Vorstand hier nicht ausdrücklich erwähnt, kann die Innungsversammlung einen besonderen Vertreter und gleichzeitig für ihn einen Stellvertreter wählen. Die Vertretung der einzelnen Innungen durch den jeweiligen Obermeister ist die Regel, aber nicht zwingend vorgeschrieben; es können 3 auch andere Mitglieder als Delegierte entsandt werden. Hat eine Innung nach der Satzung mehr als eine Stimme, dann können auch entsprechend mehr Vertreter aufgestellt werden. Die Satzung kann und sollte Abweichungen von dem Grundsatz der einheitlichen Stimmabgabe zulassen, der in der Praxis bei geheimen Abstimmungen sonst unüberwindliche Schwierigkeiten aufwirft.

§ 89 [Anwendbarkeit von Vorschriften]

(1) **Auf die Kreishandwerkerschaft finden entsprechende Anwendung:**
1. **§ 53 und § 55 mit Ausnahme des Absatzes 2 Nummern 3 und 7 sowie hinsichtlich der Voraussetzungen für die Änderung der Satzung § 55 Abs. 2 Nr. 10,**
2. **§ 56 Abs. 1 und Abs. 2 Nr. 1,**
3. **§ 60 und § 61 Abs. 1, Abs. 2 Nr. 1 bis 5, 7 und hinsichtlich der Beschlußfassung über die Änderung der Satzung Nummer 8; die nach § 61 Abs. 2 Nr. 1 bis 3, 7 und 8 gefaßten Beschlüsse bedürfen der Genehmigung der Handwerkskammer,**
4. **§ 62 Abs. 1, Abs. 2 Sätze 1 und 2 sowie Abs. 3,**
5. **§§ 64, 66, 67 Abs. 1 und §§ 73 bis 77.**

(2) ¹Wird die Kreishandwerkerschaft durch die Handwerkskammer aufgelöst, so wird das Vermögen der Kreishandwerkerschaft in entsprechender Anwendung der §§ 47 bis 53 des Bürgerlichen Gesetzbuchs liquidiert. ²§ 78 Abs. 2 gilt entsprechend.

1 1. Wegen der Bedeutung der **anwendbaren Vorschriften** wird auf die Anmerkungen zu ihnen verwiesen. Der Wortlaut der Nr. 1 kann zu Missverständnissen führen: § 55 Abs. 2 Nr. 10, deren Anwendbarkeit schon durch den Hinweis auf § 55 gegeben wäre, soll nicht ausgeschlossen werden, wie der Wortlaut „mit Ausnahme" vermuten ließe, sondern entsprechend anwendbar sein, allerdings nur mit dem Inhalt: „Die Voraussetzungen für die Änderung der Satzung". Der weitere Inhalt der Nr. 10 (Auflösung der Handwerksinnung, Erlass und Änderung der Nebensatzungen) kann auf Kreishandwerkerschaften keine Anwendung finden, da diese nicht durch Beschluss der Mitgliederversammlung aufgelöst werden können und da ihnen die Errichtung von Unterstützungskassen untersagt ist (§ 87 umfasst nicht die Vorschrift des § 54 Abs. 3 Nr. 2 und § 89 verweist nicht auf § 57).

2 2. Finanziert wird die Kreishandwerkerschaft in gleicher Weise wie die Innung. Die **Beiträge** müssen auch hier vorteilsgerecht be-

Handwerkskammern §90 **HwO**

messen werden. Wirtschaftlich leistungsstärkere Mitglieder haben in der Regel einen höheren Nutzen von ihrer KHW. Die Beitragsgrundlagen – auch für evtl. Geschäftsführungskosten – müssen vorher in der Satzung eindeutig festgelegt werden (Nds. OVG vom 25. 9. 1998, GewA 1999, 121 und 125).

3. Die Liquidation findet in derselben Weise statt, wie bei Auflösung einer Innung (vgl. bei § 78). Es ist zwar nach Auflösung der Kreishandwerkerschaft stets unverzüglich eine neue zu errichten (vgl. Anm. II. zu § 86). Dennoch kann das verbleibende Vermögen der aufgelösten Kreishandwerkerschaft auf die neue nur dann übertragen werden, wenn diese in der Satzung der aufgelösten als anfallsberechtigt bezeichnet war (§ 55 Abs. 2 Nr. 11 in Verbindung mit § 89 Abs. 1 Nr. 1).

3

Vierter Abschnitt. Handwerkskammern

§ 90 [Handwerkskammern]

(1) **Zur Vertretung der Interessen des Handwerks werden Handwerkskammern errichtet; sie sind Körperschaften des öffentlichen Rechts.**

(2) **Zur Handwerkskammer gehören die Inhaber eines Betriebs eines Handwerks und eines handwerkähnlichen Gewerbes des Handwerkskammerbezirks sowie die Gesellen, andere Arbeitnehmer mit einer abgeschlossenen Berufsausbildung und die Lehrlinge dieser Gewerbetreibenden.**

(3) [1]**Zur Handwerkskammer gehören auch Personen, die im Kammerbezirk selbständig eine gewerbliche Tätigkeit nach § 1 Abs. 2 Satz 2 Nr. 1 ausüben, wenn**

1. **sie die Gesellenprüfung in einem zulassungspflichtigen Handwerk erfolgreich abgelegt haben,**
2. **die betreffende Tätigkeit Bestandteil der Erstausbildung in diesem zulassungspflichtigen Handwerk war und**
3. **die Tätigkeit den überwiegenden Teil der gewerblichen Tätigkeit ausmacht.**

[2]**Satz 1 gilt entsprechend auch für Personen, die ausbildungsvorbereitende Maßnahmen erfolgreich absolviert haben, wenn diese Maßnahmen überwiegend Ausbildungsinhalte in Ausbildungsordnungen vermitteln, die nach § 25 erlassen worden sind und insgesamt einer abgeschlossenen Gesellenausbildung im Wesentlichen entsprechen.**

459

(4) ¹Absatz 3 findet nur unter der Voraussetzung Anwendung, dass die Tätigkeit in einer dem Handwerk entsprechenden Betriebsform erbracht wird. ²Satz 1 und Absatz 3 gelten nur für Gewerbetreibende, die erstmalig nach dem 30. Dezember 2003 eine gewerbliche Tätigkeit anmelden. ³Die Handwerkskammer hat ein Verzeichnis zu führen, in welches die Personen nach § 90 Abs. 3 und 4 ihres Bezirks nach Maßgabe der Anlage D Abschnitt IV zu diesem Gesetz mit dem von ihnen betriebenen Gewerbe einzutragen sind (Verzeichnis der Personen nach § 90 Abs. 3 und 4 der Handwerksordnung).

(5) ¹Die Handwerkskammern werden von der obersten Landesbehörde errichtet; diese bestimmt deren Bezirk, der sich in der Regel mit dem der höheren Verwaltungsbehörde decken soll. ²Die oberste Landesbehörde kann den Bezirk der Handwerkskammer ändern; in diesem Fall muß eine Vermögensauseinandersetzung erfolgen, welche der Genehmigung durch die oberste Landesbehörde bedarf. ³Können sich die beteiligten Handwerkskammern hierüber nicht einigen, so entscheidet die oberste Landesbehörde.

Übersicht

	Rdn.
I. Handwerkskammern	1
1. Interessenvertretung des Gesamthandwerks	1
2. Körperschaft des öffentlichen Rechts	3
II. Zugehörigkeit	5
1. Kreis der Zugehörigen	5
2. Pflichtmitgliedschaft verfassungsmäßig	9
III. Errichtung	12
1. Zuständig oberste Landesbehörde	12
2. Rechtspflicht zur Errichtung	13
3. Bezirk	14
4. Änderungen des Bezirks	17
a) Allgemeines	18
b) Vermögensauseinandersetzung	19
IV. Insolvenzfähigkeit	20

Literatur: *Diefenbach,* Einwirkungen des EU-Rechts auf das deutsche Kammerrecht, GewA 2006, 217; *ders.,* Zur Organstruktur der Handwerks- und der Industrie- und Handelskammmern, GewA 2006, 313; *Ennuschat/Tille,* Unterlassungsansprüche von Kammermitgliedern gegen Äußerungen des DIHK, GewA 2007, 24; *Hahn,* Verwaltungsstreitverfahren zwischen Kammern und ihren Mitgliedern, GewA 2003, 217; *Jahn,* Wirtschaftliche und freiberufliche Selbstverwaltung durch Kammern – Standortbestimmung und Entwicklungsperspektiven –, GewA 2002, 353; *ders,* Die Änderungen im Recht der Industrie- und Handelskammern per 1. 1. 2004, GewA 2004, 41; *Kluth,* IHK-

Mitgliedschaft weiter mit dem Grundgesetz vereinbar?, NVwZ 2002, 198; *Meyer,* Regionale Kammergliederungen, GewA 2006, 227; Meyer, Der Kammerbezirk, GewA 2006, 305; *Stober,* Kammern der Wirtschaft: Mehr als Pflichtmitgliedschaft?, GewA 2001, 393; *Tettinger,* Kammerrecht, 1997.

I. Die Handwerkskammern

1. Handwerkskammern sind **„Interessenvertretung des Handwerks".** Der Begriff „Handwerk" umfasst weiterhin das gesamte Handwerk im Sinne der HwO, nämlich die zulassungspflichtigen Handwerke der Anlage A sowie die zulassungsfreien Handwerke und das handwerksähnliche Gewerbe (Anlage B), und schließlich unter gewissen Voraussetzungen auch das Kleingewerbe, wie sich aus den klarstellenden Absätzen 2 bis 4 ergibt. Im Gegensatz zu den Innungen und Kreishandwerkerschaften haben jedoch die Handwerkskammern ihr Augenmerk nicht zunächst auf die Interessen der selbstständigen Handwerker (als Unternehmer) zu richten, sondern die des Handwerks als solchen zu fördern (vgl. dazu unten II.1. und § 94). Daneben hat die Handwerkskammer als Selbstverwaltungsorgan die Aufgabe,

„diejenigen zur Regelung der Verhältnisse des Handwerks erlassenen gesetzlichen Bestimmungen, welche noch einer Ergänzung der Einzelvorschriften bedürfen und fähig sind, für ihren Bezirk weiter auszubauen, die Durchführung der gesetzlichen und der von ihr selbst erlassenen Vorschriften in ihrem Bezirk zu regeln und so weit erforderlich durch besondere Beauftragte zu überwachen, und endlich solche auf die Förderung des Handwerks abzielende Veranstaltungen zu treffen, zu deren Begründung und Unterhaltung die Kräfte der lokalen Organisation nicht ausreichen."

So die selbst heute immer noch zutreffende Begründung zur Handwerkernovelle von 1897, auf die die Errichtung von Handwerkskammern zurückgeht.

Mit der Begründung „Interessenvertretung" kann die Kammer **2** nicht einfach alle denkbaren Aufgaben an sich ziehen und mit Beiträgen der Kammerangehörigen finanzieren; was dem Gemeinwohl dient, muss letztlich der Staat entscheiden (vgl. BayVGH vom 17. 11. 1999, GewA 2000, 60). Zum Parallelfall IHK vgl. *Stober,* GewA 1992, 41 und *Stoltmann,* WuV 1998, 224. *Stober* (GewA 2001, 393, 396) schreibt dazu treffend:

„Staatsorganisatorisch und rechtsstaatlich betrachtet sind Kammern Ausdruck der Funktionenteilung zwischen Staat und Wirtschaft. Sie kombinieren Staatsferne mit Selbstverantwortung für wirtschaftliche Angelegenheiten. Sie setzen Satzungsrecht, verwalten ihre Angelegenheiten, und nehmen Schlichtungsaufgaben wahr. Deshalb geht der Aufgaben- und Tätigkeitsbereich ... weit über das Element Selbstverwaltung hinaus. Diese zusätzliche Machtverteilung begrenzt und mäßigt die Staatsgewalt. Sie eröffnet neue Entscheidungsräume und minimiert Normierungs- und Vollzugsdefizite. Zusätzlich bewirkt das bewährte Nebeneinander von Haupt- und Ehrenamt eine horizontale Gewaltenteilung ..."

Über die Aufgaben im Einzelnen, s. § 91.

3 2. **Körperschaften des öffentlichen Rechts** sind die Handwerkskammern; vgl. dazu Rdn. 1 zu § 53. Als solche sind sie rechtsfähig. Zur Grundrechtsfähigkeit öffentlich-rechtlicher Körperschaften vgl. BVerfG vom 20. 12. 1979, NJW 1980, 1093. Zu ihrer Errichtung siehe unten III.

4 Die Handwerkskammern gelten als Verbände zur Förderung gewerblicher Interessen im Sinne des Wettbewerbsrechts (vgl. § 13 UWG). − In Planungsangelegenheiten (vgl. § 2 Abs. 5 BBauG), in Handelsregistersachen (§ 126 FGG), in Wehrdienstangelegenheiten (dazu vgl. etwa BVerwG vom 8. 11. 1996, BayBl. 1997, 184 = GewA 1999, 206 und vom 17. 10. 1997, NVwZ-RR 1998, 439) u. dgl. sind sie als Träger öffentlicher Belange beteiligt und haben ein eigenes Antrags- und Beschwerderecht (siehe dazu § 91 Abs. 3).

II. Zugehörigkeit zur Handwerkskammer

5 1. Durch Abs. 2−4 ist klargestellt, wer der Handwerkskammer angehört und auf wen sich daher ihr statutarisches Recht erstreckt. Außer den selbstständigen Inhabern eines Gewerbebetriebes der Anlagen A oder B gehören zu diesem Personenkreis die Gesellen und Lehrlinge dieser Gewerbetreibenden, sowie andere Arbeitnehmer mit abgeschlossener Berufsausbildung, gleich welcher Art (*Schmitz,* GewA 2005, 953).

6 Eine Sonderregelung gilt für Kleingewerbetreibende, die ihr Gewerbe nach dem 31. 12. 2003 angemeldet haben. Sie gehören nach Abs. 3 dann zur Handwerkskammer, wenn sie die Gesellenprüfung in einem zulassungspflichtigen Handwerk abgelegt haben, ihre Tätigkeit Bestandteil der Erstausbildung in diesem Handwerk war, und wenn die Tätigkeit den überwiegenden Teil ihres gewerblichen Tuns ausmacht. Nach Satz 2 können auch andere Qualifizierungen die abgelegte Gesellenprüfung ersetzen. Die Zuordnung zum Handwerk ist damit eine Qualifikationsfrage. Dazu ausführlich *Jahn*, GewA 2004, 41.

Aus dem Kreis der Kammerangehörigen mit Ausnahme der Kleingewerbetreibenden des Abs. 3 wird nach näherer Bestimmung der §§ 93 ff. und der Satzung die Mitgliederversammlung (Vollversammlung) gewählt, die die eigentliche Interessenvertretung darstellt (§ 94). Ein Angehöriger der HWK, der nicht der Vollversammlung angehört, hat also dort kein eigenes Antragsrecht (VG Würzburg vom 24. 11. 1992, GewA 1993, 246; vgl. auch *Jahn*, WuV 2004, 133 und *Hahn*, WuV 2004, 178).

Der genannte Personenkreis gehört der Handwerkskammer ausnahmslos und zwingend kraft Gesetzes an. Es besteht also Zwangs- oder besser Pflichtmitgliedschaft (vgl. dazu immer noch *Fröhler*, GewA 1962, 169. Ausführlich zum Problem der Pflichtmitgliedschaft auch *Stober*, GewA 1996, 184).

2. Die Pflichtzugehörigkelt zur Handwerkskammer verstößt nicht gegen die Verfassung. Das Grundgesetz gewährt, wie allgemein anerkannt ist, kein Recht auf schrankenlose individuelle Betätigung; das allgemeine Freiheitsrecht des Art. 2 Abs. 1 GG besteht vielmehr nur im Rahmen bestimmter immanenter Schranken und findet seine Grenze insbesondere in der verfassungsmäßigen Ordnung und der Rechts- und Sozialstaatsklausel des Art. 20 Abs. 1 GG. In diesem Sinne ist nicht nur die allgemeine Schulpflicht, die Steuer- und Sozialversicherungspflicht, sondern auch eine gesetzlich angeordnete Pflichtzugehörigkeit zu Berufsverbänden des öffentlichen Rechts mit dem Grundrecht des Art. 2 Abs. 1 GG vereinbar. Die öffentlich-rechtlichen Berufskörperschaften üben die verfassungsmäßige Verwaltungstätigkeit des Staates in mittelbarer Weise aus.

Da es sich bei diesem Aufgabenbereich um Funktionen handelt, die der Staat ebenso in unmittelbarer Zuständigkeit erledigen könnte, so kann sich der Einzelne dem Wirken des Selbstverwaltungsverbandes ebenso wenig entziehen, wie er sich den Einwirkungen durch die unmittelbaren Verwaltungstätigkeiten des Staates entziehen könnte. Wählt der staatliche Gesetzgeber bei der Ausgliederung von Verwaltungsaufgaben die Form einer Selbstverwaltungskörperschaft auf verbandsförmiger Grundlage, so stehen einer zwangsweisen Zusammenfassung aller die selben persönlichen Merkmale aufweisenden Staatsbürger zu dieser Institution keine rechtsstaatlichen Bedenken entgegen (vgl. auch *Föhr*, NJW 1975, 617).

Hinsichtlich der Zwangsmitgliedschaft zu den Industrie- und Handelskammern hat das Bundesverfassungsgericht diese Grundsätze ausdrücklich bestätigt (zuletzt BVerfG vom 7. 12. 2001, GewA 2002, 111 mit Anm. *Jahn*). Die Pflichtmitgliedschaft verstößt auch nicht gegen den EG-Vertrag (VG Lüneburg vom 12. 12. 1994, GewA 1995, 473; VGH BW vom 2. 12. 1997, GewA 1998, 164) oder die Menschenrechtskonvention (vgl. VG Würzburg vom 29. 11. 1995, GewA 1996, 161). Für den Parallelfall der IHK s. *Gornig,* WuV 1998, 157 und *Kluth,* NVwZ 2002, 198.

III. Errichtung

12 **1. Die oberste Landesbehörde ist für die Errichtung zuständig.** Die Errichtung ist kein Verwaltungsakt, sondern ein – allerdings durch die Vorschriften der HwO gebundener – Organisationsakt.

13 **2. Die Handwerkskammern müssen errichtet werden.** Dies ist bundesweit seit langem geschehen.

14 **3. Der Bezirk der Handwerkskammer** ist bei der Errichtung zu bestimmen, wobei zweckmäßigerweise gleich nach § 105 die Satzung erlassen wird (vgl. § 105 Abs. 2 Nr. 1). Ausführlich *Meyer,* GewA 2006, 227 sowie GewA 2006, 305.

15 Es sollten keine Kammern geschaffen würden, die als Zwergkammern mit einer Betriebszahl von wenigen tausend Betrieben ihre Betreuungsaufgabe nicht erfüllen könnten. Ebenso aber sollten auch Mammutkammern verhindert werden, weil dort die Gefahr der Verbürokratisierung sehr groß ist. Im Zuge der Entwicklung, die generell zu weniger, aber dafür größeren Handwerksbetrieben geführt hat, konnte man zuletzt **15 000 bis 20 000 Betriebe** als sinnvoll ansehen (vgl. auch *Wagener,* GewA 1979, 73).

16 Im Hinblick auf die überall schon bestehenden Kammern sind diese Überlegungen augenblicklich zwar nur von untergeordneter Bedeutung. Allerdings verschaffen die in verschiedenen Bundesländern durchgeführten oder beabsichtigten Gebietsreformen diesen Grundsätzen immer wieder neue Aktualität, falls sich Auswirkungen auf die Struktur der Handwerkskammerorganisation ergeben. Dazu vergleiche *Kreppner,* GewA 1971, 121; *Kormann,* GewA 1979, 281; sowie die nachfolgende Nr. 4. Außerdem ist zu erwarten, dass die neue Konzeption der HwO zu einer Strukturveränderung führt: Ein-Mann-Gründungen, wenn auch nur kurzlebig, werden nach vorn drängen.

17 **4. Änderungen des Bezirks** sind nicht ausgeschlossen.

Aufgaben **§ 91 HwO**

a) Ist die Handwerkskammer errichtet, so kann die oberste Lan- 18
desbehörde sie jedoch nicht mehr nach freiem Ermessen wieder beseitigen (vgl. § 115 Abs. 2). Eingriffe in den Besitzstand, wozu auch die Änderung des Bezirks (Verkleinerung ebenso wie Vergrößerung) gehören, sind wie die Errichtung der Kammern Organisationsakte. Sie können je nach dem Einzelfall in Form einer Rechtsverordnung ergehen (so VO über die HWK-Neuabgrenzung in Nordrhein-Westfalen vom 1. 3. 1977, GVBl. NRW S. 95; dagegen ist das Normenkontrollverfahren möglich: vgl. OVG NRW vom 21. 5. 1981, GewA 1981, 291), oder als beschwerende Verwaltungsakte. (Im Einzelnen OVG NRW vom 17. 10. 1974, GewA 1975, 194; VG Halle vom 27. 9. 1995, GewA 1996, 75; siehe auch OVG NRW vom 21. 5. 1981, GewA 1981, 375, dazu *Weides,* GewA 1981, 366).

b) Normalerweise bedingt eine Bezirksänderung eine **Vermö-** 19
gensauseinandersetzung der beteiligten Kammern; es ist ein Teil des Vermögens der Kammer, das einen Teil ihres Bezirks abzugeben hat, auf die Kammer zu übertragen, die ihn aufnimmt. Als Maßstab wird das Verhältnis der ausscheidenden zu den verbleibenden Mitgliedern gewählt werden können. Die Vermögensauseinandersetzung bedarf der Genehmigung durch die oberste Landesbehörde.

IV. Insolvenzfähigkeit

Die Insolvenzfähigkeit ist etwa für die Frage der Insolvenzsiche- 20
rung von Bedeutung (s. BVerwG vom 10. 12. 1981, BB 1982, 372 = NJW 1983, 59). Im Gegensatz zu Innung und Kreishandwerkerschaft (§§ 77, 89) schweigt das Gesetz dazu. Daraus lässt sich aber nicht zwingend der Schluss ableiten, die Kammern seien nicht insolvenzfähig (dazu *Heck,* DHBl. 1982, 441). Die Rechtslage ist von Land zu Land unterschiedlich. Dazu generell BVerfG vom 23. 2. 1982, NJW 1982, 2859. Vgl. auch *Gundlach,* DÖV 2000, 815 und *Gundlach/ Frenzel/Schmidt,* NVwZ 2001, 778.

§ 91 [Aufgaben]

(1) **Aufgabe der Handwerkskammer ist insbesondere,**
1. **die Interessen des Handwerks zu fördern und für einen gerechten Ausgleich der Interessen der einzelnen Handwerke und ihrer Organisationen zu sorgen,**
2. **die Behörden in der Förderung des Handwerks durch Anregungen, Vorschläge und durch Erstattung von Gutachten zu**

unterstützen und regelmäßig Berichte über die Verhältnisse des Handwerks zu erstatten,
3. die Handwerksrolle (§ 6) zu führen,
4. die Berufsausbildung zu regeln (§ 41), Vorschriften hierfür zu erlassen, ihre Durchführung zu überwachen (§ 41a) sowie eine Lehrlingsrolle (§ 28 Satz 1) zu führen,
4a. Vorschriften für Prüfungen im Rahmen einer beruflichen Fortbildung oder Umschulung zu erlassen und Prüfungsausschüsse hierfür zu errichten,
5. Gesellenprüfungsordnungen für die einzelnen Handwerke zu erlassen (§ 38), Prüfungsausschüsse für die Abnahme der Gesellenprüfungen zu errichten oder Handwerksinnungen zu der Errichtung von Gesellenprüfungsausschüssen zu ermächtigen (§ 37) und die ordnungsmäßige Durchführung der Gesellenprüfungen zu überwachen,
6. Meisterprüfungsordnungen für die einzelnen Handwerke zu erlassen (§ 50) und die Geschäfte des Meisterprüfungsausschusses (§ 47 Abs. 2) zu führen,
7. die technische und betriebswirtschaftliche Fortbildung der Meister und Gesellen zur Erhaltung und Steigerung der Leistungsfähigkeit des Handwerks in Zusammenarbeit mit den Innungsverbänden zu fördern, die erforderlichen Einrichtungen hierfür zu schaffen oder zu unterstützen und zu diesem Zweck eine Gewerbeförderungsstelle zu unterhalten,
8. Sachverständige zur Erstattung von Gutachten über Waren, Leistungen und Preise von Handwerkern zu bestellen und zu vereidigen,
9. die wirtschaftlichen Interessen des Handwerks und die ihnen dienenden Einrichtungen, insbesondere das Genossenschaftswesen zu fördern,
10. die Formgestaltung im Handwerk zu fördern,
11. Vermittlungsstellen zur Beilegung von Streitigkeiten zwischen Inhabern eines Betriebs eines Handwerks und ihren Auftraggebern einzurichten,
12. Ursprungszeugnisse über in Handwerksbetrieben gefertigte Erzeugnisse und andere dem Wirtschaftsverkehr dienende Bescheinigungen auszustellen, soweit nicht Rechtsvorschriften diese Aufgaben anderen Stellen zuweisen,
13. die Maßnahmen zur Unterstützung notleidender Handwerker sowie Gesellen und anderer Arbeitnehmer mit einer abgeschlossenen Berufsausbildung zu treffen oder zu unterstützen.

(2) Die Handwerkskammer kann gemeinsam mit der Industrie- und Handelskammer Prüfungsausschüsse errichten.

Aufgaben §91 HwO

(3) **Die Handwerkskammer soll in allen wichtigen das Handwerk und das handwerksähnliche Gewerbe berührenden Angelegenheiten gehört werden.**
(4) **Absatz 1 Nr. 1, 2 und 7 bis 13 findet auf handwerksähnliche Gewerbe entsprechende Anwendung.**

Übersicht

	Rdn.
I. Aufgabenbereiche	1
1. Pflichtaufgaben	1
a) Interessenvertetung	3
aa) Berichte, Vorschläge, Anträge	4
bb) Kein Rechtsanspruch	5
cc) Zugehörigkeit zu Spitzenverbänden	7
dd) Keine aktive Parteipolitik	10
b) Führung der Handwerksrolle	11
c) Berufsausbildung	12
aa) Wirkungsbereich	12
bb) Rechtsnatur	17
cc) Überwachung	18
d) Gesellenprüfungsordnung	21
e) Meisterprüfungsordnung	22
f) Handwerksförderung	23
aa) Fortbildungseinrichtungen	24
bb keine Wirtschaftsbetriebe	25
g) Bestellung und Vereidigung von Sachverständigen	26
aa) Sachverständigenordnung	27
bb) Allgemeines	28
cc) Voraussetzungen	30
– Befähigung	31
– Bedürfnis	32
– Altersgrenze	33
dd) Besondere Sachverständigenpflichten	34
ee) Werbeverbot	38
h) Wirtschaftsförderung	39
i) Formgebung	40
j) Vermittlungsstellen	41
k) Ausstellen von Ursprungszeugnissen	42
l) Keine Unterstützungskassen	43
2. Weitere Pflichtaufgaben	44
II. Freiwillige Aufgaben	46
1. Rechtsberatung	49
2. Inkassostellen	53
3. Kammerzeitung	54
III. Vernachlässigung der Aufgaben	56
IV. Ausbildungsvorschriften für nichthandwerkliche Lehrlinge	57
V. Kein Anspruch auf Anhörung	60

Literatur: *Bleutge,* Die besondere Sachkunde nach § 36 GewO, GewA 1975, 147; *ders.,* Sachverständigenberuf und Sachverständigenrecht, GewA 2007, 184; *Bockelmann,* Kammern und Verbände im System der Berufsbildung, NJW 1974, 1105; Siehe auch OLG München vom 20. 10. 1994, GewA 1995, 297; *Bünger,* Sachverständige und Verbraucher, GewA 1998, 231; *Fehling,* Neuere Entwicklungen bei den Rechtsverordnungen für Meisterprüfungen im Handwerk, GewA 2003, 45; *Fröhler/Kormann,* Die Handwerkskammer als Unternehmer, GewA 1984, 177; *Grütters,* Informationsfreiheit auch gegenüber Industrie- und Handelskammer?, GewA 2002, 270; *Heck,* Neue Muster-SVO des DHKT, WiVerw. 99, 126; *ders.,* Schieds-, Schlichtungs- und Inkassowesen im Handwerk, WiVerw. 1999, 100; *Honig,* Rechtsprobleme der überbezirklichen Innungen, GewA 1972, 233; *Jahn,* IHK-Wirtschaftsförderung durch Beteiligung an Anlagen und Einrichtungen, GewA 2001, 146; *ders.,* Zum Wettbewerbs- und Ehrenschutz von Wirtschaftskammern, GewA 2002, 183; *ders.,* Zur Höchstaltersgrenze für öffentlich bestellte und vereidigte Sachverständige, GewA 1991, 247; *Kormann,* Steuerberatung als Service-Leistung der Handwerkskammern, GewA 1988, 249; *Kormann/Lutz/Rührmair,* Service-Einrichtungen des Handwerks als Gesellschaften des Privatrechts, GewA 2003, 89, 144; *Kormann/Schinner-Stör,* Rechtsdienstleistungen durch öffentlich-rechtliche Handwerksorganisationen, GewA 2004, 265; *Maiwald,* Handwerksorganisation und wirtschaftliche Unternehmungen, GewA 1990, 46; *Mussgnug,* Die Selbstverwaltung des Handwerks, DHBl. 1975, 411; *Schotthöfer,* GewA 1977, 213; *Stober/Domke,* Mitgliederklagen bei Selbstverwaltungskörperschaften, GewA 1985, 145; *Wolff,* Erreichen Gutachten ihre Adressaten?, NJW 1993, 1510.

I. Aufgabenbereiche

1 Die **Aufgaben der Handwerkskammer** lassen sich in drei große Bereiche gliedern:
– Interessenvertretung nach außen;
– Ordnung nach innen;
– Wahrnehmung abgeleiteter Hoheitsfunktionen.
Vgl. hierzu auch *Möllering,* WiVerw. 2006, 261.

2 1. Die **Pflichtaufgaben** sind in Abs. 1 aufgezählt, jedoch nicht erschöpfend. Im Einzelnen:

3 a) Nrn. 1, 2: Bei der **Förderung der Handwerksinteressen** hat die Kammer stets das Handwerk ihres Bezirks als Ganzes zu sehen, wobei die handwerksähnlichen Gewerbe einbezogen sind (Abs. 4). Unter diesem Gesichtspunkt hat sie z. B. auch für eine erfolgreiche Zusammenarbeit aller in ihrem Bezirk tätigen Handwerksorganisationen zu sorgen. Hierher gehören weiter Maßnahmen für die Fortbildung und die praktische überbetriebliche Lehrlingsunterweisung gem. § 26a (so Nds. OVG vom 30. 7. 1974, GewA 1974, 388). Im Rahmen der Inte-

Aufgaben **§ 91 HwO**

ressenvertretung kann auch durch Presseerklärungen auf Missstände hingewiesen werden. Der Inhalt solcher Erklärungen muss aber sorgsam recherchiert sein, ggfs. auch durch Anhörung der Betroffenen (vgl. OLG Stuttgart vom 28. 1. 2004, Az. 4 W 2202). Vgl. in diesem Zusammenhang auch generell *Rickert,* WuV 2004, 153.

aa) Anregungen wird die Kammer vor allem in regelmäßigen Berichten bringen; sie kann aber auch sonst jederzeit Vorschläge zur Förderung des Handwerks unterbreiten und erforderlichenfalls auch förmliche Anträge stellen. Diese sind an die Stelle zu richten, die für die betreffende Maßnahme zuständig ist. Bei Vorschlägen von allgemeiner Bedeutung empfiehlt sich die Einschaltung der (nicht in der HwO geregelten) Spitzenorganisationen des Handwerks wie Deutscher Handwerkskammertag (DHKT), Zentralverband des deutschen Handwerks (ZdH) und Bundesvereinigung der Fachverbände des deutschen Handwerks (BFH). Dass auch die Volksvertretungen angerufen werden können, ergibt sich schon aus dem Petitionsrecht des Art. 17 GG. Es ist Pflicht der Kammer, auf Ersuchen einer Behörde dieser Gutachten zu erstatten (vgl. BVerfG vom 5. 3. 1974, NJW 1974, 689). Bei vertraulichen und daher nicht nachprüfbaren Informationen ist Vorsicht angebracht (vgl. OLG Düsseldorf vom 27. 8. 1971, MDR 1972, 55). 4

bb) Ein Rechtsanspruch auf eine bestimmte Form der Interessenvertretung, z. B. darauf, dass die Handwerkskammer einen bestimmten Vorschlag einer Behörde zuleitet, ist nicht eingeräumt, weder einer Innung oder einer sonstigen Organisation, noch dem einzelnen Handwerker. Die Auffassung, Mitglieder öffentlicher Zwangsverbände hätten einen im Verwaltungsrechtsweg verfolgbaren Anspruch darauf, dass ihre Organisation sich nicht mit Aufgaben befasst, die ihr der Gesetzgeber nicht zugewiesen hat (so BVerwG vom 26. 9. 1969, NJW 1970, 292), kann nicht Allgemeingültigkeit beanspruchen. Es kommt immer auf den jeweiligen Einzelfall an; ein generelles Aufsichtsrecht der eingetragenen Handwerker oder gar aller Angehörigen im Sinne des § 90 Abs. 2 muss jedoch verneint werden (vgl. OVG Rh.-Pf. vom 3. 6. 1981, GewA 1982, 336; s. auch *Stober/ Domke,* GewA 1985, 145). 5

Es besteht auch keine allgemeine Informationsfreiheit der Mitglieder oder gar der Öffentlichkeit dergestalt, dass jederzeit und über alles Akteneinsicht gewährt werden müsste. Dazu bedarf es einer speziellen gesetzlichen Grundlage wie etwa in § 29 VwVfG, der den Verfahrensbeteiligten bei entsprechendem rechtlichen Interesse Akteneinsicht zugesteht (vgl. für IHK *Grütters,* GewA 2002, 270). Andernfalls wäre z. B. die besondere Regelung des Einsichtsrechts in die Handwerksrolle in § 6 entbehrlich gewesen. 6

HwO § 91 4. Teil. Organisation des Handwerks

7   cc) Die fehlende „**paritätische Mitbestimmung**" und im Zusammenhang damit die Struktur der Handwerkskammern und insbesondere ihre Zugehörigkeit zu den oben genannten, privatrechtlich organisierten Spitzenorganisationen DHKT und ZdH wird immer wieder angegriffen. Da das „Handwerk", dessen Interessen die Handwerkskammern zu vertreten haben, seinen Schwer- und Zentralpunkt soziologisch, wirtschaftlich und vor allem historisch gesehen, im selbstständigen Betriebsinhaber hat, kann es nicht illegitim sein, wenn sich die Kammern bei ihrer interessenfördernden Tätigkeit vornehmlich gerade der Interessen des selbstständigen Handwerkers annehmen. Es ist nicht einzusehen, warum die Grundsätze des Bundesverfassungsgerichts, das in seiner Handwerksentscheidung vom 17. 7. 1961 die Stärkung und Förderung gerade des selbstständigen handwerklichen Mittelstandes als legitimes Ziel der staatlichen Gesetzgebung bezeichnet hat, jetzt nicht mehr gelten sollten. Zum andern kommt in einer schwerpunktmäßigen Verlagerung auf die Vertretung der Interessen des selbstständigen Handwerks eine soziologische Besonderheit des Handwerks als Berufsstand zum tragen, in dem soziologische Spannungsverhältnisse zwischen Selbstständigen und Unselbstständigen dadurch wesentlich gemildert sind, dass im Handwerk gerade jetzt der Unselbstständige sowohl dem Wollen wie der Möglichkeit nach als potenzieller Selbstständiger, das heißt als künftiger selbstständiger Betriebsinhaber, zu betrachten ist. Dieser Ausrichtung auf den künftigen Aufstieg zum selbstständigen Handwerker ist bereits in der rechtlichen Ausgestaltung des handwerklichen Ausbildungs- und Prüfungswesens Rechnung getragen. Für die Handwerkskammern sind Umfang und Grenzen ihres interessenvertretenden Funktionsbereichs durch die Vorschriften der 90 und 91 Abs. 1 geregelt und durch den überkommenen, vom Staat anerkannten Rahmen abgesteckt.

8   Die Handwerkskammer kann dementsprechend privatrechtlichen Vereinigungen beitreten, in denen vornehmlich wirtschaftliche Interessen des selbstständigen Handwerks gefördert und die selbstständigen Handwerksbetriebe politisch gegenüber Staat und Gesellschaft vertreten werden (dazu ausführlich *Fröhler/Oberndorfer,* WiVerw, 1981, 137). Es besteht für die Handwerkskammer kein Verbot solcher Mitgliedschaft, sofern sie sich im Rahmen ihres eben umschriebenen Aufgabenbereichs hält, denn auch die wirtschaftliche Stärkung des Handwerks und damit des selbstständigen Handwerksbetriebs ist Aufgabe der Handwerkskammer (BVerwG vom 10. 6. 1986, GewA 1986, 298 = NJW 1987, 338).

9   Bei dieser Sachlage ist es den Handwerkskammern auch nicht verwehrt, die Finanzierung derartiger, vornehmlich der Vertretung der

Aufgaben § 91 HwO

Interessen des selbstständigen Handwerks dienender privatrechtlicher Zusammenschlüsse durch Mitgliedsbeiträge sicherzustellen und in ihren Haushaltsplänen entsprechende Haushaltsmittel als Ausgabeposten bereitzustellen. Die oberste Landesbehörde kann im Rahmen ihrer Aufsicht diesbezüglichen Haushaltsansätzen die Genehmigung nicht versagen, da es sich um Ansätze für legitime handwerksfördernde Zwecke handelt. Der Handwerkskammer steht insoweit ein verwaltungsgerichtlich verfolgbarer Rechtsanspruch auf Haushaltsgenehmigung zu (vgl. auch OVG NRW vom 26. 9. 1974, GewA 1975, 117 = NJW 1975, 1475).

dd) Aktive Parteipolitik widerspricht der Pflicht der Handwerks- 10 kammern, objektiv und sachgerecht die gemeinsamen Interessen des Handwerks wahrzunehmen. Ein Herantreten an politische Parteien und eine Förderung von Bestrebungen der Parteien, die im Interesse des Handwerks liegen, also eine insofern politische Vertretung des Handwerks gegenüber Staat und Gesellschaft, kann indessen der Handwerkskammer nicht versagt werden (vgl. auch *Mussgnug,* DHBl. 1975, 411).

b) Nr. 3: Führung der Handwerksrolle. Es wird auf die An- 11 merkungen zu §§ 6 bis 15 verwiesen. Hier wie bei allen Verwaltungsaufgaben gilt, dass Kammermitarbeiter die erforderlichen Rechts- und Verwaltungskenntnisse haben müssen, denn die HWK haftet für schuldhaft falsche Auskünfte oder gar Zusicherungen (dazu BGH vom 28. 9. 1995, NVwZ-RR 1996, 65).

c) Nr. 4: aa) Berufsausbildung. Durch das Berufsbildungsge- 12 setz wurde das Recht und die Pflicht der Handwerkskammer zum Erlass von Durchführungsvorschriften noch stärker herausgestrichen (vgl. § 41 und Anmerkungen dazu. Ein Verstoß gegen das Grundrecht der freien Berufswahl (Art. 12 Abs. 1 Satz 1 GG) liegt darin nicht; geregelt ist die Berufsausübung (vgl. Artikel 12 Abs. 1 Satz 2 GG). Kritisch *Bokelmann,* NJW 1974, 1105.

Um verbindlich zu sein, müssen derartige Vorschriften von der 13 Vollversammlung erlassen, durch die Oberste Landesbehörde genehmigt und veröffentlicht worden sein (vgl. § 106 Abs. 1 Nr. 8 und Abs. 2). Die Vorschriften sind Rechtsnormen. Die Rechtsetzungsbefugnis ist den Kammern als den Trägern der Handwerkerselbstverwaltung eingeräumt. Wirksam zu Stande gekommene Ausbildungsvorschriften gelten daher für sämtliche der Handwerkskammer angeschlossene Betriebe und deren Lehrlinge (vgl. § 90 Abs. 2).

Umgekehrt gelten die Vorschriften nicht weiter, als der Bezirk der 14 Handwerkskammer reicht. Erstreckt sich eine Innung über den Bezirk der Kammer hinaus, so ist sie zwar deren Aufsicht unterworfen (§ 75); sie muss aber die Vorschriften und Anordnungen auch der anderen Kammern jeweils für deren Bezirk durchführen (vgl. *Honig,* GewA 1972, 233).

15 Innungen können von ihrer subsidiären Normsetzungsbefugnis auf diesem Gebiet (vgl. Anm. I.3. zu § 54) nur Gebrauch machen, wenn und so weit die Kammer keine Vorschriften erlassen hat. Sind Innungsvorschriften zu Recht ergangen und gibt die Kammer später ihrerseits entsprechende Vorschriften, so verlieren sie damit ihre verbindliche Kraft. Die Kammervorschriften sollten aber der Klarheit wegen die Innungsvorschriften ausdrücklich aufheben.

16 Vorschriften zur Berufsbildung kann die Kammer nur als Selbstverwaltungsorgan des Handwerks erlassen. Inhaltlich sind sie also beschränkt auf gewerbe-, insbesondere handwerksrechtliche Regelungen. Ihr Rahmen ist abgesteckt durch die Vorschriften der §§ 21ff. und die des Berufsbildungsgesetzes; Vorschriften, die diesen Rahmen überschreiten, sind ungültig. Es kann vor allem die bürgerlich- und arbeitsrechtliche Seite des Lehrverhältnisses nicht geregelt werden.

17 **bb)** Die Anordnung und Durchführung überbetrieblicher Lehrlingsausbildungsmaßnahmen durch die Kammer hat ihre Grundlage nicht in § 91 Abs. 1 Nr. 4, sondern ist Ausfluss allgemeiner Grundsätze (vgl. VG Hannover vom 26. 1. 1971, GewA 1971, 161 mit zustimmender Anm. *Syben;* im gleichen Sinne VG Oldenburg v. 23. 2. 1972, GewA 1972, 124); siehe auch § 26a.

18 **cc)** Die **Ausbildungsvorschriften und Prüfungsordnungen** sind trotz bundesrechtlicher Ermächtigung landesrechtliche Rechtsvorschriften im Range unter einem Gesetz (BayVGH vom 28. 3. 1963, GewA 1963, 207). Es kann daher gegen den Beschluss der Vollversammlung, der die Ausbildungsvorschriften erlässt, keine Anfechtungsklage erhoben werden, da kein Verwaltungsakt vorliegt; dagegen ist das Normenkontrollverfahren gemäß § 47 VwGO eröffnet, so weit die Länder von dieser Ermächtigung Gebrauch gemacht haben.

19 Ob die Vorschriften mit dem Grundgesetz übereinstimmen, ist der Prüfung durch das Bundesverfassungsgericht (über Art. 100 Abs. 1 GG) nicht unterworfen, da es sich nicht um Gesetze im formellen Sinn handelt. Das BVerfG kann also nur auf Verfassungsbeschwerde (vgl. §§ 90ff. des Gesetzes über das Bundesverfassungsgericht) tätig werden. Der Verwaltungsrichter, der die Vorschriften im Einzelfall anzuwenden hat, ist berechtigt und verpflichtet, sie darauf zu prüfen, ob sie das Grundgesetz nicht verletzen. Im Übrigen wird die Vereinbarkeit mit dem Verfassungsrecht schon von der obersten Landesbehörde im Genehmigungsverfahren nach § 106 Abs. 2 untersucht.

20 Die **Durchführung der Ausbildungsvorschriften** hat die Kammer zu überwachen, u. zwar bei den Innungen wie bei den selbstständigen Handwerkern ihres Bezirks. Sie muss sich dabei be-

Aufgaben **§ 91 HwO**

sonderer Beauftragter bedienen (s. dazu § 41 a). Werden bei der Überwachung Verstöße gegen Ausbildungsvorschriften festgestellt, so kann die Kammer Ordnungsgelder (§ 112) verhängen oder erforderlichenfalls weitere Maßnahmen einleiten (§ 23 a).
Wegen der Lehrlingsrolle s. § 28.

d) Nr. 5. Die Gesellenprüfungsordnungen (§ 38) enthalten 21 Rechtsnormen; es gilt daher das in Buchst. c. Aufgeführte auch hier. Zu beachten ist, dass sich die Gesellenprüfungsordnung an den einschlägigen Richtlinien des Bundesausschusses für Berufsbildung gemäß § 38 Abs. 1 Satz 3 orientieren muss (dazu vgl. *Breitmeier,* BB 1972, 275). Die Errichtung der Gesellenprüfungsausschüsse ist, sofern sie nicht bei den Innungen gebildet werden, eine Pflicht der Kammern (§ 33).

e) Nr. 6. Auch die **Meisterprüfungsordnungen** sind Rechts- 22 vorschriften, so dass auf Buchst. c. verwiesen werden kann. Weil der Erlass dieser durch die jeweilige HWK zu recht unterschiedlichen Regelungen führte und außerdem sehr verwaltungsaufwändig war, wurde unter dem Namen Meisterprüfungs-Verfahrensordnung (MPVerfO) diese am 31. 12. 2001 bundeseinheitlich erlassen (BGBl. I 4154). Den Handwerkskammern bleiben allerdings weiterhin eigene Regelungsspielräume für Einzelfragen. Dazu *Fehling,* GewA 2003, 45.

f) Nr. 7: Nur Einrichtungen zur technischen und betriebs- 23 **wirtschaftlichen Fortbildung** von ein handwerkliches- oder handwerksähnliches Gewerbe Betreibenden (Abs. 4) darf die Kammer schaffen, unterstützen und unterhalten. Kernstück ist die entsprechende individuelle Beratung der Betriebe; dazu vgl. OVG Schleswig-Holstein vom 16. 12. 1985, GewA 1986, 201. Zur Haftung der Betriebsberater siehe *Schotthöfer,* GewA 1977, 213 und *Webers,* GewA 1997, 405.

aa) Wenn das Gesetz auch die Begriffe Fachschulen oder Fach- 24 kurse nicht ausdrücklich erwähnt, so sind derartige Einrichtungen dennoch eingeschlossen. Unter dem üblicherweise verwendeten Namen **Gewerbeförderungsanstalt, Berufsbildungs- und Technologiezentrum (BTZ)** oder ähnlich haben derartige Einrichtungen der Handwerkskammern im Gegenteil große praktische Bedeutung. Verbreitet sind Auftragsmaßnahmen etwa der Arbeitsverwaltung (dazu BSG vom 12. 5. 1998, NZS 1999, 56). Zu DVS-Schweißkursen vgl. VG Saarlouis vom 29. 3. 1974, GewA 1974, 390. Der Kammer sind Fortbildungskurse nicht verwehrt, auch wenn sie damit in Konkurrenz zu anderen Anbietern, etwa einer Innung, tritt (vgl. OLG Celle vom 14. 8. 1996, WRP 1997, 38).

bb) Nicht erlaubt sind der Handwerkskammer **wirtschaftende** 25

HwO § 91 4. Teil. Organisation des Handwerks

Unternehmen; an solchen kann sie sich normalerweise auch nicht beteiligen (vgl. auch BayVGH vom 17. 11. 1999, GewA 2000, 60). Erlaubt ist aber z. B. eine, allerdings nicht dominierende, Beteiligung an der örtlichen Messegesellschaft (BayVGH vom 4. 2. 1987, GewA 1987, 202). Wegen der Beteiligung an einer Steuerberatungsgesellschaft vgl. *Sternberg,* GewA 1989, 374. Im Einzelnen gilt das dazu zu § 54 Gesagte entsprechend. Siehe auch VGH BW vom 15. 8. 1994, GewA 1994, 464. Vgl. ferner *Fröhler/Kormann,* GewA 1984, 177; *Maiwald,* Handwerksorganisation und wirtschaftliche Unternehmungen, GewA 1990, 46. Vgl. in diesem Zusammenhang *Kormann/Lutz/ Rührmair,* GewA 2003, 89 und 144. Siehe in diesem Zusammenhang auch *Jahn,* GewA 2001, 146 (zu BVerwG vom 19. 9. 2000, GewA 2001, 161 = NVwZ-RR 2001, 93).

26   **g) Nr. 8.** Über **die Bestellung und Vereidigung von Sachverständigen** (hierzu *Bleutge,* GewA 2007, 184) sind von der Vollversammlung gemäß § 106 Abs. 1 Nr. 10 Vorschriften zu erlassen, die der Genehmigung durch die oberste Landesbehörde bedürfen (§ 106 Abs. 2) und als Rechtsvorschriften anzusehen sind (VG Hannover vom 4. 2. 1982, GewA 1982, 268).

27   **aa)** Diese Vorschriften der Kammer (SVO) müssen die Voraussetzungen regeln, die der zum Sachverständigen zu Ernennende erfüllen muss, ihm Unparteilichkeit auferlegen und zweckmäßigerweise auch anordnen, dass die Bestellung jederzeit widerruflich ist. Dazu siehe *Heck,* WiVerw. 1999, 126. Die SVO kann der HWK keine förmliche Disziplinargewalt einräumen (vgl. VG Neustadt/Weinstr. vom 26. 1. 2001, GewA 2001, 339).

28   **bb)** Die zu bestellenden Sachverständigen können, müssen aber nicht selbstständige Handwerker sein (z. B. auch Techniker, Ingenieure, Fachlehrer); erforderlich ist aber praktische Berufserfahrung (Nds. OVG vom 15. 6. 1977, GewA 1977, 377). Zum Sachverständigen kann nur bestellt werden, wer seinen Betrieb oder zumindest seinen Wohnsitz im Kammerbezirk hat; er muss dort jederzeit problemlos erreicht werden können (VG Magdeburg vom 25. 8. 1994, GewA 1995, 340).

29   **Auf die Bestellung als Sachverständiger ist kein Rechtsanspruch eingeräumt** (BVerwG vom 29. 5. 1957, GewA 1958, 78 und vom 24. 6. 1975, GewA 1975, 334; BayVGH vom 14. 12. 1972, GewA 1974, 21).

Das Erlöschen der öffentlichen Bestellung beendet nicht die Berufstätigkeit des Sachverständigen, nur dessen offizielle Position. Auch ohne öff. Bestellung kann im Grunde jedermann Gutachten erstatten. Zum „selbst ernannten" Sachverständigen vgl. BGH vom 6. 2. 1997, GewA 1998, 243.

cc) Wegen der **Voraussetzungen für eine Sachverständigen-** 30
bestellung s. § 2 MSVO. Vgl. auch Nds. OVG vom 17.6. 1991,
GewA 1991, 384; ferner *Bleutge,* GewA 1975, 147. Der Bewerber
muss in geordneten Vermögensverhältnissen leben; bei Konkurs fehlt
es an dieser Voraussetzung (VG Münster vom 9. 11. 1993, GewA
1996, 380). Die von der Kammer über einen Bewerber eingeholten
vertraulichen Auskünfte sind geheim, sofern nicht bewusst falsche
Angaben gemacht wurden (OVG Berlin vom 3. 3. 1971, NJW 1971,
1378 = GewA 1971, 155; OVG Rh.-Pf. vom 6. 5. 1976, GewA
1976, 329; VG Berlin vom 4. 8. 1981, GewA 1982, 24; Nds. OVG,
GewA 1988, 192; vgl. VerfGH Rh.-Pf. vom 4. 11. 1998, GewA
1999, 244).

– Selbstverständliche Voraussetzung ist eine überdurchschnittliche 31
fachliche Befähigung. Zum Sachkundenachweis vgl. BVerwG
vom 26. 6. 1990, GewA 1990, 355 (dazu *Kamphausen,* GewA 1991,
124 und *Weidhaas,* GewA 1991, 367). Zu den Anforderungen an
einen Kfz.-Sachverständigen OLG Köln vom 8.9. 1997, GewA
1998, 245 = NZA 1998, 32. Zum entsprechenden Wissen und Können gehört auch die Fähigkeit, dieses nachvollziehbar zu präsentieren
(vgl. *Wolff,* NJW 1993, 1510). Unverwertbare Gutachten brauchen
nicht bezahlt zu werden (OLG Koblenz vom 27. 11. 1992, BB 1993,
1975). – Ebenso notwendig ist die entsprechende charakterliche Zuverlässigkeit (vgl. VG Freiburg vom 6. 2. 1976, GewA 1976, 288; VG
München vom 23. 1. 1996, GewA 1996, 248; OLG Saarbrücken vom
2. 12. 1998, NZV 1999, 167); Bedenken können sich diesbezüglich
auch aus Verkehrsstraftaten ergeben (BVerwG 15. 11. 1991, NVwZ-
RR 1992, 351). Begeht der Sachverständige im Rahmen seiner Gutachtertätigkeit Straftaten, so kann ihm die Bestellung mit sof. Vollziehbarkeit widerrufen werden (VG Gelsenkirchen vom 14. 5. 1993,
GewA 1993, 478: Kfz.-Sachverständiger stiehlt aus begutachteten
Autos). Durch das Sachverständigenamt begünstigte Straftaten können auch dann zum Widerruf der Bestellung führen, wenn das Strafverfahren eingestellt wurde. Nach einem Widerruf kommt eine Neubestellung nur in Betracht, wenn alle Bedenken gegen die Eignung
ausgeräumt sind; bloßer Zeitablauf genügt nicht (vgl. VG Gelsenkirchen vom 16./17. 7. 1997, GewA 1997, 414f.).

– Es kann eine **Bedürfnisprüfung** vorgesehen werden, ohne dass 32
darin ein Verstoß gegen Art. 12 Abs. 1 GG – Grundrecht auf freie Berufswahl – läge, denn wer als Sachverständiger bestellt werden soll,
muss schon einen Beruf ausüben und in diesem sich sogar besonders
bewährt haben, so dass die Bestellung nur eine zusätzliche Befugnis
gibt und somit unter Art. 12 Abs. 1 Satz 2 GG fällt. Vgl. dazu BVerwG
vom 3. 2. 1986, GewA 1986, 127; BayVGH vom 14. 8. 1986, GewA

1986, 382. Das „Bedürfnis" ist ein unbestimmter Rechtsbegriff und somit eine an Fakten zu ermittelnde tatbestandliche Voraussetzung für die nachfolgende Ermessensentscheidung (OVG Lüneburg vom 23. 11. 1990, GewA 1991, 227). Das Bundesverfassungsgericht präzisiert, dass es nur um das abstrakte Bedürfnis gehe, also um die Frage, ob auf dem fraglichen Gebiet ein Sachverständiger überhaupt nötig sei; eine konkrete Bedürfnisprüfung hält es für unzulässig (BVerfG vom 25. 3. 1992, NJW 1992, 2621 = GewA 1992, 272; dazu *Jahn,* JuS 1993, 643 und *Schulze-Werner,* GewA 2005, 181 zu § 36 Abs. 1).

33 – Möglich ist auch eine **Altersgrenze** (dazu *Jahn,* GewA 1991, 247). Sie sollte bei 65 Jahren liegen (vgl. § 2 Abs. 2 Nr. 2 MSVO); eine Verlängerung über das 70. Lebensjahr hinaus ist wenig sinnvoll. Ausführlich zur ganzen Problematik nicht nur der Altersgrenze VGH Mannheim vom 18. 9. 1990, NVwZ-RR 1991, 358. Die Einführung einer generellen Höchstaltersgrenze von 68 Jahren verstößt nicht gegen Verfassungsrecht (BVerfG vom 16. 11. 1990, NVwZ 1991, 358 = GewA 1991, 103). Zur Altersgrenze ferner OVG Lüneburg vom 26. 11. 1975, GewA 1976, 126; VG Arnsberg vom 14. 12. 1978, GewA 1979, 195; VG Berlin vom 21. 2. 1979, GewA 1980, 89; VG Köln vom 9. 6. 1988, GewA 1988, 329; siehe auch BVerfG vom 4. 5. 1983, NJW 1983, 2869 und BayVerfGH vom 12. 5. 1989, GewA 1989, 236 = NJW 1990, 898 LS. Umgehungsversuch vgl. LG Ffm. vom 11. 6. 1997, GewA 1997, 416.

34 **dd)** Ihre Tätigkeit dürfen sie nur in dem von Nr. 8 gezogenen Rahmen ausüben, der aber weit auszulegen ist. Gutachtensaufträge kann ein öffentlich bestellter Sachverständiger nur im Ausnahmefall ablehnen (§ 10 MSVO).

35 Zu Fragen der **Vergütung** vgl. OLG Düsseldorf vom 20. 8. 1991, NJW-RR 1992, 1087. Zum 1. 7. 2004 wurde das bisherige ZSEG durch das Justizvergütungs- und Entschädigungsgesetz (JVEG) abgelöst.

36 Interessant in diesem Zusammenhang ist ein Beschluss des OLG Stuttgart vom 2. 4. 1965 (BB 1965, 604), dass ein Innungsobermeister als Sachverständiger in einem ein Innungsmitglied betreffenden Prozess stets wegen **Befangenheit** abgelehnt werden könne, da eine gewisse Subjektivität auf der Hand liege und sogar Pflicht eines Obermeisters sei. Ebenso LG München vom 12. 4. 1976, NJW 1976, 1642. – Ein Mitbewerber kann befangen sein, allerdings nicht, wenn es eine Vielzahl von Konkurrenten in der Gegend gibt. Auf mögliche, bei ihm gegebene Befangenheitsgründe muss der Sachverständige von sich aus vor Auftragsübernahme hinweisen.

37 Verschwiegenheit und unparteiische Aufgabenerfüllung gehören zu den Grundvoraussetzungen (§§ 9, 16 MSVO). Dies bedeutet z. B.,

Aufgaben § 91 HwO

dass der Sachverständige von ihm festgestellte Mängel grundsätzlich nicht später in seinem Betrieb beheben darf.

ee) Mit der Sachverständigen-Eigenschaft darf nicht geworben werden (OLG Celle vom 3. 1. 1968, BB 1968, 316; vgl. auch BayObLG vom 23. 10. 1975, WRP 1976, 202). Nur der offiziell bestellte und vereidigte Sachverständige darf den amtlichen Rundstempel führen (st. Rspr., z. B. OLG München vom 26. 3. 1981, WRP 1981, 483; OLG Bamberg vom 9. 12. 1981, WRP 1982, 158; OLG Frankfurt vom 16. 8. 1982, WRP 1983, 123; einschränkend OLG Stuttgart vom 3. 10. 1986, WRP 1987, 334). Wegen der straf- und zivilrechtlichen Folgen der fälschlichen Bezeichnung als öffentlich bestellter Sachverständiger *Bremer,* BB 1974, 210. Siehe auch OLG München vom 20. 10. 1994, GewA 1995, 297; *Bünger,* GewA 1998, 231. 38

h) Nr. 9. Förderung der wirtschaftlichen Interessen des Handwerks s. Anm. I.1. zu § 90; Förderung des Genossenschaftswesens s. Anm. I.7. zu § 54. Nicht zulässig sind eigene Wirtschaftsbetriebe der HWK (vgl. oben Rdn. 25). 39

i) Nr. 10. Förderung der Formgebung bedeutet z. B. Durchführung von Schulungsmaßnahmen für Design. 40

j) Nr. 11. Vermittlungsstellen. Dazu vgl. *Heck,* WiVerw. 1999, 100; vgl. auch Anm. III.3. zu § 54. Die Vermittlungsstellen der Handwerkskammer können auch von den Auftraggebern und von Handwerkern angerufen werden, die keiner Innung angehören. Auf ihre organisatorische Struktur kommt es nicht an; es bedarf also keiner institutionalisierten Eigenständigkeit (OLG Karlsruhe vom 24. 11. 1982, GewA 1983, 227 = WRP 1983, 223). Ihre Aufgabe ist es, auf eine gütliche Einigung der Parteien hinzuwirken; irgendwelche Zwangsmittel oder eine eigene Entscheidungsgewalt stehen ihnen nicht zu. Die streitenden Parteien können sich aber durch förmlichen oder stillschweigenden Schiedsvertrag dem Spruch der Handwerkskammer unterwerfen. Eine in diesem Fall vor der Entscheidung der Vermittlungsstelle erhobene Klage ist als unzulässig abzuweisen (OLG Celle vom 31. 7. 1970, NJW 1971, 288). 41

k) Nr. 12. Ursprungszeugnisse müssen auch für Erzeugnisse eines innungsfremden Handwerksbetriebs ausgestellt werden. Verpflichtet zur Ausstellung überhaupt ist die Kammer nur, wenn eine Rechtsvorschrift (Gesetz, Verordnung, oft auch – besonders vom Bundeswirtschaftsministerium – Anordnung genannt) die Beibringung des Zeugnisses verlangt. Die Urprungszeugnisse sind vornehmlich zollrechtlich von Bedeutung und werden daher in erster Linie von exportierenden Handwerksbetrieben benötigt. 42

l) Nr. 13. Unterstützungskassen wie die Innungen (vgl. § 54 Abs. 3 Nr. 2) können die Kammern nicht errichten; das Gesetz hätte 43 andernfalls nähere Regelungen treffen oder etwa auf § 57 verweisen müssen. Auch Zuweisungen an die Unterstützungskassen der im Bezirk bestehenden Innungen müssen als unzulässig angesehen werden, da die Mittel der Handwerkskammer aus den Beiträgen aller Handwerker herrühren und daher nicht zur Unterstützung einer vielleicht nur geringen Minderheit verwendet werden dürfen. Es wird also im Wesentlichen bei der regelmäßigen Bereitstellung eines bestimmten Betrages im Haushaltsplan für Unterstützungszwecke verbleiben.

44 2. **Weitere Pflichtaufgaben** und gleichzeitig Befugnisse der Kammern sind die Stellungnahmen nach §§ 8 Abs. 3, 21 Abs. 3, 24 Abs. 3 usw., Genehmigung der Innungssatzung (§ 56), Genehmigung von Beschlüssen der Innungsversammlung (§ 61 Abs. 3), Einberufung und Leitung der Innungsversammlung in besonderen Fällen (§ 62 Abs. 3), Ausstellung der Bescheinigung über den Innungsvorstand (§ 66 Abs. 3), Aufsicht über die Innung (§ 75), Auflösung der Innung (§ 76).

45 So weit die erwähnten Vorschriften auch auf Kreishandwerkerschaften anwendbar sind, ist dies vor den Anmerkungen zu ihnen jeweils vermerkt.

II. Freiwillige Aufgaben

46 Die Kammer kann andere Aufgaben freiwillig übernehmen, sofern dies dem Sinn des Gesetzes entspricht. Aus den gesetzlich fixierten Kammeraufgaben in Verbindung mit § 90 Abs. 1 lässt sich ableiten, dass die Kammern alles tun können, was dem allgemeinen Interesse des Handwerks dienlich sein kann, sofern dem keine gesetzliche Vorschrift entgegensteht. Voraussetzung ist, dass die Übernahme dieser freiwilligen Aufgaben in der Satzung (vgl. § 105) vorgesehen ist.

47 Zusätzliche Aufgaben hoheitlicher Art kann die Handwerkskammer jedoch weder von sich aus übernehmen, noch können sie ihr von der obersten Landesbehörde übertragen werden. Der Umfang des Selbstverwaltungsrechts ist durch das Gesetz begrenzt.

48 Die Situation auf diesem ganzen Gebiet entspricht weitgehend der bei den Kreishandwerkerschaften; ergänzend kann daher auf die Anmerkungen zu § 87 verwiesen werden.

49 **1. Zur Rechtsberatung und -betreuung** ihrer Mitglieder ist die Handwerkskammer nach Art. 1 §§ 3, 7 RechtsberatungsG berechtigt. Wegen Art und Umfang des Anspruchs auf diese Dienste vgl. HessVGH. vom 30. 7. 1968, GewA 1969, 169 und VG Düssel-

dorf vom 12. 3. 2002, GewA 2002, 244; zur Pflicht, Auskünfte richtig, vollständig und unmissverständlich zu erteilen, vgl. BGH vom 27. 4. 1970, BB 1970, 823 = NJW 1970, 1414 und vom 5. 2. 1987, BB 1987, 922, jeweils mit weiteren Nachweisen. Wenn die Auskunft erkennbar für den Ratsuchenden von großer Bedeutung und wirtschaftlicher Tragweite ist, dann besteht eine erhöhte Sorgfaltspflicht. Glaubt der Berater, überfordert zu sein, dann muss er an einen sachkundigen Kollegen oder einen Rechtsanwalt verweisen (OLG Zweibrücken vom 14. 6. 1999, NVwZ-RR 2001, 799. Siehe auch LG Würzburg v. 20. 11. 1972, GewA 1973, 122).

Diese Beratung ist kein unlauterer Wettbewerb gegenüber den 50 niedergelassenen Rechtsanwälten (so OLG Karlsruhe vom 24. 11. 1982, WRP 1983, 223), eine öffentliche Werbung für die Rechtsberatung der Kammer ist jedoch nicht erlaubt (OLG Frankfurt vom 9. 7. 1981, NJW 1982, 1003).

Zur **Steuerberatung** vgl. *Kormann,* GewA 1988, 249 und *Sternberg,* GewA 1989, 374. Die steuerliche Betreuung erfolgt meist durch sog. Buchstellen. Diese dürfen jedoch nicht der Gewinnerzielung dienen (BFH vom 27. 10. 1955, BStBl. III S. 382). 51

Bei ihrer Beratungstätigkeit stehen die Kammern in einer Wettbewerbssituation zu gleichartigen freien Beratern mit allen Konsequenzen. Vgl. OLG Koblenz vom 11. 1. 2001, GewA 2001, 471. Dazu *Jahn,* GewA 2002, 183. – Bei der Benennung externer Berater ist die Kammer selbstverständlich zur Objektivität verpflichtet und darf nicht willkürlich Einzelne bevorzugen. 52

2. Sie kann **Inkassostellen** zur Einziehung von Handwerkerforderungen errichten (BVerwG vom 16. 5. 1957, GewA 1958, 130 = BB 1957, 662) und hierfür Gebühren berechnen, die vom Schuldner zu erstatten sind (OLG Köln vom 23. 7. 1986, GewA 1986, 341). Allgemein *Heck,* WiVerw. 1999, 100. Prozessführung ist möglich (LG Kleve vom 1. 9. 2005, GewA 2006, 167), auf jeden Fall unter Einschaltung eines Rechtsanwalts (vgl. auch OLG Köln vom 22. 10. 1993, VersR 1994, 197). 53

3. Sie können gegen das Handwerk berührende Wettbewerbsverstöße vorgehen und Unterlassungs-, ggfs. sogar Schadenersatzansprüche geltend machen: § 13 Abs. 2 Nr. 4 UWG. 54

4. Über ein reines Mitteilungsblatt hinaus kann die Kammer auch eine **Zeitung** mit allgemein wirtschaftspolitischem Inhalt herausgeben (vgl. ausführlich *Fröhler/Oberndorfer,* GewA 1974, 177; dazu kritisch *Reuß,* GewA 1974, 317; abschließend *Fröhler/Oberndorfer,* GewA 55

HwO § 91   4. Teil. Organisation des Handwerks

1975, 7. Für die vergleichbare Situation bei der Steuerberaterkammer vgl. OVG NRW vom 27. 9. 1978, NJW 1979, 231 und BVerwG vom 24. 9. 1981, GewA 1982, 52 = BB 1981, 2125; für Ärztekammer BVerwG vom 17. 12. 1981, GewA 1982, 124 = NJW 1982, 1300).

III. Vernachlässigung der Aufgaben

56 Siehe § 115 Abs. 2.

IV. Ausbildung nichthandwerklicher Lehrlinge

57 Zur Regelung des Ausbildungs- und Prüfungswesens für Lehrlinge in Handwerks- und handwerksähnlichen Betrieben, die keine Handwerkslehrlinge sind, ist die Kammer nicht verpflichtet, sondern nur befugt. Gedacht ist hier vor allem an die im Lebensmittelhandwerk beschäftigten Verkaufskräfte, oder an Büropersonal. Es liegt hier zwar eine gewisse Durchbrechung des Grundprinzips der HwO vor, wonach das Gesetz nur zur Regelung der Verhältnisse des Handwerks im eigentlichen Sinne bestimmt ist. Wirtschaftlich-tatsächlich ist aber auch hier der erforderliche Zusammenhang gegeben. Der Gesetzgeber hat der Kammer nicht eine ihr als Selbstverwaltungskörperschaft völlig fremde Aufgabe übertragen; denn an der Ausbildung und Prüfung der hier in Frage kommenden Lehrlinge sind auch die sie beschäftigenden Angehörigen der Handwerkskammer interessiert. Es kommt hinzu, dass in vielen Fällen diese Kräfte ihr gesamtes Berufsdasein in Handwerksbetrieben verbringen werden.

58 Vorschriften sind im Benehmen mit der im Bezirk der Handwerkskammer bestehenden Industrie- und Handelskammer zu erlassen. Da nicht „Einvernehmen" vorgeschrieben ist, kann an sich die Handwerkskammer nach Anhörung der Industrie- und Handelskammer frei entscheiden. Die Vorschriften bedürfen jedoch der Genehmigung der obersten Landesbehörde (§ 106 Abs. 1 Nr. 8, Abs. 2); diese wird darauf achten, dass begründete Vorschläge der Industrie- und Handelskammer berücksichtigt werden. Eine noch engere Verknüpfung würde durch die nach Abs. 2 Satz 2 bestehende Möglichkeit der Bildung gemeinsamer Prüfungsausschüsse in diesen Fällen bewirkt.

59 Die Industrie- und Handelskammer hat ein Recht auf Anhörung. Unterblieb diese, so sind die Vorschriften nichtig, auch wenn sie von der obersten Landesbehörde genehmigt wurden. Anfechtungsklage kann die Industrie- und Handelskammer nicht erheben, da es sich um Normsetzung handelt; auch hat sie kein Recht auf Berücksichtigung ihrer Vorschläge.

Organe der Handwerkskammer § 92 **HwO**

V. Kein Anspruch auf Anhörung

Kein genereller Rechtsanspruch auf Anhörung lässt sich aus Abs. 3 herleiten. Unterbleibt die durch diese allgemeine Norm vorgeschriebene Anhörung der Handwerkskammer, so hat dies weder die Fehlerhaftigkeit noch gar die Nichtigkeit eines Normsetzungs- oder Verwaltungsaktes zur Folge. 60

Etwas anderes gilt, wenn in speziellen Vorschriften für bestimmte Tatbestände ausdrücklich die Anhörung der Handwerkskammer angeordnet ist (vgl. z. B. § 126 FGG; § 2 Abs. 5 BBauG; § 2 Abs. 2 Nr. 2 UK-Verordnung). In diesen Fällen muss die Kammer gehört werden. Zu diesen Fragen vgl. OVG Lüneburg vom 14. 10. 1953, DVBl. 1954, 26; zur Bedeutung der Anhörung nach § 35 Abs. 4 GewO vgl. HessVGH vom 9. 4. 1974, GewA 1975, 294. Das Anhörungsrecht begründet aber kein generelles Antragsrecht (OLG Karlsruhe vom 9. 10. 1996, NJW-RR 1997, 1058). 61

Zur gutachtlichen Stellungnahme bei der Stadtplanung und Ortsbildgestaltung vgl. WuV 4/1995. 62

Wenn in Notfällen oder zu Übungszwecken Bundeswehr, THW o. dgl. handwerkliche Arbeiten ausführen, z. B. eine Halle errichten, eine Brücke bauen, dann ist eine **Unbedenklichkeitsbescheinigung** der Kammer vorgeschrieben, dass dadurch keine Interessen des Handwerks berührt werden. Zweckmäßigerweise vergewissert sich die HWK bei der zuständigen Innung, dass kein Handwerksbetrieb an den fraglichen Arbeiten interessiert ist. Gleiches gilt für entsprechende ABM-Einsätze. Die Betroffenen können eine solche Bescheinigung nicht isoliert gegenüber der Kammer einklagen, sondern nur inzident im Verfahren gegen die Arbeitsverwaltung auf Zuteilung der ABM-Kräfte. 63

§ 92 [Organe der Handwerkskammer]

Die Organe der Handwerkskammer sind
1. **die Mitgliederversammlung (Vollversammlung),**
2. **der Vorstand,**
3. **die Ausschüsse.**

1. Organe der Kammer sind nur die Vollversammlung (§ 93), der Vorstand (§§ 108, 109) und die Ausschüsse (§ 110). Der bei einer Innung errichtete Gesellenprüfungsausschuss ist nicht Kammer-, sondern Innungsorgan. Ausführlich *Diefenbach,* GewA 2006, 313. 1

HwO § 93 4. Teil. Organisation des Handwerks

2 **2. Weitere Organe kann auch die Satzung nicht einführen.** Der Geschäftsführer (s. § 106 Abs. 1 Nr. 3) und die Beauftragten nach § 111 Abs. 2 sind rechtlich Gehilfen des Vorstands, nicht jedoch eigene Kammerorgane. Vgl. auch Rdn. 3 zu § 106. Ausführlich hierzu Diefenbach, GewA 2006, 313.

§ 93 [Zusammensetzung der Vollversammlung]

(1) ¹Die Vollversammlung besteht aus gewählten Mitgliedern. ²Ein Drittel der Mitglieder müssen Gesellen oder andere Arbeitnehmer mit einer abgeschlossenen Berufsausbildung sein, die in dem Betrieb eines Gewerbes der Anlage A oder Betrieb eines Gewerbes der Anlage B beschäftigt sind.

(2) ¹Durch die Satzung ist die Zahl der Mitglieder der Vollversammlung und ihre Aufteilung auf die einzelnen in den Anlagen A und B zu diesem Gesetz aufgeführten Gewerbe zu bestimmen. ²Die Satzung kann bestimmen, dass die Aufteilung der Zahl der Mitglieder der Vollversammlung auch die Personen nach § 90 Abs. 3 und 4 zu berücksichtigen hat. ³Bei der Aufteilung sollen die wirtschaftlichen Besonderheiten und die wirtschaftliche Bedeutung der einzelnen Gewerbe berücksichtigt werden.

(3) Für jedes Mitglied sind mindestens ein, aber höchstens zwei Stellverteter zu wählen, die im Verhinderungsfall oder im Falle des Ausscheidens der Mitglieder einzutreten haben.

(4) ¹Die Vollversammlung kann sich nach näherer Bestimmung der Satzung bis zu einem Fünftel der Mitgliederzahl durch Zuwahl von sachverständigen Personen unter Wahrung der in Absatz 1 festgelegten Verhältniszahl ergänzen; diese haben gleiche Rechte und Pflichten wie die gewählten Mitglieder der Vollversammlung. ²Die Zuwahl der sachverständigen Personen, die auf das Drittel der Gesellen und anderer Arbeitnehmer mit einer abgeschlossenen Berufsausbildung anzurechnen sind, erfolgt auf Vorschlag der Mehrheit dieser Gruppe.

Übersicht

	Rdn.
1. Mitglieder der Vollversammlung	1
a) Allgemeines	2
b) Gesellenmitglieder	3
2. Satzungsregelungen	4
a) Zahl der Mitglieder	4
b) Sonstige Anforderungen	5
3. Zugewählte	7

Zusammensetzung der Vollversammlung § 93 HwO

1. Die Mitgliedschaft bei der Handwerkskammer in der Vollversammlung ist nicht wie die bei einer Vereinigung oder auch Innung zu behandeln; sie kommt vielmehr der Mitgliedschaft bei einem parlamentarischen Vertretungskörper gleich (vgl. dazu § 94).

a) Über Wahl, Wahlberechtigung und Wählbarkeit s. §§ 95 bis 99, Wahlperiode § 103, Ablehnung der Wahl § 102, Wahlprüfung und Anfechtung §§ 100, 101, Ausscheiden aus dem Amt § 104. Den Kleingewerbetreibenden des § 90 Abs. 3 ist weder ein aktives noch ein passives Wahlrecht eingeräumt.

b) Die Gesellen, ein Drittel der Mitglieder, sind vollberechtigte Vollversammlungsmitglieder. Ein eigener Gesellenausschuss besteht nicht. Die Gesellenmitglieder müssen bei einem selbstständigen Handwerker des Kammerbezirks, nicht aber bei einem Innungsmitglied, beschäftigt sein. „Handwerker" im Sinn der nachfolgenden Ausführungen ist stets umfassend im Sinn der Anlagen A und B zu verstehen (vgl. Anm. zu § 90).

2. a) Die Satzung muss die Mitgliederzahl eindeutig benennen, sie darf nicht eine nur bestimmbare Zahl angeben (z. B. auf je 500 Betriebe 2 Mitglieder). Als **untere Grenze der Mitgliederzahl** nahm der Bericht der Unterkommission „Handwerksordnung" des ersten Bundestages die immer noch sinnvolle Zahl von 33 Mitglieder an. Unterschreitung dürfte sich nicht empfehlen, da sonst die Kammer nicht arbeitsfähig sein wird, weil nicht alle Handwerke, besonders unter den Gesellen, vertreten sein können. Im Übrigen regte der Bericht an, zwei bis drei Kammermitglieder auf je 1000 Handwerksbetriebe für die in der Satzung zu treffende Regelung als Maßstab zu wählen. Dem kann unverändert zugestimmt werden.

b) Neben der Zahl der Mitglieder hat die Satzung anzuordnen, wie sich diese auf die einzelnen in Anlage A und B genannten Gewerbe aufteilen; es sollen ferner die jeweiligen wirtschaftlichen Besonderheiten und die wirtschaftliche Bedeutung berücksichtigt werden. Das Gesetz regelt nur die Mindestvoraussetzungen. Die Satzung kann darüber hinaus die Zahl der Mitglieder auf die Stadt- und Landkreise aufteilen; fachliche Gliederung ist dabei nicht erforderlich. Sie kann weiter regeln, dass ein bestimmter Anteil der Selbstständigen den Alleinmeistern vorzubehalten ist usw. Ziel muss aber immer sein, ein möglichst genaues Spiegelbild der regionalen Wirtschaftsstruktur zu erreichen. Derartige Komponenten dürfen aber kein selbstständiges Verteilungskriterium sein (Näheres dazu BVerwG vom 26. 6. 2002, GewA 2002, 432 und 2003, 40; siehe auch *Schmitz,* GewA 2007, 233).

Die Stellvertreter müssen gem. Abs. 3 entsprechend den Mitgliedern bestimmt werden.

7 3. **Die Zugewählten** (Zuwahl erfolgt durch die gesamte Vollversammlung, § 106 Abs. 1 Nr. 2) brauchen nicht Handwerker und auch nicht im Kammerbezirk ansässig zu sein. In der Auswahl der in Frage kommenden Persönlichkeiten ist die Vollversammlung völlig frei (vgl. VG Hannover vom 14. 11. 1962, GewA 1963, 89).

8 Jedes Mitglied kann aber nur einen Wahlvorschlag unterschreiben. Es besteht kein Rechtsanspruch auf Zuwahl, auch nicht aus dem Gleichheitsgrundsatz; ein Eingreifen der Aufsichtsbehörde ist nicht möglich. Die Zugewählten sind zur Annahme des Amts nicht verpflichtet, sie können es auch jederzeit niederlegen. Solange sie der Vollversammlung angehören, haben sie die vollen Rechte und Pflichten, können also auch in den Vorstand gewählt werden. Vgl. aber Rdn. 1 zu § 108.

9 Die Zugewählten dürfen an Zahl nicht stärker sein als ein Fünftel der regulären Mitgliederzahl. Die Beteiligung der Gesellen an der Mitgliederzahl, unter Einrechnung der Zugewählten, muss stets ein Drittel betragen.

§ 94 [Rechtsstellung der Mitglieder]

¹**Die Mitglieder der Vollversammlung sind Vertreter des gesamten Handwerks und des handwerksähnlichen Gewerbes und als solche an Aufträge und Weisungen nicht gebunden.** ²**§ 66 Abs. 4, § 69 Abs. 4 und § 73 Abs. 1 gelten entsprechend.**

1 1. **Vertreter des gesamten Handwerks** und handwerksähnlichen Gewerbes im Bezirk sind die Mitglieder, nicht die einer Wählergruppe oder Partei, eines bestimmten Handwerkszweiges oder -standes o. dgl. Bei der Ausübung ihres Amtes haben sie daher auch auf Ausgleich widerstreitende Interessen zu achten. Als Vollversammlungsmitglieder sind sie an Aufträge und Weisungen, etwa ihrer Innung oder Gemeinde, nicht gebunden, selbst dann nicht, wenn sie solche Aufträge übernommen haben sollten. Derartige Aufträge wären sittenwidrig und nach § 138 BGB nichtig. Irgendwelche Vor- oder Nachteile dürfen mit dem Amt als Vollversammlungsmitglied nicht verbunden sein. Sie haben ein weit gehendes Informationsrecht (vgl. OVG NRW vom 12. 6. 2003, GewA 2004, 255).

2 2. **Ehrenamt** ist das Amt des Vollversammlungsmitglieds. Die Satzung (vgl. § 105) kann vorsehen, dass Ersatz barer Auslagen und eine Entschädigung für Zeitversäumnis gewährt wird. Im Übrigen siehe Anm. IV. zu § 66.

§ 95 [Wahl der Mitglieder]

(1) ¹**Die Mitglieder der Vollversammlung und ihre Stellvertreter werden durch Listen in allgemeiner, freier, gleicher und geheimer Wahl gewählt.** ²**Die Wahlen zur Vollversammlung werden im Briefwahlverfahren durchgeführt.**
(2) **Das Wahlverfahren regelt sich nach der diesem Gesetz als Anlage C beigefügten Wahlordnung.**

1. Abs. 1 stellt **Grundsätze für die Wahl** auf (vgl. auch *Rieger,* GewA 2005, 231). Neu ist, dass jetzt grundsätzlich Briefwahl vorgesehen ist. Verstöße machen die Wahl nicht nichtig; siehe jedoch §§ 100, 101.

Die Wahl ist eine Mehrheitswahl, keine Verhältniswahl, weil sonst die Verteilung der Vollversammlungsmitglieder auf die im Bezirk vertretenen Handwerke nicht gewährleistet wäre.

2. Die anzuwendende Wahlordnung (Anlage C) ist Bestandteil des Gesetzes, nicht etwa nur Mustervorschrift; sie kann nur vom Gesetzgeber geändert werden. Ein abweichender Wahlmodus, etwa Gruppenwahl, ist nicht zulässig.

Ein Wahlvorschlag muss von den von der Wahlordnung vorgeschriebenen 100 Unterschriften getragen sein; es genügt nicht, wenn nur jeweils die Teilvorschläge für selbstständige Handwerker und für die Inhaber handwerksähnlicher Betriebe entsprechend unterschrieben sind.

3. Eine eigentliche Wahlhandlung ist nicht mehr erforderlich, wenn nur ein einziger gültiger Wahlvorschlag vorliegt (§ 20 Wahlordnung). Diese sog. **Friedenswahl** ist sinnvoll und zweckmäßig. (Dazu siehe BVerfG vom 13. 11. 2000, GewA 2001, 74 gegen VGH BW vom 2. 12. 1997, GewA 1998, 65 = NVwZ-RR 1998, 366.) Die Verhältnisse bei der IHK-Wahl, wo dieses Verfahren für unzulässig erklärt wurde, sind nicht vergleichbar.

Wer eine Kandidatur anstrebt, aber keine komplette Liste zu Stande bringt, kann nach den Wahlvorschriften auch einen insoweit unvollständigen Wahlvorschlag einreichen, indem er auf einen bereits vorliegenden kompletten Vorschlag verweist und angibt, wer von den dort genannten Kandidaten durch ihn selbst oder seine Kandidaten ersetzt werden soll. Diese Möglichkeit entkräftet die gegen die Friedenswahl vorgebrachten Argumente (ausführlich zur gesamten Problematik VGH BW vom 8. 5. 2001, GewA 2001, 423).

HwO § 96 4. Teil. Organisation des Handwerks

7   4. Bei den „**Beschwerdebescheiden**" der höheren Verwaltungsbehörde nach § 21 Wahlordnung handelt es sich nicht um eine Verwaltungsbeschwerde im technischen Sinn, sondern um einen Rechtsbehelf eigener Art: Die höhere Verwaltungsbehörde – nicht die mit der Wahrnehmung der Aufsicht betraute oberste Landesbehörde – hat auf Anrufung eines Wahlberechtigten oder auch des Kammervorstandes unverzüglich als besondere Aufsichtsbehörde die Entscheidung des Kammervorstandes oder des Wahlleiters zu bestätigen oder zu ersetzen.

8   Hiergegen ist nach durchgeführtem Vorverfahren Anfechtungsklage zulässig, wenn der Kläger – das kann auch die Kammer sein – behauptet, in seinen Rechten verletzt zu sein. Begründet ist die Klage jedoch nur, falls die höhere Verwaltungsbehörde von ihrem Ermessen nicht im Sinn des Gesetzes Gebrauch gemacht hat.

9   Im Übrigen können alle der Wahlhandlung vorausgehenden Entscheidungen der mit der Abnahme der Wahl betrauten Organe oder der höheren Verwaltungsbehörde im Verfahren nach § 101 geprüft werden.

§ 96 [Wahlrecht]

(1) ¹Berechtigt zur Wahl der Vertreter des Handwerks und des handwerksähnlichen Gewerbes sind die in der Handwerksrolle (§ 6) oder im Verzeichnis nach § 19 eingetragenen natürlichen und juristischen Personen und Personengesellschaften sowie die in das Verzeichnis nach § 90 Abs. 4 Satz 2 eingetragenen natürlichen Personen. ²Die nach § 90 Abs. 4 Satz 2 eingetragenen Personen sind zur Wahl der Vertreter der Personen nach § 90 Abs. 3 und 4 berechtigt, sofern die Satzung dies nach § 93 bestimmt. ³Das Wahlrecht kann nur von volljährigen Personen ausgeübt werden. ⁴Juristische Personen und Personengesellschaften haben jeweils nur eine Stimme.

(2) Nicht wahlberechtigt sind Personen, die infolge strafgerichtlicher Verurteilung das Recht, in öffentlichen Angelegenheiten zu wählen oder zu stimmen, nicht besitzen.

(3) **An der Ausübung des Wahlrechts ist behindert,**
1. wer wegen Geisteskrankheit oder Geistesschwäche in einem psychiatrischen Krankenhaus untergebracht ist,
2. wer sich in Straf- oder Untersuchungshaft befindet,
3. wer infolge gerichtlicher oder polizeilicher Anordnung in Verwahrung gehalten wird.

Wählbarkeit §97 **HwO**

1. **Wahlberechtigt** ist nur, wer in die Handwerksrolle oder in das Verzeichnis nach § 19 dieser Kammer eingetragen ist. Wegen der durch die gesetzlichen Vertreter auszuübenden Wahlberechtigung juristischer Personen oder von Personengesellschaften kann auf Rdn. 2 zu § 63 verwiesen werden.

Volljährig und damit wahlberechtigt ist, wer am Wahltag den 18. Geburtstag begeht (§§ 187 Abs. 2, 188 BGB); darüber hinaus verleiht eine etwaige Volljährigkeitserklärung nach § 3 BGB das Wahlrecht.

Eine Übertragung des Wahlrechts ist nicht möglich, auch nicht in den Fällen des § 65 (vgl. § 16 Abs. 12 Wahlordnung).

2. **Ausschluss des Wahlrechts.** Entscheidend ist, ob die Voraussetzungen im Zeitpunkt der Wahl vorliegen. Wegen der strafgerichtlichen Aberkennung des Stimmrechts s. §§ 45 ff. StGB.

3. **Die Behinderung an der Ausübung des Wahlrechts** ist schon bei tatsächlicher Verwahrung gegeben. Ob die Verwahrung zu Recht besteht oder ggf. später wieder aufgehoben wird, ist nicht maßgebend und braucht nicht geprüft zu werden. Über die Rechtsfolgen der Behinderung sagt das Gesetz nichts aus. Da eine Übertragung des Wahlrechts nicht möglich ist, kommt die Behinderung faktisch dem Verlust des Wahlrechts gleich.

4. Die Regelung verletzt nicht den Gleichheitsgrundsatz; die unterschiedliche Behandlung ist, auch so weit Abs. 1 in Frage steht, gerechtfertigt. Wählt ein Nichtberechtigter, ist nach §§ 100 Abs. 1, 101 Abs. 3 Nr. 2 zu verfahren (Prüfung der Wahlberechtigung als Zwischenpunkt). Späterer Verlust des Wahlrechts zwingt einen Gewählten zum Ausscheiden (§ 104 Abs. 1).

§ 97 [Wählbarkeit]

(1) ¹**Wählbar als Vertreter der zulassungspflichtigen Handwerke sind**
1. **die wahlberechtigten natürlichen Personen, sofern sie**
   a) **im Bezirk der Handwerkskammer seit mindestens einem Jahr ohne Unterbrechung ein Handwerk selbständig betreiben,**
   b) **die Befugnis zum Ausbilden von Lehrlingen besitzen,**
   c) **am Wahltag volljährig sind;**
2. **die gesetzlichen Vertreter der wahlberechtigten juristischen Personen und die vertretungsberechtigten Gesellschafter der wahlberechtigten Personengesellschaften, sofern**

a) die von ihnen vertretene juristische Person oder Personengesellschaft im Bezirk der Handwerkskammer seit mindestens einem Jahr ein Handwerk selbständig betreibt und
b) sie im Bezirk der Handwerkskammer seit mindestens einem Jahr ohne Unterbrechung gesetzliche Vertreter oder vertretungsberechtigte Gesellschafter einer in der Handwerksrolle eingetragenen juristischen Person oder Personengesellschaft sind, am Wahltag volljährig sind.
²Nicht wählbar ist, wer infolge Richterspruchs die Fähigkeit zur Bekleidung öffentlicher Ämter oder infolge strafgerichtlicher Verurteilung die Fähigkeit, Rechte aus öffentlichen Wahlen zu erlangen, nicht besitzt.

(2) Bei der Berechnung der Fristen in Absatz 1 Nr. 1 Buchstabe a und Nr. 2 Buchstabe b sind die Tätigkeiten als selbständiger Handwerker in einem zulassungspflichtigen Handwerk und als gesetzlicher Vertreter oder vertretungsberechtigter Gesellschafter einer in der Handwerksrolle eingetragenen juristischen Person oder Personengesellschaft gegenseitig anzurechnen.

(3) Für die Wahl der Vertreter der zulassungsfreien Handwerke, der handwerksähnlichen Gewerbe und der Personen nach § 90 Abs. 3 und 4 gelten die Absätze 1 und 2 entsprechend.

Übersicht

	Rdn.
1. Wählbarkeit der selbstständigen Handwerker	1
a) Natürliche Personen	1
b) Juristische Personen und Personengesellschaften	3
2. Nachträgliche Veränderung der Wählbarkeitsvoraussetzungen	5
3. Handwerksähnliche Gewerbe	7
4. Gesellenvertreter	8

1   **1. Wählbarkeit der Vertreter der zulassungspflichtigen Handwerke. a) Wählbar sind natürliche Personen,** die wahlberechtigt (s. § 96 Abs. 1) sind und ein zulassungspflichtiges Handwerk (nicht unbedingt dasselbe) mindestens ein Jahr ohne Unterbrechung im Bezirk selbstständig betrieben haben, d. h. sie müssen seit mindestens einem Jahr in der Handwerksrolle der Kammer eingetragen sein. Die Berechnung richtet sich nach § 187 Abs. 1, 188 BGB; Beispiel: Wahl am 25. 5. 2009, Eintragung in die Handwerksrolle spätestens am 25. 5. 2008. Maßgebend ist allein die tatsächliche Eintragung; weder ein laufendes Eintragungsverfahren bei einem Außenstehenden noch ein Löschungsverfahren bei einem Eingetragenen haben inso-

Wählbarkeit **§ 97 HwO**

weit Auswirkungen. Als Unterbrechung wird nur zu gelten haben, wenn das Handwerk tatsächlich nicht ausgeübt wird (s. dazu Anm. I.1.b. zu § 58).

Zur Befugnis zum Ausbilden von Lehrlingen s. §§ 21 ff. – Zur Volljährigkeit s. Anm. 1.a. und b. zu § 71. – Die Aufzählung ist abschließend; weitere Voraussetzungen können nicht gefordert werden (vgl. OVG Lüneburg vom 6. 8. 1969, BB 1971, 412). So ist etwa eine Altersgrenze für die Mitglieder der Vollversammlung unzulässig. 2

b) Wählbar sind weiter **gesetzliche Vertreter wahlberechtigter juristischer Personen und Personengesellschaften.** Kommanditisten gehören nicht dazu (§ 170 HGB); allenfalls ausnahmsweise, wenn sie Prokura haben und faktisch den Betrieb führen. Für juristische Personen und Personengesellschaften gelten die Ausführungen oben I.1. entsprechend. Es muss sich um dieselbe juristische Person handeln, die ein Jahr ein Handwerk selbstständig betrieben hat; Umwandlung unterbricht die Jahresfrist, selbst wenn alle Rechte und Verbindlichkeiten übernommen wurden. 3

Die gesetzlichen Vertreter müssen im Normalfall ohne Unterbrechung ein Jahr gesetzliche Vertreter einer (nicht derselben) in die Handwerksrolle eingetragenen juristischen Person gewesen sein. Die bloße Funktion als Betriebsleiter genügt nicht. Die Befugnis zum Ausbilden von Lehrlingen brauchen die gesetzlichen Vertreter juristischer Personen nicht zu besitzen, sondern nur die jur. Person als solche. Auf die Jahresfrist wechselseitig anrechenbar ist die Tätigkeit als selbstständiger Handwerker und als gesetzlicher Vertreter einer in die Handwerksrolle eingetragenen juristischen Person. Die beiden Tätigkeiten müssen sich aber unmittelbar folgen („ohne Unterbrechung"). 4

2. Sämtliche Voraussetzungen müssen am Wahltag erfüllt sein. Spätere Heilung, indem etwa der Gewählte volljährig wird, nunmehr ein Jahr in die Handwerksrolle eingetragen ist usw., ist nicht möglich; die Wahl bleibt ungültig. Wegen Wahlprüfung und -anfechtung s. §§ 100, 101. 5

Fällt umgekehrt eine der Voraussetzungen nach der Wahl weg, muss der Gewählte ausscheiden (§ 104). Nicht wählbar ist, wem die Fähigkeit zur Bekleidung öffentlicher Ämter gerichtlich aberkannt wurde. Dazu vgl. §§ 45 ff. StGB. 6

3. Die **Wählbarkeitsvoraussetzungen für die Vertreter der Gewerbe nach Anlage B** sind praktisch die gleichen. Die „Befugnis zum Ausbilden von Lehrlingen" muss sich auf das betreffende Ge- 7 werbe beziehen, ist also auch dort, wo sie keine offiziellen Lehr- oder Anlernberufe sind, ohne weiteres gegeben.

8 4. Wählbarkeit der Gesellenmitglieder: §§ 98, 99.

§ 98 [Wahl der Vertreter der Arbeitnehmer]

(1) **¹Berechtigt zur Wahl der Vertreter der Arbeitnehmer in der Handwerkskammer sind die Gesellen und die weiteren Arbeitnehmer mit abgeschlossener Berufsausbildung, sofern sie am Tag der Wahl volljährig sind und in einem Betrieb eines Handwerks oder eines handwerksähnlichen Gewerbes beschäftigt sind. ²§ 96 Abs. 2 und 3 findet Anwendung.**

(2) **Kurzzeitig bestehende Arbeitslosigkeit läßt das Wahlrecht unberührt, wenn diese zum Zeitpunkt der Wahl nicht länger als drei Monate besteht.**

1 **1. Die Gesellen beteiligen sich an der Kammerwahl mittelbar** durch Wahlmänner; durch diese Konstruktion ist klargestellt, dass maßgebend der Betriebssitz und nicht der private Wohnsitz des Gesellen ist. Auf jeden (Gesellen beschäftigenden) selbstständigen Handwerksbetrieb (§ 1) entfällt mindestens ein Wahlmann (s. § 13 Abs. 3 Wahlordnung). Gleiches gilt für die zulassungsfreien und handwerksähnlichen Betriebe. Wegen des für die Wahl der Wahlmänner einzuhaltenden Verfahrens s. § 13 Wahlordnung.

2 **2. Wahlberechtigt bei der Wahl der Wahlmänner** ist jeder im Zeitpunkt dieser Wahl im fraglichen Betrieb beschäftigte Geselle (zum weiten Begriff des Gesellen vgl. Anm. 2 zu § 70), auch bei vorübergehender Arbeitslosigkeit (Abs. 2). Ausschluss des Wahlrechts und Behinderung an dessen Ausübung regeln sich nach § 96 Abs. 2 u. 3.

3 **3. Wählbar zum Wahlmann** ist nur, wer bereits am Tag der Wahlmännerwahl die gesetzlichen Voraussetzungen erfüllt. Wäre der Tag der Kammerwahl entscheidend, so wäre dies, wie in § 99 Nr. 1, ausdrücklich erwähnt worden.

§ 99 [Wählbarkeit zum Vertreter der Arbeitnehmer]

Wählbar zum Vertreter der Arbeitnehmer in der Vollversammlung sind die wahlberechtigten Arbeitnehmer in Sinne des § 90 Abs. 2, sofern sie
1. **am Wahltag volljährig sind,**
2. **eine Gesellenprüfung oder eine andere Abschlußprüfung abgelegt haben oder, wenn sie in einem Betrieb eines handwerksähnlichen Gewerbes beschäftigt sind, nicht nur vorübergehend mit Arbeiten betraut sind, die gewöhnlich nur von einem Gesellen oder einem Arbeitnehmer ausgeführt werden, der einen Berufsabschluß hat.**

1. Wählbarkeit zum Gesellenmitglied der Handwerkskammer. Der Geselle muss wahlberechtigt (zur Wahlmännerwahl) sein: Vgl. Rdn. 2 zu § 98. Er muss weiter am Tag der Kammerwahl volljährig sein, ebenso wie die Vertreter der selbstständigen Handwerker (§ 97). 1

Schon rein begrifflich sollte der Geselle die Gesellenprüfung abgelegt haben. Ausdrücklich gleichgestellt ist aber auch eine einschlägige Facharbeiterprüfung (vgl. dazu Anm. 2 zu § 70). In Frage kommt ferner, da die Handwerkskammer auch die Interessen der in Betrieben der Anlage B Beschäftigten vertreten muss, eine dort ohne Prüfung ausgeübte, der eines Gesellen gleichwertige Tätigkeit. Eine allzu kleinliche Betrachtungsweise in diesen Fällen ist nicht geboten. 2

2. Sämtliche Voraussetzungen müssen am Wahltag erfüllt sein; spätere Heilung ist auch hier nicht möglich. 3

Treten nach der Wahl Tatsachen ein, die die Wählbarkeit ausschließen, so hat auch das Gesellenmitglied auszuscheiden (s. Rdn. 1 zu § 104); für den Fall, dass es nicht mehr im Betrieb eines selbstständigen Handwerkers beschäftigt ist, gilt die Sonderregelung des § 103 Abs. 3. 4

§ 100 [Wahlprüfung; Bekanntmachung des Ergebnisses]

(1) Die Handwerkskammer prüft die Gültigkeit der Wahl ihrer Mitglieder von Amts wegen.

(2) Das Ergebnis der Wahl ist öffentlich bekanntzumachen.

1. Die **Wahlprüfung** erfolgt durch die Handwerkskammer. 1
a) Zuständig ist die Vollversammlung, wenn die Befugnis nicht in der Satzung (§ 105 Abs. 2 Nr. 5) dem Vorstand übertragen 2

HwO § 100 4. Teil. Organisation des Handwerks

oder nicht ein besonderer Ausschuss nach § 110 gebildet ist. Zu prüfen ist die Wahl sämtlicher Mitglieder, sowohl auf die Wählbarkeit des Mitglieds wie auf den Wahlhergang, bei Gesellenmitgliedern auch auf die Wahlmännerwahl. Ein Zeitpunkt für die Prüfung ist nicht vorgeschrieben; man wird aber annehmen müssen, dass sie unverzüglich nach der Wahl vorzunehmen ist, d. h. in der Regel anlässlich der ersten Sitzung der Vollversammlung. Werden später Umstände bekannt, die die Anerkennung des Mitglieds als irrtümlich erscheinen lassen, so ist die Prüfung von Amts wegen wieder aufzunehmen.

3   Bei der Abstimmung ist jeweils das Mitglied, dessen Wahl geprüft wird, nicht stimmberechtigt, da sich niemand selbst die Ordnungsmäßigkeit seines Amtserwerbs bestätigen kann. Dieser allgemeine Grundsatz gilt, auch wenn es das Gesetz hier nicht ausdrücklich angeordnet hat; die Satzung sollte daher eine entsprechende Vorschrift enthalten.

4   **b)** Die **Ungültigkeitserklärung der Wahl** ist dem Betroffenen bekannt zu geben. Gegen diese Mitteilung kann er nach erfolglos eingelegtem Widerspruch (über den gemäß § 73 Abs. 2 Nr. 1 u. 3 VwGO die Handwerkskammer entscheidet) Anfechtungsklage einlegen. Widerspruch und Klage haben gemäß § 80 VwGO aufschiebende Wirkung; d. h. der Widerspruchsführer bleibt zunächst Mitglied der Vollversammlung. Dass die Handwerkskammer die sofortige Vollziehbarkeit anordnet, ist nicht möglich, da das Interesse des Gewählten stets überwiegt (LVG Düsseldorf vom 28. 10. 1954, NJW 1955, 1208).

5   Unterliegt der Betroffene auch im verwaltungsgerichtlichen Verfahren, so ist er mit Bekanntgabe der Ungültigerklärung nicht mehr Vollversammlungsmitglied. Beschlüsse der Vollversammlung, an denen er wegen der aufschiebenden Wirkung des Widerspruchs und der Anfechtungsklage beteiligt war, werden jedoch nicht fehlerhaft, es sei denn, seine Stimme war die ausschlaggebende.

6   **2.** Die Veröffentlichung des Wahlergebnisses hat in den Organen zu erfolgen, die die Satzung nach § 105 Abs. 2 Nr. 11 bestimmt. Sie hat für die Wahl als solche lediglich deklaratorische Bedeutung; ihre Unterlassung ist eine Pflichtverletzung des Kammervorstandes, im Übrigen jedoch unschädlich. Allerdings beginnt, wenn das Wahlergebnis nicht bekannt gemacht wird, die Wahlanfechtungsfrist des § 101 nicht zu laufen.

§ 101 [Einspruch gegen die Wahl]

(1) **Gegen die Rechtsgültigkeit der Wahl kann jeder Wahlberechtigte innerhalb von einem Monat nach der Bekanntgabe des Wahlergebnisses Einspruch erheben; der Einspruch eines Inhabers eines Betriebs eines Handwerks oder handwerksähnlichen Gewerbes kann sich nur gegen die Wahl der Vertreter der Handwerke und handwerksähnlichen Gewerbe, der Einspruch eines Gesellen oder anderen Arbeitnehmers mit einer abgeschlossenen Berufsausbildung nur gegen die Wahl der Vertreter der Arbeitnehmer richten.**

(2) **Der Einspruch gegen die Wahl eines Gewählten kann nur auf eine Verletzung der Vorschriften der §§ 96 bis 99 gestützt werden.**

(3) [1]**Richtet sich der Einspruch gegen die Wahl insgesamt, so ist er binnen einem Monat nach der Bekanntgabe des Wahlergebnisses bei der Handwerkskammer einzulegen.** [2]**Er kann nur darauf gestützt werden, daß**
1. **gegen das Gesetz oder gegen die auf Grund des Gesetzes erlassenen Wahlvorschriften verstoßen worden ist und**
2. **der Verstoß geeignet war, das Ergebnis der Wahl zu beeinflussen.**

Übersicht

	Rdn.
1. Recht nach der Wahl	1
2. Wahlanfechtung	3
a) Einspruch gegen die Wahl eines Gewählten	3
b) Einspruch gegen die Wahl insgesamt	4
c) Weiteres Verfahren	5

1. Recht nach der Wahl. Die Wahl als solche ist ein Organisationsakt und daher mit direkter Anfechtungsklage nicht angreifbar (vgl. dazu entsprechend BadVGH vom 5.11.1952, DVBl. 1952, 273). Das Gesetz gibt aus diesem Grund eine besondere Regelung der Wahlanfechtung, die als Einspruch bezeichnet wird.

Abs. 1 regelt die **Aktivlegitimation** zur Erhebung des Einspruchs, jedoch offensichtlich nur für die Fälle des Abs. 2. Einspruch gegen die Wahl insgesamt (Fall des Abs. 3) kann jeder wahlberechtigte selbstständige Handwerker (§ 96) und jeder bei der Wahlmännerwahl wahlberechtigte Geselle (§ 98) einlegen.

2. Die Wahlanfechtung. a) Einspruch gegen die Wahl eines Gewählten kann nur von den in Abs. 1 Genannten und mit den dortigen Einschränkungen erhoben werden. Begründet ist er, wenn der

Gewählte nicht wählbar war oder wenn bei seiner Wahl Nichtwahlberechtigte in einer Zahl mitgestimmt haben, dass das Ergebnis dadurch beeinflusst werden konnte. Der Einspruch hat binnen eines Monats zu erfolgen.

4 **b) Einspruch gegen die Wahl insgesamt.** Wegen der Aktivlegitimation siehe oben Rdn. 2. Der Einspruch ist auch hier binnen eines Monats nach der Bekanntgabe des Wahlergebnisses (§ 100 Abs. 2) einzulegen; dabei handelt es sich um keine Ausschlussfrist (BVerwG vom 26. 6. 2002, GewA 2003, 40). Nicht zuletzt im Hinblick auf den bundesweit bestehenden Verwaltungsrechtsschutz kann die Entscheidung über die Gültigkeit einer Wahl der Handwerkskammer als Selbstverwaltungskörperschaft selbst überlassen bleiben. Mit einer Wahlanfechtung kann nicht das Ziel verfolgt werden, Beschlüsse der HWK zu Fall zu bringen oder zu erzwingen (VGH BW vom 2. 12. 1997, GewA 1998, 164).

5 **c) Weiteres Verfahren.** Über den Einspruch in den beiden vorgenannten Fällen entscheidet die Vollversammlung, wenn nicht die Befugnis in der Satzung (§ 105 Abs. 2 Nr. 5) dem Vorstand übertragen oder ein besonderer Ausschuss nach § 110 gebildet ist. Es gelten dabei die Ausführungen zu § 100.

6 Gegen einen ablehnenden Bescheid kann der Antragsteller, gegen den die Wahl für ungültig erklärenden jeder Gewählte nach Durchführung des Vorverfahrens Anfechtungsklage erheben. Der Verwaltungsrichter prüft, als Tat- und Rechtsfrage, ob die Voraussetzungen des Abs. 2, bzw. des Abs. 3 Nrn. 1 und 2 vorliegen; nur wenn beides der Fall ist, kann die Anfechtungsklage gegen den die Ungültigkeit aussprechenden Bescheid abgewiesen oder bei ablehnendem Bescheid der Handwerkskammer die Wahl, da die Streitsache dann stets spruchreif sein muss, für ungültig erklärt werden.

7 Die Handwerksordnung einschließlich ihrer Anlage C sieht keinen Ausschluss von Ungültigkeitsgründen vor, die nicht gleich im Einspruchsverfahren geltend gemacht wurden (so BVerwG vom 26. 6. 2002, GewA 2002, 432). Das Verwaltungsgericht kann eine Wahl allerdings nicht selbst für ungültig erklären; es muss vielmehr die Handwerkskammer zur Ungültigerklärung verpflichten (VGH BW vom 2. 12. 1997, GewA 1998, 65 = NVwZ-RR 1998, 366).

8 Wegen der aufschiebenden Wirkung des im verwaltungsgerichtlichen Vorverfahren einzulegenden Widerspruchs und der Anfechtungsklage vgl. Anm. 2 zu § 100.

§ 102 [Ablehnung der Wahl; Amtsniederlegung]

(1) Der Gewählte kann die Annahme der Wahl nur ablehnen, wenn er
1. das sechzigste Lebensjahr vollendet hat oder
2. durch Krankheit oder Gebrechen verhindert ist, das Amt ordnungsmäßig zu führen.

(2) Ablehnungsgründe sind nur zu berücksichtigen, wenn sie binnen zwei Wochen nach der Bekanntgabe des Wahlergebnisses bei der Handwerkskammer geltend gemacht worden sind.

(3) Mitglieder der Handwerkskammer können nach Vollendung des sechzigsten Lebensjahrs ihr Amt niederlegen.

1. Die Ablehnungsgründe sind erschöpfend aufgezählt. – Der Ablehnende muss sie binnen zwei Wochen nach Bekanntgabe des Wahlergebnisses (s. § 100 Abs. 2) bei der Handwerkskammer geltend machen, wenn er mit ihnen nicht ausgeschlossen sein will. Die Kandidatur (vgl. § 10 Abs. 1 Nr. 1 Wahlordnung) schließt eine spätere Ablehnung nicht aus. Darüber, ob die Ablehnung begründet ist, entscheidet die Vollversammlung, wenn nicht der Vorstand oder ein Ausschuss zuständig sind.

Auch hier kann der Betroffene unmittelbar gegen die ablehnende Entscheidung der Handwerkskammer Widerspruch einlegen und Anfechtungsklage erheben. Dazu vgl. im Übrigen Anm. 3 zu § 101. Bis zur rechtskräftigen Entscheidung, dass die Ablehnung begründet ist, muss der Ablehnende das Amt ausüben; irgendwelche Sanktionen sieht das Gesetz aber nicht mehr vor. Es wurde damit dem Gesichtspunkt Rechnung getragen, dass eine nur unter Zwang und Widerwillig durchgeführte Mitwirkung an der Selbstverwaltung mehr schadet als nützt.

2. Mit Vollendung des 60. Lebensjahres, frühestens am 60. Geburtstag (§ 187 Abs. 2 BGB), kann ein Mitglied der Vollversammlung sein Amt niederlegen. Hierauf besteht ein Rechtsanspruch. Die Niederlegung ist eine empfangsbedürftige Willenserklärung, die mit Zugang beim Kammervorstand wirksam wird; in diesem Zeitpunkt ist das Mitglied ausgeschieden. Verpflichtet zur Niederlegung ist das Mitglied jedoch nicht; es muss erst dann ausscheiden, wenn es das Amt nicht mehr ordnungsgemäß führen kann (§ 104 Abs. 1, 3).

HwO § 103

§ 103 [Amtsdauer]

(1) ¹Die Wahl zur Handwerkskammer erfolgt auf fünf Jahre. ²Eine Wiederwahl ist zulässig.

(2) Nach Ablauf der Wahlzeit bleiben die Gewählten solange im Amt, bis ihre Nachfolger eintreten.

(3) ¹Die Vertreter der Arbeitnehmer behalten, auch wenn sie nicht mehr im Betrieb eines Handwerks oder eines handwerksähnlichen Gewerbes beschäftigt sind, solange sie im Bezirk der Handwerkskammer verbleiben, das Amt noch bis zum Ende der Wahlzeit, jedoch höchstens für ein Jahr. ²Im Falle der Arbeitslosigkeit behalten sie das Amt bis zum Ende der Wahlzeit.

1 **1. Wahlperiode und Amtsdauer** gelten für alle Mitglieder gleichermaßen, auch für den Vorstand und die Mitglieder der Ausschüsse.

2 **2. Gesellenmitglieder** können ohne weiteres ihren Arbeitsplatz wechseln. Sie verlieren aber ihr Amt, wenn sie nicht mehr im Betrieb eines Handwerks oder handwerksähnlichen Gewerbes des Bezirks beschäftigt sind. Als Arbeitnehmervertretern steht ihnen das Gesetz jedoch zu, dass sie in diesem Fall bei einer weiteren, anderweitigen Beschäftigung im Kammerbezirk bis zum Ende der Wahlzeit im Amt bleiben, jedoch höchstens für ein Jahr. Anders als beim Gesellenausschuss der Innung (§ 72) wird hier also nicht die weitere Stellung als Handwerksgeselle verlangt, sondern es können auch andere abhängige Tätigkeiten sein. Irgendeine fachliche Beziehung zum Handwerk wird man aber erwarten müssen. Nehmen sie eine Beschäftigung außerhalb des Kammerbezirks an oder endet bei einem Verbleib im Kammerbezirk die Arbeitnehmereigenschaft überhaupt (sie machen sich selbstständig oder sie gehen in Rente, nicht jedoch bei vorübergehender Arbeitslosigkeit), so verlieren die Gesellenmitglieder ihr Amt sofort.

3 **3. Die Wahlperiode beträgt 5 Jahre.** Bei wörtlicher Anwendung dieser Vorschriften würde der Wahltermin immer weiter nach hinten rücken, soll jeder denkbare Einwand eines Vollversammlungsmitglieds wegen einer Beschneidung seiner Wahlzeit ausgeschlossen werden. Aus praktischen Gründen muss daher eine gewisse Überschneidung der Wahlperioden möglich sein, wobei 6 bis maximal 8 Wochen vertretbar sein dürften. Innerhalb dieses Zeitraums können schon vor Ablauf der alten Amtsperiode Wahl und Konstituierung der neuen Vollversammlung durchgeführt werden. Diese darf allerdings noch keine Sachentscheidungen treffen; hierfür sollte zweck-

Ausscheiden aus dem Amt § 104 HwO

mäßigerweise nicht allzu weit vor Wahlzeitende noch einmal die alte Vollversammlung zusammentreten. Deren Mitglieder sind so ganz korrekt bis zum Ablauf ihrer Wahlzeit im Amt. Dass inzwischen schon die nächste Vollversammlung konstituiert wurde, beeinträchtigt nicht ihre Rechte, solange diese noch keine Sachentscheidungen trifft.

§ 104 [Ausscheiden aus dem Amt]

(1) **Mitglieder der Vollversammlung haben aus dem Amt auszuscheiden, wenn sie durch Krankheit oder Gebrechen verhindert sind, das Amt ordnungsmäßig zu führen oder wenn Tatsachen eintreten, die ihre Wählbarkeit ausschließen.**
(2) **Gesetzliche Vertreter juristischer Personen und vertretungsberechtigte Gesellschafter der Personengesellschaften haben ferner aus dem Amt auszuscheiden, wenn**
1. **sie die Vertretungsbefugnis verloren haben,**
2. **die juristische Person oder die Personengesellschaft in der Handwerksrolle oder in dem Verzeichnis nach § 19 gelöscht worden ist.**
(3) **Weigert sich das Mitglied auszuscheiden, so ist es von der obersten Landesbehörde nach Anhörung der Handwerkskammer seines Amtes zu entheben.**

1. Verpflichtet zum Ausscheiden ist ein Mitglied, wenn es das Amt nicht mehr ordnungsgemäß führen kann oder wenn es nicht mehr wählbar wäre; ein Gesellenmitglied also auch dann, wenn es selbstständiger Handwerker wird. Die Gründe, die zum Ausscheiden führen, sind erschöpfend aufgezählt. Andere Gründe, etwa grobe Pflichtverletzung oder unehrenhaftes Verhalten, rechtfertigen die Amtsenthebung nicht (*Fröhler*, Staatsaufsicht, S. 70). Lagen die Tatsachen schon am Wahltag vor, waren sie aber der Kammer bei der Wahlprüfung nicht bekannt, so hat die Kammer das Wahlprüfungsverfahren nach § 100 unverzüglich erneut aufzunehmen, wenn sie Kenntnis erhält (vgl. Anm. I.1. zu § 100). 1

Das Mitglied hat sein Ausscheiden dem Vorstand der Handwerkskammer gegenüber zu erklären; im Zeitpunkt des Zugangs der Erklärung ist es ausgeschieden. 2

2. Die Enthebung durch die oberste Landesbehörde wird in der Regel auf Anregung der Kammer erfolgen; damit wird deren nochmalige Anhörung überflüssig. Sollte die oberste Landesbehörde 3

HwO § 105 4. Teil. Organisation des Handwerks

aber etwa auf Hinweis eines Kammermitglieds eingreifen, so muss sie die Kammer vor der Entscheidung anhören. Verstoß macht die Enthebung fehlerhaft.

4 Gegen den die Enthebung aussprechenden Bescheid kann der Betroffene oder, wenn sie nicht gehört oder das Verfahren nicht auf ihre Anregung eingeleitet wurde, die Handwerkskammer, gegen den sie ablehnenden die Kammer, Anfechtungsklage erheben. Nicht zulässig ist die Anfechtung durch einen Dritten, der die Enthebung etwa angeregt hat, sei es auch ein Vollversammlungsmitglied. Ein Widerspruch gegen die Entscheidung der obersten Landesbehörde ist nicht notwendig (§ 73 VwGO). Im Übrigen vgl. Anm. I.2. zu § 100. Das Verwaltungsgericht kann in seinem Urteil die von der obersten Landesbehörde abgelehnte Enthebung nur aussprechen, wenn die Streitsache in vollem Umfang spruchreif ist; andernfalls wird es nur den Bescheid der obersten Landesbehörde aufheben. Ausgeschieden ist der Enthobene mit der Rechtskraft der Verfügung der obersten Landesbehörde oder des verwaltungsgerichtlichen Urteils.

§ 105 [Satzung]

(1) ¹Für die Handwerkskammer ist von der obersten Landesbehörde eine Satzung zu erlassen. ²Über eine Änderung der Satzung beschließt die Vollversammlung; der Beschluß bedarf der Genehmigung durch die oberste Landesbehörde.

(2) Die Satzung muß Bestimmungen enthalten über
1. den Namen, den Sitz und den Bezirk der Handwerkskammer,
2. die Zahl der Mitglieder der Handwerkskammer und der Stellvertreter sowie die Reihenfolge ihres Eintritts im Falle der Behinderung oder des Ausscheidens der Mitglieder,
3. die Verteilung der Mitglieder und der Stellvertreter auf die im Bezirk der Handwerkskammer vertretenen Handwerke,
4. die Zuwahl zur Handwerkskammer,
5. die Wahl des Vorstands und seine Befugnisse,
6. die Einberufung der Handwerkskammer und ihrer Organe,
7. die Form der Beschlußfassung und die Beurkundung der Beschlüsse der Handwerkskammer und des Vorstands,
8. die Erstellung einer mittelfristigen Finanzplanung und deren Übermittlung an die Vollversammlung,
9. die Aufstellung und Genehmigung des Haushaltsplans,
10. die Aufstellung, Prüfung und Abnahme der Jahresrechnung sowie über die Übertragung der Prüfung auf eine unabhängige Stelle außerhalb der Handwerkskammer,

Satzung §105 HwO

11. die Voraussetzungen und die Form einer Änderung der Satzung,
12. die Organe, in denen die Bekanntmachungen der Handwerkskammer zu veröffentlichen sind.

(3) Die Satzung darf keine Bestimmung enthalten, die mit den in diesem Gesetz bezeichneten Aufgaben der Handwerkskammer nicht in Verbindung steht oder gesetzlichen Vorschriften zuwiderläuft.

(4) Die Satzung nach Absatz 1 Satz 1 ist in dem amtlichen Organ der für den Sitz der Handwerkskammer zuständigen höheren Verwaltungsbehörde bekanntzumachen.

Übersicht

	Rdn.
I. Satzung	1
1. Erlass	1
2. Änderungen	3
II. Notwendiger Inhalt	6
III. Veröffentlichung	7

I. Satzung

1. Der Erlass der Satzung ist eine Pflicht der obersten Landesbehörde. Ein im Verwaltungsrechtsweg verfolgbarer Anspruch der Kammer auf Satzungserrichtung besteht nicht; er könnte auch gar nicht geltend gemacht werden, selbst wenn die Kammer nach § 90 bereits errichtet wäre; denn die Mitglieder der Vollversammlung können erst gewählt werden, wenn die Satzung ihre Zahl festgestellt hat und erst die Vollversammlung kann den Vorstand wählen, der die Handwerkskammer in einem derartigen Rechtsstreit vertreten müsste. Der Erlass der Satzung ist kein Verwaltungsakt, der in die Rechtssphäre der Kammer eingreift, sondern ein den Organisationsakt der Errichtung ergänzender und ihm rechtlich gleich zu behandelnder Akt, der den Rechtskreis der Kammer verwirklicht und der Kammer die tatsächliche Ausübung ihrer Funktionen ermöglicht. Zu den Rechtsschutzmöglichkeiten der IHK siehe *Schöbener/Scheidtmann*, WiVerw. 2006, 286. 1

Nach ausdrücklicher Gesetzesvorschrift (Abs. 4) hat die Veröffentlichung der ursprünglichen Satzung in dem amtlichen Organ der für den Sitz der Kammer zuständigen Höheren Verwaltungsbehörde zu erfolgen. 2

2. Über eine **Änderung der Satzung** beschließt die Vollversammlung der Kammer (§ 106 Abs. 1 Nr. 12), wobei sie sich aber im 3

Interesse der Einheitlichkeit zweckmäßig an die einschlägige Mustersatzung hält. Im Einzelnen vgl. die Anm. zu § 106 und zu § 56.

Ohne Beschluss der Vollversammlung kann die oberste Landesbehörde die Satzung ändern, aber nur, wenn sie den Kammerbezirk ändert (§ 90 Abs. 3 Satz 2, § 105 Abs. 2 Nr. 1). Im Übrigen ist ihr, wenn die Satzung einmal errichtet ist, deren Änderung nicht mehr gestattet; eine derartige Änderung wäre ein die Rechte der Kammer verletzender und mit Anfechtungsklage angreifbarer Verwaltungsakt.

5   Wegen des Zeitpunkts, in dem die Satzungsänderung wirksam wird, vgl. unten III.

II. Notwendiger Inhalt der Satzung (Abs. 2)

6   **Nr. 1:** Siehe § 90; vgl. auch Anm. II.1. zu § 55.
Nr. 2: Siehe § 93 Abs. 1 u. 2. Hier (und auch bei Nr. 4 und 6) heißt es entsprechend der ursprünglichen Gesetzesterminologie immer noch „Mitglied der Handwerkskammer" statt richtig „... der Vollversammlung".
Nr. 3: Siehe § 93 Abs. 3.
Nr. 4: Siehe § 93 Abs. 4.
Nr. 5: Siehe § 109; die Satzung muss die Zahl der Vorstandsmitglieder regeln, wenn diese höher als drei sein soll (dazu Anm. 2 zu § 108).
Nr. 6 und 7: Siehe Anm. 4. zu § 55 (entsprechend anwendbar).
Nr. 8: Die Vollversammlung soll in jeder Hinsicht informiert sein!
Nr. 9 und 10: Siehe § 106 Abs. 1 Nr. 4 und 5 und Anm. 5. zu § 55.

Die nunmehrige Nr. 10 war durch die Novelle 94 erweitert worden. Schon zuvor war es weitgehend üblich, dass die Jahresrechnung der HWK durch externe Institutionen geprüft wurde. Dies muss in der Satzung festgelegt sein. Der Beschluss der Vollversammlung über die Satzung und damit die Entscheidung, durch welche unabhängige Stelle geprüft werden soll, bedarf der Genehmigung durch die oberste Landesbehörde (Abs. 1 zweiter Teilsatz). Prüfungsrechte der Landesrechnungshöfe werden durch die neue Vorschrift nicht begründet (dazu *Kopp,* WiVerw 1/1994, 20 und *Eyermann,* GewA 1994, 441), aber auch nicht ausgeschlossen; die Haushalts- und Wirtschaftsführung der Handwerkskammern in Bayern unterliegt der Prüfung durch den Bay. Obersten Rechnungshof (BVerwG vom 11. 4. 1995, GewA 1995, 377 = NVwZ 1995, 889). Zu Rechnungslegung, Rechnungsprüfung und Rechnungskontrolle siehe *Kluth,* WiVerw. 2006, 227. Zur Haushaltsaufsicht vgl. *Fröhler/Kormann,* Haushaltsaufsicht über die Handwerkskammern – eine erweiterte Rechtsaufsicht?, 1983 und *diess.*, Staatliche Rechnungsprüfung bei den Handwerkskammern, GewA 1984, 1 und ausführlich *Knöpfle,* Die Zuständigkeit der Rechnungshöfe für die Prüfung der Körperschaften des öffentlichen Rechts, 1988. Siehe auch OVG NRW vom 12. 6. 2003, GewA 2004, 255 sowie *Jahn,* GewA 2006, 89.

Nr. 11: Das Gesetz verlangt keine qualifizierte Mehrheit; im Übrigen siehe § 106 Abs. 1 Nr. 12.

Nr. 12: Unter den Veröffentlichungsorganen hat sich zweckmäßigerweise auch das in Abs. 4 genannte zu befinden.

III. Veröffentlichung

Die Veröffentlichung, die zwingend vorgeschrieben ist, stellt den letzten Schritt der Errichtung oder Änderung der Satzung dar. Den Erlass der Satzung hat die oberste Landesbehörde, spätere Satzungsänderungen durch die Handwerkskammer hat diese – nach Eingang der eventuell notwendigen Genehmigung durch die oberste Landesbehörde – zu veröffentlichen. Die Kosten der Veröffentlichung hat in beiden Fällen die Handwerkskammer zu tragen (§ 113 Abs. 1).

§ 106 [Beschlußfassung der Vollversammlung]

(1) **Der Beschlußfassung der Vollversammlung bleibt vorbehalten**
1. **die Wahl des Vorstands und der Ausschüsse,**
2. **die Zuwahl von sachverständigen Personen (§ 93 Abs. 4),**
3. **die Wahl des Geschäftsführers, bei mehreren Geschäftsführern des Hauptgeschäftsführers und der Geschäftsführer,**
4. **die Feststellung des Haushaltsplans einschließlich des Stellenplans, die Bewilligung von Ausgaben, die nicht im Haushaltsplan vorgesehen sind, die Ermächtigung zur Aufnahme von Krediten und die dingliche Belastung von Grundeigentum,**
5. **die Festsetzung der Beiträge zur Handwerkskammer und die Erhebung von Gebühren,**
6. **der Erlaß einer Haushalts-, Kassen- und Rechnungslegungsordnung,**
7. **die Prüfung und Abnahme der Jahresrechnung und die Entscheidung darüber, durch welche unabhängige Stelle die Jahresrechnung geprüft werden soll,**
8. **die Beteiligung an Gesellschaften des privaten und öffentlichen Rechts und die Aufrechterhaltung der Beteiligung,**

9. der Erwerb und die Veräußerung von Grundeigentum,
10. der Erlaß von Vorschriften über die Berufsausbildung, berufliche Fortbildung und berufliche Umschulung (§ 91 Abs. 1 Nr. 4 und 4a),
11. der Erlaß der Gesellen- und Meisterprüfungsordnungen (§ 91 Abs. 1 Nr. 5 und 6),
12. der Erlaß der Vorschriften über die öffentliche Bestellung und Vereidigung von Sachverständigen (§ 91 Abs. 1 Nr. 8),
13. die Festsetzung der den Mitgliedern zu gewährenden Entschädigung (§ 94),
14. die Änderung der Satzung.

(2) ¹Die nach Absatz 1 Nr. 3 bis 7, 10 bis 12 und 14 gefaßten Beschlüsse bedürfen der Genehmigung durch die oberste Landesbehörde. ²Die Beschlüsse nach Absatz 1 Nr. 5, 10 bis 12 und 14 sind in den für die Bekanntmachungen der Handwerkskammern bestimmten Organen (§ 105 Abs. 2 Nr. 12) zu veröffentlichen.

Übersicht

	Rdn.
I. Beschlussfassung durch die Vollversammlung	1
1. Beschlüsse	3
2. Folge rechtswidriger Beschlüsse	4
II. Genehmigung durch oberste Landesbehörde	5
1. Rechtsnatur der Genehmigung	5
2. Wirkung	7
III. Veröffentlichung	8

I. Beschlussfassung durch die Vollversammlung

1 Die **Vollversammlung** ist das oberste und im Zweifel stets zuständige Organ der Handwerkskammer. Immer und allein zuständig ist sie in den Fällen der Nr. 1 bis 12. Sie kann dieses Recht nicht delegieren (*Jahn*, WuV 2004, 133).

2 Beschlüsse der Vollversammlung sind aus Gründen der Rechtssicherheit auch dann rechtswirksam, wenn die Wahl der Vollversammlung fehlerhaft war (VG Freiburg vom 24. 2. 1997, GewA 1997, 423).

3 **1.** Im Einzelnen ist zu bemerken:
Nr. 1, 2: Die Satzung muss regeln, wie die Wahl des Vorstands (§ 108) und die Zuwahl sachverständiger Personen zu erfolgen hat (§ 105 Abs. 2 Nr. 4, 5).

Nr. 3: Die Formulierung lässt erkennen, dass das Gesetz kein Gremium gleichberechtigter Geschäftsführer will, sondern einen einzi-

Beschlußfassung der Vollversammlung **§ 106 HwO**

gen Verantwortlichen, dem gegebenenfalls weitere zur Seite stehen (Ausführlich *Kluth/Goltz,* GewA 2003, 265; dagegen *Schotten/Häfner,* GewA 2004, 55). – Für die Wahl der Geschäftsführer, die in der Praxis von erheblicher Bedeutung ist, gibt das Gesetz keine Verfahrensvorschriften; man wird, wie in § 66 Abs. 1 Satz 2 für die Wahl des Innungsvorstandes vorgesehen, Wahl durch Zuruf – wenn niemand widerspricht – für zulässig halten müssen.

Nr. 4: Vgl. § 113 und Anm. II.1. und 2. zu § 61. Als Bestandteil des Haushaltsplans ausdrücklich erwähnt wird der Stellenplan.

Nr. 5: Die Beitrags- und Gebührenfestsetzung wurde ihrer Bedeutung entsprechend als Aufgabe der Vollversammlung herausgehoben.

Nr. 6: Vgl. Anm. II.3. zu § 61. Die Vorschrift wurde korrespondierend zur Änderung des § 105 Abs. 1 Nr. 9 ergänzt. Der Bedeutung der Sache entsprechend soll die Entscheidung auf jeden Fall der Vollversammlung vorbehalten bleiben.

Nr. 7: Vgl. Anm. II.7. zu § 61.

Nr. 8: Es liegt bei der Vollversammlung, ob und wie sich die HWK an Gesellschaften des privaten und öffentlichen Rechts beteiligt. Die nunmehrige Erweiterung ist unverständlich, denn „Beteiligung" schließt „Aufrechterhaltung der Beteiligung" ein! Die Vorschrift regelt nur die Zuständigkeit; sie gibt keine erweiterten sachlichen Befugnisse (dazu Rdn. 7 und 25 zu § 91; 27 zu § 54).

Nr. 9: Vgl. Anm. II.7.a. zu § 61.

Nr. 10: Vgl. Anm. I.1.c. zu § 91. Eine Verpflichtung zur überbetrieblichen Lehrlingsunterweisung kann wirksam nur von der Vollversammlung angeordnet werden (OVG Rh.-Pf. vom 3. 6. 1981, GewA 1981, 336; ausführlich OVG NRW vom 15. 9. 1993, DVBl. 1994, 416).

Nr. 11: Vgl. Anm. I.1.d. und e. zu § 91.

Nr. 12: Vgl. Anm. I.1.g. zu § 91.

Nr. 13: Vgl. Anm. 2. zu § 94.

Nr. 14: Vgl. Anm. I.2. zu § 105. Die bereits dort vorgeschriebene Genehmigungspflicht wird überflüssigerweise wiederholt.

2. Gegen rechtswidrige Beschlüsse der in Nr. 1 und 2 genannten **4** Art kann die oberste Landesbehörde nach § 115 Abs. 2 einschreiten; die in Abs. 2 aufgezählten Beschlüsse bedürfen ihrer Genehmigung. Beschlüsse müssen sich auf jeden Fall im Funktionsbereich einer Handwerkskammer halten (dazu für RA-Kammer EGH Hamburg vom 30. 11. 1984, NJW 1985, 1084). Auch hinsichtlich der Handwerkskammerbeschlüsse wird man sinngemäß das in Anm. IV. zu § 61 geschilderte Verfahren zur Verwirklichung des Rechtsschutzes für maßgebend halten müssen. Keine Auswirkung auf gefasste Beschlüsse hat eine Wahlanfechtung, solange darüber nicht entschieden wurde (BVerwG vom 17. 12. 1998, NJW 1999, 2292).

II. Genehmigung durch die oberste Landesbehörde

5 **1. Rechtsnatur.** Die Genehmigung stellt einen Verwaltungsakt dar. Das BVerwG und mit ihm die herrschende Ansicht lassen Anfechtungs- und Verpflichtungsklage zu; s. auch Anm. 1. zu § 56. Zu Natur und Modalitäten ausführlich *Kormann,* GewA 1996, 393.

6 Die Notwendigkeit des Genehmigungsvorbehalts auch auf dem Gebiet der reinen Interessenvertretung muss in Frage gestellt werden (so *Eyermann,* GewA 1992, 209).

7 **2. Wirkung.** Bis zum Eingang der Genehmigung beim Kammervorstand sind die Beschlüsse schwebend unwirksam. Nach diesem Zeitpunkt können sie vollzogen werden u. zw., wenn die Genehmigung nichts anderes anordnet, auch mit Wirkung von dem Tag, an dem sie gefasst wurden.

III. Veröffentlichung

8 Bei Beschlüssen der Nr. 4 ist Unterlassung Pflichtverletzung des Kammervorstandes, bewirkt jedoch nicht etwa Ungültigkeit des Beschlusses. Die Veröffentlichung hat durch den Kammervorstand zu erfolgen. Wegen der Veröffentlichung einer Satzungsänderung vgl. Anm. III. zu § 105: Sie muss in den nach § 105 Abs. 2 Nr. 11 bestimmten Organen veröffentlicht werden.

9 Die Kosten sämtlicher Veröffentlichungen hat die Kammer zu tragen (vgl. § 113 Abs. 1).

§ 107 [Zuziehung von Sachverständigen]

Die Handwerkskammer kann zu ihren Verhandlungen Sachverständige mit beratender Stimme zuziehen.

1 Die **zugezogenen Sachverständigen** haben nur beratende Stimme. Vollversammlungsmitglieder sind sie nicht, im Gegensatz zu den nach § 94 Abs. 4 zugewählten sachverständigen Personen. Einer Aufforderung der Handwerkskammer, zu einer Sitzung des Vorstands, eines Ausschusses oder der Vollversammlung zu erscheinen,

brauchen sie nicht Folge zu leisten. Bei Weigerung kann die Kammer keine Ordnungsgelder nach § 112 festsetzen.

§ 108 [Vorstands- und Präsidentenwahl]

(1) ¹**Die Vollversammlung wählt aus ihrer Mitte den Vorstand.** ²**Ein Drittel der Mitglieder müssen Gesellen oder andere Arbeitnehmer mit abgeschlossener Berufsausbildung sein.**

(2) **Der Vorstand besteht nach näherer Bestimmung der Satzung aus dem Vorsitzenden (Präsidenten), zwei Stellvertretern (Vizepräsidenten), von denen einer Geselle oder ein anderer Arbeitnehmer mit abgeschlossener Berufsausbildung sein muß, und einer weiteren Zahl von Mitgliedern.**

(3) ¹**Der Präsident wird von der Vollversammlung mit absoluter Stimmenmehrheit der anwesenden Mitglieder gewählt.** ²Fällt die Mehrzahl der Stimmen nicht auf eine Person, so findet eine engere Wahl zwischen den beiden Personen statt, welche die meisten Stimmen erhalten haben.

(4) ¹Die Wahl der Vizepräsidenten darf nicht gegen die Mehrheit der Stimmen der Gruppe, der sie angehören, erfolgen. ²Erfolgt in zwei Wahlgängen keine Entscheidung, so entscheidet ab dem dritten Wahlgang die Stimmenmehrheit der jeweils betroffenen Gruppe. ³Gleiches gilt für die Wahl der weiteren Mitglieder des Vorstands.

(5) **Die Wahl des Präsidenten und seiner Stellvertreter ist der obersten Landesbehörde binnen einer Woche anzuzeigen.**

(6) **Als Ausweis des Vorstands genügt eine Bescheinigung der obersten Landesbehörde, daß die darin bezeichneten Personen zur Zeit den Vorstand bilden.**

Übersicht

	Rdn.
1. Vorstand nur Vollversammlungsmitglieder	1
a) Allgemeines	1
b) Interessenkollision	7
c) Widerruf der Wahl	8
2. Zusammensetzung des Vorstands	9
3. Anzeige der Wahl	10
4. Ausstellen des Ausweises	12

1. a) Dem Vorstand können nur Vollversammlungsmitglieder angehören („aus ihrer Mitte"), also auch nach § 93 Abs. 4 Zugewählte; als Gesellenmitglieder nur, wenn auch tatsächlich die Geselleneigenschaft vorliegt. Die Berufung von der Gesellenseite reicht nicht aus.

2 **Die Wahl, auch die der Gesellenvertreter, erfolgt nach dem eindeutigen Gesetzeswortlaut stets durch die gesamte Vollversammlung.** Die Repräsentanten des Handwerks sollen stets vom Vertrauen aller getragen sein; eine Gruppenwahl würde diesem Grundsatz widersprechen.

3 Für die Berufung eines Zugewählten ins Präsidium muss dieser nach Sinn und Zweck des Gesetzes auch die Voraussetzungen für die Wählbarkeit zum Kammermitglied (§§ 97, 99) erfüllen; es wäre widersinnig, wenn eine öffentlich-rechtliche Selbstverwaltungsorganisation gar nicht von einem Angehörigen der betreffenden Berufsgruppe repräsentiert würde.

4 Während für die Mitgliedschaft in der Vollversammlung eine **Altersgrenze** nicht zulässig ist (s. Rdn. 3 zu § 97), empfiehlt es sich, für die Vorstandsmitglieder oder zumindest für das Präsidium eine solche festzusetzen. Zweckmäßig ist eine Satzungsbestimmung des Inhalts, das niemand Vorstandsmitglied (oder Präsident) werden kann, der ein bestimmtes Alter vollendet hat. Zu denken ist an 65, höchstens 70 Jahre.

5 Alterserscheinungen treten in ganz unterschiedlichen Lebensaltern auf, werden vom Betroffenen selbst aber oft nicht rechtzeitig erkannt. So bliebe ohne Altersbegrenzung manch hoch angesehener Ehrenamtsträger im Amt, bis er sein Ansehen verliert. Es ist menschlicher, jemand zu sagen, er habe die Altersgrenze erreicht, als ihm klarzumachen, er sei seinem Amt nicht mehr gewachsen. Lange Amtszeiten verhindern darüber hinaus eine stetige Verjüngung und führen dazu, dass eine Generation übersprungen wird. Auch Gesellen bleiben ja nur bis zum Rentenalter im Amt.

6 Die Wahl eines Nichtmitglieds in den Vorstand wäre ungültig. Falls nicht ein Drittel der Vorstandsmitglieder Gesellen sind, muss die oberste Landesbehörde nach § 115 Abs. 2 eingreifen. Gleiches gilt, wenn ein Vorstand überhaupt fehlt.

7 **b)** Nicht ausgeschlossen ist es, dass ein Vorstandsmitglied gleichzeitig eine Funktion in einer Innung oder Kreishandwerkerschaft hat (vgl. dazu *Dannbeck,* GewA 1961, 73 als Entgegnung auf *Steffens,* GewA 1960, 175). Wegen möglicher **Interessenkollisionen** sollte die Satzung aber zumindest für Präsident und Vizepräsidenten sicherstellen, dass diese Personen keine Ämter in einer der Aufsicht des Handwerkskammer unterstellten Innung oder Kreishandwerkerschaft innehaben.

8 **c) Widerruf der Wahl,** auch aus wichtigem Grund, ist nur möglich, wenn er in der Satzung vorgesehen ist. Bei schwerer Pflichtver-

Befugnisse des Vorstands; Vertretungsrecht   § 109 HwO

letzung muss die Aufsichtsbehörde nach § 115 Abs. 2 einschreiten. Ausscheiden als Vollversammlungsmitglied (s. § 104, § 103 Abs. 3) bewirkt ohne weiteres den Verlust des Amtes als Vorstandsmitglied; es hat insoweit Neuwahl für den Rest der Wahlperiode stattzufinden.

2. Die Zahl der Vorstandsmitglieder hat in jedem Fall mindestens drei zu betragen. Eine höhere Zahl (wobei darauf Rücksicht zu nehmen ist, dass ein Drittel Gesellen sein müssen) kann die Satzung – und nur die Satzung – vorsehen (s. Rdn. 11 zu § 105). Nach Auffassung der Unterkommission „Handwerksordnung" des ersten Bundestags sollte der erste Stellvertreter des Präsidenten ein (oder der) Gesellenvertreter sein; dadurch wäre die Beteiligung der Gesellen am Selbstverwaltungsorgan im Sinne der Mitbestimmung besonders unterstrichen. Für die Stellvertreter hat erst die Novelle 94 die schon immer übliche Bezeichnung „Vizepräsident" offiziell eingeführt.

3. Anzeige der Wahl des Präsidenten und der Vizepräsidenten ist Pflicht des Vorstands; die Wahl der übrigen Mitglieder des Vorstands ist nicht anzuzeigen. Ob der Präsident allein oder mehrere Mitglieder zu handeln haben, bemisst sich nach den in der Satzung gegebenen Vorschriften über die Vertretungsbefugnis. Mit der Anzeige der Neuwahl ist gleichzeitig das Erlöschen des Amts der Vorgänger anzuzeigen.

Unterbleibt die Anzeige, kann die oberste Landesbehörde den Ausweis nach Abs. 4 nicht ausstellen. Ein Einschreiten der Aufsichtsbehörde nach § 115 Abs. 2 dürfte jedoch in der Regel nicht gerechtfertigt sein.

4. Ausstellung des Ausweises für den Vorstand: s. Anm. III.3. zu § 66.

§ 109 [Befugnisse des Vorstands; Vertretungsrecht]

¹Dem Vorstand obliegt die Verwaltung der Handwerkskammer; Präsident und Hauptgeschäftsführer vertreten die Handwerkskammer gerichtlich und außergerichtlich. ²Das Nähere regelt die Satzung, die auch bestimmen kann, daß die Handwerkskammer durch zwei Vorstandsmitglieder vertreten wird.

Übersicht

	Rdn.
I. Befugnisse des Vorstands	1
1. a) Führung der Verwaltung	1
b) Vertretung der Handwerkskammer	2

		Rdn.
	2. a) Geschäftsführung	3
	b) Laufende Geschäfte	4
	c) Dienstverträge	6
	d) Beschäftigung von Beamten	7
	3. Amt ist Ehrenamt	8
II.	Schadenshaftung der Handwerkskammer	9

I. Befugnisse des Vorstands

1 **1. a) Dem Vorstand obliegt die Verwaltung.** Dazu gehört nicht nur der Vollzug der Beschlüsse der Vollversammlung, sondern auch die Führung der laufenden Geschäfte, so weit nicht ein (Haupt-) Geschäftsführer bestellt ist. Im Übrigen hat seine Befugnisse die Satzung zu regeln (§ 105 Abs. 2 Nr. 5). Sie wird ihm zweckmäßigerweise die Wahrnehmung gewisser, vom Gesetz der Handwerkskammer eingeräumten Befugnisse (z. B. Genehmigung der Innungssatzung, § 56; von Beschlüssen der Innungsversammlung, § 61 Abs. 3; Einberufung einer Innungsversammlung, § 62 Abs. 3; Führung der Aufsicht über die Innungen, § 75; Auflösung von Innungen, § 76; siehe auch Rdn. 2 zu § 111 und Rdn. 1 zu § 112) übertragen, da die Zuständigkeit der Kammervollversammlung das Verfahren schwerfällig machen und die Entscheidungen verzögern muss. Der Vorstand kann z. B. aber nicht einfach Vorschriften einer Gesellenprüfungsordnung (dazu § 38) ändern, auch wenn dadurch die Verwendung landeseinheitlicher Prüfungsaufgaben erreicht werden soll.

2 **b)** Der Vorstand vertritt an sich die Kammer gerichtlich und außergerichtlich. Das Gesetz bestimmt aber der hergebrachten praktischen Handhabung im Kammerrecht entsprechend, dass Präsident und Hauptgeschäftsführer in erster Linie berufen sind, die Kammer zu vertreten. Die Satzung kann die Vertretungsbefugnis auch anders regeln. Willenserklärungen, die an die Kammer zu richten sind, können jedem Vorstandsmitglied oder dem Hauptgeschäftsführer gegenüber wirksam abgegeben werden (vgl. § 28 Abs. 2 BGB). Für Fehlbehandlungen haften sowohl nach außen wie nach innen, also der Kammer selbst gegenüber, der Präsident und vornehmlich der Hauptgeschäftsführer. Zur Haftung und zur Absicherung hiergegen vgl. Grütters, GewA 2006, 141.

3 **2. a)** Um die Kammerarbeit effizient zu gestalten und schwerfällige und zeitraubende Entscheidungsprozesse zu vermeiden, kommt dem Hauptgeschäftsführer eine weit reichende Vertretungsbefugnis

Befugnisse des Vorstands; Vertretungsrecht **§ 109 HwO**

mit erheblicher Außenwirkung zu. Die Kammer wird erst durch die rechtsgeschäftliche Vertretung durch den Geschäftsführer handlungsfähig. Ein Geschäftsführer ist vom Gesetz ausdrücklich vorgesehen (§ 106 Abs. 1 Nr. 3); dazu und zu seiner Stellung und Funktion ausführlich unten und Rdn. 3 zu § 106.

b) In der **Führung der laufenden Geschäfte** wird der Vorstand, 4 wir schon die Bezeichnung erkennen lässt, von der Geschäftsführung vertreten. Dazu gehört in erster Linie die Aufgabe des Verwaltungsvollzugs, so weit sie nicht von grundsätzlicher, über den Einzelfall hinaus reichender Bedeutung ist. Nicht hierher gehören Angelegenheiten, die durch ihre Eigenart und ihre Bedeutung den Rahmen der regelmäßigen Geschäfte überschreiten. Zu den Geschäften der laufenden Verwaltung gehören z. B. im Normalfall die Entscheidung über einen Handwerksrollenantrag und wohl auch der Erlass eines Widerspruchsbescheids in Alltagsfällen (a. A. VG Oldenburg vom 26. 11. 1974, GewA 1975, 164).

Wegen der Beauftragten siehe § 111. 5

c) Den Dienstvertrag mit dem oder den **Geschäftsführern** hat er 6 abzuschließen (vgl. § 106 Abs. 1 Nr. 3). Dem alleinigen Geschäftsführer oder dem Hauptgeschäftsführer kann er den Abschluss von Arbeitsverträgen mit weiteren Arbeitnehmern oder sonstigen Hilfskräften übertragen, wobei er sich die Besetzung der Spitzenpositionen vorbehalten sollte. Die Verantwortung auch für die Geschäftsführung der Vollversammlung gegenüber trifft jedoch stets den gesamten Vorstand. Im Hinblick auf die hoheitlichen Aufgaben der Kammer sollte der Hauptgeschäftsführer Beamter sein. Zu seiner Rechtsstellung vgl. auch VG Dresden vom 12. 10. 2000, GewA 2001, 127. Mit der Ausübung des Rechtsanwaltsberufs ist dieses Amt nicht vereinbar (BGH vom 16. 11. 1998, NJW-RR 1999, 571).

d) **Beamte** im beamtenrechtlichen Sinn beschäftigen kann die 7 Kammer, wenn die in den Ländern geltenden Beamtengesetze eine Berufung in das Beamtenverhältnis bei öffentlichrechtlichen Körperschaften vorsehen. Die Vorschriften für Bundesbeamte gelten nicht, da die Kammern keine bundesunmittelbaren Körperschaften sind.

3. Ehrenamt ist auch das Amt des Vorstandsmitglieds. Die Sat- 8 zung kann nur den Ersatz barer Auslagen und eine Entschädigung für Zeitversäumnis zulassen, wie sich aus dem auf § 66 Abs. 4 verweisenden Satz 2 des § 94 ergibt.

HwO § 110 4. Teil. Organisation des Handwerks

II. Schadenshaftung für Handwerkskammern

9   Die Kammer ist für den Schaden verantwortlich, den ein Vorstandsmitglied oder ein anderer satzungsmäßig berufener Vertreter durch eine in Ausführung der ihm zustehenden Verrichtung begangene, zum Schadensersatz verpflichtende Handlung einem Dritten zufügt (§§ 31, 89 BGB). Im Übrigen ist auf die Anm. zu § 74 zu verweisen, mit dem Unterschied jedoch, dass hier die Haftung nur im bürgerlichen Rechtsverkehr, nicht bei hoheitlichem Handeln gilt; denn eine besondere Vorschrift in der HwO für den Kammervorstand fehlt und § 74 ist auch nicht für anwendbar erklärt worden.

10   Die Schadenshaftung der Handwerkskammer für das Handeln ihrer Bediensteten im Übrigen richtet sich nach den normalen zivilrechtlichen Vorschriften. Zur Haftung der Betriebsberater vgl. *Schotthöfer*, GewA 1977, 213.

§ 110 [Ausschüsse der Vollversammlung]

¹**Die Vollversammlung kann unter Wahrung der im § 93 Abs. 1 bestimmten Verhältniszahl aus ihrer Mitte Ausschüsse bilden und sie mit besonderen regelmäßigen oder vorübergehenden Aufgaben betrauen.** ²**§ 107 findet entsprechende Anwendung.**

1   **1. Die Ausschüsse sind Kammerorgane** (§ 92 Nr. 3). Sie können nur aus Vollversammlungsmitgliedern bestehen und müssen zu einem Drittel mit Gesellenmitgliedern besetzt sein, so weit hinsichtlich ihrer Zusammensetzung keine besonderen Vorschriften bestehen. Die Vollversammlung muss ihnen genau begrenzte Aufgaben (z. B. Gesellenprüfung, Abwicklung eines Bauvorhabens, Vorprüfung der Jahresrechnung usw.) übertragen. Zur Wahlprüfung einer Ausschusswahl vgl. VG Oldenburg vom 22.10.1970, GewA 1971, 83.

2   Die Ausschüsse sind in ihren Entscheidungen frei. So weit erforderlich können sie zu ihren Verhandlungen Sachverständige mit beratender Stimme zuziehen (Satz 2). So weit der Ausschuss zuständig erklärt wurde, entfällt die Verantwortlichkeit des Vorstands gegenüber der Kammer. An der bürgerlich-rechtlichen Vertretungsmacht des Vorstands (§ 109) ändert sich jedoch nichts.

3   **2.** Eine Sonderstellung haben der **Berufsbildungsausschuss** (dazu vgl. § 43 ff.) und die **Gesellenprüfungsausschüsse** (§§ 33 ff.).

Überwachung der Lehrlingsausbildung § 111 HwO

3. Die **Meisterprüfungsausschüsse sind keine Kammerorgane;** dazu vgl. § 47. 4

§ 111 [Überwachung der Lehrlingsausbildung; Auskunftspflicht der Gewerbetreibenden]

(1) ¹Die in die Handwerksrolle und in das Verzeichnis nach § 19 eingetragenen Gewerbetreibenden haben der Handwerkskammer die zur Durchführung von Rechtsvorschriften über die Berufsbildung und der von der Handwerkskammer erlassenen Vorschriften, Anordnungen und der sonstigen von ihr getroffenen Maßnahmen erforderlichen Auskünfte zu erteilen und Unterlagen vorzulegen. ²Die Handwerkskammer kann für die Erteilung der Auskunft eine Frist setzen.

(2) ¹Die von der Handwerkskammer mit der Einholung von Auskünften beauftragten Personen sind befugt, zu dem in Absatz 1 bezeichneten Zweck die Betriebsräume, Betriebseinrichtungen und Ausbildungsplätze sowie die für den Aufenthalt und die Unterkunft der Lehrlinge und Gesellen bestimmten Räume oder Einrichtungen zu betreten und dort Prüfungen und Besichtigungen vorzunehmen. ²Der Auskunftspflichtige hat die Maßnahme von Satz 1 zu dulden. ³Das Grundrecht der Unverletzlichkeit der Wohnung (Artikel 13 des Grundgesetzes) wird insoweit eingeschränkt.

(3) Der Auskunftspflichtige kann die Auskunft auf solche Fragen verweigern, deren Beantwortung ihn selbst oder einen der in § 383 Abs. 1 Nr. 1 bis 3 der Zivilprozeßordnung bezeichneten Angehörigen der Gefahr strafgerichtlicher Verfolgung oder eines Verfahrens nach dem Gesetz über Ordnungswidrigkeiten aussetzen würde.

1. Zur **Überwachung,** dass die Vorschriften der Handwerkskammer befolgt werden, räumt das Gesetz dieser **umfangreiche Befugnisse** ein. Einbezogen sind auch die handwerksähnlichen Gewerbe. Gleichzeitig wurden die Pflichten des einzelnen Betriebsinhabers klar umrissen. Unter gewissen Voraussetzungen hat dieser ein Auskunftsverweigerungsrecht (Abs. 3). Das Grundrecht auf Unverletzlichkeit der Wohnung ist aber ausdrücklich eingeschränkt (vgl. Anm. zu § 17). 1

Die **Beauftragten** werden von „der Handwerkskammer" bestellt. Zuständig ist, wenn die Befugnis nicht durch die Satzung dem Vorstand übertragen ist, die Vollversammlung (vgl. Rdn. 1 zu § 106). Die 2

Beauftragten sind kein Kammerorgan (vgl. Rdn. 2 zu § 92). Sie brauchen nicht Mitglied der Handwerksorganisation zu sein, sondern können z. B. auch zu den Bediensteten der Handwerkskammer gehören, wie es die Regel sein wird. Von besonderer Bedeutung sind in diesem Zusammenhang die vom Berufsbildungsgesetz obligatorisch vorgeschriebenen Ausbildungsberater (§ 41a).

3   **2. Die Befugnisse der Beauftragten** sind durch Abs. 1 eingeschränkt; sie haben nicht die Befolgung schlechthin aller einschlägigen gesetzlichen Vorschriften zu überwachen, sondern nur die Einhaltung der Bestimmungen über die Berufsausbildung und der von der Handwerkskammer erlassenen Vorschriften und Anordnungen, sowie der von ihr sonst getroffenen Maßnahmen. Die notwendige Ergänzung bietet § 17; im Übrigen ist die Überwachung Sache der staatlichen Gewerbeaufsicht (vgl. § 139b GewO).

4   Werden bei der Überprüfung **Verstöße** des Handwerkers festgestellt, so können Ordnungsgelder nach § 112 verhängt werden. Weigert sich ein selbstständiger Handwerker, Auskünfte zu erteilen oder die Besichtigung vornehmen zu lassen, so stellt dies eine Ordnungswidrigkeit nach § 118 Abs. 2 Nr. 2 dar; ein Ordnungsgeld nach § 112 kommt in diesem Fall nicht in Frage.

5   Hinsichtlich des von ihnen in ihrer dienstlichen Eigenschaft Erfahrenen sind die Beauftragten zur **Verschwiegenheit** verpflichtet. Bei Verstößen machen sie sich nach §§ 203 Abs. 2, 204 StGB strafbar; ggf. kommt auch eine Schadensersatzpflicht in Frage.

§ 112 [Ordnungsgeld]

(1) **Die Handwerkskammer kann bei Zuwiderhandlungen gegen die von ihr innerhalb ihrer Zuständigkeit erlassenen Vorschriften oder Anordnungen Ordnungsgeld bis zu fünfhundert Euro festsetzen.**

(2) ¹**Das Ordnungsgeld muß vorher schriftlich angedroht werden.** ²**Die Androhung und die Festsetzung des Ordnungsgelds sind dem Betroffenen zuzustellen.**

(3) **Gegen die Androhung und die Festsetzung des Ordnungsgelds steht dem Betroffenen der Verwaltungsrechtsweg offen.**

(4) ¹**Das Ordnungsgeld fließt der Handwerkskammer zu.** ²**Es wird auf Antrag des Vorstands der Handwerkskammer nach Maßgabe des § 113 Abs. 2 Satz 1 beigetrieben.**

Ordnungsgeld **§ 112 HwO**

Übersicht Rdn.

1. Ordnungsgelder (Allgemeines) 1
2. Verfahren 2
   a) Androhung 2
   b) Festsetzung 3
   c) Zustellung 5
3. Rechtsmittel 6
4. Beitreibung 8
5. Verjährung 10

1. Ordnungsgelder kann die Handwerkskammer (Zuständigkeit 1 siehe Rdn. 1 zu § 106) festsetzen, wenn gegen die von ihr erlassenen Vorschriften oder Anordnungen (auch solche im Einzelfall) verstoßen wird. Der Ordnungsstrafgewalt sind auch Innungen und Kreishandwerkerschaften unterworfen, so weit sich die Vorschriften und Anordnungen der Kammer an sie wenden. Auch Zuwiderhandlungen gegen Anordnungen, die die Kammer in Wahrnehmung der Rechts- und Pflichtaufsicht nach § 75 erlässt, begründen die Festsetzung eines Ordnungsgeldes. Es gilt das Opportunitätsprinzip; die Kammer kann also frei entscheiden, ob sie dieses Zwangsmittel einsetzen will.

2. a) Vorher schriftlich angedroht muss das Ordnungsgeld 2 werden; fehlt es hieran – wenn auch nur an der Schriftlichkeit –, so ist eine trotzdem erfolgte Festsetzung vom Verwaltungsgericht aufzuheben. Die Androhung muss, wenn auf sie hin der ordnungsmäßige Zustand hergestellt wurde, später aber ein erneuter Verstoß selbst der gleichen Art vorkommt, erneuert werden. Für mehrere zeitlich auseinander fallende Handlungen oder Unterlassungen kann eine einheitliche Androhung ergehen (vgl. OVG NRW vom 26.6. 1952, DÖV 1952, 698).

b) Die Androhung muss, wenn sie dem Sinn des Gesetzes entspre- 3 chen will, eine angemessene Frist setzen, in der der ordnungsmäßige Zustand hergestellt werden muss. Erst wenn dem nicht Folge geleistet wird, ist das Ordnungsgeld festzusetzen. Nach dem entsprechend anwendbaren Rechtsgrundsatz ne bis in idem kann es für denselben Sachverhalt nicht wiederholt festgesetzt werden.

Die Festsetzung ist ebenso wie die Androhung schriftlich zu erlassen 4 und zu begründen. Wegen der Anforderungen an die Begründung eines gegen eine jur. Person oder eine Handelsgesellschaft gerichteten Bescheides vgl. OLG Stuttgart vom 19.2. 1968, NJW 1968, 1296.

c) Beide Bescheide sind zuzustellen; dies ist eine Voraussetzung 5 der Wirksamkeit. Ist die Androhung nicht zugestellt, kann das Ordnungsgeld nicht festgesetzt werden, ist die Festsetzung nicht zugestellt, kann

HwO § 112 4. Teil. Organisation des Handwerks

das Ordnungsgeld nicht beigetrieben werden. Wie zuzustellen ist, schreibt das Gesetz nicht vor; es kann also sowohl im förmlichen Zustellungsverfahren der ZPO, aber auch auf andere Weise zugestellt werden. Für die Zustellung nach der ZPO, die ihrer Sicherheit wegen bevorzugt werden sollte, sind die §§ 208 ff. ZPO entsprechend anzuwenden. Es kämen aber auch andere Vorschriften in Frage, etwa landesrechtliche, die Zustellung im Verwaltungsverfahren regelnde Vorschriften oder auch andere ausreichende Zustellungsverfahren, etwa durch Einschreiben gegen Rückschein (vgl. OVG Hamb. vom 27. 1. 1949, DV 49, 277). Die Vorschriften des VerwaltungszustellungsG vom 3. 7. 1952 (BGBl. I S. 379) sind nach dessen § 1 Abs. 1 nicht anwendbar. Sie gelten jedoch für die Zustellung von Widerspruchsbescheiden nach § 73 Abs. 3 VwGO.

6 3. Der **Verwaltungsrechtsweg** kann nach dem ausdrücklichen Gesetzeswortlaut (Abs. 3) sowohl gegen die Festsetzung als auch gegen die Androhung der Ordnungsstrafe beschritten werden.

7 Im verwaltungsgerichtlichen Verfahren prüft das Gericht als Tat- und Rechtsfrage, ob ordnungsgemäß angedroht wurde und ob die Festsetzung als solche begründet ist; bei der Frage, ob die Androhung auch veranlasst war oder ob die Kammer von ihr hätte absehen können, und bei der Bemessung des Ordnungsgeldes seiner Höhe nach prüft das Verwaltungsgericht nur, ob die Kammer von ihrem Ermessen im Sinne des Gesetzes Gebrauch gemacht hat.

8 4. Zur **Beitreibung** siehe Anm. II. zu § 113.

Beitreibungsantrag kann nur der Vorstand der Kammer stellen. Der Kammervorstand kann auch, selbst wenn er dazu nicht ausdrücklich in der Satzung befugt ist, letztlich von der Beitreibung ganz oder teilweise absehen; es wäre dies aber widersinnig.

9 Die Beitreibungsbehörden haben zu prüfen, ob die Festsetzung ordnungsgemäß angedroht war und ob sie rechtskräftig ist. Treiben sie ein Ordnungsgeld vorher bei, kann hiergegen mit Erfolg Anfechtungsklage erhoben werden. Im Normalfall ist Anfechtungsklage gegen die Beitreibung jedoch unzulässig, wenn das Ordnungsgeld nach ordnungsgemäßer Androhung im vorgesehenen Verfahren festgesetzt ist, denn hier handelt es sich um die Vollstreckung eines rechtskräftigen Verwaltungsakts.

10 5. Über die Verjährung sagt die HwO nichts. In entsprechender Anwendung des OWiG sollte man die Verfolgungsverjährung bei sechs Monaten, die Vollstreckungsverjährung bei zwei Jahren ansetzen (dazu *Krause,* NJW 1973, 2094).

§ 113 [Beiträge und Gebühren]

(1) Die durch die Errichtung und Tätigkeit der Handwerkskammer entstehenden Kosten werden, soweit sie nicht anderweitig gedeckt sind, von den Inhabern eines Betriebs eines Handwerks und eines handwerksähnlichen Gewerbes sowie den Mitgliedern der Handwerkskammer nach § 90 Abs. 3 nach einem von der Handwerkskammer mit Genehmigung der obersten Landesbehörde festgesetzten Beitragsmaßstab getragen.

(2) [1]Die Handwerkskammer kann als Beiträge auch Grundbeiträge, Zusatzbeiträge und außerdem Sonderbeiträge erheben. [2]Die Beiträge können nach der Leistungskraft der beitragspflichtigen Kammerzugehörigen gestaffelt werden. [3]Soweit die Handwerkskammer Beiträge nach dem Gewerbesteuermeßbetrag, Gewerbeertrag oder Gewinn aus Gewerbebetrieb bemißt, richtet sich die Zulässigkeit der Mitteilung der hierfür erforderlichen Besteuerungsgrundlagen durch die Finanzbehörden für die Beitragsbemessung nach § 31 der Abgabenordnung. [4]Personen, die nach § 90 Abs. 3 Mitglied der Handwerkskammer sind und deren Gewerbeertrag nach dem Gewerbesteuergesetz oder, soweit für das Bemessungsjahr ein Gewerbesteuermessbetrag nicht festgesetzt wird, deren nach dem Einkommen- oder Körperschaftsteuergesetz ermittelter Gewinn aus Gewerbebetrieb 5200 Euro nicht übersteigt, sind vom Beitrag befreit. [5]Natürliche Personen, die erstmalig ein Gewerbe angemeldet haben, sind für das Jahr der Anmeldung von der Entrichtung des Grundbeitrages und des Zusatzbeitrages, für das zweite und dritte Jahr von der Entrichtung der Hälfte des Grundbeitrages und vom Zusatzbeitrag und für das vierte Jahr von der Entrichtung des Zusatzbeitrages befreit, soweit deren Gewerbeertrag nach dem Gewerbesteuergesetz oder, soweit für das Bemessungsjahr ein Gewerbesteuermessbetrag nicht festgesetzt wird, deren nach dem Einkommensteuergesetz ermittelter Gewinn aus Gewerbebetrieb 25 000 Euro nicht übersteigt. [6]Die Beitragsbefreiung nach Satz 5 ist nur auf Kammerzugehörige anzuwenden, deren Gewerbeanzeige nach dem 31. Dezember 2003 erfolgt. [7]Wenn zum Zeitpunkt der Verabschiedung der Haushaltssatzung zu besorgen ist, dass bei einer Kammer auf Grund der Besonderheiten der Wirtschaftsstruktur ihres Bezirks die Zahl der Beitragspflichtigen, die einen Beitrag zahlen, durch die in den Sätzen 4 und 5 geregelten Beitragsbefreiungen auf weniger als 55 vom Hundert aller ihr zugehörigen Gewerbetreibenden sinkt, kann die Vollversammlung für das betreffende Haushaltsjahr eine entsprechende Herabsetzung der dort genann-

HwO § 113 4. Teil. Organisation des Handwerks

ten Grenzen für den Gewerbeertrag oder den Gewinn aus Gewerbebetrieb beschließen. ⁸Die Handwerkskammern und ihre Gemeinschaftseinrichtungen, die öffentliche Stellen im Sinne des § 2 Abs. 2 des Bundesdatenschutzgesetzes sind, sind berechtigt, zur Festsetzung der Beiträge die genannten Bemessungsgrundlagen bei den Finanzbehörden zu erheben. ⁹Bis zum 31. Dezember 1997 können die Beiträge in dem in Artikel 3 des Einigungsvertrages genannten Gebiet auch nach dem Umsatz, der Beschäftigtenzahl oder nach der Lohnsumme bemessen werden. ¹⁰Soweit die Beiträge nach der Lohnsumme bemessen werden, sind die beitragspflichtigen Kammerzugehörigen verpflichtet, der Handwerkskammer Auskunft durch Übermittlung eines Doppels des Lohnnachweises nach § 165 des Siebten Buches Sozialgesetzbuch zu geben. ¹¹Soweit die Handwerkskammer Beiträge nach der Zahl der Beschäftigten bemißt, ist sie berechtigt, bei den beitragspflichtigen Kammerzugehörigen die Zahl der Beschäftigten zu erheben. ¹²Die übermittelten Daten dürfen nur für Zwecke der Beitragsfestsetzung gespeichert und genutzt sowie gemäß § 5 Nr. 7 des Statistikregistergesetzes zum Aufbau und zur Führung des Statistikregisters den statistischen Ämtern der Länder und dem Statistischen Bundesamt übermittelt werden. ¹³Die beitragspflichtigen Kammerzugehörigen sind verpflichtet, der Handwerkskammer Auskunft über die zur Festsetzung der Beiträge erforderlichen Grundlagen zu erteilen; die Handwerkskammer ist berechtigt, die sich hierauf beziehenden Geschäftsunterlagen einzusehen und für die Erteilung der Auskunft eine Frist zu setzen.

(3) ¹Die Beiträge der Inhaber von Betrieben eines Handwerks oder handwerksähnlichen Gewerbes oder der Mitglieder der Handwerkskammer nach § 90 Abs. 3 werden von den Gemeinden auf Grund einer von der Handwerkskammer aufzustellenden Aufbringungsliste nach den für Gemeindeabgaben geltenden landesrechtlichen Vorschriften eingezogen und beigetrieben. ²Die Gemeinden können für ihre Tätigkeit eine angemessene Vergütung von der Handwerkskammer beanspruchen, deren Höhe im Streitfall die höhere Verwaltungsbehörde festsetzt. ³Die Landesregierung kann durch Rechtsverordnung auf Antrag der Handwerkskammer eine andere Form der Beitragseinziehung und Beitragsbeitreibung zulassen. ⁴Die Landesregierung kann die Ermächtigung auf die zuständige oberste Landesbehörde übertragen.

(4) ¹Die Handwerkskammer kann für Amtshandlungen und für die Inanspruchnahme besonderer Einrichtungen oder Tätigkeiten mit Genehmigung der obersten Landesbehörde Gebühren erheben. ²Für ihre Beitreibung gilt Absatz 3.

Beiträge und Gebühren § 113 HwO

Übersicht

	Rdn.
I. Kammerbeiträge	1
1. a) Allgemeines	1
b) Beitragspflichtige	2
c) Sonderregelung für Existenzgründer	3
2. Beitragsgrundlagen	10
a) Allgemeines	10
b) Beitragsordnung	13
c) Beitragsmaßstab	14
d) Verjährung u. Ä.	20
II. Einziehung und Beitreibung	21
1. durch die Gemeinden	21
2. durch die HWK selbst	23
3. nicht durch Zivilgerichte	24
III. Gebühren	25
1. Allgemeines	25
2. Einzelfragen	26
3. Genehmigung durch oberste Landesbehörde	29
IV. Beitrags- und Gebührenstreitigkeiten	30

Literatur: *Axer,* Die Finanzierung der IHK durch Abgaben, GewA 1996, 453; vgl. auch *Jahn,* Die Entwicklung des Beitragsrechts der Industrie- und Handelskammern, GewA 1997, 177 und fortgesetzt GewA 1999, 449.

I. Kammerbeiträge

1. a) Sie dürfen nur erhoben werden zur Deckung der Kosten 1 (nicht zur Aufstockung des Kammervermögens) und nur, so weit diese nicht aus anderen Einkünften bestritten werden können. Es ist aber nicht zu beanstanden, wenn angemessene Rücklagen (dazu BVerwG vom 26.6. 1990, NJW 1991, 713) gebildet werden (vgl. VG Arnsberg vom 29.3. 1996, GewA 1996, 415). Grundlegend zu den Beitragskriterien BVerwG vom 3.5. 1995, GewA 1995, 425; zusammenfassend VG Magdeburg vom 22.2. 2001, GewA 2001, 347. Andere Einkünfte sind Vermögenserträge, Eingänge aus Gebühren (Abs. 3) und Ordnungsgelder (§ 112), Schenkungen, Zuschüsse von Gemeinden, Ländern u. Ä. Das Kostendeckungsprinzip zwingt nicht zu Differenzierungen je nach Dauer der Mitgliedschaft: auch bei Handwerksrollenlöschung während des Jahres kann der volle Beitrag verlangt werden.

b) Beitragspflichtig sind nach dem ausdrücklichen Gesetzes- 2 wortlaut neben den Handwerkern nach § 1 auch die Inhaber von Handwerks- und handwerksähnlichen Betrieben der Anlage B. Dies gilt im Prinzip auch für Sonderumlagen; damit finanzierte Maßnahmen müssen aber ihnen zugute kommen. Maßgebendes Kriterium ist auch hier die Eintragung in das Verzeichnis (A. A. VG Oldenburg vom 24. 1. 1969, GewA 1971, 168, das nur auf die effektive Inhaberschaft abstellt).

3   Ein Beitrag entfällt für Personen, die nach § 90 Abs. 3 Mitglied sind, so weit ihr Jahres-Gewinn 5200 Euro nicht übersteigt.

4   **Existenzgründer** (natürliche Personen), die nach dem 31. 12. 2003 begonnen haben, sind nach einer neu in Abs. 2 eingefügten Bestimmung privilegiert. Für das Jahr der Anmeldung ihres Gewerbes zahlen sie überhaupt keinen Grundbeitrag, für die beiden darauf folgenden Jahre nur die Hälfte, erst für das vierte Jahr den vollständigen; ein Zusatzbeitrag fällt für die ersten vier Jahre überhaupt nicht an. Voraussetzung ist, dass für sie kein Gewerbeertrag nach dem Gewerbesteuergesetz und kein Gewerbesteuermessbetrag festgesetzt wird und für das Bemessungsjahr der Gewinn aus Gewerbebetrieb 25 000 Euro nicht übersteigt. Dazu auch *Jahn,* GewA 2004, 41(44).

5   Um allzu große Beitragausfälle zu vermeiden, wird gleich gegengesteuert: Wenn zum Zeitpunkt der Verabschiedung der Haushaltssatzung zu besorgen ist, dass bei einer Kammer auf Grund der Besonderheiten der Wirtschaftsstruktur ihres Bezirks die Zahl der normal Beitrag Zahlenden wegen dieser Freistellungen auf unter 55 % aller Mitglieder sinkt, kann die Vollversammlung für das betreffende Beitragsjahr eine entsprechende Herabsetzung der Gewinngrenzen beschließen.

6   Die wenig durchdachte Vorschrift macht keinen Unterschied, ob es sich um eine echte Neugründung oder um die Übernahme eines bestehenden Unternehmens handelt, wo schon eine entsprechende Infrastruktur vorhanden ist und nicht erst neu aufgebaut werden muss. Auch im Normalfall erscheint eine Gründungsphase von 4 Jahren zu lang. Da sich schon jetzt wirtschaftliche Erfolge erst zeitversetzt nach 3 Jahren beim Zusatzbeitrag auswirken, erscheint eigentlich hinreichend Starthilfe geboten, zumal gerade am Anfang die Dienste der Kammer besonders in Anspruch genommen werden. Insgesamt erscheint die neue Regelung nur als Augenwischerei; die auf den Einzelnen fallende Ersparnis fällt weder als Gründungsanreiz noch als Aufbauhilfe ins Gewicht. Die individuell relativ geringe Entlastung führt andererseits zu einer Belastung des Kammerhaushalts, die bei den voll Zahlungspflichtigen böses Blut erzeugt und wohl nur durch einen gerade für Existenzgründer nachteiligen Leistungsabbau aufgefangen werden kann.

7   Als „selbstständiger Handwerker" ist auch ein **Filialbetrieb** anzusehen (BVerwG vom 26. 4. 1994, GewA 1994, 474). An der Beitragspflicht für diesen ändert sich durch eine Verlegung des Firmensitzes nichts (BVerwG vom 27. 10. 1998, GewA 1999, 73). Umfassend zur

Beiträge und Gebühren **§ 113 HwO**

Beitragspflicht von Filialen VGH BW vom 13. 9. 2001, DÖV 2002, 174. Auch eine Zweigniederlassung hat alle Vorteile einer Kammerzugehörigkeit; auch für sie kann daher der volle Grundbeitrag verlangt werden (OVG Rh.-Pf. vom 20. 9. 2001, GewA 2001, 37, bestätigt durch BVerwG vom 14. 2. 2001, GewA 2001, 206).

Der Vorteil, den die Kammermitgliedschaft vermittelt und der die **8** Beitragspflicht begründet, besteht zum einen in der allgemeinen politischen Vertretung der Interessen der Gewerbetreibenden durch die Kammer, die jedem Mitglied zugute kommt, zum andern in der Möglichkeit, die angebotenen Beratungs- und sonstigen Leistungen in Anspruch nehmen zu können, auch wenn man davon keinen Gebrauch macht (Vgl. VG Frankfurt vom 16. 12. 1994, GewA 1995, 295 und vom 17. 3. 2000, GewA 2000, 333). Der Vorteil kann „sich zu einer bloßen Vermutung des Vorteils verflüchtigen" (BVerwG vom 3. 5. 1995, GewA 1995, 425).

Das einzelne Kammermitglied hat es nicht in der Hand, durch Bei- **9** tragsverweigerung ein bestimmtes Verhalten zu erzwingen oder vermeintliche oder auch tatsächliche Kompetenzüberschreitungen der Kammer zu ahnden; dies ist Sache der Aufsichtsbehörden (vgl. BVerwG vom 1. 3. 1977, GewA 1977, 232 = NJW 1977, 1893; VG Koblenz vom 11. 11. 1991, GewA 1992, 99; s. auch BVerfG vom 26. 8. 1992, NJW 1993, 455 und vom 30. 9. 2003, GewA 2004, 64). Die gleichzeitige IHK-Beitragspflicht gemischter Betriebe ist keine Ungleichbelastung (vgl. BVerwG vom 25. 10. 1977, GewA 1978, 128 = NJW 1978, 904, HessVGH vom 15. 10. 1986, GewA 1987, 395 und VGH BW vom 2. 12. 1997, GewA 1999, 80). Zur Rechtsnatur von Handwerkskammerbeitrag und ÜLU-Beitrag vgl. VGH BW vom 15. 12. 1987, GewA 1988, 165; OVG NRW vom 15. 9. 1993, aaO). Zur grundsätzlichen Bedeutung von Rechtsfragen auslaufenden Rechts und zum Beitragsmaßstab für überbetriebliche Ausbildung bei einem Alleinmeister siehe BVerwG vom 15. 9. 2005, GewA 2006, 83; dazu *Hahn,* GewA 2007, 5.

2. a) Die **Beitragsgrundlagen** hat die Vollversammlung zu be- **10** schließen und der obersten Landesbehörde zur Genehmigung vorzulegen (§ 106 Abs. 1 Nr. 4), zweckmäßiger- und üblicherweise aufgeteilt in eine Beitragsordnung mit den allgemeinen Bestimmungen und der jeweiligen Festsetzung des Beitragsmaßstabes.

Mit Abs. 2 wird bekräftigt, welche Beiträge die HWK erhebt, bzw. **11** erheben kann und dass die Beiträge nach der Leistungskraft der Kammerangehörigen gestaffelt werden können. Zu einer solchen Staffelung vgl. VG Minden vom 1. 2. 1995, GewA 1995, 296. Auch bei steuerlich gleichem Gewinn ist die Leistungsfähigkeit juristischer Personen höher (VG Köln vom 18. 4. 1996, GewA 1996, 423; VG Ansbach vom 29. 3. 1999, GewA 1999, 252; VGH BW vom 14. 9. 2001, GewA 2001, 83).

Die an eine andere Handwerksorganisation, insbesondere eine Innung, gezahlten Beiträge sind vom Handwerkskammerbeitrag wesensverschieden und können nicht angerechnet werden (dazu ausführlich *Badura/Kormann,* GewA 2005, 99 und 2005, 136; a. A. *Detterbeck,* GewA 2005, 271 u. 321). In diesem Sinne auch VG Schleswig vom 29. 11. 2004, GewA 2005, 379, mit kritischer Anm. *Will;* VG Augsburg vom 5. 10. 2005, GewA 2005, 488 und abschließend BVerwG vom 26. 4. 2006, GewA 2006, 341; dazu noch einmal *Hahn,* GewA 2007, 5).

12 Erst nach Eingang der Genehmigung können die Beiträge festgesetzt, eingezogen und erforderlichenfalls beigetrieben werden. (Vgl. dazu OVG NRW v. 24. 8. 1972, GewA 1973, 15 und vom 6. 9. 1973, GewA 1974, 118 = BB 1974, 523). Die Beitragsfestsetzung muss öffentlich bekannt gemacht werden (für IHK vgl. HessVGH vom 29. 5. 1969, BB 1969, 1328).

13 b) Die **Beitragsordnung** sollte die Möglichkeit vorsehen, dass Beiträge erforderlichenfalls gestundet, ermäßigt, erlassen oder niedergeschlagen werden können und dass spätere Berichtigungen möglich sind. Zur Möglichkeit der Befreiung VG Saarbrücken vom 13. 12. 1977, GewA 1979, 264. Weitere Beitragsgrundsätze vgl. *Mache,* GewA 1986, 122 und *Junge,* GewA 1986, 153; ferner OVG Hamb. vom 23. 11. 1988, GewA 1989, 381 und BVerwG vom 26. 6. 1990, BB 1990, 1867). Vermögenslosigkeit rechtfertigt keinen Beitragserlass wegen „besonderer Härte" (NdsOVG vom 21. 6. 2006, GewA 2007, 39).

14 c) Wegen des **Beitragsmaßstabes** vgl. die Ausführungen über die Bemessungsgrundlage in Rdn. 4 zu § 73. Die im Zusammenhang mit der Bemessung des Handwerkskammerbeitrags stehenden Fragen sind inzwischen höchstrichterlich geklärt (siehe BVerwG vom 14. 2. 2002, GewA 2002, 206). Die Handwerkskammer darf zu Gunsten praktikablerer, weniger ausgewogener Lösungen auf hoch differenzierte Beitragsschlüssel verzichten, sofern sich daraus keine groben Ungerechtigkeiten und Unbilligkeit ergeben (VG Freiburg vom 19. 10. 1994, GewA 1994, 251). In der Regel gibt es einen Grundbeitrag und einen am Unternehmensergebnis orientierten Zusatzbeitrag. Letzterer richtet sich in aller Regel nach dem Gewerbesteuermessbetrag (dazu VGH BW vom 2. 12. 1997, GewA 1999, 80); diesen und etwaige andere Bemessungsgrundlagen können die Handwerkskammern, ggf. ihre Gemeinschaftseinrichtungen, bei den Finanzbehörden anfordern. Dies ist mit Abs. 2 Satz 4 festgelegt. Bei

Filialen kann der Gewerbesteuer-Zerlegungsanteil herangezogen werden (VGH BW vom 25. 7. 1985, GewA 1985, 368 = BB 1985, 1930). Wenn die Beitragsordnung dies zulässt, bewirken spätere Änderungen des Gewerbesteuermessbescheides auch entsprechende Beitragsänderungen (vgl. VGH BW vom 21. 3. 2002, GewA 2003, 480). Da durch immer höhere Steuerfreibeträge u. dgl. (vgl. z. B. Gesetz zur Fortsetzung der Unternehmenssteuerreform vom 20. 10. 1997, BGBl. I S. 2590) der Zusatzbeitrag immer weiter geschmälert wird, kann auch auf andere Bemessungsgrundlagen zurückgegriffen werden, etwa den Umsatz oder den Unternehmensgewinn (dazu *Schmidt,* BB 1979, 142; s. auch BB 1988, 2292).

Der Grundbeitrag orientiert sich am Beitragsjahr (vgl. VG 15 Hannover vom 26. 1. 1995, GewA 1995, 158; a. A. VG Gießen vom 26. 10. 2005, GewA 2006, 214; das eine Vorschrift in der Beitragsordnung für nichtig hält, dass der Grundbeitrag für das ganze Jahr erhoben wird, wenn der Betrieb vorher verlegt wird). Hinsichtlich des Zusatzbeitrags ist es zulässig. wenn bei der Beitragsberechnung auf den Messbetrag eines früheren Jahres zurückgegriffen wird, um gleich mit endgültigen Werten arbeiten zu können (BayVGH vom 27. 1. 1977, BayVwBl. 1977, 125; OVG NRW vom 28. 4. 1977, GewA 1977, 269). Üblich und zulässig ist ein Rückgriff um drei Jahre, auch wenn sich zwischenzeitlich die Ertragslage des Unternehmens verschlechtert hat (vgl. auch VG Magdeburg vom 21. 4. 2004, Az. 3 A 643/02). Im Erbfall oder bei unentgeltlichem Erwerb des Betriebs kann auch auf die Bemessungsgrundlagen des Rechtsvorgängers zurückgegriffen werden. Zur Nachberechnung, bzw. nachträglichen Anpassung vgl. OVG Hamb. vom 24. 4. 1984, GewA 1984, 351.

Eine **Staffelung der Beiträge** ist zulässig (z. B. höherer Grund- 16 beitrag für jur. Personen; mehrfacher Grundbeitrag für Filialbetriebe; ermäßigter Zusatzbeitrag für Alleinmeister o. Ä.). Darin liegt kein Verstoß gegen den Gleichheitssatz des Art. 3 GG, da nicht Gleiches verschieden behandelt wird, sondern schon von der Sache her Unterschiede bestehen. Eine höhere Beitragsbelastung für jur. Personen berücksichtigt den größeren Nutzen, den leistungsfähigere Betriebe i. d. R. von der HWK haben und trägt dem Umstand Rechnung, dass eine jur. Person Geschäftsführergehälter usw. absetzen und dadurch den Gewinn im Gegensatz zu natürl. Personen verschleiern kann (ausführlich dazu OVG Hamb. vom 9. 3. 1993, GewA 1993, 485; VG Neustadt/W. vom 19. 8. 1994, GewA 1997, 299). Zur Differenzierung nach Kapitalgesellschaften und natürlichen Personen/ Personengesellschaften auch VG Ansbach vom 21. 8. 1997, GewA 1997, 483 und vom 29. 3. 1999, GewA 1999, 252. – Ähnlich ist es bei Filialbetrieben (vgl. auch VGH BW vom 14. 9. 2001, GewA

2001, 83): ein Unternehmen mit mehreren räumlich getrennten Filialen verursacht der HWK einen höheren Aufwand; die Erhebung eines zusätzlichen Grundbeitrags verstößt daher in diesem Fall weder gegen den Gleichheitssatz noch gegen das Äqivalenzprinzip (Abschließend BVerwG vom 14. 2. 2002, GewA 2002, 245). Für die Leistungserbringung eines Betriebes ist nicht die innerbetriebliche organisatorische Struktur entscheidend, sondern die Art und Weise, wie die handwerklichen Leistungen erbracht werden (VG Arnsberg vom 7. 5. 1993, GewA 1994, 206). Dies alles gilt gleichermaßen für Mitgliedsbetriebe der Anlagen A oder B.

17 Sinnvoll kann die Festlegung eines **Höchstbeitrags** sein. Gerade bei den großen und leistungsfähigsten Handwerksbetrieben taucht leicht die Frage auf, ob nicht inzwischen ein Wandel zum Industriebetrieb erfolgt ist; ihnen kann dadurch die Entscheidung erleichtert werden.

18 Die Kammern sind berechtigt, die durch Zuschüsse und Gebühren nicht gedeckten Kosten der überbetrieblichen Ausbildung als **Sonderbeitrag** auf die selbstständigen Handwerker umzulegen, für deren Handwerke die Maßnahmen durchgeführt werden; dabei sind Äquivalenzprinzip und Gleichheitsprinzip zu beachten (BVerwG vom 17. 12. 1998, NJW 1999, 2292). Bei Sonderbeiträgen für einzelne Handwerke für ein nur sie betreffendes Objekt ist größte Zurückhaltung geboten (VG Freiburg vom 26. 6. 1981, GewA 1982, 31). Möglich ist eine allgemeine Sonderumlage, z. B. für Berufsbildungskosten (dazu und zur Beitragsbemessung allgemein ausführlich VG Freiburg vom 19. 10. 1993, GewA 1994, 251). Zur Sonderumlage für eine überbetriebliche Ausbildungsstätte ausführlich OVG NRW vom 15. 9. 1993, GewA 1994, 480; diese muss sich allerdings in zumutbaren Grenzen halten und darf die Höhe des regulären HWK-Beitrags nicht übersteigen (OVG Lüneburg vom 30. 7. 1974, GewA 1974, 388; siehe aber VGH BW vom 11. 7. 1994, GewA 1994, 484, das keine Beschränkungen sieht. Vgl. auch OVG NW vom 26. 3. 1991, GewA 1991, 303). Eine Einschränkung machte allerdings das Bundesverwaltungsgericht: Die Maßnahmen müssen generell im Interesse der betroffenen Beitragszahler liegen; förmliche Berufsausbildung findet z. B. für viele handwerksähnlichen Gewerbe nicht statt, so dass diese auch nicht durch eine Umlage an den Kosten beteiligt werden können (BVerwG vom 26. 8. 1997, GewA 1998, 36 = NVwZ-RR 1998, 169; vgl. auch BVerwG vom 17. 12. 1998, GewA 1999, 193). Es können allerdings auch solche Betriebe, bzw. Branchen herangezogen werden, für die konkret gar keine speziellen Berufsbildungsmaßnahmen durchgeführt werden (vgl. OVG NRW vom 15. 9. 1993, GewA 1994, 480).

Beiträge und Gebühren **§ 113 HwO**

Wegen der **Beitragsteilung bei sog. gemischten Betrieben** 19
vgl. die Anm. zu § 1. Eingehend VGH BW vom 2. 12. 1997, GewA
1999, 80. Aufgeteilt wird nur der Zusatzbeitrag; der Grundbeitrag ist
auch bei gleichzeitiger Veranlagung durch die IHK immer voll zu
zahlen (VG Neustadt/W. vom 19. 8. 1994, GewA 1997, 299).
    d) Wegen der **Verjährung** der Beiträge vgl. Anm. III.2. zu § 73   20
und VG Karlsruhe vom 17. 3. 1988, GewA 1988, 298. Wegen versehentlich unterbliebener Beitragsnachforderungen vgl. *Lingner,* GewA
1972, 6. Ein Beitragsbescheid lässt nicht ohne weiteres den Vertrauen
begründenden Gegenschluss zu, weitere Forderungen seien nicht
mehr zu erwarten (vgl. VG Aachen vom 28. 5. 2004, Az. 7 K 2480/
99). Zur Beitragserstattung bei irrtümlich angenommener Mitgliedschaft vgl. *Weber,* JuS 1970, 169 (Besprechung von OVG Hamb. vom
3. 4. 1968, MDR 1968, 1036).

II. Einziehung und Beitreibung

1. Einziehung (= titulierte Zahlungsaufforderung) **und Beitrei-** 21
bung (= Zwangsvollstreckung) erfolgen durch die Gemeinden nach
den für Gemeindeabgaben geltenden landesrechtlichen Vorschriften.
Die Festsetzungsbescheide sind aber nichtsdestoweniger Verwaltungsakte der Handwerkskammer (vgl. VG Koblenz vom 16. 8.
1966, GewA 1967, 33, entgegen VG Kassel vom 14. 9. 1962, GewA
1963, 134). Es handelt sich dabei um eine Rechtspflicht der Gemeinden, deren Erfüllung staatsaufsichtlich durchgesetzt werden kann.
    Gegen die Festsetzung der der Gemeinde zu gewährenden Vergü-   22
tung durch die höhere Verwaltungsbehörde können sowohl die
Kammer als auch die Gemeinde (nach Durchführung des Vorverfahrens) **Anfechtungsklage** erheben; das Verwaltungsgericht ist jedoch
auf die Prüfung beschränkt, ob die höhere Verwaltungsbehörde von
ihrem Ermessen im Sinn des Gesetzes Gebrauch gemacht hat.

2. Wegen der nicht geringen Belastung der Gemeinden durch die 23
Einziehung und Beitreibung der Handwerkskammerbeiträge kann
landesrechtlich nach Abs. 2 die Möglichkeit geschaffen werden, dass
die Beitragseinziehung und -beitreibung anstatt durch die Gemeinden
auch **durch die Handwerkskammern** unmittelbar vorgenommen
wird. In diesem Fall muss die Handwerkskammer die von ihr errichteten Aufbringungslisten nicht mehr der Gemeinde zur Einziehung der
Beiträge übermitteln, sondern sie kann selbst einziehen. Die über
rückständige Abgaben aufgestellten Rückstandsverzeichnisse stellen
in diesem Fall Vollstreckungstitel im Sinne des § 794 ZPO dar, auf

HwO § 113 4. Teil. Organisation des Handwerks

Grund derer die Handwerkskammer dann die Beitreibung unmittelbar durch die Gerichtsvollzieher vornehmen lassen kann.

24 3. Es ist immer zu beachten, dass es sich bei den in Frage stehenden Beiträgen und Gebühren nicht um eine zivilrechtliche Schuld, sondern um eine **öffentlich-rechtliche Abgabe** handelt, die nicht bei den ordentlichen Gerichten eingeklagt werden kann. Ausstehende Beiträge können daher nicht etwa wahlweise auch durch Zahlungsbefehl beigetrieben werden. Aufgerechnet werden kann nur mit unbestrittenen oder rechtskräftig festgestellten Gegenforderungen (VG Neustadt/Weinstraße vom 6. 6. 1978, GewA 1979, 23).

III. Gebühren

25 1. Wegen der Gebührenerhebung vgl. Anm. II. zu § 73, deren Ausführungen im Wesentlichen auch hier anwendbar sind. Ebenso wie bei der Beitragsregelung ist es auch hier sinnvoll, wenn die Vollversammlung trennt und neben einer allgemeinen Gebührenordnung ein erforderlichenfalls leicht zu aktualisierendes Gebührenverzeichnis beschließt.

26 2. Zu den Gebühren zählen sowohl die für die Pflichtaufgaben wie für die Abnahme der Meisterprüfung (§ 50), als auch die Gebühren für freiwillige Tätigkeiten und Einrichtungen, wie Fortbildungskurse u. dgl.

27 Zu den **Gebühren für die überbetriebliche Ausbildung** (§ 26a) vgl. OVG Rh.-Pfalz vom 17. 10. 1979, GewA 1980, 63. Diese müssen unbedingt formgerecht nach § 106 Abs. 1 Nr. 4 festgesetzt sein. (Vgl. VGH BW vom 7. 10. 1985, GewA 1986, 28 und vom 2. 12. 1997, GewA 1998, 164; OVG NW vom 26. 3. 1991, GewA 1991, 303. Allgemein: *Kormann,* GewA 1991, 401.

28 Die Handwerkskammern sind befugt, in ihren Gebührenordnungen die Leistungen der Innungen bei übertragenen Aufgaben zu berücksichtigen. Unterschiedliche Gebühren für Innungsmitglieder und andere Betriebe sind allerdings nur insoweit rechtmäßig, als dies durch Mehraufwendungen für Nichtmitglieder sachlich gerechtfertigt ist (OVG Lüneburg vom 30. 4. 1969, GewA 1969, 202).

29 3. Zur **Genehmigung der obersten Landesbehörde** vgl. oben I.2.a.; die Prüfungsgebühren sind von dieser schon nach § 50 zu genehmigen. Hinsichtlich der Einziehung und Beitreibung gelten die gleichen Grundsätze wie oben für die Beiträge dargestellt (Abs. 3

§ 114 HwO

Satz 2). Auch für ihre Tätigkeit bei der Einziehung und Beitreibung der Gebühren ist der Gemeinde eine Vergütung zu gewähren; Abs. 2 Satz 2 muss, auch wenn es in Abs. 3 nicht ausdrücklich erwähnt ist, entsprechend angewandt werden, da andernfalls die Gemeinde verpflichtet wäre, eine ihr wesensfremde Aufgabe unentgeltlich zu vollziehen.

IV. Beitrags- und Gebührenstreitigkeiten

In **Beitrags- und Gebührenstreitigkeiten** ist die Handwerkskammer zuständig. Sie kann die Entscheidungen als Selbstverwaltungskörperschaft in gleicher Weise selbst treffen wie die Industrie- und Handelskammer, der dieses Recht schon lange zugestanden war. Liegt bereits ein ordnungsmäßiger Vollstreckungstitel vor, so kann nur noch die fehlerhafte Art und Weise der Durchführung der Vollstreckung nach den jeweils anwendbaren landesrechtlichen Bestimmungen gerügt werden.

Gegen die Festsetzung des Beitrags oder einer Gebühr ist (nach Durchführung des Vorverfahrens) **Anfechtungsklage** zulässig. Da die Beiträge und Gebühren zu den öffentlichen Abgaben im Sinne des § 80 VwGO gehören, haben Widerspruch und Anfechtungsklage keine aufschiebende Wirkung; der Vollzug kann jedoch von dem Verwaltungsgericht ausgesetzt werden. In der Sache selbst prüft das Verwaltungsgericht, ob der geforderte Beitrag oder die Gebühr dem Grunde nach rechtmäßig – auch hinsichtlich des Verfahrens – festgesetzt wurde. Auf angeblich fehlerhaftes Zustandekommen der zuständigen Entscheidungsgremien kann eine Beitragsklage nicht gestürzt werden (VGH BW vom 2. 12. 1997, GewA 1998, 164).

Für die Zwangsvollstreckung des rechtskräftigen verwaltungsgerichtlichen Urteils gelten § 113 Abs. 2 Satz 1, bzw. Abs. 3 Satz 2 HwO.

§ 114 (aufgehoben)

§ 115 [Aufsicht über Handwerkskammer; Auflösung der Vollversammlung]

(1) ¹**Die oberste Landesbehörde führt die Staatsaufsicht über die Handwerkskammer.** ²**Die Staatsaufsicht beschränkt sich darauf, soweit nicht anderes bestimmt ist, daß Gesetz und Satzung beachtet, insbesondere die den Handwerkskammern übertragenen Aufgaben erfüllt werden.**

HwO § 115 4. Teil. Organisation des Handwerks

(2) ¹Die Aufsichtsbehörde kann, falls andere Aufsichtsmittel nicht ausreichen, die Vollversammlung auflösen, wenn sich die Kammer trotz wiederholter Aufforderung nicht im Rahmen der für sie geltenden Rechtsvorschriften hält. ²Innerhalb von drei Monaten nach Eintritt der Unanfechtbarkeit der Anordnung über die Auflösung ist eine Neuwahl vorzunehmen. ³Der bisherige Vorstand führt seine Geschäfte bis zum Amtsantritt des neuen Vorstands weiter und bereitet die Neuwahl der Vollversammlung vor.

Übersicht
Rdn.

1. Aufsicht durch oberste Landesbehörde 1
   - a) Rechts- und Pflichtenaufsicht 3
   - b) Aufsichtliche Maßnahmen 6
   - c) Verwaltungsrechtliche Verfahren 7
2. Auflösung der Vollversammlung 8
   - a) Gründe 9
   - b) Wirkung 10
   - c) Rechtsmittel 11

1 **1. Aufsichtsbehörden** sind in der Regel die Wirtschaftsministerien der Länder; es ist jedoch auch eine Aufspaltung auf verschiedener Ressorts nach den einzelnen Aufgabenbereichen der Handwerkskammer möglich.

2 Zu dem ganzen Komplex vgl. immer noch *Fröhler,* Die Staatsaufsicht über die Handwerkskammern, 1957; *Ress,* Überlegungen zum Grundsatz des selbstverwaltungsfreundlichen Verhaltens, WiVerw. 1981, 151; interessant *Eyermann,* GewA 1992, 209.

3 **a)** Sie ist **Rechts- und Pflichtenaufsicht.** Dies ist in § 115 klar ausgedrückt und entspricht den einschlägigen Bestimmungen in anderen Gesetzen (SteuerberatungsGesetz, Wirtschaftsprüfer-Ordnung). Die Aufsicht erstreckt sich nicht auf die Normsetzung der Kammer; diese ist aber ohnehin stets an die Genehmigung der obersten Landesbehörde gebunden. Weisungen in Ermessensfragen – ausgenommen bei Ermessensfehlern – kann die Aufsichtsbehörde nicht erteilen. Die der obersten Landesbehörde zustehenden Befugnisse, die mangels einer entsprechenden Ermächtigung auf eine nachgeordnete Behörde nicht übertragen werden können, lassen sich aus dem Gesetz nicht unmittelbar entnehmen. Sie müssen aus dem Begriff der Staatsaufsicht abgeleitet werden. Dazu gehört die Aufforderung, die gesetzlichen oder satzungsmäßigen Pflichten zu erfüllen und gesetz- oder satzungswidrige Beschlüsse zu widerrufen, Einladung zu Sitzung und Gehör in den Verhandlungen, schließlich auch die Einberufung von Sitzungen der Organe und Behandlung bestimmter

Gegenstände – mit denen sich die Staatsaufsicht befassen kann – zu verlangen. Befugnisse, die über die Staatsaufsicht hinausgehen, kann auch die Satzung der obersten Landesbehörde nicht einräumen. Zur **Haushaltsaufsicht** siehe die Anmerkungen zu § 105 Nr. 10

Wurde von der Zuständigkeitsänderung des § 124b Gebrauch gemacht, besteht insoweit auch **Fachaufsicht**. 4

Die Aufsichtspflicht der obersten Landesbehörde besteht nur gegenüber dem Staat, nicht auch gegenüber Dritten. Dies ergibt sich aus dem Wesen der Staatsaufsicht über den Träger der Selbstverwaltung. Mithin könnte, wenn die oberste Landesbehörde ihrer Aufsichtspflicht nicht nachkäme, allenfalls die Volksvertretung angerufen werden. Anfechtungsklage wäre als unzulässig abzuweisen, da niemand ein Individualrecht auf ein bestimmtes Handeln der Aufsichtsbehörde zusteht. 5

b) Wie **aufsichtliche Maßnahmen** durchzusetzen sind, bemisst sich nach Landesrecht (Ungehorsamsstrafen, Zwangsverfahren). Das Verwaltungs-Vollstreckungsgesetz gilt nur für die Bundesverwaltung, ist hier also nicht anwendbar. Die Aufsichtsbehörde kann gesetz- oder satzungswidrige Beschlüsse, wenn sie die Kammer auf Aufforderung binnen angemessener Frist nicht selbst beseitigt, auch aufheben; diese Befugnis folgt nicht schon aus dem Begriff der Staatsaufsicht, sondern wird (argumentum a majore) daraus abzuleiten sein, dass die Aufsichtsbehörde nach Abs. 2 sogar die Vollversammlung auflösen kann. Beschlüsse zu ersetzen, ist die Aufsichtsbehörde jedoch nicht befugt. Als letztes Mittel des aufsichtlichen Zwangs bleibt die Auflösung nach Abs. 2. Im Einzelnen vgl. auch *Fröhler*, Die Mittel der Staatsaufsicht über die Handwerkskammer, GewA 1956, 1. 6

c) Das verwaltungsgerichtliche Verfahren steht der Kammer, die Verletzung ihres Selbstverwaltungsrechts behaupten kann, stets offen; siehe dazu unten II.3. 7

2. Auflösung der Vollversammlung und Anordnung von Neuwahlen (für diese gelten die §§ 93 bis 103). 8

a) Grund für eine Auflösung kann jeder schwere Verstoß gegen die für die Handwerkskammer geltenden Rechtsvorschriften sein. Der Auflösung hat wiederholte, also mindestens zweimalige Abmahnung, zweckmäßigerweise unter Fristsetzung, vorauszugehen. Förmliche Zustellung empfiehlt sich. 9

b) Wirkung der rechtskräftigen Auflösung ist die Beendigung des Amtes der Mitglieder der Vollversammlung (auch der nach § 93 Abs. 4 Zugewählten) und ihrer Stellvertreter, nicht jedoch – im Gegensatz zur Innung – die Beendigung der Handwerkskammer als juristische Person. Der bisherige Vorstand führt die Geschäfte lediglich 10 kommissarisch weiter, bis die innerhalb von drei Monaten anzusetzende Neuwahl erfolgt ist. Auf den Bestand der Kammer im Übrigen, insbesondere in vermögensrechtlicher Hinsicht, ist die Auflösung ohne Einfluss; an der Stellung des Geschäftsführers und dem Dienstvertrag mit ihm ändert sich ebenso wenig wie an den Verträgen mit den übrigen Bediensteten.

11 c) **Gegen die Auflösungsverfügung** kann die Kammer – ebenso wie gegen sonstige Zwangsmaßnahmen – nach Durchführung des Vorverfahrens Anfechtungsklage (mit grundsätzlich aufschiebender Wirkung) erheben. Das Verwaltungsgericht prüft als Tat- und Rechtsfrage, ob die Kammer aufgelöst werden konnte; ob sie unter den jeweils gegebenen Umständen auch tatsächlich aufzulösen war, ist Ermessensfrage. Die Durchführung von Neuwahlen kann nach ausdrücklicher Gesetzesbestimmung erst nach Eintritt der Unanfechtbarkeit erfolgen, um ein – wenn auch nur kurzes – Nebeneinander zweier Mitgliedergremien im selben Bezirk zu vermeiden. Es scheidet damit die Möglichkeit aus, die Auflösungsverfügung gemäß § 80 VwGO für sofort vollziehbar zu erklären.

§ 116 [Ermächtigung]

¹Die Landesregierungen werden ermächtigt, durch Rechtsverordnung die zuständigen Behörden abweichend von § 104 Abs. 3 und § 108 Abs. 6 zu bestimmen. ²Sie können diese Ermächtigung auf oberste Landesbehörden übertragen.

Die Vorschrift war auf Grund des Gesetzes zur Erleichterung der Verwaltung in den Ländern in die HwO aufgenommen worden (§ 17 Abs. 5 ZustLockG vom 10. 3. 1975 – BGBl. I S. 685). Sie ermöglicht den Landesregierungen, die Aufgabe der Amtsenthebung bestimmter Kammermitglieder (§ 104 Abs. 3) und die Ausstellung von Vorstandsbescheinigungen (§ 108 Abs. 6) auf andere Behörden zu übertragen. Die Landesbehörden können diese Übertragung unmittelbar vornehmen oder die obersten Landesbehörden, die diese Aufgaben bis dahin wahrnahmen, dazu ermächtigen.

Fünfter Teil. Bußgeld-, Übergangs- und Schlußvorschriften

Erster Abschnitt. Bußgeldvorschriften

§ 117 [Ordnungswidrigkeiten]

(1) **Ordnungswidrig handelt, wer**
1. **entgegen § 1 Abs. 1 Satz 1 ein dort genanntes Gewerbe als stehendes Gewerbe selbständig betreibt oder**
2. **entgegen § 51 oder § 51d die Ausbildungsbezeichnung „Meister/Meisterin" führt.**

(2) **Die Ordnungswidrigkeit nach Absatz 1 Nr. 1 kann mit einer Geldbuße bis zu zehntausend Euro, die Ordnungswidrigkeit nach Absatz 1 Nr. 2 kann mit einer Geldbuße bis zu fünftausend Euro geahndet werden.**

Übersicht

	Rdn.
I. Ordnungswidrigkeiten	1
1. Allgemeines	1
2. Verschulden	2
3. Geldbuße	3
II. 1. Die Ordnungswidrigkeiten im Einzelnen	7
2. Unzulässige Handwerkstätigkeit	8
3. ... als unlauterer Wettbewerb	10
4. Einzelfragen zur unzulässigen Handwerkstätigkeit	14
5. Zivilrechtliche Folgen	18
III. Schwarzarbeit	19
IV. Zuständigkeit	21
1. Sachliche Zuständigkeit	21
2. Örtliche Zuständigkeit	24
3. Verfahren und Rechtsmittel	26

Literatur: *Bernreuther,* Werbung für handwerkliche Leistungen, GewA 2001, 184.

I. Ordnungswidrigkeiten

1. Auf die Ordnungswidrigkeiten ist das **Gesetz über Ordnungswidrigkeiten – OWiG –** in der jeweils gültigen Fassung anzuwenden (s. dessen § 2). Die Einzelheiten des Vollzugs sind landesrechtlich geregelt.

HwO § 117 5. Teil. Bußgeldvorschriften

2 **2. Auch die Ordnungswidrigkeiten setzen Verschulden voraus.** Die hier aufgeführten Tatbestände können nur geahndet werden, wenn sie vorsätzlich begangen wurden (§ 10 OWiG). Unverschuldeter Irrtum über Bestehen oder Anwendbarkeit einer Vorschrift schließt jede Schuld aus (vgl. AG Waiblingen vom 22. 2. 1967, GewA 1968, 61); bei verschuldetem Irrtum kann die Geldbuße gemildert werden (§ 11 OWiG). Im Zweifel muss sich der Bürger über eine bestehende Rechtslage informieren (OLG Karlsruhe vom 5. 2. 1975, GewA 1975, 237; AG Osnabrück vom 12. 4. 1977, GewA 1977, 335; OLG Zweibrücken vom 26. 7. 1991, GewA 1992, 23; vgl. auch BGH v. 27. 1. 1966, GewA 1967, 46). Tut er dies bei einer nicht offensichtlich insgesamt unzuständigen Behörde, dann muss diese den Anfragenden darauf hinweisen, dass sie sich nicht für genügend kompetent zur Beurteilung des Sachverhalts hält (BGH vom 2. 2. 2000, NStZ 2000, 364). Die Auskunft eines Interessenverbandes begründet keinen unverschuldeten Verbotsirrtum, erst recht, wenn die zuständige Behörde ausdrücklich auf die Verbotsnorm hinwies (OLG Celle vom 23. 9. 1962, GewA 1964, 261; ebenso BayObLG vom 23. 6. 1959, GewA 1962, 94). Zur Rechtslage bei der Abweichung der Auskunft einer staatlichen Verwaltungsbehörde und einer öffentlich-rechtlichen Berufskörperschaft vgl. OLG Saarbrücken vom 3. 12. 1960, GewA 1961, 237. Zur Annahme eines Verbotsirrtums, wenn sich der Täter ausdrücklich bei einem Rechtsanwalt erkundigt hat, vgl. BGH vom 15. 12. 1999, NStZ 2000, 307. Eine Behörde darf gesetzwidrige Zustände nicht stillschweigend dulden. Aus der Tatsache, dass in einen bestimmten Fall nicht eingeschritten wurde, kann jedoch niemand herleiten, dass das Gesetz auch ihm gegenüber nicht angewendet wird (BVerwG vom 5. 5. 1961, GewA 62, 288 LS); es gibt keine Gleichbehandlung im Unrecht.

3 **3.** Die **Geldbuße** beträgt mindestens 5 und höchstens 10 000 Euro, in besonderen Fällen kann sie diesen Höchstbetrag noch übersteigen (§ 17 OWiG); sie soll sich an dem aus der Tat gezogenen Vorteil orientieren (dazu vgl. OLG Karlsruhe vom 3. 7. 1974, NJW 1974, 1883; OLG Koblenz vom 28. 8. 1983, GewA 1984, 31; und BGH vom 24. 4. 1991, wistra 1991, 268; OLG Hamm vom 7. 1. 1993, GewA 1993, 246; *Sennwald*, GewA 1986, 84). Der „wirtschaftliche Vorteil" muss nicht unbedingt ein Geldgewinn sein (vgl. BayObLG vom 26. 11. 1984, GewA 1985, 96). Bei der Gewinnabschöpfung ist das verfassungsrechtliche Übermaßverbot zu beachten; Aufwendungen wie Einkommensteuer sind abzuziehen; andererseits akzeptierte das Gericht aber die Gewinnermittlung durch einen

Sachverständigen der Handwerkskammer (BayObLG vom 25. 4. 1995, GewA 1995, 244).

Zur Bußgeldbemessung bei fehlender Handwerksrolleneintragung allgemein vgl. OLG Köln vom 4. 2. 1994, GewA 1994, 247. U. U. kann an die Stelle einer Geldbuße eine schriftliche gebührenpflichtige Verwarnung treten (§ 56 OWiG). **4**

Ordnungswidrigkeiten werden nur verfolgt, wenn ein öffentliches Interesse dafür besteht (§ 47 OWiG), was in den Fällen des § 117 regelmäßig der Fall sein dürfte. Die Verfolgung verjährt gem. § 31 Abs. 2 Nr. 2 OWiG in zwei Jahren; für die Vollstreckungsverjährung gilt § 34 OWiG. **5**

Gegen Personengesellschaften oder Juristische Personen als solche kann ein Bußgeld nur im Rahmen des § 30 OWiG verhängt werden; im Allgemeinen richtet sich die Geldbuße nur gegen den verantwortlichen Teilhaber oder das zuständige Organ (vgl. OLG Karlsruhe vom 23. 2. 1961, BB 1961, 1076; OLG Koblenz vom 14. 10. 1977, BB 1977, 1570; instruktiv OLG Hamm 8. 8. 1973, GewA 1973, 305). Für die Anwendung des § 30 OWiG genügt die Feststellung, dass irgendein Verantwortlicher die Zuwiderhandlung vorwerfbar begangen hat (BGH vom 8. 2. 1994, NStZ 1994, 436). Wegen Verstößen einer Vor-GmbH vgl. OLG Düsseldorf, GewA 1990, 282. Zum ganzen Komplex vgl. *Bode,* NJW 1969, 1286; zur Ordnungshaft s. LG Aachen vom 12. 7. 1976, GewA 1977, 58. **6**

II. Die Ordnungswidrigkeiten im Einzelnen

1. Wegen der **Ordnungswidrigkeiten im Einzelnen** vgl. die Anmerkungen zu den aufgeführten Vorschriften. Die unzulässige Führung des Meistertitels (Abs. 1 Nr. 2) ist in den Anm. zu §§ 51 und 51b abgehandelt. Die zu Grunde gelegten Tatbestandsmerkmale müssen im Bußgeldbescheid genauestens konkretisiert werden (BayObLG vom 28. 11. 1997, GewA 1998, 297; vgl. auch OLG Düsseldorf vom 20. 6. 1997, GewA 1998, 296. Mehr dazu unten III.). Im Zuge einer Rechtsbeschwerde ist das Verschlechterungsverbot zu beachten (OLG Düsseldorf vom 24. 9. 1998,GewA 1998, 478). **7**

2. Von besonderer praktischer Bedeutung ist die **unzulässige Handwerkstätigkeit (Abs. 1 Nr. 1);** wenn auch die einschlägigen Fälle durch die wesentlich reduzierte Zahl zulassungspflichtiger Gewerbe deutlich abgenommen haben. Gemäß § 4 Abs. 1 OWiG bestimmt sich die Geldbuße nach dem Gesetz, das zur Zeit der Tat gilt. Wird das Gesetz, das bei Begehung der Tat gilt, vor der Entscheidung **8**

geändert, so ist das mildeste Gesetz anzuwenden(§ 4 Abs. 3 OWiG). Die äußerste Milderung ist der Wegfall der Anwendbarkeit (Ausführlich OLG Bamberg vom 26. 7. 2005, GewA 2006, 33). Voraussetzung für eine Verfolgung ist die gewerbsmäßige Ausübung eines Handwerks ohne die vorgeschriebene Eintragung in die Handwerksrolle oder – für EU-Ausländer – die Bescheinigung nach § 9; nicht unbedingt erforderlich ist die Zuordnung der Tätigkeit zu einem bestimmten Handwerk. Die fragliche Tätigkeit muss aber zum Kernbereich eines zulassungspflichtigen Handwerks gehören (BayObLG vom 6. 4. 1998, GewA 1998, 299; AG Schwedt vom 25. 10. 1999, GewA 2000, 157).Dementsprechend haben auch die Strafgerichte genau zu prüfen, ob die fragliche Tätigkeit ihrer Art nach nicht eintragungspflichtig ist (BVerfG vom 31. 3. 2000, GewA 2000, 240; OLG Hamm vom 22. 8. 2002 und AG Weiden vom 28. 8. 2002, GewA 2002, 482). – Handwerkliche Arbeiten durch Arbeitnehmer innerhalb eines Industriebetriebes sind weder für diesen noch für jene unzulässig (OLG Schleswig vom 7. 7. 1989, GewA 1989, 336), sie müssen sich allerdings in das Betriebsgeschehen einfügen (OLG Oldenburg vom 17. 5. 1990, GewA 1990, 282). An die „Gewerbsmäßigkeit" (dazu § 1) sind nur geringe Anforderungen zu stellen (vgl. OLG Karlsruhe vom 3. 4. 1962, GewA 1963, 35); schon die Werbung genügt (AG Schwedt (Oder) vom 12. 10. 1998, GewA 1999, 342); sie muss aber eindeutig erkennen lassen, dass ein zulassungspflichtiges Handwerk ausgeübt werden soll (vgl. LG Dessau vom 26. 2. 2002, GewA 2003, 81). Werbung reicht nicht mehr (*Dürr,* GewA 2007, 63).

9 Die fehlende Handwerksrollen-Eintragung oder Bescheinigung ist Tatbestandsmerkmal; ein Irrtum darüber stellt einen den Vorsatz ausschließenden Tatbestandsirrtum dar (OLG Düsseldorf vom 6. 9. 1999, GewA 2000, 202). Für die Erfüllung des Tatbestands ist es allein maßgebend, ob die Eintragung vorhanden ist oder von Amts wegen hätte vorgenommen werden müssen, nicht dagegen, ob sie vielleicht möglich wäre. Insoweit ist die Eintragung konstitutiv (für GmbH vgl. OLG Düsseldorf vom 26. 2. 1990, wistra 1990, 276). Ein laufender Antrag auf Erteilung einer Ausnahmebewilligung gibt noch keine Berechtigung, selbst wenn die Voraussetzungen des § 8 im Einzelnen vorliegen (OLG Köln vom 31. 10. 1958, MDR 1959, 146). Für die Fälle des § 119 vgl. BayObLG vom 24. 8. 1965, GewA 1966, 89; dazu kritisch *Honig,* GewA 1966, 243. Die Aufhebung eines Bußgeldbescheides im Rechtsmittelverfahren stellt nicht etwa die materielle Handwerksberechtigung her (OVG NRW vom 6. 11. 1963, GewA 1964, 165).

10 3. Die **unzulässige Handwerkstätigkeit als solche kann auch unlauterer Wettbewerb nach dem UWG** sein. (Vgl. dazu auch

Honig, Werbung mit dem guten Ruf des Handwerks, WRP 1995, 568). Voraussetzung ist zunächst, dass überhaupt eine eintragungspflichtige Handwerkstätigkeit vorliegt (vgl. OLG Celle vom 19. 7. 2002, GewA 2002, 431; zum Grenzfall Grabmalhandel: Steinmetzhandwerk vgl. LG Mainz vom 31. 1. 2006, GewA 2007, 123). Bei den Vorschriften der HwO handelt es sich zudem um sog. „wertneutrale" Ordnungsvorschriften, deren Missachtung erst dann wettbewerbswidrig im Sinne des UWG ist, wenn sie bewusst und planmäßig erfolgt, um hierdurch sachlich nicht gerechtfertigte Wettbewerbsvorteile zu erlangen. Ein Wettbewerbsverstoß kann auch dann vorliegen, wenn der Betrieb zwar in der Handwerksrolle eingetragen ist, diese Eintragung aber durch einen billigen „Konzessionsträger" erschlichen hat (LG Paderborn vom 10. 1. 1995, GewA 1995, 346).

Schon die Suche nach Aufträgen kann gegen §§ 1, 3 UWG verstoßen, wenn die notwendige Handwerksrolleneintragung fehlt (LG Konstanz vom 19. 1. 1995, WRP 1995, 895 LS; OLG Nürnberg vom 13. 6. 2006, GewA 2006, 477). Zur Dauer des Verstoßes vgl. OLG München vom 6. 4. 1995, WRP 1995, 870. **11**

Zu all diesen Fragen ausführlich Bernreuther, GewA 2001, 184. **12**

Es ist unerheblich, wenn die handwerklichen Arbeiten letztlich gar nicht durch eigene Arbeitskräfte ausgeführt werden; wesentlich ist insoweit nur, dass die Verantwortung für die handwerklich fachgerechte Ausführung dem Auftraggeber gegenüber als eigene Leistung übernommen wird (VG Augsburg vom 11. 10. 1974, GewA 1975, 124; OVG Münster vom 10. 5. 1977, GewA 1978, 96; a. A. BayObLG vom 23. 5. 1973, GewA 1974, 23; OLG Zweibrücken vom 4. 1. 1979, GewA 1979, 93). Wer Arbeiten nicht selbst ausführt, sondern nur als Annahmestelle oder Vermittler für einen anderen handelt, der muss dies auch erkennen lassen (LG Nürnberg-Fürth vom 10. 7. 1964, BB 1964, 1317; OLG Köln vom 5. 12. 1973, BB 1974, 715; KG vom 3. 8. 1979, Az. 2 Ws (B) 157/79). Zum Verfügungstellen eines privaten Telefonanschlusses OLG Hamm vom 17. 10. 1991, GRUR 1992, 126. **13**

4. Do-it-yourself ist erlaubt. Ein Verstoß liegt jedoch z. B. vor, wenn ohne Handwerksrolleneintragung ein eigenes Kraftfahrzeug mit nicht unwesentlichem Aufwand zum Verkauf hergerichtet oder auf eigenem Grund ein Haus zur Veräußerung erstellt wird (OVG Lüneburg vom 12. 1. 1976, GewA 1976, 121; OVG Rh.-Pf. vom 19. 8. 1981, GewA 1981, 372; OLG Karlsruhe vom 24. 1. 1991, GewA 1991, 138). **14**

Unzulässige Handwerksausübung ist eine Dauertat (vgl. OLG Stuttgart vom 21. 1. 1987, NJW 1987, 2385). Es muss nicht erst längere Zeit abgewartet werden; schon im Beginn der Tätigkeit **15**

liegt der Verstoß (vgl. BGH v. 24. 5. 1956, NJW 1956, 1366 und OLG Celle vom 21. 2. 1963, BB 1963, 517). Es berührt also die Verfolgbarkeit nicht, wenn die fragliche Tätigkeit von den zuständigen Behörden alsbald unterbunden wird (ebenso in anderem Zusammenhang BGH vom 11. 10. 1963, NJW 1964, 116). Die Bemühung um den Erhalt von Aufträgen, etwa eine entsprechende Werbung, gehört zu den wesentlichen Tätigkeiten eines Gewerbetreibenden und ist nicht nur Voraussetzung hierfür (vgl. schon BGH vom 24. 5. 1956, NJW 1956, 1366; AG Ansbach vom 27. 10. 1977, GewA 1978, 131; BVerwG vom 16. 12. 1992, NJW 1993, 1346). Zur Abgrenzung von bloßen Vorbereitungshandlungen vgl. LAG Frankfurt vom 21. 6. 1974, BB 1975, 788. Auch wenn scheinbar handwerkliche Leistungen angeboten werden, muss immer hinterfragt werden, ob auch wirklich ein eintragungspflichtiger Handwerksbetrieb vorliegt (OLG Celle vom 19. 7. 2001, GewA 2001, 431).

Andererseits setzt eine Ahndung im Ordnungswidrigkeitenverfahren den Tatnachweig bzgl. konkreter Verstöße voraus, nach teilweise strenger Rechtsprechung konkret Art, Umfang, Zeit und Ort jedes als Grundlage einer Verurteilung dienenden Falles (so z. B. für das Friseurhandwerk OLG Hamm, GewA 2008, 215).

16 Bei einem Dauerverstoß sollten nicht einfach immer wieder neue Bußgelder verhängt, sondern Verwaltungszwang eingesetzt werden (vgl. *Schickedanz*, NJW 1982, 320; vgl. auch GewA 1987, 163). Wird mit der Handwerkstätigkeit längere Zeit ausgesetzt, so beendet dies die Dauertat (OLG Düsseldorf vom 28. 6. 1999, GewA 2000, 156). Zum Begriff der „beharrlichen Wiederholung" vgl. BGH vom 25. 2. 1992, NStZ 1992, 594 = wistra 1992, 184. Vgl. auch OLG München vom 6. 4. 1995, GewA 1995, 488 = WRP 1995, 870.

17 Unzulässige Handwerkstätigkeit und unterlassene Gewerbeanmeldung (§§ 14, 148 Abs. 1 Nr. 1 GewO) sind nicht dieselbe Handlung im Sinne von § 17 OWiG (BGH vom 24. 5. 1956, NJW 1956, 1366 = GewA 1958, 35; OLG Düsseldorf vom 9. 1. 1991, GewA 1991, 198). Zu Konkurrenzfragen im Rahmen von § 15 ff. OWiG ganz allgemein *Bernhardt*, GewA 1961, 148.

18 **5. Zivilrechtliche Folgen.** Im Rahmen einer unzulässigen Handwerksausübung abgeschlossene (Werk-)verträge sind zivilrechtlich wirksam und nicht gem. § 134 BGB nichtig (BGHZ 88, 242; OLG Düsseldorf NJW-RR 1996, 661). Häufig wird aber eine Anfechtung gem. § 119 II BGB oder gem. § 123 BGB möglich sein (OLG Nürnberg BauR 1985, 322; OLG Hamm NJW-RR 1990, 523).

III. Schwarzarbeit

Schwarzarbeit und unzulässige Handwerkstätigkeit werden im allgemeinen Sprachgebrauch nicht streng auseinander gehalten. Die Fälle des Abs. 1 Nr. 1 können mit dem Gesetz zur Bekämpfung der Schwarzarbeit, jetzt gültig i. d. F. vom 29. 7. 2002 (BGBl. I S. 2787) konkurrieren; Letzteres ist dabei lex specialis und geht vor (OLG Köln vom 12. 11. 1996, GewA 1997, 376; OLG Brandenburg vom 7. 4. 1998, OLG-NI 2001, 47). 19

Die Vorschrift ist verfassungsgemäß und verstößt auch, zumindest bei zulassungspflichtigen Bauhandwerken, nicht gegen europäisches Recht (OLG Celle vom 3. 7. 2003, GewA 2004, 431). 20

Zur Bekämpfung der Schwarzarbeit im Handwerk vgl. auch *Buchner,* Neuerlicher Anlauf zur Bewältigung der Schwarzarbeit, GewA 2004, 393; *Dürr,* Gedanken zur Schwarzarbeit im Handwerk, GewA 2001, 450; *ders.,* Gedanken zur Schwarzarbeitsbekämpfung, vor allem im Handwerk, GewA 2007, 61; *Neumann/Kahle/Niesen,* Schwarzarbeit im Handwerk, ist eine Koordinierungsstelle auf Länderebene effektiv und sinnvoll?, GewA 2007, 71.

IV. Zuständigkeit

1. Zuständig für die Ahndung von Ordnungswidrigkeiten ist die fachlich zuständige oberste Landesbehörde (hier Ministerium oder Senator für Wirtschaft) oder die von ihr bestimmte Behörde, die öffentlich bekannt zu machen ist (§§ 35 ff. OWiG). In aller Regel sind dies die Kreisverwaltungsbehörden. Zu den Behörden, denen die Befugnis zur Verhängung von Geldbußen übertragen werden kann, gehören nur die der zuständigen obersten Landesbehörde im Instanzenzug nachgeordneten Behörden, nicht jedoch die Handwerkskammern, Innungen und dergleichen. Diese können nur bei der zuständigen Verwaltungsbehörde die Einleitung eines Bußgeldverfahrens anregen. Mit der Stellung der Handwerkskammer als Interessenvertreterin des Handwerks ist es jedoch vereinbar, bei Auftraggebern Nachforschungen darüber anzustellen, welche Arbeiten und mit welchem Umfang diese an einen Gewerbetreibenden vergeben wurden, der ein Handwerk unberechtigterweise ausübt (vgl. LG Wuppertal vom 19. 10. 1966, GewA 1967, 133). 21

§ 4 Abs. 3 SchwArbG gibt der HWK ein Auskunftsrecht nach den Auftraggebern von Chiffre-Anzeigen mit handwerklichen Leistungsangeboten, die nach § 4 Abs. 1 SchwArbG geahndet werden können. Die Rechtsprechung verlangt aber den Nachweis des Ausführenden; 22

HwO § 118 5. Teil. Bußgeldvorschriften

der Name des Werbenden genügt ihr nicht (so OLG Düsseldorf vom 20. 9. 2000, GewA 2001, 171)!

23 Ein Gewerbetreibender, der von der Handwerkskammer im Vorfeld eines Ordnungswidrigkeitsverfahrens – ohne dass ein solches eingeleitet worden ist – zu einer Stellungnahme aufgefordert wurde, hat keinen Anspruch auf Akteneinsicht; schon gleich gar nicht, wenn es ihm nur um die zivilrechtliche Inanspruchnahme eines möglichen Behördeninformanten geht (VG Ansbach vom 16. 2. 1995, GewA 1995, 202).

24 2. Die **örtliche Zuständigkeit** richtet sich gem. § 37 Abs. 1 OWiG wahlweise nach dem Ort der gewerblichen Tätigkeit (Satz 1) oder dem Wohnsitz (Satz 2).

25 Wegen des Bußgeldverfahrens im Einzelnen und der Möglichkeiten der gerichtlichen Überprüfung s. §§ 46 ff. OWiG. An die Darlegung der vorgeworfenen Verstöße im Bußgeldbescheid, insbesondere der festgestellten „wirtschaftlichen Vorteile", stellt die Rechtsprechung außerordentlich hohe Anforderungen (Vgl. OLG Düsseldorf vom 24. 6. 1993, GewA 1994, 70). Interessant der Vorschlag von *Helmken,* das hemmungslose Einlegen von Rechtsbehelfen durch eine Einspruchsbegründungspflicht zu reduzieren (ZRP 1997, 356). Für den Einspruch gegen den Bußgeldbescheid fallen Gerichtskosten gem. § 105 OWiG an und Rechtsanwaltskosten gem. VV 5100 ff. des Rechtsanwaltsvergütungsgesetzes.

26 3. Die Ankündigung der Handwerkskammer, dass ein Bußgeldverfahren beantragt werden wird, ist kein anfechtbarer Verwaltungsakt; ein derartiger Hinweis, verbunden mit einer Belehrung über die Rechtslage, ist sogar notwendig, da eine evtl. Verfolgung Vorsatz voraussetzt. Eine Unterlassungsklage gegen die antragstellende Handwerkskammer ist nicht zulässig; wegen der Möglichkeit einer evtl. Feststellungsklage auf Nichthandwerksmäßigkeit vgl. § 16.

§ 118 [Weitere Ordnungswidrigkeiten]

(1) **Ordnungswidrig handelt, wer**
1. **eine Anzeige nach § 16 Abs. 2 oder § 18 Abs. 1 nicht, nicht richtig, nicht vollständig oder nicht rechtzeitig erstattet,**
2. **entgegen § 17 Abs. 1 oder Abs. 2 Satz 2, § 111 Abs. 1 oder Abs. 2 Satz 2 oder § 113 Abs. 2 Satz 11, auch in Verbindung mit § 73 Abs. 3, eine Auskunft nicht, nicht richtig, nicht vollständig oder nicht rechtzeitig erteilt, Unterlagen nicht vorlegt oder das**

Betreten von Grundstücken oder Geschäftsräumen oder die Vornahme von Prüfungen oder Besichtigungen nicht duldet,
3. Lehrlinge (Auszubildende) einstellt oder ausbildet, obwohl er nach § 22a Nr. 1 persönlich oder nach § 22b Abs. 1 fachlich nicht geeignet ist,
4. entgegen § 22 Abs. 2 einen Lehrling (Auszubildenden) einstellt,
5. Lehrlinge (Auszubildende) einstellt oder ausbildet, obwohl ihm das Einstellen oder Ausbilden nach § 24 untersagt worden ist,
6. entgegen § 30 die Eintragung in die Lehrlingsrolle nicht oder nicht rechtzeitig beantragt oder eine Ausfertigung der Vertragsniederschrift nicht beifügt,
7. einer Rechtsverordnung nach § 9 Abs. 1 Satz 1 Nr. 2 zuwiderhandelt, soweit sie für einen bestimmten Tatbestand auf diese Bußgeldvorschrift verweist.

(2) **Die Ordnungswidrigkeiten nach Absatz 1 Nr. 1, 2, 6 und 7 können mit einer Geldbuße bis zu eintausend Euro, die Ordnungswidrigkeiten nach Absatz 1 Nr. 3 bis 5 können mit einer Geldbuße bis zu fünftausend Euro geahndet werden.**

1. In dieser Vorschrift sind **einige weitere Ordnungswidrigkeitstatbestände** zusammengefasst. Wegen der Einzelheiten ist auf die Anmerkungen zu § 117 und zu den jeweils aufgeführten Vorschriften zu verweisen.

Zu eng ist die Ansicht des OLG Hamm, ein nicht erfülltes Auskunftsverlangen stelle einen Verwaltungsakt dar, der erst nach Rechtskraft Grundlage eines Bußgeldes sein könne (vom 22. 10. 1992, NVwZ-RR 1993, 244; ebenso vom 7. 6. 1994, GewA 1994, 471.).

2. Unterschiede bestehen lediglich dahin, dass die Höchstgrenze der Geldbußen für einen Teil der Fälle niedriger liegt, wodurch sich auch die Verjährungsfrist gem. § 31 Abs. 2 OWiG auf ein Jahr verkürzt. Nach welchen Gesichtspunkten des Gesetzgebers die Zuordnung zu den beiden Bußgeldparagrafen der HwO vorgenommen hat, ist nicht ersichtlich.

§ 118a [Unterrichtung der Handwerkskammer]

¹**Die zuständige Behörde unterrichtet die zuständige Handwerkskammer über die Einleitung von und die abschließende Entscheidung in Verfahren wegen Ordnungswidrigkeiten nach den §§ 117 und 118.** ²**Gleiches gilt für Verfahren wegen Ordnungswidrigkeiten nach dem Gesetz zur Bekämpfung der Schwarzarbeit in**

der Fassung der Bekanntmachung vom 29. Januar 1982, zuletzt geändert durch Anlage I Kapitel VIII Sachgebiet E Nr. 3 des Einigungsvertrages vom 31. August 1990 in Verbindung mit Artikel 1 des Gesetzes vom 23. September 1990 (BGBl. 1990 II S. 885, 1038), in seiner jeweils geltenden Fassung, soweit Gegenstand des Verfahrens eine handwerkliche Tätigkeit ist.

Die durch die Novelle 94 neu eingeführte Vorschrift füllt eine bis dahin oft schmerzlich empfundene Lücke. Jetzt hängt es nicht mehr vom Wohlwollen der Bußgeldbehörden ab, ob sie die HWK von einem diese betreffenden Verfahren unterrichten. Verständigt werden muss von Einleitung und Ergebnis des Verfahrens; eine ständige laufende Unterrichtung verlangt das Gesetz nicht, schließt sie aber auch nicht aus.

Zweiter Abschnitt. Übergangsvorschriften

§ 119 [Erhaltung der Berechtigung, ein Handwerk zu betreiben]

(1) ¹Die bei Inkrafttreten dieses Gesetzes vorhandene Berechtigung eines Gewerbetreibenden, ein Handwerk als stehendes Gewerbe selbständig zu betreiben, bleibt bestehen. ²Für juristische Personen, Personengesellschaften und Betriebe im Sinne des § 7 Abs. 5 oder 6 gilt dies nur, wenn und solange der Betrieb von einer Person geleitet wird, die am 1. April 1998 Betriebsleiter oder für die technische Leitung verantwortlicher persönlich haftender Gesellschafter oder Leiter eines Betriebs im Sinne des § 7 Abs. 5 und 6 ist; das gleiche gilt für Personen, die eine dem Betriebsleiter vergleichbare Stellung haben. ³Soweit die Berechtigung zur Ausübung eines selbständigen Handwerks anderen bundesrechtlichen Beschränkungen als den in diesem Gesetz bestimmten unterworfen ist, bleiben diese Vorschriften unberührt.

(2) Ist ein nach Absatz 1 Satz 1 berechtigter Gewerbetreibender bei Inkrafttreten dieses Gesetzes nicht in die Handwerksrolle eingetragen, so ist er auf Antrag oder von Amts wegen binnen drei Monaten in die Handwerksrolle einzutragen.

(3) ¹Die Absätze 1 und 2 gelten für Gewerbe, die in die Anlage A zu diesem Gesetz aufgenommen werden, entsprechend. ²In diesen Fällen darf nach dem Wechsel des Betriebsleiters einer juristischen Person oder eines für die technische Leitung verantwortlichen persönlich haftenden Gesellschafters einer Personengesellschaft oder

Erhaltung der Berechtigung § 119 HwO

des Leiters eines Betriebs im Sinne des § 7 Abs. 5 oder 6 der Betrieb für die Dauer von drei Jahren fortgeführt werden, ohne daß die Voraussetzungen für die Eintragung in die Handwerksrolle erfüllt sind. ³Zur Verhütung von Gefahren für die öffentliche Sicherheit kann die höhere Verwaltungsbehörde die Fortführung des Betriebs davon abhängig machen, daß er von einem Handwerker geleitet wird, der die Voraussetzungen für die Eintragung in die Handwerksrolle erfüllt.

(4) Werden in der Anlage A zu diesem Gesetz aufgeführte Gewerbe durch Gesetz oder durch eine nach § 1 Abs. 3 erlassene Rechtsverordnung zusammengefaßt, so ist der selbständige Handwerker, der eines der zusammengefaßten Handwerke betreibt, mit dem durch die Zusammenfassung entstandenen Handwerk in die Handwerksrolle einzutragen.

(5) ¹Soweit durch Gesetz oder durch Rechtsverordnung nach § 1 Abs. 3 Handwerke oder handwerksähnliche Gewerbe zusammengefasst werden, gelten die vor dem Inkrafttreten der jeweiligen Änderungsvorschrift nach § 25 dieses Gesetzes oder nach § 4 des Berufsbildungsgesetzes erlassenen Ausbildungsordnungen und die nach § 45 Abs. 1 oder § 51a Abs. 1 in Verbindung mit Abs. 2 sowie die nach § 50 Abs. 2 oder § 51a Abs. 7 dieses Gesetzes erlassenen Rechtsvorschriften bis zum Erlass neuer Rechtsverordnungen nach diesem Gesetz fort. ²Satz 1 gilt entsprechend für noch bestehende Vorschriften gemäß § 122 Abs. 2 und 4.

(6) ¹Soweit durch Gesetz zulassungspflichtige Handwerke in die Anlage B überführt werden, gilt für die Ausbildungsordnungen Absatz 5 entsprechend. ²Die bis zum 31. Dezember 2003 begonnenen Meisterprüfungsverfahren sind auf Antrag des Prüflings nach den bis dahin geltenden Vorschriften von den vor dem 31. Dezember 2003 von der höheren Verwaltungsbehörde errichteten Meisterprüfungsausschüssen abzuschließen.

(7) In den Fällen des Absatzes 3 Satz 1 liegt ein Ausnahmefall nach § 8 Abs. 1 Satz 2 auch dann vor, wenn zum Zeitpunkt der Antragstellung für das zu betreibende Handwerk eine Rechtsverordnung nach § 45 noch nicht in Kraft getreten ist.

Übersicht

	Rdn.
1. a) Keine Rückwirkung des Gesetzes	1
b „Berechtigung bei Inkrafttreten"	4
c) Dauerwirkung	5
2. Bundesrechtliche Einschränkungen	6
3. Nicht ohne Handwerksrolleneintragung	8

HwO § 119 5. Teil. Bußgeldvorschriften

1 **1. a) Die Handwerksordnung hat keine rückwirkende Kraft.** Die Vorschrift dient dem **Bestandsschutz;** sie trägt dem Grundgedanken des § 1 Abs. 2 GewO Rechnung, dass die Gewerbeberechtigung eines Gewerbetreibenden durch ein neu in Kraft tretendes Gesetz grundsätzlich nicht beeinträchtigt werden darf. Hierin liegt kein Verstoß gegen Art. 3 GG (BVerwG vom 8. 6. 1962, GewA 1962, 252). Einem Gewerbetreibenden, der eine neu der HwO unterworfene Tätigkeit bereits effektiv ausübt, werden also die neu geforderten Voraussetzungen von Gesetzes wegen zugestanden.

2 Die Vorschriften der HwO sind am 24. 9. 1953 in Kraft getreten; neue Handwerke (Abs. 3!) brachten die Novellen 65 (in Kraft 16. 9. 1965) und 98 (in Kraft 1. 4. 1998); (vgl. § 129). Eingehend in diesem Zusammenhang BVerwG v. 8. 9. 1972, GewA 1973, 41. – Auch die Wiedervereinigung mit der DDR brachte neue Handwerke. Die in Anl. I S. 956 des Einigungsvertrages vom 20. 9. 1990 (BGBl. II S. 885) niedergelegten Übergangs- und Anpassungsregelungen sind inzwischen vollzogen. – Durch die Novelle 03 (in Kraft getreten 1. 1. 2004) sind keine neuen Handwerke hinzugekommen.

3 Für sonstige Veränderungen der Positivliste gilt Abs. 4.

4 **b) Berechtigung bei Inkrafttreten des Gesetzes** bedeutet nicht die bloße theoretische Möglichkeit der Ausübung, sondern die berechtigte tatsächliche Ausübung eines von der HandwO erfassten Handwerks als stehendes Gewerbe im Geltungsbereich des Gesetzes. Indiz dafür ist etwa die Gewerbeanmeldung gem. § 14 GewO. Es ist zu fragen: Hätte der Betrieb in dieser Form, wenn das Gesetz schon gegolten hätte, eingetragen werden müsen? Eine Gewerbetätigkeit im Ausland ist daher in diesem Zusammenhang unbeachtlich. Es gibt aber keinen Rechtssatz des Inhalts, dass Übergangsregelungen eng auszulegen seien (OVG NRW vom 18. 4. 1996, NZV 1997, 52 L)

5 **c) Dauerwirkung.** Die nach § 119 erworbene persönliche Privilegierung bleibt dem Berechtigten ein für alle Mal erhalten. Auch nach Aufgabe seiner ursprünglichen, nach dem Stichtag weitergeführten Betätigung kann daher der Berechtigte sowohl als Alleinhandwerker erneut einen Handwerksbetrieb eröffnen als auch sich als Leiter ihres Handwerksbetriebs anstellen lassen. War allerdings die Eintragung in die Handwerksrolle unter der irrigen Annahme erfolgt, die Voraussetzungen des § 119 hätten vorgelegen, so können hieraus keine Rechte abgeleitet werden, da jede Handwerkskammer das Vorliegen der Eintragungsvoraussetzungen in eigener Verantwortung zu prüfen hat (VG Stuttgart vom 9. 6. 1965, GewA 1966, 128).

6 **2. Werden bisher getrennte Handwerke zusammengefasst,** so haben künftig die für das eine Handwerk eingetragenen Handwerker nach der ausdrücklichen Bestimmung des Abs. 4 auch die Berechtigung, das andere Handwerk voll auszuüben. Der Gesetzgeber bringt damit zum Ausdruck, dass er die Handwerksbefugnis möglichst weit fassen will. Die Handwerksrolle ist ggf. von Amts wegen auf die neue (Doppel-)Bezeichnung umzuschreiben.

Bei ursprünglich einheitlichen und später getrennten Handwerken bleibt eingetragenen Handwerkern ihre bisherige Berechtigung erhalten.

3. Die Hauptbedeutung der Vorschrift liegt jetzt bei den **Ausbildungs- und Prüfungsvorschriften.** Die Abs. 5 bis 7 stellen sicher, dass auch nach Neuaufnahme oder Umgestaltung von Handwerken die erforderlichen Berufsbildungsmittel zur Verfügung stehen. Laufende Meisterprüfungsverfahren sind nach den früheren Vorschriften abzuschließen. Solange für ein Handwerk rechtlich noch keine Meisterprüfung abgelegt werden kann, fingiert Abs. 7 einen Ausnahmefall gem. § 8.

§ 120 [Erhaltung der Befugnis zur Lehrlingsausbildung]

(1) **Die am 31. Dezember 2003 vorhandene Befugnis zur Einstellung oder zur Ausbildung von Lehrlingen (Auszubildenden) in Handwerksbetrieben bleibt erhalten.**

(2) **Wer bis zum 31. März 1998 die Befugnis zur Ausbildung von Lehrlingen (Auszubildenden) in einem Gewerbe erworben hat, das in die Anlage A zu diesem Gesetz aufgenommen wird, gilt im Sinne des § 22b Abs. 1 als fachlich geeignet.**

1. Die Vorschrift tritt ergänzend neben § 119, der nur die reine Handwerksausübungsberechtigung betrifft. Auch die Befugnis zur Einstellung oder Ausbildung von Lehrlingen bleibt also erhalten; bei der Zusammenlegung von Handwerken darf der Inhaber einer solchen Befugnis auch in dem durch Zusammenlegung entstandenen breiteren Handwerk ausbilden. Die Vorschrift bezieht sich nur auf im Geltungsbereich der HwO bestehende und entstandene Rechte, insbesondere die durch eine abgelegte Meisterprüfung vor Inkrafttreten der HwO oder ausdrücklich erteilte Ausbildungsberechtigung.

2. Die Regelung schließt auch die fachliche Eignung i. S. d. § 21 Abs. 3 ein.

§ 121 [Der Meisterprüfung gleichgestellte Prüfungen]

Der Meisterprüfung im Sinne des § 45 bleiben die in § 133 Abs. 10 der Gewerbeordnung bezeichneten Prüfungen gleichgestellt, sofern sie vor Inkrafttreten dieses Gesetzes abgelegt worden sind.

Die Fragen der handwerklichen Meisterprüfung sind jetzt in der HwO abschließend geregelt; zuvor abgelegte Prüfungen sollen aber ihre Wirksamkeit behalten. Infolge Zeitablaufs hat die Vorschrift kaum noch Bedeutung.

§ 122 [Gesellen- und Meisterprüfungsvorschriften bei Trennung oder Zusammenfassung von Handwerken]

(1) Werden zulassungspflichtige Handwerke durch Gesetz oder durch eine nach § 1 Abs. 3 erlassene Rechtsverordnung getrennt oder zusammengefasst, so können auch solche Personen als Beisitzer der Gesellen- oder Meisterprüfungsausschüsse der durch die Trennung oder Zusammenfassung entstandenen Handwerke oder handwerksähnlichen Gewerbe berufen werden, die in dem getrennten oder in einem der zusammengefassten Handwerke oder handwerksähnlichen Gewerbe die Gesellen- oder Meisterprüfung abgelegt haben oder das Recht zum Ausbilden von Lehrlingen besitzen und im Falle des § 48 Abs. 3 seit midestens einem Jahr in dem Handwerk, für das der Meisterprüfungsausschuss errichtet ist, selbständig tätig sind.

(2) [1]Die für die einzelnen Handwerke oder handwerksähnlichen Gewerbe geltenden Gesellen-, Abschluss- und Meisterprüfungsvorschriften sind bis zum Inkrafttreten der nach § 25 Abs. 1 und § 38 sowie § 45 Abs. 1 Nr. 2 dieses Gesetzes oder nach § 4 des Berufsbildungsgesetzes vorgesehenen Prüfungsverordnungen anzuwenden, soweit sie nicht mit diesem Gesetz im Widerspruch stehen. [2]Dies gilt für die nach § 50 Abs. 1 Satz 2 erlassenen Meisterprüfungsordnungen sowie für die nach § 50 Abs. 2 erlassene Rechtsverordnung entsprechend.

(3) Die für die einzelnen Handwerke oder handwerksähnlichen Gewerbe geltenden Berufsbilder oder Meisterprüfungsverordnungen sind bis zum Inkrafttreten von Rechtsverordnungen nach § 45 Abs. 1 und § 51a Abs. 1 in Verbindung mit Abs. 2 anzuwenden.

Zulassung zur Meisterprüfung § 123 HwO

(4) Die für die einzelnen Handwerke oder handwerksähnlichen Gewerbe geltenden fachlichen Vorschriften sind bis zum Inkrafttreten von Rechtsverordnungen nach § 25 Abs. 1, § 45 Abs. 1 und § 51a Abs. 1 in Verbindung mit Abs. 2 anzuwenden.

Die Vorschrift schafft die Voraussetzungen dafür, dass auch für die Handwerke, die durch Trennung oder Zusammenlegung neu entstanden sind oder entstehen, von Anfang an funktionsfähige Prüfungsausschüsse und anwendbare Berufsordnungsmittel zur Verfügung stehen. Die Regelung entspricht der der §§ 108 Abs. 1 Satz 2, 109 BBiG.

§ 123 [Zulassung zur Meisterprüfung]

(1) Beantragt ein Gewerbetreibender, der bis zum 31. Dezember 2003 berechtigt ist, ein zulassungspflichtiges Handwerk als stehendes Gewerbe selbständig zu betreiben, in diesem Handwerk zur Meisterprüfung zugelassen zu werden, so gelten für die Zulassung zur Prüfung die Bestimmungen der §§ 49 und 50 entsprechend.

(2) Absatz 1 gilt entsprechend für ein Gewerbe, das in die Anlage A aufgenommen wird.

Den nach § 119 Privilegierten soll durch Zulassungserleichterungen ein Anreiz zur Ablegung der Meisterprüfung geboten werden. Ausdrücklich erwähnt wurde, dass dies auch gilt für Handwerke, die erst nachträglich in die Anlage A aufgenommen wurden. Besteht der Antragsteller die Meisterprüfung nicht, so geht seine Berechtigung jedoch nicht verloren und er kann trotzdem selbstständiger Handwerker bleiben.

§ 124 [Bestehende Handwerksorganisation]

(1) [1]Die bei Inkrafttreten dieses Gesetzes bestehenden Handwerksinnungen oder Handwerkerinnungen, Kreishandwerkerschaften oder Kreisinnungsverbände, Innungsverbände und Handwerkskammern sind nach den Bestimmungen dieses Gesetzes bis zum 30. September 1954 umzubilden; bis zu ihrer Umbildung gelten sie als Handwerksinnungen, Kreishandwerkerschaften, Innungsverbände und Handwerkskammern im Sinne dieses Gesetzes. [2]Wenn sie sich nicht bis zum 30. September 1954 umgebildet haben, sind sie aufgelöst. [3]Endet die Wahlzeit der Mitglieder einer

HwO § 124a 5. Teil. Bußgeldvorschriften

Handwerkskammer vor dem 30. September 1954, so wird sie bis zu der Umbildung der Handwerkskammer nach Satz 1, längstens jedoch bis zum 30. September 1954 verlängert.

(2) **Die nach diesem Gesetz umgebildeten Handwerksinnungen, Kreishandwerkerschaften, Innungsverbände und Handwerkskammern gelten als Rechtsnachfolger der entsprechenden bisher bestehenden Handwerksorganisationen.**

(3) ¹Soweit für die bisher bestehenden Handwerksorganisationen eine Rechtsnachfolge nicht eintritt, findet eine Vermögensauseinandersetzung nach den für sie bisher geltenden gesetzlichen Bestimmungen statt. ²Bei Meinungsverschiedenheiten entscheidet die nach dem geltenden Recht zuständige Aufsichtsbehörde.

Die Vorschrift ist inzwischen im Wesentlichen durch Zeitablauf überholt; die vorgeschriebenen Umbildungen sind erfolgt. Von Bedeutung ist nur noch die durch Abs. 2 begründete Gesamtrechtsnachfolge. Wegen der Ansprüche früherer Bediensteter der Handwerksorganisation vgl. §§ 1, 2 des Gesetzes zu Art. 131 GG i. d. F. vom 21. 8. 1961 (BGBl. I S. 1578).

§ 124a [Vor dem 31. 12. 2004 begonnene Wahlverfahren]

¹Verfahren zur Wahl der Vollversammlung von Handwerkskammern, die nach den Satzungsbestimmungen bis zum 31. Dezember 2004 zu beginnen sind, können nach den bisherigen Vorschriften zu Ende geführt werden. ²Durch Beschluss der Vollversammlung kann die Wahlzeit nach Wahlen, die entsprechend Satz 1 nach den bisherigen Vorschriften zu Ende geführt werden, in Abweichung von § 103 Abs. 1 Satz 1 verkürzt werden. ³Wahlzeiten, die nach den Satzungsbestimmungen bis zum 31. Dezember 2004 enden, können durch Beschluss der Vollversammlung bis zu einem Jahr verlängert werden, um die Wahl zur Handwerkskammer nach den neuen Vorschriften durchzuführen. ⁴Die Verlängerung oder Verkürzung der Wahlzeiten sind der obersten Landesbehörde anzuzeigen.

Die Vorschrift sollte beim reibungslosen Übergang der Handwerkskammern vom alten auf das neue Recht helfen.

Zuständigkeiten §124b HwO

§ 124b [Zuständigkeiten]

¹Die Landesregierungen werden ermächtigt, durch Rechtsverordnung die nach diesem Gesetz den höheren Verwaltungsbehörden oder den sonstigen nach Landesrecht zuständigen Behörden übertragenen Zuständigkeiten nach den §§ 7a, 7b, 8, 9, 22b, 23, 24 und 42q auf andere Behörden oder auf Handwerkskammern zu übertragen. ²Die Staatsaufsicht nach § 115 Abs. 1 umfasst im Falle einer Übertragung von Zuständigkeiten nach den §§ 7a, 7b, 8 und 9 auch die Fachaufsicht.

Dritter Abschnitt. Schlußvorschriften

§ 125 (Inkrafttreten)

1. In ihrer ursprünglichen Fassung trat die HwO am 24. 9. 1953 in Kraft.

2. Die erste Novelle zur HwO wurde am 15. 9. 1965 verkündet; sie trat am 16. 9. 1965 in Kraft. Der nochmaligen Veröffentlichung des inhaltlichen gleichen und lediglich mit neuer Paragrafenzählung ausgestatten Gesetzes am 7. 1. 1966 kommt in diesem Zusammenhang keine Bedeutung zu (vgl. z. B. BFH vom 10. 7. 1974, BB 1974, 1423). Die Novelle 94 vom 23. 12. 1993 trat am 1. 1. 1994 in Kraft; die Novelle 98 am 1. 4. 1998. Auch hier wirkt sich die Neubekanntmachung vom 24. 9. 1998 nicht aus. Die Fassung der Novelle 03 wurde am 1. 1. 2004 wirksam.

3. Das Berufsbildungsgesetz, das auch die HwO in wesentlichen Teilen änderte, wurde am 16. 8. 1969 verkündet; es ist nach seinem § 113 am 1. 9. 1969 in Kraft getreten.

4. In den neuen Bundesländern trat die HwO mit dem Zeitpunkt der Wiedervereinigung am 3. 10. 1990 in Kraft, wobei aber die Modifikationen des Einigungsvertrages zu beachten sind.

C. Kommentar zum Berufsausbildungsrecht

Berufsbildungsgesetz (BBiG)

Vom 23. März 2005 (BGBl. I S. 931)

Zuletzt geändert durch Gesetz vom 7. 9. 2007 (BGBl. I S. 2246)

BGBl. III/FNA 806–21

(Auszug)

Abschnitt 2. Berufsausbildungsverhältnis

Unterabschnitt 1. Begründung des Berufsausbildungsverhältnisses

§ 10 [Vertrag]

(1) Wer andere Personen zur Berufsausbildung einstellt (Ausbildende), hat mit den Auszubildenden einen Berufsausbildungsvertrag zu schließen.

(2) Auf den Berufsausbildungsvertrag sind, soweit sich aus seinem Wesen und Zweck und aus diesem Gesetz nichts anderes ergibt, die für den Arbeitsvertrag geltenden Rechtsvorschriften und Rechtsgrundsätze anzuwenden.

(3) Schließen die gesetzlichen Vertreter oder Vertreterinnen mit ihrem Kind einen Berufsausbildungsvertrag, so sind sie von dem Verbot des § 181 des Bürgerlichen Gesetzbuchs befreit.

(4) Ein Mangel in der Berechtigung, Auszubildende einzustellen oder auszubilden, berührt die Wirksamkeit des Berufsausbildungsvertrages nicht.

(5) Zur Erfüllung der vertraglichen Verpflichtungen der Ausbildenden können mehrere natürliche oder juristische Personen in einem Ausbildungsverbund zusammenwirken, soweit die Verantwortlichkeit für die einzelnen Ausbildungsabschnitte sowie für die Ausbildungszeit insgesamt sichergestellt ist (Verbundausbildung).

BBiG § 10 Berufsausbildungsgesetz (Auszug)

Übersicht

Rdn.

I. Auszubildender = Lehrling 1
   1. Wesen des handwerklichen Ausbildungsverhältnisses   2
   2. Zu unterscheiden von 4
      a) Anlernverhältnis 5
      b) Praktikanten- und Volontärverhältnis 7
      c) Umschulungsverhältnis 8
      d) Ausbildung im nichthandwerklichen Bereich ... 9
II. Rechtliche Natur 10
III. Ausbildungs-Streitigkeiten 11
IV. Ausbildungsverhältnis zwischen Eltern und Kindern .. 13
V. Ausbildungsvertrag ohne Befugnis 14
   1. ... zum Einstellen 15
   2. ... zum Ausbilden 16
VI. Ordnungswidrigkeiten: Einstellen und/oder Ausbilden
   ohne Befugnis 18

Literatur: *Drill,* Der minderjährige Arbeitnehmer in der Rechtsprechung, BB 1975, 284; *Rohlfing,* Die Arbeitnehmereigenschaft von Auszubildenden, NZA 1997, 365; *Schmidt,* Praktikantenverhältnis nach dem Berufsbildungsgesetz, BB 1971, 313; *Wohlgemut,* Zum Streikrecht der Auszubildenden, BB 1983, 1103.

I. Auszubildender = Lehrling

1 Der Begriff „Auszubildender" wurde 1969 vom BBiG an die Stelle des Begriffs „Lehrling" gesetzt. Sachlich haben sich dadurch keine Veränderungen ergeben. Durch die jeweilige Beifügung der entsprechenden Klammerdefinition im Text der Handwerksordnung wird dies unterstrichen (vgl. auch BB 1974, 515; BAG vom 7. 9. 1983, NJW 1984, 941).

2 **1. Das Ausbildungsverhältnis dient einer geregelten Berufsausbildung.** Diese hat nach der Definition des § 1 Abs. 2 BBiG eine breit angelegte berufliche Grundbildung und die für die Ausübung einer qualifizierten beruflichen Tätigkeit notwendigen fachlichen Fertigkeiten und Kenntnisse in einem geordneten Ausbildungsgang zu vermitteln; sie hat ferner den Erwerb der erforderlichen Berufserfahrungen zu ermöglichen. Grundprinzip ist das sog. **„Duale System"**, in dem die praktische Ausbildung im Betrieb und der theoretische Unterricht in der Berufsschule einander ergänzen (dazu *Fredebeul,* GewA 1985, 213). Eine unterschiedliche Behandlung der beiden Geschlechter verbietet § 611a BGB (vgl. ArbG Marburg vom 24. 6. 1988, BB 1988, 2248).

Vertrag §10 **BBiG**

Das Gesetz bringt in Abs. 1 die eigentlich auch schon vorher als 3
selbstverständlich angesehene Tatsache zum Ausdruck, dass eine ordnungsgemäße Berufsausbildung nur auf der Grundlage eines entsprechenden Vertrages durchgeführt werden kann. Ein ordnungsgemäßer **Lehrvertrag** ist auch dann erforderlich, wenn die Ausbildung außerbetrieblich in einem Berufsförderungswerk, einer Reha-Einrichtung o. dgl. erfolgt (vgl. BAG vom 10. 2. 1981, NJW 1982, 350 und dazu den kontroversen Meinungsstreit von *Fredebeul* und *Breitmeier/Friedrich*, BB 1982, 1493; BB 1982, 1736; BB 1983, 968; BB 1984, 1811). Ein privatschriftlicher Ausbildungsvertrag macht die Arbeitsgerichte zuständig (BAG vom 21. 5. 1997, NZA 1997, 1033). Ob ein solches Vertragsverhältnis vorliegt, ist Tatfrage. Dabei kommt es insoweit nicht darauf an, ob ein den Bestimmungen des § 4 BBiG entsprechender förmlicher Lehrvertrag abgeschlossen wurde (dazu vgl. Rdn. 1 zu § 4 BBiG). Ohne Bedeutung ist es auch, welche Bezeichnung die Beteiligten dem Vertragsverhältnis geben.

2. Vom handwerklichen Ausbildungsverhältnis sind zu unter- 4
scheiden:
a) Das Anlernverhältnis. Der Ausbildungszweck ist hier we- 5
sentlich enger und daher die Ausbildungszeit verhältnismäßig kürzer. Die speziellen Vorschriften über die Berufsausbildung im Handwerk sind nicht anzuwenden, so weit Anlernverhältnisse in Handwerksbetrieben überhaupt vorkommen, da grundsätzlich nicht die Befähigung zur Ausübung eines bestimmten Berufes, sondern nur die zur Ausführung gewisser spezieller Tätigkeiten vermittelt werden soll. Es kann aber doch eine mehr oder weniger starke Annäherung an ein echtes Ausbildungsverhältnis erfolgen; die Grenzen sind fließend.

So weit das Anlernverhältnis nicht als echtes Arbeitsverhältnis be- 6
handelt wird, gelten in diesem Falle die allgemeinen Vorschriften über Berufsausbildungsverhältnisse mit der Maßgabe, dass die gesetzliche Probezeit abgekürzt, auf die Vertragsniederschrift verzichtet und bei vorzeitiger Lösung kein Schadenersatz verlangt werden kann (§ 26 BBiG).

b) Das Praktikanten- und Volontärverhältnis. Auch dieses 7
wird vom Ausbildungszweck beherrscht, ohne dass jedoch eine geregelte Ausbildung beabsichtigt ist (vgl. auch BSG vom 21. 10. 1971, NJW 1972, 1880). Ein wesentliches Merkmal des Volontärverhältnisses ist die Unentgeltlichkeit (vgl. z. B. § 82a HGB). Nach herrschender Lehre sind auf die Volontärverhältnisse grundsätzlich die Vorschriften über das Arbeitsverhältnis entsprechend anzuwenden, so weit dem nicht die Unentgeltlichkeit der Tätigkeit entgegensteht.

BBiG § 10 Berufsausbildungsgesetz (Auszug)

Ausführlich vgl. *Schmidt,* BB 1971, 313. Auf Studenten, die im Rahmen ihres Studiums und als dessen Bestandteil ein Praktikum absolvieren müssen, findet § 19 BBiG keine Anwendung (BAG vom 30. 10. 1991, NZA 1992, 808).

8   **c) Das Umschulungsverhältnis.** Die berufliche Umschulung soll zu einer anderen beruflichen Tätigkeit befähigen (§ 1 Abs. 4 BBiG). Die Umschulung kommt vor allem für ältere Personen in Frage, und ungeachtet des damit verbundenen Ausbildungszwecks stehen die arbeitsrechtlichen Momente im Vordergrund. Die Vorschriften über das handwerkliche Lehrverhältnis sind nicht anzuwenden; es gelten vielmehr die besonderen Bestimmungen des § 42a HwO (vgl. auch BAG vom 7. 9. 1983, NJW 1984, 941). Einzelfragen s. BAG vom 15. 3. 1991, NZA 1992, 452.

9   **d) Das Ausbildungsverhältnis außerhalb des handwerklichen Bereichs der Anlage A.** Hierzu vgl. die Anm. zu §§ 22 und 91 HwO.

II. Rechtliche Natur

10   Zur **rechtlichen Natur des Ausbildungsverhältnisses** stellt Abs. 2 klar, dass generell die arbeitsrechtlichen Grundsätze im Vordergrund stehen. Dies hat den Sinn, dem Lehrling auch expressis verbis zumindest den gleichen Schutz der arbeitsrechtlichen Vorschriften zu gewähren wie einem sonstigen Arbeitnehmer. Ein Ausländer braucht auch als Lehrling eine Arbeitserlaubnis (BayObLG vom 29. 7. 1977, BB 1977, 1462). Es handelt sich jedoch um ein Arbeitsverhältnis besonderer Art (ausführlich LAG Düsseldorf vom 26. 6. 1984, BB 1985, 593; BAG vom 12. 6. 1986, NJW 1987, 680). Vgl. *Rohlfing,* NZA 1997, 365. Unter ausdrücklicher Aufgabe seiner entgegenstehenden früheren Rechtsprechung hat das Bundesarbeitsgericht 1993 klargestellt, dass Arbeitnehmer im Sinne des Betriebsverfassungsgesetzes nur die in einen Betrieb voll eingegliederten Lehrlinge sind, nicht dagegen auch die in reinen Ausbildungseinrichtungen (dazu BAG vom 20. 3. 1996, NZA 1997, 326 und vom 12. 9. 1996, NZA 1997, 273 = BB 1997, 318). Für Lehrlinge gelten selbstverständlich die Bestimmungen des Arbeitsschutzrechts. Anzuwenden sind danach insbesondere das Jugendarbeitsschutzgesetz (dazu *Marienhagen,* BB 1976, 558), das Kündigungsschutzgesetz, für weibliche Lehrlinge das Mutterschutzgesetz. Nach dem Schwerbehindertenrecht des SGB IX werden schwer behinderte Auszubildende auf die Pflichtzahl der zu beschäftigenden Schwerbehinderten angerechnet; andererseits gelten Lehrstellen für die Errechnung der Pflichtzahl nicht als Arbeitsplätze

Vertrag § 10 BBiG

(§ 5 Abs. 2a i. V. m. § 3). Vgl. auch *Drill,* BB 1975, 284; *Wohlgemuth,* BB 1983, 1103.

III. Ausbildungs-Streitigkeiten

Streitigkeiten über das Bestehen oder Nichtbestehen eines Lehrverhältnisses, aus Verhandlungen über das Eingehen des Lehrverhältnisses, aus dessen Nachwirkungen oder aus unerlaubter Handlung, soweit diese mit dem Lehrverhältnis in Zusammenhang steht, fallen in die Zuständigkeit der Arbeitsgerichte (§ 2 Nr. 2 i. V. m. § 5 ArbGG) (vgl. BAG vom 18. 9. 1975, BB 1976, 365 = NJW 1976, 909 = GewA 1976, 234). Vor Klageerhebung ist der Lehrlingsschlichtungsausschuss der Kammer anzurufen. **11**

Wegen Streitigkeiten um eine staatliche Ausbildungsförderung vgl. OVG NRW vom 25. 10. 2000, NVwZ-RR 2001, 413. **12**

IV. Ausbildungsverhältnis zwischen Eltern und Kindern

Ausbildungsverhältnisse zwischen Eltern und Kindern unterliegen keinen Besonderheiten. Durch das Erfordernis, dass auch bei Lehrverhältnissen im elterlichen Betrieb ein förmlicher Ausbildungsvertrag abgeschlossen werden muss, soll erreicht werden, dass auch diese Ausbildungsverhältnisse den gewachsenen pädagogischen und technischen Anforderungen genügen. Die Vorschrift des Abs. 3 ermöglicht, dass Eltern In ihrer Eigenschaft als gesetzliche Vertreter des Kindes mit sich selbst einen derartigen Vertrag schließen können. **13**

V. Ausbildungsvertrag ohne Befugnis

Ein **trotz Fehlens der Befugnis** zum Einstellen oder Ausbilden von Lehrlingen geschlossener Ausbildungsvertrag ist gem. Abs. 4 nicht nichtig; andernfalls würden sich die im Interesse des Lehrlings getroffenen Bestimmungen zu seinen Ungunsten auswirken, weil der Ausbildende bei Nichtigkeit des Vertrages nicht gehalten wäre, während der Dauer des tatsächlichen Ausbildungsverhältnisses den ihm im Interesse des Auszubildenden gesetzlich obliegenden Pflichten nachzukommen. Dass ein Ausbildungsvertrag gültig ist, der von einem Lehrherrn abgeschlossen wurde, dem lediglich die Ausbildungsbefugnis fehlt, ergibt sich auch schon daraus, dass der Ausbildende diesem Mangel durch Einstellung einer ausbildungsbefugten Person als Ausbilder abhelfen kann. Bestehende Mängel der genann- **14**

BBiG § 11   Berufsausbildungsgesetz (Auszug)

ten Art können jedoch unter Umständen einen wichtigen Grund darstellen, der beiden Teilen das Recht zur außerordentlichen Kündigung (§ 22 Abs. 2 Nr. 1 BBiG) gibt:

15   1. Beim **Fehlen der Befugnis zum Einstellen** der Auszubildenden sind beide Teile zur Kündigung berechtigt. Der Ausbildende haftet gem. § 23 BBiG auf Schadenersatz.

16   2. Beim **Fehlen der Ausbildungsbefugnis** wird man grundsätzlich den Lehrling für kündigungsberechtigt halten dürfen, und zwar nur dann, wenn er oder sein gesetzlicher Vertreter den Mangel bei Vertragsabschluss nicht kannte. Bei Kenntnis ist dieses Kündigungsrecht nur gegeben, wenn der Ausbildende seiner Verpflichtung, einen entsprechenden Ausbilder zu bestellen, nicht unverzüglich nachkommt.

17   Verliert der Einstellende nach Abschluss des Lehrvertrages seine Ausbildungsbefugnis, so wird auch er zur außerordentlichen Kündigung befugt sein. Auch In diesem Fall ist er allerdings nach § 23 BBiG zum Ersatz des aus der vorzeitigen Beendigung des Lehrverhältnisses entstehenden Schadens verpflichtet.

VI. Ordnungswidrigkeiten

18   Wer Lehrlinge einstellt oder ausbildet, obgleich er die entsprechenden Befugnisse nicht besitzt, macht sich einer Ordnungswidrigkeit nach § 118 Abs. 1 Nr. 5 HwO schuldig. Daneben kann die Entlassung des Lehrlings im Verwaltungszwangsverfahren durchgesetzt werden (vgl. in diesem Zusammenhang § 23 HwO). Die bei einem zum Einstellen oder Ausbilden von Lehrlingen nicht berechtigten Betrieb zugebrachte Zeit kann, so weit der Mangel nicht bewusst in Kauf genommen wurde, als Ausbildungszeit angerechnet werden (vgl. LAG Stuttgart vom 28. 2. 1955, AP Nr. 1 zu § 75 HGB).

§ 11 [Vertragsniederschrift]

(1) ¹**Ausbildende haben unverzüglich nach Abschluss des Berufsausbildungsvertrages, spätestens vor Beginn der Berufsausbildung, den wesentlichen Inhalt des Vertrages gemäß Satz 2 schriftlich niederzulegen; die elektronische Form ist ausgeschlossen.** ²**In die Niederschrift sind mindestens aufzunehmen**
1. Art, sachliche und zeitliche Gliederung sowie Ziel der Berufsausbildung, insbesondere die Berufstätigkeit, für die ausgebildet werden soll,

2. Beginn und Dauer der Berufsausbildung,
3. Ausbildungsmaßnahmen außerhalb der Ausbildungsstätte,
4. Dauer der regelmäßigen täglichen Ausbildungszeit,
5. Dauer der Probezeit,
6. Zahlung und Höhe der Vergütung,
7. Dauer des Urlaubs,
8. Voraussetzungen, unter denen der Berufsausbildungsvertrag gekündigt werden kann,
9. ein in allgemeiner Form gehaltener Hinweis auf die Tarifverträge, Betriebs- oder Dienstvereinbarungen, die auf das Berufsausbildungsverhältnis anzuwenden sind.

(2) Die Niederschrift ist von den Ausbildenden, den Auszubildenden und deren gesetzlichen Vertretern und Vertreterinnen zu unterzeichnen.

(3) Ausbildende haben den Auszubildenden und deren gesetzlichen Vertretern und Vertreterinnen eine Ausfertigung der unterzeichneten Niederschrift unverzüglich auszuhändigen.

(4) Bei Änderungen des Berufsausbildungsvertrages gelten die Absätze 1 bis 3 entsprechend.

Übersicht

	Rdn.
I. Form des Ausbildungsvertrags	1
1. Schriftform nicht Voraussetzung	1
2. Folgen fehlender Niederschrift	3
II. Notwendiger Vertragsinhalt	5
1. Mindestforderungnisse	5
a) Ausbildungsziel	6
b) Ausbildungsdauer	7
c) Maßnahmen außerhalb der Ausbildungsstätte	8
d) Tägliche Arbeitszeit	9
e) Dauer der Probezeit	10
f) Höhe und Zahlung der Vergütung	11
g) Dauer des Urlaubs	13
h) Kündigungsvoraussetzungen	14
2. Verweis auf tarifliche Regelungen	15
3. Zusätzliche Vereinbarungen	16
4. Nachträgliche Änderungen	17
III. Unterschriftsverweigerung	18
IV. Minderjährige	19
V. Aushändigung der Niederschrift	22

Literatur: *Ressel,* Start ins Arbeitsleben, AuR 1991, 106

BBiG § 11 Berufsausbildungsgesetz (Auszug)

I. Form des Ausbildungsvertrags

1 1. Die Niederschrift ist nicht Voraussetzung für die Rechtswirksamkeit des Ausbildungsvertrages, sondern bloße Ordnungsvorschrift, die der Klarstellung der Rechtsverhältnisse dient und die wirksame Kontrolle des Ausbildungswesens erleichtert. Dies ergibt sich aus Abs. 1 Satz 1, der die Verpflichtung zur schriftlichen Abfassung des Ausbildungsvertrages einseitig dem Ausbildenden, nicht auch dem Lehrling oder dessen gesetzlichen Vertretern auferlegt (vgl. BAG vom 22. 2. 1972, BB 1972, 1191; VG Mainz vom 21. 11. 1985, GewA 1987, 61). Daran. dass ein Lehrvertrag auch bei Nichteinhaltung der Schriftform wirksam ist, hat auch die EU-Nachweisrichtlinie R 91/533 nichts geändert (BAG vom 21. 8. 1997, NZA 1998, 37 = GewA 1998, 176 LS).

2 Die Niederschrift muss vor Beginn der Berufsausbildung gefertigt werden. Die Verwendung formularmäßiger Lehrverträge ist in der Praxis weit verbreitet und unbedenklich. Zur größtmöglichen Nutzung der EDV kann wohl auch ein Zwang zur Benutzung bestimmter Vordrucke durch Satzungsbeschluss festgelegt werden (a. A. OVG Rh.-Pf. vom 10. 4. 1974, BB 1974, 788 = GewA 1974, 347). Nachträgliche Änderungen des Lehrvertragsmusters durch die Innung oder Handwerkskammer binden die Parteien eines bestehenden Ausbildungsvertrages nicht (LAG Hamm vom 17. 10. 1955, BB 1956, 372).

3 2. Das Unterlassen der schriftlichen Niederlegung des Ausbildungsvertrages wird unmittelbar nicht geahndet. § 30 HwO legt jedoch dem Ausbildenden die Pflicht auf, unverzüglich nach Abschluss des Ausbildungsvertrages diesen unter Beifügung der Vertragsniederschrift zur Eintragung in die Lehrlingsrolle anzumelden. Ein Verstoß dagegen stellt eine Ordnungswidrigkeit nach § 118 Abs. 1 Nr. 6 HwO dar. Weitere Rechtsfolgen werden an die fehlende Niederschrift nicht geknüpft. Der Ausbildungsvertrag behält für beide Teile die vollen Rechtswirkungen. Da die Niederschrift keine Gültigkeitsvoraussetzung für das Ausbildungsverhältnis darstellt, kann aus ihrem Fehlen im Streitfall auch nicht auf das Nichtvorhandensein eines Ausbildungsvertrages geschlossen werden; es muss vielmehr aus den Umständen des Einzelfalles ermittelt werden, ob ein Ausbildungsverhältnis besteht oder nicht (dazu § 10 BBiG).

4 3. Liegt ein lediglich formloser Ausbildungsvertrag vor, so muss der Ausbildende nach dem Sinn des Gesetzes auch nach dem Beginn des Ausbildungsverhältnisses schuldrechtlich verpflichtet sein, den Vertrag nachträglich schriftlich niederzulegen. Daneben haftet er dem Auszu-

Vertragsniederschrift **§ 11 BBiG**

bildenden gegenüber für den aus dem Fehlen der Niederschrift sich etwa ergebenden Schaden (vgl. LAG Düsseldorf vom 29. 1. 1957, BB 1957, 1277; siehe auch LAG Berlin vom 4. 1. 1966, BB 1966, 538).

II. Notwendiger Vertragsinhalt

1. Fehlt eines der in Abs. 1 aufgezählten Mindesterfordernisse, so ist der Ausbildungsvertrag gleichwohl voll wirksam. Es gilt das oben unter I. Ausgeführte entsprechend. Nichtig ist der Vertrag allerdings, wenn er nur zum Schein abgeschlossen wurde und der Lehrling in Wirklichkeit stattdessen etwa das Gymnasium besucht (vgl. Rdn. 2 zu § 29 HwO).

a) Ausbildungsziel. Das BBiG gilt nicht nur für handwerkliche Ausbildungsverhältnisse; so konnte es sich schon bisher nicht darauf beschränken, einfach die Bezeichnung des Handwerks zu fordern, in dem die Ausbildung erfolgen soll. Wegen der Möglichkeit, dass ein Handwerk in mehrere Ausbildungsberufe zerfallen kann, muss ganz konkret angegeben werden, in welchem Beruf die Ausbildung erfolgen soll. Bei Änderung der Positivliste vgl. § 25 Abs. 3 HwO.

b) Ausbildungsdauer. Das Ausbildungsverhältnis muss auf eine bestimmte Dauer abgeschlossen werden, deren Anfangs- und Endzeitpunkt angegeben werden müssen. Ein verbindliches Berufsgrundschuljahr (BGJ) m u s s angerechnet werden (BVerwG vom 12. 4. 1984, GewA 1984, 293). Wegen der Dauer vergleiche §§ 25 ff. HwO. Von der vorgeschriebenen Dauer kann nur unter den Voraussetzungen des § 27a HwO abgewichen werden.

c) Ausbildungsmaßnahmen außerhalb der Ausbildungsstätte. Es kann sich hier einmal um generelle, in der Ausbildungsordnung festgelegte Maßnahmen handeln („Überbetriebliche Unterweisung" – ÜLU –; dazu § 26a HwO). Angegeben werden muss aber auch, wenn im Betrieb des Ausbildenden einzelne Zweige des zu erlernenden Handwerks nicht vorkommen, aber für die Gesamtausbildung des Lehrlings von Bedeutung sind; näheres dazu vgl. Rdn. 3 zu § 14 BBiG.

d) Dauer der regelmäßigen täglichen Ausbildungszeit. Die Angabe der Stundenzahl genügt nicht; es muss vielmehr konkret angegeben werden, um wie viel Uhr jeweils der Auszubildende seine Tätigkeit im Betrieb antreten muss und beendet.

e) Dauer der Probezeit; dazu vgl. § 20 BBiG.

f) Zahlung und Höhe der Vergütung; dazu vgl. §§ 17ff. BBiG.

Über den Wortlaut hinaus gehören hierher auch die Abmachungen über Wohnungsgewährung, Verköstigung und dergleichen. Die Ver-

BBiG § 11 Berufsausbildungsgesetz (Auszug)

gütung ist kein Leistungsentgelt im üblichen Sinn; sie ist daher auch für die Zeiten zu zahlen, die der Auszubildende gem. § 7 BBiG von der Tätigkeit im Betrieb freigestellt ist (vgl. dort).

12 Das früher in seltenen Ausnahmefällen vereinbarte Lehrgeld ist nicht mehr zulässig (§ 12 Abs. 2 Nr. 1 BBiG).

13 **g) Dauer des Urlaubs.** Der gesetzliche Mindesturlaub darf nicht unterschritten werden.

14 **h) Kündigungsvoraussetzungen.** Die gesetzlichen Gründe ergeben sich aus § 22 BBiG. Darüber hinausgehende Vereinbarungen, die die Auflösung des Ausbildungsverhältnisses in das Belieben einer Partei stellen, sind nicht möglich, da eine ordentliche Kündigung, auch wenn sie als außerordentliche Kündigung deklariert ist, als dem Wesen des Ausbildungsverhältnisses widersprechend für unzulässig angesehen werden muss.

15 **2.** So weit bestimmte Leistungen, wie Vergütung oder Urlaub im Einzelfall tariflich geregelt sind, genügt Verweisung auf den betreffenden Tarifvertrag.

16 **3.** Es sind **nur Mindestvoraussetzungen,** die Abs. 1 als Vertragsinhalt vorschreibt. Es kommen also auch noch weitere Vereinbarungen in Frage, die ebenfalls in der Niederschrift festzuhalten sind. Dies dient nicht nur der Klarheit bei allen Beteiligten, sondern soll auch der Handwerkskammer die Überprüfung ermöglichen, ob sich auch alle getroffenen Vereinbarungen mit den bestehenden gesetzlichen und sonstigen Regelungen vereinbaren lassen (vgl. § 29 HwO) und eingehalten werden.

17 **4. Nachträgliche Änderungen** des Ausbildungsvertrages können im Rahmen der gesetzlichen und sonst maßgebenden Vorschriften auch mündlich wirksam vereinbart werden. Auch für sie gilt nach Abs. 4 aber die Verpflichtung zur Niederschrift.

III. Unterschriftsverweigerung

18 Verweigert der Auszubildende oder sein gesetzlicher Vertreter die Unterschrift, so wird man dem Lehrherrn beim Vorliegen eines z. B. mündlich wirksam geschlossenen Ausbildungsvertrages das Recht zur sofortigen Lösung des Ausbildungsverhältnisses zubilligen müssen. Irgendwelche nachteiligen Rechtsfolgen können sich daraus für ihn nicht ergeben, weil ihn an der Nichteinhaltung der vorgeschriebenen Schriftform kein Verschulden trifft.

Vertragsniederschrift §11 BBiG

IV. Minderjährige

Mit der vorstehend erwähnten Ausnahme lässt die Vorschrift des 19
Abs. 2 die Bestimmungen des bürgerlichen Rechts, insbesondere
über die **gesetzliche Vertretung des Minderjährigen** bei Abschluss von Verträgen (§§ 107 ff. BGB) und über die Notwendigkeit der vormundschaftsgerichtlichen Genehmigung (§§ 1822 Nr. 6, 1827, 1829 BGB) unberührt. § 113 BGB gilt für das Ausbildungsverhältnis nicht, so dass die Ermächtigung des Minderjährigen zum Eintritt in die Lehre durch den gesetzlichen Vertreter nicht die Folge hat, dass er nun für die damit zusammenhängenden Rechtsgeschäfte unbeschränkt geschäftsfähig wäre (LAG Düsseldorf vom 27. 1. 1955, BB 1955, 290); dies folgt daraus, dass § 1822 Nr. 6 und 7 BGB ausdrücklich zwischen Lehrverträgen und eigentlichen Dienst- oder Arbeitsverträgen unterscheidet, § 113 BGB aber nur von den letzteren spricht.

Wer gesetzlicher Vertreter des Minderjährigen ist, bestimmt sich 20
nach den Vorschriften des BGB (vgl. §§ 1626 ff., 1707 und 1793 ff.
BGB). Dies bedeutet, dass der Vater allein als Vertreter nicht genügt.
Will er gleichzeitig auch als Vertreter der Mutter handeln, so muss
dies deutlich erkennbar sein (ArbG Stade vom 19. 11. 1965 Az. Ca
246/65).

Der Vormund bedarf zu einem Ausbildungsvertrag, der für längere 21
Zeit als ein Jahr geschlossen wird, der Genehmigung des Vormundschaftsgerichts; nicht notwendig ist diese Genehmigung, wenn die Eltern gesetzliche Vertreter des Lehrlings sind (vgl. §§ 1684 ff. BGB). Fehlt die Genehmigung, so ist der Ausbildungsvertrag schwebend unwirksam; vgl. dazu § 1829 BGB.

V. Aushändigung der Niederschrift

Die **Aushändigung der schriftlichen Niederschrift des Ausbildungsvertrages** an die Beteiligten, im Grunde eine Selbstverständlichkeit, wurde dem Ausbildenden durch Abs. 3 noch einmal expressis verbis auferlegt. Die Formulierung des Abs. 3 bedeutet nicht, dass dem Lehrling und seinen gesetzlichen Vertretern je eine Ausfertigung auszuhändigen sei; es genügt im Regelfall ein Exemplar für jede Seite. Ausnahmen gelten z. B. in den Fällen einer Amtsvormundschaft. 22

§ 12 [Nichtige Vereinbarungen]

(1) ¹Eine Vereinbarung, die Auszubildende für die Zeit nach Beendigung des Berufsausbildungsverhältnisses in der Ausübung ihrer beruflichen Tätigkeit beschränkt, ist nichtig. ²Dies gilt nicht, wenn sich Auszubildende innerhalb der letzten sechs Monate des Berufsausbildungsverhältnisses dazu verpflichten, nach dessen Beendigung mit den Ausbildenden ein Arbeitsverhältnis einzugehen.
(2) Nichtig ist eine Vereinbarung über
1. die Verpflichtung Auszubildender, für die Berufsausbildung eine Entschädigung zu zahlen,
2. Vertragsstrafen,
3. den Ausschluss oder die Beschränkung von Schadensersatzansprüchen,
4. die Festsetzung der Höhe eines Schadensersatzes in Pauschbeträgen.

Übersicht

	Rdn.
I. Unzulässige Vereinbarungen	1
1. Beschränkungen der berufl. Freiheit nach Lehrabschluss	1
2. Ausnahmen: Vereinbarung in den letzten 6 Lehrzeitmonaten über	3
a) Arbeitsverhältnis auf unbestimmte Zeit	4
b) Arbeitsverhältnis auf bestimmte Zeit bei bezahlter Fortbildung	5
3. Bindungsverbot nur für Lehrzeitdauer	6
II. Nichtige Vereinbarungen	7
1. Lehrgeld	7
2. Vertragstrafen	8
3. Ausschluss oder Beschränkung von Schadenersatz	9
4. Pauschalierung von Schadenersatz	10

I. Unzulässige Vereinbarungen

1. Beschränkungen der beruflichen Tätigkeit nach Abschluss der Berufsausbildung können mit dem Lehrling nicht von vornherein wirksam vereinbart werden. Alle dahingehenden Abmachungen sind nichtig, selbst wenn sie in einem Tarifvertrag enthalten sind (so schon LAG Hamburg vom 20. 6. 1967, BB 1967, 1485). Mit dieser Regelung soll erreicht werden, dass der Lehrling in seiner beruflichen Fortentwicklung nach der Ausbildung geschützt ist. Von einem Minderjährigen, der erst am Anfang seiner beruflichen Ausbil-

Nichtige Vereinbarungen §12 **BBiG**

dung steht, kann man nicht erwarten, dass er sich schon in vollem Umfang über alle Konsequenzen späterer Bindungen klar sein kann. Betroffen sind insbesondere Vereinbarungen, mit denen der Auszubildende auch für später an seinen Ausbildungsbetrieb gebunden werden soll, auch in der Form einer sog. Weiterarbeitsklausel (BAG vom 31. 1. 1974, BB 1974, 464 = NJW 1974, 1155 = GewA 1974, 164), sowie vertragliche Wettbewerbsabreden, die dem Lehrling für die Zeit nach der Ausbildung untersagen, seine erlernten Fähigkeiten und Kenntnisse nach eigenen Wünschen frei zu verwerten.

Diese Nichtigkeit wirkt nur einseitig zu Gunsten des Lehrlings; 2 dementsprechende Vertragklauseln sind nicht nach § 139 BGB schlechthin unwirksam (BAG vom 18. 3. 1975, BB 1975, 883). Entsprechenden Vereinbarungen n a c h Abschluss der Ausbildung steht nichts im Wege (siehe nachfolgend).

2. Ausnahmen von vorstehendem Grundsatz sieht das Gesetz nur 3 für Vereinbarungen vor, die **in den letzten sechs Monaten** des Berufsausbildungsverhältnisses getroffen werden, da vom Auszubildenden in diesem Zeitpunkt schon ein ausreichender Überblick erwartet werden kann. Diese Ausnahme gilt jedoch nur für zwei Fälle:

a) Der Auszubildende kann sich verpflichten, nach Abschluss der 4 Lehre im Betrieb seines bisherigen Ausbilders ein Arbeitsverhältnis auf unbestimmte Zeit einzugehen. Eine Übernahmeverpflichtung des Betriebes kann auch tarifvertraglich vorgeschrieben werden (BAG vom 14. 10. 1997, NZA 1998, 778). Sich für eine bestimmte Zeit fest zu verpflichten, ist nicht möglich, da auch im letzten Stadium seiner Lehrzeit der Auszubildende vor eventuellen unüberlegten Schritten geschützt werden soll. Ein auf unbestimmte Zeit eingegangenes Arbeitsverhältnis kann er ja erforderlichenfalls jederzeit wieder unter Einhaltung der allgemeinen Kündigungsfristen beenden.

b) Er kann ein Arbeitsverhältnis auf bestimmte Zeit bis zu maximal 5 fünf Jahren dann eingehen, wenn sein Lehrherr die Kosten einer weiteren Berufsbildung übernimmt und wenn diese Kosten in einem angemessenen Verhältnis zur Dauer der Verpflichtung stehen. Als weitere Berufsbildung in diesem Sinne käme theoretisch auch eine berufliche Umschulung in Frage. Sinnvoll sind aber allein Maßnahmen der beruflichen Fortbildung, die es ermöglichen sollen, die beruflichen Kenntnisse und Fertigkeiten zu erhalten, zu erweitern, der technischen Entwicklung anzupassen oder beruflich aufzusteigen. Diese Regelung dürfte dementsprechend in erster Linie für die Meisterausbildung oder für ein späteres Studium an einer Fachschule, Ingenieurschule oder Hochschule gelten. Zur Frage der Rückforderung des aufgewendeten Betrags, wenn der frühere Lehrling die erworbene

BBiG § 12 Berufsausbildungsgesetz (Auszug)

Qualifikation vereinbarungswidrig anderweitig verwertet, vgl. BAG vom 16. 3. 1994, NZA 1994, 937 = Betr. 1994, 1726. Generell zur Rückzahlung von Ausbildungskosten bei Kündigung des Arbeitsverhältnisses *Zeranski,* NJW 2000, 336 und *Hennige,* NZA-RR 2000, 617. Wenn im Fall einer vereinbarten Rückzahlungsverpflichtung der Betrieb kündigt, braucht der frühere Lehrling nichts zu zahlen (BAG NJW 1999, 443 und BAG vom 11. 4. 2006, NJW 2006, 3083); wer aber ein solches Arbeitsverhältnis von sich aus kündigt, hat die Rückzahlung der vom Arbeitgeber aufgewendeten Ausbildungskosten zu vertreten (BAG vom 5. 7. 2000, NZA 2001, 394).

6   3. Die Beschränkungen des Abs. 1 gelten nur für die Zeit bis zur Beendigung des Berufsausbildungsverhältnisses (dazu vgl. § 21 BBiG). Für Umschulungsverträge gilt die Einschränkung nicht; hier fehlt ein entsprechendes Schutzbedürfnis (BAG vom 20. 2. 1975, GewA 1975, 382). Auf das Alter des Auszubildenden stellt das Gesetz im Übrigen nicht ab. Auch wer als bereits Volljähriger ein Berufsausbildungsverhältnis eingeht, kann sich daher nicht über den Rahmen des Abs. 1 hinaus binden; andererseits ist auch ein Minderjähriger nach Abschluss der Berufsausbildung im Rahmen der allgemeinen Vorschriften in seinen Entscheidungen frei und er kann dann auch längerfristige Verpflichtungen übernehmen.

II. Nichtige Vereinbarungen

7   Generell nichtig sind folgende Vereinbarungen:

1. Lehrgeld. Der Ausbildende kann sich auch im Ausnahmefall nicht mehr für seine Tätigkeit entschädigen lassen, auch wenn der Lehrling freiwillig dazu bereit wäre (BAG vom 28. 2. 1982, BB 1983, 313). Abs. 2 Nr. 1 erfasst auch die Kosten evtl. Berufseignungstests; dies gilt auch für einen z. B. von einer Innung durchgeführten „Lehrlingswettbewerb". Auch die spätere Rückzahlung der Ausbildungskosten, also ein indirektes Lehrgeld, kann nicht ohne weiteres vereinbart werden. Dazu siehe oben Anm. I.3.

8   **2. Vertragsstrafen.** Mit dieser Regelung soll erreicht werden, dass kein Auszubildender daran gehindert wird, wirklich den für ihn geeigneten Beruf zu erlernen, weil er sich in seinem Entschluss, die zunächst erwählte Berufsausbildung aufzugeben oder sich einer anderen zuzuwenden, durch die damit verbundenen finanziellen Verpflichtungen beeinträchtigt fühlt. Für den Fall des Nichtantritts einer

Verhalten während der Berufsausbildung § 13 BBiG

zulässigerweise vereinbarten weiteren Tätigkeit kann eine Vertragsstrafe vereinbart werden (BAG vom 23. 6. 1982, NJW 1983, 1575).

3. Ausschluss oder Beschränkung von Schadenersatzansprüchen. Das Verbot gilt zwar für beide Seiten. Ebenso wie durch das Verbot der Vereinbarung von Vertragsstrafen soll dadurch aber in erster Linie der Lehrling geschützt werden. 9

4. Pauschalierung von Schadenersatzansprüchen. Die wegen der häufigen Schwierigkeit eines konkreten Schadensnachweises bequeme Vereinbarungen über die Festsetzung von Schadenersatz in Pauschalbeträgen, die sich im allgemeinen Arbeitsrecht bewährt hat, ist also nicht zulässig. 10

Unterabschnitt 2. Pflichten der Auszubildenden

§ 13 [Verhalten während der Berufsausbildung]

¹Auszubildende haben sich zu bemühen, die berufliche Handlungsfähigkeit zu erwerben, die zum Erreichen des Ausbildungsziels erforderlich ist. ²Sie sind insbesondere verpflichtet,
1. die ihnen im Rahmen ihrer Berufsausbildung aufgetragenen Aufgaben sorgfältig auszuführen,
2. an Ausbildungsmaßnahmen teilzunehmen, für die sie nach § 15 freigestellt werden,
3. den Weisungen zu folgen, die ihnen im Rahmen der Berufsausbildung von Ausbildenden, von Ausbildern oder Ausbilderinnen oder von anderen weisungsberechtigten Personen erteilt werden,
4. die für die Ausbildungsstätte geltende Ordnung zu beachten,
5. Werkzeug, Maschinen und sonstige Einrichtungen pfleglich zu behandeln,
6. über Betriebs- und Geschäftsgeheimnisse Stillschweigen zu wahren.

Übersicht

	Rdn.
I. Lehrlingspflichten	1
1. Verletzung Kündigungsgrund	1
2. nicht erschöpfend	2
II. Lernpflicht	3
III. Pflichten im Einzelnen	4
1. Aufgetragenes sorgfältig verrichten	4

BBiG § 13

	Rdn.
2. an Ausbildungsmaßnahmen teilnehmen	5
3. erteilten Weisungen folgen	6
a) Weisungsberechtigte	7
b) nur Ausbildungsdienliches	8
c) Einzelbeispiele	9
4. Ordnung beachten	10
5. Einrichtung und Werkzeug pfleglich behandeln	12
6. Stillschweigen über Betriebsgeheimnisse	13
IV. Pflichten als Vertragsinhalt	14
V. Haftung des Lehrlings	15

Literatur: *Natzel,* Die Pflichten des Auszubildenden, Betrieb 1970, 1975; siehe auch BAG vom 10. 6. 1976, GewA 1977, 61.

I. Lehrlingspflichten

1 **1.** Die Hervorhebung der **Lehrlingspflichten** erhält besondere Bedeutung mit Rücksicht auf § 22 Abs. 2 Nr. 1 BBiG, wonach das Ausbildungsverhältnis nach Ablauf der Probezeit bei Vorliegen eines wichtigen Grundes ohne Einhaltung einer Kündigungsfrist gekündigt werden kann. Die wiederholte Verletzung der Lehrlingspflichten kann einen solchen wichtigen Grund darstellen (vgl. Anm. III.1.b. zu § 22 BBiG).

2 **2.** Auch die Pflichten des Lehrlings sind hier nicht abschließend aufgezählt. Es werden vielmehr nur beispielhaft einige besonders wichtige Punkte genannt. Kernpunkt ist immer die ausdrücklich im Gesetz normierte Lernpflicht des Lehrlings als Gegenstück zur Ausbildungspflicht. Der Lehrling muss an seiner Ausbildung aktiv mitwirken und bemüht sein, das Ausbildungsziel zu erreichen. Was notwendig ist, um diese Pflicht zu erfüllen, hängt von der Art der Ausbildung, vom zu erlernenden Beruf und auch vom subjektiven Vermögen des Lehrlings ab.

II. Lernpflicht

3 Besonders herausgestellt sind folgende Pflichten, die im Zweifelsfall aber immer an der **grundlegenden Lernpflicht** zu messen sind:

Verhalten während der Berufsausbildung §13 BBiG

III. Pflichten im Einzelnen

1. Der Lehrling muss die ihm im Rahmen seiner Berufsausbildung aufgetragenen Verrichtungen sorgfältig ausführen. 4
Damit wird nur der an sich selbstverständliche Grundsatz noch einmal unterstrichen, dass es für eine erfolgreiche Ausbildung nicht mit den entsprechenden Anordnungen des Ausbildenden getan ist, sondern dass der Lernende mit der sorgfältigen Befolgung aller Anweisungen aktiv mitwirken muss.

2. Der Lehrling muss an den Ausbildungsmaßnahmen teilnehmen, für die er freigestellt ist. Dies gilt insbesondere für die Teilnahme am Berufsschulunterricht, an überbetrieblichen Unterweisungsmaßnahmen und an Prüfungen. Im Einzelnen vgl. die Anm. zu § 15 BBiG. 5

3. Der Lehrling muss den ihm erteilten Weisungen folgen. 6
Maßgebend für diese Vorschrift war die Überlegung, dass eine erfolgreiche Berufsausbildung notwendigerweise eine besondere Unterordnung erfordert, die über die Weisungsgebundenheit eines normalen Arbeitnehmers gegenüber seinem Arbeitgeber hinausgeht. Während ein solcher nur verpflichtet ist, den auf die Arbeitsleistung gerichteten Weisungen des Arbeitgebers zu folgen, muss der Lehrling allen Anweisungen folgen, sofern diese der Durchführung der Ausbildung dienen. Auch wenn gegenüber der früheren Regelung in der Handwerksordnung der Grundsatz weggefallen ist, dass der Lehrling der väterlichen Obhut des Lehrherrn anvertraut und zu Folgsamkeit, Fleiß und anständigem Betragen verpflichtet ist, wird man doch in angemessenem Umfang auch in dieser Richtung Weisungen noch für zulässig halten dürfen.

a) Weisungsberechtigt sind neben dem Ausbildenden und dem Ausbilder auch noch andere Personen, soweit diese im Rahmen ihres Wirkungsbereichs üblicherweise Anordnungen erteilen. Gedacht ist z. B. an die im Betrieb tätige Ehefrau des Ausbildenden, an die Leiter selbständiger Betriebsabteilungen und dergleichen. 7

b) Gestattet sind nur Weisungen im Rahmen der Berufsausbildung (§ 14 Abs. 2 BBiG). Häusliche Dienstleistungen dürfen dem Lehrling daher auch dann nicht übertragen werden, wenn er in die häusliche Gemeinschaft aufgenommen ist. Eine allzu enge Auffassung ist jedoch abzulehnen. Wie jeder Hausgenosse, so hat sich auch der Lehrling, der in die Hausgemeinschaft aufgenommen ist, in die allgemeine Ordnung einzufügen und die ihn danach treffenden Obliegenheiten zu erfüllen, ohne dass darin ein Gesetzesverstoß zu erblicken wäre. 8

BBiG § 13   Berufsausbildungsgesetz (Auszug)

9   c) Verboten ist die Beschäftigung des Lehrlings etwa in einem anderen mit dem Handwerksbetrieb verbundenen gewerbe- oder landwirtschaftlichen Unternehmen. Gestattet ist es dagegen, den Lehrling in vernünftigem Rahmen zu **Aufräum- und Reinigungsarbeiten** heranzuziehen. Diese liegen im Rahmen der Ausbildung, soweit sie dem Lehrling den Sinn für Ordnung und Sauberkeit im Betrieb vermitteln oder stärken (für Friseurhandwerk OLG Frankfurt vom 30. 3. 1981, GewA 1981, 301). Erlaubt ist auch die Beschäftigung des Lehrlings in einer mit dem Handwerksbetrieb verbundenen Verkaufsstelle, da hierbei die Wünsche der Kundschaft und der richtige Umgang mit ihr vermittelt werden. Grundsätzlich ist zu sagen, dass auch hier im Interesse eines ordentlichen Betriebsablaufs eine zu enge Auffassung nicht am Platze ist (vgl. z. B. ArbG Bielefeld vom 29. 1. 1969, BB 1969, 405). Vermieden werden muss lediglich die bloße Ausnutzung der Arbeitskraft (vgl. LAG Kiel vom 5. 8. 1969, BB 1969, 1353). So braucht z. B. ein Bäckerlehrling nicht die angelieferten Kohlen in den Keller zu schaufeln (LAG Düsseldorf vom 8. 8. 1961, BB 1962, 182) usw.

10   **4. Der Lehrling muss die für die Ausbildungsstätte geltende Ordnung beachten.** Betriebliche Ordnung sind nicht nur die in Betriebsvereinbarungen und dergleichen förmlich niedergelegten Regeln, sondern auch die dort üblicherweise gepflogene Handhabung. Dies gilt auch für sachlich begründete Regelungen des äußeren Erscheinungsbildes. So müssen z. B. Anordnungen hinsichtlich der Frisur befolgt werden, wenn diese zu Unfallgefahren führen kann (vgl. ArbG Essen vom 17. 5. 1966, BB 1966, 861; ArbG Bayreuth vom 7. 12. 1971, BB 1972, 175 = GewA 1972, 155). Zusammenfassend Trappe, Betriebsbelange und Privatinteressen, BB 1974, 43. S. auch BVerwG vom 25. 7. 1972, NJW 1972, 1726 und Wiese, Die Freiheit des Arbeitnehmers bei der Bestimmung seines Äußeren, UFITA 1972, 145.

11   Ein **Streikrecht** steht dem Lehrling nicht zu (ArbG Düsseldorf vom 31. 8. 1972, Betrieb 1973, 674). Dazu Demme, RdA 1972, 369; Hromadka, Betrieb 1972, 876; Burdan, BB 1981, 190; Hurlebaus, BB 1981, 679.

12   **5. Die pflegliche Behandlung von Werkzeug, Maschinen und sonstigen Einrichtungen** sollte an sich eine Selbstverständlichkeit sein und ergibt sich auch schon aus dem allgemeinen Arbeitsrecht. Aus psychologischen Gründen wurde hier aber noch einmal besonders darauf hingewiesen.

Verhalten während der Berufsausbildung § 13 **BBiG**

6. Die Pflicht zum Stillschweigen über Betriebs- und Ge- 13
schäftsgeheimnisse ist ebenfalls schon im allgemeinen Recht geregelt und hier nur noch einmal besonders herausgestellt.

IV. Pflichten als Vertragsinhalt

Die Pflichten sind kraft Gesetzes unmittelbar Vertragsinhalt, so dass 14
eine Verletzung die allgemein an eine Vertragsverletzung geknüpften
Folgen nach sich zieht.

Weitere Pflichten des Lehrlings können im Ausbildungsvertrag vereinbart werden, soweit sie nicht gegen gesetzliche Bestimmungen verstoßen.

V. Haftung des Lehrlings

Die Haftung des Lehrlings für von ihm verursachte Schäden ist 15
dem Ausbildenden gegenüber eingeschränkt (wegen dessen Haftung
vgl. Anm. III. zu § 14 BBiG). Für „normale" Arbeitnehmer hat das
Bundesarbeitsgericht nunmehr festgelegt: Unabhängig davon, ob sie
sog. gefahrgeneigte Arbeiten wie z. B. Kraftfahrer verrichten oder
nicht, haften sie für ihrem Arbeitgeber zugefügte Schäden grundsätzlich bei mittlerer Fahrlässigkeit zur Hälfte, bei grober Fahrlässigkeit
und erst recht bei Vorsatz voll, bei leichter Fahrlässigkeit gar nicht
(BAG NJW 1990, 472). Diese Grundsätze der ohnehin stark eingeschränkten allgemeinen Arbeitnehmerhaftung (dazu Lipperheide,
Arbeitnehmerhaftung zwischen Fortschritt und Rückschritt, BB
1993, 720; Hammen, Arbeitnehmerhaftung im Umbruch (Gedanken zum Beschluss des BAG (Großer Senat) vom 12. 6. 1992, NJW
1993, 1732), WM 1993, 1450; Schaub, WiB 1994, 227; Hanau/
Rolfs, NJW 1994, 1439; Richardi, NZA 1994, 241; vgl. auch BAG
vom 12. 11. 1998, NJW 1999, 966) sind hier noch weiter reduziert,
denn der Lehrling wird nicht zum Zweck der Entgelterzielung, sondern ausschließlich mit dem Ziel seiner beruflichen Ausbildung tätig.
Auszubildender und Lehrling stehen insoweit in einer Art „Gefahrengemeinschaft", bei der die Fürsorgeverpflichtung des Ausbildenden – unter besonderer Beachtung seiner Ausbildungspflicht – gegenüber dem Lehrling in besonderer Weise in Erscheinung tritt.
Beim Lehrling müssen daher noch weiter geminderte Haftungsmaßstäbe zur Anwendung kommen. So gehören z. B. Geldbotengänge
mit größeren Beträgen nicht zu den Aufgaben eines Lehrlings, so
dass dieser bei unaufgeklärtem Verlust nicht haftet (LAG Düsseldorf
vom 22. 2. 1973, Betrieb 1973, 974). Eine Haftung besteht nur bei

BBiG § 14 Berufsausbildungsgesetz (Auszug)

Vorsatz und ganz grober Fahrlässigkeit. Wenn ein Lehrling nach einer Betriebsfeier die Aschenbecher ausleert und dadurch ein Brand entsteht, so ist dafür die Betriebshaftpflichtversicherung und nicht er privat zahlungspflichtig (OLG Bamberg vom 20. 2. 1992, NJW-RR 1993, 485).

Unterabschnitt 3. Pflichten des Ausbildenden

§ 14 [Berufsausbildung]

(1) Ausbildende haben
1. dafür zu sorgen, dass den Auszubildenden die berufliche Handlungsfähigkeit vermittelt wird, die zum Erreichen des Ausbildungsziels erforderlich ist, und die Berufsausbildung in einer durch ihren Zweck gebotenen Form planmäßig, zeitlich und sachlich gegliedert so durchzuführen, dass das Ausbildungsziel in der vorgesehenen Ausbildungszeit erreicht werden kann,
2. selbst auszubilden oder einen Ausbilder oder eine Ausbilderin ausdrücklich damit zu beauftragen,
3. Auszubildenden kostenlos die Ausbildungsmittel, insbesondere Werkzeuge und Werkstoffe zur Verfügung zu stellen, die zur Berufsausbildung und zum Ablegen von Zwischen- und Abschlussprüfungen, auch soweit solche nach Beendigung des Berufsausbildungsverhältnisses stattfinden, erforderlich sind,
4. Auszubildende zum Besuch der Berufsschule sowie zum Führen von schriftlichen Ausbildungsnachweisen anzuhalten, soweit solche im Rahmen der Berufsausbildung verlangt werden, und diese durchzusehen,
5. dafür zu sorgen, dass Auszubildende charakterlich gefördert sowie sittlich und körperlich nicht gefährdet werden.

(2) Auszubildenden dürfen nur Aufgaben übertragen werden, die dem Ausbildungszweck dienen und ihren körperlichen Kräften angemessen sind.

Übersicht

	Rdn.
I. Allgemeines zu den Pflichten des Ausbildenden	1
1. Ausbildungspflicht	2
a) Allgemeines	2
b) Bestellung von Ausbildern	5
2. Kostenlose Bereitstellung der Ausbildungsmittel	10
a) Allgemeines	10
b) nur für die betriebliche Ausbildung	12

Berufsausbildung § 14 **BBiG**

	Rdn.
c) nicht Übereignung	14
d) bis zur Abschlussprüfung	15
e) Eigentum an der Prüfungsarbeit	16
aa) eines Dritten	17
bb) des Lehrherrn	18
cc) des Lehrlings	19
3. Anhalten zum Berufsschulbesuch	21
4. Anhalten zur Berichtsheftführung	24
5. Charakterbildung	25
a) Vermeidung sittlicher oder körperl. Gefährdung	25
b) Verbot körperlicher Züchtigung	28
II. Verbot ausbildungsfremder Verwendung	30
III. Haftung des Ausbildenden	31
1. ... gegenüber dem Lehrling	31
2. ... gegenüber Dritten	32

I. Allgemeines zu den Pflichten des Ausbildenden

Die Pflichten des Ausbildenden sind im Gesetz konkretisiert. Die **1**
Aufzählung ist aber nicht erschöpfend. Das BBiG (z. B. §§ 14, 16,
17 ff.) und die HwO (z. B. § 30) normieren weitere Pflichten. Darüber hinaus ergeben sich Pflichten des Ausbildenden etwa aus den Bestimmungen über Arbeitszeit, Arbeitsschutz und Jugendschutz (dazu
BayObLG vom 26. 2. 1982, GewA 1983, 30). Zur Arbeitszeit von Jugendlichen vgl. Taubert, AuR 1992, 332. Siehe auch *Ressel,* AuR
1992, 174. Im Einzelnen gelten folgende Pflichten:

1. a) Die Ausbildungpflicht des Lehrherrn umfasst einen weiten **2**
Bereich. Er ist nicht nur zur Unterweisung in den bei seinem Betrieb vorkommenden Arbeiten verpflichtet, sondern er hat generell
dafür zu sorgen, „dass dem Auszubildenden die Fertigkeiten und
Kenntnisse vermittelt werden, die zum Erreichen des Ausbildungszieles erforderlich sind". Er ist also verpflichtet, den Lehrling in allen zu
dem betreffenden Beruf gehörenden Grundarbeiten zu unterweisen.
Die Grenze darf nicht zu eng gezogen werden. In einer ordnungsgemäßen Ausbildung muss dem Lehrling auch beigebracht werden, die
Werkstatt und besonders seinen Arbeitsplatz sauber und ordentlich zu
halten. Reine Routinearbeiten widersprechen dem Ausbildungszweck und sind nicht erlaubt. Eine an sich zulässige Verrichtung
kann durch Widerholung von dem Zeitpunkt an unzulässig werden,
von dem ab sie keine weiteren beruflichen Kenntnisse und Fertigkeiten mehr vermittelt (OLG Karlsruhe vom 5. 9. 1988 Az. 1 Ss 134/

BBiG § 14 Berufsausbildungsgesetz (Auszug)

88). Erst recht ist die Übertragung berufsfremder Tätigkeiten, insbesondere von Hilfs- und Nebenarbeiten (Gartenarbeit für den Chef, privates Autowaschen) unzulässig. Die Beschäftigungsverbote des § 23 JArbSchG sind zu beachten (vgl. OLG Düsseldorf vom 28. 1. 1986, GewA 1986, 167).

3   Bietet der Betrieb nicht die Voraussetzungen für eine umfassende Ausbildung, etwa weil infolge einer gewissen Spezialisierung die eine oder andere Arbeit an sich nicht ausgeübt wird. so hat die Unterweisung erforderlichenfalls anderweitig zu erfolgen (LAG Bremen vom 29. 2. 1956, BB 1956, 372; *Bodewig,* BB 1976, 982); dies ist bereits im Ausbildungsvertrag niederzulegen (§ 11 Abs. 1 Nr. 3 BBiG). Die Kosten einer derartigen anderweitigen Ausbildung, etwa durch Speziallehrgänge, muss der Ausbildende tragen, wenn dabei nur die Fertigkeiten vermittelt werden, die Gegenstand der von ihm zu vermittelnden Berufsausbildung sind. Das Gleiche gilt für ÜLU-Maßnahmen (dazu § 26a HwO). An Sonn- und Feiertagen sind Aus- und Fortbildungsveranstaltungen nicht zulässig (vgl. OVG Koblenz vom 11. 3. 1992, NVwZ-RR 1993, 71.

4   Bei einer beiderseits gewollten, über das Ausbildungsziel hinaus gehenden Spezialausbildung kann vereinbart werden, dass der Ausbildende die Kosten vorschießt und später erstattet bekommt (vgl. LAG Düsseldorf vom 22. 3. 1957, BB 1957, 1277); beachte aber § 12 Abs. 1 Nr. 2 BBiG.

5   **b) Es ist dem Ausbildenden freigestellt, ob er die Unterweisung persönlich vornimmt.** Will oder kann er dies nicht, dann muss er für die betreffende Berufsausbildung einen besonderen Ausbilder ernennen. Nicht als Ausbilder in diesem Sinne ist schon anzusehen, wem nur die rein faktische Unterweisung des Auszubildenden im Rahmen des Betriebes obliegt. Der Ausbilder tritt vielmehr bezüglich der Durchführung der Berufsausbildung in jeder Hinsicht in die Pflichten des Ausbildenden ein. Er muss dementsprechend die persönliche und fachliche Eignung zur Berufsausbildung besitzen (vgl. § 21 Abs. 4 HwO) und auch zeitlich in ausreichendem Maße zur Verfügung stehen. Im Ausbildungsvertrag braucht die Person des Ausbilders nicht angegeben zu werden, wie sich aus dem Fehlen einer entsprechenden Bestimmung in § 10 BBiG ergibt. Die Beauftragung eines Ausbilders muss dem Lehrling bekannt gegeben werden; sie ist auch der Handwerkskammer anzuzeigen (§ 30 Abs. 2 Nr. 2 HwO). Die Berufung einer nicht geeigneten Person zum Ausbilder stellt eine Ordnungswidrigkeit gemäß § 118 Abs. 1 Nr. 4 HwO dar.

6   Dass die Berufsausbildung während der ganzen Dauer in einer einzigen Hand bleibt, ist zwar wünschenswert, aber nicht Vorschrift. Der

Berufsausbildung § 14 **BBiG**

Ausbildende kann daher erforderlichenfalls nacheinander verschiedene Personen als Ausbilder beauftragen. Nicht möglich ist es jedoch, dass gleichzeitig mehrere Ausbilder bestellt werden. Sinn und Zweck des Gesetzes erfordert es, dass jederzeit klar erkennbar sein muss, welche Person die Verantwortung für die Ausbildung trägt.

Etwaige Ordnungsgelder wegen Verstößen gegen Ausbildungsvorschriften treffen grundsätzlich den jeweiligen Ausbilder; daneben kann aber auch der Ausbildende selbst in entsprechender Anwendung des § 151 Abs. 1 Satz 2 GewO wegen Verletzung der Aufsichtspflicht oder wegen Verschulden bei der Auswahl des Ausbilders sich einer Ordnungswidrigkeit schuldig machen. 7

Vernachlässigt der Ausbilder die ihm obliegenden Verpflichtungen, so haftet neben ihm auch der Ausbildende dem Lehrling aus Vertrag nach § 278 BGB und wegen culpa in eligendo nach § 831 BGB aus unerlaubter Handlung. Letztere Bestimmung greift auch Platz, wenn der Lehrling infolge mangelnder Aufsicht des Ausbilders einem Dritten Schaden zugefügt hat (zur Schadenshaftung des Lehrlings allgemein vgl. Anm. IV zu § 13 BBiG). 8

Auszubildende einem anderen Betrieb zu überlassen ist grundsätzlich nur in dem gemäß § 11 Abs. 1 Nr. 3 BBiG vertraglich festgelegten Rahmen zulässig. Auch in diesem Fall erlöschen aber die Aufsichtspflicht und die Verantwortlichkeit des Ausbildenden bzw. Ausbilders nicht. 9

2. a) Die **Ausbildungsmittel** sind vom Ausbildenden kostenlos zur Verfügung zu stellen, ebenso die für die Ablegung von Zwischen- oder Abschlussprüfungen notwendigen Materialien. Dazu allgemein *Mäder,* BB 1970, 1543. 10

Welche Ausbildungsmittel und -materialien erforderlich sind, richtet sich nach der allgemeinen Üblichkeit. Der Ausbildende darf daher nicht etwa völlig ausgedientes Werkzeug oder veraltete, unzureichende Lehrbücher für seine Lehrlinge bereitstellen; diese können andererseits nicht außergewöhnlich wertvolles Material, besondere Werkzeuge oder für ihr Ausbildungsziel nicht unbedingt erforderliche Spezialliteratur verlangen. 11

b) Die Kostenpflicht erstreckt sich nur auf den dem Betrieb obliegenden Teil der Ausbildung. Dies bedeutet, dass dem Lehrling vom Ausbildenden nur solche Ausbildungsmittel kostenlos zur Verfügung gestellt werden müssen, die zur Verwirklichung der übernommenen Berufsausbildung erforderlich sind. Hierzu zählen auch die Ausbildungsmittel, die der Lehrling bei seiner Schulung in überbetrieblichen Lehrwerkstätten oder in anderen Unternehmen im Rahmen des § 11 Abs. 1 Nr. 3 BBiG benötigt; auch hier handelt es sich um 12

BBiG § 14   Berufsausbildungsgesetz (Auszug)

einen Teil der vertraglich übernommenen Berufsausbildung (so bereits LAG Düsseldorf vom 25. 11. 1955, BB 1956, 372).

13 Nach der klaren Trennung, die § 2 Abs. 1 BBiG trifft, gilt die Bestimmung jedoch nicht für die Unterweisung in den berufsbildenden Schulen. Für die Berufsschulen und Berufsfachschulen sind im Rahmen der Kulturhoheit die Länder zuständig. Für die Schulbücher und andere Lernmittel ist der Ausbildende nicht verantwortlich. Ob und in welchem Umfang diese dem Schüler ebenfalls kostenlos zur Verfügung gestellt werden, bestimmt sich nach dem Umfang der Lernmittelfreiheit in den einzelnen Bundesländern. Allenfalls diese und nicht der Betrieb tragen auch die Fahrtkosten zur Schule (BAG vom 11. 1. 1973, Betrieb 1973, 832 = GewA 1973, 181).

14 c) Dass dem Lehrling die Ausbildungsmittel „kostenlos zur Verfügung gestellt" werden müssen, bedeutet nicht, dass er daran Eigentum erwirbt. Die betreffenden Gegenstände werden ihm vielmehr nur zum Gebrauch überlassen. Für selbst beschaffte Ausbildungsmittel kann der Lehrling nur dann Kostenersatz verlangen. wenn die Selbstbeschaffung vereinbart war und wenn der Auszubildende bereit ist, dem Betrieb das Eigentum an den betreffenden Ausbildungsmitteln zu übertragen.

15 d) Nr. 3 legt ausdrücklich fest, dass die Pflicht zur kostenlosen Materialbereitstellung auch nach Beendigung des Ausbildungsverhältnisses noch fortbesteht, wenn die Abschlussprüfung erst später stattfindet (vgl. in diesem Zusammenhang BAG vom 3. 3. 1960, GewA 1960, 245 LS = BB 1960, 557).

16 e) Die Frage nach dem **Eigentum an den Prüfungsarbeiten,** die mit dem vom Betrieb kostenlos zur Verfügung gestellten Material angefertigt wurden, insbesondere am Gesellenstück, ist nicht einheitlich zu beantworten. Je nach den Umständen, die von der Art des Handwerks, dem Verhältnis von Werkstoffaufwand zum Wert des Gesellenstückes und der Üblichkeit abhängt, gibt es verschiedene Möglichkeiten, wobei drei Fälle zu unterscheiden sind:

17 aa) **Eigentum eines Dritten:** Das Gesellenstück geht in das Eigentum eines Dritten über, wenn das Ergebnis der als Gesellenstück gewerteten oder zu wertenden Arbeitsleistung fest mit dem Eigentum des Dritten verbunden ist (z. B. Arbeiten in und an Bauten oder an Kraftfahrzeugen) oder wenn es sich beim Gesellenstück um eine Arbeitsleistung (Reparatur, Dienstleistung) handelt, zu der der den Auftrag Erteilende das Material (z. B. Anzugstoff) gestellt hat.

18 bb) **Eigentum des Lehrherrn:** Das Gesellenstück geht in das Eigentum des Lehrherrn über, wenn der Wert des von diesem bereitgestellten Materials erheblich den Wert der vom Lehrling geleisteten Verarbeitung übersteigt (z. B. bei Goldschmiede- und Kürschnerarbeiten) oder wenn das Gesellenstück ein Teil der im Betrieb üblichen und ihm funktionsmäßig obliegenden Arbeitsleistung ist, gleichgültig, ob es sich um Kundenaufträge, Lagerproduktion oder Werkstattbedarf handelt. Dieser Fall, dass der Lehrling als Gesellenstück einfach ein Produkt seiner üblichen täglichen Arbeit wählt, kommt in der Praxis am häufigsten vor.

cc) Eigentum des Lehrlings: Das Gesellenstück, das mit den vom Lehrherrn gemäß Abs. 2 bereitgestellten Werkstoffen und Werkzeugen vom Lehrling hergestellt wird, geht, falls nicht einer der unter aa) u. bb) behandelten Fälle vorliegt, nach § 950 BGB in das Eigentum des Lehrlings über. Dem Lehrherrn steht in einem solchen Fall auch kein Ausgleichsanspruch gemäß § 951 BGB gegen den Lehrling zu (BAG vom 3. 3. 1960, GewA 1960, 245 LS = BB 1960, 557). 19

Einer von den vorstehenden Grundsätzen abweichenden Vereinbarung der Parteien steht nichts im Wege (BAG vom 3. 3. 1960 a. a. O.). Eine derartige Vereinbarung über das Eigentum am Gesellenstück kann durchaus auch bereits in den gemäß §§ 10, 11 BBiG abzuschließenden Ausbildungsvertrag aufgenommen werden. Dabei sollte der Ausbildende daran denken, dass im Gegensatz zu seinem eigenen rein materiellen Interesse der Auszubildende in aller Regel eine starke persönliche Bindung zu dem angefertigten Gesellenstück hat. 20

3. Der Ausbildende muss den Lehrling zum Besuch der Berufsschule anhalten. Die Berufsschulpflicht selbst ergibt sich nicht aus dem BBiG oder der Handwerksordnung, sondern richtet sich nach dem einschlägigen Landesrecht. 21

Daraus, dass das Gesetz nicht auch ausdrücklich die Überwachung des Schulbesuches verlangt, wird man nicht entnehmen können, dass diesbezüglich keine Pflichten des Ausbildenden bestünden. „Anhalten" zum Schulbesuch fordert mehr als lediglich informatorische Hinweise; der Ausbildende muss vielmehr mit allen ihm zur Verfügung stehenden Mitteln dafür sorgen, dass der Lehrling auch wirklich die Berufsschule besucht, und dies setzt eine entsprechende Überwachung voraus. Der Ausbildende genügt seiner Pflicht, wenn er sich über die Zeiten des Berufsschulunterrichts informiert, dem Auszubildenden jeweils die dafür erforderliche Freizeit gewährt (dazu § 15 BBiG) und sich durch gelegentliche Stichproben vergewissert, dass sein Lehrling auch wirklich die Schule besucht. Kommt dieser seiner Schulpflicht nicht nach, so wird der Ausbildende verpflichtet sein, erforderlichenfalls die Erziehungsberechtigten zu verständigen. 22

Gleiches gilt für die Teilnahme an ÜLU-Maßnahmen. Auch hier darf der Betrieb nicht unbeteiligter Zuschauer bleiben (a. A. VG Schleswig vom 23. 1. 1997, EZB Nr. 19 zu § 91 HwO). 23

24 4. Für die **Führung von Berichtsheften,** so weit diese in der Ausbildungsordnung vorgesehen sind (dazu vgl. § 25 HwO), gilt entsprechendes. Zum Problem der Berichtsheftführung allgemein vgl. *Herkert,* BB 1971, 400. Berichtshefte müssen, wenn nichts anderes vereinbart ist, außerhalb der Ausbildungszeit geführt werden (BAG v. 11. 1. 1973, GewA 1973, 181).

25 **5. a) Der Ausbildende hat dafür zu sorgen, dass der Auszubildende charakterlich gefördert und nicht sittlich und körperlich gefährdet wird.** Dazu *Ploghaus,* DHBl. 1982, 557. Grundsätzlich hat sich der Ausbildende primär um die Vermittlung der beruflichen Kenntnisse und Fertigkeiten zu bemühen; so weit eine ordnungsgemäße Berufsausbildung dies nicht erfordert, soll im Übrigen auf Charakter und Persönlichkeit des Auszubildenden nur mit großer Zurückhaltung eingewirkt werden. So ist z. B. die Beeinflussung des religiösen Glaubens des Auszubildenden nicht zulässig (dazu und zu den Erziehungspflichten des Lehrherrn ganz allgemein BVerwG vom 9. 1. 1962, GewA 1962, 104 = NJW 1963, 1170). Auch meist unbedenkliche Handlungen wie Armumlegen werden unzulässig, wenn sich der/die Auszubildende Derartiges vorher verbeten hat (LAG Hamm vom 13. 2. 1997, NZA-RR 1997, 250).

26 Die Verpflichtung, den Lehrling vor körperlicher Überanstrengung zu schützen, umfasst auch die Verpflichtung, auf dessen gesundheitlichen Verhältnisse Rücksicht zu nehmen und ihn vor unnötiger Gefährdung bei der Arbeit zu schützen. Vgl. hierzu auch § 120a GewO sowie die Vorschriften über den Jugendschutz, insbesondere § 37 JugArbSchG. Zur gesundheitlichen Betreuung nach dem JugArbSchG vgl. *Zmarzlik,* BB 1966, 986; zur Unfallverhütung und Haftung bei Arbeitsunfällen *Benz,* BB 1974, 298.

27 Kein Verstoß liegt vor, wenn dem zu erlernenden Beruf gewisse Gefahren immanent sind, die notwendigerweise nicht völlig vermieden werden können. So kann z. B. ein Dachdeckerlehrling nicht unter Berufung auf § 14 BBiG das Besteigen eines Daches verweigern. Der Ausbildende ist aber in diesen Fällen in besonderem Maße verpflichtet, darauf zu achten, dass alle üblichen und vorgeschriebenen Sicherungsmaßnahmen eingehalten werden.

28 **b)** Aus Abs. 1 Nr. 5 ergibt sich auch das grundsätzliche **Verbot der körperlichen Züchtigung,** das früher ausdrücklich normiert war (vgl. auch § 43 JArbSchG). Man wird es auch für unzulässig halten müssen, dass die Eltern dem Ausbildenden das Recht zur körperlichen Züchtigung übertragen können, selbst wenn der Lehrling in die häusliche Gemeinschaft des Ausbildenden aufgenommen ist (vgl. dazu BGH vom 1. 7. 1958, NJW 1958, 1356). § 1627 BGB („Die El-

Berufsausbildung §14 BBiG

tern haben die elterliche Sorge ... zum Wohle des Kindes auszuüben.") und § 1631 Abs. 2 BGB („Entwürdigende Erziehungsmaßnahmen sind unzulässig") sprechen eigentlich deutlich gegen körperliche Gewalt. Vgl. auch OLG Zweibrücken vom 12. 3. 1974, NJW 1974, 1772; dazu *Wüstrich,* NJW 1974, 2289. Bei körperlicher Züchtigung macht sich der Ausbildende gegebenenfalls sogar einer Körperverletzung nach §§ 223 ff. StGB schuldig (dazu BGH vom 12. 8. 1976, NJW 1976, 1949; siehe auch NJW 1977, 113).

In zivilrechtlicher Hinsicht berechtigt ein Verstoß gegen das Verbot der körperlichen Züchtigung oder eine sonstige vom Ausbildenden bewusst geduldete oder gar geförderte sittliche oder körperliche Gefährdung den Auszubildenden, bzw. dessen gesetzlichen Vertreter zur Auflösung des Ausbildungsverhältnisses aus wichtigem Grund (dazu § 22 BBiG). Ferner haftet der Ausbildende wegen des aus einem Missbrauch entstandenen Schadens sowohl aus Vertrag wie aus unerlaubter Handlung. 29

II. Verbot ausbildungsfremder Verwendung

Das Verbot des Abs. 2 ist zwingend; es kann daher auch im Ausbildungsvertrag nichts anderes vereinbart werden. Zur Frage, was unter „ausbildungsfremder Verwendung" zu verstehen ist, vgl. ausführlich oben Rdn. 2 und Rdn. 6 ff. zu § 13 BBiG. 30

III. Haftung des Ausbildenden

1. Verletzt der Ausbildende seine Verpflichtungen, so ist er dem Auszubildenden gegenüber, da diese Pflichten kraft Gesetzes Vertragsinhalt sind, aus Vertrag zum Ersatz des entstehenden Schadens verpflichtet und darüber hinaus auch aus unerlaubter Handlung, da es sich hierbei um Schutzvorschriften zu Gunsten des Auszubildenden im Sinne des § 823 Abs. 2 BGB handelt. So kann der Ausbildende unter Umständen auch für den Schaden, der dem Lehrling beim Versagen in der Gesellenprüfung wegen unzureichender Ausbildung entsteht, haftbar sein, wobei allerdings ein Mitverschulden des Lehrlings durch mangelhaften Schulbesuch und dergleichen zu berücksichtigen ist (LAG Bremen vom 29. 2. 1956, BB 1956, 372; BAG vom 11. 12. 1964, GewA 1966, 37 und vom 10. 6. 1976, GewA 1976, 61 = BB 1976, 1419 = NJW 1977, 74). Ohne einen erfolglosen Prüfungsversuch kommt ein Schadenersatz nicht in Frage (LAG Köln, NZA 1999, 317). Ein Recht zur Prüfungsanfechtung besitzt der Ausbildende nicht (OVG NRW vom 11. 11. 1977, GewA 1978, 381). 31

BBiG § 15 Berufsausbildungsgesetz (Auszug)

32 **2.** Darüber hinaus **haftet der Ausbildende** auch Dritten nach §§ 278, bzw. 832 Abs. 1 und 2 BGB für den Schaden, den der Lehrling diesen widerrechtlich zufügt. Für vom Auszubildenden verursachte Schäden, die nicht im Zusammenhang mit dem Betrieb stehen, wird der Lehrherr nur dann einzustehen haben, wenn der Auszubildende in die häusliche Gemeinschaft aufgenommen ist; denn nur insoweit wird dem Lehrherrn die Verpflichtung obliegen, den Lehrling auch außerhalb des Betriebes zu beaufsichtigen (ausführlich vgl. *Kuhfuß,* GewA 1969, 7). Die Haftung des Lehrherrn entfällt weiter dann, wenn der Schaden durch ein extrem leichtsinniges Verhalten des Lehrlings herbeigeführt wurde (Übergießen mit Benzin und Anzünden eines Mitlehrlings: BAG vom 9. 8. 1966, BB 1966, 953 = GewA 1967, 226; vgl. auch BSG vom 30. 9. 1970, BB 1971, 478). Nichtabführen von Ersatzkassenbeiträgen vgl. ArbG Hamburg vom 15. 11. 1967, BB 1968, 252.

33 Zur Frage der Haftung des Auszubildenden im Innenverhältnis vgl. im Einzelnen Rdn. 15 zu § 13 BBiG.

§ 15 [Freistellung]

¹**Ausbildende haben Auszubildende für die Teilnahme am Berufsschulunterricht und an Prüfungen freizustellen.** ²**Das Gleiche gilt, wenn Ausbildungsmaßnahmen außerhalb der Ausbildungsstätte durchzuführen sind.**

1 **1. Freistellung.** Der Ausbildende hat den Lehrling in drei Fällen von seiner betrieblichen Anwesenheitspflicht zu entbinden, nämlich:

2 **a) Berufsschulunterricht.** Schon früher galt, dass der Schulbesuch auf die wöchentliche Arbeitszeit anzurechnen ist (LAG Schl.-Hols. vom 16. 8. 1966, GewA 1967, 207; vgl. auch BAG v. 17. 11. 1972, BB 1973, 751). Die Zeit der Freistellung umfasst nicht nur die reine Unterrichtsdauer, sondern schließt auch die notwendigen Wegstrecken und Pausen ein (ausführlich BAG vom 26. 3. 2001, NZA 2001, 892 = Betrieb 2001, 1260 = BB 2001, 1312 = EzB Nr. 35 zu § 7). Ein Anspruch auf Erstattung der Fahrtkosten zur Berufsschule ergibt sich aus dem Gesetz nicht; insoweit gibt beim Fehlen entsprechender landesrechtlicher Regelungen oder einer vertraglichen Vereinbarung die jeweilige Verkehrssitte den Ausschlag (BAG v. 11. 1. 1973, GewA 1973, 181). Zum Unfallversicherungsschutz des Lehrlings an einem Berufsschultag auf dem Weg zum Ausbildungsbetrieb vgl. BSG vom 18. 4. 2000, NZS 2000, 619.

Freistellung §15 **BBiG**

b) Prüfungen. Dies gilt sowohl für Zwischenprüfungen als auch 3
für die abschließende Gesellenprüfung. Das Gesetz macht keine Einschränkung hinsichtlich der Zahl der Prüfungen, so dass der Auszubildende auch für die Teilnahme an Wiederholungsprüfungen freizustellen ist. Kein Freistellungsanspruch besteht jedoch für die Vorbereitung auf die Prüfung. Es ist ja gerade Ziel der Ausbildung insgesamt, den Lehrling auf die abschließende Prüfung vorzubereiten.

c) Ausbildungsmaßnahmen außerhalb der Ausbildungs- 4
stätte. Sofern derartige außerbetriebliche Ausbildungsmaßnahmen generell (vgl. § 26a HwO) oder im Einzelfall (dazu vgl. Rdn. 5 zu § 14 BBiG) vorgesehen sind, muss dies gemäß § 10 Abs. 1 Nr. 3 BBiG im Ausbildungsvertrag niedergelegt sein. Die ÜLU ist betriebs- und nicht theorieorientiert; die Freistellung kann also nicht mit der Begründung verweigert werden, der Lehrling habe das alles schon in der Berufsschule gelernt (Nds. OVG vom 6. 9. 1996, GewA 1999, 300) „Freistellen" für ÜLU-Maßnahmen bedeutet nicht nur das Freigeben, sondern erfordert aktives Hinschicken; andernfalls kann nach § 112 HwO eingeschritten werden (VG Freiburg vom 5. 10. 1982, GewA 1982, 378; VG Osnabrück vom 24. 1. 1995, – 1 A 17/94 –; vgl. auch *Kormann,* GewA 1989, 371). Das VG Kiel (vom 23. 1. 1997, GewA 1997, 157) verneint zu Unrecht weiter gehende Pflichten des Ausbildenden, da hier im Gegensatz zu § 14 BBiG nicht auch ein „Anhalten" verlangt werde.

Kein Fall der Freistellung nach § 15 ist es, wenn die betriebliche 5
Ausbildung ihrer Natur nach nicht in einer festen Werkstätte durchgeführt werden kann, sondern, wie dies bei den meisten Bau- und Ausbauberufen der Fall ist, anlässlich der Arbeiten bei den einzelnen Auftraggebern erfolgt.

2. Für die Zeiten einer Freistellung nach § 15 ist dem Auszubild- 6
enden grundsätzlich die Vergütung fortzuzahlen (§ 19 Abs. 1 Nr. 1 BBiG).

3. Das Freistellungsgebot des § 15 entfaltet keine unmittelbare 7
Wirkung. Es gibt dem Lehrling vielmehr nur einen schuldrechtlichen Anspruch gegenüber seinem Ausbildenden. Erfüllt dieser seine Verpflichtungen nicht, so kann er auf Unterlassung und Schadenersatz in Anspruch genommen werden. Daneben steht unter Umständen die Ahndung auf Grund einzelgesetzlicher Vorschriften. Schließlich kann die Verweigerung einer vorgeschriebenen Freistellung einen wichtigen Grund für die fristlose Beendigung des Berufsausbildungsverhältnisses darstellen.

BBiG § 16 Berufsausbildungsgesetz (Auszug)

§ 16 [Zeugnis]

(1) ¹**Ausbildende haben den Auszubildenden bei Beendigung des Berufsausbildungsverhältnisses ein schriftliches Zeugnis auszustellen.** ²**Die elektronische Form ist ausgeschlossen.** ³**Haben Ausbildende die Berufsausbildung nicht selbst durchgeführt, so soll auch der Ausbilder oder die Ausbilderin das Zeugnis unterschreiben.**

(2) ¹**Das Zeugnis muss Angaben enthalten über Art, Dauer und Ziel der Berufsausbildung sowie über die erworbenen beruflichen Fertigkeiten, Kenntnisse und Fähigkeiten der Auszubildenden.** ²**Auf Verlangen Auszubildender sind auch Angaben über Verhalten und Leistung aufzunehmen.**

Übersicht

	Rdn.
1. Pflicht zur Zeugniserteilung	1
a) Allgemeines	1
b) bei Vertragsbruch	4
2. Anspruch auf wahrheitsgetreues Zeugnis	5
3. Führung, Leistung und fachliche Fähigkeiten	8
4. Form des Zeugnisses	9
5. Klage bei Unterlassung	10
6. Auskünfte an Dritte	11

1 **1. a) Pflicht zur Ausstellung eines Zeugnisses.** Die Verpflichtung des Ausbildenden zur Ausstellung des Zeugnisses entsteht mit Beendigung des Lehrverhältnisses, ohne dass es eines besonderen Verlangens des Auszubildenden oder dessen gesetzlichen Vertreters bedürfte. Dies gilt auch dann, wenn das Ausbildungsverhältnis vor Ablauf der ordentlichen Lehrzeit endet, z. B. auf Grund beiderseitiger Vereinbarung oder wegen Kündigung gem. § 15 BBiG.

2 Auch der Besucher eines Lehrganges/Kurses zur beruflichen Aus- oder Fortbildung hat Anspruch auf ein qualifiziertes Zeugnis (vgl. LG Karlsruhe vom 30. 9. 1998, NZA-RR 1999, 573).

3 Voraussetzung der Verpflichtung ist lediglich ein gültiges Ausbildungsverhältnis, d. h. ein wirksamer Lehrvertrag; darauf, ob die Formvorschriften des § 11 BBiG eingehalten sind, kommt es nicht an (vgl. Rdn. 1 zu § 11 BBiG). Zur Zeugniserteilung verpflichtet ist der Ausbildende auch dann, wenn er die Ausbildung nicht selbst durchgeführt und damit gemäß § 21 Abs. 4 HwO einen Dritten betraut hat. Einem solchen Ausbilder kann die Ausstellung des Zeugnisses nicht übertragen werden. Dieser soll aber in einem solchen Fall das Zeugnis mit unterschreiben. Es handelt sich dabei nur um eine Ordnungsvorschrift, die eine Mitwirkung des mit der Befähigung des Auszubildenden besonders vertrauten Ausbilders an seiner Beurteilung gewährleisten soll. Hat der Ausbilder nicht mit unterschrieben, so hat dies rechtlich keinen Einfluss.

b) Kein Anspruch besteht, wenn der Auszubildende selbst rechtswidrig die Lehrstelle verlässt. Er hat aber einen Anspruch auf das Zeugnis, wenn der Lehrherr das Ausbildungsverhältnis rechtswidrig beendet. Wenn das Gesetz auch nur die ordnungsgemäße Beendigung des Ausbildungsverhältnisses im Auge hat, so darf doch der zu Unrecht entlassene Lehrling nicht noch zusätzlich dadurch benachteiligt werden, dass er kein Zeugnis erhält, wodurch ihm in der Regel der Abschluss eines neuen Ausbildungsvertrages erheblich erschwert würde. So kann z. B. die in einem wirksam aufgekündigten Ausbildungsverhältnis zurückgelegte Zeit anderweitig angerechnet werden, muss aber zu diesem Zweck nachgewiesen werden können (vgl. LAG Stuttgart vom 28. 2. 1955, AP Nr. 1 zu § 77 HGB).

2. Der Lehrling hat **Anspruch auf Erteilung eines wahrheitsgetreuen Zeugnisses.** Es darf nicht lediglich der subjektiven Anschauung des (überstrengen) Ausbildenden entsprechen, sondern es müssen verkehrsübliche Bewertungsmaßstäbe angelegt werden (vgl. *Monjeau,* Das Zeugnis im Arbeitsrecht, Betrieb 1966, 264, 300, 340; *Nowak,* Pflichten des Arbeitgebers beim Erteilen eines Zeugnisses, AuA 1992, 68). Ein Zeugnis, das diesen Anforderungen nicht genügt, kann zurückgewiesen und die Ausstellung eines neuen – mit dem alten Datum! (BAG vom 9. 9. 1992, BB 1993, 729) – verlangt werden. Den Lehrling trifft die Darlegungs- und Beweislast, wenn er eine bessere Bewertung wünscht (LAG Köln vom 2. 7. 1999, NZA-RR 2000, 235; ausführlich, auch zu Formulierungsfragen, LAG Bremen vom 9. 11. 2000, NZA-RR 2001, 287). Eine Berichtigung (im engeren Sinn) des Zeugnisses braucht der Auszubildende nicht hinzunehmen. Hat sich der Ausbildende bei der Ausstellung des Zeugnisses geirrt, so wird andererseits auch ihm ein Berichtigungsanspruch zuerkannt werden müssen. Er kann in diesem Fall das Zeugnis gegen Erteilung eines neuen richtigen Zeugnisses zurückverlangen.

Maßgebend ist der objektive Zeugnisinhalt. „Pünktlich" kann nicht negativ als „überpünktlich" interpretiert werden (ArbG Bayreuth vom 26. 11. 1991, NZA 1992, 799; dazu auch *Rischar,* AuR 1992, 146). Ein Anspruch auf die Formel „Wir wünschen Ihnen für die Zukunft alles Gute ..." o. Ä. besteht nicht (BAG vom 20. 2. 2001, NZA 2001, 843).

Der Auszubildende kann nicht verlangen, dass für ihn ungünstige Tatsachen unterdrückt werden. So darf z. B. ein wiederholtes Versagen in der Gesellenprüfung im Lehrzeugnis nicht verschwiegen werden (ArbG Darmstadt vom 6. 4. 1967, BB 1967, 541 = Betrieb 1967, 734). Stellt der Ausbildende bewusst ein zu günstiges Zeugnis aus, so macht er sich Dritten gegenüber unter Umständen nach § 826 BGB schadenersatzpflichtig (vgl. BGH vom 26. 11. 1963, AP Nr. 10 zu § 826 BGB).

8 **3. Über Führung, Leistung und besondere fachliche Fähigkeiten** des Lehrlings hat sich das Zeugnis nur auszusprechen, wenn dieser es verlangt. Zum Inhalt vgl. LAG Hamm vom 27. 2. 1997. NVwZ-RR 1998, 151. Die Ausdehnung des Zeugnisses wird auch dann noch gefordert werden können, wenn bereits ein einfaches Zeugnis ausgestellt ist. Dagegen wird nach der auf Verlangen erfolgten Ausstellung eines qualifizierten Zeugnisses nicht noch ein einfaches Zeugnis gefordert werden können, wenn etwa im Zeugnis die Führung des Auszubildenden (zu Recht; andernfalls besteht Anspruch auf Ausstellung eines neuen Zeugnisses überhaupt, vgl. oben) ungünstig beurteilt ist.

9 **4. Das Zeugnis ist,** wie sich aus der Natur der Sache und aus Satz 2 ergibt, **schriftlich zu erteilen.** Im Übrigen ist eine besondere Form nicht vorgeschrieben; doch können Zeugnisse, die der Verkehrsübung nicht entsprechen, wie z. B. in der Regel mit Bleistift oder nicht auf dem üblicherweise verwendeten Firmenbogen (BAG vom 3. 3. 1993, NJW 1993, 2197) oder in Briefform geschriebene Zeugnisse (LAG Hamm vom 27. 2. 1997, NZA-RR 1998, 151), zurückgewiesen werden. Ein Zeugnis per e-mail genügt nicht.

10 **5.** Stellt der Lehrherr ein Zeugnis überhaupt nicht oder nur ein unrichtiges Zeugnis aus, so kann vor den **Arbeitsgerichten** auf Erteilung eines ordnungsgemäßen Zeugnisses geklagt werden. Der Streitwert beträgt beim normalen Arbeitszeugnis nach ganz h. M. eine Bruttomonatsvergütung (LAG Köln vom 19. 12. 2000, NZA-RR 2001, 324). Unabhängig davon haftet der Ausbildende dem Lehrling für den durch die Nichtausstellung oder die unrichtige Ausstellung des Zeugnisses entstehenden Schaden sowohl aus Vertrag wie aus unerlaubter Handlung (§ 823 Abs. 2 BGB).

11 **6.** Nach der im Arbeitsrecht herrschenden Auffassung wird man dem Auszubildenden neben dem Recht auf das Zeugnis aus dem Fürsorgegedanken heraus auch ein Recht auf **Auskunft** über Leistung und Führung an Dritte zugestehen müssen, wenn der Auszubildende ein berechtigtes Interesse hieran hat (vgl. BAG vom 25. 10. 1957,

NJW 1958, 1061 LS). Das berechtigte Interesse kann auch umgekehrt beim Dritten liegen, der etwa den Ausgelernten als Geselle einstellen möchte.

Unterabschnitt 4. Vergütung

§ 17 [Vergütungsanspruch]

(1) ¹Ausbildende haben Auszubildenden eine angemessene Vergütung zu gewähren. ²Sie ist nach dem Lebensalter der Auszubildenden so zu bemessen, dass sie mit fortschreitender Berufsausbildung, mindestens jährlich, ansteigt.

(2) Sachleistungen können in Höhe der nach § 17 Abs. 1 Satz 1 Nr. 4 des Vierten Buches Sozialgesetzbuch festgesetzten Sachbezugswerte angerechnet werden, jedoch nicht über 75 Prozent der Bruttovergütung hinaus.

(3) Eine über die vereinbarte regelmäßige tägliche Ausbildungszeit hinausgehende Beschäftigung ist besonders zu vergüten oder durch entsprechende Freizeit auszugleichen.

Übersicht	Rdn.
1. Gesetzlicher Vergütungsanspruch	1
2. Höhe der Vergütung	2
a) Partei- oder Tarifvereinbarung	3
b) Anrechnung von Sachleistungen	4
c) Lehrzeitverkürzung oder -verlängerung	6
d) Teilverzicht	7
3. Vergütung für Mehrarbeit	8

1. Ein **Vergütungsanspruch** ist dem Lehrling gesetzlich ausdrücklich zuerkannt. In diesem Zusammenhang vgl. *Scheerer*, BB 1971, 981. Die Vergütung ist nicht – zumindest nicht nur – Leistungsentgelt (LAG Düsseldorf vom 26. 6. 1984, BB 1985, 593); sie soll vielmehr dem Lehrling bzw. seinen Eltern eine finanzielle Hilfe zur Durchführung einer Berufsausbildung geben und damit gleichzeitig die Heranbildung eines ausreichenden Nachwuchses an qualifizierten Fachkräften gewährleisten (St. Rspr.; zuletzt BAG vom 25. 7. 2002, Betrieb 2003, 744). Auch ein Nicht-EU-Ausländer, der hier eine ordnungsgemäße Ausbildung macht und anschließend wieder in sein Heimatland zurückkehren will, hat Anspruch auf die tarifliche Vergütung (vgl. Hess. LAG vom 10. 8. 1998, NZA-RR 1999, 256). Eine Ausbildungsbeihilfe nach dem AFG darf nicht deswegen gekürzt werden, weil die Eltern des Lehrlings getrennt leben (BSG vom 3. 7.

BBiG § 17 Berufsausbildungsgesetz (Auszug)

1991, SGb 1992, 555). Bei der Lehrlingsvergütung handelt es sich um steuerpflichtiges Einkommen (st. Rspr.; vgl. BFH vom 12. 8. 1983, BB 1983, 2036). Zum ganzen Komplex vgl. *Natzel,* Betrieb 1970, 2267.

2   2. Die **Höhe der Vergütung** ist im Gesetz nicht festgelegt (dazu BVerwG vom 20. 5. 1986, GewA 1986, 305). Sie muss unter Berücksichtigung des Lebensalters des Lehrlings angemessen sein und mindestens jährlich ansteigen. Eine Steigerung in größeren Zeitabständen könnte auch mit der Begründung nicht vereinbart werden, die Anfangsvergütung sei überdurchschnittlich hoch gewesen, wodurch der Lehrling im Vorteil sei. Sinn des Steigerungsgebotes ist es, dass mit fortschreitendem Alter des Lehrlings sowie mit fortschreitender Ausbildung die wirtschaftlichen Bedürfnisse des Lehrlings zunehmen, woran sich auch bei einer höheren Anfangsvergütung nichts ändert. Die Steigerung berücksichtigt weiter den Grundsatz, dass die Arbeitsleistungen im Laufe der Ausbildungszeit für den Betrieb wirtschaftlich wertvoller werden.

3   **a)** Nach dem Sinn des Gesetzes soll es in erster Linie den Parteien des Lehrvertrages, sowie den Tarifvertragsparteien überlassen sein, die Höhe der Ausbildungsvergütung festzulegen. Nach welchen Kriterien sich die Tarifvertragsparteien richten, ist nicht immer nachvollziehbar. So ist die durchschnittliche Ausbildungsvergütung in den Bauhandwerken fast doppelt so hoch wie bei den Friseuren; deren Lebenshaltungskosten sind aber keineswegs geringer. Ob eine vereinbarte Vergütung angemessen ist, hat letztlich die Handwerkskammer anlässlich der Eintragung des Ausbildungsvertrages in die Lehrlingsrolle zu entscheiden (§ 29 Abs. 1 Nr. 1 und Abs. 2 HwO). Als angemessen wird eine Lehrlingsvergütung dann anzusehen sein, wenn sie einer etwa bestehenden tarifvertraglichen Regelung entspricht oder mindestens die Höhe der von der Handwerkskammer im Rahmen des § 91 Abs. 1 Nr. 4 HwO ausgesprochenen Empfehlung erreicht (dazu vgl. BAG vom 9. 3. 1962, GewA 1962, 200 = NJW 1962, 1222 = BB 1962, 639; vom 30. 9. 1998, NZA 1999, 265 und vom 30. 9. 1998, EzB Nr. 66 zu § 10 Abs. 1 BBiG). Vertraglich vereinbarte Vergütungen hält das Bundesarbeitsgericht nicht mehr angemessen, wenn sie die im einschlägigen Tarifvertrag vereinbarte Vergütung um mehr als 20% unterschreiten (BAG vom 10. 4. 1991, NZA 1991, 773; dazu kritisch *Wurster,* WuV 2003, 226). Zur Innungsempfehlung vgl. OLG Hamm, NJW 1983, 2864; auch bei nicht der Innung angehörigen Betrieben gilt der einschlägige Tarif (VG Ansbach vom 31. 10. 1985, GewA 1986, 27). Eine verbindliche Festsetzungsbefugnis hat die Kammer nicht (BVerwG vom 28. 3. 1981, GewA 1981, 299),

wohl aber die Tarifvertragsparteien (VG Schleswig-Holstein vom 9. 9. 1988, GewA 1989, 300). Bei einem Mischbetrieb gibt es keine Aufteilung, sondern es ist der Tarif für den Tätigkeitsschwerpunkt maßgebend (BAG vom 25. 11. 1987, ZdH-intern 1/89 VII/2). Generell vgl. auch BayVGH vom 30. 4. 1975, DVBl. 1975, 722.

b) Sachleistungen können angerechnet werden. Gedacht ist 4 insbesondere an die Kosten von Kost und Wohnung, die vor allem in den Lebensmittel-Berufen dem Lehrling häufig gewährt werden. Die amtlich festgesetzten Sachbezugswerte stellen lediglich die Obergrenze dar. Es kann auch die Anrechnung niedrigerer Sätze vereinbart werden, ebenso wie eine Anrechnung überhaupt entfallen kann. Maßgebend für die Frage der Anrechnung sind Lehr- oder Tarifvertrag.

Für Sachleistungen dürfen maximal 75% der vereinbarten Bruttovergütung angerechnet werden. Mit dieser Vorschrift soll erreicht werden, dass dem Lehrling auf jeden Fall auch Bargeld zur Bestreitung seiner Aufwendungen verbleibt. Die grundsätzlich verbleibenden 25% können sich allerdings weiter verringern, wenn der Lehrling auf Grund anderer gesetzlicher Vorschriften Abzüge hinnehmen muss, z. B. bei Lohnpfändungen.

c) Verkürzungen oder Verlängerungen der Lehrzeit berüh- 6 ren die Ausbildungsvergütung nicht. Wird ein dreijähriges Lehrverhältnis wegen nicht bestandener Abschlussprüfung auf Verlangen des Lehrlings bis zur nächstmöglichen Wiederholungsprüfung verlängert, so befindet er sich nunmehr keineswegs im 4. Ausbildungsjahr. Sofern nichts Abweichendes vereinbart ist, ist vielmehr die Vergütung in der zuletzt gewährten Höhe weiter zu zahlen (LAG Hamm vom 14. 7. 1976, BB 1977, 399; BAG vom 8. 2. 1978, BB 1978, 713). – Umgekehrt verändert eine Verkürzung nach § 27a HwO den Ausbildungsinhalt nicht und hat daher auch nicht zur Folge, dass nun eine für spätere Zeitabschnitte vorgesehene höhere Ausbildungsvergütung zu zahlen wäre (BAG vom 8. 12. 1982, NJW 1983, 1629 = BB 1984, 62). Durch Tarifvertrag kann Abweichendes vereinbart werden. So steht einem Lehrling im Baugewerbe, dessen Ausbildungszeit um ein Jahr verkürzt wurde, weil er bereits eine andere Lehre absolviert hat, tarifvertraglich schon im ersten Jahr die Vergütung des Zweiten zu (LAG Düsseldorf vom 7. 7. 1993, EzB Nr. 61 zu § 10 Abs. 1 BBiG). Zur Höhe der Vergütung bei vorzeitiger Zwischenprüfung vgl. ArbG Bochum vom 17. 10. 1978, BB 1978, 1669.

d) Der Verzicht auf einen Teil der Ausbildungsvergütung, um 7 unter der Einkommensgrenze für einen Kindergeldanspruch zu bleiben, wurde vom Bundessozialgericht für zulässig erklärt (BSG vom 28. 2. 1990, BB 1990, 1982). Ein völliger Verzicht auf die Ausbildungsvergütung ist nicht möglich (LAG Rhld.-Pf. Vom 7.3. 1997, EzB Nr. 65 zu § 10 Abs. 1 BBiG).

8   **3. Mehrarbeit ist besonders zu vergüten.** Nach Sinn und Zweck des Ausbildungsverhältnisses sollen grundsätzlich die vereinbarten Beschäftigungszeiten eingehalten werden. Müssen sie im Einzelfall überschritten werden, dann soll der Lehrling auch für diese zusätzlichen Zeiten eine Vergütung erhalten, deren Höhe sich zweckmäßigerweise an der Höhe der vereinbarten Ausbildungsvergütung orientiert (vgl. ArbG Rheine vom 13. 11. 1991, NZA 1992, 413 LS). Unberührt bleiben die gesetzlichen Vorschriften des Arbeitsschutzrechtes, die für Beschäftigungszeiten, die über die gesetzlichen Höchstgrenzen der regelmäßigen Arbeitszeit hinausgehen, besondere Zuschläge vorsehen. Zu der nach Abs. 3 zu gewährenden Vergütung können somit auch einem Lehrling beim Vorliegen der allgemeinen Voraussetzungen so genannte Überstundenzuschläge zustehen.

9   Abs. 3 erlaubt ausdrücklich, etwaige Mehrarbeit durch entsprechende Freizeitgewährung an anderen Tagen auszugleichen. Eine besondere Vergütung entfällt in diesem Fall. Die allgemeinen Arbeitszeitvorschriften (vgl. z. B. §§ 10ff. JArbSchG) sind jedoch zu beachten.

§ 18 [Bemessung und Fälligkeit der Vergütung]

(1) ¹**Die Vergütung bemisst sich nach Monaten.** ²**Bei Berechnung der Vergütung für einzelne Tage wird der Monat zu 30 Tagen gerechnet.**

(2) **Die Vergütung für den laufenden Kalendermonat ist spätestens am letzten Arbeitstag des Monats zu zahlen.**

1   1. Die Berechnung der **Vergütung für einzelne Tage** ist von Bedeutung, wenn das Ausbildungsverhältnis während eines laufenden Kalendermonats endet (vgl. §§ 21, 22 BBiG). Zur Vereinfachung und Vereinheitlichung entfällt in diesem Falle auf jeden Kalendertag ein Dreißigstel der vereinbarten Monatsvergütung. Ebenso wird man die Berechnungsregel des Abs. 1 Satz 2 für die Berechnung der Mehrarbeitsvergütung im Sinne des § 17 Abs. 3 BBiG heranziehen müssen.

2   **2. Die Vergütung für den laufenden Kalendermonat ist spätestens am letzten Arbeitstag des Monats zu zahlen.** Im Falle einer bargeldlosen Zahlung muss die Vergütung spätestens zu diesem Zeitpunkt dem Konto des Auszubildenden gutgeschrieben und für diesen verfügbar sein.

Fortzahlung der Vergütung § 19 BBiG

§ 19 [Fortzahlung der Vergütung]

(1) Auszubildenden ist die Vergütung auch zu zahlen
1. für die Zeit der Freistellung (§ 15),
2. bis zur Dauer von sechs Wochen, wenn sie
   a) sich für die Berufsausbildung bereithalten, diese aber ausfällt oder
   b) aus einem sonstigen, in ihrer Person liegenden Grund unverschuldet verhindert sind, ihre Pflichten aus dem Berufsausbildungsverhältnis zu erfüllen.

(2) Können Auszubildende während der Zeit, für welche die Vergütung fortzuzahlen ist, aus berechtigtem Grund Sachleistungen nicht abnehmen, so sind diese nach den Sachbezugswerten (§ 17 Abs. 2) abzugelten.

Übersicht

	Rdn.
1. Fortzahlung der Vergütung bei ...	1
a) Berufsschulbesuch	2
b) Ausfall der Ausbildung	3
c) Unverschuldeter Krankheit	4
d) sonstiger unverschuldeter Verhinderung	5
2. Bei Verhinderung nur für 6 Wochen	6
3. Sachleistungen	7
4. Nur für Dauer der Ausbildungszeit	8

1. Die Vergütung ist fortzuzahlen, wenn der Lehrling aus triftigen Gründen seine Ausbildung im Betrieb unterbrechen muss. Das Gesetz hat damit aus sozialen Gründen eine dem Lohnfortzahlungsanspruch des Arbeitnehmers entsprechende Regelung getroffen. Im Einzelnen besteht eine Verpflichtung zur Fortzahlung in folgenden Fällen: 1

a) Bei einer Freistellung zum Besuch der Berufsschule, überbetrieblicher Unterweisungsmaßnahmen, zur Teilnahme an Prüfungen und sonstigen besonderen außerbetrieblichen Veranstaltungen ohne Rücksicht auf deren Dauer. Wegen der Freistellung im Einzelnen vgl. die Anm. zu § 15 BBiG. 2

b) Beim tatsächlichen Ausfall der Berufsausbildung, der nicht in der Person des Lehrlings begründet ist, sofern dieser sich für die Ausbildung bereithält. Die Vorschrift entspricht der Regelung bei einem Annahmeverzug des Arbeitgebers. In Frage kommen hauptsächlich die Fälle, in denen die Ausbildung aus betrieblichen oder persönlichen Gründen, also in Fällen, die in den Risikobereich des Ausbildenden fallen, nicht durchgeführt werden kann. Weitere Vo- 3

BBiG § 19 Berufsausbildungsgesetz (Auszug)

raussetzung ist allerdings, dass der Lehrling sich konkret bereithält. Ruht zwar der Betrieb, könnte aber der Lehrling seinerseits aus in seinem Risikobereich liegenden Gründen seinen Pflichten aus dem Berufsausbildungsverhältnis nicht nachkommen, dann entfällt auch sein Vergütungsanspruch.

4 **c) Bei unverschuldeter Krankheit des Lehrlings.** Hinsichtlich des Begriffs der unverschuldeten Krankheit gelten die gleichen Grundsätze, wie sie zu den entsprechenden Bestimmungen des Lohnfortzahlungsgesetzes entwickelt wurden. Normale Sportunfälle gelten also als unverschuldet. Die Vergütung ist auch fortzuzahlen bei Sterilisation oder Schwangerschaftsabbruch durch einen Arzt. Im Hinblick auf den insoweit eindeutigen Gesetzestext ist der durch das Strafrechtsreform-Ergänzungsgesetz vom 28. 8. 1975 (BGBl. I S. 2289) eingefügte zweite Satz des Abs. 1 überflüssig und nur verwirrend.

5 **d) Bei sonstiger unverschuldeter Verhinderung,** die Pflichten aus dem Berufsausbildungsverhältnis zu erfüllen. Damit will das Gesetz erreichen, dass der Lehrling auch in anderen Fällen unverschuldeter Verhinderung keine Einbuße seiner Vergütung hinnehmen muss.

6 **2. In den Fällen des Abs. 1 Nr. 2 erfolgt die Fortzahlung der Vergütung nur für die Dauer von sechs Wochen.** Die Sechs-Wochen-Frist beginnt jeweils neu zu laufen; eine Kumulierung mehrerer kürzerer Verhinderungen erfolgt nicht. Sofern mehrere Verhinderungsgründe unmittelbar aufeinander folgen, gilt die Sechs-Wochen-Frist für die Verhinderung insgesamt. War der Lehrling dazwischen aber auch nur kurz wieder im Betrieb, so beginnt die Frist von neuem zu laufen. Hinsichtlich der Behandlung von Fortsetzungs- und Wiederholungskrankheiten müssen die entsprechenden Regelungen des Lohnfortzahlungsgesetzes analog Anwendung finden.

7 **3. So weit Sachleistungen** auf die Vergütung angerechnet werden (§ 17 Abs. 2 BBiG) sind diese abzugelten, sofern der Lehrling sie aus berechtigtem Grund nicht in Anspruch nehmen kann. Wann der Fall des Abs. 2 vorliegt, ist objektiv unter der Berücksichtigung des Grundsatzes von Treu und Glauben zu bestimmen. So wird ein Lehrling, der krankheitshalber zwei Tage zuhause gepflegt wird, nicht die Abgeltung seines Zimmers im Hause des Ausbildenden verlangen können, da er in dieser kurzen Zeit keine messbare Einbuße erlitten haben dürfte. Andererseits könnte der Ausbildende in diesem Fall die Abgeltung der Verpflegung aber nicht mit der Begründung verweigern, die betreffenden Nahrungsmittel seien für ihn aufgehoben worden und stünden zur Verfügung.

4. Die Fortzahlung der Vergütung kommt nur für die Dauer des Ausbildungsverhältnisses in Frage. Endet dieses aus einem der in §§ 21, 22 BBiG genannten Gründe, dann entfällt damit auch die Verpflichtung zur Fortzahlung der Vergütung gem. § 17 BBiG.

Unterabschnitt 5. Beginn und Beendigung des Berufsausbildungsverhältnisses

§ 20 [Probezeit]

¹Das Berufsausbildungsverhältnis beginnt mit der Probezeit. ²Sie muss mindestens einen Monat und darf höchstens vier Monate betragen.

Übersicht	Rdn.
1. Wesen der Probezeit	1
2. Dauer	2
3. Kündigungsrecht	5

1. Die Festlegung einer **Probezeit** war erforderlich, weil das Lehrverhältnis nicht der ordentlichen Kündigung unterliegt. Es musste daher mit Rücksicht darauf, dass es sich hierbei um ein besonderes Vertrauensverhältnis handelt, in beschränktem Umfang die Möglichkeit gegeben werden, das Vertragsverhältnis zu lösen, wenn ein Beteiligter schon nach kurzer Zeit zu der Überzeugnng gelangt, dass es seinen Erwartungen nicht entspricht.

2. Die Vorschrift ist insofern zwingend, als weder eine kürzere Probezeit als ein Monat noch eine längere als vier Monate wirksam vereinbart werden kann. Innerhalb dieses Rahmens kann eine Probezeit von beliebiger Dauer festgelegt werden.

Nach Sinn und Zweck des Gesetzes kann die Probezeit erst beginnen, wenn die eigentliche Ausbildung beginnt und die Beteiligten sich damit näher kennen lernen. Dies ist z. B. bei einer vorgeschalteten Blockbeschulung nicht der Fall (BAG vom 15. 1. 1982, BB 1982, 805; a. A. ArbG Mainz vom 10. 4. 1980, BB 1980, 781). Ein der Ausbildung vorgeschaltetes Arbeitsverhältnis verkürzt die Probezeit auf das gesetzliche Minimum (ArbG Wiesbaden vom 17. 1. 1996, NZA-RR 1997, 6). Die Probezeit verlängert sich nicht automatisch um die Dauer einer Krankheit des Lehrlings, auch wenn dies keine entsprechende Beurteilung zulässt (so aber ArbG Aachen vom 1. 6. 1979,

BBiG § 21   Berufsausbildungsgesetz (Auszug)

ZdH-intern 17/79 VII/6). Es kann aber im Lehrvertrag vereinbart werden, dass sich z. B. bei einer Erkrankung von mehr als einem Monat die Probezeit entsprechend verlängert, auch wenn dadurch die Viermonatsgrenze des Satz 2 überschritten wird (BAG vom 15.1. 1981, ZdH-intern 4/82 VII/1). Der Lehrling kann sich auf eine solche Vereinbarung allerdings nicht berufen, wenn er die Unterbrechung der Ausbildung vertragswidrig selbst herbeigeführt hat.

4   Bei einer fortgesetzten Stufenausbildung (§ 26 HwO) zwischen denselben Parteien ist die Vereinbarung einer erneuten Probezeit nach § 25 BBiG unnötig und unzulässig (BAG vom 27.11. 1991, NZA 1992, 506). Andererseits gilt zwingend eine neue Probezeit bei Beginn eines neuen Ausbildungsverhältnisses nach Berufswechsel, selbst im gleichen Betrieb (LAG Sachs.-Anh. Vom 25.2. 1997, EzB Nr. 26 zu § 13 BBiG).

5   3. Während der Probezeit kann das Lehrverhältnis von beiden Seiten jederzeit ohne Begründung und ohne Einhalten einer Kündigungsfrist gekündigt werden (§ 22 Abs. 1 BBiG).

§ 21 [Beendigung]

(1) ¹**Das Berufsausbildungsverhältnis endet mit dem Ablauf der Ausbildungszeit.** ²**Im Falle der Stufenausbildung endet es mit Ablauf der letzten Stufe.**

(2) **Bestehen Auszubildende vor Ablauf der Ausbildungszeit die Abschlussprüfung, so endet das Berufsausbildungsverhältnis mit Bekanntgabe des Ergebnisses durch den Prüfungsausschuss.**

(3) **Bestehen Auszubildende die Abschlussprüfung nicht, so verlängert sich das Berufsausbildungsverhältnis auf ihr Verlangen bis zur nächstmöglichen Wiederholungsprüfung, höchstens um ein Jahr.**

Übersicht

	Rdn.
1. Ende des Lehrverhältnisses	1
2. Vorzeitige Gesellenprüfung	3
3. Lehrzeitverlängerung	5
a) bei Prüfungsversagen	7
b) Wirkung kraft Gesetzes	8
c) Haftung für Ausbildungsmängel	9

1   **1. Das Lehrverhältnis endet grundsätzlich mit dem Ablauf der Lehrzeit** (wegen deren Dauer vgl. § 25 Abs. 2 Nr. 1 HwO und

Beendigung **§ 21 BBiG**

§ 11 Abs. 1 Nr. 2 BBiG mit den dortigen Anmerkungen). Dies gilt auch dann, wenn der Lehrling die Gesellenprüfung erst später ablegt oder wenn er die Prüfung nicht besteht (für diesen Fall vgl. unten 3.). Diese Beendigung tritt eo ipso ein; es bedarf also nicht einer besonderen Erklärung oder einer Kündigung (vgl. BAG vom 12. 11. 1966, BB 1967, 81; ArbG Hamburg vom 2. 3. 1967, BB 1967, 586). Sozialversicherungsrechtlich gehört allerdings auch die n a c h Ablauf der Lehrzeit stattfindende Prüfung zum Ausbildungsverhältnis (BSG vom 21. 5. 1979, BB 1979, 1770).

Eine gesetzliche Pflicht, den Lehrling als Arbeitnehmer weiter zu 2 beschäftigen, besteht nicht. Eine evtl. Übernahme muss schriftlich vereinbart werden; eine bloß mündliche Zusage reicht nicht aus (so BAG Az. 7 AZR 337/91).

2. Wird die Gesellenprüfung vor Ablauf der Lehrzeit abge- 3 **legt und bestanden,** so tritt damit vorzeitig die Beendigung ein.

Entsprechend der früheren Rspr. des Bundesarbeitsgerichts wurde 4 eindeutig klargestellt, dass eine Prüfung erst mit der offiziellen Bekanntgabe des Ergebnisses abgelegt ist und dass die bloße Erbringung der Prüfungsleistungen nicht ausreicht (BAG vom 7. 10. 1971, BB 1972, 136 = GewA 1972, 128; vgl. auch BAG vom 25. 7. 1973, BB 1973, 1492; bekräftigt BAG vom 16. 2. 1994 – 5 AZR 251/93 – EzB Nr. 3 zu § 14 Abs. 2 BBiG). „Bekannt gegeben" ist das Prüfungsergebnis erst, wenn dem Prüfling sein Abschneiden förmlich eröffnet oder schriftlich zugestellt wurde. Die private Äußerung eines Prüfers, dass die Prüfung bestanden sei, hat diese Wirkung nicht.

3. Lehrzeitverlängerung für Prüfungsversager. (Dazu aus- 5 führlich Brill, BB 1978, 208; s. auch *Sarge,* Betrieb 1993, 1034).

Der Lehrling kann bei einer erst nach dem vereinbarten Vertrags- 6 ende stattfindenden Abschlussprüfung analog Abs. 3 verlangen, dass die Ausbildung bis zu diesem Zeitpunkt fortgesetzt wird (so ArbG Leipzig vom 21. 5. 1998, EzB Nr. 16 zu § 14 Abs. 3 BBiG).

a) Unabhängig von der Möglichkeit des § 27a Abs. 3 HwO ist eine 7 Lehrzeitverlängerung möglich, wenn ein Lehrling die Gesellenprüfung nicht bestanden hat. Man will damit dem Lehrling eine weitere Ausbildung bis zur Wiederholungsprüfung sichern. Der Verlängerungsantrag ist analog auch möglich, wenn der Lehrling krankheitsbedingt an der Prüfung nicht teilnehmen konnte (BAG vom 30. 9. 1998, EzB Nr. 18 zu § 14 Abs. 3 BBiG) oder wenn die Prüfung erst nach dem vereinbarten Lehrzeitende stattfindet (ArbG Leipzig vom 21. 5. 1998, EzB Nr. 16 zu § 14 Abs. 3 BBiG). Die Lehrzeitverlängerung kann nur vom Lehrling beantragt werden, auch dann,

BBiG § 22 Berufsausbildungsgesetz (Auszug)

wenn die Lehrzeit zu diesem Zeitpunkt schon nach Abs. 1 abgelaufen ist (dazu *Gaul,* BB 1988, 1385; dagegen *Grobe,* BB 1988, 2343), und sie kann höchstens ein Jahr betragen. Der Antrag ist allerdings nur zulässig, wenn sich daraus Folgerungen für die Zukunft ergeben; beweispflichtig ist der Antragsteller (BAG vom 3. 9. 1997, EzB Nr. 1 zu § 256 ZPO). Besteht der Lehrling auch die Wiederholungsprüfung nicht (dies kann auch eine eigens anberaumte Sonderprüfung sein), so ist innerhalb der Jahresfrist auch ein dritter Versuch möglich; wird nun wieder nicht bestanden, so gibt es allerdings keine weitere Verlängerung mehr (So BAG vom 15. 3. 2000, NZA 2001, 214). Es ist unschädlich, wenn der Lehrling lediglich sein vermeintlich ohnehin fortbestehendes Ausbildungsverhältnis fortsetzen will, auch wenn bis dahin gar keine weitere Wiederholungsprüfung ansteht (LAG Berlin vom 25. 2. 2000, EzB Nr. 21 zu § 14 Abs. 3 BBiG). Zur sog. „Nachlehre" vgl. ausführlich LAG Berlin vom 25. 2. 2000, NZA-RR 2001, 243.

8 **b)** Macht der Lehrling das Verlangen aus Abs. 3 geltend, dann tritt die Verlängerung eo ipso ein. Ein entgegenstehender Wille des Lehrherrn ist dabei unbeachtlich, während andererseits eine Verlängerung gegen den Willen des Lehrlings nicht möglich ist. Einer entsprechenden Entscheidung, etwa der Handwerkskammer, bedarf es für die Verlängerung nach Abs. 3 nicht. Da es sich dabei jedoch um eine wesentliche Änderung des Vertragsinhaltes handelt, muss die Verlängerung gem. § 30 Abs. 1 Satz 3 HwO zur Lehrlingsrolle angemeldet werden.

9 **c)** Eine etwaige Verlängerung nach Abs. 3 lässt den Grundsatz unberührt, dass bei einer schuldhaft mangelhaften Ausbildung des Lehrlings der Lehrherr für den aus dem Nichtbestehen der Prüfung entstehenden Schaden ersatzpflichtig ist (hierzu Rdn. 31 zu § 14 BBiG). Diese Schadenersatzpflicht kann dazu führen, dass der Lehrherr dem Lehrling für die Dauer der verlängerten Lehrzeit den Unterschiedsbetrag zwischen Ausbildungsvergütung und Gesellenlohn ersetzen muss, ohne dass aber dadurch die übrigen Rechte und Pflichten aus dem Lehrverhältnis verloren gingen.

§ 22 [Kündigung]

(1) **Während der Probezeit kann das Berufsausbildungsverhältnis jederzeit ohne Einhalten einer Kündigungsfrist gekündigt werden.**

(2) **Nach der Probezeit kann das Berufsausbildungsverhältnis nur gekündigt werden**

Kündigung § 22 **BBiG**

1. aus einem wichtigen Grund ohne Einhalten einer Kündigungsfrist,
2. von Auszubildenden mit einer Kündigungsfrist von vier Wochen, wenn sie die Berufsausbildung aufgeben oder sich für eine andere Berufstätigkeit ausbilden lassen wollen.

(3) **Die Kündigung muss schriftlich und in den Fällen des Absatzes 2 unter Angabe der Kündigungsgründe erfolgen.**

(4) ¹**Eine Kündigung aus einem wichtigen Grund ist unwirksam, wenn die ihr zugrunde liegenden Tatsachen dem zur Kündigung Berechtigten länger als zwei Wochen bekannt sind.** ²**Ist ein vorgesehenes Güteverfahren vor einer außergerichtlichen Stelle eingeleitet, so wird bis zu dessen Beendigung der Lauf dieser Frist gehemmt.**

Übersicht

	Rdn.
I. Kündigung während der Probezeit	1
II. Fristlose Kündigung nach Ablauf der Probezeit	3
III. Wichtiger Grund	5
1. Auf Seiten des Ausbildenden	6
a) Unfähigkeit des Lehrlings	6
b) Ungeeignetheit des Lehrlings	7
c) Wiederholte grobe Pflichtverletzung	9
d) Besonderer Charakter des Ausbildungsverhältnisses	11
2. Auf Seiten des Lehrlings	13
a) Wegfall der gesetzlichen Voraussetzungen	14
b) Pflichtverletzungen des Ausbildenden	15
c) Änderungen in der persönlichen Sphäre	16
3. Schlechte wirtschaftlichen Verhältnisse	17
IV. Berufswechsel	18
V. Formalitäten	19
1. Kündigung schriftlich	19
2. Wichtiger Grund im Zeitpunkt der Kündigung	20
3. Schließt Anfechtung aus	23
4. Einseitige empfangsbedürftige Willenserklärung	24
5. Zugang	25
VI. Verfahrensfragen	26
1. Ausschlussfrist	26
2. Verzicht	27
3. Hemmung	28
VII. Beendigung durch Tod	30
1. Tod des Lehrlings	30
2. Tod des Ausbildenden	31
VIII. Allgemeines Arbeitsrecht subsidiär	32

BBiG § 22 Berufsausbildungsgesetz (Auszug)

Literatur: *Große,* Rechtliche Gestaltungsmöglichkeiten zur vorzeitigen Beendigung des Berufsausbildungsverhältnisses (Einvernehmliche Kündigung, vorzeitige Prüfungsablegung), BB 1993, 2081.

I. Kündigung während der Probezeit

1   Während der Probezeit kann das Berufsausbildungsverhältnis jederzeit ohne Einhalten einer Kündigungsfrist gekündigt werden. Einer Begründung bedarf es dabei nicht. Die Kündigung kann von beiden Seiten ausgesprochen werden. Eine Auslauffrist kann wirksam zugebilligt werden; sie muss allerdings so bemessen sein, dass sie nicht zu einer unangemessen langen Fortsetzung des Ausbildungsvertrages führt (BAG vom 10. 11. 1988, NJW 1989, 1107).

2   Es ist nicht erforderlich, dass die Lehre überhaupt angetreten wurde; beide Parteien können auch schon vorher erklären, dass sie es sich anders überlegt haben. Eine wörtliche Auslegung („während") würde den Sinn des Gesetzes ins Gegenteil verkehren (LAG Berlin vom 4. 11. 1988, BB 1988, 1462). Ein Betrieb kann sich allerdings schadenersatzpflichtig machen (culpa in contrahendo), wenn er von vornherein weiß, dass eine Tätigkeit über die Probezeit hinaus nicht in Frage kommt (BAG vom 8. 3. 1977, BB 1977, 1705 und erneut vom 17. 9. 1987).

II. Fristlose Kündigung nach Ablauf der Probezeit

3   Die Vereinbarung einer ordentlichen Kündigung war schon immer als dem Wesen des Lehrverhältnisses widersprechend für unzulässig angesehen worden. In Abs. 2 bestimmt das Gesetz eindeutig, dass ein Berufsausbildungsverhältnis nach Ablauf der Probefrist nur in den zwei dort genannten Ausnahmefällen gekündigt werden kann. Abweichende Vereinbarungen zu Ungunsten des Lehrlings sind nach § 25 BBiG nichtig.

4   Nach der gleichen Vorschrift kann andererseits auch das Recht zur außerordentlichen Kündigung aus wichtigem Grund durch Parteivereinbarung hier wie sonst nicht ausgeschlossen oder eingeschränkt werden, da dies mit der Forderung nach persönlicher Freiheit unvereinbar wäre (Art. 1 GG). Es können auch nicht einzelne Kündigungsgründe ausgeschlossen werden, ebenso wenig wie das Recht zur fristlosen Kündigung des Ausbildungsverhältnisses erweitert werden könnte, da hierin eine versteckte ordentliche Kündigung gesehen werden müsste, deren Vereinbarung ja unzulässig ist.

Kündigung § 22 BBiG

III. Wichtiger Grund

Ein wichtiger Grund liegt nach herrschender Auffassung dann vor, wenn dem Kündigenden die Fortsetzung des Vertragsverhältnisses nach Treu und Glauben nicht zugemutet werden kann (dazu ArbG Aachen vom 28. 6. 1974, BB 1976, 744). Zwischen dem Kündigungsgrund und dem Lehrverhältnis muss ein sachlicher Zusammenhang bestehen.

1. Auf Seiten des Ausbildenden kommen als wichtige Gründe insbesondere in Frage:

a) Unfähigkeit des Lehrlings zur Fortsetzung des Lehrverhältnisses infolge Krankheit oder Unfall. Nicht vorausgesetzt ist eine dauernde Unfähigkeit. Andererseits kann aber die fristlose Kündigung nicht auf eine verhältnismäßig unerhebliche Zeit der Behinderung gestützt werden. Dies gilt mit Rücksicht auf den betonten Fürsorgecharakter des Ausbildungsverhältnisses im besonderen Maße. Man wird daher eine Kündigung wegen Erkrankung usw. nur dann für zulässig zu erachten haben, wenn sie voraussichtlich solange dauern wird, dass sich der Lehrzweck innerhalb der vereinbarten Lehrzeit nicht mehr erreichen lassen wird (vgl. LAG Düsseldorf vom 24. 1. 1968, GewA 1968, 173). Auf ein Verschulden kommt es nicht an.

b) Unfähigkeit oder **Ungeeignetheit des Lehrlings** das Lehrziel zu erreichen. Eine mangelnde Eignung kann auch darin liegen, dass der Lehrling trotz vorhandener Befähigung seiner Lernpflicht nicht nachkommt und deswegen nur unzureichende Leistungen erreicht (ständige Rechtsprechung). Im Hinblick auf den Erziehungsauftrag des Ausbildenden sind die Anforderungen an diesen Kündigungsgrund sehr streng. Der Lehrherr muss zunächst alle zulässigen Mittel einsetzen, um den Lehrling zur Erfüllung seiner Pflichten am Ausbildungsplatz und gegebenenfalls in der Schule anzuhalten. Er darf nicht bei den ersten Schwierigkeiten mit dem Lehrling resignieren. Von allen Verfehlungen muss er unbedingt die gesetzlichen Vertreter seines Lehrlings unterrichten und auf Abhilfe hinwirken – aus Beweisgründen möglichst schriftlich! –; er soll weiter den Lehrling selbst schriftlich abmahnen und auch hier eine Durchschrift den Eltern zugehen lassen. Erst wenn sich so lückenlos nachweisen lässt, dass der Auszubildende nachdrücklich zur Erfüllung seiner Pflichten angehalten worden ist, kommt bei Erfolglosigkeit dieser Bemühungen eine fristlose Kündigung in Frage. Unzulässig ist eine Vereinbarung, das Lehrverhältnis ende, wenn die Berufsschulnoten nicht besser würden (BAG vom 5. 12. 1985, BB 1986, 2128 = NJW 1987, 279).

BBiG § 22 Berufsausbildungsgesetz (Auszug)

8   Unfähigkeit, die schon während der Probezeit zu Tage trat, kann die außerordentliche Kündigung nach Ablauf der Probezeit grundsätzlich nicht rechtfertigen, es sei denn, dass sie erst zu diesem Zeitpunkt in voller Deutlichkeit erkennbar wird. In jedem Fall wird man aber dem Ausbildenden das Recht zur fristlosen Kündigung dann zugestehen müssen, wenn sich die Unfähigkeit des Lehrlings als so groß erweist, dass das Ausbildungsziel in keinem Fall erreicht werden kann.

9   **c) Wiederholte grobe Pflichtverletzungen des Lehrlings** können als Kündigungsgrund in Frage kommen. Zu denken ist etwa an wiederholten großen Ungehorsam, wiederholt grob ungebührliches Verhalten gegenüber dem Ausbildenden, beharrliche Verletzung der Pflicht zum Berufsschulbesuch (LAG Düsseldorf vom 15. 4. 1993, EzB Nr. 76 zu § 15 Abs. 2 Nr. 1 BBiG) oder der ordentlichen Berichtsheftführung (LAG Frankfurt/Main vom 3. 11. 1997, EzB Nr. 82 zu § 15 Abs. 2 Nr. 1 BBiG), ständiges Zuspätkommen (LAG Hamm vom 7. 11. 1978, Az. 6 Sa 1096/78), vorsätzliche oder auch wiederholt grob fahrlässige Sachbeschädigung usw. (vgl. LAG Düsseldorf vom 6. 11. 1973, Betrieb 1974, 928). Wegen Haschgenuss und -verbreitung vgl. VGH Mannheim vom 20. 8. 1971, NJW 1971, 2277 und OVG Lüneburg vom 5. 5. 1972, DÖV 1973, 57. Ein lückenloser Katalog der Kündigungsgründe lässt sich angesichts der Vielfalt der Lebenssachverhalte nicht aufstellen.

10   Vor der Kündigung muss eine Abmahnung erfolgen. Auch im Ausbildungsverhältnis bedarf es aber bei ganz besonders schwerwiegenden Pflichtverletzungen, deren Rechtswidrigkeit dem Lehrling ohne weiteres erkennbar ist und deren Hinnahme durch den Ausbildenden offensichtlich ausgeschlossen ist, vor einer außerordentlichen Kündigung nicht erst einer Abmahnung (BAG vom 1. 7. 1999, NZA 1999, 1270).

11   **d)** Die einzelnen Tatbestände sind jeweils unter dem besonderen Charakter des Ausbildungsverhältnisses zu beurteilen, so dass ein und dasselbe Vorkommnis hier anders zu werten sein kann als etwa in einem gewöhnlichen Arbeitsverhältnis. Insbesondere müssen bei Verfehlungen des Lehrlings dessen Jugendlichkeit und Entwicklungsprozess berücksichtigt werden, denn die Beseitigung von Fehlern und die Hintanhaltung von charakterlichen Fehlentwicklungen gehört auch mit zu der Ausbildungsaufgabe des Lehrherrn. Die außerordentliche Kündigung wird man daher bei leichteren (selbst kriminellen) Verfehlungen erst dann für zulässig halten dürfen, wenn alle anderen Mittel versagen. Das dazu oben III.1.b. Ausgeführte gilt insoweit entsprechend.

12   So wird in einem einmaligen leichten Diebstahl oder in einer sonstigen geringfügigen Unredlichkeit nicht in jedem Fall ein wichtiger

Kündigung §22 **BBiG**

Grund zu erblicken sein; Gleiches gilt für Lügen oder typische Jugendstreiche (LAG Hamm vom 26. 9. 1977, BB 1977, 1653). Hinsichtlich der Nichtbeachtung von Anweisungen über die Haartracht vgl. ausführlich ArbG Bayreuth vom 7. 12. 1971, GewA 1972, 155. Wegen der notwendigen Abwägung vgl. LAG Düsseldorf vom 24. 2. 1966 und LAG Stuttgart vom 21. 3. 1966, BB 1966, 822. Dem Charakter des Ausbildungsverhältnisses entsprechend kann sogar eine begründete Kündigung u. U. unzulässig sein, etwa kurz vor der Abschlussprüfung (ArbG Hildesheim vom 16. 5. 1975, BB 1976, 317; vgl. ArbG Gelsenkirchen vom 20. 3. 1980, BB 1980, 679).

2. Als **Kündigungsgründe auf Seiten des Lehrlings** kommen vor allem in Betracht: 13

a) Wegfall der gesetzlichen Voraussetzungen für eine geordnete Berufsausbildung. Ein wichtiger Grund zur außerordentlichen Kündigung von Seiten des Lehrlings liegt dann vor, wenn dem Lehrherrn die persönliche oder fachliche Eignung fehlt oder entzogen wurde, oder wenn der Betrieb keine geordnete Ausbildung gewährleistet und deswegen nach § 24 HwO eingeschritten wurde (vgl. dort). 14

b) Pflichtverletzungen des Ausbildenden. Hierher gehören etwa die Verführung zu Gesetzwidrigkeiten oder Unsittlichkeiten durch den Lehrherrn, die Verweigerung der zustehenden Vergütung oder des Urlaubs, unvorhersehbare Gefährdung des Lebens oder der Gesundheit bei einer Fortsetzung des Ausbildungsverhältnisses, mangelhafte – auch einseitige – Ausbildung, Körperliche Züchtigung, sexuelle Belästigung usw. (vgl. VG Stuttgart vom 19. 12. 1967, GewA 1969, 42). Sicher wird man eine einmalige Entgleisung nicht genügen lassen dürfen, solange der Lehrling, gegebenenfalls unter Einschaltung seiner Eltern oder der Handwerkskammer, die Möglichkeit hat, eine einwandfreie Fortsetzung der Ausbildung zu erreichen. 15

c) Einschneidende Änderungen in der persönlichen Sphäre des Lehrlings können, über die Fälle des Abs. 2 Nr. 2 hinaus, einen wichtigen Kündigungsgrund darstellen. Dieser Fall kann z. B. gegeben sein, wenn die Familie des Lehrlings umzieht und ihn mitnehmen will, ohne dass er deswegen seine Absicht zur Erlernung des betreffenden Berufes aufgeben würde. 16

3. Schlechte **wirtschaftliche Verhältnisse** berechtigen den Ausbildenden grundsätzlich nicht zur außerordentlichen Kündigung. Wird jedoch durch Betriebseinschränkungen oder Betriebsstilllegungen die Fortsetzung des Ausbildungsverhältnisses unmöglich, so muss darin ein wichtiger Grund zur Kündigung erblickt werden (so schon 17 das Reichsarbeitsgericht; vgl. LAG Bayern vom 21.11. 1958, BayAMBl. 1959, 22). Gleiches wird gelten müssen, wenn der Betrieb zwar fortgeführt wird, dem Lehrling aber mangels ausreichender Aufträge nicht die nötige Ausbildung zuteil werden kann. Im Falle der Insolvenz kann im Regelfall nicht außerordentlich gekündigt werden (vgl. BAG vom 27. 5. 1993, EzB Nr. 1 zu § 22 KO); Gleiches dürfte für die Eröffnung des Vergleichsverfahrens gelten (vgl. aber *Hegmanns,* BB 1978, 1365). Die vorstehend genannten Gründe werden wegen der in aller Regel damit verbundenen Unfähigkeit des Lehrherrn zur ordentlichen Ausbildung aber meist den Lehrling zur außerordentlichen Kündigung berechtigen.

IV. Berufswechsel

18 Der durch Abs. 2 Nr. 2 bestimmten weiteren Ausnahme vom allgemeinen Kündigungsverbot liegt der Gedanke zu Grunde, dass der Lehrling unabhängig von der Probezeit erst nach einer gewissen Dauer des Ausbildungsverhältnisses beurteilen kann, ob er sich zu dem erwählten Beruf eignet. Er soll daher durch das Ausbildungsverhältnis nicht gehindert sein, die Berufsausbildung abzubrechen oder sich einem anderen Beruf zuzuwenden. Hat der Lehrling diese Absicht, dann kann er jederzeit mit einer Kündigungsfrist von vier Wochen kündigen. Voraussetzung für diesen Kündigungsgrund ist, dass tatsächlich die Absicht besteht, die begonnene Ausbildung in dem zunächst erwählten Beruf nicht zu Ende zu führen. Im Gegensatz zu der früheren Regelung des § 30 HwO a. F. ist das Verbot einer anschließenden Beschäftigung im gleichen Handwerk weggefallen; ferner auch die Aufgabe der Berufsausbildung als solcher als Kündigungsgrund festgelegt. Dieser besondere Kündigungsgrund ist dem Auszubildenden gewährt, um ihn nicht an einer anderen Berufsausbildung zu hindern oder ihn zu einem Beruf zu zwingen, dem er sich nicht gewachsen fühlt, z. B. weil ein weiblicher Lehrling heiraten und Hausfrau werden will. Zur Kündigung berechtigt ist der Lehrling daher nicht, wenn er lediglich in einem anderen Betrieb die Ausbildung im gleichen Handwerk fortsetzen will. Will der Lehrling dagegen das gleiche Gewerbe auf industrieller Basis erlernen, so wird dies als ausreichender Kündigungsgrund anzusehen sein.

V. Formalitäten

19 **1. Die Kündigung muss in allen Fällen schriftlich erfolgen.**
Die Schriftform (§ 126 BGB) ist also Wirksamkeitsvoraussetzung

Kündigung § 22 **BBiG**

(Vgl. dazu LAG Hamburg vom 28. 8. 1997, EzB Nr. 36 zu § 15 BBiG). Eine nur mündlich ausgesprochene Kündigung braucht nicht anerkannt zu werden (vgl. in diesem Zusammenhang AG Marburg vom 27. 10. 1970, GewA 1972, 38 und BAG v. 22. 2. 1972, GewA 1973, 76 = BB 1972, 1191). Die Kündigungsgründe müssen in vollem Umfang und konkret mitgeteilt werden; die Verweisung auf mündlich oder sonst mitgeteilte Gründe reicht nicht. Bei der für jede Kündigung vorzunehmenden Interessenabwägung gewinnen die Interessen des Lehrlings mit dem Fortschreiten des Ausbildungsverhältnisses zunehmend Bedeutung.

2. Der wichtige Grund muss im Zeitpunkt der Kündigung vorliegen; das der Kündigung zu Grunde liegende Ereignis kann allerdings auch schon vor Beginn des Lehrverhältnisses eingetreten sein. Nach der Kündigung liegende Ereignisse können als solche nicht zu deren Rechtfertigung dienen, sondern lediglich als Anlass zu einer neuerlichen Kündigung genommen werden. Davon zu unterscheiden ist jedoch der Fall, dass die nach der Kündigung eingetretenen Umstände zur Beleuchtung des wichtigen Grundes, auf den sich die Kündigung stützt, herangezogen werden. Die außerordentliche Kündigung ist nach Abschluss des Lehrvertrages bei Vorliegen eines wichtigen Grundes auch dann zulässig, wenn das Lehrverhältnis tatsächlich noch gar nicht begonnen hat. 20

Der Kündigungsgrund muss in den Fällen des Abs. 2 im Kündigungsschreiben mit angegeben werden, und zwar konkret. „Mangelhaftes Betragen" oder „Störung des Betriebsfriedens" genügt nicht (LAG Berlin vom 22. 8. 1977, Betrieb 1978, 259). Geschieht dies nicht, dann ist die Kündigung nichtig; die nachträgliche Mitteilung der Gründe, selbst wenn diese allen Beteiligten bekannt waren, heilt nicht (so BAG vom 22. 2. 1972, BB 1972, 1191 und erneut vom 25. 11. 1976). 21

Die außerordentliche Kündigung kann nach herrschender Lehre auch unter einer Befristung ausgesprochen werden, wenn nicht ausnahmsweise die Belange des Gekündigten etwas anderes erfordern (vgl. BAG vom 16. 7. 1959, AP Nr. 31 zu § 626 BGB). Dagegen kann die außerordentliche Kündigung als Gestaltungsrecht grundsätzlich nicht unter einer Bedingung ausgesprochen werden; etwas anderes gilt lediglich für so genannte Potestativbedingungen, d. h. solche, deren Eintritt oder Nichteintritt ausschließlich vom Willen des Gekündigten abhängt. 22

3. Das Recht zur außerordentlichen Kündigung ist lex specialis gegenüber den allgemeinen Vorschriften über den Rücktritt vom 23

BBiG § 22 Berufsausbildungsgesetz (Auszug)

Vertrag. Streitig ist das Verhältnis der Anfechtung nach §§ 119 und 123 BGB zur außerordentlichen Kündigung. Nach herrschender Lehre wird man die Anfechtung des Ausbildungsvertrages wegen Irrtums oder Täuschung für zulässig ansehen müssen, allerdings mit der Einschränkung, dass sie die Auflösung des Ausbildungsverhältnisses nicht rückwirkend, sondern nur vom Zeitpunkt der Anfechtung an bewirkt.

24 **4. Die Kündigung ist eine einseitige empfangsbedürftige Willenserklärung,** auf die die §§ 130 bis 132 BGB anzuwenden sind. Für den minderjährigen Lehrling müssen seine gesetzlichen Vertreter die Kündigung aussprechen oder entgegennehmen. Er selbst kann die Kündigung nicht erklären, noch kann sie ihm gegenüber erklärt werden, da § 113 BGB auf das Lehrverhältnis keine Anwendung findet (vgl. Anm. IV. zu § 11). Wegen der Anhörung des Ausschusses für Lehrlingsstreitigkeiten vgl. Anm. II.3. zu § 67 HwO).

25 Die Kündigungserklärung muss innerhalb der Frist zugegangen sein. Die schriftliche Kündigung muss daher so zeitig abgesendet werden, dass der Kündigende unter normalen Verhältnissen damit rechnen kann, der Gekündigte werde von der Kündigung rechtzeitig Kenntnis erhalten.

VI. Verfahrensfragen

26 **1. Ausschlussfrist für die außerordentliche Kündigung.** Die Frist des Abs. 4 berechnet sich nach §§ 186 ff. BGB. Sie endigt daher mit Ablauf desjenigen Tages der Woche, der durch seine Benennung dem Tag des Fristbeginns entspricht. Die Frist beginnt erst mit Kenntnis des Sachverhalts zu laufen. Es können daher gegebenenfalls Ermittlungen angestellt oder auch der Ausgang eines gerichtlichen Verfahrens abgewartet werden, sofern erst dadurch die Umstände, die eine Kündigung aus wichtigem Grund rechtfertigen, in ihrer vollen Tragweite zu Tage treten.

27 **2.** Schon vor Ablauf der Frist kann das Recht zur außerordentlichen Kündigung durch Verzeihung oder Verzicht, die auch stillschweigend gewährt werden können, untergehen. Dagegen wird man mit Rücksicht auf die kurze Zeit eine Verwirkung des Kündigungsrechts, die immer voraussetzt, dass von einem Recht längere Zeit kein Gebrauch gemacht wird, nicht für möglich halten können.

28 **3.** Für die Dauer eines außergerichtlichen Güteverfahrens ist die Zwei-Wochen-Frist gehemmt (§ 205 BGB). In Frage kommen wird

hauptsächlich ein Güteverfahren vor der Innung (dazu vgl. Anm. I.1. a. zu § 54 HwO), das nicht mit der späteren Anrufung des Ausschusses für Lehrlingsstreitigkeiten zu verwechseln ist. Das Güteverfahren muss vorgesehen, das heißt, normalerweise schon beim Abschluss des Lehrvertrages für eventuelle Streitfälle vereinbart worden sein. Dem Sinn des Gesetzes entsprechend wird man es aber auch für ausreichend ansehen müssen, wenn die Durchführung eines förmlichen Güteverfahrens erst aus konkretem Anlass, jedoch innerhalb der Zwei-Wochen-Frist vereinbart wird.

Eingeleitet sein muss das Güteverfahren innerhalb dieser Frist auch 29 dann, wenn es schon vorher vorgesehen war. Eingeleitet ist ein Güteverfahren dann, wenn die Angelegenheit in der verfahrensmäßig vorgesehenen Form an die Gütestelle herangetragen wurde; dass bereits eine Aussprache oder Verhandlung stattgefunden hat, ist nicht erforderlich.

Gegen seine Kündigung kann der Lehrling innerhalb der Klagefrist der §§ 4, 13 Abs. 2 KSchG zunächst den Lehrlingsschlichtungsausschuss der Kammer und danach das Arbeitsgericht anrufen (dazu *Zirwes,* GewA 1995, 465).

VII. Beendigung durch Tod

1. Der **Tod des Lehrlings** beendet das Ausbildungsverhältnis eo 30 ipso.

2. Der **Tod des Ausbildenden** hat dagegen diese Wirkung nicht, 31 da der Betrieb und die Ausbildung auch von anderen Personen fortgeführt werden kann (vgl. § 21 Abs. 4 HwO). Für beide Seiten kann aber der Tod des Ausbildenden einen wichtigen Grund für eine außerordentliche Kündigung darstellen; im Einzelnen kommt es dabei auf die jeweiligen Umstände des konkreten Falles an. Wird der Betrieb nicht fortgeführt, so treten an die Stelle des verstorbenen Ausbildenden seine Erben. Wird die Erbschaft ausgeschlagen, so wirken die von oder gegenüber den vorläufigen Erben abgegebenen Erklärungen auch gegenüber den endgültigen Erben.

VIII. Allgemeines Arbeitsrecht subsidiär

Zu den Fragen des wichtigen Grundes und der außerordentlichen 32 Kündigung kann im Übrigen auf die umfangreiche Literatur und Rechtsprechung zu § 626 BGB verwiesen werden. Wie bereits mehrfach angedeutet, ist dabei allerdings eine rein schematische Übertragung der dort gefundenen Erkenntnisse wegen des besonderen Charakters des Ausbildungsverhältnisses nicht möglich.

§ 23 [Schadensersatz bei vorzeitiger Beendigung]

(1) ¹Wird das Berufsausbildungsverhältnis nach der Probezeit vorzeitig gelöst, so können Ausbildende oder Auszubildende Ersatz des Schadens verlangen, wenn die andere Person den Grund für die Auflösung zu vertreten hat. ²Dies gilt nicht im Falle des § 22 Abs. 2 Nr. 2.

(2) Der Anspruch erlischt, wenn er nicht innerhalb von drei Monaten nach Beendigung des Berufsausbildungsverhältnisses geltend gemacht wird.

Übersicht

	Rdn.
1. Schadenersatz wegen vorzeitiger Lösung	1
a) Für beide Seiten	2
b) Nicht bei Berufswechsel	4
2. Voraussetzungen	5
3. Höhe	9
4. Ausschlussfrist	10
5. Zuständigkeit	11

1 **1. Schadenersatz wegen vorzeitiger Lösung des Ausbildungsverhältnisses.** Gleichgültig ist, aus welchem Grund die Auflösung des Lehrverhältnisses erfolgt, sei es, dass es von einem Teil aus wichtigem Grund gekündigt wurde, dass die Auflösung wegen Verstoßes gegen gesetzliche Bestimmungen (z. B. gem. § 24 HwO) erzwungen wurde oder dass die Fortsetzung des Ausbildungsverhältnisses aus einem anderen Grund tatsächlich unmöglich geworden ist. Auch die tatsächliche Beendigung, etwa Ausscheiden unter Vertragsbruch, genügt. Eine Auflösung während der Probezeit löst eine Schadenersatzpflicht aber nicht aus.

2 **a) Anspruchsberechtigt können beide Seiten sein.** Zu „vertreten" hat eine Partei die Auflösung des Ausbildungsverhältnisses, wenn sie die Trennung schuldhaft, d. h. vorsätzlich oder fahrlässig herbeigeführt hat. Dies ist auch dann der Fall, wenn der Kündigende selbst den wichtigen Grund verschuldet hat; so etwa, wenn der Ausbildende kündigt, weil er wegen Wegfalls der persönlichen und fachlichen Eignung keine Lehrlinge mehr ausbilden kann.

3 § 23 BBiG ist, was den Grund des Schadensersatzanspruches betrifft, gegenüber den Vorschriften des BGB lex specialis; beide Regelungen decken sich jedoch grundsätzlich, so dass dieser Frage keine praktische Bedeutung beikommt.

b) Nach der ausdrücklichen Regelung des Abs. 1 Satz 2 kommen Schadenersatzansprüche nicht in Frage, wenn das Lehrverhältnis deshalb aufgelöst wird, weil der Auszubildende sich einem anderen Beruf zuwenden will.

2. Voraussetzung für die Schadenersatzpflicht ist in jedem Fall, dass ein Schaden tatsächlich nachweisbar ist. Die wegen des häufig schwierigen Nachweises eines konkreten Schadens früher übliche Vereinbarung einer Schadenersatzpauschale ist nach § 13 Abs. 2 Nr. 4 BBiG nicht mehr möglich.

Schadenersatz wegen unzureichender Ausbildung setzt einen gescheiterten Prüfungsversuch voraus; daran fehlt es bei vorzeitigem Ausbildungsabbruch (LAG Köln vom 30. 10. 1998, NZA 1999, 317).

Verschuldet der Lehrling die Auflösung, dann kann der Ausbildende Ersatz seiner Aufwendungen verlangen, die nach den Umständen erforderlich erscheinen. Dazu gehören wegen der unterschiedlichen Pflichtenbindung aber nicht die Kosten für die Beschäftigung einer ausgebildeten Ersatzkraft (BAG vom 17. 8. 2000, NZA 2001, 150).

Voraussetzung für die Anwendbarkeit des § 23 BBiG ist weiter, dass ein gültiger Lehrvertrag besteht; dies setzt nicht unbedingt Schriftform voraus. War der Lehrvertrag von Anfang an nichtig, so ist § 307 BGB anzuwenden. Lehrverhältnisse mit berufsrechtlichen Mängeln, die eine Eintragung in die Lehrlingsrolle verbieten, sind nicht nichtig, sondern fristlos kündbar; der Ausbildende ist für entstehende Schäden ersatzpflichtig. (LAG Stuttgart vom 28. 2. 1956, AP Nr. 1 zu § 77 HGB). Bei einer Anfechtung des Lehrvertrages (§§ 119 und 123 BGB) ist § 23 BBiG anwendbar, da die Anfechtung den Lehrvertrag nicht rückwirkend nichtig macht, sondern nur für die Zukunft auflöst.

3. Die Höhe des Schadenersatzanspruches richtet sich nach § 249 BGB; die Grundsätze des mitwirkenden Verschuldens usw. (§ 254 BGB) sind anwendbar (dazu BAG vom 11. 8. 1987, BB 1987, 2306). Weiter gehende Repressalien, wie Zurückbehaltung der Arbeitspapiere des Lehrlings und Ähnliches, sind unzulässig (ArbG Berlin vom 29. 4. 1963, GewA 1965, 34).

4. Der Anspruch erlischt, wenn er nicht innerhalb einer **Ausschlussfrist von drei Monaten** nach Beendigung des Lehrverhältnisses geltend gemacht wird. Die Drei-Monats-Frist beginnt mit der tatsächlichen Beendigung. Verspätet geltend gemachte Ansprüche sind endgültig erloschen; es wird nicht nur der anderen Seite eine Einrede gewährt. Geltend gemacht ist ein Anspruch dann, wenn der anderen Seite die Forderung nach Grund und Höhe vorgetragen wurde. Ein bloßer Vorbehalt genügt nicht. Eine genaue Bezifferung kann im Einzelfall auch noch nach Ablauf der Drei-Monats-Frist erfolgen, wenn sich schadenbegründende Umstände erst später auswirken und dies der verpflichteten Partei im Einzelnen rechtzeitig mitgeteilt wurde.

11 5. Für die Entscheidung über die Schadenersatzansprüche sind die **Arbeitsgerichte** zuständig.

12 Zwingenden Charakter wird man der Vorschrift des § 23 BBiG nicht beizumessen haben; doch kann die Schadenersatzpflicht bei Vorsatz nach § 276 Abs. 2 BGB nicht im Voraus ausgeschlossen werden, und § 25 BBiG verbietet es, den Ausbildenden von Schadenersatzansprüchen freizustellen.

Unterabschnitt 6. Sonstige Vorschriften

§ 24 [Weiterarbeit]

Werden Auszubildende im Anschluss an das Berufsausbildungsverhältnis beschäftigt, ohne dass hierüber ausdrücklich etwas vereinbart worden ist, so gilt ein Arbeitsverhältnis auf unbestimmte Zeit als begründet.

1 Wann ein Lehrverhältnis endet, ist in § 21 BBiG geregelt. Bleibt der bisherige Lehrling nach Ende seiner Ausbildungszeit im Betrieb und wurde keine besondere Vereinbarung getroffen, dann gilt ein Arbeitsverhältnis auf unbestimmte Zeit als begründet.

2 Endet das Lehrverhältnis, weil die Lehrzeit abgelaufen und nicht mehr verlängert wurde, auch wenn die Gesellenprüfung noch nicht abgelegt ist, so ist nicht mehr die Ausbildungsvergütung zu bezahlen. Der Lehrling hat, auch wenn die Ausbildung noch fortgesetzt wird, vielmehr Anspruch auf den einschlägigen Arbeitslohn. Wie hoch dieser ist, richtet sich nach den für das betreffende Arbeitsverhältnis geltenden tariflichen oder sonst maßgeblichen Vorschriften. In der Regel kommt nur ein Hilfsarbeiterlohn in Frage, solange die Gesellenprüfung noch nicht abgelegt ist (BAG vom 21. 3. 1957, AP Nr. 2 zu § 612 BGB).

Unabdingbarkeit § 25 BBiG

§ 25 [Unabdingbarkeit]

Eine Vereinbarung, die zuungunsten Auszubildender von den Vorschriften dieses Teils des Gesetzes abweicht, ist nichtig.

Nichtig sind Vereinbarungen, die zum Nachteil des Lehrlings von den allgemeinen Grundsätzen des BBiG abweichen. Dies betrifft sowohl einzelvertragliche Vereinbarungen als auch Kollektivvereinbarungen in Tarifverträgen und dergleichen. 1

Abweichungen zu Gunsten des Lehrlings und zulasten des Ausbildenden sind nicht ausgeschlossen, so weit nicht andere Vorschriften, z. B. § 22 BBiG, entgegen stehen. 2

§ 26 [Andere Vertragsverhältnisse]

Soweit nicht ein Arbeitsverhältnis vereinbart ist, gelten für Personen, die eingestellt werden, um berufliche Fertigkeiten, Kenntnisse, Fähigkeiten oder berufliche Erfahrungen zu erwerben, ohne dass es sich um eine Berufsausbildung im Sinne dieses Gesetzes handelt, die §§ 10 bis 23 und 25 mit der Maßgabe, dass die gesetzliche Probezeit abgekürzt, auf die Vertragsniederschrift verzichtet und bei vorzeitiger Lösung des Vertragsverhältnisses nach Ablauf der Probezeit abweichend von § 23 Abs. 1 Satz 1 Schadensersatz nicht verlangt werden kann.

Anhang. Ergänzende Vorschriften

1. Übergangsgesetz aus Anlaß des Zweiten Gesetzes zur Änderung der Handwerksordnung und anderer handwerksrechtlicher Vorschriften

Vom 25. März 1998

(BGBl. I S. 596), geänd. durch ÄndG v. 31. 5. 2000 (BGBl. I S. 774), und Art. 2 Drittes HandwerksrechtsÄndG v. 24. 12. 2003 (BGBl. I S. 2934)

BGBl. III/FNA 7110-1-3

§ 1 (1) Die wesentliche Tätigkeit Herstellung und Reparatur von Ziegeldächern des Gewerbes Nummer 4 Dachdecker der Anlage A zur Handwerksordnung wird auch dem Gewerbe Nummer 3 Zimmerer der Anlage A zur Handwerksordnung als wesentliche Tätigkeit zugeordnet.

(2) Die wesentliche Tätigkeit Herstellung und Reparatur von Dachstühlen des Gewerbes Nummer 3 Zimmerer der Anlage A zur Handwerksordnung wird auch dem Gewerbe Nummer 4 Dachdecker der Anlage A zur Handwerksordnung als wesentliche Tätigkeit zugeordnet.

(3) [1]Die wesentliche Tätigkeit Lackierung von Karosserien und Fahrzeugen des Gewerbes Nummer 10 Maler und Lackierer der Anlage A zur Handwerksordnung wird auch den Gewerben Nummer 15 Karosserie- und Fahrzeugbauer und Nummer 20 Kraftfahrzeugtechniker der Anlage A zur Handwerksordnung als wesentliche Tätigkeit zugeordnet. [2]Die wesentliche Tätigkeit Reparatur von Karosserien und Fahrzeugen der Gewerbe Nummer 15 Karosserie- und Fahrzeugbauer und Nummer 20 Kraftfahrzeugtechniker der Anlage A zur Handwerksordnung wird auch dem Gewerbe Nummer 10 Maler und Lackierer der Anlage A zur Handwerksordnung als wesentliche Tätigkeit zugeordnet, soweit dies zur Vorbereitung der Lackierung von Fahrzeugen und Karosserien erforderlich ist.

(4) [1]Die wesentliche Tätigkeit Aufstellen von Arbeits- und Schutzgerüsten des Gewerbes Nummer 11 Gerüstbauer der Anlage A zur Handwerksordnung wird auch den Gewerben Nummer 1 Maurer und Betonbauer, Nummer 3 Zimmerer, Nummer 4 Dachdecker, Nummer 5 Straßenbauer, Nummer 6 Wärme-, Kälte- und Schallschutzisolierer, Nummer 7 Brunnenbauer, Nummer 8 Steinmetzen und Steinbildhauer, Nummer 9 Stukkateure, Nummer 10 Maler und Lackierer, Nummer 12

Schornsteinfeger, Nummer 13 Metallbauer, Nummer 18 Kälteanlagenbauer, Nummer 23 Klempner, Nummer 24 Installateur und Heizungsbauer, Nummer 25 Elektrotechniker, Nummer 27 Tischler und Nummer 39 Glaser der Anlage A zur Handwerksordnung als wesentliche Tätigkeit zugeordnet. ²Die wesentliche Tätigkeit Aufstellen von Arbeits- und und Schutzgerüsten des Gewerbes Nummer 11 Gerüstbauer der Anlage A zur Handwerksordnung dürfen auch die Gewerbe Nummer 1 Fliesen-, Platten- und Mosaikleger, Nummer 2 Betonstein- und Terrazzohersteller, Nummer 3 Estrichleger, Nummer 33 Gebäudereiniger sowie Nummer 53 Schilder- und Lichtreklamehersteller der Anlage B Abschnitt 1 zur Handwerksordnung ausüben, mit der Maßgabe, dass § 1 Abs. 1 Satz 1 der Handwerksordnung insoweit nicht anzuwenden ist.

(5) Das Gewerbe Nummer 19 Informationstechniker der Anlage A zur Handwerksordnung umfaßt nicht die strukturierte Verkabelung als wesentliche Tätigkeit.

(6) Die wesentliche Tätigkeit Herstellung und Reparatur von Energieversorgungsanschlüssen des Gewerbes Nummer 24 Installateur und Heizungsbauer der Anlage A zur Handwerksordnung wird auch dem Gewerbe Nummer 2 Ofen- und Luftheizungsbauer der Anlage A zur Handwerksordnung als wesentliche Tätigkeit zugeordnet.

(7) Der Akustik- und Trockenbau ist keine wesentliche Tätigkeit eines der in der Anlage A zur Handwerksordnung aufgeführten Gewerbe.

§ 2 ¹Soweit durch Artikel 1 des Zweiten Gesetzes zur Änderung der Handwerksordnung und anderer handwerksrechtlicher Vorschriften vom 25. März 1998 (BGBl. I S. 596) Gewerbe in der Anlage A zur Handwerksordnung in der Fassung der Bekanntmachung vom 28. Dezember 1965 (BGBl. 1966 I S. 1), die zuletzt durch Artikel 2 Abs. 21 des Gesetzes vom 17. Dezember 1997 (BGBl. I S. 3108) geändert worden ist, zu Gewerben zusammengefaßt werden, werden die wesentlichen Tätigkeiten der bisherigen Gewerbe beibehalten, soweit in § 1 nicht etwas anderes bestimmt ist. ²Satz 1 gilt entsprechend, soweit Gewerbe eine neue Bestimmung erhalten.

§ 3 Wer ein zulassungsfreies Handwerk nach § 18 Abs. 2 Satz 1 der Handwerksordnung betreibt und am 31. Dezember 2003 berechtigt war, ein zulassungspflichtiges Handwerk auszuüben, kann hierbei auch Arbeiten in zulassungspflichtigen Handwerken nach § 1 Abs. 1 der Handwerksordnung ausüben, wenn sie mit dem Leistungsangebot seines Gewerbes technisch oder fachlich zusammenhängen oder es wirtschaftlich ergänzen.

2. Verordnung über die für Staatsangehörige eines Mitgliedstaates der Europäischen Union oder eines anderen Vertragsstaates des Abkommens über den Europäischen Wirtschaftsraum oder der Schweiz geltenden Voraussetzungen für die Ausübung eines zulassungspflichtigen Handwerks (EU/EWR-Handwerk-Verordnung – EU/EWR HwV)[1)]

Vom 20. Dezember 2007

(BGBl. I S. 3075)

FNA 7110-1-7

Auf Grund des § 9 Abs. 1 Satz 1 Nr. 1 und 2 der Handwerksordnung in der Fassung der Bekanntmachung vom 24. September 1998 (BGBl. I S. 3074, 2006 I S. 2095), der durch Artikel 9a des Gesetzes vom 7. September 2007 (BGBl. I S. 2246) neu gefasst worden ist, verordnet das Bundesministerium für Wirtschaft und Technologie:

Abschnitt 1. Eintragung in die Handwerksrolle

§ 1 Ausnahmebewilligung zur Eintragung in die Handwerksrolle

¹Staatsangehörigen eines Mitgliedstaates der Europäischen Union, eines anderen Vertragsstaates des Abkommens über den Europäischen Wirtschaftsraum oder der Schweiz, die im Inland zur Ausübung eines Handwerks der Anlage A zur Handwerksordnung eine gewerbliche Niederlassung unterhalten oder als Betriebsleiterin oder Betriebsleiter tätig sein wollen, wird nach Maßgabe der folgenden Vorschriften auf Antrag eine Ausnahmebewilligung zur Eintragung in die Handwerksrolle nach

---

[1)] **Amtl. Anm.:** Diese Verordnung dient der Umsetzung der Richtlinie 2005/36/EG des Europäischen Parlaments und des Rates vom 7. September 2005 über die Anerkennung von Berufsqualifikationen (ABl. EU Nr. L 255 S. 22, 2007 Nr. L 271 S. 18), zuletzt geändert durch die Verordnung (EG) Nr. 1430/2007 der Kommission vom 5. Dezember 2007 (ABl. EU Nr. L 320 S. 3).

§ 9 Abs. 1 Satz 1 Nr. 1 in Verbindung mit § 7 Abs. 3 der Handwerksordnung für ein Handwerk der Anlage A zur Handwerksordnung erteilt. ²Die Möglichkeit einer Ausnahmebewilligung nach § 8 Abs. 1 der Handwerksordnung bleibt unberührt.

§ 2 Anerkennung von Berufserfahrung

(1) ¹Eine Ausnahmebewilligung erhält, wer in dem betreffenden Gewerbe die notwendige Berufserfahrung im Sinne der Absätze 2 und 3 besitzt. ²Satz 1 gilt nicht für die in den Nummern 33 bis 37 der Anlage A zur Handwerksordnung aufgeführten Gewerbe.

(2) Die notwendige Berufserfahrung besitzen Personen, die in einem anderen Mitgliedstaat der Europäischen Union, einem anderen Vertragsstaat des Abkommens über den Europäischen Wirtschaftsraum oder in der Schweiz zumindest eine wesentliche Tätigkeit des Gewerbes ausgeübt haben:
1. mindestens sechs Jahre ununterbrochen als Selbständige oder als Betriebsverantwortliche, sofern die Tätigkeit nicht länger als zehn Jahre vor der Antragstellung beendet wurde,
2. mindestens drei Jahre ununterbrochen als Selbständige oder als Betriebsverantwortliche, wenn eine mindestens dreijährige Ausbildung in der Tätigkeit vorangegangen ist,
3. mindestens vier Jahre ununterbrochen als Selbständige oder als Betriebsverantwortliche, wenn eine mindestens zweijährige Ausbildung in der Tätigkeit vorangegangen ist,
4. mindestens drei Jahre ununterbrochen als Selbständige und mindestens fünf Jahre als Arbeitnehmer, sofern die Tätigkeit nicht länger als zehn Jahre vor der Antragstellung beendet wurde, oder
5. mindestens fünf Jahre ununterbrochen in einer leitenden Stellung eines Unternehmens, von denen mindestens drei Jahre auf eine Tätigkeit mit technischen Aufgaben und mit der Verantwortung für mindestens eine Abteilung des Unternehmens entfallen müssen, und wenn außerdem eine mindestens dreijährige Ausbildung in der Tätigkeit stattgefunden hat. Dies gilt nicht für das Friseurgewerbe (Nummer 38 der Anlage A zur Handwerksordnung).

(3) Betriebsverantwortliche im Sinne des Absatzes 2 Nr. 1 bis 3 sind Personen, die in einem Unternehmen des entsprechenden Gewerbes tätig sind:
1. als Leiterin oder Leiter des Unternehmens oder einer Zweigniederlassung,
2. als Stellvertreterin oder Stellvertreter einer Inhaberin oder eines Inhabers oder einer Leiterin oder eines Leiters des Unternehmens, wenn mit dieser Stellung eine Verantwortung verbunden ist, die der der vertretenen Person vergleichbar ist, oder

3. in leitender Stellung mit kaufmännischen oder technischen Aufgaben und mit der Verantwortung für mindestens eine Abteilung des Unternehmens.

§ 3 Anerkennung von Ausbildungs- und Befähigungsnachweisen

(1) ¹Die Ausnahmebewilligung wird vorbehaltlich der Anordnung von Ausgleichsmaßnahmen nach § 5 auch erteilt, wenn die Antragstellerin oder der Antragsteller in einem anderen Mitgliedstaat der Europäischen Union, einem anderen Vertragsstaat des Abkommens über den Europäischen Wirtschaftsraum oder in der Schweiz die berufliche Qualifikation erworben hat, die dort Voraussetzung für die Ausübung zumindest einer wesentlichen Tätigkeit des betreffenden Gewerbes ist, sofern die berufliche Qualifikation der im Inland erforderlichen beruflichen Qualifikation gleichwertig ist, mindestens aber der Qualifikationsstufe nach Absatz 2 entspricht. ²Die berufliche Qualifikation muss durch die Vorlage eines Ausbildungs- oder Befähigungsnachweises nachgewiesen werden.

(2) Der mindestens erforderlichen Qualifikationsstufe entsprechen folgende Qualifikationen:
1. eine abgeschlossene Schulbildung an einer allgemeinbildenden weiterführenden Schule, die durch eine Fach- oder Berufsausbildung, ein neben dem Ausbildungsgang erforderliches Berufspraktikum oder eine solche Berufspraxis in der jeweiligen Tätigkeit ergänzt wird, oder
2. eine abgeschlossene Schulbildung an einer technischen oder berufsbildenden weiterführenden Schule, auch in Verbindung mit einer Fach- oder Berufsausbildung, einem neben dem Ausbildungsgang erforderlichen Berufspraktikum oder einer solchen Berufspraxis darin.

(3) ¹Die Ausnahmebewilligung wird auch erteilt, wenn die Antragstellerin oder der Antragsteller in einem anderen Mitgliedstaat der Europäischen Union, einem anderen Vertragsstaat des Abkommens über den Europäischen Wirtschaftsraum oder in der Schweiz, der für die Ausübung des betreffenden Gewerbes keine bestimmte berufliche Qualifikation voraussetzt, eine berufliche Qualifikation erworben hat, die mindestens der Qualifikationsstufe nach Absatz 2 entspricht, und dort zumindest eine wesentliche Tätigkeit des betreffenden Gewerbes als Vollzeitbeschäftigung über einen Zeitraum von mindestens zwei Jahren ausgeübt hat. ²Zeiten, die länger als zehn Jahre vor der Antragstellung liegen, bleiben unberücksichtigt. ³Die berufliche Qualifikation muss durch einen Ausbildungs- oder Befähigungsnachweis nachgewiesen werden, der bescheinigt, dass die Antragstellerin oder der Antragsteller fachlich auf die Ausübung des betreffenden Berufs vorbereitet wurde.

(4) Die Ausnahmebewilligung wird ferner erteilt, wenn die Antragstellerin oder der Antragsteller über folgende berufliche Qualifikation verfügt:
1. eine abgeschlossene Ausbildung, die in Anhang III der Richtlinie 2005/36/EG des Europäischen Parlaments und des Rates vom 7. September 2005 über die Anerkennung von Berufsqualifikationen (ABl. EU Nr. L 255 S. 22, 2007 Nr. L 271 S. 18), zuletzt geändert durch die Verordnung (EG) Nr. 1430/2007 der Kommission vom 5. Dezember 2007 (ABl. EU Nr. L 320 S. 3), in der jeweils gültigen Fassung aufgeführt ist, oder
2. eine sonstige in einem anderen Mitgliedstaat der Europäischen Union, einem anderen Vertragsstaat des Abkommens über den Europäischen Wirtschaftsraum oder in der Schweiz abgeschlossene staatlich geregelte Ausbildung im Sinne von Satz 2 und 3, die mindestens der Qualifikationsstufe nach Absatz 2 entspricht. Staatlich geregelt ist eine Ausbildung, die speziell auf die Ausübung eines bestimmten Berufs ausgerichtet ist und aus einem abgeschlossenen Ausbildungsgang besteht, auch in Verbindung mit einem Berufspraktikum oder Berufspraxis in der jeweiligen Tätigkeit. Der Aufbau und der Stand der Berufsausbildung, des Berufspraktikums oder der Berufspraxis müssen durch Rechts- oder Verwaltungsvorschriften festgelegt sein oder von einer zuständigen Behörde überwacht oder genehmigt werden.

§ 4 Gleichgestellte Ausbildungen

(1) [1]Ausbildungen, die in einem anderen Mitgliedstaat der Europäischen Union, einem anderen Vertragsstaat des Abkommens über den Europäischen Wirtschaftsraum oder in der Schweiz abgeschlossen wurden, sind den in § 3 genannten beruflichen Qualifikationen gleichgestellt, wenn sie von diesem Staat im Hinblick auf die jeweilige Tätigkeit als gleichwertig anerkannt werden und in Bezug auf die Aufnahme oder Ausübung eines Berufs dieselben Rechte verleihen. [2]Die Gleichstellung gilt auch in Bezug auf die Qualifikationsstufe. [3]Dasselbe gilt, wenn eine Ausbildung in dem Staat, in dem sie durchgeführt wurde, aus Gründen des Bestandsschutzes auch dann zur Ausübung eines Berufs berechtigt, wenn die Qualifikation nicht oder nicht mehr den derzeitigen Anforderungen dieses Staates entspricht.

(2) In anderen Staaten durchgeführte Ausbildungen sind den in § 3 genannten beruflichen Qualifikationen gleichgestellt, wenn
1. ein anderer Mitgliedstaat der Europäischen Union, ein anderer Vertragsstaat des Abkommens über den Europäischen Wirtschaftsraum oder die Schweiz der Antragstellerin oder dem Antragsteller aufgrund einer solchen Ausbildung die Ausübung eines Berufs gestattet hat, für den dieser Staat eine bestimmte Qualifikation voraussetzt, und

2. die Antragstellerin oder der Antragsteller diesen Beruf mindestens drei Jahre lang auf dem Gebiet des betreffenden Staates ausgeübt hat.

§ 5 Ausgleichsmaßnahmen

(1) Die zuständige Behörde kann von der Antragstellerin oder vom Antragsteller vor der Erteilung einer Ausnahmebewilligung als Ausgleichsmaßnahme die Teilnahme an einem höchstens dreijährigen Anpassungslehrgang oder das Ablegen einer Eignungsprüfung verlangen, wenn
1. die nachgewiesene Ausbildungsdauer mindestens ein Jahr unter der im Inland geforderten Ausbildungsdauer liegt,
2. die bisherige Ausbildung der Antragstellerin oder des Antragstellers sich auf Fächer bezieht, die sich wesentlich von denen unterscheiden, die durch eine inländische Meisterprüfung in dem entsprechenden Handwerk abgedeckt werden, oder
3. das Gewerbe, für das eine Ausnahmebewilligung beantragt wird, im Inland wesentliche Tätigkeiten umfasst, die im Herkunftsstaat der Antragstellerin oder des Antragstellers nicht Bestandteil des entsprechenden Berufs sind, und wenn dieser Unterschied in einer besonderen Ausbildung besteht, die im Inland erforderlich ist und sich auf Fächer bezieht, die sich wesentlich von denen unterscheiden, die durch den vorgelegten Befähigungs- oder Ausbildungsnachweis abgedeckt werden.

(2) Ausgleichsmaßnahmen werden nicht angeordnet
1. im Fall des § 2,
2. wenn die von der Antragstellerin oder dem Antragsteller im Rahmen der Berufserfahrung erworbenen Kenntnisse geeignet sind, die in Absatz 1 Nr. 2 und 3 genannten Unterschiede auszugleichen, oder
3. wenn die berufliche Qualifikation den Anforderungen entspricht, die nach Artikel 15 Abs. 2 der Richtlinie 2005/36/EG auf der Grundlage gemeinsamer Plattformen von der Kommission der Europäischen Gemeinschaft beschlossen worden sind.

§ 6 Anerkennungsverfahren und Fristen

(1) Die zuständige Behörde kann von der Antragstellerin oder vom Antragsteller insbesondere folgende Unterlagen und Bescheinigungen verlangen:
1. einen Nachweis der Staatsangehörigkeit,
2. in den in den §§ 2 und 3 Abs. 3 genannten Fällen eine Bescheinigung über Art und Dauer der Tätigkeit, die von der zuständigen Behörde oder Einrichtung des Herkunftsstaates ausgestellt wird,
3. in den in § 2 Abs. 2 Nr. 2, 3 und 5 genannten Fällen eine Bescheinigung der Ausbildung durch ein staatlich anerkanntes Zeugnis oder die

Anerkennung der Ausbildung durch eine zuständige Berufsorganisation des Herkunftsstaates,

4. in den in den §§ 3 und 4 genannten Fällen eine beglaubigte Kopie des Befähigungs- oder Ausbildungsnachweises, der von der zuständigen Behörde des Herkunftsstaates ausgestellt wurde,
5. in den in § 4 Abs. 2 genannten Fällen eine Bescheinigung der Berufserfahrung durch die zuständige Behörde des Staates, der die Ausübung des Berufs gestattet hat, und
6. Unterlagen, die von der zuständigen Behörde des Herkunftsstaates ausgestellt wurden und die belegen, dass die Ausübung des Gewerbes nicht wegen Unzuverlässigkeit untersagt worden ist. Werden im Herkunftstaat die vorgenannten Unterlagen nicht ausgestellt, können sie durch eine Versicherung an Eides statt oder in Staaten, in denen es eine solche nicht gibt, durch eine feierliche Erklärung ersetzt werden, die die Antragstellerin oder der Antragsteller vor einer zuständigen Behörde, einem Notar oder einer entsprechend bevollmächtigten Berufsorganisation des Herkunftsstaates abgegeben hat und die durch diese Stelle bescheinigt wurde. Die Unterlagen dürfen bei ihrer Vorlage nicht älter als drei Monate sein.

(2) ¹Die Antragstellerin oder der Antragsteller kann aufgefordert werden, Informationen zu ihrer oder seiner Ausbildung vorzulegen, soweit dies erforderlich ist um festzustellen, ob diese im Sinne von § 5 Abs. 1 von der im Inland geforderten Ausbildung erheblich abweicht. ²Ferner kann sich die zuständige Behörde an die Kontaktstelle oder die zuständige Behörde oder Stelle des Herkunftsstaates wenden, um erforderliche Informationen zu ihrer oder seiner Ausbildung zu erlangen.

(3) ¹Die zuständige Behörde bestätigt der Antragstellerin oder dem Antragsteller binnen eines Monats den Empfang der Unterlagen und teilt dabei mit, ob Unterlagen fehlen. ²Spätestens drei Monate nach Einreichung der vollständigen Unterlagen muss zu einem Antrag nach den §§ 2 bis 4 eine Entscheidung ergangen sein. ³Diese Frist kann in begründeten Fällen um einen Monat verlängert werden. ⁴Bestehen Zweifel an der Echtheit der vorgelegten Bescheinigungen und Ausbildungsnachweise oder an den dadurch verliehenen Rechten, kann die zuständige Behörde durch Nachfrage bei der zuständigen Behörde oder Stelle des Herkunftsstaates die Echtheit oder die dadurch verliehenen Rechte überprüfen; der Fristablauf ist so lange gehemmt.

Abschnitt 2. Grenzüberschreitende Erbringung von Dienstleistungen

§ 7 Voraussetzungen der Dienstleistungserbringung

(1) ¹Staatsangehörigen eines Mitgliedstaates der Europäischen Union, eines anderen Vertragsstaates des Abkommens über den Europäischen Wirtschaftsraum oder der Schweiz, die im Inland keine gewerbliche Niederlassung unterhalten, ist die vorübergehende und gelegentliche Erbringung von Dienstleistungen in einem Handwerk der Anlage A zur Handwerksordnung gestattet, wenn sie in einem dieser Staaten zur Ausübung vergleichbarer Tätigkeiten rechtmäßig niedergelassen sind. ²Setzt der Niederlassungsstaat für die Ausübung der betreffenden Tätigkeiten keine bestimmte berufliche Qualifikation voraus und gibt es dort auch keine staatlich geregelte Ausbildung im Sinne von § 3 Abs. 4 Nr. 2 für die Tätigkeiten, dann gilt Satz 1 nur, wenn die Tätigkeiten mindestens zwei Jahre lang im Niederlassungsstaat ausgeübt worden sind und nicht länger als zehn Jahre zurückliegen.

(2) Sollen erstmalig in einem Handwerk der Nummern 12 oder 33 bis 37 der Anlage A zur Handwerksordnung im Inland Dienstleistungen erbracht werden, kann die zuständige Behörde vor der Dienstleistungserbringung die Berufsqualifikation der Dienstleistungserbringerin oder des Dienstleistungserbringers nachprüfen, wenn unter Berücksichtigung der konkret beabsichtigten Tätigkeit bei unzureichender Qualifikation eine schwere Gefahr für die Gesundheit oder Sicherheit der Dienstleistungsempfänger bestünde.

§ 8 Anzeige vor Dienstleistungserbringung

(1) ¹Die Dienstleistungserbringerin oder der Dienstleistungserbringer muss der zuständigen Behörde die beabsichtigte Erbringung einer Dienstleistung vor dem erstmaligen Tätigwerden schriftlich anzeigen und dabei das Vorliegen der Voraussetzungen nach § 7 Abs. 1 durch Unterlagen nachweisen. ²Die örtliche Zuständigkeit für die Anzeige richtet sich nach dem Ort der erstmaligen Dienstleistungserbringung.

(2) ¹Liegen die Voraussetzungen nach § 7 Abs. 1 vor, darf die Dienstleistung vorbehaltlich von Satz 2 sofort nach der Anzeige erbracht werden. ²Dienstleistungen in einem Handwerk der Nummern 12 oder 33 bis 37 der Anlage A zur Handwerksordnung dürfen erst erbracht werden, wenn die Behörde entweder mitgeteilt hat, dass keine Nachprüfung der Berufsqualifikation nach § 7 Abs. 2 beabsichtigt ist, oder wenn eine ausreichende Berufsqualifikation festgestellt wurde. ³§ 9 Abs. 3 bleibt unberührt.

(3) ¹Die zuständige Behörde erteilt eine Eingangsbestätigung, aus der hervorgeht, ob die Voraussetzungen nach § 7 Abs. 1 vorliegen und ob im Fall des § 7 Abs. 2 die Berufsqualifikation der Dienstleistungserbringerin oder des Dienstleistungserbringers nachgeprüft wird. ²Die Eingangsbestätigung soll innerhalb eines Monats nach Eingang der Anzeige und der vollständigen Unterlagen erteilt werden. ³§ 6 Abs. 3 Satz 4 gilt entsprechend.

(4) ¹Tritt eine wesentliche Änderung von Umständen ein, die die Voraussetzungen für die Dienstleistungserbringung betreffen, ist die Änderung schriftlich anzuzeigen und das Vorliegen der Voraussetzungen nach § 7 durch Unterlagen nachzuweisen. ²Ansonsten ist die Anzeige formlos alle zwölf Monate seit der letzten Anzeige zu wiederholen, solange die weitere Erbringung von Dienstleistungen beabsichtigt ist.

§ 9 Nachprüfung der Berufsqualifikation

(1) ¹Wird die Berufsqualifikation nach § 7 Abs. 2 nachgeprüft, soll die Dienstleistungserbringerin oder der Dienstleistungserbringer innerhalb eines Monats nach Eingang der Anzeige und der vollständigen Unterlagen über das Ergebnis unterrichtet werden. ²Bei einer Verzögerung unterrichtet die zuständige Behörde die Dienstleistungserbringerin oder den Dienstleistungserbringer über die Gründe für die Verzögerung und über den Zeitplan für eine Entscheidung. ³In diesem Fall muss das Ergebnis der Nachprüfung spätestens innerhalb von zwei Monaten nach Eingang der Anzeige und der vollständigen Unterlagen mitgeteilt werden.

(2) ¹Ergibt die Nachprüfung, dass ein wesentlicher Unterschied zwischen der Berufsqualifikation der Dienstleistungserbringerin oder des Dienstleistungserbringers und der im Inland erforderlichen Ausbildung besteht, muss die zuständige Behörde der Dienstleistungserbringerin oder dem Dienstleistungserbringer innerhalb eines Monats nach der Unterrichtung über das Ergebnis der Nachprüfung Gelegenheit geben, die für eine ausreichende berufliche Qualifikation im Sinne von § 7 Abs. 2 erforderlichen Kenntnisse und Fähigkeiten insbesondere durch eine Eignungsprüfung nachzuweisen. ²Werden zu einem späteren Zeitpunkt neue Unterlagen vorgelegt oder Nachweise für die erforderlichen Kenntnisse und Fähigkeiten erbracht, wird die Berufsqualifikation erneut nachgeprüft.

(3) Wenn die zuständige Behörde die in den Absätzen 1 und 2 festgesetzten Fristen nicht einhält, darf die Dienstleistung erbracht werden.

(4) ¹Ergibt die Nachprüfung, dass die berufliche Qualifikation der Dienstleistungserbringerin oder des Dienstleistungserbringers im Sinne von § 7 Abs. 2 ausreicht, ist eine Bescheinigung darüber zu erteilen. ²Die Bescheinigung kann auf einen wesentlichen Teil der Tätigkeiten beschränkt werden, die zu einem Handwerk der Nummern 12 oder 33 bis 37 der Anlage A zur Handwerksordnung gehören.

EU/EWR-Handwerk-Verordnung **Anh. 2**

Abschnitt 3. Ordnungswidrigkeiten, Inkrafttreten, Außerkrafttreten

§ 10 Ordnungswidrigkeiten

Ordnungswidrig im Sinne des § 118 Abs. 1 Nr. 7 der Handwerksordnung handelt, wer entgegen § 8 Abs. 1 eine Anzeige nicht, nicht richtig, nicht vollständig, nicht in der vorgeschriebenen Weise oder nicht rechtzeitig erstattet.

§ 11 Inkrafttreten, Außerkrafttreten

¹Diese Verordnung tritt am Tag nach der Verkündung in Kraft. ²Gleichzeitig tritt die EU/EWR-Handwerk-Verordnung vom 4. August 1966 (BGBl. I S. 469), zuletzt geändert durch Artikel 4 der Verordnung vom 22. Juni 2004 (BGBl. I S. 1314), außer Kraft.

3. Verordnung über verwandte Handwerke

Vom 18. Dezember 1968

(BGBl. I S. 1355), Anl. geänd. durch VO v. 10. 7. 1978 (BGBl. I S. 984), Art. 2
Fünfte ÄndV zur Anl. A der HandwerksO v. 19. 3. 1989 (BGBl. I S. 551), Art. 2
Sechste ÄndV zur Anl. A der HandwerksO v. 9. 12. 1991 (BGBl. I S. 2169),
Art. 4 Abs. 2 HandwO-ÄndG v. 25. 3. 1998 (BGBl. I S. 596), Art. 8 Abs. 1
HandwerksrechtsÄndG v. 24. 12. 2003
(BGBl. I S. 2934) und Art. 3 VO v. 22. 6. 2004 (BGBl. I S. 1314)

FNA 7110-1-4

Auf Grund des § 7 Abs. 1 Satz 2 des Gesetzes zur Ordnung des Handwerks (Handwerksordnung) in der Fassung der Bekanntmachung vom 28. Dezember 1965 (Bundesgesetzbl. 1966 I S. 1), geändert durch das Einführungsgesetz zum Gesetz über Ordnungswidrigkeiten vom 24. Mai 1968 (Bundesgesetzblatt I S. 503), wird mit Zustimmung des Bundesrates verordnet:

§ 1 [Verwandte Handwerke]

Die in der Anlage zu dieser Verordnung in Spalte 1 aufgeführten zulassungspflichtige Handwerke sind mit den unter der gleichen Nummer in Spalte II aufgeführten zulassungspflichtigen Handwerken im Sinne des § 7 Abs. 1 Satz 2 der Handwerksordnung verwandt.

§ 2 *(aufgehoben)*

§ 3 [Inkrafttreten]

Diese Verordnung tritt am Tage nach der Verkündung in Kraft.

Anlage
(zu § 1)

Verzeichnis der verwandten Handwerke

Nr.	Spalte I	Spalte II
1.	Bäcker	Konditoren
2.	Konditoren	Bäcker
3.	Informationstechniker	Elektrotechniker
4.	Elektrotechniker	Informationstechniker

Verordnung über verwandte Handwerke **Anh. 3**

Nr.	Spalte I	Spalte II
5.	Elektrotechniker	Elektromaschinenbauer
6.	Elektromaschinenbauer	Elektrotechniker
7.	Kraftfahrzeugtechniker	Zweiradmechaniker (Krafträder)
8.	Zweiradmechaniker	Kraftfahrzeugtechniker (Krafträder)
9.	Landmaschinenmechaniker	Metallbauer
10.	Metallbauer	Feinwerkmechaniker; Landmaschinenmechaniker
11.	Maler und Lackierer	Stukkateure
12.	Stukkateure	Maler und Lackierer (Maler)
13.	Dachdecker	Klempner
14.	Klempner	Dachdecker
15.	Orthopädietechniker	Orthopädieschuhmacher (diabetes-adaptierte Fußbettungen)
16.	Orthopädieschuhmacher	Orthopädietechniker (diabetes-adaptierte Fußbettungen)

615

4. Verordnung über die Anerkennung von Prüfungen für die Eintragung in die Handwerksrolle

Vom 29. Juni 2005

(BGBl. I S. 1935)

FNA 7110-4-6

Auf Grund des § 7 Abs. 2 Satz 6 der Handwerksordnung in der Fassung der Bekanntmachung vom 24. September 1998 (BGBl. I S. 3074), der zuletzt durch Artikel 1 Nr. 9 Buchstabe c des Gesetzes vom 24. Dezember 2003 (BGBl. I S. 2934) geändert worden ist, verordnet das Bundesministerium für Wirtschaft und Arbeit im Einvernehmen mit dem Bundesministerium für Bildung und Forschung:

§ 1 Gegenstand

Die Verordnung regelt die Eintragung in die Handwerksrolle für den nach § 7 Abs. 2 Satz 1 der Handwerksordnung erfassten Personenkreis, der Prüfungen in Studien- oder Schulschwerpunkten abgelegt hat, deren Inhalte Meisterprüfungen in zulassungspflichtigen Handwerken der Anlage A zur Handwerksordnung entsprechen und die vor einem staatlichen oder staatlich anerkannten Prüfungsausschuss mit Erfolg abgelegt worden sind.

§ 2 Abschlussprüfungen an Hochschulen und an solchen Bildungseinrichtungen, die nach Landesrecht dem tertiären Bereich zugeordnet sind

(1) Abschlussprüfungen in Studiengängen mit technischer Ausrichtung, die an Hochschulen im Sinne des Hochschulrahmengesetzes, insbesondere an Universitäten und Fachhochschulen sowie an Bildungseinrichtungen, die nach Landesrecht dem tertiären Bereich zugeordnet sind, erfolgreich abgelegt worden sind, werden für die Eintragung in die Handwerksrolle in zulassungspflichtigen Handwerken nach Maßgabe der Voraussetzungen des Absatzes 2 anerkannt.

(2) Der Abschluss ist anzuerkennen, wenn der Studienschwerpunkt in seinen wesentlichen Inhalten der Meisterprüfung in dem zulassungspflichtigen Handwerk, für das die Eintragung beantragt wird, entspricht. Für die Beurteilung der wesentlichen Inhalte sind insbesondere

Verordnung über die Anerkennung von Prüfungen **Anh. 4**

1. die technische Ausrichtung des Studiengangs,
2. die Fächer, die als Studienschwerpunkt im Studiengang gewählt wurden und in denen ein Leistungsnachweis erbracht worden ist,
3. die erfolgreich angefertigte Abschlussarbeit und
4. die erfolgreich absolvierte Abschlussprüfung

maßgeblich.

(3) Als Nachweis über erfolgreich abgelegte Prüfungen gelten insbesondere von Hochschulen ausgestellte Zeugnisse.

§ 3 Abschlussprüfungen an staatlichen oder staatlich anerkannten Fachschulen

(1) Abschlussprüfungen, die an staatlichen oder staatlich anerkannten deutschen Fachschulen in den Fachbereichen Technik oder Gestaltung erfolgreich abgelegt worden sind, werden für die Eintragung in die Handwerksrolle in zulassungspflichtigen Handwerken nach Maßgabe der Voraussetzungen des Absatzes 2 anerkannt.

(2) [1]Der Abschluss ist anzuerkennen, wenn der Schulschwerpunkt in seinen wesentlichen Inhalten der Meisterprüfung in dem zulassungspflichtigen Handwerk, für das die Eintragung beantragt wird, entspricht. [2]Für die Beurteilung der wesentlichen Inhalte sind insbesondere

1. die gewählte Fachrichtung im Fachbereich,
2. die Fächer, die als Schwerpunkt in der Fachrichtung gewählt wurden, soweit eine Schwerpunktbildung auf Grund Landesregelung vorgesehen ist, und in denen ein Leistungsnachweis erbracht worden ist,
3. die erfolgreich angefertigte Abschlussarbeit, soweit eine solche auf Grund Landesregelung vorgesehen ist, und
4. die erfolgreich absolvierte Abschlussprüfung

maßgeblich.

(3) Als Nachweis über erfolgreich abgelegte Prüfungen gelten insbesondere von Fachschulen ausgestellte Zeugnisse.

§ 4 Antrag

[1]Die Eintragung in die Handwerksrolle ist bei der Handwerkskammer zu beantragen. [2]Der Antrag kann schriftlich oder zur Niederschrift erfolgen.

§ 5 Übergangsregelung

Prüfungen, die auf Grund der Verordnung über die Anerkennung von Prüfungen bei der Eintragung in die Handwerksrolle und bei Ablegung

Anh. 4 Verordnung über die Anerkennung von Prüfungen

der Meisterprüfung im Handwerk vom 2. November 1982 (BGBl. I S. 1475) anerkannt sind, gelten weiterhin als anerkannt.

§6 Inkrafttreten, Außerkrafttreten

¹Diese Verordnung tritt am Tag nach der Verkündung in Kraft. ²Gleichzeitig tritt die Verordnung über die Anerkennung von Prüfungen bei der Eintragung in die Handwerksrolle und bei Ablegung der Meisterprüfung im Handwerk vom 2. November 1982 (BGBl. I S. 1475) außer Kraft.

5. Verordnung über gemeinsame Anforderungen in der Meisterprüfung im Handwerk und in handwerksähnlichen Gewerben

Vom 18. Juli 2000

(BGBl. I S. 1078), geänd. durch Erste ÄndVO v. 16. 8. 2004 (BGBl. I S. 2191)

FNA 7110-5-2

Auf Grund des § 45 Nr. 2 der Handwerksordnung in der Fassung der Bekanntmachung vom 24. September 1998 (BGBl. I S. 3074) in Verbindung mit Artikel 56 des Zuständigkeitsanpassungs-Gesetzes vom 18. März 1975 (BGBl. I S. 705) und dem Organisationserlass vom 27. Oktober 1998 (BGBl. I S. 3288) verordnet das Bundesministerium für Wirtschaft und Technologie im Einvernehmen mit dem Bundesministerium für Bildung und Forschung:

Abschnitt 1. Gemeinsame Vorschriften

§ 1 Gliederung und Inhalt der Meisterprüfung

(1) Die Meisterprüfung in zulassungspflichtigen Handwerken der Anlage A zur Handwerksordnung umfasst folgende selbständige Prüfungsteile:
1. die Prüfung der meisterhaften Verrichtung der im jeweiligen Handwerk wesentlichen Tätigkeiten (Teil I),
2. die Prüfung der erforderlichen fachtheoretischen Kenntnisse im jeweiligen Handwerk (Teil II),
3. die Prüfung der erforderlichen betriebswirtschaftlichen, kaufmännischen und rechtlichen Kenntnisse (Teil III) und
4. die Prüfung der erforderlichen berufs- und arbeitspädagogischen Kenntnisse (Teil IV).

(2) Die Meisterprüfung in zulassungsfreien Handwerken und handwerksähnlichen Gewerben der Anlage B zur Handwerksordnung umfasst folgende selbständige Prüfungsteile:
1. die Prüfung der meisterhaften Verrichtung der Tätigkeiten im jeweiligen Handwerk oder im jeweiligen handwerksähnlichen Gewerbe (Teil I),
2. die Prüfung besonderer fachtheoretischer Kenntnisse im jeweiligen Handwerk oder im jeweiligen handwerksähnlichen Gewerbe (Teil II),

Anh. 5 Verordnung über gemeinsame Anforderungen

3. die Prüfung besonderer betriebswirtschaftlicher, kaufmännischer und rechtlicher Kenntnisse (Teil III) und
4. die Prüfung der erforderlichen berufs- und arbeitspädagogischen Kenntnisse (Teil IV).

(3) ¹Die Prüfungsanforderungen in den Teilen I und II bestimmen sich nach den für die einzelnen Gewerbe der Anlagen A und B zur Handwerksordnung erlassenen Rechtsverordnungen oder nach den gemäß § 119 Abs. 5 und § 122 der Handwerksordnung weiter anzuwendenden Vorschriften. ²Für die Prüfungsanforderungen in den Teilen III und IV gelten die §§ 4 und 5 dieser Verordnung.

§ 2 Bestehen der Meisterprüfung, Bewertungssystem

(1) ¹Die Meisterprüfung ist insgesamt bestanden, wenn jeder der vier Teile der Meisterprüfung bestanden worden ist. ²Hierfür sind in jedem Prüfungsteil insgesamt ausreichende Leistungen zu erbringen sowie die sonstigen in den Meisterprüfungsverordnungen vorgeschriebenen Mindestvoraussetzungen zu erfüllen. ³Die Befreiung von einem Teil der Meisterprüfung steht dem Bestehen dieses Teils gleich.

(2) ¹Für die Bewertung der Prüfungsleistungen in den Prüfungsbereichen, in den Prüfungsfächern, in den Handlungsfeldern, in der praktischen Prüfung im Teil IV und im Falle von Ergänzungsprüfungen ist der nachstehende 100-Punkte-Schlüssel anzuwenden:

100–92 Punkte	für eine den Anforderungen in besonderem Maße entsprechende Leistung,
unter 92–81 Punkte	für eine den Anforderungen voll entsprechende Leistung,
unter 81–67 Punkte	für eine den Anforderungen im Allgemeinen entsprechende Leistung,
unter 67–50 Punkte	für eine Leistung, die zwar Mängel aufweist, aber im Ganzen den Anforderungen noch entspricht,
unter 50–30 Punkte	für eine Leistung, die den Anforderungen nicht entspricht, jedoch erkennen lässt, dass gewisse Grundkenntnisse noch vorhanden sind,
unter 30–0 Punkte	für eine Leistung, die den Anforderungen nicht entspricht und bei der selbst Grundkenntnisse sehr lückenhaft sind oder fehlen.

²Der 100-Punkte-Schlüssel ist auch auf Prüfungsleistungen anzuwenden, die innerhalb von Prüfungsbereichen, Prüfungsfächern und Handlungsfeldern zu erbringen und ihrer Natur nach für sich genommen zu bewerten sind.

in der Meisterprüfung **Anh. 5**

(3) ¹Die Note für jeden Teil der Meisterprüfung wird auf der Grundlage des gewichteten rechnerischen Durchschnitts der nach Absatz 2 erzielten Punkte festgesetzt. ²Dabei bedeuten:

        100–92 Punkte die Note: sehr gut,
  unter 92–81 Punkte die Note: gut,
  unter 81–67 Punkte die Note: befriedigend,
  unter 67–50 Punkte die Note: ausreichend,
  unter 50–30 Punkte die Note: mangelhaft,
  unter 30– 0 Punkte die Note: ungenügend.

(4) Über das Ergebnis der Prüfung in jedem Teil der Meisterprüfung und die dabei erzielte Note ist dem Prüfling unverzüglich ein schriftlicher Bescheid mit Rechtsbehelfsbelehrung zu erteilen.

(5) ¹Über das Bestehen der Meisterprüfung insgesamt ist vom zuletzt tätig gewordenen fachlich zuständigen Meisterprüfungsausschuss ein Zeugnis zu erteilen. ²In dem Zeugnis sind die in den Teilen der Meisterprüfung erzielten Noten sowie Befreiungen, unter Angabe der Rechtsgrundlage, auszuweisen. ³Das Zeugnis ist vom Vorsitzenden des Meisterprüfungsausschusses zu unterschreiben und von der Handwerkskammer zu beglaubigen.

§ 3 Wiederholung der Meisterprüfung

(1) Die einzelnen nicht bestandenen Teile der Meisterprüfung können dreimal wiederholt werden.

(2) ¹Der Prüfling ist auf Antrag von der Wiederholung der Prüfung in Prüfungsbereichen, in Prüfungsfächern, in Handlungsfeldern oder im praktischen Teil der Prüfung im Teil IV zu befreien, wenn seine Leistungen darin in einer vorangegangenen Prüfung mit mindestens 50 Punkten bewertet wurden. ²Eine Befreiung ist nur möglich, wenn sich der Prüfling innerhalb von sieben Jahren, gerechnet vom Tag der Bescheidung über den nicht bestandenen Prüfungsteil, zur Wiederholungsprüfung anmeldet.

Abschnitt 2. Prüfungsanforderungen in den Teilen III und IV der Meisterprüfung

§ 4 Prüfung der betriebswirtschaftlichen, kaufmännischen und rechtlichen Kenntnisse (Teil III)

(1) ¹Durch die Prüfung in Teil III der Meisterprüfung wird festgestellt, ob der Prüfling die betriebswirtschaftlichen, kaufmännischen und rechtlichen Kenntnisse gemäß § 1 Abs. 1 Nr. 3 oder § 1 Abs. 2 Nr. 3 besitzt. ²Diese Kenntnisse hat er in den nachstehend aufgeführten Handlungsfeldern nachzuweisen:

Anh. 5 Verordnung über gemeinsame Anforderungen

1. Grundlagen des Rechnungswesens und Controllings:
   a) Buchführung,
   b) Jahresabschluss und Grundzüge der Auswertung,
   c) Kosten- und Leistungsrechnung, Controlling.
2. Grundlagen wirtschaftlichen Handelns im Betrieb:
   a) Handwerk in Wirtschaft und Gesellschaft,
   b) Marketing,
   c) Organisation,
   d) Personalwesen und Mitarbeiterführung,
   e) Finanzierung,
   f) Planung und
   g) Gründung.
3. Rechtliche und steuerliche Grundlagen:
   a) Bürgerliches Recht, Mahn- und Klageverfahren, Zwangsvollstreckung, Insolvenzverfahren,
   b) Handwerks- und Gewerberecht, Handels- und Gesellschaftsrecht, Wettbewerbsrecht,
   c) Arbeitsrecht,
   d) Sozial- und Privatversicherungen,
   e) Steuern.

(2) ^{1}Die Prüfung ist schriftlich durchzuführen und soll insgesamt nicht länger als fünf Stunden dauern. ^{2}In jedem Handlungsfeld sind mehrere Aufgaben zu bearbeiten. ^{3}In der Prüfung muss mindestens eine Aufgabe fallorientiert sein.

(3) ^{1}Die schriftliche Prüfung ist in einem der in Absatz 1 genannten Handlungsfelder auf Antrag des Prüflings oder nach Ermessen des Meisterprüfungsausschusses durch eine mündliche Prüfung zu ergänzen (Ergänzungsprüfung), wenn diese das Bestehen des Teils der Meisterprüfung ermöglicht. ^{2}Die Ergänzungsprüfung soll je Prüfling nicht länger als 20 Minuten dauern. ^{3}Das Ergebnis der jeweiligen schriftlichen Prüfung und der Ergänzungsprüfung ist im Verhältnis 2:1 zu gewichten.

(4) ^{1}Mindestvoraussetzung für das Bestehen des Teils III der Meisterprüfung ist eine insgesamt ausreichende Prüfungsleistung. ^{2}Ist die Prüfung in einem Handlungsfeld auch nach durchgeführter Ergänzungsprüfung mit weniger als 30 Punkten bewertet worden, ist die Prüfung des Teils III nicht bestanden.

§ 5 Prüfung der berufs- und arbeitspädagogischen Kenntnisse (Teil IV)

(1) ^{1}Durch die Prüfung in Teil IV der Meisterprüfung wird festgestellt, ob der Prüfling die zur ordnungsgemäßen Ausbildung von Lehrlingen er-

in der Meisterprüfung **Anh. 5**

forderlichen berufs- und arbeitspädagogischen Kenntnisse besitzt. ²Diese Kenntnisse hat er in den nachstehend aufgeführten Handlungsfeldern nachzuweisen:
1. Allgemeine Grundlagen:
   a) Bedeutung und Stellung der Berufsbildung,
   b) Bedeutung des dualen Systems der Berufsausbildung,
   c) rechtliche Rahmenbedingungen der Ausbildung,
   d) Aufgaben, Stellung und Funktion des Ausbilders,
   e) Aufgaben der Handwerksorganisationen in der Berufsbildung sowie Möglichkeiten der Mitwirkung.
2. Planung der Ausbildung:
   a) Ausbildungsberufe und Ausbildungsplatzentscheidungen,
   b) Ziele und Struktur der Ausbildungsordnung,
   c) Eignung des Ausbildungsbetriebes,
   d) betrieblicher Ausbildungsplan,
   e) Ausbildung und Führungsstil,
   f) Partner im dualen System.
3. Einstellung von Auszubildenden:
   a) Einstellungsverfahren,
   b) Ausbildungsvertrag,
   c) Eintragung und Anmeldung,
   d) Einführung und Probezeit.
4. Ausbildung am Arbeitsplatz:
   a) Ausbildungsmethoden,
   b) Lernen am Arbeitsplatz,
   c) Lernhilfen/Medien,
   d) Lernerfolgskontrollen und Leistungsbeurteilung, insbesondere Beurteilungsgespräche und Auswerten von Prüfungen.
5. Förderung des Lernprozesses:
   a) Lernvoraussetzungen, insbesondere unter Berücksichtigung kultureller Unterschiede bei der Ausbildung,
   b) Anleiten zu Lern- und Arbeitstechniken, Fördern der Lernmotivation,
   c) Sichern von Lernerfolgen,
   d) Umgang mit Lernschwierigkeiten und Verhaltensauffälligkeiten,
   e) Kooperation mit externen Beratungsstellen,
   f) Förderung von Leistungsstärken.
6. Ausbildung in der Gruppe:
   a) Teambildung,
   b) gruppenspezifische Ausbildungsmethoden, insbesondere Kurzvorträge und Moderation,
   c) Lernen und Arbeiten im Team,
   d) Konflikte und Konfliktlösung.

Anh. 5 Verordnung über gemeinsame Anforderungen

7. Abschluss der Ausbildung:
   a) Vorbereitung auf Prüfungen,
   b) Anmeldung zu Prüfungen,
   c) Erstellen von Zeugnissen,
   d) Fortbildungs- und Förderungsmöglichkeiten.

(2) Die Prüfung nach Absatz 1 besteht aus einem schriftlichen und einem praktischen Teil.

(3) [1]Im schriftlichen Teil der Prüfung sind Aufgaben aus mehreren Handlungsfeldern zu bearbeiten. [2]Mindestens eine der Aufgaben muss fallorientiert sein. [3]Der schriftliche Teil der Prüfung soll insgesamt nicht länger als drei Stunden dauern.

(4) [1]Der praktische Teil der Prüfung besteht aus der Präsentation oder der praktischen Durchführung einer vom Prüfling auszuwählenden Ausbildungseinheit und aus einem Prüfungsgespräch. [2]In diesem hat der Prüfling seine Kriterien für die Auswahl und Gestaltung der Ausbildungseinheit zu begründen. [3]Der praktische Teil der Prüfung soll nicht länger als 30 Minuten dauern.

(5) Der schriftliche und der praktische Teil der Prüfung sind gleich zu gewichten.

(6) [1]Der schriftliche Teil der Prüfung ist in einem der in Absatz 1 genannten Handlungsfelder auf Antrag des Prüflings oder nach Ermessen des Meisterprüfungsausschusses durch eine mündliche Prüfung zu ergänzen (Ergänzungsprüfung), wenn diese das Bestehen des Teils der Meisterprüfung ermöglicht. [2]Die Ergänzungsprüfung soll je Prüfling nicht länger als 20 Minuten dauern. [3]Das Ergebnis der jeweiligen schriftlichen Prüfung und der Ergänzungsprüfung ist im Verhältnis 2: 1 zu gewichten.

(7) Mindestvoraussetzung für das Bestehen des Teils IV der Meisterprüfung ist die Bewertung des schriftlichen Teils der Prüfung, unter Berücksichtigung von Absatz 6, und des praktischen Teils der Prüfung mit jeweils mindestens 50 Punkten.

Abschnitt 3. Übergangs- und Schlussvorschriften

§ 6 Übergangsvorschriften

(1) [1]Die bis zum 31. August 2004 begonnenen Prüfungsverfahren werden auf Antrag des Prüflings nach den bisherigen Vorschriften zu Ende geführt. [2]Bei der Anmeldung zur Prüfung bis zum Ablauf des 28. Februar 2005 sind auf Antrag des Prüflings die bisherigen Vorschriften anzuwenden.

(2) Prüflinge, die die Prüfung nach den bis zum 31. August 2004 geltenden Vorschriften nicht bestanden haben und sich bis zum 31. August 2006 zu einer Wiederholungsprüfung anmelden, können auf Antrag die

in der Meisterprüfung **Anh. 5**

Wiederholungsprüfung nach den bis zum 31. August 2004 geltenden Vorschriften ablegen.

(3) Bei Meisterprüfungsverordnungen, die vor dem 1. April 1998 erlassen worden sind, gelten die Meisterprüfungsarbeit und die Arbeitsprobe als Prüfungsbereiche im Sinne dieser Verordnung.

§ 7 Inkrafttreten, Außerkrafttreten

[1]Diese Verordnung tritt am 1. November 2000 in Kraft. [2]Gleichzeitig tritt die Verordnung über gemeinsame Anforderungen in der Meisterprüfung im Handwerk vom 12. Dezember 1972 (BGBl. I S. 2381), geändert durch Artikel 2 des Gesetzes vom 20. Dezember 1993 (BGBl. I S. 2256), außer Kraft.

6. Verordnung über das Zulassungs- und Prüfungsverfahren für die Meisterprüfung im Handwerk (Meisterprüfungsverfahrensverordnung – MPVerfVO)[1)]

Vom 17. Dezember 2001

(BGBl. I S. 4154)

BGBl. III/FNA 7110–18

Auf Grund des § 50 Abs. 2 der Handwerksordnung2[2)] in der Fassung der Bekanntmachung vom 24. September 1998 (BGBl. I S. 3074) in Verbindung mit Artikel 56 Abs. 1 des Zuständigkeitsanpassungs-Gesetzes vom 18. März 1975 (BGBl. I S. 705) und dem Organisationserlass vom 27. Oktober 1998 (BGBl. I S. 3288) verordnet das Bundesministerium für Wirtschaft und Technologie:

§ 1 Gegenstand

[1]Die Verordnung regelt das Zulassungs- und Prüfungsverfahren für die Meisterprüfung im Handwerk durch die Meisterprüfungsausschüsse. [2]Die jeweilige Meisterprüfungsverordnung sowie die Verordnung über gemeinsame Anforderungen in der Meisterprüfung im Handwerk3[3)] bleiben unberührt.

§ 2 Zuständiger Meisterprüfungsausschuss

(1) Für die Abnahme jedes Teils der Meisterprüfung ist der Meisterprüfungsausschuss zuständig, in dessen örtlichem Zuständigkeitsbereich der Prüfling
a) seinen ersten Wohnsitz hat oder
b) in einem Arbeitsverhältnis steht oder
c) eine Maßnahme zur Vorbereitung auf die Meisterprüfung besucht oder
d) ein Handwerk oder ein sonstiges Gewerbe selbständig betreibt.

[1)] **Amtl. Anm.**: Erläuterungen zu der Verordnung werden im Bundesanzeiger veröffentlicht.
[2)] Nr. **70**.
[3)] Nr. **77**.

Meisterprüfungsverfahrensverordnung **Anh. 6**

(2) Für die Abnahme der Teile I und II der Meisterprüfung muss außerdem die fachliche Zuständigkeit des Meisterprüfungsausschusses gegeben sein.

(3) ¹Die Entscheidung über die Zuständigkeit obliegt dem Vorsitzenden des Meisterprüfungsausschusses. ²Soweit er die Voraussetzungen für die Zuständigkeit nicht für gegeben hält, entscheidet der Meisterprüfungsausschuss.

(4) ¹Der zuständige Meisterprüfungsausschuss kann auf Antrag des Prüflings in begründeten Fällen die Genehmigung zur Ablegung einzelner Teile der Meisterprüfung vor einem örtlich nicht zuständigen Meisterprüfungsausschuss erteilen, wenn dieser zustimmt. ²Dies gilt auch für Wiederholungsprüfungen.

§ 3 Beschlussfassung

(1) Alle Mitglieder des Meisterprüfungsausschusses wirken mit bei Entscheidungen über
1. die Zulassung, soweit darüber nicht der Vorsitzende entscheidet,
2. den Ausschluss des Prüflings von einer Prüfung,
3. die Feststellung der Noten für die Teile der Meisterprüfung,
4. das Bestehen oder Nichtbestehen der Teile der Meisterprüfung und der Meisterprüfung insgesamt.

Stimmenthaltung ist nicht zulässig.

(2) ¹Bei sonstigen Entscheidungen müssen mindestens drei Mitglieder anwesend sein. ²Es genügt die einfache Mehrheit der anwesenden Mitglieder.

(3) Zur Beschleunigung können Entscheidungen nach Absatz 2 im Umlaufverfahren herbeigeführt werden, falls kein Mitglied widerspricht.

§ 4 Ausschluss von der Mitwirkung

(1) ¹Bei der Zulassung und bei der Abnahme jedes Teils der Meisterprüfung dürfen nicht mitwirken
1. Arbeitgeber des Prüflings,
2. Geschäftsteilhaber, Vorgesetzte oder Mitarbeiter des Prüflings,
3. Angehörige des Prüflings.

(2) Angehörige im Sinne des Absatzes 1 Nr. 3 sind
1. Verlobte,
2. Ehegatten,
3. Lebenspartner,
4. Verwandte und Verschwägerte in gerader Linie,
5. Geschwister,
6. Kinder der Geschwister,

7. Ehegatten der Geschwister und Geschwister der Ehegatten,
8. Geschwister der Eltern,
9. Personen, die durch eine Annahme als Kind miteinander verbunden sind,
10. Personen, die durch ein auf längere Dauer angelegtes Pflegeverhältnis mit häuslicher Gemeinschaft wie Eltern und Kinder miteinander verbunden sind.

²Die in den Nummern 2, 4 und 7 aufgeführten Personen sind Angehörige auch dann, wenn die dort genannte Ehe nicht mehr besteht; die in Nummer 10 aufgeführten Personen sind Angehörige auch dann, wenn die häusliche Gemeinschaft nicht mehr besteht, sofern sie weiterhin wie Eltern und Kind miteinander verbunden sind.

(3) Absatz 1 findet keine Anwendung, wenn die Zulassung und die Abnahme weder durch Stellvertreter noch durch einen anderen Meisterprüfungsausschuss sichergestellt werden können.

(4) ¹Liegt ein Ausschlussgrund nach Absatz 1 vor oder bestehen Zweifel, ob die dort genannten Voraussetzungen gegeben sind, so ist dies dem Meisterprüfungsausschuss unverzüglich mitzuteilen. ²Der Meisterprüfungsausschuss entscheidet über den Ausschluss. ³Die betroffene Person darf an dieser Entscheidung nicht mitwirken und sich im Falle des Ausschlusses an der weiteren Prüfung nicht mehr beteiligen.

(5) ¹Liegt ein Grund vor, der geeignet ist, Misstrauen gegen eine unparteiische Prüfertätigkeit zu rechtfertigen, oder wird von einem Prüfling das Vorliegen eines solchen Grundes behauptet, so entscheidet der Meisterprüfungsausschuss über den Ausschluss. ²Die betroffene Person darf an dieser Entscheidung nicht mitwirken und sich im Falle des Ausschlusses an der weiteren Prüfung nicht mehr beteiligen.

§ 5 Verschwiegenheit

¹Die Mitglieder des Meisterprüfungsausschusses sind zur Amtsverschwiegenheit verpflichtet. ²Diese Verpflichtung bleibt auch nach dem Ausscheiden aus dem Meisterprüfungsausschuss bestehen.

§ 6 Nichtöffentlichkeit

(1) Die Meisterprüfung ist nicht öffentlich.

(2) Vertreter der obersten Landesbehörde, der höheren Verwaltungsbehörde und der Handwerkskammer sind berechtigt, bei der Prüfung anwesend zu sein.

(3) Der Vorsitzende kann nach Anhörung des Meisterprüfungsausschusses in begründeten Fällen Gäste zulassen.

Meisterprüfungsverfahrensverordnung **Anh. 6**

§ 7 Rücktritt, Nichtteilnahme

(1) ¹Von jedem Teil der Meisterprüfung kann der Prüfling bis zum Beginn der Prüfung durch schriftliche Erklärung von der Prüfung zurücktreten. ²In diesem Fall gilt dieser Teil der Meisterprüfung als nicht abgelegt.

(2) ¹Tritt der Prüfling nach Beginn einer Prüfung zurück, gilt dieser Teil der Meisterprüfung als nicht bestanden. ²Dies gilt auch, wenn der Prüfling nicht oder nicht rechtzeitig zu einer Prüfung erscheint, ohne dass ein wichtiger Grund vorliegt. ³Liegt ein wichtiger Grund vor, ist Absatz 1 anzuwenden; § 3 Abs. 2 der Verordnung über gemeinsame Anforderungen in der Meisterprüfung im Handwerk1[4)] bleibt unberührt.

(3) ¹Der wichtige Grund ist unverzüglich mitzuteilen und nachzuweisen. ²Über das Vorliegen eines wichtigen Grundes entscheidet der Meisterprüfungsausschuss.

§ 8 Täuschungshandlungen, Ordnungsverstöße

(1) ¹Wenn ein Prüfling eine Täuschungshandlung begeht oder unterstützt, unerlaubte Arbeits- und Hilfsmittel benutzt oder den Ablauf der Prüfung erheblich stört, können die mit der Aufsicht beauftragten Personen dem Prüfling die Fortführung der Prüfung unter Vorbehalt gestatten oder ihn von der Prüfung ausschließen. ²Werden Sicherheitsbestimmungen beharrlich missachtet oder ist durch das Verhalten des Prüflings die ordnungsgemäße Durchführung der Prüfung nicht gewährleistet, soll der Prüfling von der Prüfung ausgeschlossen werden. ³Der Sachverhalt ist festzustellen und zu protokollieren.

(2) ¹Mit der Aufsicht beauftragte Personen können nur eine vorläufige Entscheidung im Sinne des Absatzes 1 treffen. ²Die endgültige Entscheidung trifft der Meisterprüfungsausschuss nach Anhörung des Prüflings.

(3) ¹In schwerwiegenden Fällen gilt der jeweilige Teil der Meisterprüfung als nicht bestanden. ²In den übrigen Fällen gilt die Prüfung für den Prüfungsbereich, das Prüfungsfach, das Handlungsfeld oder den praktischen Teil der Prüfung im Teil IV der Meisterprüfung als nicht abgelegt. ³Das Gleiche gilt bei Täuschungshandlungen, die innerhalb eines Jahres nachträglich festgestellt werden.

§ 9 Organisation der Prüfung

(1) ¹Der Vorsitzende des Meisterprüfungsausschusses beraumt die Prüfungstermine grundsätzlich nach Bedarf an. ²Der Meisterprüfungsausschuss gibt die Termine mindestens einen Monat vorher bekannt unter

---

[4)] Nr. 77.

Angabe einer Frist, innerhalb derer die Prüflinge dem Ausschuss ihre Absicht zur Teilnahme mitzuteilen haben (Anmeldung).

(2) ¹Der Vorsitzende bestimmt Ort und Zeit der zu erbringenden Prüfungsleistung. ²Im Ausnahmefall kann er Termin- und Ortswünsche des Prüflings berücksichtigen.

(3) Der Vorsitzende regelt die Aufsicht während der Prüfung.

(4) Die in den Absätzen 1 bis 3 genannten Aufgaben nimmt der Vorsitzende in Abstimmung mit den übrigen Mitgliedern des Meisterprüfungsausschusses wahr.

§ 10 Zulassung

(1) ¹Der Antrag auf Zulassung ist schriftlich zu stellen. ²Darin ist anzugeben, für welches Handwerk die Zulassung beantragt wird. ³Dem Antrag sind beizufügen

1. der Nachweis, der die Zuständigkeit des Meisterprüfungsausschusses begründet,
2. das Zeugnis über die Gesellenprüfung, eine entsprechende Abschlussprüfung oder ein diesen Zeugnissen gleichgestelltes Zeugnis,
3. im Falle des § 49 Abs. 1 der Handwerksordnung der Nachweis über die vorgeschriebene Berufstätigkeit, die fachliche Eignung zum Ausbilden von Lehrlingen, eine abgelegte Meisterprüfung oder eine entsprechende Prüfung nach dem Berufsbildungsgesetz,
4. im Falle des § 49 Abs. 2 der Handwerksordnung der Nachweis über den Besuch einer Fachschule,
5. im Falle des § 49 Abs. 3 der Handwerksordnung der Nachweis über eine sonstige praktische Tätigkeit,
6. im Falle des § 49 Abs. 4 der Handwerksordnung der Bescheid der Handwerkskammer.

(2) ¹Die Zulassung obliegt dem Vorsitzenden des Meisterprüfungsausschusses. ²Soweit er die Zulassungsvoraussetzungen für nicht gegeben hält, entscheidet der Meisterprüfungsausschuss.

(3) Werden unrichtige Unterlagen beim Antrag auf Zulassung vorgelegt, ist § 8 Abs. 3 entsprechend anzuwenden.

(4) Bei der Anmeldung zu jedem Teil der Meisterprüfung hat der Prüfling den Nachweis nach Absatz 1 Nr. 1 sowie den Bescheid über die Zulassung vorzulegen.

§ 11 Befreiungen

(1) ¹Anträge auf Befreiung von einzelnen Teilen der Meisterprüfung können zusammen mit dem Antrag auf Zulassung oder mit der Anmeldung zu einem Teil der Meisterprüfung beim zuständigen Meisterprü-

Meisterprüfungsverfahrensverordnung **Anh. 6**

fungsausschuss gestellt werden; Gründe, die nach der Handwerksordnung zur Befreiung von Teilen der Meisterprüfung führen, sind beim zuständigen Meisterprüfungsausschuss geltend zu machen. ²Für Entscheidungen über Befreiungen von den Teilen I und II muss auch die fachliche Zuständigkeit des Meisterprüfungsausschusses gegeben sein.

(2) Anträge auf Befreiung von Prüfungsbereichen, Prüfungsfächern, Handlungsfeldern oder vom praktischen Teil der Prüfung im Teil IV sind spätestens mit der Anmeldung für den jeweiligen Teil der Meisterprüfung zu stellen.

(3) ¹Anträge auf Befreiung sind schriftlich beim zuständigen Meisterprüfungsausschuss zu stellen; die Nachweise über Befreiungsgründe sind beizufügen. ²Werden Gründe geltend gemacht, die nach der Handwerksordnung zur Befreiung von Teilen der Meisterprüfung führen, gilt Satz 1 entsprechend.

§ 12 Einladung zur Prüfung

¹Ort und Zeit der Prüfung sind dem Prüfling mindestens zwei Wochen vorher schriftlich bekannt zu geben. ²Dabei ist ihm auch mitzuteilen, welche Arbeits- und Hilfsmittel notwendig oder erlaubt sind. ³Der Prüfling ist auf § 7 hinzuweisen.

§ 13 Ausweispflicht und Belehrung

(1) Der Prüfling hat sich auf Verlangen der mit der Aufsicht beauftragten Person oder eines Mitglieds des Meisterprüfungsausschusses zur Person auszuweisen.

(2) Er ist zu Beginn der Prüfung über den Prüfungsablauf, die zur Verfügung stehende Zeit, die erlaubten Arbeits- und Hilfsmittel sowie über die Folgen bei Rücktritt, Nichtteilnahme, Täuschungshandlungen und Ordnungsverstößen zu belehren.

§ 14 Prüfungsaufgaben

(1) Der Meisterprüfungsausschuss beschließt die Prüfungsaufgaben.

(2) Der Meisterprüfungsausschuss soll die Vorschläge des Prüflings zum Meisterprüfungsprojekt oder zur Meisterprüfungsarbeit berücksichtigen, wenn sie den Prüfungsanforderungen der jeweiligen Meisterprüfungsverordnung entsprechen und ihre Durchführung oder Anfertigung keinen für den Meisterprüfungsausschuss unangemessenen Zeit- und Kostenaufwand erfordern.

(3) Der Meisterprüfungsausschuss kann für alle Prüflinge einheitlich die Durchführung eines Meisterprüfungsprojekts oder die Anfertigung

einer Meisterprüfungsarbeit und die Bearbeitung einer Situationsaufgabe oder einer Arbeitsprobe unter ständiger Aufsicht zum selben Zeitpunkt am gleichen Ort (Klausur) anordnen.

(4) Wenn der Prüfling eine Behinderung nachweist, sind seine besonderen Belange bei der Prüfung angemessen zu berücksichtigen.

§ 15 Durchführung des Meisterprüfungsprojekts, Anfertigung der Meisterprüfungsarbeit, Bewertung

(1) Der Prüfling hat dem Meisterprüfungsausschuss den Beginn der Durchführung des Meisterprüfungsprojekts oder der Anfertigung der Meisterprüfungsarbeit rechtzeitig mitzuteilen, sofern diese Prüfungsleistung nicht in Klausur erbracht wird.

(2) [1]Der Vorsitzende kann eine Person, die nicht Mitglied des Meisterprüfungsausschusses sein muss, mit der Aufsicht beauftragen. [2]Die Aufsicht führende Person fertigt ein Protokoll an, aus dem auch hervorgehen muss, ob der Prüfling das Meisterprüfungsprojekt oder die Meisterprüfungsarbeit selbständig und nur unter Einsatz der erlaubten Arbeits- und Hilfsmittel durchgeführt oder angefertigt hat.

(3) [1]Der Prüfling hat das Meisterprüfungsprojekt oder die Meisterprüfungsarbeit mit den vorgeschriebenen Unterlagen am festgesetzten Ort zur festgesetzten Zeit dem Meisterprüfungsausschuss vorzustellen. [2]Der Vorsitzende des Meisterprüfungsausschusses kann bei Vorliegen eines wichtigen Grundes auf Antrag eine Fristverlängerung gewähren. [3]Soweit er das Vorliegen eines wichtigen Grundes für nicht gegeben hält, entscheidet der Meisterprüfungsausschuss.

(4) [1]Der Prüfling hat schriftlich zu versichern, dass er das Meisterprüfungsprojekt oder die Meisterprüfungsarbeit selbständig durchgeführt oder angefertigt hat. [2]Dies gilt auch für die vorgeschriebenen Unterlagen.

(5) [1]Wird ein Meisterprüfungsprojekt oder eine Meisterprüfungsarbeit nicht, wie nach Absatz 3 Satz 1 bestimmt, vorgestellt, so ist der Teil I der Meisterprüfung nicht bestanden. [2]Wird ein Meisterprüfungsprojekt oder eine Meisterprüfungsarbeit nicht selbständig oder unter Benutzung nicht erlaubter Arbeits- und Hilfsmittel durchgeführt oder angefertigt, so ist § 8 entsprechend anzuwenden.

(6) [1]Zur Vorbereitung der Beschlussfassung nach § 19 Abs. 1 soll der Vorsitzende mindestens drei Mitglieder mit der Bewertung des Meisterprüfungsprojekts oder der Meisterprüfungsarbeit beauftragen. [2]In Ausnahmefällen, insbesondere wenn dies der sachgemäßen Durchführung der Prüfung dient, genügt die Beauftragung von zwei Mitgliedern. [3]Zwei der beauftragten Mitglieder müssen in dem Handwerk, für das der Meisterprüfungsausschuss errichtet ist, die Meisterprüfung abgelegt haben oder das Recht zum Ausbilden von Lehrlingen besitzen.

Meisterprüfungsverfahrensverordnung **Anh. 6**

§ 16 Durchführung mündlicher Prüfungen, Bewertung

(1) ¹Das Fachgespräch ist als Einzelgespräch zu führen. ²Der Vorsitzende soll mindestens drei Mitglieder mit der Durchführung beauftragen. ³In Ausnahmefällen, insbesondere wenn dies der sachgemäßen Durchführung der Prüfung dient, genügt die Beauftragung von zwei Mitgliedern. ⁴Zwei der beauftragten Mitglieder müssen in dem Handwerk, für das der Meisterprüfungsausschuss errichtet ist, die Meisterprüfung abgelegt haben oder das Recht zum Ausbilden von Lehrlingen besitzen.

(2) ¹Für Ergänzungsprüfungen und sonstige in Meisterprüfungsverordnungen vorgesehene mündliche Prüfungen gelten Absatz 1 Sätze 2 und 3 mit der Maßgabe, dass in Teil II zwei der beauftragten Mitglieder in dem Handwerk, für das der Meisterprüfungsausschuss errichtet ist, die Meisterprüfung abgelegt haben oder das Recht zum Ausbilden von Lehrlingen besitzen müssen; in den Teilen III und IV muss eines der beauftragten Mitglieder die Voraussetzungen des § 48 Abs. 5 der Handwerksordnung erfüllen. ²Der Meisterprüfungsausschuss kann bestimmen, dass sonstige mündliche Prüfungen in einem Gruppengespräch durchzuführen sind.

(3) Zur Vorbereitung der Beschlussfassung nach § 19 Abs. 1 dokumentieren die Mitglieder des Meisterprüfungsausschusses, die die mündlichen Prüfungen durchführen, die wesentlichen Abläufe, bewerten die Prüfungsleistungen und halten dabei die für die Bewertung erheblichen Tatsachen fest.

§ 17 Durchführung der Situationsaufgabe oder Arbeitsprobe und der praktischen Prüfung, Bewertung

(1) ¹Der Vorsitzende soll mindestens drei Mitglieder mit der Durchführung der Situationsaufgabe oder der Arbeitsprobe beauftragen. ²In Ausnahmefällen, insbesondere wenn dies der sachgemäßen Durchführung der Prüfung dient, genügt die Beauftragung von zwei Mitgliedern. ³Zwei der beauftragten Mitglieder müssen in dem Handwerk, für das der Meisterprüfungsausschuss errichtet ist, die Meisterprüfung abgelegt haben oder das Recht zum Ausbilden von Lehrlingen besitzen. ⁴Der Meisterprüfungsausschuss kann bestimmen, dass die Situationsaufgabe oder die Arbeitsprobe in einer Gruppenprüfung durchgeführt wird.

(2) ¹Der Vorsitzende soll mindestens drei Mitglieder mit der Durchführung des praktischen Teils der Prüfung im Teil IV der Meisterprüfung beauftragen. ²In Ausnahmefällen, insbesondere wenn dies der sachgemäßen Durchführung der Prüfung dient, genügt die Beauftragung von zwei Mitgliedern. ³Eines der beauftragten Mitglieder muss die Voraussetzungen des § 48 Abs. 5 der Handwerksordnung erfüllen.

(3) Zur Vorbereitung der Beschlussfassung nach § 19 Abs. 1 dokumentieren die Mitglieder des Meisterprüfungsausschusses, die die Situationsaufgabe oder Arbeitsprobe und den praktischen Teil der Prüfung im Teil IV der Meisterprüfung durchführen, die wesentlichen Abläufe, bewerten die Prüfungsleistungen und halten dabei die für die Bewertung erheblichen Tatsachen fest.

§ 18 Durchführung schriftlicher Prüfungen, Bewertung

(1) Für die Durchführung schriftlicher Prüfungen in den Teilen II, III und IV der Meisterprüfung kann der Vorsitzende des Meisterprüfungsausschusses eine Person mit der Aufsicht während der Prüfung beauftragen, die nicht Mitglied des Meisterprüfungssauschusses sein muss.

(2) ¹Der Vorsitzende hat mindestens zwei Mitglieder mit der Bewertung der schriftlichen Prüfungsleistungen in den Teilen II, III und IV der Meisterprüfung zu beauftragen. ²Zwei der Mitglieder, die mit der Bewertung der schriftlichen Prüfungsleistungen im Teil II beauftragt sind, müssen in dem Handwerk, für das der Meisterprüfungsausschuss errichtet ist, die Meisterprüfung abgelegt haben oder das Recht zum Ausbilden von Lehrlingen besitzen. ³Von den Mitgliedern, die mit der Bewertung der schriftlichen Prüfungsleistungen in den Teilen III und IV der Meisterprüfung beauftragt sind, muss eines die Voraussetzungen des § 48 Abs. 5 der Handwerksordnung erfüllen.

(3) ¹Die Aufsicht führende Person dokumentiert die Prüfung in ihren wesentlichen Abläufen. ²Zur Vorbereitung der Beschlussfassung nach § 19 Abs. 1 bewerten die in Absatz 2 genannten Mitglieder des Meisterprüfungsausschusses die Prüfungsleistungen und halten dabei die für die Bewertung erheblichen Tatsachen fest.

§ 19 Beschlüsse über die Prüfungsergebnisse

(1) Die Beschlüsse über die Noten sowie über das Bestehen oder Nichtbestehen des jeweiligen Teils der Meisterprüfung und der Meisterprüfung insgesamt werden vom Meisterprüfungsausschuss gefasst.

(2) Wird die Meisterprüfung in einem Schwerpunkt abgelegt, so ist dem Prüfling auf Antrag hierüber eine Bescheinigung auszustellen.

§ 20 Niederschrift

(1) Über jeden Teil der Meisterprüfung ist eine Niederschrift zu fertigen, die von allen Mitgliedern des jeweiligen Meisterprüfungsausschusses zu unterschreiben ist.

(2) Die Niederschrift muss Angaben enthalten

Meisterprüfungsverfahrensverordnung **Anh. 6**

1. zur Person der Prüflings,
2. über den abgelegten Teil der Meisterprüfung,
3. über Ort und Zeit der Prüfung,
4. über die Zusammensetzung des Meisterprüfungsausschusses,
5. über die Personen, die mit der Aufsicht beauftragt waren,
6. über die Mitglieder des Meisterprüfungsausschusses, die mit der Bewertung der Prüfungsleistungen beauftragt waren,
7. über den Gegenstand des Meisterprüfungsprojekts oder der Meisterprüfungsarbeit, des Fachgesprächs, der Situationsaufgabe oder der Arbeitsprobe sowie über die sonstigen Prüfungsaufgaben,
8. über die Bewertung der Prüfungsbereiche, der Prüfungsfächer, der Handlungsfelder, des praktischen Teils im Teil IV der Meisterprüfung und von Ergänzungsprüfungen. Dabei sind die tragenden Gründe für die Bewertung festzuhalten und die festgestellten Fehler und Mängel zu bezeichnen, soweit sich diese aus der Bewertung nicht ableiten lassen.

§ 21 Prüfungsunterlagen

(1) [1]Auf Antrag ist dem Prüfling nach Abschluss eines jeden Teils der Meisterprüfung Einsicht in seine Prüfungsunterlagen zu gewähren. [2]Der Antrag ist binnen der gesetzlich vorgegebenen Frist zur Einlegung eines Rechtsbehelfs zu stellen. [3]Nach Ablauf dieser Frist kann der Meisterprüfungsausschuss auf Antrag Einsicht gewähren.

(2) Der Antrag auf Zulassung und die Zulassungsentscheidung sowie die Niederschriften nach § 20 Abs. 1 sind zehn Jahre nach Abschluss der Meisterprüfung aufzubewahren, die schriftlichen Prüfungsarbeiten sowie Befreiungen begründende Unterlagen sind zwei Jahre aufzubewahren.

§ 22 Übergangsvorschrift

[1]Die bei Inkrafttreten dieser Verordnung laufenden Prüfungsverfahren werden nach den bisherigen Verfahrensvorschriften zu Ende geführt. [2]Wiederholungsprüfungen sind nach den Vorschriften dieser Verordnung durchzuführen.

§ 23 Inkrafttreten

Diese Verordnung tritt am 1. Januar 2002 in Kraft.

7. Verordnung über das Schlichtungsverfahren nach § 16 der Handwerksordnung

Vom 22. Juni 2004

(BGBl. I S. 1314), geänd. durch Art. 28 Abs. 8
Zweites Mittelstandsentlastungsgesetz v. 7. 9. 2007 (BGBl. I S. 2246)

FNA 7110-1-5

§ 1[1)] Beginn des Verfahrens

(1) [1]Haben sich die Handwerkskammer und die Industrie- und Handelskammer im Falle des § 16 Abs. 3 Satz 2 der Handwerksordnung nicht innerhalb eines Monats nach Zugang der Aufforderung zur Stellungnahme durch die zuständige Behörde auf die dort vorgesehene gemeinsame Erklärung geeinigt, so haben sie unverzüglich die Schlichtungskommission zur Entscheidung anzurufen und die zuständige Behörde hierüber zu unterrichten. [2]Die zuständige Behörde ist berechtigt, nach Ablauf der Monatsfrist ohne die gemeinsame Erklärung der Kammern ihrerseits die Schlichtungskommission anzurufen.

(2) Können sich die Handwerkskammer und die Industrie- und Handelskammer im Falle des § 16 Abs. 10 der Handwerksordnung nicht innerhalb eines Monats nach der Übermittlung der Gewerbeanzeige nach § 14 Abs. 9 der Gewerbeordnung über die Zugehörigkeit eines Gewerbetreibenden zur Industrie- und Handelskammer oder Handwerkskammer einigen, so kann die Schlichtungskommission von der Handwerkskammer oder Industrie- und Handelskammer zur Entscheidung angerufen werden.

(3) Das Anrufungsbegehren ist schriftlich in fünffacher Ausfertigung unter Darlegung der jeweiligen Auffassung und Beifügung der jeweils vorliegenden Akten einzureichen.

§ 2 Verfahren

(1) [1]Im Falle des § 16 Abs. 3 der Handwerksordnung hat die zuständige Behörde die Akten auf Anforderung des Vorsitzenden der Schlichtungskommission unverzüglich zur Verfügung zu stellen. [2]Eine Ermittlung des Sachverhalts durch die Schlichtungskommission findet nicht statt. [3]Die Schlichtungskommission hat die zuständige Behörde über Mängel der

---

[1)] § 1 Abs. 2 geänd. durch G v. 7. 9. 2007 (BGBl. I S. 2246).

Verordnung über das Schlichtungsverfahren **Anh. 7**

Sachverhaltsermittlung und Verfahrensfehler zu unterrichten, die nach ihrer Auffassung bestehen, und ihr unter Setzung einer angemessenen Frist Gelegenheit zur Stellungnahme zu geben.

(2) [1]Im Falle des § 16 Abs. 10 der Handwerksordnung ist die Schlichtungskommission berechtigt, die für die Begutachtung des Falles erforderlichen Unterlagen vom betroffenen Gewerbetreibenden und den beteiligten Kammern anzufordern. [2]Dem betroffenen Gewerbetreibenden ist Gelegenheit zur Stellungnahme zu geben.

(3) [1]Der betroffene Gewerbetreibende kann sich in jeder Lage des Verfahrens durch einen Bevollmächtigten vertreten lassen. [2]§ 67 Abs. 3 der Verwaltungsgerichtsordnung gilt entsprechend.

§ 3 Verhandlung der Schlichtungskommission

(1) Die Schlichtungskommission entscheidet in einer gemeinsamen Sitzung ohne mündliche Verhandlung.

(2) [1]Der Vorsitzende der Schlichtungskommission kann einen Termin zur mündlichen Verhandlung bestimmen. [2]Soweit eine mündliche Verhandlung stattfindet, sind zur Teilnahme
1. im Falle des § 16 Abs. 3 der Handwerksordnung Vertreter der beteiligten Kammern, der zuständigen Behörde sowie der betroffene Gewerbetreibende berechtigt,
2. im Falle des § 16 Abs. 10 der Handwerksordnung Vertreter der beteiligten Kammern sowie der betroffene Gewerbetreibende berechtigt.

[3]Zur mündlichen Verhandlung ist mit einer Frist von mindestens sieben Tagen schriftlich durch eingeschriebenen Brief mit Rückschein einzuladen. [4]Die mündliche Verhandlung ist nicht öffentlich. [5]Die Schlichtungskommission entscheidet im Anschluss an die mündliche Verhandlung in geheimer Beratung.

(3) [1]Über jede Sitzung der Schlichtungskommission sowie jede mündliche Verhandlung der Schlichtungskommission ist eine Niederschrift zu fertigen. [2]Sie hat Ort und Tag der Sitzung oder der mündlichen Verhandlung, die Bezeichnung der Beteiligten und der bei der mündlichen Verhandlung mitwirkenden Personen sowie das Ergebnis zu enthalten, im Falle des § 16 Abs. 10 der Handwerksordnung auch den Vortrag der Beteiligten, wenn sich in der mündlichen Verhandlung neue Tatsachen ergeben haben. [3]Zu den mündlichen Verhandlungen kann ein Schriftführer zugezogen werden.

(4) Die Sitzungsniederschrift oder die Verhandlungsniederschrift ist vom Vorsitzenden und den Beisitzern zu unterzeichnen.

§ 4 Beschlüsse der Schlichtungskommission

(1) ¹Die Beschlüsse der Schlichtungskommission werden mit Stimmenmehrheit gefasst. ²Stimmenthaltung ist unzulässig.

(2) Für die Mitglieder der Schlichtungskommission gilt die Schweigepflicht nach § 43 des Deutschen Richtergesetzes entsprechend.

§ 5 Entscheidung der Schlichtungskommission

(1) ¹Die Schlichtungskommission hat innerhalb von zwei Monaten nach Eingang des Anrufungsbegehrens zu entscheiden. ²Die Frist nach Satz 1 verlängert sich um die in § 2 Abs. 1 Satz 3 genannte Frist. ³Die Schlichtungskommission kann beschließen, die Frist nach Satz 1 um zwei Wochen zu verlängern.

(2) ¹Die Entscheidung der Schlichtungskommission ist mit Begründung
1. im Falle des § 16 Abs. 3 Satz 2 der Handwerksordnung der zuständigen Behörde nach Maßgabe des Verwaltungszustellungsgesetzes zuzustellen,
2. im Falle des § 16 Abs. 10 Satz 1 der Handwerksordnung den beteiligten Kammern sowie dem betroffenen Gewerbetreibenden durch eingeschriebenen Brief mit Rückschein bekannt zu geben.

⁴Soweit eine mündliche Verhandlung stattgefunden hat, ist die Verhandlungsniederschrift beizufügen.

§ 6 Geschäftsstelle

(1) Sitz der Schlichtungskommission und ihrer Geschäftsstelle ist Berlin.

(2) Die Geschäftsstelle führt die laufenden Geschäfte der Schlichtungskommission und unterstützt sie bei der Wahrnehmung ihrer Aufgaben.

8. Verordnung über den automatisierten Datenabruf der Handwerkskammern nach § 5a Abs. 2 der Handwerksordnung

Vom 22. Juni 2004

(BGBl. I S. 1314)

FNA 7110–1–6

§ 1 Anlass und Zweck des Abrufverfahrens

(1) Eine Handwerkskammer darf bei anderen Handwerkskammern im automatisierten Verfahren Daten abrufen, soweit dies erforderlich ist, um
1. bei einem Antrag auf Eintragung als Betriebsleiter in die Handwerksrolle festzustellen, ob der Antragsteller bereits anderweitig als Betriebsleiter eingetragen ist und ob die beantragte Eintragung unzulässig ist, oder
2. bei hinreichenden Anhaltspunkten dafür, dass ein für ihren Bezirk in die Handwerksrolle eingetragener Betriebsleiter in weiteren Betrieben tätig ist, festzustellen, ob der Betriebsleiter bereits anderweitig als Betriebsleiter eingetragen ist und ob die Eintragung in ihrem Bezirk als Betriebsleiter unzulässig ist.

(2) Die abrufende Handwerkskammer darf zur Durchführung des Abrufes Familienname, Geburtsname und Vornamen sowie Geburtsdatum des Betriebsleiters und das Datum der Übernahme der Betriebsleitung übermitteln.

§ 2 Art der zu übermittelnden Daten

Folgende personenbezogene Daten der Kammerzugehörigen dürfen durch Abruf im automatisierten Verfahren übermittelt werden, wenn der Betriebsleiter in dem Bezirk der übermittelnden Handwerkskammer eingetragen ist:
1. Familienname, Geburtsname und Vornamen sowie Geburtsdatum des Betriebsleiters,
2. Datum der Übernahme der Betriebsleitung,
3. Familienname und Vornamen des Betriebsinhabers,
4. Name, Anschrift, Telefon- und Telefaxnummer sowie E-mail-Adresse des Betriebs,
5. Unternehmens- und Geschäftsgegenstand,

6. Betriebsgröße,
7. weitere Betriebsstätten und Zweigniederlassungen, für die derselbe Betriebsleiter zuständig ist.

§ 3 Technisch-organisatorische Maßnahmen und Protokollierung

(1) Das automatisierte Abrufverfahren darf nur eingerichtet werden, wenn die beteiligten Stellen
1. die zur Datensicherung erforderlichen technischen und organisatorischen Maßnahmen getroffen haben, insbesondere durch Vergabe von Kennungen und Passwörtern an die zum Abruf berechtigten Handwerkskammern und die Datenendgeräte, und
2. gewährleisten, dass die Zulässigkeit der einzelnen Abrufe kontrolliert werden kann. Zur Gewährleistung dieser Kontrolle hat die übermittelnde Handwerkskammer den Tag und die Uhrzeit des Abrufes, die Kennung der abrufenden Handwerkskammer sowie die zur Durchführung des Abrufes verwendeten und die abgerufenen Daten zu protokollieren. Die protokollierten Daten dürfen nur für Zwecke der Datenschutzkontrolle, der Datensicherung oder zur Sicherstellung eines ordnungsgemäßen Betriebs der Datenverarbeitungsanlage verwendet werden. Sie sind durch geeignete Vorkehrungen gegen zweckfremde Verwendung und gegen sonstigen Missbrauch zu schützen und nach sechs Monaten zu löschen.

(2) ¹Die Verantwortung für die Zulässigkeit des einzelnen Abrufes trägt die abrufende Stelle. ²Die speichernde Stelle prüft die Zulässigkeit des Abrufes nur, wenn dazu Anlass besteht.

9. Verordnung
über die Anerkennung von Ausbildungsabschlüssen von Meistern der volkseigenen Industrie als Voraussetzung für die Eintragung in die Handwerksrolle

Vom 6. Dezember 1991

(BGBl. I S. 2162), geänd. durch HandwO-ÄndG v. 25. 3. 1998 (BGBl. I S. 596)

FNA 7110-11

Auf Grund des § 7 Abs. 2 der Handwerksordnung in der Fassung der Bekanntmachung vom 28. Dezember 1965 (BGBl. 1996 I S. 1) in Verbindung mit Anlage I Kapitel V Sachgebiet B Abschnitt III Nr. 1 Buchstabe n des Einigungsvertrages vom 31. August 1990 in Verbindung mit Artikel 1 des Gesetzes vom 23. September 1990 (BGBl. 1990 II S. 885, 999) verordnet der Bundesminister für Wirtschaft:

§ 1 1) [Voraussetzungen der Anerkennung]

Ausbildungsabschlüsse zum Meister der volkseigenen Industrie, die bis zum 31. Dezember 1991 erlangt werden, werden für ein Handwerk, dessen Arbeitsgebiet nach Maßgabe der Anlage dem jeweiligen Fachgebiet des Ausbildungsabschlusses entspricht, als Voraussetzung für die Eintragung in die Handwerksrolle anerkannt, wenn der Inhaber des Ausbildungsabschlusses

1. nach dem 31. Dezember 1981 eine dreijährige praktische Tätigkeit abgeleistet hat, die dem zu betreibenden oder einem mit diesem verwandten Handwerk entspricht, oder
2. nach dem 9. November 1989 an Weiterbildungsmaßnahmen teilgenommen hat, in denen die in dem zu betreibenden oder in einem mit diesem verwandten Handwerk erforderlichen fachpraktischen und fachtheoretischen Fertigkeiten und Kenntnisse vermittelt worden sind, oder

---

[1]) § 1 Abs. 2 aufgeh. mWv 31. 12. 1997 durch G v. 25. 3. 1998 (BGBl. I S. 594).

Anh. 9 VO über die Anerkennung von Abschlüssen von Meistern

3. nach dem 31. Dezember 1981 Lehrlinge in einem Beruf ausgebildet hat, dessen Fachgebiet dem zu betreibenden Handwerk entspricht.

§2 [Inkrafttreten]

Diese Verordnung tritt am 1. Januar 1992 in Kraft.

Sachregister

Die halbfetten Ziffern bezeichnen die Paragraphen.
Ohne Benennung beziehen sie sich auf die HwO;
mit vorangestelltem B auf das BBiG.

Abgrenzung des Handwerksbetriebs
- zur Industrie **1**, 64 ff.
- zum Kleingewerbe **1**, 48 ff.

Abgrenzungsstreitigkeiten 1, 59

Abkürzung der Lehrzeit **27a**, 1 ff.;
37, 6

Ablauf der Lehrzeit **B 21**

Altersgrenze
- für Handwerksfunktionäre **97**, 2; **102**, 3; **108**, 4
- für Sachverständige **91**, 33

Amtsdauer
- der Prüfungsausschuß-Mitglieder **34**, 13 ff.
- der Vollversammlungsmitglieder **103**

Amtsenthebung
- der Prüfungsausschußmitglieder **34**, 16 ff.
- des Handwerkskammer-Präsidenten **104**, 3 f.

Änderungen der Positivliste 1, 60; **14**, 9; **119**, 6 f.

Anerkennungsverfahren für Handwerksausübung von Ausländern **9**, 20 ff.

Anhörung
- der Handwerkskammer allgemein **91**, 58 ff.
- bei Ausnahmebewilligung **8**, 65 ff.
- der Innung **54**, 27 ff.

Anlernverhältnis B 10, 5

Anrechnung
- Schulbesuch **27a**
- für Meisterprüfung **46**; **49**

Anzeige
- des Betriebsbeginns **16**; **19**, 3
- des Lehrverhältnisses **30**

Anzeigeverfahren bei grenzüberschreitenden Dienstleistungen **9**, 23 ff.

Arbeiten in anderen Handwerken **5**

Arbeitnehmereigenschaft 1, 33 ff.; **117**, 18 ff.

Arbeitsgerichte, Zuständigkeit **67**, 8 ff.

Aufenthaltserlaubnis und Handwerksausübung **9**, 2

Auflagen: siehe Nebenbestimmungen

Auflösung
- der Innung **76**; **78**
- der Vollversammlung **115**, 8 ff.

Aufnahmezwang der Innung **58**, 9 ff.

Ausbilden von Lehrlingen 21 ff.

Ausbilder B 14, 5
- ausnahmsweise Zuerkennung der fachlichen Eignung **22 – 22 c**, 28 ff.
- ausnahmsweise Zuerkennung der persönlichen Eignung **22 – 22 c**, 5
- besonderer Ausbilder **22 – 22 c**, 36
- fachliche Eignung **22 – 22 c**, 16 ff.

Ausbildung in nichthandw. Berufen 25 – 26, 4; **28**, 2; **91**, 57 ff.

Ausbildungsbefugnis 22

Ausbildungsberater 41 a

Ausbildungsdauer 25 – 26, 7; **27a**

Ausbildungsfremde Verwendung B 14, 30; **B 13**, 7 ff.

Ausbildungsordnung
- Ausnahmen **27**
- Mindestinhalte **25 – 26**, 5 ff.
- Stufenausbildung **25 – 26**, 15

Ausbildungspflicht B 14, 2

Ausbildungsstätte Eignung **21**

Sachregister

fette Zahlen = Paragraphen

Ausbildungsverhältnis: siehe Lehrverhältnis
Ausbildungsvertrag B 10
– Niederschrift **B 11**
– Nichtige Vereinbarungen **B 12**
Ausbildungsvorschriften 61, 13; 91, 12 ff.; 91, 57 ff.
Auskunftspflicht 17; 111
Ausländer 8, 36; 9
– Anerkennungsverfahren zur Handwerksausübung 9, 20 ff.
Ausnahmeerlaubnis
– Ausnahmebewilligung für Eintrag in die Handwerksrolle **7 a; 7 b; 8; 9**
– für Zulassung zur Meisterprüfung 49, 14 ff.
Ausnahmefall 8, 20 ff.
Ausscheiden des Betriebsleiters 5
Ausschuß für Lehrlingsstreitigkeiten 67, 7
Außerordentliche Kündigung B 22, 3 ff.
Ausübungsbefugnis 7 a; 7 b

Beabsichtigte Eintragung in die Handwerksrolle 11
Bedingung: siehe Nebenbestimmungen
Beendigung des Lehrverhältnisses **B 21**
Befähigungsnachweis 1, 3 ff; 8, 7 ff.
Befreiung vom Lehrnachweis 37
Befristung: siehe Nebenbestimmungen
Behinderte berufliche Bildung **42 k–q**
Beiträge
– Handwerkskammer 113
– Innung 55, 20; 73
Beitragsteilung mit der IHK 1, 87 ff.
Beitreibung von Beiträgen und Gebühren
– Handwerkskammer **113,** 21 ff.

– Innung **73,** 13 ff.
Berichtigung des Lehrzeugnisses **B 16,** 5
Berufliche Bildung Behinderter **42 k–q**
Berufliche Fortbildung 42 k–q
Berufliche Umschulung 42 k–q
Berufsausbildung Regelung durch Handwerkskammer **41**
Berufsbild 1, 55; **45**
Berufsbildungsausschuß 43 ff.; 110, 3
Berufsschule (siehe Fachschule)
Berufsschulpflicht B 15, 2; **B 19,** 2
Berufsvereinigung 8, 66 ff.
Berufswechsel B 22, 18
Beschränkung
– der Handwerksrolleneintragung **15**
– der Handwerksrollenlöschung **14**
– der Lehrlingszahl **21,** 7
Besonderer Ausbilder 22–22 c
Bestellung des Prüfungsausschusses 34, 8 ff.; 47; 48
Betrieb mehrerer Handwerke 6, 12
Betriebsbesichtigung 17, 7; **41 a,** 9
Betriebsleiter 4; 6, 18; **7,** 26 ff.
– Anzeige der Bestellung **16,** 15
Betriebsschließung 16, 36 ff.
Betriebsstillegung B 22, 17
Beweispflicht für Handwerksrollenvoraussetzungen 6, 5
Bezirksversammlung 61, 5
Buchstellen 87, 12; 91, 51
Bundesinnung 52, 40
Bundesinnungsverband 85

Dauer der Lehrzeit 25; 27 a; **B 21**
Dienstleistungsfreiheit 9, 15 ff.
Doppelzugehörigkeit 1, 85 ff.
Duales System B 10, 2
Dynamischer Handwerksbegriff 1, 61

Ehegatte, Fortführung des Betriebes durch **4**
Ehrenmitglied 58, 16

644

magere Zahlen = Randnummern

Sachregister

Eigentum am Gesellenstück **B 14**, 16 ff.
Eignungstest 8, 17 ff.
Einsicht
- in die Handwerksrolle **6**, 19 ff.
- in das Verzeichnis der zulassungsfreien Gewerbe **19**, 6

Eintragung
- in die Handwerksrolle **7**
- in das Verzeichnis der zulassungsfreien Gewerbe **19**
- in die Lehrlingsrolle **28 ff.**

Einziehungsstellen 87, 12; **91**, 53
Eltern und Kinder, Lehrverhältnis zwischen **B 10**, 13
Entziehung der Ausbildungsbefugnis **24**
Erben, Fortführung des Betriebes durch **4**
Ergänzungshandel 1, 83
Europäischer Binnenmarkt
- Handwerksausübung **1**, 9; **9**, 4 ff.

EU-Regelung 9
EWR-Raum Handwerksausübung **9**, 4 ff.

Fachgruppe 52, 9; **61**, 5
Fachinnung 52, 7
Fachlicher Zusammenhang 5, 7 ff.
Fachschulen 54, 20; **91**, 24
Feststellungsklage 16, 32 ff.
Filialbetrieb 6, 14 ff.
Firma 1, 89 ff.
Flüchtlinge 7, 49 ff.
Fortführung
- des Betriebes nach dem Tod des Inhabers **4**

Freier Beruf 1, 16 ff.
Freistellung des Lehrlings **B 15**
Freiwillige Aufgaben
- der Innung **54**, 41 ff.
- der Kreishandwerkerschaft **87**, 8 ff.
- der Handwerkskammer **91**, 46 ff.

Fristlose Kündigung B 22, 3 ff.
Führung des Meistertitels 51

Gastmitglied 59

Gebietsreform 52, 47 ff.
Gebühren
- für die Ausnahmebewilligung **8**, 76
- für die Handwerkskarte **10**, 8
- der Innung **73**
- der Handwerkskammer **113**
- der Lehrlingsrolleneintragung **28**, 4
- für die Gesellenprüfung **33**, 5
- für die Meisterprüfung **50**, 5

Geheimnisverrat s. **116**
Geldbußen 117; **118**
Gemeinsames Europa 1, 9; **9**
Gemischtlehre 27b
Gemischter Betrieb 1, 85 ff.
Genehmigung
- von Vollversammlungsbeschlüssen **106**, 5 ff.
- der Innungssatzung **56**
- von Rechtsgeschäften der Innung **61**, 29 ff.
- der Satzung von Innungsverbänden **80**, 4

Genossenschaften 7, 6
Genosssenschaftswesen, Förderung **54**, 26
Geschäft der laufenden Verwaltung 61, 19; **109**, 4
Gesellenausschuß 68 ff.
Gesellenmitglieder 67
- der Vollversammlung **98 ff.**

Gesellenprüfung 31 ff
- Entscheidung über Zulassung **37a**
- ohne betriebliche Ausbildung **36**, 9
- Ungültigkeitserklärung **38**, 28
- vorzeitige Ablegung **36**, 4 f.
- Zulassung in best. Fällen **37**
- in zwei Teilen **36a**

Gesellenprüfungsausschuß
- Einrichtung **33**
- Richtlinien über Prüfungsleistungen **35a**
- Vorsitzender **35**
- Zusammensetzung **34**

Gesellenprüfungsordnung 38; **91**,

Sachregister

fette Zahlen = Paragraphen

Gesellenstück B 14, 16 ff.
Gesellschaften 1, 42; **7**, 9 ff.
Gesetzliche Vertreter B 11, 19
Gewerbe, Begriff **1**, 11
Gewerbebetrieb, stehender **1**, 10
Gewerberegister 16, 2; **119**, 4
Gewerbeuntersagung 13, 9; **16**, 39 ff.
Gleichwertige Prüfungen 7, 17 ff.; **40**
GmbH & Co. KG 7, 12
Grenzüberschreitende Dienstleistungen Anzeigeverfahren **9**, 23 ff.
Großer Befähigungsnachweis 1, 3 ff.
Gutachten 54, 27 ff.

Häusliche Gemeinschaft B 14, 28; **B 13**, 8 ff.
Haftung
– des Ausbildenden **B 14**, 31 f.
– des Lehrlings **B 13**, 15
– der Innung **74**
Handelsregister 1, 89 ff.
Handelstätigkeit 1, 82 ff.
Handwerk, Begriff **1**, 43 ff.
Handwerklicher Nebenbetrieb 2, 3
Handwerksähnliches Gewerbe 18 ff.
– Meisterprüfung **51a–d**
Handwerksausübung von Ausländern **9**
Handwerksbetriebe der öffentlichen Hand 2, 2
Handwerksinnung siehe Innung
Handwerkskammer
– Aufsicht **115**
– Errichtung **90**
– Aufgaben **91**
– Genehmigung der Innungssatzung **56**
– Aufsicht über Innung **75**
– Zusammensetzung **93**
– Wahl **95** ff.
– Ablehnung der Wahl **102**
– Amtsdauer **103**

– Ausscheiden **104**
– Satzung **105**
– Vollversammlung **106**
– Vorstand **108**
– Ordnungsgelder **112**
– Beiträge und Gebühren **113**
– Mitgliedschaft in Spitzenorganisationen **91**, 4 ff.
Handwerkskarte 10, 7
Handwerksrolle 6
Hauptgeschäftsführer 109, 3
Hausgewerbetreibende, Heimarbeiter 1, 39
Hilfsbetrieb 3, 22 ff.
Höchstzahl der Lehrlinge 21, 7
Höhere Verwaltungsbehörde, Begriff **8**, 59
Hufbeschlag 1, 79

Industrie- und Handelskammer 1, 85 f.; **11**
Industriebetrieb 1, 62 ff.
Innung
– Gründung **52**
– Bezirk **52**, 36 ff.
– Körperschaft des öffentlichen Rechts **53**
– Rechtsfähigkeit **53**
– Bezeichnung **55**, 7
– Aufgaben **54**
– Tariffähigkeit **54**, 42 ff.
– Satzung **55**; **56**
– Mitgliedschaft **58**; **59**
– Aufnahmezwang **58**, 9 ff.
– Vorstand **66**
– Ausschüsse **67**
– Beiträge, Gebühren **73**
– Haftung für Vorstand **74**
– Aufsicht über **75**
– Auflösung **76**
– Insolvenz, Vergleichsverfahren **77**
– Liquidation **78**
Innungskrankenkasse 54, 56 ff.
Innungsverbände 79 ff.
Innungsversammlung 61; **62**
– Stimmrecht **63**; **64**
– Übertragung **65**

magere Zahlen = Randnummern

Sachregister

Insolvenz
- des Betriebes **B 22** 17
- Innung **77**
- Handwerkskammer **90,** 20

Insolvenzsicherung 77, 3; **90,** 20
Interesse, berechtigtes 6, 20 ff.
Interessenkollision bei Doppelfunktion **108,** 7

Juristische Person
- Eintragung in die Handwerksrolle **6,** 10
- Anzeige des gesetzlichen Vertreters **16,** 6
- als Innungsmitglied **58,** 3

Kaufmannseigenschaft des Handwerkers **1,** 89 ff.
Kleingewerbe 1, 75 ff.
Kleinunternehmer
- Begriff **1,** 48
- Zugehörigkeit zur HWK **90,** 6

Konzession 1, 81
Körperliche Züchtigung B 14, 28 f.
Körperschaft des öffentlichen Rechts
- Innung **53,** 1
- Kreishandwerkerschaft **86,** 5
- Handwerkskammer **90,** 3 f.

Kosten
- der Gesellenprüfung **31**
- der Meisterprüfung **50**

Krankheit des Lehrlings **B 19,** 4; **B 22,** 6
Kreishandwerkerschaft 86 ff.
Kündigung des Lehrvertrags **B 22**
Künstlerische Tätigkeit 1, 16 ff.

Landesinnung 52, 40
Landesinnungsverband 79 ff.
Landwirtschaftliche Direktvermarktung 3, 33
Lehrgeld B 12
Lehrling
- Ausbildungsdauer **25; 26**
- Ausbildungsplan **25; 26** 10 f.
- Begriff **B 10,** 1 ff.

- Pflichten **B 13**
- Praxisanforderungen **25; 26** 13
- Stufenausbildung **25; 26** 15

Lehrlingsausbildung 54, 16 ff.
- angemessene Anzahl **23,** 7
- Beschäftigungsverbot **22–22 c,** 8
- Eignung des Betriebs **21,** 1 ff.
- fachliche Eignung des Ausbilders **22–22 c,** 16 ff.
- Nachwuchssicherung **22–22 c,** 1
- persönliche Eignung des Ausbilders **22–22 c,** 7

Lehrlingsausschuß 67
Lehrlingsrolle 28 ff.
Lehrlingsstreitigkeiten 67, 8 ff.
Lehrlingsvergütung B 17 ff.
Lehrlingszüchterei 23, 7
Lehrverhältnis, Rechtsnatur **B 10,** 1 ff.
Lehrvertrag
- Einreichung **28 ff.**
- zwischen Eltern und Kindern **B 10,** 13

Lehrwerkstätten 1, 13
Lehrzeit
- Verkürzung, Verlängerung **27 a; B 21,** 5 ff.

Lehrzeugnis B 16
Liquidation der Innung **78**
Löschung in der Handwerksrolle **13 ff.**

- in der Lehrlingsrolle **29,** 4

Marktverkehr 1, 29
Mehrheit 62, 5
Meistergeselle 70, 4
Meisterprüfung
- Befreiung von **45 ff.**
- im zulassungsfreien Gewerbe **51 a–d**
- im handwerksähnlichen Gewerbe **51 a–d**
- Zulassung zur **49**

Meisterprüfungsausschuß 47 ff.
Meisterprüfungsordnung 50; 91, 22
Meisterstück 50, 6
Meistertitel 51; 51 b

647

Sachregister

fette Zahlen = Paragraphen

Minderjährige Lehrlinge **B 11**, 19 ff.
- als Gewerbetreibende **1**, 10

Mischbetrieb 1, 89 f.; **113**, 11

Mißverhältnis der Lehrlingszahl **23**, 8

Mitgliedschaft
- Innung **55**, 12 ff.
- Handwerkskammer **90**, 5 ff.
- Kreishandwerkerschaft **86**
- IHK **1**, 86 ff.

Mitteilung
- der beabsichtigten Eintragung in die Handwerksrolle **11**
- der beabsichtigten Löschung **13**

Nachweis der Lehre, Befreiung **37**

Nebenbestimmungen
- zur Ausnahmebewilligung **8**, 43 ff.

Nebenbetrieb 2; **3**

Niederlassungsfreiheit 9, 6 ff.

Obermeister 51, 13; **66**, 13

Ordnungsgeld 112

Ordnungswidrigkeiten 117 f.
- Zuständigkeit **117**, 21 ff.

Organe der Innung **60**
- der Handwerkskammer **92**

Personengesellschaft 7, 28 ff.

Pflichten
- des Ausbildenden **30**; **B 14**
- des Auszubildenden **B 13**

Pflichtverletzungen
- des Ausbildenden **B 14**
- des Auszubildenden **B 13**

Positivliste 1, 44

Probezeit B 20

Prüfungsbestimmungen, Verstoß gegen **38**, 6 ff.

Prüfungergebnis
- Mitteilung des **B 21**, 4
- Anfechtung des **38**, 6 ff.

Prüfungsordnung
- Gesellenprüfung **38**; **91**, 21
- Meisterprüfung **50**; **91**, 22

Prüfungsvorbereitung B 15, 3

Rechtsberatung
- durch Handwerkskammer **91**, 49
- durch Kreishandwerkerschaft **87**, 13

Rechtsfähigkeit der Innung **53**
- der Innungsverbände **80**

Reisegewerbe 1, 24 ff.

Restaurator 1, 18

Rückgabe der Handwerkskarte **10**, 10; **13**, 22 f.

Ruhender Betrieb 13, 11

Sachverständige
- Bestellung durch die HWK **91**, 26 ff.
- Zuziehung zur Handwerkskammer **107**

Saisonbetrieb 1, 15

Satzung
- der Innung **55**; **56**
- der Innungsverbände **80**
- der Handwerkskammer **105**

Schadenersatz bei vorzeitiger Lösung des Lehrverhältnisses **B 23**

Schadenersatzpflicht des Ausbildenden **B 14**, 31 ff.

Scheinverträge 6, 5

Schiedsstellen 54, 48 f.; **55**, 32

Schornsteinfeger 1, 79

Schriftform des Lehrvertrags **B 11**
- der Kündigung **B 22**

Schulpflicht B 14

Schwarzarbeit 117, 18 ff.

Schweizer Handwerksausübung **9**, 4 ff.

Spezialbetrieb 1, 53 f.

Stehender Gewerbebetrieb 1, 22 ff.

Strafbefugnis des Ausbildenden **B 14**

Subunternehmer 1, 40

Tariffähigkeit
- der Innung **54**, 42 ff.
- der Innungsverbände **82**, 3; **85**, 3
- keine – der Kreishandwerkerschaft **87**, 18

magere Zahlen = Randnummern **Sachregister**

Tatbestandswirkung der Handwerksrolleneintragung 6, 4
Technisch mit dem Handwerk zusammenhängende Arbeiten 5, 7 ff.
Teilhandwerk 1, 47
– Ausnahmebewilligung für **8, 31 ff.**
Tod des Handwerkers **4**
– des Ausbildenden **B 22, 31**

Überbetriebliche Lehrlingsausbildung 41, 2; 91, 17; 113, 18
Überbezirkliche Innung 52, 40
Übergangsvorschriften 119 ff.
Überwachung der Ausbildung **23 a; 111**
Unerheblichkeit des Nebenbetriebs **3, 13 ff.**
Unfähigkeit des Lehrlings **B 22, 7**
Ungebührliches Verhalten des Lehrlings **B 22, 9**
Ungültigkeitserklärung der Prüfung **38**
Untersagung
– des Betriebs **16, 16**
– der Lehrlingsausbildung **24**
Unterstützungskasse
– der Innung **54, 44 ff.; 57**
– keine – der HWK **91, 43**
Unzulässige Handwerkstätigkeit 117, 8 ff.
Ursprungszeugnis 91, 42

Verfassungsrechtliche Zulässigkeit
– des Befähigungsnachweises **1, 5 ff.**
– der Pflichtmitgliedschaft **18, 9; 86, 5; 90, 9 ff.**
Vergabe öffentlicher Aufträge 54
Vergleichsverfahren, Innung **77**
Vergütung
– des Betriebsleiters **7, 32**
Vergütung des Lehrlings
– Fortzahlung **B 18**
– Bemessung **B 11, 11 ff.; B 17 ff.**

Verjährung
– von Beitrags- und Gebührenforderungen **73, 15; 113, 20**
– von Ordnungswidrigkeiten **117, 5**
Verkürzung und Verlängerung der Lehrzeit **27 a; B 21, 3 ff.**
Vermittlungsstellen 54, 48 f.; 91, 41
Veröffentlichung der Satzung **55, 4; 105, 7**
Vertretung
– in der Innungsversammlung **65, 4 ff.**
– vor Gericht **54, 53; 87, 15 ff.**
Vertriebene und Flüchtlinge 7, 49 ff.
Verwandte Handwerke 7, 16
Verwaltungsgerichtliches Verfahren 12; 13, 16 ff.; 38, 6 ff.
Verzeichnis der hä Gewerbe **19**
Vollversammlung der Handwerkskammer **108**
Volontär B 10, 7
Vorlegung der Handwerkskarte **16, 10**
Vormundschaftsgerichtliche Genehmigung des Lehrvertrags **B 11, 21**
Vorstand
– Innung **66**
– Handwerkskammer **108; 109**
Vorzeitige Auflösung des Lehrverhältnisses **B 22; B 23**

Wahl
– des Innungsvorstands **66**
– des Gesellenausschusses **69 ff.**
– der Vollversammlungsmitglieder **95 ff.**
– des Kammervorstands **108**
Wahlanfechtung Handwerkskammer **101**
Wahlprüfung Handwerkskammer **100**
Weiterarbeit nach Ausbildung **B 24**
Wesentliche Teiltätigkeit 1, 47 ff.

Sachregister

fette Zahlen = Paragraphen

Wettbewerbsverstöße 54, 52 ff.
Wichtiger Grund B 22
Widerruf
– der Ausnahmebewilligung 8, 55 ff.
– der Ausbildungsbefugnis 24
– der Prüfung 38
Widerspruch: siehe Verwaltungsgerichtliches Verfahren
Wiedereinräumung der Ausbildungsbefugnis 24
Wirkung der Prüfungsaufhebung 38
Wirtschaftsvereinigung 52, 33 ff.
Witwenprivileg 4

Zeugnis
– für Lehre **B 16**
– für Gesellenprüfung **31**, 4
– für Meisterprüfung **50**, 3
Zubehörhandel 1, 83 f.
Zugehörigkeit zur IHK 1, 85
Züchtigung, körperliche B 14, 28 ff.
Zulassung
– zur Gesellenprüfung **36; 37**
– zur Meisterprüfung **49; 123**
Zulassungsfreies Gewerbe
– Meisterprüfung **51a–d**
Zulassungsfreie Handwerke 18 ff.
Zusammenlegung von Innungen 52, 16 ff.
Zustellung 11, 2; 112, 5
Zuwahl 93, 7 f.
Zweigniederlassung 6, 14 ff.
Zwischenprüfung 39